HENAN DILI
河南地理

主　编　张　朋
副主编　刘国旭　赵菲菲　白景锋

河南大学出版社
HENAN UNIVERSITY PRESS
·郑州·

图书在版编目(CIP)数据

河南地理 / 张朋主编. --郑州:河南大学出版社,
2023.11（2024.12重印）

ISBN 978-7-5649-5689-9

Ⅰ.①河… Ⅱ.①张… Ⅲ.①地理—河南 Ⅳ.
①K926.1

中国国家版本馆 CIP 数据核字(2023)第 231068 号

责任编辑　董庆超
责任校对　郑　鑫
封面设计　马　龙

出　版	河南大学出版社		
	地址:郑州市郑东新区商务外环中华大厦2401号	邮编:450046	
	电话:0371-22821215	网址:hupress.henu.edu.cn	
排　版	郑州市今日文教印制有限公司		
印　刷	广东虎彩云印刷有限公司		
版　次	2023年11月第1版	印　次	2024年12月第2次印刷
开　本	787 mm×1092 mm　1/16	印　张	22.25
字　数	528千字	定　价	68.00元

（本书如有印装质量问题,请与河南大学出版社营销部联系调换。）

前　言

区域性是地理科学的重要特性,区域地理是地理科学的传统分支之一。近年来,随着全球自然和社会经济的急剧变化,气候变暖,自然灾害频发,经济全球化遇到挑战,地缘政治情况日趋复杂,正在向多极化转变,区域地理再次成为人们研究的焦点之一。中国的发展正处于世界百年未有之大变局之十字路口,这对于中国既是挑战,也是机遇。河南省是中国的人口大省、农业大省,行政区面积与许多欧洲国家的面积相当,人口数量和粮食产量均占到全国的1/10左右。同时,河南省经济规模多年位居全国前十,数量虽大,但人均较低;制造业产值较大,但技术水平不高;传统文化资源丰富,但文化产业发展不够。这些特点与整个中国有相似之处,所以在某种程度上,河南省的发展就是中国发展的缩影,河南省发展存在的许多问题也是中国发展所面临的问题。因此,全面认识河南省的地理国情,研究河南省的发展问题,也是为我国新时期发展探寻道路。

近年来,许多学者从不同角度对河南省区域系统进行了较深入的研究,取得了很大进展。为了让更多对河南关心的人民群众、学生和学者充分了解这些新变化、新发展,站在更高的起点认识河南的省情和发展,编写组在借鉴和吸收前人关于河南省的论著框架的基础上,从全新的角度设计了本书的结构框架。

"河南地理"是河南省高校、中职院校地理科学专业和相关专业的重要课程,也是河南省中小学乡土教育和国情教育的重要参考资料。为了更充分地体现"河南地理"的系统性、区域性、综合性和人地协调性,本书把河南自然地理、河南人文-经济地理有机地结合起来,使读者能充分认识河南各地理要素之间互相作用的系统性和综合性、各分区间的差异性,以及为推进区域协调发展所表现出的人地协调性,在此基础上使读者掌握自然地理和人文地理的相关规律,提高应用地理学规律综合分析和解决区域发展问题的能力,培养家国情怀和爱国主义精神。

本书具有以下特点：

(1)从整体到局部,从自然到人文。在分析河南省位置的基础上,强调整体对部分的影响;在分析河南省自然地理系统的基础上,展开人文-经济地理系统的分析,体现了人类是自然的一部分,自然地理环境对人类社会经济活动的框架作用,人类活动是在一定的自然环境中进行的。在自然、人文和区域地理的基础上,以河南省的几个特殊地区为例进行分析,把一般地理规律与特殊性相结合。

(2)吸收最新的成果,内容新颖。在编写过程中,尽可能使用最新的数据和研究成果,使读者尽可能了解区域的最新状况和研究进展。

(3)理论与实践相结合。将地理学基本理论与河南省的发展实践充分结合,使读者通过案例,有效掌握地理学方法的应用,避免将地理理论变成纯粹的知识堆砌。

本书由南阳师范学院地理科学与旅游学院组织教师编写,主编张朋,副主编刘国旭、赵菲菲、白景锋,南阳师范学院资助出版。具体分工为:白景锋,前言、第二章第二节和第六节、第四章第一节、第五章第二节;张朋,第五章第三节、专题二;冯杨伟,第二章第一节;辛晓十,第一章、第二章第三节和第四节;王书转,第二章第五节、第四章第二节及第五章第五节、第六节、第七节;刘国旭,第三章、第五章第一节、专题一;吴正祥,第四章第三节、第五章第四节;赵菲菲,第四章第四节;张海军、任艳负责绘制部分图表。

由于编者水平有限,书中不妥之处在所难免,恳请广大读者批评指正。

《河南地理》编写组

2023 年 1 月

目 录

第一章 概述 ……………………………………………………………（1）
　第一节　地理位置 …………………………………………………（1）
　第二节　区位特征 …………………………………………………（2）
　第三节　行政区划 …………………………………………………（4）

第二章 自然环境与资源分布 ……………………………………（8）
　第一节　气候 ………………………………………………………（8）
　第二节　地质地貌 …………………………………………………（24）
　第三节　水系与水资源 ……………………………………………（41）
　第四节　生物资源 …………………………………………………（55）
　第五节　土壤与土地资源 …………………………………………（64）
　第六节　矿产资源 …………………………………………………（85）

第三章 人口发展史 ………………………………………………（92）
　第一节　人口的数量与增长 ………………………………………（92）
　第二节　人口的构成 ………………………………………………（99）
　第三节　人口的分布 ………………………………………………（105）
　第四节　人口发展目标和原则及战略导向 ………………………（107）

第四章 经济发展与产业布局 ……………………………………（112）
　第一节　农业 ………………………………………………………（113）
　第二节　工业 ………………………………………………………（135）
　第三节　交通运输业 ………………………………………………（153）
　第四节　文化旅游产业 ……………………………………………（167）

第五章 城市与经济区 ……………………………………………（196）
　第一节　豫中区 ……………………………………………………（196）
　第二节　豫南区 ……………………………………………………（215）

第三节 豫东区 …………………………………………………… (232)
第四节 豫西区 …………………………………………………… (249)
第五节 豫北区 …………………………………………………… (265)
第六节 河南省区域产业结构分析 ………………………………… (281)
第七节 河南省高质量发展潜力综合性比较分析 ………………… (291)

专题一 调水工程 ………………………………………………………… (310)

专题二 郑州航空港经济综合实验区 …………………………………… (324)

主要参考文献 ……………………………………………………………… (347)

第一章　概　述

河南历史文化悠久,曾长期是中华民族政治、经济、文化、人类活动的中心地域。中华民族的人文始祖黄帝的故里在今河南新郑,这里是世界华人宗祖之根;中华文明的起源、文字的发明、城市的形成和统一国家的建立,都与河南密不可分,这里是华夏历史文明之源;河南文化灿烂,人杰地灵,名人辈出,是中国姓氏的重要发源地;河南资源丰富,是全国农产品主产区和重要的矿产资源大省;河南人口众多,是全国人口大省,劳动力资源丰富,消费市场巨大;河南区位优越,位居天地之中,素有"九州腹地、十省通衢"之称,是全国重要的综合交通枢纽和人流、物流、信息流中心;河南农业领先,是全国农业大省和粮食转化加工大省;河南经济总量稳居全国第5位、中西部省级行政区首位,目前正处于蓄势崛起、攻坚转型的关键阶段,经济活力和后劲不断增强,高质量发展潜力巨大。

第一节　地理位置

河南省位于我国中东部、黄河中下游,因大部分地区位于黄河以南,故称河南。远古时期,黄河中下游地区河流纵横,森林茂密,野象众多,河南又被形象地描述为人牵象之地,这就是象形字"豫"的来源,也是河南简称"豫"的由来。《尚书·禹贡》将天下分为"九州",豫州位居九州之中,现今河南大部分地区属九州中的豫州,故河南又有"中原""中州"之称。

河南位于北纬31°23′~36°22′和东经110°21′~116°39′,东接安徽、山东,北界河北、山西,西连陕西,南临湖北,呈望北向南、承东启西之势。全省总面积16.7万平方千米,约占全国陆地面积的1.74%,在全国34个省级行政区中位居第17位。整个省域的轮廓犹如一片叶柄朝东的树叶,南北纵跨约550千米,东西横亘约580多千米,在世界上,河南的土地面积大体和一个中等国家的面积相当。

河南地势西高东低,处于我国第二阶梯向第三阶梯的过渡地带。北、西、南三面太行山、伏牛山、桐柏山、大别山沿省界呈半环形分布,中东部为黄淮海冲积平原,西南部为南阳盆地。平原盆地、山地丘陵分别占总面积的55.7%、44.3%。灵宝市境内的老鸦岔为全省最高峰,海拔2 413.8米;固始县淮河出省处为全省最低处,海拔仅23.2米。

河南是我国唯一地跨长江、淮河、黄河、海河四大流域的省级行政区,地形地貌和水资源分布情况是中国的一个缩影。省内大小河流共计1 500多条,大多发源于西部、西北部和东南部山区;按流域范围划分,100平方千米以上的河流,黄河流域93条,淮河流域271条,海河流域54条,长江流域75条。

从政区和交通地位来看,河南处于居中的位置。以河南为中心,北至黑龙江畔,南到珠江流域,西至天山脚下,东抵东海之滨,大都跨越两至三个省级行政区。若以省会郑州为中心,北距京津唐,南下武汉三镇,西至关中平原,东至沪宁杭,其直线距离大都在600~800千米。东西联系的通道是黄河谷地,可以上溯关中,直达大西北和西亚地区,著名的丝绸之路向东延伸正是经过黄河谷地,现代重要的交通动脉"第二亚欧大陆桥"(陇海线－兰新线)也是经过这个通道。南北之间的通道既有古代著名的南襄通道(南襄隘道),也有现代的京广线、京深高速公路等。承东启西、通南达北的地理位置,决定了河南在全国经济社会活动中的重要地位。

从历史上看,河南是各族人民南来北往、西去东来的必经之地,是各族人民频繁活动和密切交往的场所。因此,古人云"得中原者得天下""当取天下之日,河南有所必争"。今天,河南境内纵横交错的铁路网、四通八达的高速公路和不断发展的航空运输,进一步强化了其交通枢纽的地位;西气东输、南水北调等国家重点工程的陆续兴建,也标志着河南仍然是全国经济社会活动的中心之一。

第二节 区位特征

区位是一个综合的概念,除解释为地球上某一事物的空间几何位置外,还强调自然界的各种地理要素与人类社会经济活动之间的相互联系和相互作用在空间位置上的反映,并具有发生发展演化的时空内涵。区位具有自然、人文特征,其动态的时空变化对区域的政治、文化、经济发展具有重要意义。尤其在当今经济全球化的时代,河南发展面临着前所未有的挑战和机遇。正确把握河南区位的时空特征,对河南发展具有提升文化自信、激发发展动力的重要作用。

一、兵家必争的军事战略要地

"得中原者得天下",这是河南军事战略地位的形象写照。河南地处中原腹地,东部平原是华北平原的一部分,一向为兵家逐鹿的广阔战场。西部和南部的关隘,则扼西进南下之咽喉,又成为兵家居险制胜的必争之地。因此,历代较大规模的战争大都以此为主要战场,如周武王伐纣的牧野之战,春秋战国时期的诸雄争霸,汉时的昆阳之战、官渡之战,南宋岳飞大战金兀术的郾城大捷,以及近现代的许多战乱和战争,等等。尽管现代战争的方式和规模已经超越冷兵器时代,但河南仍然是中国重要的战略要地和战略通道。这种军事地位必将对河南的经济发展产生重要影响。

二、全国重要的交通枢纽和通信枢纽

河南交通区位优势明显,是全国重要的交通枢纽,拥有铁路、公路、航空、水运、管道等相结合的综合交通运输体系。京广、京九、太焦、焦柳、陇海、侯月、新月、新菏、宁西铁路及京广、郑西高铁等多条铁路干线经过河南,形成了纵横交错、四通八达的铁路网。郑州北站是亚洲最大的列车编组站之一,郑州站是全国最大的客运站之一。河南"米"字形高铁网已经建成,郑徐、郑阜、商合杭、郑太、郑万河南段等高铁开通运营,郑州机场三期北货运区开工建设,郑州地铁进入网络化运营时代,高速公路通车总里程突破8 000千米,淮河、沙颍河水运通江达海,综合交通枢纽地位不断强化。空中、网上等"四条丝绸之路"联通世界,自创区、自贸区等"五区联动"能级提升,郑州机场客货运吞吐量跃居中部地区"双第一",中欧班列(郑州)辐射30多个国家130多个城市,跨境电商网购保税模式不断完善,海关机构实现省辖市全覆盖。2020年河南进出口总额累计达2.78万亿元,居中部地区首位。

河南省公用电信网在全国具有重要的战略地位,国家骨干公用电信网"八纵八横"中有"三纵三横"途经河南,加上南北、东西两条架空光缆干线从河南穿过,构成"四纵四横"的信息高速公路基本框架。

三、承东启西的重要中间地带

我国幅员辽阔,东部、中部和西部之间,经济发展水平悬殊。逐步缩小地区间的差距,实现地区之间的相对均衡发展,充分合理利用国土资源,是一个十分重要的经济和社会发展战略问题。从宏观经济的角度看,我国采取以东部沿海地区为基地,由东部向西部逐步推进发展的方针,是比较合理而可行的。而河南正处于中间地带,这就使其在客观上担负着承东启西的重要功能。随着国家新建大型企业以及近期和中期发展的一些重点项目逐步移向中原,河南可充分发挥已有优势,学习东部沿海地区的先进技术和管理经验,积极提升生产能力,促进全省经济早日腾飞。同时,能源支东和技术移西,也为国家远期发展的战略重点逐步移向西部地区创造了良好条件。从全国的角度来看,只有采取这样的中间突破的方针,才真正符合"全国一盘棋"的思想。

四、历史悠久的人文荟萃区

河南是中华民族的发祥地之一。从夏代到北宋,先后有20多个朝代建都或迁都于此,河南长期是全国政治、经济、文化中心。中国八大古都中四个在河南,即十三朝古都洛阳、八朝古都开封、七朝古都安阳、夏商古都郑州。河南文物古迹众多,地下文物和馆藏文物均居全国首位,有记载着人类祖先在中原大地繁衍生息的裴李岗文化遗址、仰韶文化遗址、龙山文化遗址,有"人祖"伏羲太昊陵、黄帝故里和轩辕丘,有最古老的天文台周公测景台,有历史上最早的关隘函谷关、最早的禅宗寺院白马寺,有"中国第一名刹"嵩山少林寺和闻名中外的相国寺,等等。全省共有全国重点文物保护单位420处。洛阳龙门石窟和安阳殷墟等被列入《世界遗产名录》。

河南还是中国姓氏的重要发源地,当今的300个大姓中根在河南的有171个,依人口数量多少而排列的100个大姓中有78个姓氏的源头或部分源头在河南,有"陈林半天下,黄郑排满街"之称的海外四大姓氏均起源于河南。近些年来,到河南寻根谒祖的中华儿女络绎不绝。

自古以来,河南大地上孕育的风流人物灿若繁星,如古代哲学家和思想家老子、庄子、墨子、韩非、程颐、程颢,政治家和军事家姜子牙、商鞅、苏秦、李斯、刘秀、张良、司马懿、岳飞,天文学家张衡,医学家张仲景、僧一行,文学家杜甫、韩愈、白居易、李贺、李商隐、司马光,艺术家褚遂良、吴道子,佛学家玄奘,等等,因此有"天下名人,中州过半"之说;还有现当代史上的抗日英雄吉鸿昌、吴焕先、杨靖宇,革命先辈邓颖超、彭雪枫、许世友,"县委书记的好榜样"焦裕禄,等等。河南是名副其实的人文荟萃之地。

五、实力雄厚的中部经济强省

2022年,河南GDP达6.13万亿元,仅次于广东、江苏、山东、浙江,位居全国第5位、中部地区第1位,并多年保持该排名。改革开放以来,河南经济已积累了相当的实力,经济总量由1978年在全国排名第9位上升到2002年的全国第5位,人均GDP从1990年代初在全国排名第24位上升到2002年的第18位,人均GDP在中部六省中的排名由1980年的第5位上升到2002年的第3位。经济总量的一些标志性指标,如国内生产总值、全社会固定资产投资、社会消费品零售总额、地方财政收入等,河南在中部六省均稳居首位。

当前,河南以科技创新引领产业转型升级,瞄准产业前沿和技术前沿,大力发展战略新兴产业,制定新型显示和智能终端、生物医药、新能源及网联汽车等10个新兴产业链现代化提升方案,"一链一策"专班推进。加快制造业转型升级,出台制造业高质量发展实施方案,强化新技术应用赋能,改造提升优势产业和传统产业,新培育智能工厂和智能车间149个,企业上云10万家。强化科技创新支撑,出台促进郑洛新自创区高质量发展20条措施,国家超算郑州中心建成投用,国家生物育种产业创新中心启动建设,生物大分子药物等14个省级技术创新中心成立,等等,为未来河南省经济高质量发展奠定了坚实基础。

第三节 行 政 区 划

行政区划是国家政权建设和行政管理的重要手段,是国家为了进行分级管理而实行的国土和政治、行政权力的划分。进行行政区划时国家要根据政治和行政管理的需要,根据有关法律规定,充分考虑经济联系、地理条件、民族分布、历史传统、风俗习惯、地区差异、人口密度等客观因素,将全国的地域划分为若干层次、大小不同的行政区域,设置相应的地方国家机关,实施行政管理。行政区划以国家或次级地方在特定的区域内建立一定形式、具有层次唯一性的政权机关为标志。

一、行政区划概述

行政区划,在本质上体现为国家权力在特定地域空间基础上,以国家的政治组织结构的方式来进行地域分割或要素配置。行政区划作为国家政权建设和行政管理的重要手段,是关系国家长治久安和繁荣富强的大政(李学举,2003)。它通过行政建制的撤设、行政区的规模等级、行政区范围的合理性及行政中心的设置等,影响着区域自然资源的开发、生产要素的空间流动与配置、经济活动的空间组织,从而对区域经济发展产生多方面的影响。

行政区划具有巩固基层政权、促进经济发展和加强民族团结三个方面的功能。纵观行政区划的发展历史,可以看出,行政区划的最初起因主要是国家统治的需要,是从政治方面考虑的,经济的因素只占极轻的分量。但是随着生产力的发展,行政区划的划分越来越多地考虑经济发展的要求(张德江,1991)。我国作为单一的中央集权制国家,行政区划的经济功能比较突出。在传统的计划经济体制下,国家的经济发展计划特别是地方经济发展计划,都是通过各级行政区的政府安排并实施的。改革开放以来,在由计划经济体制向市场经济体制转轨的过程中,由于国家一系列简政放权和财政承包政策的出台,地方政府成为区域经济利益的一个重要主体,经济权力得到加强,经济职能不断强化,在区域经济运行中起着推动、组织的作用。各级地方政府都把发展经济作为其主要职能之一,多数情况下,加快经济发展成为地方政府的首要任务。上级政府则把行政区域内的经济发展状况列为衡量、考核辖区内各级政府政绩的重要指标之一。由此可知,区域经济带有强烈的地方政府行为色彩,行政区划的经济功能更加突出。

行政区划是国家治理的重要组成部分和行政资源的空间组织载体,是资源优化配置的重要手段,决定着社会经济运行的交易成本和治理效率。党和国家高度重视行政区划设置工作。习近平总书记指出:行政区划本身也是一种重要资源,用得好就是推动区域协同发展的更大优势,用不好也可能成为掣肘。党的十八届三中全会将优化行政区划设置作为全面深化改革的重要工作部署。中央全面深化改革委员会第二十六次会议审议通过了《关于加强和改进行政区划工作的意见》,对行政区划结构调整和发挥作用提出新的要求,要加强战略性、系统性、前瞻性研究,组织研究拟定行政区划总体规划思路,提升行政区划设置的科学性、规范性、有效性,确保行政区划设置和调整同国家发展战略、经济社会发展、国防建设需要相适应。

二、行政区划的原则

行政区划随着国家的产生而产生。按地域划分行政区而不依氏族划分部落,这是国家区别于氏族组织的一个基本特点。不论何种类型的国家,行政区域的划分总要符合统治阶级的根本利益,同时顾及政治、经济、文化、民族、地理、人口、国防、历史传统等多方面

的因素。随着现代社会生产力的发展,经济因素在行政区划中起着越来越重要的作用。行政区划的主要原则包括以下三方面:

① 政治原则。促使国家机关密切联系人民群众,便利人民群众参与国家管理。
② 经济原则。根据不同地区的经济特点进行划分,使之有利于发展社会生产力。
③ 民族原则。根据少数民族的居住状况和其他特点进行划分,使之有利于各民族的发展,巩固各民族的团结。

这些原则是相互联系、相互结合的。此外,行政区划也顾及历史传统、人口分布、地理条件和国防需要等因素。

三、河南行政区划现状

根据宪法和有关法律、法规的规定,中国现行的行政区划如下:
一级省级行政区:包括省、自治区、直辖市、特别行政区。
二级地级行政区:包括地级市、地区、自治州、盟。
三级县级行政区:包括市辖区、县级市、县、自治县、旗、自治旗、特区、林区。
四级乡级行政区:包括街道、镇、乡、民族乡、苏木、民族苏木、县辖区。

截至 2022 年 11 月,河南辖 17 个地级市,21 个县级市(含 1 个省直辖县级市),82 个县,54 个市辖区,1 791 个乡镇,662 个街道办事处。河南省政府驻郑州市金水区金水东路 22 号。

表 1-3-1 河南省行政区划

省辖市	市辖区、县级市、县	次级行政区
郑州市	中原区、二七区、管城回族区、金水区、上街区、惠济区、巩义市、荥阳市、新密市、新郑市、登封市,中牟县	6 市辖区,5 市,1 县
开封市	龙亭区、鼓楼区、禹王台区、顺河回族区、祥符区,兰考县、通许县、杞县、尉氏县	5 市辖区,4 县
洛阳市	涧西区、西工区、老城区、瀍河回族区、洛龙区、偃师区、孟津区,宜阳县、新安县、洛宁县、栾川县、伊川县、汝阳县、嵩县	7 市辖区,7 县
平顶山市	新华、卫东区、石龙区、湛河区,汝州市、舞钢市,鲁山县、宝丰县、叶县、郏县	4 市辖区,2 市,4 县
安阳市	文峰区、北关区、殷都区、龙安区,林州市,安阳县、滑县、汤阴县、内黄县	4 市辖区,1 市,4 县
鹤壁市	鹤山区、山城区、淇滨区,浚县、淇县	3 市辖区,2 县
新乡市	红旗区、卫滨区、牧野区、凤泉区,卫辉市、辉县市、长垣市,新乡县、获嘉县、原阳县、延津县、封丘县	4 市辖区,3 市,5 县
焦作市	山阳区、中站区、解放区、马村区,沁阳市、孟州市,修武县、博爱县、武陟县、温县	4 市辖区,2 市,4 县
濮阳市	华龙区,濮阳县、清丰县、南乐县、台前县、范县	1 市辖区,5 县
许昌市	魏都区、建安区,禹州市、长葛市,鄢陵县、襄城县	2 市辖区,2 市,2 县
漯河市	郾城区、源汇区、召陵区,舞阳县、临颍县	3 市辖区,2 县
三门峡市	湖滨区、陕州区,灵宝市、义马市,渑池县、卢氏县	2 市辖区,2 市,2 县

续表

省辖市	市辖区、县级市、县	次级行政区
商丘市	睢阳区、梁园区,永城市,民权县、宁陵县、柘城县、虞城县、夏邑县、睢县	2市辖区,1市,6县
周口市	川汇区、淮阳区,项城市,鹿邑县、扶沟县、西华县、商水县、沈丘县、郸城县、太康县	2市辖区,1市,7县
驻马店市	驿城区,新蔡县、西平县、遂平县、平舆县、上蔡县、正阳县、泌阳县、确山县、汝南县	1市辖区,9县
南阳市	宛城区、卧龙区,邓州市,南召县、西峡县、方城县、镇平县、内乡县、淅川县、社旗县、唐河县、新野县、桐柏县	2市辖区,1市,10县
信阳市	浉河区、平桥区,固始县、罗山县、光山县、潢川县、淮滨县、商城县、新县、息县	2市辖区,8县
济源市		1市

第二章　自然环境与资源分布

河南省气候具有四季分明、雨热同期、复杂多样和气象灾害频发的特点。河南省地层古老且丰富,从太古代至第四纪的各时代地层均有出露,为丰富的矿产资源奠定了坚实的物质基础。以栾川－确山－固始断裂为界,把河南地层划分为华北和秦岭两个地层区,其中华北地层区是双层结构,秦岭地层区是一个长期活动带。地壳演化过程划分为太古到早元古阶段、中元古到晚元古早期阶段、震旦纪－三叠纪阶段和侏罗纪－第四纪阶段等四个阶段。河南地质构造类型多样,地貌包含了山地、丘陵、平原和盆地等类型,自然景观多样。河南省河流分属四大水系,即长江水系、淮河水系、黄河水系和海河水系,水资源丰富。河南省生物种类比较丰富,生物群落类型多样,生物资源和珍稀濒危生物种类和数量在全国均具有重要地位,为河南省经济发展创造了有利条件。

第一节　气　　候

河南省气候是较为典型的大陆性季风气候。全省气温分布趋势由南向北递减,年平均气温为14℃左右。受季风的影响,河南多年平均降水量具有由南向北、自东南向西北逐渐减少的特征。在全球气候变化的背景下,河南省各种灾害性天气频繁出现,其中以干旱、洪涝两大灾害最为严重。

一、气候基本特征

河南省大部分地处北半球暖温带,南部跨亚热带,属北亚热带向暖温带过渡的大陆性季风气候,同时气候还具有自东向西、由平原向丘陵山地过渡的特征。总体而言,气候四季分明,雨热同期,复杂多样,同时气象灾害也较为频繁。全省由南向北年平均气温为10.5～16.7℃,年均降水量407.7～1 295.8毫米,降水以6～8月份最多,年均日照1 285.7～2 292.9小时,全年无霜期201～285天,适宜多种农作物生长。

(一) 四季分明

河南省气候受季风影响明显,一年内四季气候各异,具有冬季寒冷少雨雪、春季干旱多风沙、夏季炎热降水多、秋季晴朗日照长的特点。这种季节性气候特点的形成主要是太阳辐射和季风的季节性变化影响所致。一般讲,在太阳辐射较强的季节和地区,地面受热较多,气温较高,夏季风活跃、影响大的季节和地区降水也比较多。河南省的季节变化显著,四季分明,各地四季不仅起止日期先后不一,并且季节长短也有差异(见表2-1-1)。

表 2-1-1　河南省四季长短变化状况(单位:d)

季节		春季	夏季	秋季	冬季
平均		58	110	60	137
最长	地点	嵩山	洛阳	嵩山	嵩山
	时间	92	115	90	180
最短	地点	安阳	嵩山	新乡	信阳
	时间	56	5	56	126

四季时间变化规律大致为:春季一般在3月下旬开始,淮南较早,在3月中旬;嵩山因地势较高,推迟到4月中旬。全省春季长平均在58天,豫西和豫南山地长达60~70天,嵩山的春季最长,为90天以上。全省春季长短的分布大致有以下规律:山地比平原长,南部比北部长。全省入夏时间比较一致,一般都在5月下旬,只有海拔500米以上的豫西山地在6月上旬,而海拔在1400米以上的嵩山在7月中旬入夏。全省夏季长平均为110天;豫西山区较短,约90天;嵩山更短,仅有几天时间。全省具有平原夏长、山地夏短的特点。入秋时间,全省一般在9月上旬末至中旬初,山地早,平原迟,如嵩山秋季始于7月下旬,豫西、豫北山区始于8月底或9月初。全省秋季长短与春季相近,平均为60天,嵩山地区可达90天,存在着山地秋长、平原秋短的特点。全省11月上旬入冬,只有嵩山地区在10月下旬入冬。全省冬季时间偏长,淮南与南阳盆地冬季长120~130天,其他地区为135~140天,嵩山可达半年之久。冬季具有山地长、平原短,北部长、南部短的特点。综合上述,全省冬季最长,夏季次之,春、秋季较短;嵩山有明显差异,冬季特别长,夏季最短。以上资料说明本省季节变化复杂。

1. 春季气候概况

春季多风干旱。春季(3~5月)太阳高度角增大,白昼变长,到达地面的太阳辐射量增多,可占年太阳辐射量的30%左右。春季蒙古冷高压减弱北撤,西太平洋副热带高压西伸北抬,处于冬季风向夏季风转换的过渡季节,天气系统变化复杂,冷暖空气交错频繁,但仍以冬季风的影响为主。在气温迅速回升、风和日丽的阳春时节,有时会出现寒风料峭、乍寒乍暖的天气。

4月份,全省各地平均气温大都在14~15℃,豫西深山区的卢氏、栾川等地在14℃以下,豫西南及豫南信阳地区在15℃以上。春季降水日数全省平均变化在15~40天,占年降水日数的20%~30%。季降水量全省自北向南变化在80~400毫米。豫南春雨较多,一般在300毫米以上,约占年降水量的30%;豫北春雨量不足100毫米,占年降水量的15%以下(见表2-1-2)。各地平均风速为1.8~4.3米/秒;4月份风速为3.0~4.6 m/s,为一年中最大;沿黄地区及豫北平原有时会出现沙尘暴。时间短、干旱、大风多是河南省大部分地区春季的气候特色。

2. 夏季气候概况

夏季炎热多雨。夏季(6~8月)太阳高度角为一年中最大,昼长夜短,到达地面的太阳辐射量占年太阳辐射量的30%左右。西太平洋副热带高压为夏季控制和影响河南天

表 2-1-2　河南省 7 个站主要气候要素资料

四季	要素	安阳	郑州	洛阳	卢氏	商丘	南阳	信阳
春季	季降水量/mm	82.8	126.1	117.9	138.5	133.0	171.4	287.3
	平均风速/(m/s)	3.0	3.2	2.2	1.8	3.2	2.5	2.8
	大风日数/d	4.5	7.9	2.5	0.6	2.5	1.6	4.3
	沙尘暴日数/d	0.3	2.1	0.3	0.0	0.5	0.3	0.0
夏季	7月气温/℃	26.8	27.1	27.3	25.3	26.9	27.1	27.5
	最高气温/℃	41.5	43.0	44.2	42.1	43.0	41.4	40.1
	降水量/mm	358.8	325.4	292.6	293.3	371.9	389.4	500.7
	降水日数/d	30.8	29.8	30.6	38.3	30.5	33.2	35.1
秋季 10 月	降水量/mm	34.8	46.7	47.0	61.1	40.6	60.4	75.3
	日照时数/h	194.5	188.4	175.0	153.5	196.3	161.0	166.3
	晴天日数/d	10.2	8.1	8.1	6.0	9.7	6.7	6.5
冬季 1 月	平均气温/℃	−1.4	−1.0	0.7	−1.1	−0.4	−1.3	2.0
	最低气温/℃	−15.9	−16.3	−15.3	−17.9	−15.2	−17.6	−16.9
	降水量/mm	4.3	8.7	7.6	5.9	12.2	13.5	28.8
	降水日数/d	2.0	2.8	3.3	3.8	2.8	4.3	6.8

气的主要大气环流系统,盛行温暖、湿润的偏南夏季风,气温高,降水多。

夏季平均气温全省大部分地区为 26～27℃,豫西深山区的卢氏、栾川在 26℃以下,南阳盆地西南和豫东南固始一带在 28℃以上,各地气温高低相差 3℃左右。各地年极端最高气温多出现在 6、7 月份,年平均极端最高气温大多数在 37～39℃,南阳盆地西南一隅及洛阳、孟津一带达 40℃以上,豫西深山区卢氏一带在 36℃以下。极端最高气温大部分地区都出现过 40℃以上的记录,高于 44℃以上的极端最高气温主要出现在豫西伊洛盆地和西部丘陵地区。日最高气温≥35℃日数全省大部分为 16～20 天;南阳盆地西南部最多,在 24 天以上;豫西深山区大都在 16 天以下;卢氏一带最少,不足 8 天。

夏季为河南降水最多的季节,季降水日数各地差别不大,一般在 30～35 天,山区多些,达 35～43 天。降水日数占年降水日数的 28%～40%。季降水量约 300～500 毫米,占年降水量的 40%～65%。夏季降水强度大,多大雨和暴雨,降水分布极为不均,各地 7 月份降水量多在 160～250 毫米,8 月份在 80～160 毫米。

3. 秋季气候概况

秋季晴朗日照长。秋季(9～11 月)太阳位置逐渐南移,高度角减小,白昼变短,到达地面的太阳辐射量占年太阳辐射量的 20%左右。西太平洋副热带高压减弱,呈现向东向南退缩,蒙古冷高压开始增强南侵,大气环流系统的调整引起了夏季风向冬季风的转换。秋季气温速降,降水减少,日照富足。

10 月平均气温全省大部分地区在 14～16℃,豫西深山区在 14℃以下,南阳盆地及豫南淮河两岸地区在 16℃以上;北部比南部降温迅速,南北温差增大至 2℃左右。季降水日数全省 20～30 天,占年降水日数的 23%～28%;豫南与豫西山区降水日数较多,达 25～30 天,占年降水日数的 27%～28%。季降水量全省大部分地区在 100～200 毫米,占年降水量的 15%～30%;豫南降水量最多,在 200 毫米以上,豫北及豫东部分地区降水较少,在 150 毫米以下。10 月份全省日照时数一般在 160～220 小时,豫中尉氏一带达 220 小时以上,豫西深山区不足 160 小时。由于夏季风已逐渐退却,冬季风尚未全盛,冷暖空气交错的机会少,故河南省秋季以晴朗天气为主,常有一段"秋高气爽"天气。

4. 冬季气候概况

冬季寒冷干燥。冬季(12 月至次年 2 月)本省太阳高度角小,昼短夜长,到达地面的太阳辐射量仅占年太阳辐射量的 15% 左右(见表 2-1-3)。蒙古冷高压为冬季控制和影响河南天气的大气环流系统,境内盛行寒冷、干燥的偏北风。这两方面的影响形成了本省冬季气温低、降水少的基本气候特点。

表 2-1-3　河南省 4 个站太阳辐射量(单位:×10^6 J/m²)

站名	纬度(北纬)	冬季	春季	夏季	秋季	全年
豫北安阳	36°07′	751.39	1 462.48	1 594.84	992.34	4 801.05
省会郑州	34°43′	851.12	1 439.04	1 622.06	1 023.54	4 935.76
豫中郾城	33°35′	797.06	1 412.64	1 714.45	1 051.33	4 975.48
豫南固始	32°10′	815.11	1 388.96	1 785.55	1 102.33	5 091.95

冬季,最冷月(1 月)平均气温全省在 2～-2℃,由南向北递降,每一个纬度温差达 0.8℃,冬季极端最低气温大部分地区在 -15～-20℃。冬季降水日数历年平均 8～25 天,占年降水日数的 10%～20%;降水量在 15～50 毫米,豫东南部相对较多,一般在 50 毫米以上,其他地区在 50 毫米以下。低温、少雨使得空气干燥,全省 1 月份空气绝对湿度 3～6hPa,相对湿度 50%～70%,为一年中最干燥时期。

(二)雨热同期

河南省气候的基本特点是年内气温和降水的季节性变化趋势一致,夏季高温期与多雨期吻合。雨热同期的气候特点对农业生产较为有利。高温季节,农作物生长迅速,蒸发、蒸腾以及呼吸作用增强,需要较多的水分供应才能维持正常的生理机能,这时降水丰富正好可满足作物生长的需要,"好雨知时节"利于农作物的正常生长发育。河南农业生产中春播和夏播作物之所以占有重要地位,就是人们利用气候优势条件的结果。在低温季节,农作物减速或停止生长以适应气候,需水量相对减少,此时降水少也不会对作物造成明显的危害。河南主要作物冬小麦于秋季 9 月下旬至 10 月下旬播种,在降水少、寒冷的冬季停止生长以安全越冬;来年春季气温回升,小麦返青进入生长期,需水量增加,而入春后大气降水也逐渐增多。降水与气温变化的趋势一致,非常有利于冬小麦种植。

雨热同期的气候特点也有不利于生产的一面。气温的年际变化较降水小,且气温的季节变化是连续渐变的,而降水随时间的变化是不均匀的。尤其是夏季降水强度大,分配极为不均,年际间的差异明显。有些年份一两次高强度降水过程的降水量会接近或超过多年平均季降水量,造成季降水异常偏多;有些年份夏季降水又异常偏少。即使季降水量正常,也会因时间分配不均造成农作物需水关键期间无雨,影响其正常生长发育。在季降水量严重偏少年份,旱情更加严重。所以农民习惯称夏季农业生产"三天一小旱,五天一大旱"。

(三) 气候复杂多样

过渡性是河南大陆性季风气候背景下气候的显著地方特色,气候南北方向上的纬度地带性过渡、东西方向上的气候垂直地带性过渡都比较显著。河南省南部因太阳辐射条件优越,受夏季风影响的程度大,具有亚热带气候的特点;而北部地面得到的太阳辐射量相对较少,受夏季风影响的程度小,气候具有暖温带气候的特点。亚热带气候与暖温带气候的分界大体在平舆—驻马店—桐柏—唐河—南召—西峡一带,以及伏牛山南坡800~1 000米等高线附近,此线以南为北亚热带气候,以北为暖温带气候。亚热带气候区是全省热量条件和水分条件最优的地区。这里年平均气温在15℃以上,≥10℃积温在4 800℃以上,局部地区在5 000℃以上,无霜期220天以上;最冷月平均气温1℃以上,豫西南部2℃以上;年降水量大于800毫米,局部可超过1 000毫米。暖温带气候区,年平均气温在14℃以下,≥10℃积温少于4 800℃,无霜期200~220天;最冷月平均气温在1℃以下,大部分地区在0℃以下;年降水量800毫米以下,有些地区不足600毫米。根据气候要素及其对农业生产的影响特点,可将河南气候分为淮南气候区、南阳盆地气候区、淮北平原气候区、豫东北气候区、太行山气候区、豫西丘陵气候区、豫西山地气候区等7个自然气候区(见图2-1-1)。气候的过渡性在农业生产种植制度上也有显著的表现。在自然降水条件下,豫南可以一年种植两季水稻,自南而北水稻栽培面积逐渐减少并被耐旱作物替代。豫北水稻仅在有灌溉条件的地方才能种植。全省自南向北因降水不同而存在着湿润区、半湿润区、半干旱区的过渡性变化。湿润区在新蔡—驻马店—舞阳—唐河—邓州—淅川—西峡—南召—栾川—卢氏一线以南的地区,半干旱区在内黄—淇县—辉县—原阳—荥阳—偃师—洛阳—渑池—三门峡—灵宝一线以北地区,半干旱地区以南、湿润地区以北的地区为半湿润区。

河南省东部是广阔的大平原,西部是连绵的山地丘陵。西部起伏的地形削弱了气候的纬度地带性,形成了气候空间分布的复杂变化。豫西山地气候最显著的特点是空间分布极其复杂,即使同一山地的不同坡地气候条件的差异也非常大,如西峡和卢氏夏季降水量分别为422.8毫米和232.6毫米,鲁山和嵩县分别为410毫米和330毫米。山地气候的复杂多样性还表现在海拔较高的山地,形成垂直气候带,所谓"一山有四季,十里不同天",正是山区气候特点的写照。例如,豫西伏牛山区南坡存在着北亚热带、暖温带和温带3个气候带:北亚热带气候分布于海拔500~600米,生长着常绿阔叶和落叶混交林;暖温带气候分布于海拔600~1 000米,生长着暖温带落叶阔叶树种;温带气候分布于海拔1 000~1 100米以上,生长着温带针叶、落叶阔叶混交林树种及灌木丛。山地气候类型的复杂多样,从某种意义上讲也是一种生态气候资源优势,适宜多种植物栽培,对农业生产的种植多样化和立体农业发展极为有利。

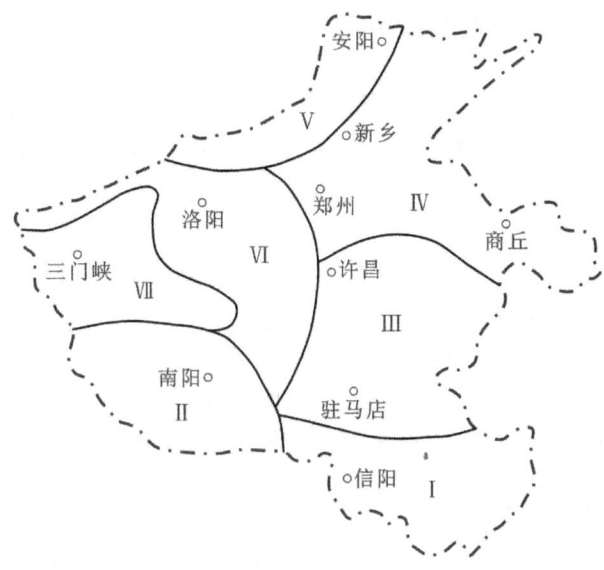

图 2-1-1　河南省自然气候区（李永文等，2010）

注：Ⅰ 淮南气候区；Ⅱ 南阳盆地气候区；Ⅲ 淮北平原气候区；Ⅳ 豫东北气候区；Ⅴ 太行山气候区；Ⅵ 豫西丘陵气候区；Ⅶ 豫西山地气候区。

（四）气象灾害频繁

河南地处黄淮海平原腹地，气象灾害类型多、频率高，是我国气象灾害危害严重的地区之一。气象灾害对农业生产的影响尤为巨大，多灾并发。发生最频繁的灾害是旱、涝两大灾害，且旱涝常交替出现；冰雹、大风影响的范围小，多为局部性灾害。常见气象灾害主要有以下几种类型：干旱、霜冻、干热风与青枯、大风、冰雹、寒露风等。据河南省 60 个监测站近 70 年的年降水量资料，河南全省各地同时干旱的年份至少有 13 次。参照国务院应急办的标准，死亡人数超过 30 人以上时，事件为重大型事件，1961 年以来暴雨灾害性事件，共整理出 14 次重大灾害事件。全省平均大风灾情次数由 11.8 次上升到 14.5 次；进入 21 世纪后，全省平均大风灾情次数猛升至 22.7 次。在 1644～1980 年的 330 多年间，河南下冰雹的年份就有 190 多年，局部地区连年降雹或一年多次降雹。1990 年以来，河南平均降雹 3.5 次/年。

二、气温特征

（一）一般特征

河南省气温分布趋势为由南向北递降。日均温稳定通过≥10℃的初日，豫南在 3 月下旬，豫北在 4 月上旬，由南向北大约每增加一个纬度，平均推迟约 3 天。受地势的影响，豫西山地推迟到 4 月下旬。各地的绝大多数植物从初日开始逐渐旺盛生长，冬小麦开始拔节，果树开花。日均温稳定通过≥10℃的终日，一般在 11 月上旬，北部和西部山地则提前到10月下旬。全省植物活跃生长期一般长达190～225天，淮南较长，在220天以上；豫北、豫西山地较短，为190～200天。

温度是影响植物生长发育和生理现象的重要因素。与农业生产关系极为密切且具有普遍意义的是某些农作物的界限温度。一般情况下，日平均气温达到0℃以上时，土壤开始解冻，可开始田间作业，所以日平均气温持续在0℃以上的时期称农耕期。日平均气温稳定通过5℃，越冬作物和大多数林木开始复苏；日平均气温≥15℃的持续期，为喜温作物（如水稻、棉花）的适宜生长期。河南大部分地区热量条件可满足麦杂两熟和稻麦两熟的需要，对于两年三熟其热量条件更有保证。西部山区一般只能一年一熟或两年三熟，因为≤0℃低温的始现期与终止期和日均温≥10℃的界限温度终止期与始现期极为接近，故在早春及晚秋大部分地区有霜冻发生。此外，豫东平原北部地区，强冷空气可以长驱直入，不少年份可能出现连续低温天气，对冬小麦和春播作物的生长有较大影响。

（二）极端气温

河南省近年来由于极端气温而导致的灾害逐年增加，已经成为河南省农业和经济发展的一大障碍。因而研究河南省极端气温的时空特征有利于我们掌握气候变化规律，有助于防灾减灾，从而保护农业和经济发展。同时，对极端气温时空变化特征的研究也有很大的天气学意义。

1958～2012年，河南省热持续指数线性倾向率呈下降趋势，变化倾向率为-0.3 d/10a；夏日日数线性倾向率呈上升趋势，变化倾向率为1.3 d/10a；暖昼日数线性倾向率呈下降趋势，变化倾向率为-0.16d/10a；暖夜日数线性倾向率呈现明显上升趋势，变化倾向率为2.9 d/10a。4个极端高温指数中，暖夜日数的上升趋势最为显著，热持续指数和暖昼日数虽然近年来呈现线性下降趋势，但变化倾向率很小（见图2-1-2、图2-1-3）。1960～1980年，热持续指数、夏日日数、暖昼日数、暖夜日数均呈现下降趋势；1980～2000年则均呈现上升趋势，夏日日数、暖昼日数以及暖夜日数的上升趋势甚至持续到2010年左右，其中暖夜日数上升最为显著，在2009年达到了近50年的最高值。2000年以后极端气温事件偏多。河南省1958～2012年表征低温的4个指数线性倾向率均呈现下降趋势，冷持续指数、霜日日数、冷昼日数、冷夜日数的变化倾向率分别为-0.15 d/10a、-3.4 d/10a、-0.4 d/10a、-2.4 d/10a。4个极端低温指数中，霜日日数与冷夜日数线性下降趋势较为显著，其中霜日日数的下降趋势最明显，冷持续指数和冷昼日数线性下降趋势较为平缓。

冷持续指数呈波动下降的趋势，1965年前后是一个较为明显的高值区，1980年前后是一个低值区，2000年前后是一个不明显的高值区，但2000年前后高值区的波峰明显小于1965年前后的高值区波峰。而且观察发现，两个高值区期间，滑动曲线均有两三个小波动，相较于低值区，高值区的波动更加频繁。霜日日数和冷夜日数相较于其他指数，变化幅度更为明显，且具有较为一致的变化趋势。1968～1998年是一个持续时间较长的高值区，但整体还是呈下降趋势。在1988年左右两个指数的滑动平均曲线均有多个频繁的小波动，说明这一时期极端气温事件较多。相较于冷夜日数，霜日日数的波动则更加明显，而在2002年以后其滑动平均曲线又出现了频繁的小波动。冷昼日数的下降趋势则较为平缓，1970年前后有一个较小的高值区，1980～2008年多项式曲线与线性趋势线基本

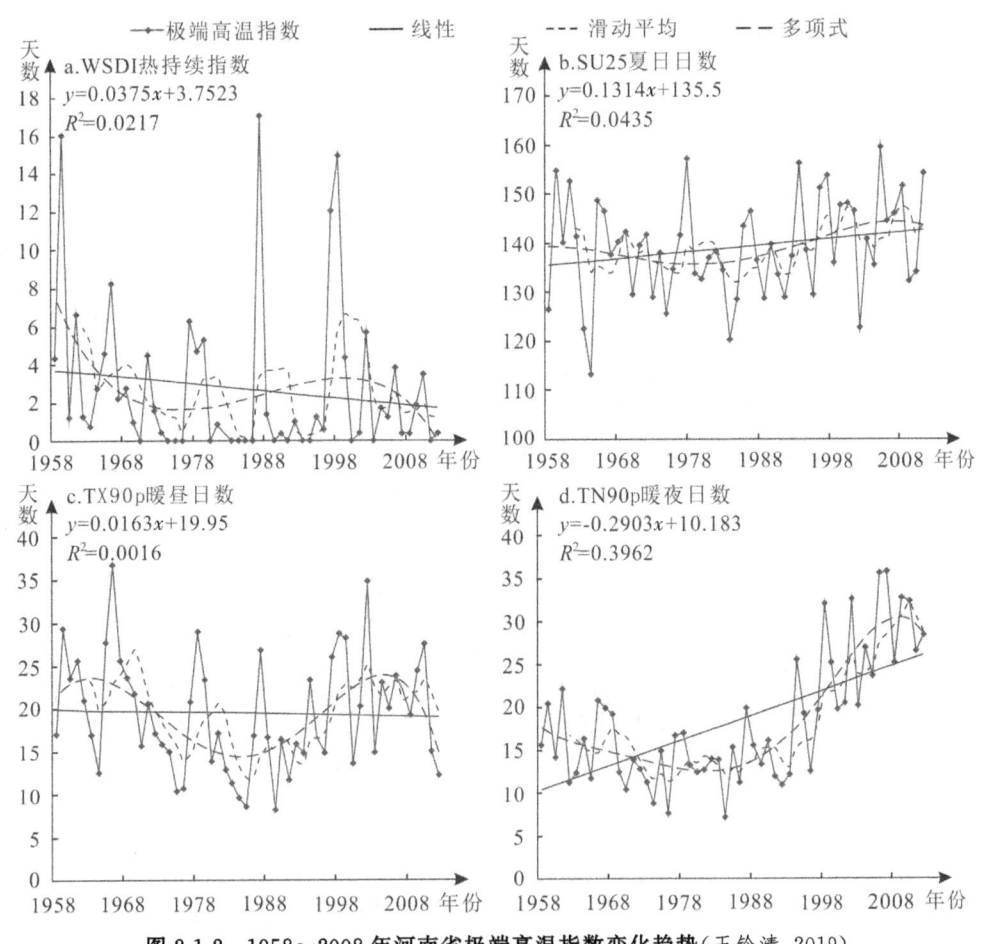

图 2-1-2 1958~2008 年河南省极端高温指数变化趋势(王铃清,2019)

重合,下降趋势较为平缓;2008 年以后则进入一个低值区。

极端高温指数整体上呈上升趋势,而极端低温指数整体上呈下降趋势,说明在过去 50 多年中,河南省的极端气温变暖特征十分显著,气温变化以变暖为主要趋势,和全国乃至全球变暖的大趋势吻合。分析极端高温指数的空间分布发现,热持续指数、夏日日数和暖昼日数的变化倾向率(绝对值)均呈现西高东低的趋势,而暖夜日数则呈现东高西低的趋势,暖夜日数也是 4 个表征高温的极端气温指数中上升趋势最为显著的指数。分析极端低温指数的空间分布发现,东南地区下降趋势较为显著,尤其是西华站,4 个指数均呈较为明显的下降趋势。霜日日数的变化倾向率在 −7.0~−0.6d/10a,在所有极端气温指数中霜日日数的变化显著性最为突出。海拔高度对极端气温指数也有一定的影响,夏日日数随着海拔的升高而逐渐减少,霜日日数随着海拔的升高而明显增加。其他几个极端气温指数的变化与海拔高度的变化并没有较为明显的关联,可能是因为虽然河南省整体地势呈西高东低,但此次研究所选取的站点海拔范围较小,导致了其他极端气温指数的海拔梯度变化不明显。

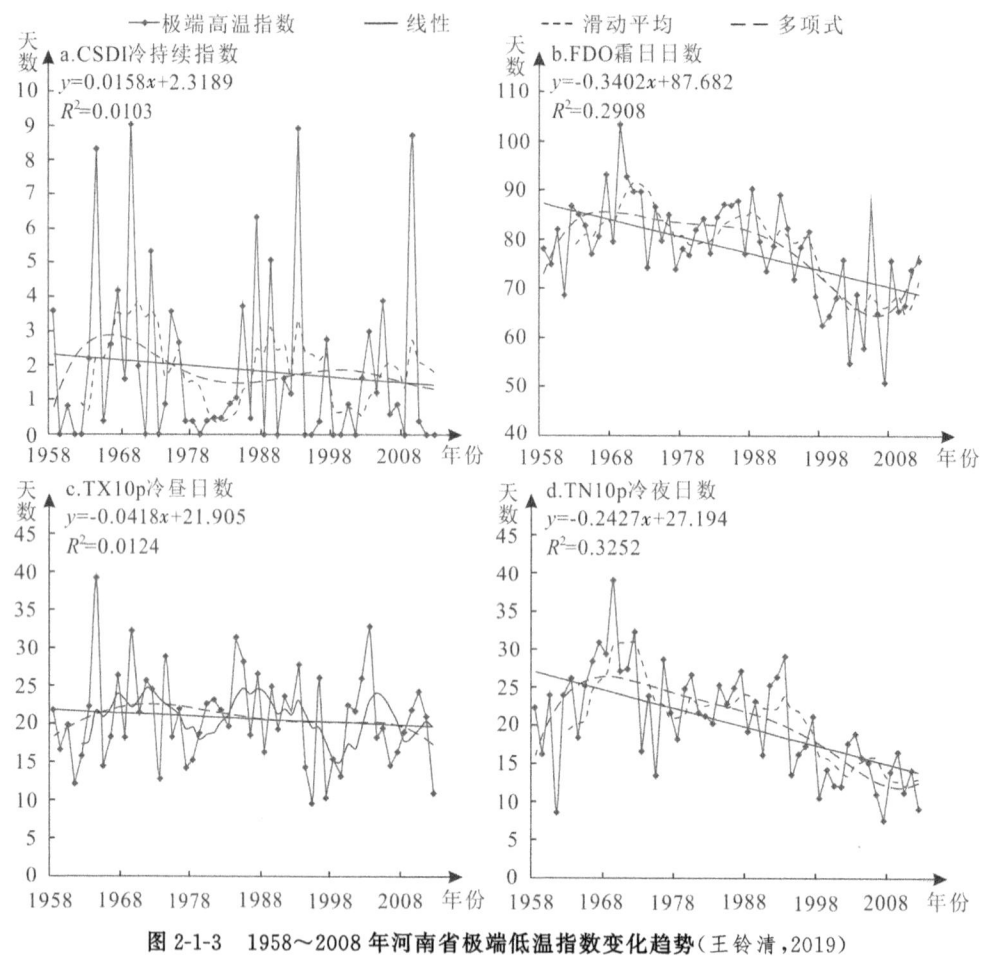

图 2-1-3 1958～2008 年河南省极端低温指数变化趋势(王铃清,2019)

三、降水特征

降水作为一个重要的气象要素,其年际变化和空间分布特征对各地区的水资源平衡、农业生产和经济社会的发展有着重要的影响(贾军霞等,2018)。河南省是一个农业大省和人口大省,其降水的时空变化对全国粮食供给的影响尤为重要。河南多年平均降水量具有由南向北或由东南向西北逐渐递减的特征,主要是受季风的影响。800 毫米等年水量线大致在栾川—嵩县—鲁山—叶县—商水—项城—沈丘—夏邑—永城一线。此线以南,年降水量多在 800 毫米以上,其中淮河以北平原和南阳盆地为 800～900 毫米,淮河以南在 1 000 毫米左右,其中信阳接近 1 100 毫米以上(见图 2-1-4);此线以北,年降水量多在 800 毫米以下,其中黄河沿岸地区为 700 毫米左右,向北向西渐减至 600 毫米左右,其中濮阳最少。由于受季风影响,河南年降水量季节分配不均。夏季降水量的集中程度越向北越高,黄河以北一般都在 60%以上。冬季降水量少,只有 20～100 毫米,仅占年降水量的 3%～10%,而且由南向北递减。春季和秋季降水量介于冬夏之间。全省大部分地区春季降水量 80～140 毫米,占年降水量的 15%～20%;秋季降水量 150～200 毫米,占年降水量的 20% 左右。

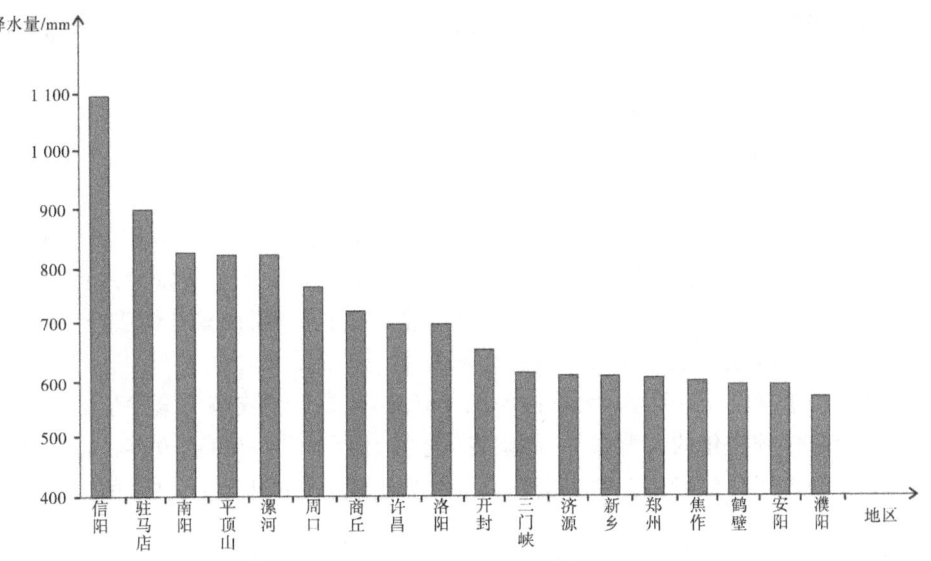

图 2-1-4　河南多年平均降水量空间分布

根据 1965～2014 年河南省 17 个气象观测站的逐日降水资料,河南省春季降水量 1998 年波动较大,达到近 50 年降水量的最大值,其他年份的降水量均相对稳定。夏季和秋季降水量相对稳定,冬季降水量波动较大,春、夏、秋、冬 4 个季节的降水量均呈不太显著的上升趋势,增幅分别为 0.87 毫米/10a、6.98 毫米/10a、4.09 毫米/10a、2.63 毫米/10a。从降水日数上看,河南省的年降水日数变化在 100～200 天(王纪军等,2009;李春等,2010),1965～2014 年大部分地区的降水日数呈下降趋势。春季降水量呈增加趋势,增幅由东向西逐渐减小,商丘东部和濮阳东北角增幅最大,为 5.48～6.50 毫米/10a;三门峡、洛阳、平顶山等地增幅较小,为 0.41～1.42 毫米/10a。夏季降水量增加幅度相对较大,增幅最大为 17.07～20.05 毫米/10a,最小为 2.16～5.14 毫米/10a,但增幅变化在空间分布上没有明显的规律性。南阳和周口的增幅大于其他地区,且增幅的变化比较明显,跨越多个幅度带;安阳西部、鹤壁和新乡的增幅最小。秋季降水量整体也呈增加的趋势,且增幅从东南向西北逐渐减小,信阳地区的增幅最大,且增幅变化十分明显。冬季降水量的增幅相对明显,且增幅由南向北逐渐减小。

河南 4～10 月各地降水量均占年降水量的 80%～90%,豫西北丘陵地区 450 毫米左右,黄河两岸 500 毫米上下,淮南地区达 800～1 000 毫米。此期丰沛的降水量配以充足的光照条件,对农业生产极为有利。根据降水量与可能蒸发量的对比状况,河南湿润状况大体可以分为 3 个地带:一是湿润地带,主要包括淮河两岸平原、桐柏－大别丘陵山区及伏牛山区的栾川、卢氏、南召、西峡山区,带内降水量能满足作物全生育期的需要;二是半湿润地带,包括豫东平原、南阳盆地和伏牛山东缘低山丘陵,带内降水量不能完全满足农作物生长的需要,为使作物稳产高产需要适当灌溉;三是半干旱地带,主要包括豫北平原、中部丘陵、西部黄土丘陵及伊洛河谷地区,带内降水量常年不足,春秋季节多干旱,在农业生产中应切实加强防旱抗旱措施。

发展灌溉是河南农业稳产高产的基本保障。因为全省除淮南地区正常年份可满足麦稻等作物对田间降水最低指标800毫米要求外,其他大部分地区特别是干旱地区都需要发展农田灌溉。

四、气象灾害

气象灾害是影响河南经济发展的最主要的自然灾害。20世纪80年代以来,受全球气候变暖的影响,气象灾害发生频繁,暴雨、干旱、高温、大风、雷电等重大气象灾害以及由气象灾害引发或衍生的其他灾害对社会经济建设、人民生命财产安全构成极大威胁,气候极端事件增加的问题越来越受到社会的普遍关注。

河南省冷暖气团交绥频繁,大陆性季风气候显著,是气象灾害频繁发生的省级行政区之一。在全球气候变化的大背景下,河南省气候变化既有其一致性,也存在特殊性。近年来气候变化等原因导致河南各种灾害性天气频繁出现,其中以干旱、洪涝两大灾害最为严重。

(一)干旱

1. 河南省近70年来干旱气象灾害概述

气候干旱是河南省经常存在的气候现象。受气候变暖的影响,近70年来河南干旱有不断加剧的趋势。河南省60个监测站近70年的年降水量资料显示,河南全省同时干旱的年份至少有13次,年降水距平百分率基本在-10%以下。出现过9个大旱及特旱年份,即1966年、1978年、1981年、1986年、1997年、1999年、2001年、2008年、2014年,1959～1961年、1965～1966年、1977～1979年和1985～1986年为4次连续大旱期。1977～1979年为全省性干旱,尤以1978年最为严重,豫北地区干旱时间长达200多天,其他地区也有100多天,旱情之严重近百年所少有。2014年的气候干旱是近百年来罕见,河南省的整体气温较往年偏高,夏季气温达到40℃以上,高温持续时间长,同时夏季的整体降雨量为百年来的最低值,夏季平均降雨量只有150毫米。

除全河南省同旱以外,由于受到自南向北由北亚热带向暖温带气候过渡、自东向西由平原向丘陵山地气候过渡两个方面的影响,局部干旱现象,即南涝(旱)北旱(涝)或者东涝(旱)西旱(涝)、东西涝(旱)南北旱(涝)时有发生。河南干旱气象灾害有以下特征:一是夏旱、春旱最为频繁,对农作物危害最大。二是地区分布上,以豫北干旱最频繁、严重;豫东、豫中次之;豫西沿河和豫东南又次之;豫西山地程度最轻,次数也最少。三是旱、涝同年出现,通常是先南涝北旱,后南旱北涝。

2. 河南省干旱气象分区

河南降水量的空间分布差异显著,加之各地自然条件的差异,形成了干旱灾害分布的地理性差异。河南省大致可分为5个干旱区(见图2-1-5)。受干旱威胁最大的地区是豫北干旱区,各季都有发生干旱的可能性。豫西山区干旱影响较轻,干旱区均分布于丘陵地区,山脉的迎风坡旱情相对较轻,山脉之间的河谷地带旱情较重,尤以豫西北的黄河谷地旱情最重。

豫北干旱区在河南省境内黄河以北地区。这个地区的干旱以春旱为主,频率在30%以上,发生频繁,危害严重;该区冬春初夏连旱的频率也较大。豫西浅山丘陵南阳盆地淮北干旱区范围为:淮河以北,京广线以西,沙河以南,卢氏—宝丰—内乡以东。这一地区干旱灾害频率在50%~60%,以伏旱为主(频率在30%以上),其次是初夏旱,春旱相对较少。该区易出现初夏旱与伏旱相连,一般从5月中下旬开始,到8月底或9月初结束。豫东平原干旱区是指东至省界,西至京广线,北抵黄河,南邻沙河的地区。这一地区平均干旱频率在60%~65%。其中以初夏旱为主,频率高达35%以上;春旱也较为明显,频率在25%左右。一般初夏旱始于5月中旬,至7月初或中旬结束,因而有"立夏不下,旱到麦罢"之说。淮南干旱区指河南省境内淮河干流以南的地区。这一地区以伏旱为主,频率在25%以上,秋旱发生的频率也较高,常出现伏秋连季旱灾,南部大别山区伏旱较少。豫西山地干旱区指伏牛山腹地。该区降水量多于毗邻地区,降水量变率较小,气温偏低,蒸发量也较小,故干旱发生较少,干旱程度也明显轻于其他地区。

图 2-1-5　河南干旱区域分布(李永文等,2010)

3. 气候变暖对河南干旱气象的影响

河南省有黄河、淮河、长江、海河等四大水系共存一省的优势,水资源丰富。在全球变暖的背景下,河南省平均气温升高和境内河流径流量减少,导致了河南干旱气象灾害的频繁发生。夏季雨季降水量减少、持续高温的情况,会导致气候干旱状况的发生。大气中的水汽会随着空气流动、土壤温湿度的变化,发生一系列的水分循环现象。河南省处于黄淮流域、长江流域的交叉区域,因此在长时间的气候变化中,河南省的水资源都会保持在一定量的范围内。但随着全球气候的迅速变暖,河南省的气温也呈现逐渐升高的趋势。长时间的高温、降水量的减少,会使得干旱气候灾害更加严重。根据以上分析可知,气候变暖是导致河南省降水量减少、持续高温的主要原因,也是加重干旱灾害的罪魁祸首。

黄河流域是河南省水源的最重要来源。在气候变暖的背景下,黄河源区水源的变化情况是气候变暖对河南干旱气象影响的重要表征。据黄委会水文局完成的黄河流域水资源调查评价成果,黄河源区多年平均降水量为485.8毫米(主要集中于5~9月,占年降水总量的83%),多年平均水面蒸发能力为857.1毫米,多年平均气温为-3.7℃。随着全球气候变暖状况的加剧,黄河流域的水流温度也在不断上升。自20世纪60年代以来,黄河源区的气温经历了六七十年代的降温过程和八九十年代的变暖过程,近50年来气温一直呈明显升高趋势,而气温升高就是当地蒸发量增加的原因。黄河流域的陆面蒸发量有了明显的增大,年蒸发量在20世纪50~80年代为287.7毫米,略小于当时的年降水量;而90年代增加到329.2毫米,大于降水量。这说明径流的产生几乎完全依赖于当地储蓄水量(包括土壤水分)。陆面蒸发量从20世纪50年代到90年代增加了14%。高温导致的持续蒸发,使黄河流域的水位不断下降。在高温蒸发的过程中,液态水、气态水、固态水会形成有效的水循环,这是生态环境持续运转的保障。但过度的蒸发会导致地区干旱气象灾害的恶化,旱情的蔓延会造成工业、农业生产的严重损失。气候变暖是黄河流域水位下降的主要原因,也是造成河南省干旱加剧的主要原因。

4. 河南省干旱气象灾害的防治对策

河南省的干旱气象灾害防治需要政府、气象部门、林业部门的共同努力,在实现生态环境可持续发展的基础上,才能逐渐缓解日益严重的干旱状况。

(1) 政府牵头,加大科研力量投入,提高干旱气象灾害预报的准确性

在省、市、县三级气象预报联动的基础上,气象台通过可视云图、气象监测、卫星视频的互动,确保天气预报的准确性。全省各级气象部门可以利用世界气象日、国际减灾日,免费开放气象防灾减灾指挥中心和气象科普教育基地,联动组织科技下乡活动,广泛开展气象防灾减灾和应急管理科普宣传。针对河南干旱灾害频发的实际,气象部门可以重点加强干旱灾害防御科普宣传下农村活动,并与广电等部门合作,通过广播、电视、报纸等广泛传播干旱防御知识。在干旱灾害天气发生后,不定时地对干旱情况进行统计分析,并向民众准确传达干旱信息。政府部门根据气象部门提供的干旱信息,科学有效地开展救灾工作。

(2) 保护生态环境,提高抵御干旱灾害的能力

森林具有强大的蓄水滞流功能,同时能够吸收大量的二氧化碳,可减缓气候变暖的速度,对抵抗干旱灾害作用十分巨大。要根据河南省森林的自然分布规律、社会经济发展和生态建设的需求,进行合理的森林资源配置,加大封山育林力度,使森林充分发挥其防灾减灾作用。

同时,研发抗旱作物,配以抗旱剂,也是应对旱灾的有效手段。抗旱作物能够有效抵御旱灾,研发一些抗旱作物进行种植,避开不利气候,可以获得丰收。抗旱剂能够有效调整农作物的生长发育期,运用化学调控的方法将农作物的生产期延后;同时改变农作物自身的生理特性,通过基因移植的方式增强农作物的抗旱性,增强农作物在水分胁迫逆境下的适应能力,提高植株耐旱性。

(3) 实施人工干预,化解干旱灾害险情

现代人类在遭遇干旱气象灾害时,往往通过人工干预的方式,化解农业生产险情。出现干旱时,要抓住有利天气,实施人工增雨作业,增加降水量,缓解或解除旱情。人工增雨方式有两种作业:一是飞机人工增雨,用飞机将催化增雨剂干冰播散于云中;二是高炮人

工增雨。相关部门需要加大农业水利工程方面的资金投入,改善农业基础设施,提高农业自身的抗旱能力。要加大对小型农田水利基础设施建设的投入,给农田配备灌溉设施,改善农田基础条件,提高农业综合生产能力。

(二)暴雨与洪涝

暴雨常引起洪涝灾害,使农作物减产,并冲毁土地、堤坝和农田水利工程,给人民生命财产造成巨大损失,是一种主要的农业气象灾害。2021年7月17~22日,河南省出现了历史罕见的极端强降雨,强降雨的中心主要位于郑州、鹤壁、新乡、安阳和平顶山,多条河流发生超警戒水位洪水,有10个县市的降水量超过了当地常年的降水量。2016年7月18~20日受低涡气旋影响,河南省出现了一次全省大范围的强降水过程("7·19"),其中豫北部分地区出现特大暴雨,最大降雨过程雨量达732毫米。1975年8月驻马店地区的特大洪水亦是由暴雨引发。

河南的暴雨一般出现在6~9月,集中在7~8月。全省大部分地区7月份的暴雨次数占全年暴雨次数的30%以上;豫东东部、豫中、豫西西部及淮河两岸地区,在40%以上;个别地区,如禹州、三门峡,则达50%以上。8月份大部分地区的暴雨次数占全年暴雨次数的20%左右,而豫北的中北部达30%以上。豫北地区7月和8月暴雨次数占全年暴雨次数的70%以上,豫西地区占60%~70%,豫东和豫东南地区占50%~60%,南阳盆地占60%,淮河南岸地区占50%左右。

河南暴雨的分布及季节变化有一定规律性,大体是南部多于北部,东部多于西部;暴雨出现的次数由东南向西北递减。南部桐柏—大别山区的桐柏、新县、鸡公山一带,是全省暴雨出现次数最多的地区,平均每年发生4次以上;淮河两岸和驻马店的确山、泌阳一带的丘陵地区,以及豫西山区的鲁山、豫东平原的永城等地,是暴雨发生次数较多的地区,平均每年发生3~4次;豫北、豫东和豫东南,栾川、南召一带的伏牛山深山区及登封、新密一带的嵩山山区,每年平均发生暴雨2~3次;焦作市的山地丘陵区及山前平原区,豫西黄土丘陵区,崤山、熊耳山区及南阳盆地西缘的山地丘陵区,每年发生暴雨1~2次。以上暴雨中心地带,不仅暴雨发生次数多,而且暴雨量大,如桐柏、大别山区年平均暴雨量高达400毫米以上,是省内暴雨量最多的地区;淮河两岸和确山、泌阳一带,年平均暴雨量在250毫米以上;其他暴雨中心地带,年平均暴雨量在250毫米左右。特大暴雨主要发生在平原与山区之间的过渡地带,如豫西山地东侧的低山丘陵区。

河南洪涝灾害的区域性分布特点较明显,豫南春涝发生频繁,豫西山区连阴雨涝严重。这些区域性特点是由河南降水区域分布不均加之地形地貌等多种因素综合作用造成的。境内大体可分为豫西北黄土丘陵南阳盆地、豫东平原、淮南、豫西山地4个涝区。豫西北黄土丘陵南阳盆地涝区指京广线以西、卢氏—南召—内乡一线以东的地区,以夏涝为主。南部土壤耕作层以下为砂姜块,地面排水不良,下渗也比较困难,形成上渍地,土壤长期处于水分饱和状态,所以易发生涝灾;北部降水量较小,雨涝较轻,以夏涝为主。豫东平原涝区指京广线以东、淮河干流以北的广大平原地区,地势平坦,河道浅平并多在此汇集东下,汇水面积大,下游水的顶托作用往往使下泄水路受阻,易形成雨涝。淮南涝区指淮河干流以南地区,夏涝灾害较严重。因地势南高北低,南部降水汇流往往使北部河道决口漫溢,形成大于降水落区范围的涝灾。该区春涝对小麦生产影响较长,绵绵春雨对进入生殖生长阶段的小麦抽穗、杨花、灌浆等极为不利,常造成小麦减产甚至失收。豫西山地涝区主要指以高、中山地与河谷交错分布的伏牛山区,夏季降水多,易出现涝灾,春、秋季的阴雨涝也较多。雨涝常引起水土流失、滑坡和塌方。

总体而言,河南暴雨及洪涝灾害主要表现在四个方面:一是降雨总量大,强度高;二是洪水来势汹汹,工程出险较多;三是影响面广,社会关注度高;四是灾害损失严重,人员伤亡严重。比如2021年7月17~22日,河南省39个县市降水量累计占全年降水量的一半以上,10个县市全年降水量均超过当地常年水平,其中郑州市二七区尖岗气象站24小时降雨量达到了696.9毫米。在暴雨的影响下,12条河流出现超警戒水位洪水。例如,淮河流域的贾鲁河中牟水文站21日超历史水位1.43米,是自1960年有资料记载以来出现的最高水位和最大流量。河南部分城市出现严重内涝,其中郑州市地铁全线停运,大面积停电,通信信号不佳,市民生产生活受到严重影响。郑西、郑太、郑徐和普速陇海线、焦柳线、宁西线、京广线部分区段被封锁或限速运行,影响火车186列,209、310国道交通中断。这次洪灾造成16个市150个县市区1 366.43万人受灾,应急转移安置累计147.08万人,55 000户房屋倒塌,农作物受灾面积102万公顷,其中绝收18万公顷。这次水灾引起社会舆论的高度关注。

(三) 冰雹

冰雹是河南常见的一种气象灾害。其影响范围虽然在各种气象灾害中较小,但对农作物的危害性却很大。由于冰雹对农作物的危害主要是机械性损伤,因而轻者减产,重者颗粒无收。降冰雹时常伴有狂风暴雨,因此可造成局部的更大危害。河南大部分地区都出现过冰雹,但各地降雹次数悬殊。年平均降0.5次以上的多雹区主要有2个:一是豫北沿太行山东侧和南侧一带,包括安阳、林州、鹤壁、淇县、辉县、新乡、孟州、济源、焦作等地;二是豫西以卢氏、栾川为中心的地带,包括西峡、嵩县、三门峡、灵宝等地,冰雹多发生在河谷地带,有时一年可降雹数次。此外,豫东的商丘、宁陵、睢县、民权,以及豫北的南乐、范县一带,也是降雹集中区,年平均约0.3次。其中商丘是多雹中心,1965~1970年的6年间降雹5次之多。豫中地区以嵩山为最多,年平均1.0次左右,为全省之冠。全省降雹次数明显较少的区有2个——平顶山-宝丰-郏县一带、固始-新县一带,两区年平均降雹次数均在0.1次以下。

河南全年除11~12月外,其他各月均有降雹的可能,但降雹时间不一致。豫北地区多发生在4~9月,以6~7月次数最多;豫西地区多发生在3~8月,以4~7月次数最多;豫南和南阳盆地以2~6月次数最多;豫东平原多发生在3~6月。一般降雹初日和终日南部均早于北部。从全年来看,可分为少雹期、过渡期和集中期3个时期。少雹期为10月至次年1月,降雹次数仅占总次数的2%左右;过渡期为2~3月和8~9月,降雹次数较少,4个月降雹次数占总次数的25%左右;集中期为4~7月,是全年降雹最频繁的时期,降雹次数占总次数的73%,其中6~7月最为集中,占总次数的48%左右。

河南冰雹源地多位于山区和丘陵等地形复杂的地区,移动路径常与山脉、河流走向一致。河南有2个明显的冰雹源地:豫西山地和太行山东麓山地。第一,豫西山地,包括嵩县、卢氏、栾川等地。此源地出现的冰雹有3条移动路径：第一条以伏牛山南侧为起点东移，经内乡、镇平、南阳、唐河、泌阳至驻马店一带；第二条以伏牛山北侧栾川为起点，顺山北侧东移，经鲁山、叶县、遂平至驻马店，有时可到达淮河以南，这条路径也可能在宝丰附近向东而行至西华一带；第三条沿伊河向东北移动，经伊川达洛阳、偃师一带，有时甚至越黄河抵新乡地区才消亡。第二，太行山东麓山地，包括林州、辉县、焦作等地。此源地出现的冰雹也有3条移动路径：第一条自林州、辉县起，经鹤壁、淇县、卫辉、延津、封丘、过黄河达开封、商丘一带，还可经卫辉、滑县沿卫河而下；第二条自焦作、辉县起，经获嘉、修武至武陟，甚至越过黄河直到郑州、许昌；第三条自济源起，经孟州跨越黄河达洛阳乃至淮北平原。另外，由于雹云的自身演变以及下垫面的不同，冰雹云移动过程中降雹有间断现象，即从源地到消亡地之间的沿途并非处处有雹，降雹是断断续续的，宛如跳跃着向前移动。

（四）寒潮与霜冻

寒潮是河南重要的灾害性天气过程。影响河南的寒潮主要来自经蒙古到我国内蒙古及东北地区的冷空气，频率高且危害严重。全省以豫北和豫东寒潮出现的次数最多，豫中和豫南次之，豫西最少。寒潮发生的时间多在10月到翌年4月，其中以1月份最集中，3月份强冷空气活动也较多。寒潮常造成降温、大风、大雪等灾害性天气，寒潮过程中日均气温和最低气温均下降至很低，安阳曾出现日均温-14.8℃的记录，极端最低气温曾达-21.7℃。极端最低气温和日平均最低气温，常出现在寒潮过境的当天或其后一两天内。寒潮活动也具有明显的区域分布和季节分布特点，主要表现为寒潮活动次数、寒潮天气变化及大风日数在区域上和季节上的差异。在寒潮过程中风向以偏北风为主，最大风速的风向在豫北、豫东和豫南地区，多为东北风和北风，豫中和豫西地区多为东北风和西北风。寒潮过程中较大降水过程出现的频率以豫南最高；豫北最低，但降雪较多。

霜冻是河南主要农业灾害之一，严重者可使大面积的农作物受害，造成巨大损失。秋季早霜冻危害棉花、红薯等，春季晚霜冻主要危害小麦、棉苗、茶叶等。相比较而言，春季晚霜冻危害更大。

河南春季冻害多发生在东部地区，特别是与安徽省交界的商丘东部和周口的鹿邑、郸城、项城一带，危害重的年份会影响到驻马店的东部地区，并向西扩展，这与春季寒潮经过的区域非常吻合，是河南省小麦春季冻害发生相对集中的地区。

春季冻害程度与冻害发生时期密切相关。小麦返青后，抗寒能力逐步下降。随着春季气温回升，小麦开始返青进入营养生长与生殖生长并进时期，生长速度加快，幼穗开始快速分化。此期气温变化对叶片的危害已经不明显，但对幼穗的影响比较大。其中，四分体分化期对温度变化最敏感，从形态上看小麦已开始孕穗，此时接近0℃的低温就有可能对小麦造成冻害。特别是春季经过一段高温天气后，如遇大幅度降温，冻害会更严重。冻害发生越早，受害的品种越少，但危害的程度越重；冻害发生越晚，受害的品种越多。河南省春季低温冻害主要发生在2月下旬至4月上旬。小麦春季冻害按其发生时间早晚可分为早春冻害和春末晚霜冻害。早春冻害是指2月下旬至3月中下旬小麦返青至拔节阶段发生的冻害。由于此时天气已开始转暖，小麦生长由营养生长为主转为营养生长与生殖生长并进的旺盛生长阶段，抗寒能力明显下降。若此期突然遭遇强降温天气，地表温度降至0℃以下，就会发生明显冻害。由于此时天气已明显转暖，又遭遇突然剧烈降温，故也称之为"倒春寒"。春末晚霜冻害发生在3月下旬至4月上中旬的小麦拔节至孕穗期。此时小麦植株处于含水量较多、组织幼嫩时期，幼穗发育进入药隔分化至四分体形成阶段，抵抗低温的能力大大减弱，对温度变化极为敏感。若此时突遇强冷空气侵袭，极易导致整个麦穗冻死，或部分小穗、小花败育，结实粒数减少。例如，2018年清明节前后发生的晚霜冻害对部分麦田产量造成了严重影响。

第二节 地质地貌

地质地貌是其他地理要素发生和发展的基底，对降水、径流、气温、植被、土壤等自然要素的空间分布和人类活动的类型与强度有重要的决定性作用。河南省地层古老且丰富，地壳活动具有多旋回性，地质构造类型和地貌类型多样，从而使河南省矿产资源丰富。河南省的地貌类型包括山地、丘陵、平原和盆地，自然景观多样，为人类活动奠定了坚实的物质基础，造就了河南省古老而辉煌的人类文化。

一、河南的主要地层

河南省地层发育齐全，从太古代至第四纪的各时代地层均有出露。根据地层发育情况及层序特征、沉积建造、古地理等基本地质因素及构造岩浆活动、变质作用特征，以栾川—确山—固始断裂为界，可以把河南地层划分为华北和秦岭两个地层区。

（一）华北地层区

华北地层区具双层结构。基底地层为太古带太华群、登封群和古元古界嵩山群。盖层为中元古界熊耳群、汝阳群、官道口群至中生界三叠系。三叠系以后的地层属于后地台阶段山间盆地或断陷盆地的沉积物。基底地层中登封群和太华群原岩为火山-沉积岩，嵩山群为地槽的陆源碎屑和碳酸盐岩组合。盖层中，熊耳群为中（基）性-酸性火山岩组合，汝阳群、官道口群至中奥陶统属海相陆源碎屑岩和碳酸岩组合，中上石炭统为海陆交替相铁铝质岩、碳酸盐岩及含煤碎屑岩组合，二叠系至三叠系主要为陆相含煤碎屑岩和红色碎屑岩组合。后地台阶段的侏罗系至新第三系主要为内陆含煤碎屑岩、含膏盐、石油碎屑岩组合。盖层的岩相、厚度稳定，层序清楚，褶皱微弱，基本未遭受区域变质。

（二）秦岭地层区

秦岭地层区是一个长期活动带。除缺失二叠系至侏罗系下新统地层外，其余各时代地层齐全。自老至新有太古宇大别群、元古宇秦岭群、峡河群、毛堂群、苏家河群、陡岭群、信阳群、震旦系、下古生界二郎坪群、寒武系至石炭系、中上侏罗统至第四纪。大别群为火山岩、沉积岩组合，信阳群为碎屑、浊积复理石夹碳酸盐岩、火山岩组合。震旦系分南、北区。北秦岭北缘的震旦系属断陷盆地镁质碳酸盐岩组合,南秦岭的震旦系和石炭系为地槽碎屑岩、碳酸盐岩夹基性火山岩组合。北秦岭二郎坪群为海相细沉积岩与石英角闪岩组合,石炭系属断陷盆地地台磨拉石建造组合。秦岭地区中新生代地层均沿断陷盆地分布,主要为陆相火山岩、含煤碎屑岩、红色磨拉石、含膏盐、石油碎屑岩组合。总之,在秦岭地层区内,主要为活动型和次稳定型沉积建造组合,各时代地层沉积厚度大,相变快,沉积建造组合复杂,火山岩发育,大多数地层均遭受不同程度的区域变质,连三叠系地层的局部也受到变质作用影响,反映了该区长期活动和多旋回发展的演化特点。

二、河南省地壳演化过程

河南省的地壳演化过程可分为四个阶段:太古到早元古阶段、中元古到晚元古早期阶段、震旦纪－三叠纪阶段和侏罗纪到第四纪阶段。

(一) 太古到早元古阶段

太古代是地壳全面活动时期。河南古陆核形成时期大体在距今 3 000Ma 左右,这时,大部分区域仍为海洋,接受长期的沉积。大约在距今 2 520Ma 时期河南发生了嵩阳运动,岩石遭受了复杂的变质作用和构造变动。在华北区,由登封群和太华群构成嵩阳古陆核;在秦岭区,由大别群构成桐柏－大别岛状古陆核。从此出现了陆核和洋壳的分异。早元古代时期(距今 2 500~1 900Ma),河南境内出现两个性质不同的地槽。在华北区,嵩阳古陆核边缘为嵩箕小地槽;在秦岭区,在嵩阳古陆核和桐柏－大别岛状古陆核之间为原始秦岭地槽。它们大体呈近东西向展布。在华北区,早元古代末发生的中条运动使嵩箕小地槽发生剧烈褶皱和区域动力变质作用,中朝准地台基底基本形成。在秦岭区,中条运动使秦岭地槽发生强烈褶皱,由下元古界构成近于东西向的巨型复背斜,形成原始秦岭褶皱带。经过中条运动,河南境内的海洋地壳活动带向南秦岭及其以南地区推移,原始秦岭褶皱带南与桐柏－大别古陆核拼接,构成秦岭陆壳,北与嵩山古陆核拼接,华北陆壳与秦岭陆壳连成一片,形成河南大陆壳,这是一个陆壳大增长时期。因此,中条运动是河南省地壳演化的一个重要转折。

(二) 中元古到晚元古早期阶段

中元古代早期的沉积,受断裂控制十分明显。中元古代早期末发生王屋山运动(距今 1 400Ma 左右)。华北区,在熊耳山断陷槽盆表现为次造山运动,熊耳群发生中等褶皱,形成近东西向的背斜和向斜,仅在西南部靠近深断裂的地区表现为紧闭型褶皱,而在东部地区则表现为抬升。秦岭区,在原始秦岭褶皱带的基础上,由于北秦岭与南秦岭之间的西官庄－镇平－龟山－梅山和木家垭－内乡－桐柏－商城两条深断裂的联合作用,产生了西峡－南湾断陷地槽,接受了沉积为主的信阳群。王屋山运动后,秦岭地区隆起,沉积区向南推出省境,华北地区中朝准地台最终形成,地壳运动转为整体升降运动。中元古代晚期,豫东地区仍为隆起区,豫西地区总体沉降,海水从东南方向向西部侵入,形成济源－确山和卢氏－栾川两个局限海盆,其间被熊耳山中间隆起带隔开,其南侧以栾川－确山－固始断裂为界与秦岭隆起区毗邻。济源－确山海盆和卢氏－栾川海盆,在沉积序列和生物群总貌方面基本一致,为同期的两个不同海盆,同属于一次性稳定型沉积。汝阳群和官道口群为地台发展早期的同一盖层。晚元古代早期末发生的晋宁运动,在华北区表现为缓慢的上升运动,致使海水一度退出,洛峪群发生上升挠曲,但靠近深断裂的栾川群和官道口群却发生较强褶皱,形成一系列轴向近东西的背斜和向斜。在秦岭区,晋宁运动普遍强烈,它不但使毛堂群和二郎坪群发生紧闭线型褶皱,而且使它们发生区域动力变质作用,甚至在二郎坪群的局部出现低压角闪岩相变质。晋宁运动期,在二郎坪－刘山岩断陷以南的广大地区,尚有酸性和基性－超基性岩浆的侵入活动,成为河南省最发育的晋宁期岩浆岩区。因此在秦岭区,晋宁运动具有造山运动性质。经过晋宁运动,河南省境内大洋地壳最终关闭,统一的大陆地壳最终形成,中朝准地台更加稳定发展,秦岭褶皱系基本形成。因此,晋宁运动是河南省地壳演化的第二个重要转折。

（三）震旦纪－三叠纪阶段

这一阶段是中朝准地台稳定发展和南秦岭地槽发展的阶段。而北秦岭主要表现为断块运动。

震旦纪时,华北古陆南缘与秦岭隆起带之间为沉降带,海水从东南方向侵入,形成一个近东西向的局限海盆,接受震旦纪沉积。早期,海水仅淹没至鲁山地区,向西被熊耳山隆起阻挡,主要为铁质碳酸盐建造。中期,海域略有扩大,地壳升降运动频繁。晚期,地壳整体抬升,海水退出。其时,嵩山－中条山、熊耳山－伏牛山急剧隆起,其间形成近北西西向延伸的确山－临汝－洛阳－灵宝狭窄谷盆,盆地中有浅海相沉积。震旦纪时,栾川－确山－固始深断裂带的西段活动剧烈,形成卢氏－方城断陷谷盆,海水由西向东侵淹,早期形成镁质碳酸盐岩沉积。其两个沉积构造单元,受深断裂的控制。晚震旦世末期发生的少林运动波及河南全境,在广大地区均表现为短时的上升挠曲运动,在地壳隆起过程中,海水曾一度退出全区。在嵩山西北地区,少林运动表现为较强的褶皱。另外,在栾川－方城断陷中,少林运动使深断裂复活,使该区震旦系发生断裂褶皱和区域动力变质作用。

早古生代早期地壳又整体缓慢沉降,在基本承袭震旦纪古地理和构造格局的基础上,开始了大规模的海侵。其时,除北秦岭和熊耳山中间隆起带外,整个中朝准地台全部被海水淹没,古地理面貌呈现北高南低,而南秦岭地区却仍保持震旦纪海槽范围。当时中朝准地台为滨海－浅海氧化环境,主产底栖爬泳类动物三叶虫。南秦岭海域较小,但水体较深,而且与扬子海和华北海沟通,既有氧化环境,又有涌流还原环境。因此,既产底栖爬泳类华北型三叶虫,又有以浮游为主的江南型球接子类过渡型三叶虫生物群。

晚加里东运动以后,河南地壳整体抬升成陆,并经过长期风化剥蚀夷平。但各地地壳活动性并不平衡,成陆及沉降有先有后。华北区成陆较早,中奥陶世晚期海退以后,经过很长的侵蚀而准平原化,至中石炭世早期才缓慢下沉,开始古生代以来第二次大海侵,接受晚古生代陆海、海陆交替相沉积,并由此过渡为陆相沉积。南秦岭成陆较晚,上升幅度也较小,持续时间较短,中泥盆世继承早古生代槽盆范围急速沉积,接受晚古生代海相沉积。北秦岭地区的情况较为复杂,在加里东旋回的剧烈断裂活动之后,大别山北麓地区沉降,南部上升,至石炭纪时断块活动加剧,形成商城－信阳断陷盆地,接受石炭纪沉积。河南省二叠纪和三叠纪之间没有发生构造运动,两者为连续沉积。印支运动在河南省境内主要表现为上升运动,三叠系在地壳上升过程中发生微弱的抬升挠曲。该期岩浆活动也相对较弱,迄今未见较大岩体分布。

河南省晚古生代的沉陷区,地势相对平坦,水体较浅,透光性强,氧气充足,地壳活动性相对较小,气候为温湿到湿热环境,因而生物界出现了欣欣向荣的景象,动物和植物的生长进入昌盛时期。动物中既有底栖海生动物,又有淡水动物。陆生高等植物群也遍地而生。晚古生代也是沉积矿产最为丰富的地质年代。

（四）侏罗纪到第四纪阶段

印支运动以后,河南省大部隆起成陆,华北区和秦岭区的界线更加模糊,地壳活动由南北分异转为东西分异。

华北区,侏罗纪洛阳盆地进一步缩小,仅局限在义马—济源一带,呈近于东西向的长椭圆形分布。此时地势已较平坦,陆生植物和淡水动物繁盛。早期为内陆湖沼含煤陆屑建造,义马地区形成厚层优质煤层,其底部为河流相砾岩。济源地区此期未成煤。中期为内陆淡水湖泊相陆屑建造,但上部多有红色黏土岩建造。由于受燕山运动影响,晚侏罗世时盆地东部翘起,东部济源地区缺失沉积,义马地区转为河流冲积—洪积相砂砾岩沉积,不整合覆盖于中侏罗统之上。另在确山地区,由于南侧断裂活动加剧,形成小型断陷盆地,其中有中侏罗世湖沼相含煤砂页岩建造。

秦岭区,侏罗纪时大部已为地形高差很大的侵蚀区。燕山运动一幕发生时,北秦岭东段的桐柏—商城深断裂和龟山—梅山深断裂又开始剧烈活动,断裂带南侧急剧抬升,北侧急剧沉降,形成大别山北麓山前断陷盆地。盆地中快速堆积了中侏罗世红色磨拉石建造,不整合覆盖于石炭系之上。燕山运动二幕发生时,中侏罗统发生断裂褶皱,遂又大幅度沉陷,在盆地中堆积了晚侏罗世早期的巨厚磨拉石建造和晚期的火山碎屑—陆屑建造。

经过燕山运动,河南山系大局已定,地壳活动的断块运动形式更为显著。其时,地壳活动发生了新的分异,原先稳定的中朝准地台转为活动较强的构造单元,其西南及西北部急剧上升,东部及东南部大幅度断裂沉降,华北断陷以及豫西山间断陷盆地基本形成,而且它们有可能已经卷入中国东部大陆边缘活动带的活动范围之内。原来较为活动的秦岭褶皱系则相对稳定下来,只在局部山区出现断陷盆地。由燕山晚期运动形成的断陷和断陷盆地成为新生代的沉积场。新生代时期,华北、秦岭两大沉积区的差异已经基本消失。其时,河南境内河流纵横,湖泊密布,气候炎热,大型哺乳类脊椎动物繁盛,淡水双壳类、腹足类、介形类动物仍较发育,草本植物、被子植物、裸子植物、蕨类植物以及藻类植物均甚茂盛。

三、河南省地壳演化特征

河南省地壳演化史是一部由大洋地壳经过多旋回螺旋式发展逐步演化为大陆地壳的地质发展史。从总体看,地壳的演化大体经历了这样几个阶段:太古洋壳的全面活动及古陆核的生成阶段;早元古代洋壳与陆壳并存,继续分异,继续活动,陆壳迅速增长阶段;中

—晚元古代洋壳大大缩小并向南迁移,陆壳分裂再拼接阶段;震旦纪—三叠纪河南省境内陆壳统一,相对稳定发展阶段;中生代中晚期以后的大陆边缘活动带阶段。根据上述,还可以将其发展过程进一步简化为活动—稳定—活动的总趋势。应当指出,地壳的活动性在时间和空间上都是不均衡的,中元古代晚期,华北陆壳已进入相对稳定的地台发展阶段,而此时的秦岭区却仍然处于洋壳陆壳同时活动、大小地槽并存发展的阶段,地壳活动及其演化方向总体上由北向南推进迁移。但是,某一个时期又可以出现南北活动带并存的情况。因此,从河南省情况看,地壳的活动性并不是单向发展、单向推进的,在南部强烈活动的同时,在相对稳定了的北部地区仍然可以出现一些带状活动区。这也是河南省地壳活动多旋回螺旋式发展的一个重要特点。

四、河南的地质构造特征

河南省位于东秦岭—大别山褶皱带转折部位,跨越中朝准地台和秦岭褶皱系两个一级大地构造单元,地质构造演化具有多旋回、多期次、不均衡发展的特点。自新太古宙以来,区内经历了嵩阳、中条、王屋山、晋宁、加里东、华力西、印支、燕山、喜马拉雅9个构造旋回,并以中条运动和燕山运动为转折,可大致归并为三个大地构造发展期——地槽发展期(嵩阳—中条旋回)、槽台并存期(王屋—印支旋回)、大陆边缘活动带发展期(燕山—喜马拉雅旋回)。该区经嵩阳运动、中条运动形成了中朝准地台;此期后秦岭区仍处于地槽发展阶段,延续至石炭纪末,经华力西运动才结束了地槽发展史,形成褶皱带隆起;燕山运动使中朝准地台转入重新活化阶段。

由于河南省处于独特的大地构造部位,在长期复杂的地质构造演化过程中,早期形成了一系列不同层次、不同尺度、不同特征、不同序列、大致相互平行、以北西西—近东西向深断裂带为主的构造形迹,伴随地壳固结程度的增高,进入刚性断块后,则以北东—近北东—近南北向断裂构造为主,形成了一系列的中新生代断(凹)陷盆地。北西西—近东西向断裂与北东—近南北向断陷带构成了省内基本构造框架,并控制着岩浆活动、变质作用和内生、外生矿床的形成和分布。河南省内北西西—近东西向深断裂带共有6条,除焦作—商丘深断裂带位于中朝准地台区外,其余5条均分布于秦岭褶皱带,分别为栾川—确山—固始深断裂带(两个一级构造单元分异断裂)、瓦穴子—鸭河口—明港深断裂带、朱阳关—夏馆—大河深断裂带、木家垭—内乡—桐柏—商城深断裂带、西官庄—镇平—龟山—梅山深断裂带。

在综合分析研究各地各构造阶段沉积相与建造组合、岩浆活动、构造变动、区域变质程度及成矿作用等特征的基础上,将河南省划为2个一级、10个二级、28个三级大地构造单元(见图2-2-1)。

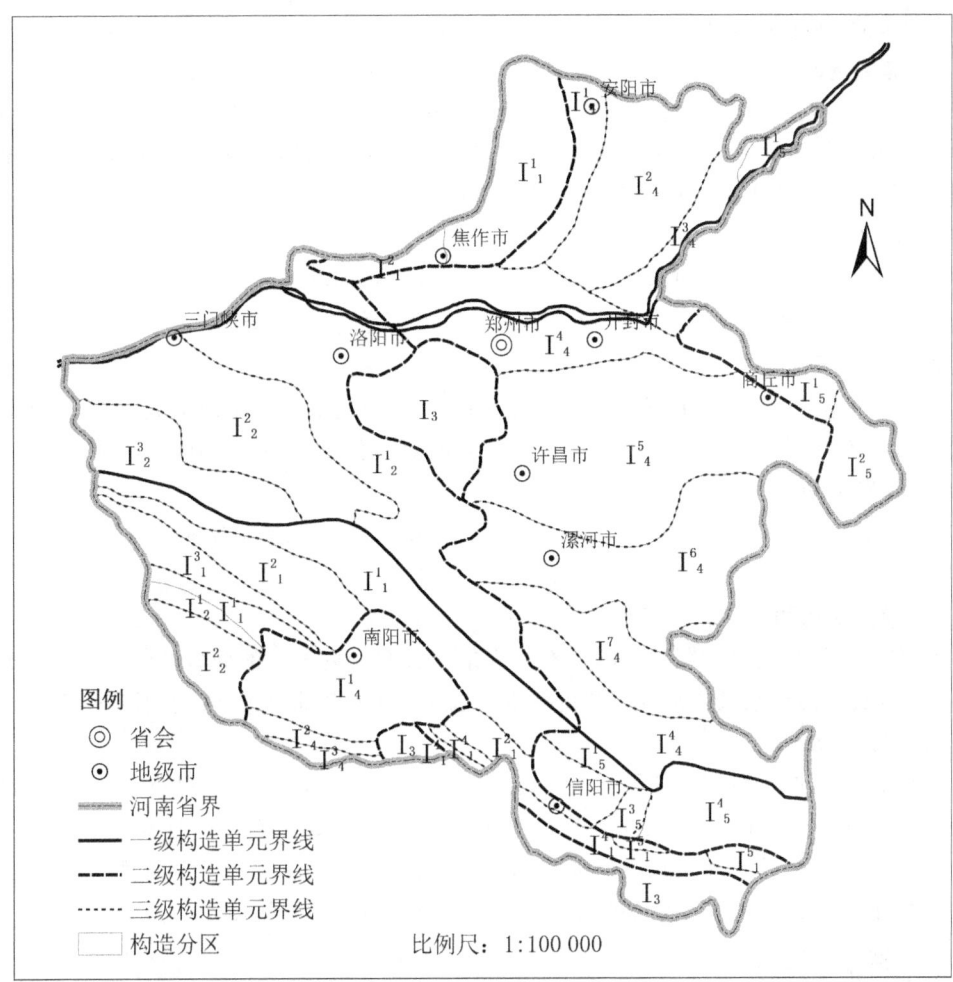

图 2-2-1　河南省大地构造分区略图（河南省地质矿产局编：《河南省区域地质志》）

（一）河南省一级地质构造单元

1. 华北区（中朝准地台）

华北区基底构造复杂，主要以形态复杂的线型褶皱和成群（带）分布的韧—脆性剪切带构造为特征。构造线方向以北西西和近东西向为主，与全省主构造线方向一致，仅在箕山地区为近南北向。盖层构造简单，呈短轴状的宽缓褶皱和断块隆起或断陷盆地。构造线方向大致以焦作—商丘深断裂为界，以北为北北东向，以南呈近东西向或北西西向。

2. 秦岭褶皱系

秦岭褶皱系以北西西—近东西向分布的长期活动性深大断裂、形态复杂的线型褶皱和燕山期形成的北东—近南北向断陷盆地发育为特征。

（二）造山运动

在河南省地史演进过程中，具有转折意义的造山运动有嵩阳运动、中条运动、王屋运动、晋宁运动、华力西运动和燕山运动。

1. 嵩阳运动

太古代地层发生剧烈褶皱和变质，并发生较强的混合岩化作用，在河南省境内形成了嵩山古陆核和桐柏山—大别山古陆核，结束了洋壳全面活动的地史阶段，地壳开始分异为陆壳和洋壳，第一次出现大地槽与小地槽并存的局面。

2. 中条运动

早元古代秦岭大地槽和嵩箕小地槽褶皱和变质，中朝准地台基底基本形成，原始秦岭褶皱带形成，两者拼接成统一的河南古陆壳，近东西向的深断裂形成。

3. 王屋运动

华北区中元古代早期熊耳山断陷地槽褶皱隆起，中朝准地台最终形成，此后转为地台发展阶段。秦岭区中元古代西峡—南湾断陷地槽褶皱和变质，原始秦岭褶皱带扩大。

4. 晋宁运动

晚元古代南秦岭大地槽和北秦岭二郎坪—刘山岩断陷地槽褶皱和变质，秦岭褶皱系初步形成，最终河南省大洋地壳活动结束。

5. 华力西运动

自震旦纪至石炭纪长期发展的南秦岭大地槽及北秦岭东段的商城—信阳石炭纪断陷褶皱隆起，秦岭褶皱系最终形成。华北区整体抬升，海水全部退出，转为内陆沉积。

6. 燕山运动

华北区中元古代晚期—侏罗纪（可能还包括早白垩世）地层全面褶皱，形成中朝准地台盖层褶皱带，结束准地台发展，转入大陆边缘活动带，华北区和秦岭区在沉积作用和古生物群方面已无大的差异。燕山运动时期，原有近东西向的深大断裂全面复活，新产生的近南北向的深大断裂及表层断裂强烈活动，全省境内转为断块运动。

（三）升降运动

在近30亿年的地史演化中，河南省境内地壳的升降运动十分频繁，其中有两次最大的升降运动：华北区的加里东整体上升运动，造成上奥陶统至下石炭统的区域地层缺失；华力西运动早期又使地壳整体沉降，造成古生代时期的第二次面式大海侵。

（四）断裂运动

各造山运动期间均伴随有断裂运动，其中影响深远的断裂运动有三次：中条期断裂运动，产生栾川—确山—固始、西坪—镇平—龟山—梅山、木家垭—内乡—桐柏—商城等深大断裂，这是河南省最早的深断裂作用时期，并由此形成熊耳山断陷地槽和西峡—南湾断陷地槽。王屋期（可能延至晋宁期）断裂运动，产生瓦穴子—鸭河口—明港、朱阳关—夏馆—大河深断裂及其他大断裂，形成二郎坪—刘山岩断陷地槽。燕山期断裂运动，原有的深大断裂（以北西西向为主）复活，剧烈活动，新产生了一系列近南北向的深大断裂（如太行山东麓等）及表层断裂，华北断拗形成；同时还产生了近东西向的焦作—商丘深断裂，它成为华北断拗中不同方向构造的控制边界。燕山期是河南省全面转为断块运动的时期，第一次在河南省出现断块山系，如太行山等。

地形是地表起伏的形态,是地理环境最基本的要素之一,它不仅控制热量与水分的重新分配,而且在很大程度上影响着地表物质的迁移、生态系统的演变以及自然资源的分布。河南省大致以京广铁路为界,东、西部地区地势高低及地貌形态有着明显的差异,西部海拔高且起伏大,东部地势低且平坦。从宏观上看,河南省西部及西北部的伏牛山、外方山、熊耳山、崤山、太行山等中山均位于我国地势的第二级阶梯,东部的黄淮海平原及西南部的南阳盆地为第三级阶梯,在河南省西部中山与东部平原之间广泛分布着大小不等的低山丘陵,构成两个阶梯之间的斜坡过渡带。另外,秦岭山脉自西向东延伸到河南境内以后,呈扇形铺开,并且前缘很不整齐,东部平原的西南镶嵌着南襄盆地、洛阳盆地,豫鄂交界处又分布着东西走向的桐柏山和大别山。

五、河南省地形的基本特征及其成因

(一) 河南省地势西高东低,东西差异明显

河南西部是高大起伏的山地,东部是低平广阔的平原,从西向东由中山、低山、丘陵到平原,从豫西金宝山(海拔 3 125 米)、嵩山(海拔 1 512 米)和豫东郑州(平均海拔 108 米)、开封(海拔平均 74 米)、商丘(平均海拔 49 米)的海拔上也可以看出来。因此河南的河流,大多发源于西部山区,顺着地势的倾斜,向东、东南或东北分流,形成辐射状的水系。中山海拔在 1 000~2 000 米,个别高峻的山峰海拔超过 2 000 米;低山海拔 400~1 000 米,相对高度 200~800 米;丘陵海拔 200~400 米,相对高度低于 200 米;平原海拔均在 200 米以下。

在淮河以南地区的南襄盆地,其地势变化的方向则略有不同。淮河以南地区,桐柏山和大别山东西横亘在豫鄂边境,地势由南向北逐渐降低。大致以新县中部为界,将大别山分为东、西两段,西段山峰海拔在 800 米以上,高出北面的淮河谷地约 760 米;东段山地的海拔一般比北面的淮河谷地高 950 米以上。南襄盆地西、北、东三面环山,中部为低缓的平原,且微微向南倾斜,盆地的最低处在新野县的南部边境,海拔为 77 米,与其边缘的山地相比较,高差也在 700 米以上。

尽管如此,就河南省地势的整体来看,依然呈现出西高东低的特点。

(二) 地貌类型复杂多样

河南省境内既有高峻起伏的山地,也有低平广阔的平原;不仅有波状起伏的丘陵,还有山岭环绕的盆地。在 5 种基本地貌类型中,除高原外,其他 4 种均有分布。复杂多样的地貌,为河南省社会经济发展提供了有利条件。

河南的山地面积约 44 000 平方千米,占全省土地总面积的 26.3%。在构造上,河南是以中朝陆台(华北地台)为基础的。这个陆台一般是比较稳定的,在地质史上的历次运动中,主要的运动形式是上升或下降,虽然有些褶皱现象,但都极宽展而和缓。因此,河南的大部山地多以台地状的断块形式出现,峰顶平缓,而山坡多属于断层崖壁。例如,沿着太行山的东坡,断层线往往延伸很长。豫西的伏牛山地断层更多,大部被平行或交错的断

层分裂成许多地垒和地堑,形成很多山间盆地,如伊洛盆地、汝颍谷地等。桐柏山和大别山的断层也很发达,大别山东段北坡,向淮河平原急斜,即为一显著的断层崖。

河南丘陵的面积近 30 000 平方千米,占全省总面积 18.0%。多数是低山经过长期风化剥蚀而形成的石质丘陵,有些是黄土经流水切割侵蚀而形成的黄土丘陵。广阔的地表,无论山地,还是平原,尤其是豫西地区,第四纪黄土分布很广泛。北部山地和西部山地北部,是黄土分布的主要地区,漫山遍野尽呈黄色,黄土厚度达数十米以上,完全呈现出黄土高原的景色。西部山地南部一带,黄土多分布在山间盆地和台地上。南部山地也有少量的黄土残留分布。至于东部和中部的广大平原地区,河流冲积作用强,风积黄土虽然隐而不显,但冲积土主要成分的来源仍是黄土。黄土疏松,矿物质丰富,有利于农业的发展。

平原主要分布在东部、中部和西南部地区,面积约 93 000 平方千米,占全省总面积的 55.7%。除著名的豫东大平原外,在豫西山地还有许多带状河谷平原,如伊河平原、洛河中下游河谷平原、汝河中下游河谷平原等。平原地貌虽说比较单调,但其成因类型较多,既有坡积洪积平原、洪积平原、洪积冲积平原、冲积平原,也有冲积湖积平原,还有剥蚀作用形成的平原。

河南盆地很多,其中最有名的是位于西南部的南襄盆地,其底部平坦,属于洪积、冲积和洪积冲积平原。

六、主要地貌类型

(一) 山地丘陵

河南有四大山系,它们是太行山系、豫西山系、豫南桐柏－大别山系和豫西北黄土低山丘陵。它们的形态特征及地质构造基础存在着较大的差异。

1. 豫晋界山——太行山系

太行山脉是我国东部地区一条呈东北－西南走向、规模巨大的著名山脉。它北起拒马河谷,南至晋、豫边境黄河沿岸,长 400 多千米,平均海拔 1 000 米以上,西缓东陡,受河流切割,多峡谷(陉),为东西交通孔道,古有"太行八陉"之称。它是山西高原东南部的边缘部分。在构造上,太行山为背斜。中生代时期,随着山西高原上升而隆起成山,第三纪时期又有挠曲上升运动,并发生剧烈的断层。第四纪黄土生成以后,地壳仍然不稳定,所以常有地震发生。

太行山在河南境内北起漳河谷地,南到黄河北岸,长约 200 千米,海拔高度在 1 500 米左右,走向大致由东北至西南,为我国华夏系山脉的一部分。组成太行山地的岩层,主要为前寒武纪的古老地层和奥陶纪的石灰岩层。古老的前寒武纪地层坚硬耐蚀,常成高山。从辉县西北部至济源沁河以东,山峰顶面较低.海拔多在 1 000～1 300 米,有很多横向的峡谷,山体比较破碎。这里的奥陶纪石灰岩,因气候比较干燥,机械风化作用不盛,而且这一带雨水集中于夏季,多暴雨,亦没有充分的溶蚀作用,故常成为陡峻的山地,但一般山顶较整齐。太行山左右两翼倾斜角度都不很大,但在地形上东西两翼却有显著的不同:西翼和缓,而且逐渐倾入山西高原;东翼险峻,以陡峭的断层崖降落于豫北平原。在太行山东坡,地形异常崎岖,由于过去多次的上升和断层作用,造成许多陷落盆地,如林县(林州)盆地、沁阳盆地等。济源沁河以西到省界,北峰顶面海拔大多在1 000～1 800米,成为河南境内太行山脉的最高地段。西北处的鳌背山主峰海拔1 929.6米,是太行山在河南省的最高峰。

太行山东面的断层崖并不直接和豫北平原相接,在它的前面有海拔300～400米起伏的浅山丘陵,主要是古老的地层,但也有第三纪地层,上面都有黄土层覆盖。河流挟带大量的泥沙,在出山口处形成许多含丰富沙砾的冲积扇。太行山东部断层崖的南端,向西弯曲,山势降落到黄河北岸的沁阳盆地。再向西延伸则为中条山,南临黄河河谷,坡度变缓,亦有冲积扇。

太行山处于山西高原上升区和华北平原下降区的边缘,位于我国第一、二级大地形的陡坎上。由于其地质区位在大构造边缘带,深受山西板块和华北板块相互挤压和扭动的直接影响,该区地质构造复杂,断裂活动频繁,形成了西北部的太行山脉和中条山脉,东南部凹陷下沉为冲积平原。第四纪以来,区内岩石风化物和风积黄土被山区河流不断冲刷下来,大量的洪积冲积物在山前堆积成山前倾斜平原和沁河冲积扇。区内山势雄伟,绝壁林立,沟谷纵横。海拔高度较大,如天坛山海拔1 715米,斗顶海拔1 955米,鳌背山海拔1 929.6米,箭过顶海拔1 058米,小北顶海拔1 308米,云台山海拔1 116.9米。全区相对高度300～1 100米。由于地表径流侵蚀作用强烈,沟谷切割较深,山坡较陡,多在30°以上,形成一系列纵横交织的峡谷、深谷。

太行山主体山系呈近东西走向展布,经历次构造旋回和造山运动,长期剥蚀和侵蚀作用和新构造期东西向、南北向差异运动的影响,构成了本区相对高差大、重峦叠嶂和崖台交织的西高东低、北高南低的阶梯形特色地貌。太行山地貌另一特征是具有独特的山顶平地,呈不规则的椭圆状,近东西走向,面积不等。

高峻挺拔的太行山,是在漫长的地质年代中由于多次的海陆变迁和强烈的造山运动作用逐渐上升形成的。太行山地区在距今约5亿～6亿年前还是一片海洋,以后由于地壳的升降运动导致反复多次的海退海侵,时而陆地,时而海洋,直到距今约2.2亿年的三叠纪时,才完全结束海侵。大约在距今7 000多万年前的白垩纪时期,受燕山运动的影响,太行山地区的地层产生了强烈的褶皱和断裂,初步奠定了太行山基本轮廓的基础。到了距今约200万～300万年的第三纪末期,受喜马拉雅运动的影响,太行山区进一步抬升,与其东面的华北平原高低悬殊更为明显。河南境内太行山主体发育的三组断裂将山体切割成复杂的块状,新构造运动的抬升作用以及长期的外力剥蚀作用,将其塑造成今日的地貌景观。

太行山大地构造东部和西部有明显的差异。西部显示出五台期以来多次构造运动的总和,构成一个复杂的北西向断裂褶皱带,东部显示出燕山期以来的构造运动特征。中条期及前中条期以紧闭乃至倒转的北西向至近南北向褶皱为主,后期(主要是燕山期、喜马拉雅山期)褶皱平缓开阔,以东西向走向为主,次为北北西向。按时代分,主要褶皱有五台期褶皱、中条期褶皱、铁山河褶皱组、容沟—黄石铺褶皱组、王屋山期褶皱、燕山期褶皱等。区内断层构造发育,以高角度正断层为主。据断层切割地层及其相互关系,主要断层分为五台期断层、中条期断层、王屋山期断层和燕山期断层。其中燕山期断层最为发育,按其方向分为北北西向、北西向和东西向 3 组。太行山区岩石除广泛发育的沉积岩外,尚有侵入岩、喷出岩、区域变质岩及混合岩化岩石。侵入岩规模较小,主要呈岩床或岩脉、岩株产出,有太古界的含磷灰石正长岩、辉岩,元古界的变质中基性岩、细粒变质中基性岩、伟晶岩。喷出岩在区内可分为熔岩及火山碎屑岩两类,均为熊耳群的喷出岩,分布于西北部的黄背角一带,主要为安山岩、凝灰岩。区域变质岩的分布与太古界及下元古界地层展布区域相吻合,变质岩类较多,主要为片麻岩、石英岩等。混合岩化岩石主要分布于太古界林山群、下元古界双房群中。

豫北太行山地区有着丰富的煤铁矿产,特别是石炭-二叠纪的煤等,是河南主要的工矿地区之一。

2. 秦岭余脉——豫西山系

豫西山系是河南省地势最高、分布面积最大的著名山系,也是河南省森林面积最大、植被覆盖率最高、动植物种类最丰富的地区。地理坐标为东经 110°30′～113°05′,北纬 32°45′～34°00′。豫西山系西至省界,与陕西省商南县接壤,东至方城北部,南至南阳盆地北缘,北至熊耳山麓。

秦岭山脉自陕西向东延伸进入河南境内之后,分成五条支脉,呈掌状向东、东北和东南方向辐射。最北的一支为小秦岭,呈东西走向;中间的三支为崤山、熊耳山和外方山;最南的一支为伏牛山,它是秦岭东段规模最大的一条支脉。伏牛山脉呈西北-东南走向,东西绵延约 400 千米,南北宽约 40～70 千米,面积约 10 000 平方千米,素称"八百里伏牛"之称。伏牛山脉是秦岭东延的山脉,故又称东秦岭。伏牛山为河南省最高大的山脉,山体巨大,高峰突兀,山体完整,主脉山脊狭窄高耸,山峰呈锯齿状矗立,海拔多在 1 500 米以上,省内海拔超过 2 000 米以上的山峰绝大多数位于这一地区,为河南省的"屋脊",构成黄河、淮河和长江三大水系的分水岭。

伏牛山地区在内力作用下形成高峻的断块山地,地貌形态反映了以流水作用为主的特征。根据海拔高度和形态差异,伏牛山可分为中山、低山、丘陵和盆地;按其成因可划分 2 个类型和 5 个亚类型。2 个类型,一为流水地貌类型:海拔 1 800 米流水作用的断块中山,海拔 1 200～1 800 米流水作用的断块低中山,海拔 800～1 200 米流水作用的断块低山,海拔 600～800 米黄土覆盖的低山丘陵。二为盆地地貌类型:海拔 600 米以下的山间断块沉积盆地。

伏牛山在新生界燕山运动所塑造的地貌形态基础上,受长期侵蚀及剥蚀作用后,大部分地区夷成秦岭期准平面,以后经过抬高,保存为现在的山顶,同时在山地中镶嵌一些山间盆地。自喜马拉雅运动及新构造运动以来,山地处于强烈的上升过程,对地貌的影响极大。地壳间歇升降和断裂,多次剥蚀、夷平和堆积,形成目前山地地貌呈明显阶梯状特征。

伏牛山是受多旋回构造运动影响的褶皱断块山地,因而发育了三级剥蚀面。它们在后期差异性断块升降运动的影响下,加上组成物质的岩性不同,引起相异的剥蚀作用,同一级剥蚀面可发生变形或引起高度上分异的现象。一级剥蚀面构成伏牛山最高的分水区和最高峰顶面,海拔多在 1 800 米以上。二级剥蚀面分布于一级剥蚀面的外围地区,其高度由中心部分向外侧倾斜。三级剥蚀面分布于二级剥蚀面的外围,其高度由山地向盆地逐渐下降。

剥蚀面的研究在地貌上有很大的意义,是研究山地地貌发育的一个重要标志。伏牛山分布有三级剥蚀面,说明最少经过3次大的夷平作用,地貌发育经过由不平到平、由平到不平的重大轮回,目前正处于参差不齐的峻拔山地阶段。山间遍布以"U"形谷和"V"形谷为主的深切谷地。

小秦岭是秦岭向东进入豫西最北的一支余脉,是著名的"西岳"华山的东延部分,到灵宝东部而止。虽然东西延伸不长、分布面积小,但山势高峻,大部分海拔在1 500～2 000米,相对高度为800～1 500米,超过2 000米的山峰有7座,其中老鸦岔海拔2 413.8米,是河南省最高峰。岩层由花岗岩和片麻岩组成。由于东西走向的秦岭大断层横穿其北侧,山坡极为陡峻,以直线形坡为主,形成许多断壁悬崖。经过流水的长期侵蚀,沟谷以"V"形谷为主。此处探矿和采矿活动中未注意加强对林木的保护,致使水土流失加剧。因此,应加强管理,发展林业生产,改变水土流失状况。

崤山自灵宝和卢氏的西部边境向东北延伸,其西南连接华山山脉,山势由西南向东北渐趋低缓。海拔高度均较低,一般为1 200～1 800米,相对高度500～1 000米。岭脊狭窄且平缓,最高峰为青冈峰,海拔1 902.6米。在崤山的东北部有一细长的分支,沿黄河南岸向东延伸,即为邙山。邙山海拔一般在500米左右,经流水切割、冲刷,形成许多孤立浑圆状和长条形丘冈状的丘陵,表现为低缓岭丘形态,故又称作"邙岭"。从整体看,崤山范围大,绵延长,山坡形态复杂,以凸凹复合形坡居多,坡度一般在30°左右。从山地类型看,崤山既有中山,又有低山,还有岭丘,它们大致从西南向东北排列。不管是中山,还是低山、岭丘,地层一般都由古老的喷出岩、石英岩和硅质灰岩组成,但在东北部低缓的山岭和凹坡上则出现了黄土覆盖层。因岩性、水分及其他因素影响,除了在山岭及凹坡地带有较多的乔木和灌丛,其余大部分地区植被稀少,流水侵蚀强烈。

熊耳山位于洛河与伊河之间,构成两河的分水岭,大体起自卢氏西南,向东北抵宜阳东部一带。山体主要由古老的变质岩、硅质灰岩和燕山期的花岗岩组成。其南北两侧山坡不对称,南坡较为平缓;北坡较为陡峻,局部地段坡度大于80°,它们多系花岗岩风化侵蚀作用形成的陡坡或因断层而成的悬崖。熊耳山西南部以中山为主,海拔在1 500～2 000米,部分山峰在2 000米以上;东北部较为低缓,以低山、丘陵为主,海拔在500～1 000米,少数山峰超过1 000米。熊耳山岭脊多呈锯齿状,山峰尖耸兀立。全宝山和李岗寨为最高峰,海拔分别为2 130.2米和1 975米,两座山峰东西相对,形如两只竖起的熊耳,故名熊耳山。

外方山是伏牛山脉向东北方向延伸的一条支脉,由嵩县向东北延伸,到汝州西南部终止,山势逐渐减缓,一般海拔在600～1 000米,相对高度500～800米,是沙河和汝河的分水岭。与伏牛山相比,外方山山势低缓,范围较小,绝大部分属于中山,在北部和东北部地区分布着一些低山和丘陵。

嵩山和箕山位于河南中部,为褶皱块状山地。嵩山是著名的"五岳"之一的中岳,它南隔颍河与箕山相对,西南和西北面环绕着伊河和伊洛河,北临黄河。它西起偃师和伊川边界地带,向东延伸,一直到登封。西端山势低缓,以低山、丘陵为主,其间有大小不等的盆地和谷地,海拔600～800米,部分地段在800米以上。山岭主要由古老的变质岩组成,在地貌上多东西向的断层,山体形态一般为单面山形态。嵩山最西端抵洛阳龙门,因伊河沿南北向断裂切割,形成许多高大的山峰。主要的山峰有两个:东面的嵩山(又称太室山),最高峰海拔1491.73米,人称嵩顶,又叫峻极峰;西边的玉寨山,又叫少室山,最高峰海拔1512米,为嵩山的最高峰,人称连天峰。嵩山的南侧有横贯东西的大断层,使得南坡较陡、北坡平缓,呈单面山形状。箕山山脉沿汝州北侧自西向东延伸,西窄东宽,地势西高东低,西部海拔600~1000米,部分地段超过1000米,是汝河与颍河的分水岭。箕山主要由古老的变质岩构成,断层构造地貌明显,一般为单面山。

豫西山地属于华北地台(陆台)的南缘,介于秦岭地槽(地盾)与河南地台之间,它是我国华北、华南(华夏)两大古板块的关键地区。自吕梁运动以后,华北地台隆起成条带状山地。到中奥陶系时,淮阳地槽与秦岭地槽上升,把华北地台的内海与华南地区和扬子地台的内海隔开。到二叠系时,海水退出华北地台。中生代晚期受燕山运动的影响,已经形成豫西山地,造成明显的背斜、向斜、断裂、褶皱等。喜马拉雅运动发生后,地台西部被褶皱抬起,同时发生大断层、大凹陷,造成块状断裂。豫西山地也被褶皱断裂重新抬起,为形成现在的形态打下基础。

组成豫西山地的地层,大部分是花岗岩、片麻岩、云母片麻岩、石英岩、大理岩、片岩、石灰岩及千枚岩等。花岗片麻岩常与片岩类交互成层,所以这两类岩石的先后次序很难分辨,也可以说时代相同,其岩性也大致相同。这一系地层相当于太古界,称为秦岭系。在秦岭系之上,有一层很厚的石英岩和黏板岩,中间有时夹有大理岩和绿色及紫红色的千枚岩。这系地层属于震旦系,分布在秦岭系之南,与秦岭系平行向东西延伸,很规则。

元古界地层呈角度不整合覆盖在太古界地层之上,主要由变质的石英岩和各种片岩组成。古生界地层主要出现在伏牛山南坡的西峡、内乡、南召境内,以石英砂岩、泥岩、页岩及砂质白云岩为主,其中有泥盆统平行不整合于下志留统张湾组之上,地层西厚东薄。中生界的地层,受构造控制,各时代地层在不同盆地中发育程度不同,主要为陆相碎屑岩系和部分火山喷发岩、火山熔岩、红色碎屑岩、砂砾岩、页岩、砂岩等。新生界地层,不整合于以前各界各系地层之上,主要发育在伏牛山的山麓和山间盆地。第三系主要由河湖相及湖沼相砂砾岩、沙岩、泥灰岩、泥岩等组成。第四系地层延续至今200多万年,分布面积较广,地层自下而上,更新统和全新统时代的均有分布。最年轻的地层为全新统的黄土。

豫西山地的基本构造是一个复背斜,有一系列的断层。第三系地层都被断层割裂,往往使第三系地层直接与古老岩系以断层接触。由此也可说明豫西山地断层发生的时代,大部分是在新生代始新统之后。主要深断裂有:① 木家垭－内乡－桐柏－商城断裂带;② 黑沟－栾川－维摩寺－固始断裂带;③ 朱阳关－夏馆－大河断裂带;④ 瓦穴子－鸭河口－明港断裂带。

3. 江淮分水岭——豫南桐柏－大别山系

桐柏山和大别山是河南南部两条重要的山脉,二者首尾相连,因此也称桐柏－大别山。桐柏－大别山蜿蜒于河南、湖北两省的边境,再向东延展,进入安徽省境内称霍山。它们都位于淮河之南,通常又合称为淮阳山地。在河南境内大致以武胜关为界,以西为桐柏山,以东为大别山。桐柏山和大别山不仅首尾相连,而且在地质构造上也同为巨型纬向体系。远在20多亿年以前的太古代这一地区就上升为陆地,此后,在漫长的地质时期,一直处于缓慢上升状态。山地岩石主要是变质岩,也有变质程度不同的结晶片岩和片麻岩。

经过长期的剥蚀作用,地貌呈准平原化。燕山运动使得本区形成近西北—东南向的褶皱及断裂,同时伴有大规模的花岗岩侵入体,喜马拉雅运动又使本区进一步抬升并发生断裂。由于这一系列后期造山运动的影响,本区重新抬升而形成山地。

桐柏山自西北向东南延伸,西起南阳盆地的东缘,东南至武胜关,西南至湖北的枣阳、应山一线,东北界大致在鸿仪河、桐柏、淮河店、董家河、狮河港至谭家河一线。山脉呈西北—东南方向延伸,长达约120千米,海拔多在400~800米,面积2341平方千米,构成了淮河与长江两大水系的分水岭。河南省边境地带的桐柏山主脉可分东西两段,西段是桐柏山的主体,呈西北—东南走向;东段为位于放马岭东南的四望山,呈北北西—南南东走向。桐柏山主脉位于桐柏县城南部、太白顶背斜的核部,由于受西北—东南向鸿仪河大断裂的影响,山体边界十分整齐,形成山坡陡、山脊窄、群峰高耸的地貌形态。山体北侧为淮河及其众多支流的发源地,河流横切山体,形成一系列深切河谷和近南北向的山岭,使山势更加雄伟壮观。

桐柏山主脉西段南侧低山,山体破碎,呈孤山状分布于丘陵之上,主要有蓼山(海拔396.7米)、石柱山(海拔576米)、玉皇顶(海拔778米)、小山峰(海拔505米)等。

桐柏山主脉北部为低山,由西南向东北呈雁形展布,构成南阳盆地与吴城盆地、黄岗—毛集盆地的分界线。其山势和缓,顶部平圆,海拔在600米以下,个别山峰海拔达700米以上,相对高度200~400米。山体受流水侵蚀剥蚀作用影响,呈孤岛状散布于波状起伏的丘陵中,主要山峰有太和寨(海拔598米)、齐亩顶(又名七亩顶,海拔758.8米)、祖师顶(又名主石顶,海拔813米)等。

太白顶,位于桐柏县城西15千米的国营陈庄林场境内,是桐柏山主峰,海拔1140米,山势峻峭,景色奇秀,雄伟壮观,远近闻名。登顶远眺,北视中原,南阅楚天,万山俱下,极目千里。顶上有名刹云台禅寺,为佛教临济宗白云山系祖庭,堪称中原的布达拉宫。寺东侧有大淮井,是淮河源头。井东南30米远石壁间有张良洞,还有松月台、老虎洞、小淮井等景观。太白顶山顶四周林木遮天蔽日,1982年被辟为省级自然保护区,内有国家一级保护动物33种、国家重点保护植物41种,且南北兼容,现为国家级森林公园。

四望山,在信阳平桥镇西南,为豫、鄂边境界山。古时,每逢春秋季节,雨后初晴,站在山巅可俯瞰信阳、桐柏及湖北省的应山、随县四县,故名。四望山呈西北—东南走向,最高峰祖师顶海拔906.4米。1926年中国共产党在此建立四望山革命根据地,1927年建立苏维埃政府。

天目山,在信阳西北部,信阳、桐柏、确山三县交界处。原名大木山,俗名天目山;因山上有池,时人号天目,故名。曾名士雅山,因晋车骑将军祖逖(字士雅),曾携家避乱居此而得名。天目山呈东北—西南走向,最高峰祖师顶海拔812.5米,另有小山顶、大石岭、乱八山诸峰。1935年中国共产党在此建立革命根据地,有"鄂豫边省委旧址""鄂豫边红军游击队诞生地"等纪念地。

大别山西接桐柏山,东延为霍山(也称皖山)和张八岭,东西绵延约380千米,南北宽约175千米。西段呈西北—东南走向,东段呈东北—西南走向,一般海拔500~800米。河南境内的大别山沿豫、鄂边界东西延伸,大致以新县为界分为东西两段。西段宽阔低缓,以低山、丘陵为主,大部分山岭经过外力作用已呈浑圆状,很少有突起的尖峰,最高山峰海拔仅有840米。大别山主脊北侧地带,为广泛分布的低缓丘陵,其间散布着一些河流谷地和山间小盆地。东段山势较为雄伟高峻,山体也较为完整,海拔在800米以上,有较多的山峰海拔超过1 000米,商城东面的金刚台是省内大别山的最高峰,海拔1 584米。这里山岭狭窄陡峻,高峻雄伟的中山主要分布在这一段,北侧依次是低山和丘陵,并有宽广的河流谷地和小盆地。山地地质构造基础是古生代华力西中期的秦岭大别山褶皱带,主要由前震旦纪地层和侵入岩构成,以花岗岩、片麻岩等为主。大别山山地被断层分割成许多菱形断块,山麓线挺直,山坡陡到50°以上,是明显的断层崖。

鸡公山,位于信阳市境内,桐柏山以东,大别山最西端,是中国四大避暑胜地之一。鸡公山保护区内大地构造位于秦岭褶皱系东段桐柏山脉和大别山脉褶皱带,地质构造演化具有多旋回螺旋式不均衡发展的特点。构造以断裂为主,褶皱为次。区内岩石主要为鸡公山混合花岗岩和灵山复式花岗岩基。鸡公山主体山系基本上分布在河南、湖北两省省界上,呈近东西走向。主峰报晓峰,又名鸡公头,海拔768米。

金刚台位于河南省信阳市商城县境内,总面积32平方千米,境内最高峰平顶铺海拔1 584米,有"光州第一峰"之称。金刚台是扬子板块与华北板块的拼合部位,也是秦岭-大别造山带的东段,赋存着丰富、系统、完整的大陆动力学研究系统,是研究秦岭-大别山造山带拼合、增生、喷发、侵入等演化过程的理想场所。在漫长的地质历史演化过程中,金刚台地区留下了丰富的地质遗迹,如"仰视为峰、俯视为岭、平视为墙"的峰墙地貌、冲谷地貌与低山丘陵区,以及以花岗岩为基底的山前冲积地貌、姿态万千的象形奇石。金刚台地区的火山活动以中心式喷发为特征,其复式火山结构由多个次级的锥状火山组成,在火山喷发的不同部位分别保存有火山流动构造、火山角砾构造;在后期不同构造作用下分别形成陡峭的象形山峰和奇石,给人以无穷的想象空间。由于构造的作用,花岗岩侵入岩体,经风化剥蚀,形成了形态各异的地貌景观。侵入接触关系遗迹、花岗斑状结构、花岗巨斑遗迹、球状风化遗迹、水流冲刷和风蚀遗迹、捕虏体等地质遗迹,无不体现着地球演化过程中水与火的交融。

4. 豫西北黄土低山丘陵

河南的黄土低山面积很小,主要集中分布于灵宝东南部和渑池北部。灵宝东南部的黄土低山,沿着崤山的北侧呈带状分布,海拔在700～800米,相对高度350～500米,坡度为25°左右。此处黄土低山多有浅黄色黄土盖层,部分山地出露有第三纪红色砂砾岩层和古老变质岩层。现代流水侵蚀切割较为强烈,"V"形沟谷广泛发育。渑池北部的黄土低山,分布在段村、南村连线以西地带,部分山体上部为浅黄色黄土和红色黄土,下部是第三系红色砂砾岩地层,也有的山体大部分为黄土覆盖,局部有石英岩等岩石出露。此处黄土低山海拔一般为500～700米,相对高度200～500米;坡度较陡,有20°～35°;高差大,山岭起伏明显。河南的黄土低山植被稀疏,流水的侵蚀也比较强,地形被切割得很破碎,是黄土地貌中侵蚀最严重的地区。所以必须制止陡坡开垦,还应加强植树造林,保护土层,合理安排农、林业生产。

黄土丘陵是河南省西部黄土地区最为常见的一种地貌,其外貌形态复杂多样,有的起伏较大,外形较浑圆,具有黄土峁特征;有的呈长条形且定向延伸,具有黄土梁的形态特征;还有的丘陵宽广,呈波状起伏,为黄土丘岗。具体说来,河南的黄土丘陵主要分布在以下几个地区:三门峡、陕州区和灵宝市境的黄土丘陵,沿小秦岭和崤山的北麓地带分布,海拔500~700米,丘坡较平缓,坡度多在15°~20°,大部分丘顶浑圆,呈孤立分散状;东部洛河谷地北侧的黄土丘陵,西高东低,连绵起伏,一般海拔在500米左右,丘陵多呈长条形,顶部狭窄并向南倾斜;渑池盆地边缘的黄土丘陵,多孤立状,顶部浑圆;孟津和偃师北部的黄土丘陵,南接洛河谷地,北到黄河谷地南缘,属于邙岭范围,丘陵的海拔低,一般在200~300米,丘陵略有起伏,呈丘岗形态;嵩县田湖以北的伊河谷地两侧与偃师南部的黄土丘陵,海拔为250~400米,丘顶较平,起伏不大,相对高度小于100米;汝州北部的黄土丘陵,沿箕山南麓呈带状分布,海拔300~500米,有较平缓的丘坡与山前洪积平原连接,大多为孤立状。黄土丘陵的分布面积较广,土层也较深厚,多数丘间较宽展平坦,农业地貌条件较好,适合粮、棉等农作物的种植。但植被覆盖率较低,流水的坡面冲刷和沟谷侵蚀又比较强烈,容易造成水土流失,因此应采取整治措施,加强保护并合理开发。

(二)广阔的东部平原

豫东平原是白垩纪以来的沉降地带,其西部和南缘为相对抬升地区,到新第三纪时基本形成现在平原规模。在山地抬升和沉积区沉降的过程中,山地遭受流水的强烈侵蚀、剥蚀,同时流水又将侵蚀、剥蚀物质搬运到沉陷区堆积下来,在沉陷区形成了广阔的平原。2 000多万年以来,其松散堆积物厚达1 000米左右,沉陷最深的开封和周口、沈丘一带,厚达2 500米以上。流水的堆积作用异常复杂,有坡积、洪积作用,也有洪积、冲积作用,等等。虽然不同的流水堆积作用形成了不同的地貌形态,但也有一定的规律。大体上说,在接近山地的山前地带,以洪积作用为主,形成的地貌类型主要是倾斜平原;在远离山地的广大地区,以冲积作用为主,主要形成低缓平原;在豫南淮河以北地区,为冲积湖积作用,平原地势低平,以流水堆积作用为主,少部分地区有流水侵蚀作用;黄河两侧地区,风力堆积作用较为明显,局部地区有小型湖泊和沼泽。根据成因和形态特征的差别,可将河南东部平原分为黄河冲积扇平原和淮河冲积湖积平原。

1. 黄河冲积扇平原

黄河冲积扇平原位于河南东北部,东起商丘,西抵孟津,南到新郑、商水,北与河北平原相接,大致包括商水、商丘、菏泽(山东)、大名(河北)这一弧线以西的地区,为华北平原的一部分。黄河冲积扇平原为一宽广的冲积扇,黄河流过三门峡,到孟津以东以扇形展开,孟津、郑州、开封、兰考的河床,就是这个冲积扇的脊轴。西部海拔在100米以上,到东部降低到50米以下。在地势上黄河冲积扇平原与一般平原不同,它是向东北、东、东南三个方向倾斜。因此,地面的河流,沿着坡面呈扇形分散,从而使得本区有着放射状的水系。黄河冲积扇平原的形成和发育与黄河历代变迁和决口泛滥有极为密切的关系。众所周知,黄河含沙量为世界各河之首。根据计算,每年地面约增高1.48毫米,即每675年增高约1米。河床本身亦因泥沙沉积而增高(每年增高约1.5~80毫米),高出两岸的平地。据估计,黄河河床约高出附近平地3~7米。因此,桃花峪以下黄河两岸并无重要支流注入。千百年来,黄河多次改道和频繁的决口泛滥,必然使大量的泥沙堆积起来。以黄河两侧大堤为界,可将冲积扇分为南北两翼。北翼的水流入海河,南翼的水纳入淮河,黄河河床就成为海河水系和淮河水系的分水岭。北翼地势由西南向东北倾斜,地面平均坡度为

1/4 000左右。这里是历史上黄河决口泛滥改道最频繁的地区之一。

北翼黄河变迁的地貌特征很明显，如古河道高地、古河道洼地、古河漫滩等分布较普遍。武陟、修武一带西南—东北向延伸的郇封岭是目前所能见到的最古老的黄河故道遗址。古阳堤西北侧为古背河洼地，东南仍为古黄河滩地，高差一般为1~3米。在古黄河滩地东南侧除有古河道洼地断续分布外，与其平行分布的还有沙丘、沙地，显然是古河床内的松散物质，后经风力作用而形成的。除这些规模较大、形态较完整的黄河故道外，在其他地区也可看到残存的古黄河滩。

南翼地势由西北向东南倾斜，微地貌较为复杂，有古河槽、古河滩、古背河洼地、古泛道、决口扇、沙丘、沙地等多种类型。在兰考到虞城一线，有一条走向略偏东南的黄河故道，高出地面8~10米，在故道中还可见到500~1 500米宽的古河床遗址。在新郑—尉氏—杞县—宁陵一线以北，有大面积沙丘、沙地以及洼地，是黄河近代泛滥冲积的遗迹，风沙盐碱危害较严重。此线以南，为泛淤平地，地势平缓，土壤多为沙壤土或壤土。

2. 淮河冲积湖积平原

淮河冲积湖积平原位于河南东南部，包括黄河冲积扇以南、大别山地以北和伏牛山地以东的广大地区。平原的生成时期较晚，主要由黄河和淮河冲积而成。地面平坦，海拔高度大部分在40~50米。地势由西北向东南倾斜，大部分地面坡度肉眼不能察觉，平均坡降大约为1/6 000。

淮河与大别山平行东流。北岸的支流由西北注入，为黄河冲积扇地上的顺向河流；南岸的支流多，多为南北流向。淮南、淮北因地势与倾斜的不同，形成不对称的水系，因此河流的水性也就有很大的不同。淮北冲积地上都是缓坡，流水平缓，通称"坡水区"；淮南多山丘，坡度较陡，水流稍急，一般称为"山河"。这充分显示出河流所受地形的影响。

1938年黄河南泛，就顺着整个倾斜地面向东南倾泻，形成网状漫流，延续9年，酿成巨大灾难。泛区泥沙淤积，最厚处达4米左右。河槽内沉积物多以砂粒为主，河槽邻近地区多为粉沙，较远而为泛水所及的地方以黏粒为主。粉沙和黏粒淤积之处土地肥力增加，砂粒掩没的地区土地变劣，因此黄淤带与盐田带相间分布，在土地利用价值上显示出很大的差别。

淮河冲积湖积平原的形成和黄河冲积扇平原有些不同，虽然前者也是华北陆台中的凹陷部分，但它下降得很慢，黄土堆积很薄，大致在10~50米，有时底岩露出地面，成为高起的孤丘。西部遂平、确山一带，属于从震旦纪到寒武纪片岩分布的地区，久经侵蚀，已达老年期地形，上面只有薄层黄土覆盖。东部永城附近，广大的古老侵蚀面即埋在很薄的冲积层下面，表面也有高起的孤丘。

（三）西南部最大的盆地——南阳盆地

河南省的盆地不少，它们广泛散布于太行山地、豫西山地及桐柏—大别山地之中，多属山间小型盆地。在河南省的西南部则分布有河南面积最大的盆地——南阳盆地。南阳盆地是一个规模较大的山间盆地，位于伏牛山与桐柏山之间，西南为湖北境内的武当山，东北环绕着一些低山丘陵，中部是汉江水系支流唐河和白河冲积而成的平原。从整体上说，南阳盆地西、北、东三面环山，敞口向南，与江汉平原相连。南阳盆地实际上是南襄盆地的一个组成部分,习惯上,人们把北部南阳境内的部分称为南阳盆地,南部湖北境内的部分称为襄樊盆地。在轮廓上,南阳盆地略呈椭圆形,长约150千米,宽约110千米。在南阳盆地东北弧形山地中,由于受东西两侧河流的长期侵蚀与切割,形成众多的宽谷,把山地分割得颇为破碎,许多宽谷构成豫东平原与南阳盆地之间的交通要道,其中历史上有名的"南(阳)襄(阳)隘道"就是从江汉平原、南阳盆地,经盆地东北角方城附近的缺口进入华北平原的。

南阳盆地位于我国地势第二级阶梯向第三级阶梯过渡的边坡上,属于山地、丘陵、平原组合而成的盆地型地貌类型。其中,山地面积为9709平方千米,占总土地面积的36.5%;丘陵面积为7980平方千米,占总土地面积的30%;平原面积为8911平方千米,占总土地面积的33.5%。山地包括北部的伏牛山、西南部的淅川岩溶低山与东部的桐柏山,海拔一般都在400米以上,相对高度大于200米。其中中山海拔在1000米以上,最高者超过2000米,相对高度大于500米;低山海拔为400~1000米,相对高度为200~500米。南阳的丘陵主要分布在南阳盆地边缘和西坪—西峡谷地、淅川盆地、李官桥盆地、桐柏县吴城盆地与黄岗—毛集盆地内,多为侵蚀剥蚀丘陵,海拔在200~400米,相对高度为50~200米。丘陵起伏和缓,没有明显的延伸脉络,呈浑圆的丘状或和缓的陵状。丘陵间宽阔的河谷纵横交错,小型盆地广泛发育。在山地与丘陵的过渡地区,有孤山耸立于丘陵之中。丘陵的组成岩性极其复杂,既有古老坚硬岩石构成的丘陵,也有近代冲积洪积物构成的丘陵;既有构造地层形成的丘陵,也有侵入岩体构成的丘陵。组成岩石一般经强烈的风化作用,表层堆积有厚薄不等的残积层。丘陵的形成与新构造运动关系密切,由于受第四纪以来的抬升作用影响,隆起地层在流水的强烈侵蚀下,原来的夷平面遭破坏,形成波状起伏的地表形态。根据丘陵的分布位置、组成岩性与形态的不同,全区分南阳盆地北部丘陵、南阳盆地西南部丘陵、南阳盆地东部丘陵三种类型。南阳的平原主要分布在南阳盆地内,以广阔平坦的平原为主,也包括一部分波状起伏的岗地及倾斜较小的坡地,海拔一般在200米以下,相对高度在50米以下,组成物质多为第三系和第四系河湖相沉积物。根据堆积方式和分布位置的不同,可把平原分为洪积缓倾平原、洪积冲积缓倾平原、冲积低缓平原、冲积河谷带状平原四种类型。

南阳盆地跨华北地台和秦岭褶皱系两大地质单元,以栾川—维摩寺—新安店一线为界,以北属华北地台,以南属秦岭褶皱系,总的特点是大洋地壳经过多旋回螺旋式发展逐渐演化成大陆地壳。

第三节 水系与水资源

河南省河流纵横,水系相当纷杂。受地表形态分布的制约,主要河流多发源于第二级阶梯的西部山地和黄土高原,顺地势倾斜向南、东南、东、东北四个方向流散开来。河南省河流分属四大水系,即长江水系、淮河水系、黄河水系和海河水系。豫西伏牛山是黄河支流伊洛河、长江水系支流唐白河、淮河支流沙河三大水系的分水岭;郑州以下的黄河大堤高悬于两岸平原之上,是淮河流域和海河流域的河道式分水岭。

一、河川径流特征

(一)河川径流量区域分布不均衡

河南省多年平均河川天然径流总量为302.67亿立方米。河南省河川年径流量的地区分布与降水量的分布趋势基本一致,即南部大于北部,山区大于平原。淮南山区径流深高达600毫米,伏牛山区的鲁山及太行山东麓的辉县南寨一带也分别达400毫米及300毫米,而黄河干流附近及豫北平原都在100毫米以下,金堤河、马颊河一带仅40～50毫米。200毫米年径流深等值线基本上横穿河南省中部地区。该线以南,水量较丰沛,气候较湿润;该线以北,径流量较小,气候较干燥。全省地表径流在地形的影响下,形成了三个径流相对高值区和三个径流相对低值区。淮南大别山区是全省径流最大的地区,年径流深高达400～600毫米;伏牛山东缘为径流相对高值区,年径流深一般在300～400毫米;豫北太行山东麓的辉县、淇县、汤阴以西一带,年径流深在250～300毫米,为全省径流的第三个高值区。径流相对低值区为豫北平原的长垣、濮阳、清丰、南乐、内黄等地,年径流深小于50毫米;豫西的渑池、三门峡、灵宝一带,年径流深在50～100毫米;以邓州、新野为中心的南阳盆地区年径流深不足200毫米,比周围明显偏低。

(二)地表径流年内和年际变化大

河南省的地表径流年内分配不均,年际变化很大。各河流汛期径流集中程度高,最大连续4个月的径流量,西部和东部分别占全年的60%～70%和70%～80%。夏季多洪涝灾害;冬春季节降水量小,径流也很小,甚至出现干涸断流。

径流的年际变化很大,年径流变差系数由南部的0.5向北递增到1.2,越是径流低值区,径流变差系数值反而越大。如1956～1979年,全省大水年是1964年,总水量为718亿立方米;最枯水年是1966年,总水量仅有99.5亿立方米。

(三)河水水质差别明显

河南省河流的水质总体上是比较好的,大部分河水适宜工业、农业生产和人民生活用水。由于河南省幅员广阔,自然条件差别大,各地水化学特征有明显的差异。在淮河以南地区,年平均降水量在1 000毫米以上,河川径流量大,河水矿化度相应较低。淮河干流及淮南支流各测站的离子总量只在100毫克/升左右,总硬度小于4度(德国度),为极软水;唐白河、丹河水系年平均降水量为800～900毫米,离子总量在200毫克/升左右,总硬度4～8度,为软水;颍河、沙河、北汝河及干江河水系年降水量为700～800毫米,离子总量大部分在200毫克/升以上,个别站(周口)为300毫克/升左右,有的为软水,有的为中硬水;省境的东部和北部平原,年降水量只有600～700毫米,有的河水是以地下水补给为主,河水离子总量普遍偏高,一般在500～1000毫克/升,为中硬水、硬水。

全省各河流的离子总量有明显的季节性变化,夏季高温多雨,风化过程和生物过程强烈,有利于化学淋溶作用,但此时雨量集中,河水中离子含量被稀释,矿化度降低;而枯水季节降水少,径流主要以地下水补给为主,矿化度升高。

河南省发源于太行山系、伏牛山系及桐柏—大别山系的河流大部分水质中缺碘。熊耳山山系的河流水,除缺碘外,还缺硒。从熊耳山向东南,经外方山到大别山,还有一条萤矿石分布带,含氟普遍较高。在东部黄淮海平原的低洼易涝区,也同样存在含氟偏高区。

（四）河水含沙量大

河南省雨量集中在汛期,且多以暴雨形式出现,这时河水挟带的泥沙数量剧增。在西部和西北部山区,山高坡陡,相对高度大,径流汇集快、水量多、流速大、冲刷力强,河水含沙量比平原多。在豫西黄土丘陵和黄土台地地带,土质疏松,植被覆盖率低,易溶性强,抗侵蚀性差,流经这一带的河流,其含沙量都比较高。

在各种自然和人为因素的综合影响下,全省各河流含沙量的总趋势是西部山区大,东部平原小。灵宝往东至荥阳一带属黄土台地、丘陵区,是全省含沙量最大的地带,含沙量为 5~20 公斤/立方米;其次为伏牛山区和太行山区,为 1~5 公斤/立方米;京广线以东、淮河以北的广大平原地区为 0.5~1 公斤/立方米;伏牛山主脉南侧,由于土薄石厚,耕地很少,森林、草地覆盖面积大,加之土质黏重,虽属山区,但含沙量只在 0.5~1 公斤/立方米;淮南大别山区,植被覆盖率高,土壤结构密实,耕地中水田多、旱地少,含沙量在 0.1~0.5 公斤/立方米,是河南省含沙量最小的地带。

河南各河流年平均输沙量悬殊。黄河干流及其支流可达几千万吨到十多亿吨。省境三门峡站为 14.9 亿吨,花园口站为 12.9 亿吨,支流伊洛河黑石关站为 2 040 万吨,其他各河只有数百万吨。各河流输沙量年内分配的集中程度,比降水量和径流量还要高。各河汛期输沙量一般要占输沙总量的 70%~80%。

二、水资源状况

水资源总量指当地大气降水形成的地表水资源和地下水资源。地表水资源是指河流、湖泊、冰川等地表水体中由当地降水形成的、可以逐年更新的动态水,一般用河川天然径流量表示;地下水资源是指与大气降水、地表水体有直接补排关系的动态重力水,即赋存于地面以下饱水带岩土空隙中参与水循环且可以更新的浅层地下水。由于地表水与地下水互相转化,河川径流量中包括一部分地下水排泄量,而地下水资源量中又有一部分来源于地表水体的补给,因此水资源总量应为地表水资源量与地下水资源量之和再扣除相互转化的重复计算水量,其中地下水专指浅层地下水。

（一）水资源量

1. 地表水资源

河南省地表水资源即河川径流,主要由降水形成。全省多年平均降水量为 771.1 毫米,其中 76.2% 的降水量被植物吸收和蒸腾、土壤入渗以及地表水体蒸发所消耗,另有 23.8% 的降水量形成河川径流量。通过对 1956~2000 年系列资料的计算,全省多年平均河川天然径流量为302.67亿立方米,折合径流深为182.8毫米。多年平均径流深的区域分布与降水的总趋势大体一致,呈现南部多于北部,西部山区多于东部平原。豫南大别山区地表水资源最丰富,径流深435.8毫米;豫北东部徒骇马颊河平原最贫乏,径流深仅28.4毫米。地表水资源量主要产生在汛期,连续最大4个月出现时间稍滞后于降水量。全省多年平均连续最大4个月地表水资源量占全年的62.5%,出现在6~9月;多年平均月最大值出现在7月份,月最小值出现在1月份,月最大值是月最小值的9.5倍。

2. 地下水资源

浅层地下水主要来源于大气降水、地表水体入渗补给及侧向补给。由于区域水文地质条件不同,浅层地下水的补排方式也各异。根据分区浅层地下水量补排平衡原理进行多年评价计算,全省山丘区地下水资源量83.1亿立方米,平原区124.5亿立方米,扣除平原区与山丘区之间重复量11.6亿立方米,全省地下水资源量196亿立方米。

河南省山丘岗台区浅层地下水资源模数一般在5万~10万立方米/平方千米。淮南山丘岗台区10万~15万立方米/平方千米。郑州以西的荥阳、新密、汝州一带岩溶区,岩溶发育程度一般,模数在15万~20万立方米/平方千米。豫北鹤壁、新乡、焦作的太行山一带岩溶发育程度高,模数在20万~25万立方米/平方千米。广大平原区地下水资源量模数一般在20万~25万立方米/平方千米。黄河两岸为黄泛沙性土壤,降水易于补给,另受黄河侧渗及引黄灌溉补给,地下水资源模数一般在15万~20万立方米/平方千米,郑州与开封最高,达20万~25万立方米/平方千米。北汝河、沙颍河以南至淮河平原区,模数在15万~20万立方米/平方千米,洪汝河两岸模数在20万~25万立方米/平方千米。豫东及中部平原许昌—商丘一带,模数一般在10万~15万立方米/平方千米。南阳盆地大部分模数在15万~20万立方米/平方千米,盆地西部及唐河下游为10万~15万立方米/平方千米。豫北濮清南漏斗区及豫西三门峡河谷地区模数在5万~10万立方米/平方千米。伊洛河河谷及沁阳以上沁河两岸,因河道渗漏补给量很大,模数高达30万~50万立方米/平方千米,属全省地下水资源最丰富的地带。

3. 水资源总量

根据水资源评价成果,全省多年平均河川径流量302.67亿立方米,多年平均地下水资源量196.00亿立方米,扣除地表水与地下水重复计算量95.13亿立方米,全省多年平均水资源总量为403.54亿立方米。从全国看,河南省水资源总量为全国水资源总量28 124亿立方米的1.43%,居全国第19位。河南省人均、亩均水资源总量分别为376立方米、331立方米,仅相当于全国人均、亩均水资源总量水平的20%左右,居全国第22位。从全省看,水资源的分布特点是西南山区多,东北平原少。

河南省水资源地区分布不均,水资源分布与土地资源和生产力布局不匹配。豫东、豫北平原地区人口密集,是河南省乃至全国的粮食主要产区,但是该区域水资源严重匮乏,直接制约着当地国民经济可持续发展。

豫北、豫东平原10个市(安阳、鹤壁、濮阳、新乡、郑州、开封、商丘、许昌、漯河、周口)人口占全省总人口(2015年底)的54.6%,面积占全省的40%,耕地(2014年底)占全省的43.4%,水资源量仅为123.4亿立方米,只占全省水资源总量的30.6%,人均水资源量为211立方米,亩均占有量为233立方米;而南部、西部山丘区8个市(信阳、驻马店、南阳、三门峡、洛阳、平顶山、焦作、济源)的水资源量为280.1亿立方米,占全省水资源总量的近70%,人均水资源量为575立方米,亩均水资源量为406立方米。全省各省辖市水资源情况见表2-3-1。

表 2-3-1 2021年河南省水资源量与多年均值比较表

行政区/流域		降水量/亿立方米	地表水资源量/亿立方米	地下水资源量/亿立方米	地表水与地下水资源重复量/亿立方米	水资源总量/亿立方米	水资源总量与多年均值比较/±%	产水系数
	全省	1 866.80	556.86	257.06	124.73	689.18	77.1	0.37
行政区	郑州市	96.73	24.66	8.23	3.89	29.00	148.7	0.30
	开封市	65.03	7.81	10.11	1.47	16.45	64.2	0.25
	洛阳市	177.64	54.32	21.39	17.71	58.00	111.2	0.33
	平顶山市	90.41	32.53	7.97	3.42	37.08	100.0	0.41
	安阳市	101.03	35.39	18.84	10.29	43.94	262.5	0.43
	鹤壁市	33.64	11.12	7.05	3.06	15.12	321.1	0.45
	新乡市	113.43	27.93	17.26	7.30	37.89	214.4	0.33
	焦作市	52.28	15.93	11.63	3.80	23.76	203.5	0.45
	濮阳市	49.70	12.01	5.90	1.81	16.10	248.6	0.32
	许昌市	53.19	7.83	6.83	1.70	12.96	54.3	0.24
	漯河市	29.84	6.32	6.53	1.25	11.60	98.2	0.39
	三门峡市	110.40	31.14	13.44	12.35	32.23	92.3	0.29
	南阳市	273.93	111.36	26.47	15.86	121.95	75.8	0.45
	商丘市	101.56	11.86	12.70	0.34	24.22	26.5	0.24
	信阳市	236.98	108.76	31.68	26.24	112.20	31.3	0.47
	周口市	113.01	12.84	21.80	1.73	32.91	34.3	0.29
	驻马店市	141.10	38.12	25.59	9.76	53.95	10.9	0.38
	济源市	26.90	8.93	3.64	2.75	9.82	203.7	0.37
流域	海河流域	220.74	71.31	42.90	22.43	91.78	254.6	0.42
	黄河流域	432.79	114.36	53.63	33.02	134.97	145.1	0.31
	淮河流域	926.78	253.76	130.17	49.71	334.21	41.4	0.36
	长江流域	286.49	117.43	30.36	19.57	128.22	78.2	0.45

河南除省境内的地表水、地下水资源以外,还有可供引用的过(入)境水流黄河、史河、漳河和梅山、丹江口、岳城等水库的径流以及丹江、洛河、丹河、沁河等上游来水,但其开发利用要受流域分配水量指标的制约和工程开发程度的影响。河南省多年平均进境水量为413.64亿立方米,其中黄河流域为379.96亿立方米,约占全省的91.86%。全省多年平均出境水量为630.22亿立方米,其中黄河流域为381.23亿立方米,约占全省的60.49%;淮河流域157.28亿立方米,约占全省的24.96%。

(二)天然水质

河南省天然水质主要受土壤岩性及植被的影响,同时也受降水量及蒸发量的影响。淮河流域、长江流域山丘区的水体离子总量较低,矿化度一般为三级和优于三级,天然水质较好。其他地区的水体离子总量均在 300mg/L 以上，尤其是黄河背河洼地以及豫北、豫东平原部分排水不良的地区，可达到或超过 400mg/L。河南水质类型由一般的钙型到钠型。

各流域浅层地下水化学类型主要为 HCO_3^- 型、$HCO_3^- + SO_4^{2-}$ 型和 $HCO_3^- + Cl^-$ 型，90%以上的地区其矿化度小于 1g/L。地下水天然水质优良。

三、主要水系

河南省地处中原，跨海河、黄河、淮河、长江四大流域，其中海河流域 1.53 万平方千米，占全省总面积的 9.2%；黄河流域 3.62 万平方千米，占全省总面积的 21.7%；淮河流域 8.83 万平方千米，占全省总面积的 52.9%；长江流域 2.72 万平方千米，占全省总面积的 16.3%。

河南省境内大小河流共计 1 500 多条，流域面积 100 平方千米以上的河流有 493 条。其中，河流流域面积超过 10 000 平方千米的有 9 条，为黄河、洛河、沁河、淮河、沙河、洪河、卫河、白河、丹江；5 000~10 000 平方千米的有 8 条，为伊河、金堤河、史河、汝河、北汝河、颍河、贾鲁河、唐河；1 000~5 000 平方千米的有 43 条；100~1 000 平方千米的有 433 条。受地形影响，大部分河流发源于西部、西北部和东南部的山区，沿着地势分别向东北、东、东南和南 4 个方向流出省界，形成扇状、羽状水系。河南的河道大体上分为山区河道和平原区河道两种类型。前者发源于山区，从山区流经平原，泄量上大下小；后者位于平原，流程长，泄量小，加上防洪标准低，一遇暴雨洪水，极易造成洪涝灾害。除黄河干流及沁河（由水利部黄河水利委员会专管）外，河南省主要防洪河道有淮河干流、洪汝河、沙颍河、卫河、伊洛河、唐白河、涡河和惠济河等。

（一）海河水系

海河水系流经河南省的是漳卫河水系及徒骇河、马颊河水系。漳卫河水系为单独入海河道，分为漳河和卫河两大支流。漳河系豫、冀两省的边界河道，由林州市北入河南省境，至安阳县南阳城出境入河北省。徒骇河、马颊河是独流入渤海的坡水河道。河南省境内建有盘石头、小南海 2 座大型水库，良相坡、白寺坡、柳围坡、长虹渠、共渠西、小滩坡、任固坡、广润坡、崔家桥 9 处行滞洪区。

1. 卫河

卫河是海河流域漳卫河水系的南支，北邻漳河，发源于山西省陵川县夺火镇，流经河南省焦作、新乡、鹤壁、安阳、濮阳等市，于河北省馆陶县徐万仓与漳河汇流。新乡合河镇以上称大沙河，以下称卫河，历史上统称卫河。卫河全长 900 多千米，流域面积 14 970 平方千米，其中河南省境内河长 287 千米，流域面积 12 791 平方千米。卫河主要支流有淇河、安阳河、汤河等。

（1）淇河，发源于山西省陵川县方脑岭，流经辉县、林州、鹤壁、淇县、浚县等市、县，到淇门镇以西之小河口东注入卫河，干流河长约 176 千米，流域面积 2 248 平方千米，是卫河左侧主要山区支流之一。

(2) 汤河,发源于鹤壁市孙圣沟,流经鹤壁山城区、汤阴县、安阳县、内黄县,于内黄县西元村入卫河,河长 64 千米,流域面积 1 323 平方千米。

(3) 安阳河,位于卫河左岸,发源于林州市黄花寺,流经林州市、安阳县、安阳市区、内黄县,在内黄县李大晁入卫河,河长 161 千米,流域面积 1 678 平方千米。

2. 共产主义渠

1958 年为引黄灌溉,由水利部统一规划,冀、鲁、豫三省协作开挖修建共产主义渠,由秦厂至合河镇西与卫河相交,再沿卫河左岸至老观嘴入卫河,河长 103 千米。

3. 漳河

漳河发源于山西省境内,上游分清漳河、浊漳河两大支流,在河北省涉县合漳村汇合后始称漳河,至观台进入岳城水库,经岳城水库出山进入平原,至徐万仓与卫河汇流入卫运河,河长 440 千米,流域面积 19 927 平方千米。漳河由林州市北入河南省境,至安阳县南阳城出河南省境入河北省,河南省境内的流域面积 640 平方千米。

4. 马颊河、徒骇河

(1) 马颊河,发源于濮阳县南关,南起濮阳县城南金堤闸,流经清丰县,在南乐县出河南省境入河北省,于山东省无棣县入海,河长 480 千米,流域面积 9 450 平方千米。河南境内干流河长 62.3 千米,流域面积 1 150 平方千米。

(2) 徒骇河,发源于山东莘县西南隅同智营,干流起自大沙河文明寨,经清丰、南乐二县东部边界闫村、大清、毕屯以下入山东境,后入渤海,河长约 400 千米,流域面积 15 084 平方千米。河南境内干流河长 16 千米,流域面积 707 平方千米。

(二) 黄河水系

黄河在灵宝市进入河南省境,流经三门峡、济源、洛阳、郑州、焦作、新乡、开封、濮阳 8 个省辖市。孟津区白鹤乡以上是一段峡谷,其下均为平原。河南省内干流河长 711 千米,主要支流属于伊洛河水系、沁河水系,直接入黄河且流域面积大于 1 000 平方千米的支流有宏农涧河、漭、天然文岩渠、金堤河。河南省境建有三门峡、小浪底、西霞院、故县、陆浑、窄口、河口村 7 座大型水库,干流建有北金堤蓄滞洪区。

1. 沁河

沁河发源于山西省平遥县,由济源市辛庄乡火滩村入河南省境,经沁阳、博爱、温县,至武陟县方陵汇入黄河,河长 495 千米,流域面积 13 069 平方千米。河南境内河长 135 千米,流域面积 737 平方千米。沁河主要支流丹河,发源于山西省高平市丹珠岭,由博爱县入河南省境,在沁阳市金村汇入沁河,河南省境内长 33.5 千米。

2. 伊洛河

伊洛河水系主要河流包括洛河及其支流伊河。

(1) 洛河,为黄河十大支流之一,是黄河三门峡以下的最大支流。洛河干流在陕西省有两条,西干流发源于蓝田县灞源乡,北干流发源于洛南县洛源乡,汇合后流经陕西省的洛南县和河南的卢氏县、洛宁县、宜阳县、洛阳市、偃师区、巩义市,在巩义市审堤村注入黄河。河南境内干流河长 335.5 千米,流域面积 15 813 平方千米。

(2) 伊河,是洛河的第一大支流,发源于河南省栾川县陶湾乡三合村闷敦岭,流经嵩县、伊川、洛阳市、偃师区，在顾县乡杨村注入洛河，干流河长267千米，流域面积5 974平方千米。

3. 其他支流

(1) 宏农涧河，发源于灵宝市芋园西，于灵宝市北寨村入黄河，河长10千米，流域面积2 087平方千米。

(2) 蟒河，发源于山西省阳城县花野岭，在济源市西北的克井乡窟窿山入河南境，经孟州、温县在武陟县南部入黄河。河南境内河长73.4千米，流域面积1 100平方千米。

(3) 天然文岩渠，属黄河一级支流。1956年春天，在原有排水沟基础上开挖扩宽配套，形成一条规模较大的排水沟河，是新乡市原阳、封丘、延津3县和长垣市大部分地区唯一的排水通道。河长124千米，流域面积2 311平方千米。

(4) 金堤河，系黄河的一级支流，发源于新乡县荆张排水沟，地跨豫、鲁两省5市12县。河长159千米，流域总面积5 047平方千米。

(三) 淮河水系

淮河古名淮水，发源于桐柏县西南桐柏山太白顶，干流在河南省固始县三河尖以东的陈村流入安徽省，经洪泽湖入长江，全长1 000千米，流域面积19万平方千米。主要支流有淮南支流、洪汝河、沙颍河及豫东平原的涡河和惠济河等。河南省境内建有南湾、石山口、五岳、泼河、鲇鱼山、薄山、宿鸭湖、板桥、石漫滩、昭平台、白龟山、燕山、白沙、孤石滩、出山店、前坪等大型水库16座，老王坡、杨庄、泥河洼、蛟停湖蓄滞洪区4个。

1. 淮河干流及淮南支流

淮河干流省界以上河长417千米，流域面积37 752平方千米，建有关店、来龙、上油岗保庄、芦集、城郊、城关、谷堆、王家岗、陈大、石碑堰等10个较大垱区。淮河干流南岸主要支流有浉河、竹竿河、潢河、白露河、史灌河。

(1) 浉河，原名狮子河，又名浉水、浉口水。浉河发源于湖北应山县黄土山，经平靖关、谭家河，自西向东穿信阳市境，经五里店、高胀至丘湾西入淮河，河长147千米，流域面积2 012平方千米。

(2) 竹竿河，一名定北海，即《水经注》之谷水。竹竿河发源于湖北省大司县袁家湾，流经大悟、光山、罗山，至息县庞湾村入淮河，河长131千米，流域面积2 587平方千米。

(3) 潢河，《水经注》谓之黄水。潢河发源于新县的万子山，流经新县、光山、潢川三县至新台入淮河，河长163千米，流域面积2 400平方千米。

(4) 白露河，又名白溇水。白露河发源于新县小界岭，流经新县、商城、光山、潢川、固始、淮滨至谷堆吴寨入淮河，河长148千米，流域面积2 211平方千米。

(5) 史灌河，又名史河、决水。史灌河发源于安徽省金寨县牛山，至固始县三河尖入淮河，河长250千米，流域面积6 816平方千米。

2. 洪汝河

洪汝河为淮河上游左岸一支较大独立水系，发源于驻马店市西部伏牛山余脉，在新蔡县班台汇合口以上分为两支，左支洪河，右支汝河；班台汇合口以下称大洪河，大洪河从新蔡县黑龙潭附近出省境，沿豫皖边界东南流，至淮滨县洪河口入淮河。洪河口以上流域面积 12 331 平方千米。洪汝河主要支流有洪河、汝河。

（1）洪河，发源于平顶山舞钢市与泌阳县交界处的龙头山，流经舞钢市、西平县、上蔡县、平舆县，至新蔡县班台与汝河汇合，河长 251.5 千米，流域面积 4 287 平方千米。

（2）汝河，发源于泌阳县西北部五峰山，干流流经泌阳、遂平、上蔡、汝南、平舆、新蔡 6 县，至新蔡县班台与洪河汇合，河长 222.5 千米，流域面积 7 376 平方千米。臻头河、北汝河是汝河的两大支流。

① 臻头河，为汝河第一大支流，发源于薄山水库上游确山县鸡冠山，在汝南县入宿鸭湖水库，为山丘区河道，河长 121 千米，流域面积 1 840 平方千米。

② 北汝河，是汝河第二大支流，主干分两支：北支发源于西平县杨庄，南支发源于遂平县西的嵖岈山。二支流在上蔡县汇合，流经汝南县，在沙口汇入汝河，河长 59.6 千米，流域面积 1 273 平方千米。

3. 沙颍河

沙颍河是淮河最大支流，干流在河南境内称沙河，入安徽省境内称颍河。沙颍河发源于河南省鲁山县伏牛山东麓，流经平顶山、漯河、周口三市，在安徽省阜阳市颍上县正阳关入淮河。干流长 613 千米，流域面积 36 660 平方千米，其中河南境内干流河长 418 千米，流域面积 32 815 平方千米。沙颍河主要支流有沙河、颍河、北汝河、澧河、贾鲁河、汾河等。

（1）沙河，发源于鲁山县伏牛山东麓，流经平顶山市、宝丰县、叶县、襄城县、舞阳县、郾城区、源汇区、漯河市、召陵区、西华县、商水县，至周口西与颍河交汇，河长 322 千米，流域面积 12 580 平方千米。

（2）颍河，为沙颍河左岸支流，发源于登封市少室山，流经登封市、禹州市、襄城县、许昌县、临颍县、郾城区、西华县，至周口市西北孙嘴汇入沙河，河长 264 千米，流域面积 7 223 平方千米。

（3）北汝河，为沙颍河左岸支流，发源于洛阳市嵩县龙池漫山跑马岭，流经嵩县、汝阳县、汝州市、郏县、宝丰县、襄城县，于舞阳县岔河口入沙河，河长 275 千米，流域面积 5 660 平方千米。

（4）澧河，为沙颍河右岸支流，发源于南阳市方城县四里店以北栗树沟，流经方城县、叶县、舞阳县、漯河市，在漯河市区丁湾注入沙河，河长 160 千米，流域面积 2 508 平方千米。

（5）贾鲁河，为沙颍河左岸支流，发源于新密市圣水峪，流经新密市、郑州市、中牟县、尉氏县、鄢陵县、扶沟县、西华县，于周口市区汇入沙河，河长 264 千米，流域面积 6 137 平方千米。

（6）汾河，又名汾泉河，为沙颍河右岸支流，发源于漯河市召陵区柳庄，流经召陵区、商水县、项城市、沈丘县，至临泉县入安徽省境，于安徽省阜阳市三里湾汇入沙颍河。河长 223 千米，流域面积 5 201 平方千米，其中河南省境内河长 158 千米，流域面积 3 362 平方千米。

4. 豫东平原河道

（1）涡河，是豫东平原地区主要水系，为淮河第二大支流，发源于河南省开封县西姜砦乡郭厂,流经通许县、杞县、扶沟县、太康县、柘城县、鹿邑县,至蒋营入安徽境,于怀远县入淮河。河南省内干流河长179千米,流域面积为4 320平方千米。

(2) 惠济河,是涡河左岸最大支流,发源于开封西北黄河堤脚,发端部分称黄汴河,至开封市区东南城脚的济梁闸后,始称惠济河,流经开封市、杞县、睢县、柘城县、鹿邑县至安徽省亳县大刘庄村入涡河。河南省内干流河长166千米,流域面积为4 130平方千米。

(3) 黄河故道,又名废黄河,是历史上黄河长期夺淮入海留下的黄泛故道,西起河南省兰考县三义寨东坝头,向东流经民权县、宁陵、商丘市,至虞城县入安徽省,在江苏省滨海县大淤尖入黄海。河南省境内河长136千米,流域面积1 520平方千米。

(四)长江水系

长江水系流经河南的支流主要有唐白河及丹江,为长江流域汉江水系的支流,唐白河最大,丹江次之。河南省境内唐河、白河分流,汇合处(两河口)以下干流河道称唐白河,于湖北省襄阳区的张湾汇入汉江。丹江在淅川县荆紫关上游3千米的月亮湾入河南省境,至湖北省丹江口市与汉江汇流。河南省境内建有宋家场、鸭河口、赵湾3座大型水库

1. 唐河

唐河上游有两支来水:东支潘河,发源于方城县七峰山北柳树沟;西支东赵河,发源于方城县老立垛山的龙潭沟。在社旗县城南合流后称唐河,流经社旗县、唐河县、新野县,至新野县九龙城出省境入湖北省境。河南省境内干流河长191千米,流域面积7 406平方千米。唐河主要支流有泌阳河、三夹河。

(1) 泌阳河,发源于泌阳县白云山东北柳树沟,在唐河县源潭镇附近汇入唐河,河长177千米,流域面积1 708平方千米。

(2) 三夹河,发源于湖北省随县七尖峰山,河长99千米,流域面积1 446平方千米,其中包括湖北省境内328平方千米。

2. 白河

白河古称淯水,发源于河南省嵩县玉皇顶,流经南召县、方城县、南阳市,至新野县入湖北省境。河南境内河长302千米,流域面积12 029平方千米。白河主要支流有湍河、赵河、刁河。

(1) 湍河,发源于内乡县关山坡南,流经邓州市,在新野县西湍口入白河,河长215千米,流域面积4 957平方千米。

(2) 赵河,又名西赵河,发源于镇平县五垛山,至邓州市汲滩入湍河,河长104千米,流域面积1 339平方千米。

(3) 刁河,古称朝水,发源于内乡县庙岗乡滚子岭,流经淅川县、邓州市,在新野县刁河堂汇入白河,河长129千米,流域面积1 099平方千米。

3. 丹江

丹江发源于陕西省商南县凤凰坡,在淅川县荆紫关入河南省境,流经西峡、淅川两县,至湖北丹江口市与汉江汇流。河南省境内河长117千米,流域面积7 248平方千米。丹江主要支流有淇河、老灌河。

(1) 淇河,发源于卢氏县童子沟,流经西峡县、淅川县,在淅川县李湾注入丹江,河长

157千米,流域面积1 488平方千米。

(2) 老灌河,发源于栾川县小庙岭,流经卢氏县、西峡县、淅川县,在淅川县双河入丹江,河长261千米,流域面积4 357平方千米。

四、水资源利用现状、存在问题与规划

(一) 水资源利用现状

1. 水资源调控及减灾体系基本建成

河南省河流众多,主要河流有2干25支,即黄河干流、淮河干流和流域面积3 000平方千米以上的沙颍河等25条重要支流。截至2020年,全省建成大中型水库148座,其中大型水库27座,中型水库121座,控制省内流域面积5.02万平方千米,约占河南省面积的30%,其中大型水库控制省内流域面积3.17万平方千米,占省内山丘区总面积的39%。天然湖泊8处,累计面积占全省面积0.1‰。全省有防洪任务的河段长18 838千米,已治理河段长11 618千米,其中达标河段长6 715千米;修筑堤防总长20 232千米,其中1~5级堤防长16 856千米,达标堤防长11 383千米,保护人口4 776万人,保护耕地35 860平方千米;修建分(泄)洪闸178座,排(退)水闸1 375座,建成蓄滞洪区14处;除涝面积达到三年一遇以上的有21 670平方千米,有效减轻了洪涝威胁。全省建成了防汛抗旱调度指挥系统,基本实现各级计算机网络及视频会商系统互联互通,建立了以行政首长负责制为核心的各项防汛抗旱责任制,健全了应急管理机制和保障体系。

2. 多年平均、人均、亩均水资源量不容乐观

河南省多年平均水资源总量居全国第19位,人均水资源量和耕地亩均水资源量,分别约占全国人均和亩均水资源量的1/5和1/4。河南省1956~2000年多年平均水资源总量为403.5亿立方米,其中地表水资源量302.7亿立方米,地下水资源量196.0亿立方米,重复计算量95.1亿立方米;水资源可利用总量195.2亿立方米,其中地表水122.0亿立方米,地下水99.4亿立方米,重复计算量26.2亿立方米。近20年河南省的水资源多年平均值为389.2亿立方米。河南省水利厅水资源公报显示,2021年全省水资源总量为689.18亿立方米,其中,地表水资源量556.85亿立方米,地下水资源量257.06亿立方米,重复计算量124.73亿立方米。水资源总量比多年均值增加77.1%,比2020年增加68.7%。

除本地水资源外,过境和外调水可利用量(即国家分配给河南省的引调水指标)约91.0亿立方米,其中黄河干流35.67亿立方米、支流沁河3.86亿立方米,南水北调中线一期工程37.69亿立方米,引江济淮工程6.34亿立方米,梅山水库2.63亿立方米,引漳(含岳城水库)4.81亿立方米。

3. 水生态系统保护修复初见成效

河南省处于我国西部生态区向东部生态区过渡的区域,地形地貌多样,资源禀赋较好,具有保持水土、涵养水源、保护生物多样性和提供农产品等多种生态功能;河渠发达,湖库众多,水生态系统丰富多样。全省森林面积6 280万亩,森林覆盖率25.07%;全省湿

地总面积941.85万亩,占全国湿地总面积(8.04亿亩)的1.17%,占河南省国土面积的3.76%。省级以上湿地公园98个,其中国家级35个;省级以上自然保护区30个,其中国家级13个;省级以上森林公园129个,其中国家级33个;国家级水产种质资源保护区20处。

截至2020年,部分河流生态流量保障机制初步建立。全省累计治理水土流失面积4.42万平方千米,水土流失面积和强度实现"双下降"。全省各地积极探索生态清洁小流域建设,水土保持生态建设有序推进。全省划定水源涵养生态保护红线类型区38个。南水北调中线工程生态补水量累计达23.53亿立方米,受水区累计压采地下水5.06亿立方米;滑县、汤阴、内黄、浚县、兰考、清丰、南乐共7个县作为治理试点开展工作,压采地下水1.93亿立方米。

4. 水环境质量持续改善

近年来河南省先后开展了碧水行动计划、水污染防治攻坚战、黑臭水体治理、农村环境综合整治等多项工作,环境治理从分散治理逐步向系统治理和规模治理方向发展。河湖长制保持"强监管"高压态势,"十三五"期间全省地表水环境质量持续改善,国考断面超额完成国家考核目标要求,Ⅰ～Ⅲ类水质断面比例较国家考核目标提高20.3%,劣Ⅴ类水质断面比例较国家考核目标降低9.6%。

2020年全省河流水质级别为轻度污染,其中省辖长江流域为优,黄河流域为良好,淮河流域和海河流域为轻度污染。160个国考断面(将宋岗、陶岔按1个断面考核)中,Ⅰ～Ⅲ类、Ⅳ～Ⅴ类、劣Ⅴ类、断流水质断面占比分别为73.7%、21.3%、4.4%、0.6%。与全国主要江河水质状况相比,Ⅰ～Ⅲ类水质断面比例低于全国整体水平(87.4%),劣Ⅴ类水质断面控制比例高于全国整体水平(0.2%)。全省水库水质级别总体为优,水库营养化水平为中营养。许昌市地下水水质级别为优,鹤壁市、漯河市、南阳市、郑州市、三门峡市、平顶山市、周口市、焦作市、洛阳市、驻马店市和新乡市11个城市地下水水质级别为良好,济源示范区、安阳市、开封市、濮阳市、信阳市和商丘市6个城市地下水水质级别为较差。

5. 节水型社会建设初见成效

河南省全面实行最严格的水资源管理制度,严格水资源消耗总量和强度控制,节水型社会建设积极推进,开展了郑州市等6个节水型社会建设试点,实施了《河南省"十三五"节水型社会建设规划》《河南省用水定额》等,全社会节水意识明显增强。2020年河南省农田灌溉水有效利用系数达0.617,节水灌溉面积3 439万亩,高效节水灌溉面积2 426万亩;万元生产总值用水量降至43.1立方米,万元工业增加值用水量降至20立方米。

6. 供水保障体系基本形成

截至2020年,河南省兴建了大量蓄、引、提、调水工程,建成水库2 510座(总库容433.58亿立方米),塘坝16.49万座,窖池27.44万座,提水泵站2 401座,引(进)水闸686座,跨区域输水干线工程18处,规模以上机电井125.41万眼,万亩以上大中型灌区332处(耕地灌溉面积达8 006万亩)。河南初步形成了本地水和南水北调、引黄水等外调水多源互补的城乡供水体系,各类工程现状供水能力达302亿立方米。

7. 水文化建设初见成效

历代水文化凝聚了治水用水节水的智慧和愿景。中流砥柱、黄河古栈道、神禹导洛处等反映出古代先民在治水用水节水方面的智慧与勇气。新中国成立后建设的红旗渠、石漫滩水库大坝、三门峡水库大坝、小浪底水利枢纽、南水北调工程等,承载着不同时代有水印记的特殊文化内涵,红旗渠精神、焦裕禄精神在长期治水实践中不断得到弘扬和升华。建成的黄河博物馆、南阳南水北调干部学院以及编纂的《河南省水利志》《河南水利300问》等,丰富了水文化内涵。

8. 水治理能力不断提升

《河南省实施〈中华人民共和国水法〉办法》《河南省水污染防治条例》等先后公布实施,初步形成了具有河南特色、与《中华人民共和国水法》相配套的法规体系,规范了涉水管理行为,提高了依法行政能力。组织实施了水权交易试点和水资源税改革试点,为进一步深化改革积累了经验。涉水监管能力不断增强,水土保持等监督执法得到全方位加强。已建成覆盖省水利厅及市、县级水利部门的计算机网络系统及视频会商系统,实现了水利信息的同网传输;初步建成了水土保持信息化网络平台,动态监测已实现了全省全覆盖。建设了河南省防汛抗旱指挥系统、河湖长制信息管理系统、水资源监控系统等水利应用系统,实现了水利业务、政务的普遍覆盖和应用。

(二)水资源利用存在的问题

1. 防洪减灾体系仍然存在短板和薄弱环节

流域洪水控制不足,淮河、沙河、唐白河等河流上游洪水控制工程不足,黄河"小花间"洪水未得到有效控制。河道防洪标准不高,淮河干流及其主要支流防洪能力偏低,洪汝河等河流重点河段防洪未达标河段占比约27.5%。急需治理的中小河流防洪未达标河段占比约29%。重要山洪沟防洪标准偏低。海河流域蓄滞洪区设施尚不完善,部分大中型水库和水闸存在安全隐患。部分水库库区或库周围存在地质安全隐患。有防洪任务的县级以上城市防洪达标率仅40%。淮河流域仍有8 976平方千米重点平原洼地除涝标准偏低。全省抗旱应急备用水源工程不足,灾害风险防范意识和能力不强。

2. 水资源自然分布与经济社会发展空间布局不相匹配

河南省水资源总量不丰富,时空分布不均,全年降水70%集中在汛期,南多北少,山区多平原少,年际间丰枯悬殊特征明显。人口分布、经济布局与水资源禀赋不匹配问题尤为突出,郑州大都市圈7市(郑州、许昌、新乡、焦作、平顶山、漯河、开封)生产总值占全省的49%,水资源量仅约占全省的20%;而信阳、南阳、驻马店3市生产总值不足全省的18%,却拥有全省51%的水资源量。随着郑州国家中心城市、洛阳副中心城市等区域发展战略的实施,以及人口和产业的加速集聚,水资源供需矛盾将更加突出。

3. 水资源利用效率还需进一步提高

节水体系尚不完善,用水管理还需要进一步加强,节水效率有待提高,节水意识还需加强。另外,单方水生产总值产出仅为世界平均水平的1/3,全省高效节水灌溉面积仅占耕地灌溉面积的30.3%,城市公共供水管网漏损率达10.8%,非常规水利用量仅占总用水量的4.5%。水资源利用效率与国内先进地区相比还存在一定差距。

4. 水资源调配网络不完善

水源工程不够,水量不足,流域区域间连通工程少,水资源调配通道有限。引黄、引丹等外调水源的配套工程体系不完善,效益发挥不足。供水结构不合理,地下水供水占比为44.6%。50余座县级以上城市水源单一,水源不稳定,城市应急备用水源建设滞后于城市发展。农村供水工程标准不高,城乡供水一体化程度不高。灌区输配水体系不完善,部分灌溉工程老旧失修。

5. 水环境污染问题依然存在

地表水优良比例总体不高,省控断面中Ⅳ类及以下水质断面占比达26.3%。受地表污染影响,地下水水质优良的占比由2000年的41%下降到2020年的26%。工业污废水处理标准需进一步提升,城镇污水处理设施及配套管网有待完善,农业农村污染源点多面广,治理任务重、难度大。

6. 水生态系统脆弱

受天然径流量减少的影响,河道生态水量不足,河道生态基流和敏感期生态需水难以满足,保障难度越来越大。生态水量保障机制尚未全面建立,存在经济社会发展和河道生态争水现象。受建设活动的影响,河湖连通不足,面积萎缩,栖息地退化。

7. 水土流失和地下水超采问题突出

截至2020年,仍有2.11万平方千米的水土流失面积亟待治理,100座病险淤地坝存在安全隐患,部分地方坡耕地面积大且集中连片,水土流失严重,水源涵养生态空间不足。2020年全省共超采地下水19.96亿立方米,平原区浅层地下水平均开采程度达78.8%。安阳—鹤壁—濮阳漏斗面积有扩大趋势,中心埋深有下降趋势,引发地面沉降等环境地质问题。

8. 水文化保护和传承有待加强

河南水文化遗产、遗址众多,但对水文化的保护、传承、弘扬、利用不够,文化品牌效应和经济价值有待深入挖掘。传承和弘扬水文化涉及水利等多个部门,部门间、区域间资源整合和利益调节的常态化协作机制尚不健全,尚未形成有效合力。

9. 水治理体系和治理能力亟待完善和提升

涉水法规、体制、机制、政策、制度不完善,河湖长制尚需出台配套的法规规章,水资源刚性约束机制尚未形成。治水兴利机制不健全,协同治水需进一步加强,水灾害防治、水资源开发利用、水环境治理、水生态保护与修复还不够系统。工程建设监管能力尚有短板,工程运行管理能力有待加强,监管信息化水平亟待提升。市场机制和政府作用发挥不充分,监督考核机制不健全,水治理能力亟待提升。

(三)水资源利用规划

到2025年,河南防灾、减灾、救灾能力进一步提升,节水型社会初步建成,水质优良比例持续提高,综合现代化水治理体系更加完善,治理能力显著提升,水安全保障能力进一步增强。

1. 水旱灾害防治能力进一步提升

近年来暴露的防洪薄弱环节全面解决,现有病险水库安全隐患全面消除。重要河道、重点城市防洪标准持续提升,1~5级堤防达标率达到77%,蓄滞洪区安全建设基本完成。水旱灾害预警、预判、预报、预演、预案及调度管理体系不断完善,标准内洪水得到有效控制、防灾、减灾、救灾体系进一步完善,重大水安全事件风险防范化解能力进一步增强。

2. 水资源节约集约水平大幅提升

完善水资源刚性约束机制,全社会节水意识明显增强,用水效率和效益进一步提高,农田灌溉水有效利用系数提高到 0.63,万元工业增加值用水量下降 5%,节水型生产和生活方式基本形成。水资源配置格局得到优化,城乡供水保障水平明显提升,农村自来水普及率提高到 93%,城乡饮用水地表化率达到 60%。

3. 水生态环境质量持续改善

污染物入河量持续削减,黑臭水体基本消除,水环境质量持续改善。饮用水安全保障水平持续提升,重要河湖生态流量(水量)保障机制基本建立,主要水体的水生态系统和水域岸线生态空间得到有效保护和修复。地下水超采状况得到缓解,地下水压采 10.74 亿立方米。水土流失得到基本控制,重点地区水土流失得到有效治理,水土保持率达到 88.55%,水源涵养能力大幅提升。

4. 水治理能力显著提升

水文化遗产保护、传承能力显著提升,水文化载体不断丰富,先进水文化与文旅产业深度融合。四水同治持续深化,河湖长制全面建立,五水综改有效推进,治水管水法规体系更加完善,科技创新能力显著提高,智慧水利建设得到长足发展,涉水事务监管和公共服务水平明显提升。

到 2035 年,全省新老水问题得到系统解决,防灾、减灾、救灾体系基本完善,监测、预警、预判、预报、预演、预案和防洪调度水平大幅提升,节水型社会达到更高水平,城乡供水得到可靠保障,水环境质量优良,水生态得到有效保护,"系统完备、丰枯调剂、循环畅通、安全高效、绿色智能"兴利除害现代水网体系基本形成,水治理体系和治理能力现代化基本实现,美丽健康水生态系统基本形成,经济社会高质量发展的水资源支撑和水安全保障坚实牢固。

展望到 2050 年,建成兴利除害现代化水网体系,水治理体系和治理能力现代高效,实现水灾害总体可控、供用水全面保障、水生态环境健康美丽,为现代化强省建设提供坚实的水安全保障。

第四节 生物资源

河南处于北亚热带和暖温带气候区,是南北过渡地带。气候、植被、土壤条件的多样化,构成了多样性的自然环境,为南北动植物的交会和过渡提供了适宜条件,生物"边缘效应"明显,再加上古地理环境的影响,生物种类比较丰富,群落类型多样。河南资源生物和珍稀濒危生物种类和数量在全国都具有相当的地位,是全国生物多样性最丰富的省级行政区之一,重点野生动植物保护率达到 95%。围绕保护生物多样性和重要自然生态系统,河南省建立分类科学、布局合理、保护有力、管理有效的自然保护地体系,严格限制各类妨碍野生动植物繁衍生息的活动,持续实施拯救珍稀濒危野生动物工程,为维护生态平衡、保护生物多样性、促进可持续发展做出重要贡献。

一、生物资源的主要特征

(一) 种类比较丰富

河南省地形复杂,气候兼有南北特色,土壤类型多种多样,人类活动地域差异很大,为多种多样的生物提供了理想的栖息地,所以河南省生物种类比较丰富。

据不完全统计,全省高等植物约有199科、1 107属、3 830种(另有报道,全省有维管束植物近4 000种),分别占全国总数的63.5%、34.7%、14.1%。其中蕨类植物29科73属255种,裸子植物10科25属75种,被子植物160科1 009属3 500种。在河南植物组成中,草本植物所占的比重相当大,全省共有139科602属1 369种。

繁多的植物为动物生存提供了较充裕的食物,因此,河南省动物种类也较丰富。根据现有资料,河南省已知的陆栖脊椎动物就有400种余种,约占全国总数的20%(另有报道,陆生脊椎动物520种,占全国总种数的20.4%)。其中哺乳类60种,占全国总数的14.49%;鸟类300种,占全国总数的25.53%;爬行类35种,占全国总数的11.11%;两栖类23种,占全国总数的11.73%。全省共有鱼类10目17科63属105种。再加上无脊椎动物等,其动物种类就更多。已定名的昆虫2 000多种,占全国昆虫种类的66.7%。河南土地面积占全国陆地面积的1.74%,而生物种类所占的比例远远超过了这个比例,这就充分说明了河南省生物种类之丰富。

(二) 生物区系成分复杂

在世界植物分区中,河南省植物属于泛北极植物区的中国—日本植物亚区;在我国的植物区系中,河南省处于华北植物省和华中植物省的过渡地带,兼有华北暖温带植物区系和北亚热带植物区系的某些特点。伏牛山—淮河以北属于华北植物区系,也兼有东北温带植物区系和西北干旱地带植物区系的成分;伏牛山—淮河以南属于华中北亚热带植物区系,也兼有华东北亚热带植物区系和西部高寒植物区系成分。由此可见,河南省植物区系成分十分复杂,除河南特有的成分外,还汇集了华北、东北、西北、华中、华东、西南和黄土高原等区的成分。

河南省动物区系成分也比较复杂。大致以伏牛山—淮河一线为界分属两大动物区。该线以北属于世界动物地理区划中古北界的东北亚界和我国动物地理区划中的华北区,以温带和寒温带动物种类为主;该线以南属于世界动物地理区划中东洋界的中印亚界和我国动物地理区划中的华中区,以亚热带和热带动物种类为主。所以,河南省的动物既有温带和寒温带地理成分,又有亚热带和热带地理成分,这与本省独特的地理位置和复杂的自然条件有关。

(三) 东西差异十分明显

河南省西部是山地丘陵,地势起伏较大,气候垂直地带性比较明显,人类活动相对较弱,所以这里的植被主要是森林、灌草丛。大别山区、桐柏山区,其森林植被主要由落叶阔叶林(栓皮栎、麻栎、枫香为其建群种)和针叶林(马尾松林、杉木林和黄山松林)组成。伏牛山森林的建群种主要是栓皮栎、锐齿槲栎,海拔1 800米以上也有华山松林、太白冷杉林和铁杉林等。太行山区森林的建群种主要是栓皮栎和槲栎,少数山顶上分布着油松林、华山松林和白皮松林。低山丘陵区,如果人类活动较弱,则分布着栎林;如果人类活动较强,则栎林大多被破坏,取而代之的是杂木林和蚕坡栎林。山区自然条件复杂,人烟稀少,为野生动物的栖息和繁衍提供了良好的场所,所以全省的大型哺乳动物几乎都集中分布在这里,如狍、麝、貉、青羊、豪猪、果子狸、猕猴、金钱豹。其他动物如鸟类、爬行类、昆虫类等也很多,使这里的森林生态系统一派生机。

河南省京广铁路以东的广大平原区以及伊洛河谷地和南阳盆地,地势坦荡,人类活动频繁而深刻,农业生产历史悠久,自然植被早已被砍伐,形成大面积农田。这里的植物比较单一,淮河以北地区的农作物以小麦、玉米、高粱、谷子、大豆、花生、红薯、棉花等旱地作物为主,水稻面积较小;淮河以南地区的农作物以水稻为主,旱地作物面积较小。平原地区的树木均为人工所栽,主要集中分布在道路两旁和村庄附近,主要树种为榆、柳、杨、刺槐、泡桐、臭椿等。另外,在农田中有大量的杂草,以禾本科、莎草科、菊科为主。平原区的动物种类也不多,几乎没有大型兽类,但啮齿类动物则很多,鸟类中的麻雀也很多。家庭人工饲养的动物主要有牛、马、骡、驴、猪、鸡、兔、羊等。

(四) 珍稀濒危植物种类较多

珍稀濒危植物泛指那些珍贵、稀少、濒临灭绝的植物种类,包括濒危植物、稀有植物和渐危植物3种类型。濒危植物是指在其整个分布区或其重要地带处于灭绝危险中的植物;稀有植物是指那些并非立即有灭绝危险的、我国特有的单种属或少种属的代表植物;渐危植物是指在可预见的将来可能成为濒危植物的植物。

河南省在中生代中后期气候比较温暖湿润,有利于植物生长发育,整个区域被茂密的森林覆盖。在新生代虽然气温下降,温带植物增加,但在河南省南部和西部山地的某些地段,由于特殊小生境的影响,中生代和第三纪古老的热带、亚热带植物成分被保存下来。所以,在河南省近4 000种高等植物中,有近百种珍稀濒危植物,其中有些是世界上著名或我国特有的珍贵植物,有些是世界上其他地区已经灭绝而在我国保存的起源古老的"孑遗植物"。

据调查,河南省现有第一批国家级珍稀濒危植物40种,分属于27科37属,占全国国家保护植物总数的10.3%。其中蕨类植物1种、裸子植物6种、被子植物33种,被定为濒危的6种、渐危的18种、稀有的16种。按保护级别来说,被列为国家二级保护的植物13种、三级保护的植物27种。河南省国家二级保护植物有狭叶瓶尔小草、银杏、大果青杆、大别山五针松、金钱松、连香树、水青树、山白树、杜仲、秤锤树、香果树、太行花、独花兰。河南农业大学卢炯林等人按照河南省植物种群分布状况以及物种受威胁的濒危程度和保护价值,又筛选出45种河南省保护的珍稀濒危植物,其中不少是河南省特有植物,如河南杜鹃、河南石斛、太行榆、河南猕猴桃、灵宝杜鹃和河南山胡椒等。

二、主要植被类型及其分布

河南省自然条件和人类活动区域差异很大,形成了丰富多彩的植被类型。表现为植被类型由落叶阔叶林向落叶阔叶与常绿阔叶混交林过渡。其中地带性植物分布在西部山地丘陵区,以伏牛山—淮河一线为界,以北为温暖带落叶阔叶林地带,以南为北亚热带落叶阔叶与常绿阔叶混交林地带。河南省东部黄淮平原的自然植被早已不存在,取而代之的是栽培植物,其中农田植被占绝对优势。另外,在丘陵区还分布有面积较大的灌丛和灌草丛,河流两侧河漫滩地段分布有草甸或沼泽植被,盐碱荒地上生长有盐生植被,黄泛区和黄河故道的某些地段还分布着沙生植被,等等。

(一) 落叶阔叶林

河南省落叶阔叶林分布最为广泛,伏牛山、崤山、熊耳山、外方山、太行山等自山麓地带到山顶均有分布;淮南的桐柏山和大别山西段北坡也有分布,但与北部山区的落叶阔叶林相比,其组成和结构已有明显差异。所以,河南省的落叶阔叶林分为暖温带落叶阔叶林和亚热带落叶阔叶林两种类型。

1. 暖温带落叶阔叶林

暖温带落叶阔叶林的优势种为中旱生及低中温落叶乔木,建群种主要为温带和暖温带成分,代表树种有山杨、白桦、坚桦、鹅耳枥、栓皮栎、麻栎、槲栎、锐齿槲栎、蒙古栎、千金榆、椴、槭、朴等。其中坚桦、白桦、锐齿槲栎、蒙古栎等主要生长在海拔1 400米以上的中山区;栓皮栎、麻栎、千金榆、椴、槭、朴主要生长在1 000~1 400米的中山区;海拔1 000米以下的低山区和丘陵区多为栎类萌生幼林。

2. 亚热带落叶阔叶林

亚热带落叶阔叶林的优势种和建群种植物为中湿生的落叶阔叶树种,并且群落结构复杂,种类组成繁多,层外植物发达,林中树干上有较多的苔藓和地衣附生。主要树种有栓皮栎、麻栎、茅栗、白栎、短柄枹、锐齿槲栎、黄山栎、枫香、山合欢等。栓皮栎、麻栎、茅栗、白栎、短柄枹和枫香主要生长在海拔1 000米以下的低山丘陵区;锐齿槲栎、黄山栎、山合欢、黄檀、凉子木、青麸杨、君迁子等主要生长在海拔1 000米以上的中山区。

(二) 落叶阔叶与常绿阔叶混交林

落叶阔叶与常绿阔叶混交林是暖温带向亚热带过渡的地带性植被,主要分布在大别—桐柏山东段海拔较低的阳坡和温暖沟谷中。落叶树种多为喜温湿的种类,如枫香、香果树、鹅耳枥、栓皮栎等;常绿树种多为耐寒、耐干旱的种类,如青冈栎、冬青、山胡椒等。群落结构比较完整的落叶阔叶与常绿阔叶混交林,乔木层由落叶与常绿阔叶树种混合组成,层下植物层次分明。但因受环境和人类的影响以及次生演替阶段的不同,在乔木层中经常出现落叶阔叶树种占优势,亚层则以常绿阔叶树种占优势。河南省落叶阔叶与常绿阔叶混交林主要有3个类型:一是小叶青冈—鹅耳枥林,分布在灵山林场等地的向阳谷地两侧;二是青冈—枫香—短柄枹林,零星分布在向阳坡麓和温暖沟谷两侧;三是青冈—栓皮栎林,零星分布在新县周河和罗山五坟顶等地。

（三）针叶林

河南省西部山区的针叶林分布比较广泛,尤其豫南大别－桐柏山区的针叶林面积十分广大,约占本区有林地面积的85.33%。由于环境条件的差异,河南省的针叶林基本上可分为暖温带针叶林和亚热带针叶林两种类型。

1. 暖温带针叶林

暖温带针叶林主要分布在伏牛山、崤山、熊耳山、外方山和太行山地,在大别山和桐柏山区的上部也有小面积分布。主要类型有油松林、白皮松林和侧柏林。油松林主要生长在海拔600～1500米的山地地带,多为天然次生林或人工营造的幼林,一般以纯林出现,但也有与栓皮栎混交的;白皮松林一般生长在海拔1200～1400米的中山地带,常与油松、槲栎和栓皮栎混交;侧柏林多分布在浅山丘陵区,基本上都是人工林。

2. 亚热带针叶林

亚热带针叶林主要分布在大别山和桐柏山区,以马尾松林、杉木林、黄山松林最为常见。马尾松林的分布面积最大,约占大别－桐柏山区针叶林面积的57.35%,常分布在海拔600米以下的浅山丘陵区,多为人工营造的中、幼林。马尾松生长迅速,适应性强,而且耐瘠薄、耐干旱,荒山造林成活率高,是恢复森林植被的"先锋树种",深受广大群众的欢迎,所以这些年来,马尾松林面积不断增加。天然马尾松林常与栓皮栎、化香、枫香等阔叶树种混生而形成混交林。杉木林也是豫南丘陵区主要针叶林之一,一般分布在海拔400～600米地带,在土层深厚、肥沃、排水良好、背阴坡、土壤pH 5～6的环境条件下生长最好。杉木林多为纯林,也有与马尾松、黄山松等组成的混交林。杉木林郁闭度较大,林下阴湿,灌木和草本植物发育较差。黄山松林一般分布在海拔600米以上的山地,其下界常与马尾松相接。黄山松在阳光充足、气候温凉、雨量充沛、排水良好、土层深厚、相对湿度大、pH在5.5左右的环境条件下生长良好。黄山松树干挺拔,生长迅速,是很好的用材树种。黄山松林常常以纯林出现,林下灌木和草本植物发育较差。在高海拔的地方,黄山松常与黄山栎、三桠乌药等形成混交林,低海拔处常与黄檀、山合欢、栓皮栎等形成混交林。近些年来,河南还引种了黑松、落羽松、湿地松、火炬松等针叶树种,但其分布面积较小。

（四）竹林

竹林是由竹类植物组成的单优势种群落,分为乔木状竹林和灌丛状竹林两种类型。河南省山区均可见到竹林分布,但主要集中在南部地区。淮河以南多为喜温湿的竹种,如乔木型的毛竹、桂竹和灌木型的阔叶箬和凤凰竹等;淮河与黄河之间的地带主要是小乔木型的刚竹和淡竹等;黄河以北主要有斑竹、甜竹、筠竹等灌木型竹类。

（五）灌丛

灌丛是以灌木为优势种的植被类型。河南省的灌丛分布很广,除少数地区为原生灌丛外,绝大部分是森林植被被破坏后形成的中生性次生灌丛,处于植被演替的一个阶段,群落极不稳定。河南省的灌丛可明显分为南、北两大类型。伏牛山以北地区的灌丛以落叶的旱中生温带成分为主,主要种类有胡枝子、连翘、绣线菊、黄花柳、黄栌、天目琼花和白刺花等。大别山和桐柏山区的灌丛以湿中生的亚热带成分为主,既有落叶灌丛,也有常绿灌丛,但以前者分布最广。落叶灌丛的主要种类有细水团花、映山红、白杜鹃、盐肤木、算盘珠、黄荆、马桑等;常绿灌丛的主要种类有杜鹃、六道木、红茴香等。在次生灌丛中也有森林群落屡遭砍伐后呈灌木状的乔木树种,如化香、栓皮栎、茅栗、麻栎等,与灌木种类共同构成灌丛植被。

（六）草丛

草丛植被是以旱生和中生的草本植物占优势组成的群落。河南省的草丛除少数分布在山顶、山脊和河滩处的具有稳定性外,绝大部分都是次生植被,为森林和灌丛植被破坏后形成的,稳定性差,群落中常散生有灌木或小乔木,以灌草丛形式出现。伏牛山—淮河以北地区的草丛以温带植物成分为主,如黄背草、白羊草、鹅冠草、狗尾草等;以南地区以亚热带草本植物为主,如芒草、白茅、羊胡子草、蒿等。

（七）人工植被

人工植被又称栽培植被,是人类对野生植物进行引种、驯化形成的具有较高经济价值的植物群落。

河南省淮河以北的黄淮平原区的主要农作物有小麦、玉米、高粱、谷子、红薯、棉花、芝麻、大豆等旱地作物,大多两年三熟,在水源丰富的地方也有水稻和旱地作物轮作。淮河以南淮河平原是河南省水稻的主产区,水稻种植面积占耕地面积的21%以上,以小麦、水稻一年两熟制占的比重最大,双季稻分布面积很小,也有绿肥、水稻一年两熟轮作。淮南旱地作物面积约占78%,以小麦、杂粮一年两熟为主,两年三熟制面积较小。

另外,在平原区的村庄周围、道路两旁、河渠岸边也分布有一定数量的栽培树种。淮北地区有旱柳、毛白杨、桑、榆、槐、臭椿、泡桐以及桃、杏、柿、枣、葡萄、李等经济树种。淮南地区也有杨、榆、柳、槐、泡桐等树种,但其经济树种富有特色,如板栗、油桐、油茶、茶、乌桕等亚热带树种比较多见。

三、生物资源保护现状面临的困难与保护规划

（一）生物资源概况

河南大部分地处暖温带,南部跨亚热带,地势西高东低,气候适宜,四季分明,动植物资源丰富。根据2018年第九次森林连续清查数据,全省有林地面积7 811.1万亩,其中森林面积6 047.7万亩。森林覆盖率24.14%,森林蓄积量2.07亿立方米。

全省湿地总面积942万亩。湿地类型自然保护区11处,省级以上湿地公园(含试点)98处,全省湿地保护率达52.19%。全省沙化土地面积895.19万亩,荒漠化土地面积15.21万亩,石漠化土地面积111.97万亩。全省草原资源面积404.23万亩。

全省现有各类自然保护地 324 处。其中,自然保护区 30 处,风景名胜区 35 处,地质公园 32 处(世界地质公园 4 处),森林公园 129 处,湿地公园 98 处。全省已知陆生脊椎野生动物 520 种,国家一级保护野生动物 35 种、二级 101 种,省重点保护野生动物 35 种。另外,河南还有国有林场 84 个。2020 年林业总产值 2 165 亿元。

(二)生物资源保护现状

1. 生态状况明显改善

河南省森林资源持续增长,2020 年森林覆盖率达到 25.07%,森林蓄积量达到 2.07 亿立方米,与"十二五"末相比,分别增加了 1.45%、3 625.12 万立方米。草地综合植被盖度达到 84.25%。水土流失治理成效明显,累计治理 55 万公顷,与 2011 年相比,全省中度、强烈及以上水力侵蚀面积分别减少 70.68%、85.97%,实现面积、强度"双降"。水生态环境保护取得积极进展,全省 67 条河流的 94 个国考断面中,Ⅰ~Ⅲ类水质断面 73 个,占比 77.7%,比 2015 年增加 26.6%,无劣Ⅴ类水质断面。丹江口库区及南水北调中线干渠水质持续保持Ⅱ类。

2. 生态保护力度日益加大

河南省制定了生态保护红线划定方案,将各类自然保护地、生态极重要区纳入生态保护红线范围严格保护。全省自然保护地整合优化前有 324 处,其中有 30 个国家级和省级自然保护区、294 个各类自然公园,总面积为 144.46 万公顷,为严格保护重要生态空间奠定了坚实基础。完成全省野生动物资源调查,全面摸清珍稀濒危动物资源状况,实施豹、朱鹮等 35 种国家一级保护野生动物及其地理种群抢救性保护项目;完成全省林木种质资源普查,共记录木本植物 96 科 344 属 1 594 种 953 个品种,重点野生动物种群和高等植物群落类型得到有效保护。天然林得到全面保护,面积净增 25.93 万公顷。年均森林火灾受害率控制在 0.9‰以下,林业有害生物成灾率控制在 3.8‰以下。

3. 生态修复扎实推进

河南省持续推进重点生态工程建设,组织实施南太行地区山水林田湖草生态保护修复工程、京津冀周边及汾渭平原历史遗留工矿土地整治项目、黄河流域历史遗留废弃矿山治理项目等一批重大生态保护修复工程。截至 2020 年年底,完成矿山地质环境治理面积 3 万公顷,土地整治新增耕地面积达到 7.87 万公顷,建设高标准农田面积达到 260 万公顷,农村人居环境明显改善,城镇生态空间持续扩大。

4. 生态富民稳步发展

全省经济林面积达到 108.1 万公顷,花卉苗木种植面积达到 25.2 万公顷,林下种植经营面积达到 30 万公顷,林下养殖规模达到 5 800 万只(头)。年均向社会提供木材 568.2 万立方米,年均人造板产量 1 588.7 万立方米,年均提供干鲜果品等特色经济林产品 773 万吨。2020 年森林旅游与休闲人数达到 1.2 亿人次,实现旅游收入 165 亿元,林业产业总产值达到 2 200 亿元。选聘 4.29 万名建档立卡贫困人口成为生态护林员,新组建 1 105 个生态扶贫专业合作社,12.5 万贫困人口参与生态建设。油茶、林果、森林旅游等生态产业带动 18.8 万贫困户增收,其中林业带动 7.3 万贫困户增收脱贫。

5. 重点改革持续深化

全省自然资源集中统一管理体制基本建成。国土空间用途管制、自然资源产权制度改革、森林资源管理、矿产资源管理、不动产统一确权登记等重点领域出台了一系列政策和改革举措,自然资源领域架构性制度体系基本建立。林业改革成效显著,全面停止天然林商业性采伐。完成国有林场改革任务,整合设立84个国有林场,其中82个国有林场定性为公益一类事业单位。全面深化集体林权制度改革,新型经营主体达到7 320个。推行林业行政审批集中服务、职能转变和简政放权,累计取消、下放、调整行政审批事项52项。

6. 保障能力明显提升

河南省健全"党政同责、一岗双责"领导机制,高位推动生态保护、建设、修复工作。统筹推进中央环境保护督察反馈问题整改,协调推动国家山水林田湖草生态保护修复试点工程实施,协同联动的生态保护修复工作机制基本形成。生态环境管理制度逐步完善,先后修订出台地方性法规6部,规范性文件46件,制(修)订行业标准15项,制(修)订并发布地方标准99项。资金保障机制不断完善,中央和省财政资金保障力度持续加大,带动社会投资能力不断增强,形成多形式、多层次、多渠道的林业建设和生态修复新格局。

(三) 生物资源保护面临的困难

1. 资源保护与利用矛盾突出

河南省人多地少,人地矛盾突出,水资源不足且分布不均,宜耕土地后备资源匮乏,城乡建设与耕地保护、生态保护在空间布局上存在一定的冲突。天然湿地面积有所萎缩,侵占、破坏森林资源和野生动植物栖息地的现象时有发生,生境破碎化严重,森林火灾和病虫害风险增大,严重威胁生态安全。严守生态保护红线,保护林地、湿地和野生动植物资源,维护生态安全底线,等等,面临的压力日益加大。

2. 生态系统功能亟待提升

河南省大部地区生态较为脆弱,全省尚有水土流失面积212万公顷,占全省面积的12.69%;沙化土地面积53.55万公顷,占全省面积的3.21%。河湖生态缓冲带局部受到侵占、破坏,河流水体自净能力下降。矿山开采导致生态环境破坏问题严重。平原地区农村生态空间不足,农田生物多样性下降,部分补充耕地项目占用生态用地。农村垃圾污水处理设施不完善,部分村庄环境绿化和整洁度有待加强。城镇蓝绿网络连通性不强,蓄水排涝能力不足,城市韧性有待提高。部分城乡接合部土地利用无序,绿化率低。

3. 森林质量亟须提高

河南省林分质量差、树种单一、乡土树种少、龄组结构不合理、林地生产力低下等问题依然突出。纯林面积占比过大,在全省356万公顷的乔木林中,纯林占64.85%,混交林仅占35.15%。中幼龄林面积过大,中幼龄林面积273.33万公顷,占乔木林面积的76.78%。单位面积森林蓄积量低,乔木林蓄积量平均每公顷仅60立方米,为全国平均水平的62.3%。目前,全省尚有约200万公顷中幼林和退化林亟须抚育和修复。

4. 生态产品价值实现机制亟待建立健全

森林资源优势转化为经济发展动力相对滞后,支撑林业产业发展所需的资金、土地、资源等要素束缚还较为普遍。生态环境保护者受益、使用者付费、破坏者赔偿的利益导向机制尚不完善。碳汇计量监测体系和交易机制尚需进一步完善，生态产品价值评价体系尚需健全。需要大力推动自然资源清查、确权等基础支撑性工作，推动生态产品价值核算及结果应用等技术性工作，推进生态产品产业化发展及供需精准对接，拓展生态产品价值实现形式，促进生态产品价值增值，推动生态资源权益交易。

5. 生态保护修复治理体系亟须完善，治理能力有待提高

河南省自然资源数据获取和分析决策能力尚需提升，生态空间管控能力不强，资源保护管理方式和管理手段有待优化。科技创新驱动有待加强，与新一代信息技术融合度不高。不同部门主导的生态修复工程缺乏协调联动，治理措施的整体性、系统性不强，国土空间生态修复工程标准规范尚不健全，这些制约了生态保护修复的综合效益。跨区域、跨部门合力推进生态保护和修复的监督管理机制、成效考核评价机制与监测预警机制亟待配套完善，生态环境协同治理能力和监管执法能力有待提升，社会资本投入生态保护修复的激励性政策和措施不够完善。

（四）生物资源保护规划

依据《河南省"十四五"国土空间生态修复和森林河南建设规划》要求，"十四五"期间，河南省将实施国土空间生态修复、林业保护发展重大工程。通过全面推进国土空间生态修复，明确黄河沿线、山地屏障区、重要生态廊道和生态斑块、平原农业生态涵养区及城镇空间的生态修复主要任务。

生态修复方面，河南将重点推进黄河、淮河、南水北调中线干渠、隋唐大运河及明清黄河故道和沙颍河等重要生态廊道修复建设工程，南太行、伏牛山、桐柏－大别山等生态屏障区山水林田湖草沙一体化修复工程，以及全域土地综合整治工程和城镇生态空间品质提升工程。

工程建设方面，重点实施南水北调中线工程水源区生态林建设试点示范、国家储备林建设、南阳石漠化治理、森林质量精准提升、平原区农田林网完善提质和森林城市建设等6项工程。

完成人工造林规模17.27万公顷，因灾受损太行山绿化、国储林和其他造林工程1.95万公顷，森林质量精准提升66.87万公顷，完善和恢复农田林网（折合）5.50万公顷，新建省级森林城市50个，森林蓄积量达到22 269万立方米，森林覆盖率达到26.09%。

推进国土空间生态修复和林业保护发展三大重点区域建设。三大重点区域分别是生态保护保育重点区域、生态修复重点区域和综合整治重点区域。其中，"生态保护保育重点区域"主要分布于南太行、伏牛山、桐柏－大别山等三大山地生态屏障区和黄河生态带范围内的各类自然保护地；"生态修复重点区域"主要包括山地丘陵区的历史遗留矿山，郑州、洛阳、平顶山、鹤壁、焦作、三门峡及永城等地的采煤沉陷区，豫西黄土丘陵水土流失区，南阳石漠化地区，驻马店西部山区建材矿产集中开采区，以及采砂等活动破坏的河道湿地等生境破碎、生态环境脆弱的区域；"综合整治重点区域"主要包括黄淮海平原和南阳盆地的农业区，海河、黄河、淮河流域蓄滞洪区，以及明清黄河故道等区域。

到2025年，基本建成森林河南；大河大山大平原保护治理取得重大进展；森林资源稳步增加,森林质量显著提升,碳汇能力明显增强,自然保护地整合优化全面完成,生物多样性得到有效保护,绿色富民产业更加兴旺,森林、草地、湿地、农田等生态系统质量和稳定性明显增强,黄河生态廊道基本建成;重要山脉、河流突出的生态问题得到有效解决,重点地区历史遗留矿山生态修复基本完成,生态屏障更加牢固,流域水生态环境和农田生态系统质量明显改善,城镇生态宜居水平显著提升,生态保护修复走在黄河流域省级行政区前列。

第五节　土壤与土地资源

河南省土壤类型多样,既有在森林植被下发育形成的棕壤、褐土和黄棕壤等自然土壤,也有在冲积平原区深受人类活动影响下形成的潮土、砂姜黑土等农业土壤;既有北亚热带的土壤,又有暖温带的土壤。上述土壤条件为河南省农、林、牧等的经济发展奠定了良好基础。但是由于种种原因,河南省在土壤利用和改良方面依然存在不少问题。

一、土壤分类与土壤分布规律

（一）土壤分类

参考1987年修订出版的《中国土壤》(第二版)中提出的中国土壤分类系统、1988年全国土壤普查办公室拟定的第二次全国土壤普查汇总的《中国土壤》分类系统以及1995年南京土壤研究所制定的《中国土壤系统分类(修订方案)》,结合河南省第二次土壤普查的实际情况,提出河南省土壤分类系统。该土壤分类系统共分为土纲、亚纲、土类、亚类、土属、土种和亚种7级。土纲、亚纲、土类、亚类是土壤分类系统中的高级分类单元,土属、土种和亚种是土壤分类系统中的基层分类单元;土类是高级分类系统中的基本单元,土种是基层分类系统中的基本单元。河南省共包括7个土纲、13个亚纲、19个土类、44个亚类、150个土属。河南省土壤高级分类系统见表2-5-1。

表 2-5-1 河南省土壤高级分类系统

土纲	亚纲	土类	亚类
铁硅铝土	湿润铁硅铝土	黄棕壤	黄棕壤
			黄棕壤性土
	半湿润铁硅铝土	黄褐土	黄褐土
			白浆黄褐土
			黄褐土性土
硅铝土	湿润硅铝土	棕壤	棕壤
			白浆化棕壤
			棕壤性土
	半湿润硅铝土	山地草甸土	饱和山地草甸土
	半干润硅铝土	褐土	褐土
			淋溶褐土
			石灰性褐土
			潮褐土
			褐土性土
半水成土	淡半水成土	潮土	潮土
			灰潮土
			湿潮土
			灌淤潮土
	暗半水成土	砂姜黑土	砂姜黑土
			漂白砂姜黑土
			石灰性砂姜黑土
水成土	水成土	沼泽土	草甸沼泽土
盐碱土	盐土	盐土	潮盐化土
			潮盐土
	碱土	盐碱土	潮盐碱化土
			潮盐碱土
		碱土	盐化潮碱土
人为土	水耕人为土	水稻土	淹育型水稻土
			潴育型水稻土
			潜育型水稻土
			漂白型水稻土
			沼泽型水稻土

续表

土纲	亚纲	土类	亚类
初育土	土质初育土	红黏土	红黏土
			石灰性红黏土
		风沙土	草甸风沙土
		新积土	新积土
			石灰性新积土
	石质初育土	紫色土	紫色土
			石灰性紫色土
		火山灰土	基性岩火山灰土
		石质土	石质土
			石灰性石质土
		粗骨土	粗骨土
			石灰性粗骨土

（注：该表摘引自魏克循主编的《河南土壤地理》，河南科学技术出版社，1995年，121～125页。）

（二）土壤分布规律

河南省土壤分布规律在地域上的表现大致以京广铁路为分界线（除东南部大别山地一隅外），京广线以西地带性规律表现十分明显，包括太行山、秦岭向东延伸的余脉、桐柏山以及大别山的一部分，广泛分布着棕壤、褐土、黄棕壤和黄褐土；京广线以东表现出一定的非地带性规律，该区为广阔的豫东平原，广泛分布着潮土和砂姜黑土等土壤类型。

1. 土壤水平地带性规律

由于气候、生物等成土条件的不同，河南省西部山地丘陵区的土壤表现出比较明显的东西方向（纬线方向）延伸、南北方向（经线方向）更替的纬度地带性规律。大致以伏牛山—淮河一线为界，北部和南部形成不同的地带性土壤。具体表现为：沿伏牛山南坡海拔950米等高线向东延伸，在伏牛山地东部向北折，再沿沙河经漯河至汾泉河一线以北的广大山地丘陵区，气候属于暖温带季风气候，植被属于落叶阔叶林，形成了暖温带地带性土壤——棕壤和褐土；该线以南的广大山地丘陵区，气候属于北亚热带季风气候，植被属于常绿阔叶与落叶阔叶混交林，形成了北亚热带地带性土壤——黄棕壤和黄褐土。黄棕壤和黄褐土的分界线西起南阳的桐柏山北麓，经信阳的吴店—游河—南湾—东双河、罗山的青山—涩港—周党、光山的罗陈—文殊—泼河—砖桥，到商城的钟铺—河风桥，东至固始的方集—武庙，该线以南多为黄棕壤，以北多为黄褐土。

2. 土壤非地带性分布规律

河南省东部平原是黄河和淮河多次泛滥冲积的产物，地势低平，地下水位较浅且有明显的季节变动，地下水直接参与了土壤的形成与发育过程，再加上人类活动的长期耕种熟化，形成了独具特色的潮土。在潮土分布区内某些局部洼地和黄河两岸的背河洼地，地下水位很浅，毛管水可上升到达土壤表层，水分蒸发，盐分积聚，形成了呈条带状或斑块状分布的盐碱土。豫东平原的东南部分为湖相、沼泽相沉积物，上部又覆盖一层淮河泛滥冲积物，形成了砂姜黑土。河南省西部山地的河流两侧新近冲积物上也有呈条带状分布的潮土。南阳盆地与豫东南平原的母质条件基本相同,也大面积分布着砂姜黑土。豫南山间盆地或河流阶地,水热条件较好,经人类长期水耕熟化形成了各种类型的水稻土。

3. 土壤垂直地带性规律

由于河南省山地跨越了两个气候带,所以土壤垂直地带性规律也有两种不同的表现形式。

北亚热带山地包括大别山、桐柏山和伏牛山主脊以南的中山山地,分布在伏牛山－淮河一线以南。其垂直带谱结构可用大别山商城县境的金刚台为例来说明。在海拔300米以下的丘陵岗地区广泛分布着黄棕壤,海拔300~500米为黄棕壤性土,海拔500~1 200米交错分布着黄棕壤与黄棕壤性土,海拔1 200~1 500米广泛分布着棕壤,海拔1 500米以上的山地上部分布着山地草甸土。

暖温带山地包括太行山、熊耳山、伏牛山顶部以及伏北山地,分布在伏牛山－淮河一线以北。其垂直带谱结构可用太行山林州境内的四方脑为例来说明。在海拔500米以下低山丘陵岗地区广泛分布着褐土性土和石灰性褐土,海拔500~1 200米为淋溶褐土和褐土性土,海拔1 200~1 500米为棕壤,海拔1 500米以上为山地草甸土。

在北亚热带和暖温带交汇地带的伏牛山地,土壤垂直分布比较复杂,南、北坡土壤垂直带谱结构明显不同。其垂直带谱结构可以伏牛山主峰之一的老君山为例来说明。老君山北坡海拔700~750米以下分布着褐土性土,海拔750~900米分布着淋溶褐土,海拔900~2 100米分布着棕壤和棕壤性土,海拔2 100米以上分布着山地草甸土。老君山南坡海拔400米以下分布着黄褐土,海拔400~950米分布着黄棕壤和黄棕壤性土,海拔950~2 100米分布着棕壤和棕壤性土,海拔2 100米以上分布着山地草甸土。可以看出,不仅老君山南、北坡基带土壤不同,而且棕壤出现高度亦不同(北坡高于南坡)。

二、主要土壤类型的分布、特征及利用与改良

(一) 棕壤

1. 棕壤的分布

棕壤是河南省重要的地带性土壤之一。它主要分布在西部山地海拔900~1 000米以上的中山地区,在伏牛山和太行山区分布比较集中,在桐柏山和大别山区仅分布在少数山体的上部。其下部与淋溶褐土和黄棕壤相接,上部与山地草甸土相连。

2. 棕壤的特征

棕壤分布区的气候是暖温带季风气候,年降水量750毫米左右,降水量比较多,所以土壤中会发生比较明显的淋溶过程。在土壤水分下淋过程中,土壤表层的易溶性盐类和碳酸盐类随水下淋移出土体,活性铁铝也有向下淋溶淀积的现象。随着大量盐基的淋溶,土壤胶体呈不饱和状态,土壤呈酸性反应。但是,和热带、亚热带森林地区相比,棕壤分布区的降水量相对较少,淋溶作用也显得较弱。再加上暖温带季风气候下的树种主要是落叶阔叶林,阔叶树种含有比较丰富的盐基离子,可以中和一部分土壤酸性物质,使土壤仍维持有一定数量的盐基离子,所以棕壤的酸性较热带、亚热带地区的土壤弱,呈弱酸性。

棕壤地区夏季气温高,温暖季节较长,水分条件也比较适中,土壤中的矿物质成分发生分解,其中一部分分解成可溶性盐类而随水流失,另一部分则转变为次生铝硅酸盐——黏土矿物,也即在棕壤地区,土壤普遍发生了淀积黏化和残积黏化,而在土壤中部形成一个黏粒含量相对较高的黏化土层,这是棕壤形成过程的一个重要特征。

棕壤形成的另外一个特征是具有比较旺盛的生物循环过程。由于该区水热条件比较好,所以生物活动旺盛,每年有大量的枯枝落叶凋落到地表,微生物将其迅速分解,枯枝落叶中所含的灰分物质(盐基离子)被释放出来,中和土壤中的酸性物质,进入土壤胶体后从一定程度上提高了土壤的盐基饱和度。

在上述比较明显的淋溶过程、强烈的淀积黏化和残积黏化过程,以及比较旺盛的生物循环过程作用下,形成了具有 O-Ah-Bt-C 剖面构型的棕壤。O 层是枯枝落叶层,位于土壤剖面最上部,较薄甚至不连续分布;Ah 层是土壤有机质层,一般厚约 10 厘米,呈暗棕色或灰棕色,团粒结构,疏松多孔;Bt 层是黏化层,呈鲜棕色,比较紧实,质地黏重,核状结构,结构面上往往有黏粒胶膜(棕色)和铁锰胶膜(黑褐色);C 层为母质层,保持着原始风化物的性状。

棕壤的理化性状以栾川县老君山北坡土地崖(海拔 1 375 米)的棕壤剖面来说明(见表 2-5-2)。棕壤全剖面以棕色为主;心土层呈鲜棕色,质地黏重,黏化层非常明显;全剖面无石灰反应,pH 在 6.0 左右,呈微酸性反应;表层有机质含量较高,一般在 10% 左右,向下层则突然减少。

表 2-5-2 棕壤的理化性质

深度/cm	容重/(g/cm³)	<0.005毫米颗粒含量/%	有机质/%	全氮/%	全磷/%	pH	阳离子交换量/[cmol(+)/kg]	盐基饱和度/%
3~10	—	35.00	13.65	1.16	0.13	5.50	44.86	60.63
10~25	0.83	44.00	5.48	0.50	0.08	5.60	29.61	42.88
25~50	0.82	45.00	3.47	0.31	0.07	5.60	26.46	—

3. 棕壤的利用与改良

棕壤自然肥力较高,适宜发展多种经营。山地丘陵边缘和山前平原的棕壤,宜于种植多种粮经作物。丘陵山地常用于发展林业和发展苹果、梨、李、桃、葡萄等园林种植。在利用棕壤的过程中,应注意防治旱涝和水土流失以及培肥地力。

(二)褐土

1. 褐土的分布

褐土是豫西北地区重要的农业土壤,广泛分布在黄土丘陵及缓岗台地区,在某些石质浅山丘陵区也有分布。其分布的范围南起伏牛山北坡坡麓,北至太行山的东、南麓,东起京广线,西达河南省省界。

2. 褐土的特征

褐土分布区的气候亦属暖温带季风气候,与棕壤相比,尽管也有明显的黏化过程,但由于降水量相对较少,相对干旱一些,故褐土的淀积黏化作用稍弱于棕壤。一价盐随水淋失,二价盐发生表层淋溶,在中下层淀积,形成碳酸钙大量积累的钙化层。黄土母质中含有大量碳酸钙,为碳酸钙的淋溶淀积提供了物质基础,钙化过程非常强烈,钙化层尤为明显。

典型的褐土具有 Ah-Bt-Bk-C 剖面构型。褐土地表枯枝落叶很少,几乎形不成枯枝落叶层;Ah 层厚约 10~15cm,呈灰黄色,块状结构,较疏松;Bt 为黏化层,呈棕色,黏重,紧实,核状或棱柱状结构;Bk 层为钙化层,颜色稍浅,碳酸钙积聚形态有的为假菌丝状,有的为结核状而形成砂姜层;C 层保持着第四纪黄土的性状。

褐土的理化性质以偃师香峪发育的典型黄土丘陵区的褐土为例来说明(见表 2-5-3)。从表 2-5-3 可以看出,褐土的有机质含量较低,大多低于 1%。褐土的淋溶作用弱,钙离子浓度大,盐基饱和,土壤呈碱性反应。碳酸钙在土壤表层和亚表层有淋溶现象,中下部含量急剧增高。

表 2-5-3 褐土的理化性质

深度/cm	有机质/%	全氮/%	全钾/%	全磷/%	pH	碳酸钙/%
0~27	0.67	0.05	1.95	0.12	8.50	5.08
27~64	0.45	0.37	1.98	0.11	7.80	4.23
64~110	0.31	0.02	1.96	0.11	8.20	12.23

3. 褐土的利用与改良

褐土分布区是河南省最主要的小麦、玉米、棉花、烟叶生产基地,农业耕作历史悠久,纯自然的褐土已很少存在。因褐土中除潮褐土地处平原区以外,其他土壤亚类一般分布在丘陵与高平地,土壤侵蚀是普遍现象,因此开展水土保持与发展水利灌溉是提高褐土地区农业的重要途径。由于水源的限制,大面积发展灌溉是有限的,因此应当普遍地、大面积地发展旱作农业,其中包括工程措施(如水平梯田、径流农业)与系统的土壤耕作(如少耕、覆盖、轮作)等。因褐土分布区降水量一般在 600 毫米左右,稍稍增加以保墒培肥为中心的土壤旱作的耕作措施,将是发展褐土区的持续农业的重要途径。保证一定的有机肥源(其中包括轮作在内)是保证土壤肥力结构的重要基础。施用磷肥要合理,因为褐土的活性铁及 $CaCO_3$ 均容易促使磷的固结,形成铁质和钙质的闭态磷而使磷肥固结失效,因此应加强过磷酸钙的施用技术的研究。合理施用微量元素肥料,因为褐土大多有石灰反应,它往往减弱 Zn、Mo、Mn、Fe 等微量元素的有效性。另外,在淋溶褐土及沙性土壤中 B、Cu 的含量较低,因此要充分注意微量元素肥料的合理应用。因土种植,发掘土壤潜力优势,如淋溶褐土上的板栗、烟草、潮褐土上的玉米、小麦,其他如苹果、谷子、棉花等,都是褐土的优势作物,需因地制宜地发展。由于水分条件的限制,不必勉强强调发展小麦,要适当发展畜牧业与林果业,改变褐土区生产的土地利用结构和农业经济状况,为褐土区的持续农业与生态农业的发展创造条件。

(三)黄棕壤

1. 黄棕壤的分布

黄棕壤大致分布在伏牛山南坡 950 米等高线与沙河一线以南的豫南地区,包括驻马店地区南部、信阳地区和南阳地区的大部分。气候为北亚热带季风气候,年均温 15℃左右,年降水量 800~1 200 毫米。黄棕壤主要分布在山地和丘陵区,母质比较复杂,主要是各种基岩风化残积坡积物。

2. 黄棕壤的特征

黄棕壤地区的水热条件比棕壤、褐土区优越,是河南省水热资源最丰富的地区。土壤在矿物质风化分解比较彻底的同时,发生了比较强烈的淋溶作用,土壤中的一价盐、二价盐几乎淋溶殆尽,三价的铁、铝离子也开始移动。整个剖面无石灰反应,盐基呈不饱和状态,土壤呈酸性。

由于该区矿物风化比较强烈,淋溶作用强烈而持续地进行,土壤发生一定程度的富铁铝现象。在周期性干湿作用和酸性条件下,铁、锰物质游离出来并随水向下层移动,在剖面下部淀积下来,形成铁锰新生体。铁锰新生体的形态有两种:一是铁锰化合物凝胶附着于土壤结构体表面上形成黑褐色胶膜,二是积聚在土壤小孔隙中形成绿豆大小的铁锰结核。

由于黄棕壤地区水热条件较好,故黏粒形成也较多,残积黏化和淀积黏化都比较强,黏化层明显;尤其在下蜀黄土分布区,黏化过程最为显著。

石质山区典型黄棕壤的剖面构型为 O-Ah-Bts-C。黄棕壤 O 层较薄,约 1 厘米;Ah 层厚约 10~20 厘米,呈暗灰棕色,团粒结构,疏松;Bts 是黏化层、铁锰结核和胶膜聚积层,棕色或红棕色,紧实,结构面上出现大量棕色、棕褐色、黑褐色铁锰胶膜,铁锰结核大量出现;C 层仍带基岩本身的色泽。

黄棕壤的理化性质以商城县金刚台林场的剖面来说明(见表 2-5-4)。从表 2-5-4 可以明显看出,黄棕壤有机质含量较高,土壤淋溶作用较棕壤强得多,盐基大量淋失,盐基不饱和,土壤呈酸性反应,通体比较黏重,土体中部更加黏重。

表 2-5-4 黄棕壤的理化性质

深度/cm	<0.005 毫米颗粒含量/%	有机质/%	全氮/%	全磷/%	pH	阳离子交换量/[cmol(+)/kg]
0~4	40.00	12.12	0.79	0.19	6.65	—
4~16	38.00	6.42	0.34	0.14	5.80	36.06
16~28	40.00	4.12	0.29	0.12	5.45	31.91
28~55	39.00	2.53	0.25	0.10	5.45	26.28

3. 黄棕壤的利用与改良

黄棕壤多分布在低山丘陵、农业历史悠久的地区,丘陵区可种植茶、桑,发展果园;平缓丘陵区可作为农业生产基地,适于稻、麦、棉和油料等作物的生长。黄棕壤属于淋溶土,水分淋溶作用强,自然土壤肥力较高,耕种后肥力易于下降,若植被保护不好,易发生水土流失,因此应注意水土保持,发展灌溉和防止内涝,增施有机肥或种植绿肥,培肥土壤。山地黄棕壤分布区则是用材林和经济林的重要生产基地。黄棕壤利用上应注意多种经营和综合开发。低山丘陵荒地的上半坡土层浅薄,可栽植耐瘠的马尾松、刺槐、山杨和桦木等;下半坡和坡麓土层较深厚,可以发展栓皮栎、麻栎、杉木等,也可辟为茶园或栽植油茶、油桐、毛竹、棕榈等经济林木。

(四)黄褐土

1. 黄褐土的分布

黄褐土主要分布在沙河干流以南的低丘和岗地上。该土壤分布区属北亚热带季风气候,但降水量比黄棕壤分布区稍少,年降水量在 800～1 100 毫米,年均温在 14.6～15.8℃。在缓岗阶地上,黄褐土母质为第四纪下蜀黄土,质地十分黏重;在低山丘陵区,母质为各种基岩风化物。植被覆盖度差,林下灌丛草本植物发达,皆为人工次生林。该土壤受人类活动影响深刻,相当一部分已被开垦为农田,是豫南地区重要的农业土壤之一。

2. 黄褐土的特征

与黄棕壤相比,黄褐土亦有十分明显的黏化过程,特别是在下蜀黄土上发育的黄褐土,土体中部黏粒含量很高,常形成黏盘;但富铁铝化作用相对较弱,在干湿交替作用下,铁锰物质游离和淀积明显,在土体中常形成大量的铁锰结核(铁子)和胶膜;淋溶作用较弱,土壤 pH 稍高。但与褐土相比,黄褐土淋溶作用相对较强,通体无石灰反应,土壤 pH 稍低。

黄褐土的剖面构型为 A-B-C。A 层多为浊黄橙色或灰黄色,质地为中壤或重壤土,块状结构;B 层多呈浊橙色或黄棕色,重壤或轻黏土,棱块状与块状结构,有大量铁锰结核与胶膜,较紧实;C 层呈黄棕色,多为重壤土,块状结构,有少量铁锰胶膜与结核。全剖面呈中性,pH 6.5～7.5。

黄褐土的理化性质以方城县独树镇七里岗剖面为例说明(见表 2-5-5)。

表 2-5-5 黄褐土的理化性质

深度 /cm	有机质含量 /%	<0.001 毫米颗粒含量 /%	pH	阳离子交换量 /[cmol(+)/kg]	盐基饱和度 /%
0～25	8.70	24.49	7.00	19.45	88.84
25～52	5.70	22.03	7.30	22.56	94.72
52～78	4.10	26.36	7.20	21.73	98.20
78～120	3.10	24.66	7.30	18.42	97.34

3. 黄褐土的利用与改良

黄褐土因土质黏重,结构紧实僵硬,胀缩性强,耕性和通透性差,土壤不耐旱涝,故需合理轮作、间套作,发展绿肥,用地养地结合。丘岗地区黄褐土既缺有机质,又缺氮磷,用地多,养地少,耕作管理粗放,土壤肥力有下降的趋势。因此,在保证粮棉油作物种植面积的同时,合理轮作,间套作绿肥或豆科作物,是保障黄褐土区有机肥源就地取材的重要途径之一,同时又是培肥岗地土壤的重要措施之一。据学者研究,在黄褐土上进行氮磷钾配合施肥优于增施单一化肥的增产效果。黄褐土一般不缺钾,但在水旱轮作高产区或耗钾作物(如甘薯、烟草)区,因长期重视施用氮肥而基本不施钾肥,因此采用增磷补氮加钾三要素配合施肥更能显示增产效果,但配肥比例必须根据土壤养分丰缺状况和不同作物需要而异。根据地形特征发展多种经营。在某些地形部位高、坡度较大、水土流失严重、土体浅薄及石质性强的黄褐土分布区,以及一些黏盘层位高、肥力低下不宜农作的黄褐土分布区,应采取水土保持措施,积极发展多种经营。

(五) 潮土

1. 潮土的分布

河南省的潮土主要分布在东北部,其西部以京广铁路为界与褐土相连,南部以沈丘、项城、商水一线与砂姜黑土接壤,东部和北部直达省界。潮土是河南省分布面积最广的一个土类,约占全省耕地面积的 30%。潮土分布区气候属温带半干旱半湿润大陆性季风气候,夏季炎热多暴雨,秋季凉爽,冬季寒冷干燥,春季干旱多风,年降水量在 600～800 毫米,年均温 14℃左右。该区是黄淮海平原的一部分,地势平坦,以黄河为背脊向两侧倾斜,绝大部分地区海拔在 100 米以下。母质是黄河、淮河沉积物,富含碳酸钙,堆积层理十分清楚,沙、壤、黏层交互出现。本区地下水位较浅,一般为 1.5～3 米,黄河背河洼地区更浅。地下水矿化度不高,属淡水或弱矿化水。该区自然植被是中生草甸,但目前已很少存在。该区几乎全部被开垦为农田,是河南重要的粮、棉、油生产基地。

2. 潮土的特征

在潮土形成过程中,母质的影响非常强烈,质地层次特别明显而且厚薄不一,土体深厚、疏松,碳酸钙含量较高,石灰反应比较强烈。由于平原区作物秸秆还田量较低,再加上好气性微生物活动旺盛,有机质分解较快,所以潮土表层有机质含量较低,氮素和磷素也比较缺乏,但潮土从母质中继承下来了大量的钙、钾、镁等元素。

潴育化过程是潮土形成的重要因素。潮土地处平原,地下水位浅而且有季节性升降运动。夏季地下水位上升到达某一土层,该土层即发生还原反应,铁、锰等变价元素呈低价状态,形成蓝灰色亚铁化合物,使土体出现蓝灰色条纹;冬季地下水位下降脱离土体,原来发生还原反应的土层即发生氧化反应,低价铁锰又变为高价状态,从而蓝灰色条纹就变为红褐色锈纹锈斑。这一过程称为潴育化过程。结果在潮土下部就形成了蓝灰色斑块与锈纹锈斑相互间杂的潴育层。

在上述成土过程和人类长期耕种的综合影响下,潮土形成了 A-P-B-C 剖面构型。A 层为耕作层,厚约 20～40 厘米,呈浅棕色,疏松多孔,粒状碎块状结构;P 层为犁底层,厚约 15 厘米,比较紧实,片状结构;B 层为心土层,厚约 80 厘米,呈浅灰棕色,块状或大块状结构,锈纹锈斑大量出现,有时也可见到石灰结核,石灰反应明显;C 层为母质层,保持河流冲积物的状态。潮土有机质含量较低,一般为 0.5%～1.0%,氮素和磷素严重缺乏;碳酸钙含量高,一般为 8%～12%;钾素含量亦高;pH 偏高,呈弱碱性反应;盐基饱和,阳离子交换量一般为 4～17cmol(+)/kg。其理化性质以封丘县为例说明(见表 2-5-6)。

表 2-5-6　砂质潮土、壤质潮土、黏质潮土的理化性质

土壤	深度/cm	有机质/%	全氮/%	全钾/%	阳离子交换量/[cmol(+)/kg]	pH	颗粒组成/%	
							<0.001 mm	<0.01 mm
砂质潮土	0～22	0.250	0.018	0.144	4.440	—	3.400	6.200
	22～53	0.200	0.016	0.124	3.760	—	2.700	3.200
壤质潮土	0～22	0.720	0.044	0.153	8.100	8.800	11.000	20.000
	22～34	0.480	0.035	—	8.700	8.700	13.000	22.000
黏质潮土	0～13	1.530	0.097	0.166	16.000	8.600	25.400	66.100
	13～33	0.860	0.054	0.134	17.700	8.700	29.300	72.100
	33～52	0.710	0.047	0.144	13.000	8.700	21.200	52.100

3. 潮土的利用与改良

发展灌溉,加强农田基本建设,并建立排水设施与农田林网,是改善潮土生产环境条件,消除或减轻旱、涝、盐、碱危害的根本措施,也是发挥潮土生产潜力的前提。应注意培肥土壤,扩大高产、稳产农田。实践证明,种植绿肥是开辟有机肥源的重要途径,但有很多

具体技术问题有待解决。增施磷肥的同时,注意施用磷肥效果。若局部地区(地块)开始缺钾,应适当补施钾肥,配合施用微肥。改善种植结构,提高复种指数,适当配置粮食与经济作物、林业和牧业,提高潮土地的产值和效益。

(六) 砂姜黑土

1. 砂姜黑土的分布

河南省的砂姜黑土主要分布在黄淮平原的东南部和南阳盆地,包括周口地区南部、许昌地区及驻马店地区东部、信阳地区北部和南阳盆地中南部的低洼地区,是河南省分布较广的一种土壤类型,其分布区是重要的粮、棉、油产区。砂姜黑土区的气候具有暖温带向北亚热带过渡的特征,季风性特点比较突出。年均温15℃左右;年降水量740~1000毫米,多集中在7~9月;年蒸发量为1000~1400毫米,稍大于年降水量。在地形上属于黄淮冲积扇的边缘和桐柏山、大别山的交接洼地以及南阳盆地中南部低平地,地势低洼,排水不畅。地下水埋深1~2米。成土母质属于第四纪湖相沉积物,为黑色黏土。该地层有时直接出露地表,有时上覆有近代河流棕色沉积物。

2. 砂姜黑土的特征

砂姜黑土是经过脱沼泽化、草甸化和熟化过程逐渐演变而成的。第四纪时该地区积水成湖,接受了伏牛山、桐柏山、大别山的冲积物,湖水逐渐变浅,形成典型的沼泽土。土壤中形成蓝灰色黏土层和有机质半分解泥炭层。随着堆积作用不断进行,地面被抬高,地下水位相对下降,摆脱了常年积水状态,而发生脱沼泽化过程。由于地下水位的季节性变动,在土体中形成了大量锈纹锈斑及铁锰结核。生物活动产生的 CO_2 溶于水形成 H_2CO_3。在下淋过程中 H_2CO_3 与 $CaCO_3$ 作用生成 $Ca(HCO3)_2$ 并随水下淋,在土体下部因水分减少,复又以 $CaCO_3$ 形式淀积下来,和黏土物质黏结在一起形成砂姜。含 $Ca(HCO3)_2$ 的地下水沿毛管上升时也可淀积 $CaCO_3$,形成砂姜。在脱沼泽化的同时,泥炭层和有机层的有机质分解加速,有机质含量逐渐减少。随着地下水位进一步下降,草甸植被逐渐替代了沼泽植被,形成草甸土。此时人们开始了农业利用,土壤进入了熟化阶段,大大改善了土壤的通气状况,促进了土壤有机质分解。所以,目前砂姜黑土表层有机质含量不高,但由于腐殖质的染色作用,使土体仍呈现出较暗的颜色。

砂姜黑土可分为耕作层、心土层(黑土层)、底土层(砂姜层)3个层次。耕作层呈暗灰色,质地偏黏,碎块状结构。心土层呈黑色,一般厚20~40厘米,质地比上层更加黏重,有机质含量在1%左右,核状或棱柱状结构。底土层呈灰褐色或灰棕色,质地黏重、紧实,砂姜大量出现,也有锈纹锈斑和铁锰结核出现,通体无石灰反应或石灰反应微弱。

砂姜黑土的理化性质以汝南县留盆镇的剖面为例来说明(见表2-5-7)。由表2-5-7可以看出,砂姜黑土虽说颜色黑暗、土层深厚,但有机质含量较低,两方面很不协调。质地非常黏重,物理性黏粒含量一般为40%~50%,耕性差。土壤呈中性甚至弱碱性反应,$CaCO_3$ 和铁、锰物质发生明显的淋溶淀积。

表 2-5-7 砂姜黑土的理化性质

深度/cm	有机质/%	pH	全氮/%	有效磷/(mg/kg)	有效钾/(mg/kg)	阳离子交换量/[cmol(+)/kg]	质地
0～17	1.10	6.50	—	0.19	0.75	17.64	粉砂质黏土
17～45	0.84	6.50	0.06	0.18	0.60	21.44	黏土
45～70	0.37	6.50	0.04	0.16	0.45	—	壤质黏土
70～100	0.42	7.00	—	0.16	0.30	—	粉砂质黏土

3. 砂姜黑土的利用与改良

砂姜黑土是河南省东南部平原和南阳盆地的低产土壤。其低产原因是多方面的,概括起来说主要是"涝"(明涝与暗渍)、"旱"(春旱与秋旱)、"瘠"(缺磷少氮,有机质含量低)、"僵"(耕性不良,适耕期短)。所以砂姜黑土的改良必须采取综合治理的措施。挖沟修渠、排灌结合是治理砂姜黑土最根本的措施。沟渠要干、支、农沟农渠、毛沟毛渠配套成系统,沟不宜过深,一般在 1 米左右。另外,起埂修墩种植,抬高田面,利用墩沟、埂沟排水,在埂上和墩面上种植大豆、甘薯、高粱、玉米等农作物,可避免明涝与暗渍的危害。在干旱时,要利用沟渠适时适量灌溉,减轻干旱威胁。大力发展绿肥,混合施用化学氮肥和磷肥,增加农家有机肥的施用量,可以改善土壤物理性质,不断提高土壤肥力。在地势比较平坦的地段,亦可因地制宜发展水稻种植。排灌结合,旱涝兼治,开发地下水资源,发展旱作补充灌溉。调整粮食作物和经济作物的种植结构,做到合理轮作换茬。大量元素肥料与微量元素肥料结合,科学施肥,争取均衡增产。农牧结合经营,提高土壤有机质含量,更新腐殖质,抑制土壤的胀缩性。根据水源和地势条件,适当发展水稻种植。砂姜黑土的综合治理和开发利用,需因地制宜和因时制宜。

(七)盐碱土

1. 盐碱土的分布

河南省的盐碱土主要分布在东部和北部黄淮海平原的低洼地区,呈条带状或斑块状分布在潮土区。就行政单元来说,集中分布在开封、商丘、新乡、安阳、濮阳 5 市临近黄河或卫河的地区。盐碱土分布区的气候属暖温带大陆性季风气候,年降水量为 600～700 毫米,年蒸发量 2 000 毫米,年蒸发量为年降水量的 2～3 倍,具有半湿润、半干旱的气候特征。河南省盐碱土分布区地势坦荡,稍有波状起伏。地下水位较浅,特别在沿黄河、卫河两侧,由于河床较高,河水向两侧渗漏补给地下水,所以地下水位很浅,超过了土壤的地下水临界深度。

2. 盐碱土的特征

盐碱土包括盐土、碱土和盐碱土 3 个土类。其划分标准如下:盐土只发生盐化过程,表层全盐量＞0.2％,碱化度＜10％,pH 8.5 左右;碱土以碱化过程为主,表层全盐量＜10％,碱化度＞45％,pH 9.5 左右;盐碱土的盐化过程和碱化过程并重,表层全盐量＞

0.2%,碱化度>10%,pH 9.0 左右。在盐土中全盐量>0.7%者为盐土亚类,<0.7%为盐化土亚类。在碱土中全盐量>0.7%、碱化度>45%者为碱土亚类;全盐量<0.7%、碱化度<45%者为碱化土。

河南省的盐土以获嘉县丁村剖面来说明。土壤有机质含量较低,剖面层次分化不明显,地表有盐结皮(呈灰色或灰白色),各层 pH 均在 8.5 以上。其盐分组成见表 2-5-8。

表 2-5-8 硫酸盐土的盐分组成

深度 /cm	全盐量 /%	pH	阴离子/[cmol(+)/kg]				阳离子/[cmol(+)/kg]		
			CO_3^{2-}	HCO_3^-	Cl^-	SO_4^{2-}	Ca^{2+}	Mg^{2+}	$K^+ + Na^+$
0~5	1.70	8.50	0.00	0.27	0.65	4.75	1.01	1.04	3.62
5~10	1.19	8.50	0.00	0.31	1.45	4.63	0.89	3.94	1.79
10~20	0.97	8.50	0.00	2.79	1.09	4.29	0.91	3.38	3.83
20~70	1.88	8.50	0.00	0.33	0.63	7.62	1.29	6.69	0.60
70~100	0.93	8.80	0.00	0.27	4.61	9.06	0.79	3.43	9.71

河南省的碱土以封丘县陈桥剖面为例说明。表层为淋溶层,厚数厘米至十厘米,灰色,片状或鳞片结构。淋溶层之下为碱土层,颜色灰暗,质地紧实,柱状结构。碱土呈强碱性反应,pH 常大于 9.0。表层易溶盐含量较低,一般不超过 0.5%。土壤物理化性质恶化,湿时膨胀泥泞,干时收缩板结、坚硬,通气透水性和耕性极差。其盐分含量和组成见表 2-5-9。

表 2-5-9 苏打碱土的盐分组成

深度 /cm	全盐量 %	pH	阴离子/[cmol(+)/kg]				阳离子/[cmol(+)/kg]			
			CO_3^{2-}	HCO_3^-	Cl^-	SO_4^{2-}	Ca^{2+}	Mg^{2+}	K^+	Na^+
0~5	9.71	0.50	2.68	0.63	0.19	0.19	0.05	0.20	3.45	
5~10	0.36	9.20	0.67	1.84	0.11	2.54	0.59	1.19	0.02	3.31
10~20	0.36	9.40	0.34	1.51	0.46	0.99	0.19	0.15	0.03	2.75
20~31	0.28	9.50	0.34	1.59	0.32	0.94	0.24	0.10	0.07	2.63
31~57	0.47	9.00	0.00	0.67	1.48	4.64	0.99	0.90	0.01	4.33
57~100	0.14	9.70	0.17	0.75	0.18	0.89	0.19	0.15	0.07	1.56

3. 盐碱土的利用与改良

盐碱土的成因主要是地下水位浅,地面蒸发强,所以改良盐碱土主要应在水盐运动方面下功夫,然后再配以合理的耕作、施肥等农业措施,使之得到综合整治。

在地势低洼、地下水位很浅且矿化度高的地区,应开挖排水沟,修建排水系统,使地下水位降至临界深度之下,消除盐分和钠离子的来源,使土壤逐渐达到脱盐。在地势平坦、地下水位较浅且水质较好(含较多的钙、镁离子,而钠离子含量很少)的地区,应利用机井进行抽水灌溉,再利用机井进行排水,此种方法叫"井灌井排"。机井抽水后,地下水位下降;灌溉之后,土壤水向下运移,最后排入机井。在水分下移过程中,土壤表层的盐分则随之向下淋溶,土壤得到冲洗,盐分含量下降。在地势平坦、地下水位相对较深、土壤透水性好、靠近河流水源的地区,应修建灌排系统,引河水进行灌溉,再利用排水沟排出冲洗出来的盐分。如此反复进行,即可降低土壤表层的盐分含量,这种措施称为"冲洗"。需要特别指出,不管是井灌井排,还是冲洗,都要十分注意灌溉水质。若用含钠离子高的水灌溉,往往在脱盐的同时又引起碱化过程的发生。这样一来,盐土即变为碱土,土壤性状进一步恶化,碱土的碱性进一步增强。

在黄河两岸附近的盐碱土地区,引黄灌溉种植水稻,可使地表保持一定的水层,水盐垂直向下运动能持续进行,再修建适当的排水沟渠,将下淋的水盐排走。这不仅可使盐碱土得到改良,而且水稻也可获得丰收,这一成功的经验在开封等地已大面积推广。种植绿肥作物也是改良盐碱土的一种常见方法,种植的耐盐绿肥作物主要有田菁、紫苜蓿、紫穗槐等。这一方面可以增加土壤有机质含量,改善土壤结构;另一方面可以增加地表覆盖度,减少地面蒸发和盐分积聚。加强田间管理也是改良盐碱土的一种有效措施,如平整土地、深耕深翻、合理密植、增施有机肥料等,可以切割毛细管,减少地面蒸发和盐分积聚。

对于碱土来说,化学改良是最直接、最有效的方法。向碱土上施用石膏,钙离子可将土壤胶体上吸附的钠离子交换下来形成中性盐硫酸钠。再配合科学的灌排措施将硫酸钠排出土体,消除钠离子的来源,降低土壤的 pH,碱土即得到改良。除石膏之外,还可使用硫酸亚铁、工业废硫酸等酸性化学物质进行改良。

(八) 水稻土

1. 水稻土的分布

河南省的水稻土主要分布在淮河以南的信阳地区;另外,在南阳、郑州、开封、新乡等地区也有零星分布。河南省水稻土面积约占全省面积的 3.8%,并且这一比例有上升的趋势。

水稻土是一种经过人类长期种植水稻而逐渐形成的农业土壤。在不同的气候条件下,只要热量充足、水源丰富,经过平整土地、引水灌溉、种植水稻均可形成水稻土。但水稻生长对水、热条件要求比较严格,所以河南省水稻土主要分布在淮南地区。其地形主要是平原、丘陵中下部和河流两侧阶地,母质有河流冲积物、坡积物,也有第四纪下蜀黄土母质。河南省水稻土除少部分低洼地区一年种植一季水稻外,大部分地区都属水旱轮作地,这种利用方式的特点同红壤、赤红壤地区的水稻土有明显不同。

河南省的水稻土又分为淹育型、潴育型、潜育型、漂白型和沼泽型水稻土 5 个亚类。潜育型水稻土分布在地势平坦、排水不良的低洼地区,全年受地下水浸润,属地下水型水稻土。潴育型水稻土分布位置较前者高,地下水只在某一时段参与土壤形成,属良水型水稻土。淹育型水稻土主要分布在高阶地或丘陵中下部,其水分来源主要依靠大气降水或灌溉,属地表水型水稻土。

2. 水稻土的特征

水稻土的形成比较复杂。其中最主要的过程有以下几方面:① 氧化还原作用。在淹水季节,土壤呈还原环境,铁、锰呈低价状态,形成蓝灰色潜育层;在落干季节,土壤呈氧化环境,铁、锰呈高价状态,形成大量棕色锈纹锈斑。② 黏粒的淋溶淀积作用。随着土壤水分垂直淋溶,黏粒也呈悬浮状态向下淋溶,并淀积到土体中下部,形成黏粒含量相对比较高的层次。③ 盐基淋溶和复盐基作用。在淹水季节,随着水分下渗,土壤中的盐基离子不断地被淋失。同时在人类水耕熟化过程中,人类又不断向土壤施用各种肥料,其中含有大量盐基,该过程对盐基淋溶有一定的补充作用,称为复盐基作用。所以,尽管土壤淋溶作用较强,其表层仍保持有相当数量的盐基离子,维护较高的肥力。

典型水稻土的剖面构型为 A-P-B-G-C。A 为耕作层,主体颜色为蓝灰色或青灰色,呈糊泥状;P 为犁底层,较紧实,块状结构,蓝灰色夹杂黄棕色条纹和斑块;B 为淀积层,呈棕色、浅棕色或黄棕色,核状结构,紧实,出现大量锈纹锈斑;G 为潜育层,长期在地下水浸润之下,还原反应强烈,呈蓝灰色或青灰色;C 为母质层。

河南省潴育型水稻土分布广泛,面积较大,约占全省水稻土面积的 42.52%。以商城县农场的潴育型水稻土为例说明其理化性质(见表 2-5-10)。

表 2-5-10 潴育型水稻土的理化性质

深度/cm	<0.001 mm 颗粒含量/%	有机质/%	全氮/%	全磷/%	全钾/%	pH	阳离子交换量/[cmol(+)/kg]	盐基饱和度/%
0~20	15.05	2.66	0.16	0.14	2.75	6.00	18.28	55.96
20~28	8.78	1.66	0.13	0.13	2.80	5.40	16.12	87.47
28~57	11.38	0.89	0.06	0.06	2.64	6.30	14.63	85.24
57~100	19.47	0.38	0.06	0.06	1.18	5.90	15.65	79.74

3. 水稻土的利用与改良

搞好农田基本建设,是保证水稻土的水层管理和培肥的先决条件。增施有机肥料,合理使用化肥。水稻土的腐殖质含量虽然较高,而且一般有机质含量可能比当地的旱作土壤高,但水稻的植株营养主要来自土壤,所以增施有机肥,包括种植绿肥,是培肥水稻土的基础措施。合理使用化肥,除养分种类(如北方盐化水稻土缺锌)全面考虑以外,在氮肥的施用方法上也应考虑反硝化作用,以铵类化肥进行深施为宜。水旱轮作与合理灌排,是改善水稻土的温度、Eh 值以及养分有效释放的首要土壤管理措施。

三、土地资源现状及可持续利用

河南省土地资源十分丰富,土地的垦殖率和利用率均较高。随着人口的增长和社会经济的发展,人类对土地资源的需求必将愈来愈大,因此如何可持续利用土地资源是需要认真研究的重大课题。

(一)土地利用结构

根据河南省人民政府制定的《河南省土地利用总体规划(2006—2020 年)调整方案》(简称《河南省土地规划》)可以得出 2014 年的土地利用现状及 2020 年的土地利用规划目标(见表 2-5-11)。规划总体要求为:实有耕地数量不减少,质量不降低,土地节约集约利用水平明显提高,布局更优化。

表 2-5-11 河南省 2014 年土地利用现状及 2020 年土地利用规划目标

指 标	2014 年现状	2020 年规划目标
总量指标(单位:万公顷)		
耕地保有量	811.79	802.33
基本农田保护面积	678.33	680.40

续表

指 标	2014年现状	2020年规划目标
园地面积	22.19	22.53
林地面积	347.64	354.06
牧草地面积	0.03	0.03
建设用地总规模	255.70	268.47
城乡建设用地规模	216.94	225.94
城镇工矿用地规模	61.93	79.83
交通、水利及其他用地规模	38.76	42.53
增量指标(单位:万公顷)		
新增建设用地总量	—	40.39
新增建设占用农用地规模	—	34.91
新增建设占用耕地规模	—	29.82
整理复垦开发补充耕地规模	—	29.82
效率指标(单位:平方米)		—
人均城镇工矿用地	145.20	133.00

2005年土地变更资料显示，全省农用地(包括耕地、园地、林地、牧草地和其他农用地)面积为1 229.00万公顷，占全省土地总面积的73.59%，其中耕地面积为792.53万公顷，2014年耕地保有量有所上升，基本农田保护面积也有所上升。耕地集中分布在黄淮海平原、南阳盆地及豫西黄土丘陵区。2005年园地面积为31.81万公顷，占全省土地总面积的1.90%，2014年园地面积有所下降。园地面积在2万公顷以上的有南阳、三门峡、信阳、商丘和平顶山5市，占全省园地总面积的58.49%。2005年林地面积为301.91万公顷，占全省土地总面积的18.08%，2014年继续上升。林地面积最大的是南阳市，面积达81.98万公顷，占全省林地面积的27.15%。2005年牧草地面积为1.44万公顷，占全省土地总面积的0.09%，2014年牧草地面积下降较多，仅为0.03万公顷，主要分布在丘陵山区，分布面积最大的是信阳市。2005年全省建设用地(包括居民点及工矿用地、交通用地和水利设施用地)面积为215.22万公顷，占全省土地总面积的12.89%，2014年用地面积继续上升。其中，2005年居民点及工矿用地面积185.35万公顷，2014年上升了31.59万公顷，上升幅度较大；交通、水利及其他用地面积为29.87万公顷，2014年上升至38.76万公顷，2020年继续上升。

由上述土地利用变化可以看出，河南省土地利用现状具有以下几个特征：

1. 耕地比重较大，土地利用率高，耕地后备资源潜力小

河南省2005年耕地面积占全省土地面积的比重为47.88%，2014年该比重处于上升趋势，土地利用率为87.25%，两项指标均居全国前列。2014年未利用地占全省土地总面积的12.75%，其中可开垦为耕地的面积为9.96万公顷左右，占全省土地总面积的比重仅为0.60%。

2. 农用地分布规律明显

由于受南北气候过渡性和东西地貌差异性的影响，农用地地域分布表现出明显的过渡性。耕地面积约有75%集中分布于占全省土地总面积55.6%的平原地区，约有25%分布于占全省土地总面积44.4%的山地丘岗地区。灌溉水田主要分布于沿淮地区，水浇地相对集中于豫北平原。林牧用地 2/3 以上集中于山区。

3. 建设用地比重大

2005 年河南省居民点及工矿用地占全省土地总面积的 11.06%，高于我国北方其他省级行政区，甚至高于南方人口密集的部分省区。这主要是因为河南省人口增长过快。2014 年交通建设用地上升幅度较大，这和中原经济区建设、郑州航空港经济综合实验区建设、城市扩展、道路建设等有关，这些开发和建设占用了相当一部分土地。

（二）土地利用存在的问题

1. 人地矛盾尖锐，耕地总体质量不高

据统计，河南省人均耕地从 1954 年的 3.15 亩降至 1996 年的 1.33 亩，到 2005 年又降至 1.22 亩，低于全国人均 1.44 亩的平均水平，人地矛盾日益尖锐。在现有耕地中高产田面积为 274.16 万公顷，仅占 34.53%；中低产田面积 518.37 万公顷，占 65.47%。

2. 耕地后备资源不足，开发利用制约因素较多

据国土资源专项调查与评价，2005 年河南省共有宜耕后备土地资源 9.96 万公顷，主要分布在黄河沿岸（滩涂）和豫西、豫南、豫北等低山丘陵区。对其开发既有来自生态保护等政策方面的制约，又有地形坡度大、水资源缺乏等自身条件的限制，开发难度较大。

3. 建设用地集约利用水平低

城乡用地结构和布局不尽合理，集约利用水平低。一是城镇规模总体偏小，城镇用地内部结构和布局不尽合理，土地利用效率较低；二是农村居民点用地数量大，布局分散，居住环境差，人均用地严重超标；三是独立工矿用地中，部分企业规模偏小，分布过散，容积率低，土地产出效益较差。

4. 扩大增量与盘活存量统筹不够

盘活存量建设用地的投资收益机制尚未理顺，且盘活存量建设用地投资较大、效益较低，致使存量用地盘活较少，新增建设用地偏大，建设用地总量增长过快，已超出了资源的供给能力。

5. 土地生态环境问题依然突出

20 世纪 80 年代以来，虽然强调水土保持工作，但水土流失现象仍然相当严重。全省水土流失面积约 300 万公顷，占全省土地总面积的 17.96%。土地退化面积达 85 万公顷，全省林木覆盖率仅 22.64%。全省直接或间接受工业"三废"影响的土地已超过 200 万公顷，"三废"物质对土地的污染相当严重。过量农药、化肥的使用，也使土壤出现了物理性质恶化、养分比例失调、土壤生物群落衰退等生态环境问题。

6. 耕地经营管理粗放，土地再生产能力低下

河南省地处北亚热带与暖温带的过渡地带，光、热、水资源比较丰富，但由于土地经营管理粗放，对光照、热量、降水等资源的利用程度较低。目前全省除太行山山前平原部分地区的光合潜力利用率在 3% 左右外，其余地区都比较低，农作物的复种指数一直停留在 170% 上下，没有达到理想的程度。很多地区重用轻养土地，土壤肥力有所减退，缺氮少磷，有机质含量下降，土地的再生产能力下降。

7. 土地权属不清,管理力度不够

土地权属是处理人与土地关系的基础。由于历史因素,河南省与相邻省份之间、省内各县(市)之间均有不少土地权属存在争议。争议双方在开发利用土地时均不注意土地投入,直接影响了土地效益的发挥。土地管理不善,尤其是土地作为特殊商品进入流通领域之后,土地管理工作没有及时跟上,不少单位和个人将国有土地归为己有,随意买卖和出租,形成了形形色色的土地隐形市场,使国有资产大量流失。土地市场不够规范,也使城镇土地优化配置受到很大影响,土地利用不能适应经济发展的需要。

(三)土地利用规划

1. 土地利用规划的目的

土地利用规划的目的包括以下几个方面:一是落实国家下达河南省的耕地保有量、基本农田保护目标、建设用地总规模三项新目标;二是合理调整耕地和基本农田布局,确保全省实有耕地数量基本稳定、质量有提高;三是确保城市周边应当划入而尚未划入的优质耕地划入基本农田,实行永久保护;四是在确保不突破建设用地控制规模的前提下,合理调整规划建设用地结构和布局,并与城市开发边界和生态保护红线划定工作做好协调衔接。

2. 土地利用规划遵循的原则

一是严格保护耕地特别是基本农田,确保耕地数量的稳定与质量的逐步提高;二是统筹兼顾,保障经济社会发展所必需的用地;三是严格控制建设用地规模,节约集约用地;四是合理调整区域、建设用地结构和布局,优化国土空间开发格局;五是大力保护生态环境,提高土地资源可持续利用能力。

3. 土地利用规划的主要内容

以《全国土地利用总体规划纲要(2006—2020年)调整方案》(简称《全国调整方案》)下达的河南省耕地保有量、基本农田保护面积和建设用地总规模为总量控制,结合河南省"十四五"时期经济社会发展和生态文明建设的客观需求,合理调整全省城乡建设用地规模、城镇工矿用地规模、新增建设用地规模、新增建设用地占用耕地规模等11项规划控制指标,并分解落实到各省辖市。

表 2-5-12　河南省耕地保有量调整数据

城市	调整前目标		2014年现状		调整后目标	
	/万公顷	/万亩	/万公顷	/万亩	/万公顷	/万亩
郑州市	32.96	494.40	32.35	485.22	32.25	483.71
开封市	42.67	640.05	41.38	620.70	41.44	621.56
洛阳市	42.52	637.80	43.17	647.59	43.02	645.37
平顶山市	31.43	471.45	31.99	479.86	31.78	476.75
安阳市	40.74	611.10	40.86	612.87	40.36	605.37
鹤壁市	10.48	157.20	11.94	179.06	11.45	171.75
新乡市	45.26	678.90	47.38	710.67	46.66	699.92
焦作市	19.20	288.00	19.46	291.96	19.50	292.49
濮阳市	26.80	402.00	28.24	423.58	27.10	406.47

续表

城市	调整前目标		2014年现状		调整后目标	
	/万公顷	/万亩	/万公顷	/万亩	/万公顷	/万亩
许昌市	34.27	514.05	33.71	505.69	33.86	507.96
漯河市	18.85	282.75	18.94	284.03	18.97	284.51
三门峡	17.65	264.75	17.63	264.51	17.39	260.84
南阳市	98.89	1 483.35	105.28	1 579.15	102.43	1 536.37
商丘市	71.74	1 076.10	70.54	1 058.16	70.64	1 059.57
信阳市	78.80	1 182.00	84.03	1 260.51	82.71	1 240.64
周口市	85.12	1 276.80	85.45	1 281.76	85.27	1 279.09
驻马店市	88.28	1 324.20	94.84	1 422.63	94.23	1 413.43
济源市	4.14	62.10	4.59	68.92	4.49	67.30
省级机动					-1.21	-18.10
河南省	789.80	11 847.00	811.78	12 176.87	802.34	12 035.00

本次规划着重强调了以下几个方面：

(1) 耕地保有量

规划要求，按照确保实有耕地面积基本稳定、耕地质量不下降的原则，做到保护优先、应保尽保。对于二次调查增加的耕地，除根据全国统一部署纳入生态退耕范围的耕地外，其他耕地均应予以保护；对于二次调查耕地减少的省辖市，保护目标原则上不低于实有耕地面积。《河南省土地规划》确定河南省耕地保有量目标为 11 847 万亩，《全国调整方案》追加河南省耕地保有量目标 188 万亩，追加后全省耕地保有量目标为 12 035 万亩。根据上述耕地保有量调整思路，将 12 035 万亩耕地保有量目标全部分解落实到 18 个省辖市，完成国家下达的耕地保有量目标。为了避免不可预见因素影响国家下达的耕地保有量目标的完成，在此基础上，河南省结合实际，又增加了 18.1 万亩的保护目标，并分解落实到各省辖市。调整后，12 个省辖市耕地保有量目标有不同程度的增加，6 个省辖市耕地保有量目标略有减少（见表 2-5-12）。

(2) 基本农田保护

规划要求，按照基本农田数量和布局基本稳定、优质耕地优先保护的原则，以现状基本农田为基础，将二次调查查明新增耕地中质量等级相对较高的耕地划入基本农田。对于调整后 2020 年耕地保有量高于《河南省土地规划》安排的省辖市，将新增耕地中质量等级较高的耕地划入基本农田，相应增加基本农田面积；对于调整后 2020 年耕地保有量低于《河南省土地规划》安排的省辖市，除根据全国统一部署纳入生态退耕范围和实施国家相关规划难以避让的以外，其余基本农田均应予以保护。《河南省土地规划》确定河南省基本农田保护目标为 10 174.95 万亩，《全国调整方案》追加河南省基本农田 31 万亩，追加后河南省基本农田保护目标增加到 10 206 万亩。根据上述基本农田保护目标调整思路，将 10 206 万亩基本农田保护目标全部分解落实到 18 个省辖市，完成国家下达的基本农田保护目标。为了避免不可预见因素影响国家下达的基本农田保护目标的完成，在此基础上，河南省结合实际，又增加了 4.92 万亩的保护目标，并分解落实到各省辖市。调整后（见表 2-5-13），14 个省辖市基本农田保护目标有不同程度的增加，4 个省辖市基本农田保护目标略有减少。

表 2-5-13 河南省基本农田保护目标调整

城市	调整前目标		调整后目标	
	万公顷	万亩	万公顷	万亩
郑州市	27.54	413.10	23.99	359.80
开封市	36.57	548.55	36.24	543.63
洛阳市	37.52	562.80	37.61	564.20
平顶山市	26.85	402.75	26.90	403.49
安阳市	34.74	521.10	34.74	521.12
鹤壁市	9.00	135.00	9.14	137.06
新乡市	38.78	581.70	39.07	586.04
焦作市	16.14	242.10	16.14	242.13
濮阳市	22.75	341.25	22.84	342.61
许昌市	28.98	434.70	28.99	434.86
漯河市	15.91	238.65	15.94	239.03
三门峡	17.01	255.15	16.98	254.71
南阳市	85.30	1 279.50	86.40	1 296.06
商丘市	61.26	918.90	61.82	927.37
信阳市	68.64	1 029.60	69.82	1 047.29
周口市	72.02	1 080.30	72.63	1 089.44
驻马店市	75.72	1 135.80	77.60	1 163.97
济源市	3.95	59.25	3.87	58.11
省级机动	-0.35	-5.25	-0.32	-4.92
河南省	678.33	10 174.95	680.40	10 206.00

基本农田布局优化：在落实基本农田保护任务和保持现有基本农田布局总体稳定的前提下，各省辖市可依据二次调查和耕地质量等别评定结果，对基本农田布局作适当调整。新增基本农田可从以下几类耕地考虑：国务院批准的新一轮退耕还林还草总体方案中计划退耕还林、还牧、还湖的耕地；经省政府批准，县级以上农业、环保主管部门共同监测认定的严重污染无法治理的耕地；因自然灾害、生产建设严重损毁无法复耕的耕地；现状基本农田中建设用地、未利用地及质量不符合要求的其他农用地；城镇周边、道路沿线尚未划为永久基本农田的质量等别和地力等级达到本地平均水平以上的现有耕地；尚未划为永久基本农田的新建成高标准基本农田（包括高标准粮田）；《中华人民共和国基本农田保护条例》规定其他应当划为和优先划为永久基本农田但尚未划入的耕地划为基本农田。通过基本农田布局优化，实现基本农田保护数量不减少，布局更优化，质量有提高。

（3）建设用地

规划要求，按照严控增量、盘活存量、优化结构、提升效率、切实提高建设用地集约利用水平的要求，以 2014 年建设用地规模为基础，保持《河南省土地规划》安排的新增建设用地剩余规模原则上不变，做好与"十四五"规划充分衔接，对"十四五"期间重大发展战略涉及的建设用地予以安排，调整确定 2020 年建设用地控制规模。同时，重点调整建设用地结构，优化土地利用布局，促进形成合理的区域、城乡用地开发利用格局。将《全国调整方案》追加的建设用地规模指标 148.65 万亩（9.91 万公顷），预留 25.50 万亩（1.70 万公顷),主要用于保障"十四五"期间省委省政府新的发展战略实施及其他不可预见的发展需求,将其余123.15万亩(8.21万公顷)追加到18个省辖市。基本思路为:以各省辖市2014年建设用地规模和现行规划建设用地规模指标使用情况为基础,综合考虑资源环境承载能力、经济社会发展水平和"十四五"期间重大发展战略、2010~2014年新增建设用地年度计划指标使用情况,在保持《河南省土地规划》下达各省辖市建设用地规模不减少的基础上,按照保重点、解难题、补不足的原则,将追加建设用地规模指标科学分解下达到各省辖市。《河南省土地规划》确定河南省2020年建设用地规模控制在3 878.40万亩(258.56万公顷)以内,《全国调整方案》追加河南省建设用地规模148.65万亩(9.91万顷),追加后,2020年河南省建设用地规模控制在4 027.05万亩(268.47万公顷)以内。调整后(见表2-5-14),18个省辖市2020年建设用地总规模与2012年衔接后《河南省土地规划》确定的控制规模相比均有不同程度的增加。

表2-5-14 河南省建设用地总规模调整

城市	调整前目标		2014年现状		调整后目标	
	万公顷	万亩	万公顷	万亩	万公顷	万亩
郑州市	20.50	307.50	20.83	312.45	22.87	343.05
开封市	11.27	169.05	11.25	168.75	11.83	177.45
洛阳市	16.44	246.60	17.27	259.05	17.29	259.35
平顶山市	12.29	184.35	12.58	188.70	12.83	192.45
安阳市	11.73	175.95	12.26	183.90	12.33	184.95
鹤壁市	3.51	52.65	3.73	55.95	3.76	56.40
新乡市	14.52	217.80	14.58	218.70	15.12	226.80
焦作市	8.55	128.25	8.69	130.35	8.85	132.75
濮阳市	8.65	129.75	8.59	128.85	9.00	135.00
许昌市	10.29	154.35	10.32	154.80	10.65	159.75
漯河市	5.77	86.55	5.43	81.45	5.99	89.85
三门峡	6.81	102.15	7.03	105.45	7.08	106.20
南阳市	30.19	452.85	30.47	457.05	31.01	465.15
商丘市	20.66	309.90	20.67	310.05	21.17	317.55
信阳市	26.69	400.35	26.31	394.65	27.09	406.35
周口市	20.60	309.00	20.54	308.10	20.99	314.85
驻马店市	22.42	336.30	22.45	336.75	22.83	342.45
济源市	2.84	42.60	2.69	40.35	2.94	44.10
省级机动	4.85	72.75			4.84	72.60
河南省	258.58	3 878.70	255.70	3 835.50	268.47	4 027.05

建设用地结构与布局优化:各省辖市使用追加建设用地规模指标,要合理分解落实,优化结构与布局,严格落实以下要求:一是要因地制宜确定使用方向。城镇工矿用地指标若能满足2020年前需求,原则上不再安排城镇工矿用地,尤其是不再安排中心城区发展用地。对于城镇工矿用地指标使用较快、剩余指标不能满足2020年前用地需求的,可安排城镇工矿用地;对存在用地困难的产业集聚区、中心商务区和特色商业区、城乡一体化示范区等,可以在优化建设用地布局基础上,适当安排追加指标。二是要支持乡镇和农村发展。追加指标要用于解决部分县(市)、乡镇用地指标偏紧的情况,尤其是对原来安排较

少甚至没有安排指标的乡镇等,要根据需要安排追加指标,支持乡村特色产业集群和乡村特色经济发展,助力新农村建设。按照打赢脱贫攻坚战战略部署,追加指标优先支持贫困县加速脱贫。三是要支持新兴产业发展。根据"补短板"要求,追加指标要用于支持文化、旅游等活力不断提升的新兴产业发展,助力河南省经济结构转型和发展水平提升。四是要支持基础设施建设。追加指标要用于支持各级基础设施建设,对已列入"十四五"发展规划但目前难以确定具体选址的,省辖市可适当预留一部分作为机动备用。

(四)土地可持续利用措施

针对上述河南省土地资源开发利用中存在的问题,按照可持续发展原则开发利用土地,今后必须做好以下几个方面的工作:

1. 强化土地利用总体规划自上而下的控制

《河南省土地规划》作为指导河南全省土地利用和管理的纲领性文件,是落实土地宏观调控和土地用途管制、规划城乡建设的重要依据。各级政府要按照本规划确定的约束性指标、结构布局优化原则和有关政策要求,逐级抓好落实,确保上下级规划之间的协调衔接;耕地保有量和基本农田保护面积、建设用地规模等约束性指标纳入各级政府年度考核目标,实行离任审计。涉及耕地保有量和基本农田保护面积、建设用地规模等约束性指标及重大布局调整的土地利用总体规划修改,依法报原批准机关批准。

2. 做好相关规划与土地利用总体规划的衔接

各地区、各部门、各行业编制的城市、村镇、交通、水利、能源、旅游、生态建设等有关规划,要与《河南省土地规划》相衔接,必须符合土地利用总体规划确定的用地规模。依据土地利用总体规划,从严审查各类规划的用地规模和标准,切实落实土地用途管制制度。凡不符合土地利用总体规划的,必须及时调整和修改用地方案,核减用地规模,调整用地布局。

3. 完善耕地保护政策和机制

健全耕地保护的经济激励和约束机制,将土地利用规划中确定的耕地保有量和基本农田保护面积作为确定一般性财政转移支付规模的重要依据之一,实行保护责任与财政补贴相挂钩。健全耕地保护补偿制度,落实对农户保护耕地的直接补贴,充分调动农民保护耕地的积极性与主动性。从严控制非农建设占用耕地特别是优质耕地,严控大中城市无序扩张、乱占耕地。各类项目选址要优先利用存量建设用地、未利用地等非耕地,经过论证确实无法避让耕地的,要严格执行国家发布的各类土地使用标准,提高节约集约程度,减少占用耕地。按照"占一补一、先补后占、占优补优"的原则,从严落实耕地占补平衡数量、质量并重的要求,确保建设占用耕地与补充耕地的数量、质量相当。严格占用和补充耕地质量评定,加强补充耕地质量建设,确保不因建设占用造成耕地质量下降。

4. 健全土地节约集约利用机制

加强建设用地总量和强度双控,强化城乡建设用地规模刚性约束,遏制土地过度开发和建设用地低效利用,提高土地利用效率,倒逼用地方式和发展方式转变。强化城市建设用地开发强度、人均用地指标整体控制,逐步提高各类开发区、产业集聚区亩均投资强度标准和亩均税收标准,促进工业用地节约集约和优化配置,促进城市集约发展。坚持实行征地率、供地率与用地报批相挂钩的政策,着力解决批而未征、征而未供、供而未用问题,推进节约集约用地。全面推进城镇低效用地再开发,完善和拓展城乡建设用地增减挂钩试点,规范推进工矿废弃地复垦利用和低丘缓坡荒滩等未利用地开发利用,结合新农村建设开展村庄整治,控制农村居民点用地规模。

5. 加强规划实施管理机制建设

进一步完善河南省土地利用总体规划编制实施管理办法,建立土地利用总体规划定期评估修改制度,完善规划编制和审批程序,严格规划实施管理,提高规划的科学性和权威性,切实发挥规划的控制和指导作用。完善省、市、县(市)、乡(镇)四级土地规划的动态监管制度,实行专项检查与经常性监督检查相结合,利用卫星遥感等技术手段扩大规划实施情况的监测范围,定期公布各地规划执行情况。

第六节 矿产资源

资源指一国或一定地区内拥有的物力、财力、人力等各种物质的总称。资源可分为自然资源和社会资源两大类。前者包括阳光、空气、水、土地、森林、草原、动物、矿藏等;后者包括人力资源、信息资源以及经过劳动创造的各种物质财富等。对自然资源的看法,历来都是以对人与自然关系的认识为基础,从技术进步和生产力发展的角度来看的。广义的自然资源是指在一定的时间和技术条件下,能够产生经济价值,提高人类当前和未来福利的自然环境因素的总称。狭义的自然资源只包括实物性资源,即在一定社会经济技术条件下能够产生生态价值或经济价值,从而提高人类当前或可预见未来生存质量的天然物质和自然能量的总和。自然资源具有可用性、整体性、变化性、空间分布不均匀性和区域性等特点。

矿产资源,是指经过地质成矿作用形成的,天然赋存于地壳内部或地表、埋藏于地下或出露于地表,呈固态、液态或气态的,并具有开发利用价值的矿物或有用元素的集合体。矿产资源属于非可再生资源,其储量是有限的。目前世界已知的矿产有168种,按其特点和用途,通常分为四类:能源矿产11种,金属矿产59种,非金属矿产92种,水气矿产6种,其中80多种应用较广泛。矿产资源有耗竭性、隐蔽性、分布不均衡性和可变化性的特性。只有当人类充分认识到自己是自然大系统的一部分的时候,才可能真正实现与自然协调发展。而且,也只有当人类把各种资源都看成人与自然这个大系统中的一个子系统,并正确处理这个资源子系统与其他子系统之间的关系时,人类才能高效利用这种资源。

一、河南省矿产资源概况

河南省矿产资源十分丰富。全省已发现矿种143种,查明资源储量的矿种106种,已开发利用的矿种93种。载入《河南省矿产资源储量简表》的矿产地2 557个,其中大型286个,中型397个,小型1 830个,规模未划分44个。

(一)优势矿产

河南省的钼矿、耐火黏土、天然碱、珍珠岩等优势矿种保有资源储量在全国排第一位。其中,钼矿 575.85 万吨,耐火黏土矿 3.03 亿吨,天然碱 1.35 亿吨,珍珠岩 1 亿吨。其他在全国占有重要地位的主要矿产保有资源储量:煤炭 346.58 亿吨,铁矿 20.7 亿吨,铝土矿 10.7 亿吨,金矿(岩金)615.58 吨,银矿(金属量)1.45 万吨,晶质石墨(矿物)888 万吨,岩盐 343.6 亿吨,煤层气 3.17 亿立方米。

(二)资源特点

河南省主要矿产资源集中度高,具有组合优势,适合综合勘查、互补型开发,有利于建立规模化、集约化矿业及矿产品深加工体系。共生、伴生矿产地占矿产地总数的 61%,煤炭、铝土矿等复合矿区较多,矿产资源节约与综合利用前景广阔。

(三)矿山和主要矿种

全省共有各类矿山 2 608 个,其中大型 153 个,中型 256 个。全省固、液体矿石产量总计 31 973 万吨。开采矿种以煤矿、铁矿、铅锌矿、金矿、铝土矿、钼矿、银矿、水泥用灰岩、萤石、建筑石料、矿泉水、地下热水等为主。煤炭开发强度较大,接替建井资源不足;铝土矿露天开采资源不足,开采深度加大;金矿、铅锌矿等浅部矿开采殆尽,多数矿山已出现不同程度的资源危机。

(四)矿山地质环境状况

河南省矿山地质环境治理恢复任务艰巨,矿山开采占用、损坏土地面积 8.11 万公顷,历史遗留及责任人灭失亟待治理矿区面积 2.78 万公顷,其中"三区两线"内 0.47 万公顷。矿山开采尾矿及固体废弃物积存总量 8.67 亿吨,矿坑水等废水、废液年排放总量 48 081 万立方米。

二、河南省主要成矿区

河南省的矿产主要集中于京广铁路以西。内生矿产的空间分布主要受区域性深大断裂带的次级构造、褶皱带和构造岩浆岩带的控制,故区内各成矿系列、成矿亚系列中矿产的分布都与区域构造线方向一致,多呈北西西向展布。而外生矿产的空间分布,则受岩相、古地理、古气候等因素制约,分布于凹陷或断陷构造内。

成矿时代因各种成矿作用发生的时代而异。与岩浆作用有关的内生矿产的成矿时代,主要受岩浆岩演化规律的制约,随时代由老至新而发生由超基性至酸性岩的侵入,故与超基性-基性岩浆岩成矿作用有关的系列矿产成矿时代较早,以嵩阳期、加里东期和华力西期为主;与酸性岩浆岩成矿作用有关的系列内生矿产成矿时代则较晚,以燕山期为主;与中性岩成矿作用有关的系列矿产则形成于加里东期和燕山期;与变质成矿作用有关的矿产主要形成于元古宙;与沉积作用有关的外生矿产主要成矿时代为古生代,其次为第三纪。

华北地台南缘成矿带划分为两部分：台缘凹陷以内是以内生矿产为主的成矿亚带，洛(阳)安(阳)地块是以外生沉积矿产为主的成矿亚带。

秦岭－大别山褶皱系成矿带可划分为北秦岭－桐柏－大别山褶皱带以内生矿产为主的成矿亚带、南秦岭褶皱带北缘以内生矿产为主的成矿亚带和南阳－襄阳凹陷以外生矿产为主的成矿亚带(见图2-6-1)。

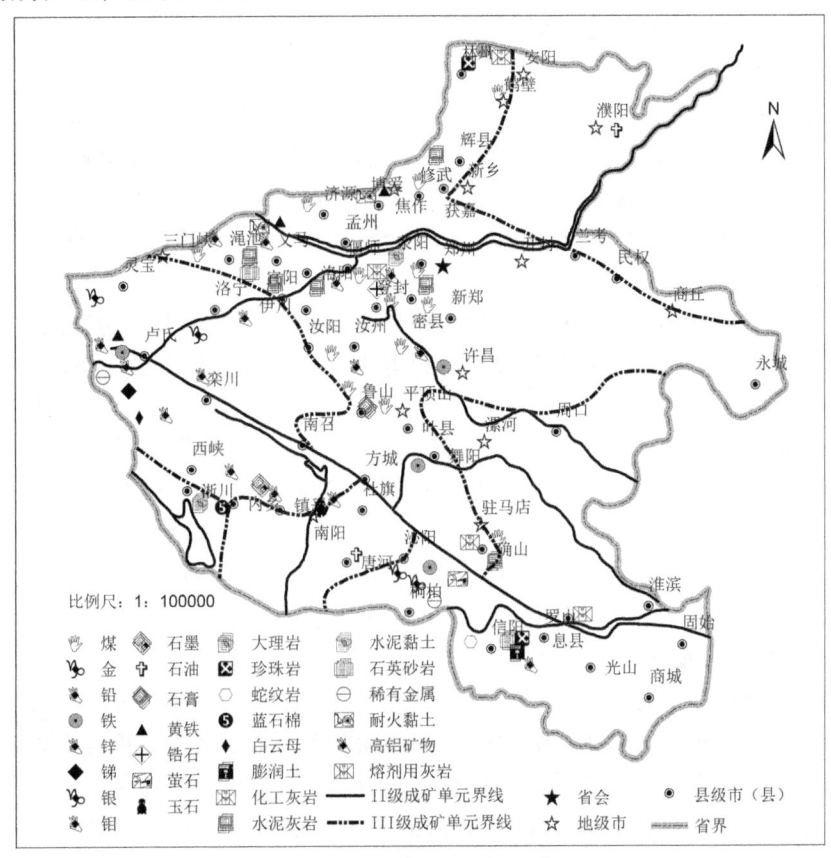

图 2-6-1　河南省主要成矿带分区图

(引自罗铭玖等：《河南省主要矿产的成矿作用及矿床成矿系列》，地质出版社，2000年。)

三、河南省的主要矿产分布

(一) 主要的金属矿产

1. 铁矿的分布

河南省的铁矿主要分布在豫北安阳－林州地区，豫西卢氏－栾川地区，豫中鲁山－舞阳地区和豫南、豫西南桐柏－泌阳一带，豫东永城有少量分布。可作为富矿利用的产地有桐柏县铁山庙、泌阳县条山、安阳县李珍、林州市东冶、济源市铁山河、汝阳县武湾、新安县岱嵋寨和老银洞、渑池县邵山等9处，保有储量3 619.2万吨。其他矿区均为贫矿，储量10.27亿吨。矿石矿物以磁铁矿为主，赤铁矿次之，还有少量褐铁矿、菱铁矿，绝大部分需经选矿后才能利用。河南省铁矿贫矿居多，所以开发利用很少。

河南铁矿成矿类型比较齐全，有沉积变质型（包括火山沉积变质型）、沉积型（包括宣龙式铁矿、山西式铁矿）、矽卡岩型、岩浆型、热液型及风化淋滤型等。成矿时代自晚太古代、元古代、古生代至中生代均有产出。其中以晚太古代的火山－沉积变质铁矿分布最广、储量最多，是河南省铁矿的主要成矿类型。

（1）沉积变质型铁矿

河南有三个主要成矿带：北部为济源－沁阳矿带，中部为登封－许昌矿带，南部为鲁山－舞阳－西平矿带。产地15处，大型铁矿3处，中型铁矿6处，小型铁矿6处。探明储量7.77亿吨，占全省总储量的70.6%，预测远景资源量36.64亿吨，均为贫矿。矿石类型以磁铁矿为主，有少量的赤铁矿，含铁品位20%～35%，硅酸铁和二氧化硅含量高，矿石比较难选。

该类铁矿含矿层位有：舞阳－鲁山地区铁矿分布于太华群中，许昌地区铁矿分布于登封群中，豫北济源－沁阳地区铁矿赋存于林山群中。早元古代嵩山群五指岭组为登封井湾铁矿的赋存层位。

典型矿床如下：

舞阳铁矿，属于沉积变质型矿床，有铁山、石门廊、经山寺、冷岗、小韩庄、前鲁、姚庄、尚庙、岗庙刘、王楼等矿区。其中铁山为该类矿床的典型矿区，含矿层总厚约80米，层位稳定。矿体呈似层状分布，主要矿段为铁古坑和铁山庙两处，可采矿层2～5层，最多10层，单层最厚达30.95米，平均厚度6.58米。两矿段有露采部分，铁古坑矿段露头长1 100米，铁山庙矿段露头长200米。

（2）岩浆型铁矿

该类铁矿主要分布于舞阳八台地区，为舞阳铁矿另一成矿类型。该类铁矿有赵案庄、王道行、余庄、曾庄、下营、苗庄、陈厂等矿区。以赵案庄、王道行两中型矿床为代表，两者储量共9 647.9万吨，占全省该类铁矿储量的85%。矿石平均品位分别为37.44%和35.03%。主要矿物有磁铁矿，矿石类型有蛇纹石磁铁矿、白云石磁铁矿等。伴生有10余种有用元素和矿物，可综合利用，是河南难得的宝贵资源。

（3）矽卡岩型铁矿

该类铁矿主要分布在安阳、林州、卢氏、桐柏、泌阳、永城等地，产地20处，探明储量13 462.3万吨，占全省铁矿总储量的12%。除安阳李珍铁矿、卢氏八宝山铁矿及曲里铁锌铜矿为中型规模外，其他均为小型矿床。

矽卡岩型铁矿主要产于燕山期中酸性小岩体与各时代的碳酸盐类岩石接触带上，亦称接触交代型矿床。矿体规模一般不大，品位较高，矿石以磁铁矿为主，赤铁矿、褐铁矿为辅，易采、易选，有利于开采利用，为目前全省中小型钢铁厂主要矿石来源。

安林铁矿位于太行山东麓南端，即安阳县西部和林州市东部地区，南北长28千米，东西宽21千米，面积600平方千米。区内分布有东冶、石村、东街、晋家庄、李珍、泉门、都里、杨家庄等8个矿田，共38个矿床（体）。

2. 钼矿

河南西部至陕西东部是一个巨型的钼矿成矿带,该矿带以钼矿为主,还伴生有储量可观的钨矿。河南有栾川、雷门沟、夜长坪等钼矿床,矿床成因类型主要是斑岩型。

栾川钼矿床位于栾川县冷水乡,由三道庄、南泥湖、上房等大型矿床构成,储量巨大,达 200 万吨以上,属世界级。嵩县雷门沟和卢氏县夜长坪也是大型钼矿床。另外,栾川县马圈、镇平县揪树湾、罗山县涩港也有中小型钼矿床。

栾川钼矿的花岗斑岩小岩体及其蚀变围岩均可形成钼矿床,但矿化度和类型有明显差异。矿体在岩体内小而贫,在蚀变围岩中大而富,即矿体绝大部分在蚀变围岩中。矿石类型因各矿床岩体围岩性质不同而异,矽卡岩型矿石是三道庄和上房两个矿床主要矿石类型,黑云长英角岩型矿石是南泥湖矿床主要矿石类型。三道庄和南泥湖两矿床相连,矿体形态简单,呈层状、似层状,走向西北－东南,倾向南西,倾角缓,主矿体长 2 400 米,宽 200 米,平均厚 144.13 米。

3. 铝土矿

河南省铝土矿产地位于以郑州、三门峡、平顶山三市为顶点所围成的三角地带,包括 22 个市、县。全省探明铝土矿储量产地有 30 多处,储量居全国前列。河南铝土矿主要为赋存于中石炭统本溪组中上部的水硬铝石型沉积矿床。

河南省铝土矿可分为渑池－新安、偃师－巩义、登封－禹州、宝丰－鲁山 4 个矿带。渑池－新安矿带中有曹瑶、张窑院、贾家洼、贾沟、石寺、焦地、马行沟等大中型矿床,是河南省储量最多、质量最佳的矿带,探明储量占全省的 50%。偃师－巩义矿带中有夹沟、竹林沟、茶店、水头、钟岭等大中型矿床,是河南省最早发现、勘探和建厂开发的矿带,探明储量占全省的 29%。登封－禹州矿带有大冶、王村、岳窑、平陌、方山等中型矿床,已探明储量占全省的 15%。宝丰－鲁山矿带是本省偏南的铝土矿矿带,该矿带规模最小。

铝土矿是河南优势矿种,储量居全国前列,且埋藏浅,大量矿体露于地表,水文地质条件比较简单,紧邻陇海、京广、焦枝等铁路线,因此已经大规模开采。

(二) 主要的非金属矿产

1. 天然碱

河南省已发现的天然碱矿床均位于桐柏县境内,有吴城和安棚 2 处,均为内陆湖泊相沉积矿床。

吴城天然碱矿赋存于下第三系五里墩组内,埋深 642～974 米,呈多层状产出,分为下部碱矿段和上部盐碱矿段。下部碱矿段有 15 层矿,上部盐碱矿段有 21 层矿,总计 36 层矿。下部碱矿段碳酸钠含量 54.90%,氯化钠含量 0.3%。上部盐碱矿段碳酸钠含量 33.96%,氯化钠含量 45.55%。该矿成分简单,有害元素含量均低于允许含量。该矿于 1970 年 11 月发现,是河南所发现的第一个古天然碱矿床,探明天然碱(碳酸钠)水采储量 3 648 万吨,岩盐(氯化钠)水采储量 1 769 万吨。

安棚天然碱矿赋存于下第三系核桃园组内,埋深 1 300～2 200 米,亦呈多层状产出。碱矿呈两种状态,一种是固体碱矿层,一种是高浓度富碱卤水,矿物成分以碳酸氢钠($NaHCO_3$)为主,碳酸钠次之。大于 0.6 米固体碱矿有 17 层,矿石($NaHCO_3 + Na_2CO_3$)

品位93.38%,探明储量4 849万吨,为河南乃至我国目前最大的天然碱矿床。

桐柏吴城和安棚2个天然碱矿总储量居全国第1位,是河南重要的优势矿产之一。

2. 耐火黏土

河南省耐火黏土储量大、品种全、质量好,是河南省的优势矿产,其储量与产量均居全国第2位。

耐火黏土是指由高岭石、水铝石、叶蜡石、水云母等矿物组成,耐火度大于1 580 ℃的黏土。耐火黏土是冶金工业重要辅助原料,在河南省分布广、储量大、品种齐全。河南省耐火黏土依其理化性能、矿石特征分为高铝黏土、硬质黏土和软质黏土。

河南耐火黏土分布在豫西、豫北和豫中的焦作、郑州、洛阳、三门峡、平顶山、许昌6市的15个县(市)境内。目前已探明的耐火黏土产地41处,其中大型矿床5处,中型矿床24处。河南耐火黏土矿质量优良,具有Al_2O_3含量高(一般为60%～70%)、Fe_2O_3含量低(一般小于2.5%)、烧失量较小的特点。如巩义涉村、宝丰边庄、陕州杜家沟、渑池贾家洼等矿区,高铝黏土质量均可达特级品或一级品要求。全省矿石品级多为一级品或二级品,两者共占矿石总量的81.47%。

河南耐火黏土矿均为沉积型矿床,有2个含矿层位,即石炭系本溪组和二叠系上石盒子组。本溪组的黏土,占总储量的96%;上石盒子组耐火黏土仅在鲁山县梁洼矿区探得储量,占全省总储量的4%。

耐火黏土成矿带:

(1) 焦作－沁阳耐火黏土矿带

探明产地14处,主要有焦作大洼、上白作、磨石坡、寺岭、西张庄、上刘庄,以及修武县洼村、博爱县茶棚、沁阳市常平等矿床。其中修武－焦作一带以软质黏土为主,硬质黏土次之,有少量的高铝黏土;焦作－博爱一带以硬质黏土为主,其次为软质黏土;沁阳一带则以高铝黏土为主,有少量的硬质黏土。

(2) 新安－三门峡矿带

探明产地13处,主要有新安县张窑院、贾沟、竹园口、石寺、郁山、马行沟,三门峡市七里沟,渑池县焦地、曹窑、贾家洼及陕州杜家沟矿区。

(3) 巩义－登封矿带

探明产地9处,主要有巩义茶店、水头、涉村,登封王村、庄头及新密平陌矿区。

(4) 禹州－平顶山矿带

探明产地5处,主要有宝丰边庄、鲁山梁洼及禹州苌庄、鸿畅等矿区。矿石类型多为高铝黏土和硬质黏土,质量较好。

3. 石墨

石墨是河南省较具优势的矿产之一,主要分布在豫西南和豫西山区,资源量较大,找矿前景广阔。河南石墨储量居全国第3位,当前已查明储量的石墨矿产地有3处,即西峡县横岭、镇平县小岔沟和淅川县小陡岭。这3处石墨矿都是大型矿床,也都是区域变质作用生成的品质石墨矿床。

西峡县横岭石墨矿,赋存在元古代地层中,储量154万吨,矿石平均含固定碳8.13%。镇平县小岔沟石墨矿,赋存在震旦纪地层中,储量318.1万吨,矿石主要为方解石品质石墨片岩,平均含固定碳4.53%。淅川县小陡岭石墨矿,赋存在元古代地层中,储量273.5万吨,矿石有石墨片岩和石墨(斜长)片麻岩类型,平均含固定碳8.31%。

石墨是一种特殊的非金属矿物,兼有金属的导电、导热性能,还具有润滑、涂敷、耐高温、耐腐蚀、可塑、化学性质稳定等优良性能,因此被广泛应用于冶金、化工、国防、轻工、食品等工业。

石墨矿的开发在河南已有相当规模,全省已建各类石墨采、选企业上百家,年产石墨精矿上万吨及各种规格的石墨产品4万吨,产品畅销国内外,供不应求。今后应大力进行石墨矿的勘查与开发,将河南石墨矿产的资源优势迅速转化为经济优势。

四、河南省矿产开发面临的问题及其对策

河南省矿产资源开发急需解决的问题主要表现在:非常规能源和战略性新兴产业矿产勘查开发滞后;煤炭、钼矿等优势矿业调结构、去产能压力较大;金矿、铝土矿、铅锌矿、萤石等重要矿产后备资源不足,保障程度低;部分地区存在矿山布局散、规模小、开采方式粗放等现象;共伴生资源、尾矿资源节约与综合利用水平尚有较大提升空间;历史遗留矿山地质环境问题突出,恢复治理任务艰巨;公益性地质调查社会化服务亟待加强。

总体看来,河南省正处于矿产资源勘查开发利用方向调整、矿业结构优化、转型升级和绿色发展的关键阶段。矿业结构性改革成为当前紧迫的战略任务,加快发展方式转变、提高发展质量和效益成为河南省矿业发展的重中之重。河南省必须抓住战略机遇,改革创新,攻坚克难,着力强化规划管控,深化矿产资源管理改革,加强矿产资源节约与综合利用,大力发展绿色矿山和绿色矿业,推动资源有效供给和保障能力提升、矿业结构优化、资源绿色高效利用迈上新台阶,努力开创矿产资源勘查、开发、保护、绿色协调发展新格局。

第三章 人口发展史

人口是一切社会经济、政治、文化活动的主体,正所谓"邦畿千里,维民所止",人口对于一个国家或区域的重要性是不言而喻的。特定时期人口的数量、分布和变迁在很大程度上取决于自然环境及其变化,还受到人口迁移、生产活动、人口政策、战争等因素的影响。古代文献中没有今天意义上的"人口"一词,"人"与"口"单独使用,各自有自己的含义,如当作"人"或"人口"解释时,它们的含义大致相同。

一般认为,将"人口"作为一个词组使用,最早见于《汉书·王莽传》:"羌豪良愿等种,人口可万二千人。"葛剑雄先生认为其中有误,他认为将"人口"作为一个词组,并且赋予人群的含义,最早的文献记载应为江统的《徙戎论》:"今五部之众,户至数万,人口之盛,过于西戎。"这里"人口"一词与现代意义上的"人口"已经很接近。

现代意义上的人口地理学是人文地理学中的一门分支学科,是介于地理学、人口学、社会学、经济学等学科间的一门学科。作为《河南地理》的重要组成部分,本章重点以人口为中心,需要关注的问题很多,如省内人口与资源、环境经济的内在联系,河南省域不同时期人口数量、质量、分布、增长、迁移、流动与国民经济发展的规模、速度的相互关系,省内城乡人口迁移、劳动力转移及城镇化的规模、速度、途径和城镇人口合理布局等问题,同时又有所侧重,本章就省内历史时期和1949年以后人口发展作了简要的描述,并对人口构成和人口分布作了较详细的分析。

第一节 人口的数量与增长

一、历史时期人口发展简况

据考古发现,早在50万年以前,在现今河南的西部、西南部就有我们的先祖繁衍生息,并创造了中华民族的古代文明。根据1978年8月在河南省南召县云阳镇杏花山下发现的猿人臼齿化石判断,云阳猿人大致与北京猿人的时代相当,地质年代均为第四纪更新世中期,距今约50万年左右。河南省的旧石器时代遗址相当广泛地存在,如三门峡水沟、会兴沟,南召小空山、杏花山,陕州张家湾,灵宝谢家坡,许昌灵井,安阳小南海,荥阳织金洞等,此外在南阳盆地的淅川,西峡赵营、莲花寺岗、冢岗、土门、水沟岭、西沟岗、龙头沟、大沟口和镇平叶弯、石羊岗等地,在内乡马山口、镇平八里庙等地,都发现有旧石器时代遗址。

到了距今大约六七千年的新石器时代,河南已成为中华民族活动的中心地域之一。新石器时代早期的仰韶文化遗址和晚期的龙山文化遗址有1000多处,遍布现今京广线以西河南境内的广大地区。其中有些是我国远古时代文化的代表,如裴李岗文化因河南新郑市的裴李岗而得名,这也是迄今为止在中原地区发现的年代最早的一处新石器时代的文化遗址;而著名的仰韶文化则是因河南渑池县仰韶村而得名。

原始氏族解体后,人类社会进入阶级社会。在整个奴隶制社会,河南一直是我国的政治、经济中心。据史料记载,奴隶制社会的第一个王朝——夏朝的帝都大多建在河南境内,其中最早的夏都阳城就位于河南登封市境内。夏朝有代表性的二里头文化亦因偃师市二里头而得名。商王朝建立后,虽然历史上曾多次迁都,但大都在河南境内。尤其是自成汤至盘庚6次迁都,均在郑州、安阳等地,至今郑州和安阳等地还保存有大量的商代遗址。据此可以推断,远在奴隶制初期,河南就已成为我国人口的集中分布区。周代初期,全国约有封国1000多个,仅河南境内就有100多个。东周建立,定都洛阳,河南又成为全国政治、经济中心,人口相当稠密,尤其是伊洛河平原、南阳盆地、东北部平原是人口最稠密区。到了战国时期,河南东部平原得到了进一步开发,今开封、商丘、淮阳等地已成为全国著名的经济大都会。当时"东贾齐鲁,南贾梁楚",商业兴盛,人口集中,这种形势一直延续到西汉。

在整个漫长的封建社会,河南总体上是我国人口最多、最稠密的地区之一。据史料统计,从西汉至清代的近2000年间,河南人口虽几经变化,显示出明显的波动性,但大体上经历了4个人口增加时期,即两汉时期,隋唐时期,两宋时期,元、明、清时期。在前两个人口增加期中,河南人口大体占全国总人口的1/5。后两个人口增加时期,由于南方经济的开发,政治、经济中心的东移南迁,长安—洛阳—开封一线作为京都的客观条件已不复存在,河南人口占全国人口的比重虽有所下降,大体维持在7%左右,但人口的绝对数量增加较快,至清末人口已达2600万人,较西汉时期增加1倍,从而奠定了新中国成立初期河南的人口基数。辛亥革命到新中国成立初期,河南人口总数明显增加,人口模式基本上属于高出生率-高死亡率-低自然增长率的原始型。但由于战争、自然灾害和黄河的决口泛滥,人口的流动性较大。到1947年河南人口大致有3000万人左右,排在四川、山东、江苏、安徽、湖北、湖南、河北7省之后。1948年河南全省基本解放,多年流离在外的人口大量返回家园,加上人口自然增长较快,到1949年河南统计人口已达4174万人,占全国总人口的7.7%,仅次于四川和山东,成为我国第三人口大省。

1949年以来,河南人口依然保持着较快增长,在人口总量上稳居全国前列。根据有关统计资料,1953年末,河南省人口总量为4424万人,占全国的7.4%,居全国第3位,仅次于四川和山东省;1964年末,全省人口总量增加到5099万人,占全国的7.0%,仍居全国第3位;1982年末,全省总人口增长到7519万人,占全国的7.2%,超过了山东省,上升至全国第二人口大省;1989年末,全省人口总量达到8491万人,占全国的7.53%,在全国仍然排在第2位;2000年末,河南省人口总量增加到9488万人,占全国人口的7.49%,由于重庆直辖市的设立,河南人口总数超越四川省,上升为全国第1位。

综上所述,从河南人口的历史演变过程可以看出,河南人口的发展过程有两个突出特点:一是开发时间早,人类居住的历史悠久;二是尽管人口的发展过程具有波动性,但人口的绝对量增长较快,人口数在全国长期居于突出地位。

二、1949年以来人口的阶段性变化

新中国成立以来,河南人口总量由1949年末的4 174万人增加到2019年末的10 952万人(一般而言,对人口数的统计有常住人口和户籍人口两种口径,人口普查时都按常住人口的口径,而统计部门年鉴使用的是户籍人口的口径,亦即通常说的年底人口数),70年间增加了6 778万人(见表3-1-1),与新中国成立初期相比,翻倍有余。这期间河南人口数量的增长速度时有变化,但总体趋势是增加的。总体来看,河南省人口自然增长变动情况大致经历了三次高峰和三次低谷,形成了"三起三落"的6阶段发展模式(见图3-1-1),目前正在经历最新一个阶段,又可以进一步划分三个小阶段。

表3-1-1 新中国成立以来河南省人口数与人口自然变动情况

年份	人口数/万人	出生人数/万人	出生率/‰	死亡人数/万人	死亡率/‰	自然增长人数/万人	自然增长率/‰
1950	4 282	96	22.4	—	—	—	—
1952	4 371	130	29.71	—	—	—	—
1954	4 560	186	41.49	60	13.32	126	28.17
1956	4 733	168	35.85	66	14.00	102	21.85
1958	4 943	162	33.15	62	12.69	100	20.46
1960	4 818	68	13.98	193	39.56	−125	−25.58
1962	4 940	183	37.50	39	8.04	144	29.46
1964	5 099	182	35.84	54	10.60	128	25.24
1966	5 386	191	36.04	44	8.24	147	27.80
1968	5 665	202	36.20	44	7.91	158	28.29
1970	6 026	211	35.54	45	7.61	166	27.93
1972	6 344	202	32.21	45	7.17	157	25.04
1974	6 647	184	28.02	49	7.44	135	20.58
1976	6 852	149	21.74	49	7.18	100	14.56
1978	7 067	154	21.92	44	6.30	110	15.62
1980	7 285	145	20.00	46	6.32	99	13.68
1982	7 519	153	20.62	46	6.21	107	14.41
1984	7 737	145	18.89	48	6.26	97	12.63
1986	7 985	214	25.95	48	5.83	166	20.12
1988	8 491	187	23.65	51	6.44	136	17.21
1990	8 649	214	24.92	56	6.52	158	18.40
1992	8 861	159	18.13	61	6.99	98	11.14
1994	9 027	138	13.36	57	6.34	81	7.02
1996	9 172	130	14.28	58	6.44	72	7.84
1998	9 315	132	14.17	59	6.37	73	7.80
2000	9 488	123	13.07	56	5.93	67	7.14

续表

年份	人口数 /万人	出生人数 /万人	出生率 /‰	死亡人数 /万人	死亡率 /‰	自然增长人数 /万人	自然增长率 /‰
2001	9 555		13.20		6.26		6.94
2002	9 613		12.41		6.38		6.03
2003	9 667		12.10		6.46		5.64
2004	9 717		11.67		6.47		5.20
2005	9 768		11.55		6.30		5.25
2006	9 820		11.59		6.27		5.32
2007	9 869		11.30		6.30		5.00
2008	9 918		11.42		6.45		4.97
2009	9 967		11.45		6.46		4.99
2010	10 437		11.52		6.57		4.95
2011	10 489		11.56		6.62		4.94
2012	10 543		11.87		6.71		5.16
2013	10 601		12.27		6.76		5.51
2014	10 662		12.80		7.02		5.78
2015	10 722		12.70		7.05		5.65
2016	10 788		13.26		7.11		6.15
2017	10 853		12.95		6.97		5.98
2018	10 906		11.72		6.80		4.92
2019	10 952		11.02		6.84		4.18

(注:2000年后,侧重分析人口自然增长率,因此出生人数、死亡人数、自然增长人数没列入表内。)

(资料来源:河南省统计局编,《2020河南统计年鉴》。)

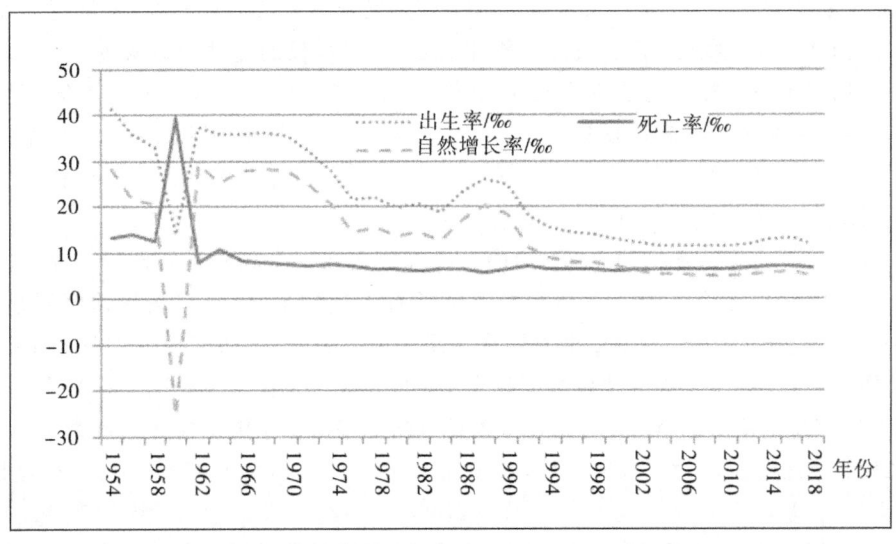

图 3-1-1 新中国成立以来河南省人口自然变动情况

(资料来源:河南省统计局编,《2020河南统计年鉴》。)

1949~1958年，从战乱的阴霾中走出，百废俱兴，迎来了河南人口发展的第一个高峰期，年均出生人口数在100万人以上，最多时的1954年出生人数达到186万人。人口出生率大幅度上升，人口自然增长率也大幅度提高，第一个五年计划期间年均人口自然增长率在20‰以上。1958年末，全省总人口由1949年的4 174万人增加到4 943万人，9年共增加769万人，平均每年增加约85万人。

1959~1961年，由于三年困难时期和其他因素，河南省出现了人口发展的第一个低谷。其间即使每年的出生人数都不少，但由于死亡人口多，造成人口增长速度急剧下降，甚至是负增长。在最低谷的1960年，全省人口死亡率达39.56‰，导致人口自然增长率出现了-25.58‰的负增长，形成了新中国成立后河南人口发展过程中的第一个低谷。到1961年末全省总人口由1958年的4 943万人下降到4 803万人，3年共减少140万人。

1962~1973年，是河南人口发展的第三个阶段，也是人口超速发展阶段。由于前一个时期的低生育情况，这期间补偿生育效果显著，河南省累计出生2 393万人，平均每年出生199万人。同期人口出生率由1961年的15.25‰上升到1962年的37.50‰，1963年又继续上升到45.08‰。这一时期人口出生率多维持在30‰以上的高水平，人口死亡率维持在7‰~8‰，出生率的上升和死亡率的下降导致了人口发展的提速，人口自然增长率也保持在相对高水平，平均自然增长率为27.65‰，人口总量迅速增长，1970年突破6 000万人，1973年达到6 517万人，形成了河南省新中国成立以来人口发展的第二个高峰期，也是最高和持续时间最长的一个高峰期。

人口的增长受到多种因素的影响，因此不可能一直高位运行。接下来的11年间是河南人口发展的第二个相对低谷时期，育龄人口相对减少以及高强度、大规模的计划生育政策使人口增长减速，人口自然增长率几乎减半。这一时期人口自然增长率一直稳定在15‰左右，各个年份的出生人数在150万人左右，死亡人数则相对稳定在50万人左右。到1984年末全省总人口7 737万人，11年间自然增长人口1 200万人，平均每年增加约109万人，年平均自然增长率14.17‰；相比而言，人口增长的速度明显减缓。

在经历了上一个相对低谷时期后的1985~1991年，是河南人口发展的第三个高峰期，人口增长又迎来一个高速发展阶段。人口出生率攀升至20‰以上，而死亡率没有明显的变化，人口自然增长率因此迅速上升，1987~1989年都在20‰左右，全省总人口由1984年末的7 737万人增加到1991年末的8 763万人。

1992年以来，直至跨入21世纪，河南人口发展进入一个相对低谷时期。从1992起，河南人口出生水平无论是绝对量还是相对量都有明显的下降，人口发展速度明显降低。1992年出生率为18.13‰，1994年出生率降至13.36‰，并长期维持在10‰~15‰。自然增长率相应地由1992年的两位数下降至1994年的一位数，21世纪的前20年，自然增长率徘徊在5‰左右。近年，河南省人口数量不断下降：2020年末常住人口为9 941.2万人；2021年末常住人口为9 883.0万人；2022年末常住人口为9 872.0万人，居全国第3位。

人口发展阶段只是相对的。1992年以后，由于统计数据更加全面，人口政策、老龄化、育儿意愿、婚姻挤压等问题交织，人口问题更加复杂，在整体的低谷期内，又可以进行进一步的划分。

在1992年以后的低谷期,明显可以细分为3个小的阶段。

1992～2011年是河南人口发展的第三个相对低谷时期的平稳期。河南省委未完成"七五"计划制定的人口目标,继续采取人口严控政策,同时,随着现代化的推进,生产方式、生活方式、城镇化等因素使得人们的生育观念逐渐改变,生育意愿基本稳定,计划生育的阻力逐渐减小,出生率、死亡率和自然增长率维持在低位,并平稳运行,一些矛盾和隐含的问题逐渐凸显,不少专家学者开始呼吁适当修正计划生育政策。

2012～2018年,随着生育政策的改变,河南人口发展进入缓慢增长阶段。从双独二孩政策到单独二孩政策,再到全面二孩政策,河南省与国家政策保持一致,积极开展应对人口老龄化行动,人口又有缓慢增长,但明显低于预期。

2018年以后,人口自然增长率逐步下降,再次进入低谷区。人口政策的改变并未实现预期增长,出生人口数和人口出生率不断创新低。被压制的有生育意愿的适龄人口在短期内生育释放后,后续乏力,加之老龄化问题和一些突发公共卫生事件、疫情传播等,死亡率超过出生率只是个时间问题,快速进入人口负增长阶段。2022年,河南人口的自然增长率为-0.08‰,自1961年后首次出现负增长。

河南省人口问题只是中国人口问题的缩影。未来,面对预计带来的人口问题,需要在婚育观念、育儿服务、教育、住房等方面探索前进,以适应人口负增长和区域经济发展的需要。

三、影响人口发展的主要因素

任何事物都不孤立存在的,人口的发展亦是如此。影响人口发展的因素很多,大致说来有国家政策、社会经济发展、文化传统、宗教信仰等。其中最主要的是社会经济条件、人口与计划生育政策两方面的因素。从1949年以来河南省人口发展的历程看,不同阶段的主导因素有所不同,20世纪70年代以前,河南省人口发展主要受社会经济发展的影响;20世纪70年代以后则主要受人口与计划生育政策的影响;进入新世纪后,国家政策和社会经济发展共同对人口发展发挥着作用。

(一)政策因素

中国的人口与计划生育工作早在20世纪50年代就已经开始,这一时期,国家明确提出了节制生育的思想,学术界也开始了对人口问题的研究。1962年12月中共中央、国务院为此发出了《关于认真提倡计划生育的指示》,规定:"在城市和人口稠密的农村提倡节制生育,适当控制人口自然增长率,使生育问题由毫无计划的状态逐步走向有计划的状态。"这一时期,河南省也开始把节育工作提上日程,并印发了《关于提倡计划生育和晚婚的几个具体问题的通知》,同时设立了计划生育办公室,省卫生厅也印发了《关于进一步开展节育工作的通知》,等等。但由于"左"倾思想的干扰,错误地批判了节制人口的理论,加上1966年开始了"文化大革命",使刚建立的人口机构陷于瘫痪,刚刚开始的人口控制工作又被迫停顿,人口继续沿着原有自发的、无节制的轨道发展。人口与计划生育政策对人口发展的影响在这一时期并未收到明显的效果。

20世纪70年代初,国家的人口与计划生育政策初步形成并开始贯彻执行,特别是1973年后,人口与计划生育工作逐步走上正轨,并成立了专门的机构统一负责。在此背景下,河南省各级政府也都普遍建立了负责人口与计划生育的专门机构,认真贯彻了"晚、稀、少"的人口与计划生育政策,并将人口与计划生育指标纳入社会经济发展规划,人口与计划生育工作在城乡普遍开展,人口与计划生育政策对人口发展的影响开始显现。统计数据显示,河南省人口自然增长率由1973年的24.20‰下降到1977年的14.36‰,人口增长的速度明显减缓。20世纪70年代后期,国家的人口与计划生育政策日臻完善,人口自然增长速度也大大降低,形成了新中国成立以来河南省人口发展的第二个低谷。20世纪80年代中后期,由于国家在人口与计划生育工作中"开小口,堵大口",河南人口发展也和全国一样又进入一个相对的高速发展阶段,人口出生率有很大的回升,而死亡率则仍保持下降的态势,由此导致了人口自然增长率上升,1986年人口自然增长率为20.12‰,1987年为19.90‰,1988年为17.21‰,1989年为20.75‰,1990年为18.40‰,人口发展出现了第三次高峰。

1990第四次人口普查时,河南省总人口已达8553万人,年底户籍人口已达到8649万人,大大超出了"七五"计划制定的到1990年全省人口不突破8123万人的目标。第四次人口普查反映出来的河南省严峻的人口形势促使省委痛下决心,采取严格控制人口的政策,并在1991年提出了"一高一低"(经济增长速度高于全国平均水平,人口自然增长率低于全国平均水平)的河南社会经济发展总体战略目标,明确要求人口发展速度要低于全国平均水平。在此背景下,全省的人口与计划生育工作逐步加强,人口出生率逐年下降,1992年下降到18.13‰,1995年下降到14.41‰,2000年下降到13.07‰;人口自然增长率也逐年下降,1992年下降到11.14‰,1995年下降到8.13‰,2000年下降到7.14‰,初步实现了人口再生产类型的转变,2000年末,全省人口总数为9488万/人。随后,国家人口政策逐渐调整,生育政策日趋宽松,自然增长率时有波动,但总体平稳。据第七次全国人口普查,至2020年11月1日零时,河南省常住人口共9936.6万人,占全国人口的7.04%,位居全国第3位。与2010年第六次人口普查的9402.4万人相比,增加534.2万人,增长5.68%。河南省人口十年来继续保持平稳增长态势。

由以上分析可以看出,社会经济条件的变化和人口与计划生育政策是影响河南人口发展的最主要因素,特别是人口与计划生育政策,什么时候人口与计划生育政策执行较严,什么时候的人口发展速度就降低;什么时候人口与计划生育政策有所放松,则人口发展速度就有所回升。可见,稳定现行的人口与计划生育政策是确保全省人口与社会、经济、资源、环境协调发展与可持续发展的关键。

(二)经济因素

经济因素是人口发展的决定性因素。从中国和河南人口发展的历史来看,社会稳定、经济发展,人口数量就大幅度增加,人口发展就十分迅速。前面已经提到,新中国成立以来,河南人口大致经历了以下几个发展阶段,而每个阶段体现出的人口发展特征都与当时的社会经济条件密切相关。

1949~1958年,是河南省人口发展的第一个高峰期。这一时期,随着新中国的成立,全省的国民经济得到迅速恢复和发展,社会安定,人民生活逐步改善,医疗卫生事业也得到长足的发展。在此经济发展背景下,人口的死亡率大幅度下降,而出生率则由于社会经济条件的好转,补偿性出生大量增加,造成出生率的大幅度上升,人口增长速度明显加快,并形成了全省第一次人口出生高峰。

1959~1961年,即三年困难时期,河南尤为严重,加之其他一些外部条件恶化,经济发展受挫,生活困顿,造成大量人口的非正常死亡,人口死亡率大幅度上升,1960年全省人口死亡率高达39.56‰,而人口出生率也由于经济困难的影响而大大降低,出生率的下降和死亡率的上升,导致人口自然增长率下降,并出现了-25.58‰的非正常负增长,形成了河南省人口发展的第一个较大幅度的低谷。

1962~1973年,由于三年经济困难过后,国民经济开始好转并快速发展,补偿性生育促使人口出生率陡然上升,同时死亡率也随着经济的好转、人民生活的恢复和提高而逐步下降,带动了自然增长率的大幅度上升,促成了第二次人口出生高峰的到来,也形成了河南省人口发展的第二个高峰。

20世纪70年代中期以后,经济发展对人口发展的影响程度逐渐减弱。

第二节 人口的构成

人口结构,又称人口构成,是按照人口的标志研究一定地区、一定时点的人口内部结构及其比例关系。研究人口构成的指标有很多,如年龄、性别、居住地、民族、阶级、宗教信仰、文化程度、婚姻状况、行业和职业等。人口构成按其性质大体可分为三大类:第一,人口自然结构,包括人口的性别结构、年龄结构、人种结构等,它是人口自然属性的反映,是最基本的一种结构;第二,人口地域结构,包括人口的自然地域结构、行政区域结构等;第三,人口社会经济结构,包括人口的阶级结构、民族结构、宗教结构、语言结构、文化教育结构、劳动力资源结构、婚姻家庭结构以及在业人口的行业与职业结构等。对人口结构的研究主要看研究目的,最常用的是人口的年龄结构、性别结构、地域结构和劳动力资源结构。

下面主要从年龄结构上对河南省近年来的人口结构进行分析。

一、老年型人口年龄结构特征突出

人口年龄结构是指各年龄组人口在总人口中所占的比重及其相互关系。

通常按照一定的划分标准,把人口年龄结构划分为三种类型:年轻型、成年型、老年型。第五次人口普查汇总资料表明,截至2000年11月1日零时,河南65岁及以上人口为644万人,占总人口的6.96%;0~14岁少年儿童人口为2401万人,占总人口的25.94%;老少比(也叫老龄化指数,即65岁及以上老年人口与0~14岁少年儿童人口之比)为26.82%;按通用的人口年龄构成类型划分标准,河南人口年龄结构1990年为成年型,2000年已进入老年型。据2022年5月河南省统计局发布的人口发展报告,2021年河南省65岁及以上人口为1 383万人,占常住人口的比重为13.99%。

(一)老龄化的时间变化

2000年第五次全国人口普查,河南省人口年龄中位数为30.04岁;全省人口平均年龄为31.72岁;全省人口平均预期寿命为72.82岁,其中男性为70.95岁,女性为74.67岁;全省百岁以上老寿星有1 130人。据2020年第七次全国人口普查,全省常住人口中,0~14岁人口为2 299万人,占23.14%;15~59岁人口为5 841万人,占58.78%;60岁及以上人口为1 796万人,占18.08%,其中65岁及以上人口为1 340万人,占13.49%。与2010年第六次全国人口普查相比,0~14岁人口的比重上升2.14个百分点,15~59岁人口的比重下降7.49个百分点,60岁及以上人口的比重上升5.35个百分点,65岁及以上人口的比重上升5.13个百分点(见表3-2-1)。

表3-2-1 人口年龄结构类型划分标准及河南人口年龄构成情况

人口系数	划分标准			河南人口年龄构成				
	年轻型	成年型	老年型	2000年	2009年	2014年	2019年	2020年
65岁及以上人口比重/%	<5	5~10	>10	7.10	8.8	9.4	11.2	13.49
0~14岁少年儿童比重/%	>40	30~40	<30	25.89	19.3	21.2	21.3	23.14
老少比/%	<15	15~30	>30	27.44	45.95	44.20	52.58	58.30
年龄中位数/岁	<20	20~30	>30	30.04	36.54	35.63	36.20	

(资料来源:《河南省2000年人口普查资料》,河南人民出版社,2003年;国务院人口普查办公室,《中国2000年人口普查资料》,中国统计出版社,2002年;河南省统计局、河南省第七次全国人口普查领导小组办公室,《河南省第七次全国人口普查公报》。)

人口的年龄构成及其变化,可以用按每个年龄人口占总人口的比重绘制的人口年龄金字塔直观地表现出来。

2009年人口年龄金字塔,明显地反映了社会条件的变化及人口出生高峰和低谷的周期作用对人口年龄构成的影响,反映出进入21世纪以后,由于计划生育工作的持续开展,人口过快增长的势头逐步得到了控制。2009年河南省人口年龄金字塔很不规则,各邻近年龄间的扩张和收缩十分明显,即相邻年龄的人口数差异较大,金字塔呈现出参差不齐的纺锤形,客观地反映这一时期河南人口发展所经历的出生高峰期与低谷期。2009年金字塔底部的3个年龄组收缩,14岁以下人口数少,这是由对应的婚育人口年龄组的人口基数较少造成的。40~44岁年龄组明显扩张,说明进入婚育和生育旺盛期的人口数有较大幅度的减少,预示着未来人口增速放缓、老龄化趋势进一步扩大的可能性(见图3-2-1)。

2014年人口年龄金字塔底部开始展宽,这反映了从2010~2014年全省每年出生人口有增加的趋势,5~9岁和0~4岁人口占总人口的比重有所提高。这主要是因为该时期婚龄人口基数大,加之人口政策的调整所带来的影响:2011年11月"双独二孩"政策在全国推开,2013年12月"单独二孩"政策顺利落地。即使如此,全省人口在这一时期保持了较低的出生水平和增长水平(见图3-2-2)。

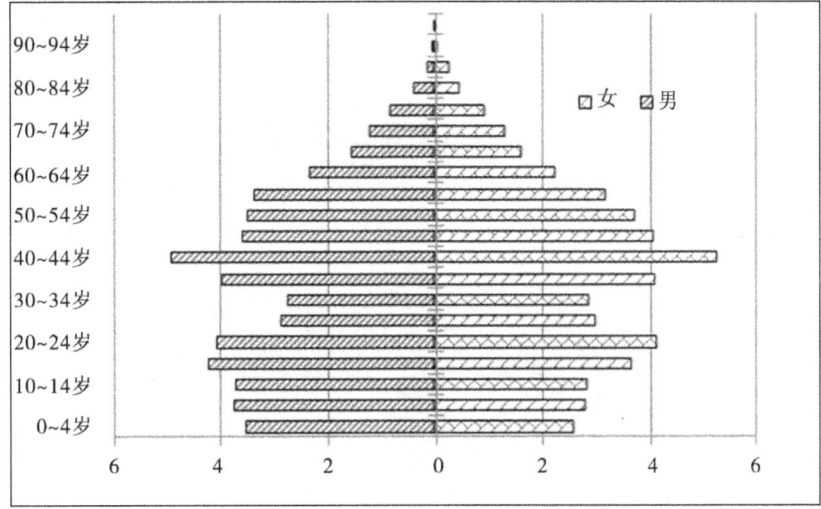

图 3-2-1 河南省 2009 年人口年龄金字塔

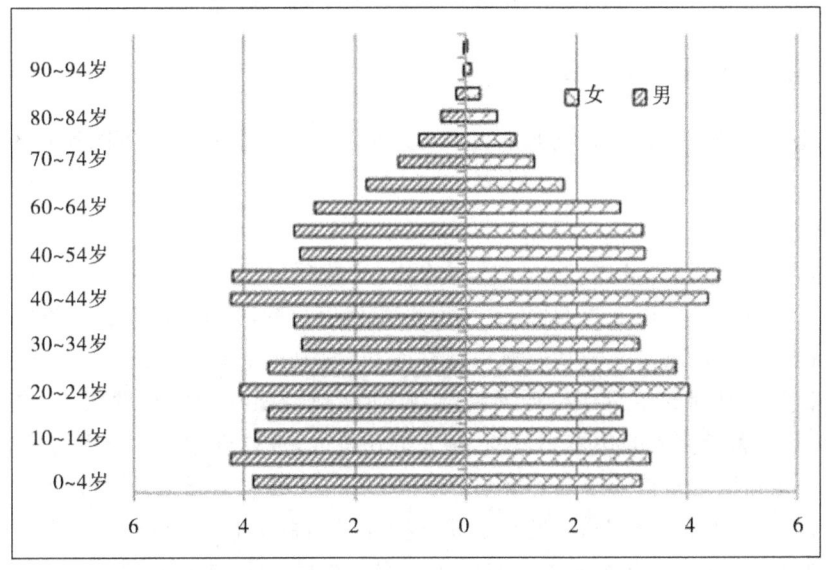

图 3-2-2 河南省 2014 年人口年龄金字塔

2019年人口年龄金字塔，明显反映出河南人口年龄构成的不规则性。年龄构成的不规则性的形成，是生育率突变所致，其中包含人口不规则增长和计划生育两个过程。这种不规则性不仅对未来人口发展产生深刻的影响，而且随着时间的推移将会带来一系列的社会问题，诸如教育、就业、结婚、生育、住房、商品需求、医疗卫生、文化设施、劳动力、养老等。2016年1月1日国家全面放开二孩政策，但从人口金字塔上看，新生儿的数量并没有达到预期，说明人口政策的调整与人口发展的形势有一定的偏差，应特别注意人口政策的前瞻性（见图3-2-3）。

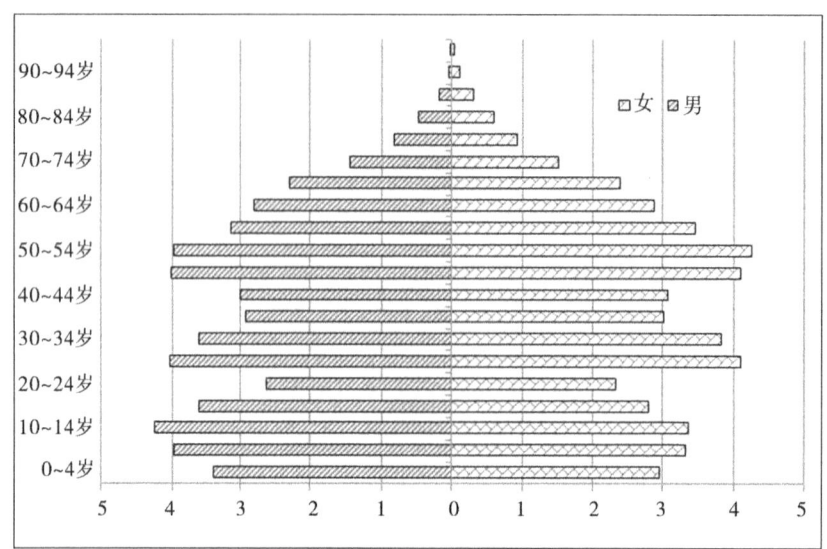

图 3-2-3　河南省 2019 年人口年龄金字塔

(二) 老龄化的空间差异

不同地区、乡村与城市、新型城市与历史悠久城市等之间都存在不同程度的年龄结构差异。

1. 城乡差异

河南省作为中国内陆地区的一个人口大省,年龄结构的城乡差异具有典型的代表性。这种差异伴随着近代城市的发展而产生,也将在相当长的时期继续存在。近现代的城市发展使得青壮年人口从乡村大量向城镇迁移流动,其中一小部分仍在乡村娶妻生子,流入城镇的青壮年人口到老年后往往返回乡村,从而造成城镇年龄结构两头小、中间大的特点,即少年儿童和老年人的比重小,青壮年人的比重大,乡村则相反。新中国成立以后,上述特点在一定程度上被保持下来。此后,由于城乡二元结构的形成,城乡之间失去了天然的流动性,上述特点有所减弱,但城乡之间不同年龄组的人口交流仍然存在。20 世纪 60 年代的困难时期,城乡少儿组和老年组的比重都有明显下降,但此后乡村出现了强劲的补偿性生育高峰。城镇则受计划生育和人口迁移等因素影响,补偿性生育高峰并不明显。20 世纪 70 年代以后,在新人口政策的影响下,城乡间的生育率差距进一步拉大,人口年龄结构出现更大差异。

第七次人口普查数据显示,全省常住人口中,居住在城镇的人口为 5 507.9 万人,占 55.43%;居住在乡村的人口为 4 428.7 万人,占 44.57%。与 2010 年第六次全国人口普查相比,城镇人口增加 1 885.9 万人,乡村人口减少 1 351.7 万人,城镇人口比重上升 16.91 个百分点。乡村少年儿童和老年人口比重明显高于城镇,这种趋势开始于 20 世纪 80 年代后劳动力大规模流向城镇,加之当时特殊的户籍政策,城乡之间的生育率产生明显差异,乡村老年人寿命延长,等等,这些因素都可能影响城乡人口分布。表明十年来河南省新型城镇化进程稳步推进,城镇化建设取得了新进展。

2. 地区差异

若以 65 岁及以上老年人口比重 7% 的标准,河南省 18 个地市全部进入老龄化社会。

河南省的所有地市中,老龄化程度前几位的地市为漯河、驻马店、周口、南阳,65 岁及以上人口比重在 14.22%~16.0%,老少比多大于 55%;郑州、鹤壁、洛阳、新乡、濮阳等地 65 岁及以上人口比重较低,在 13% 以下,郑州最低,为 8.89%,老少比多在 50% 以下。这种差异的原因主要是传统农业区的地市往往是人口流出区,大城市和新兴城市成为人口流动接收区,而人口流动的主力是青壮年劳动力。

综上所述,河南省在 21 世纪的前 20 年到世纪中叶都将面临人口老化这一挑战。这既表现在老年人口的庞大数量上,也表现在老龄化程度的加速上,还表现在这种变化趋势在较薄弱的社会经济条件下是迅速扩展的。人口年龄结构迅速变化的特殊性,必将对河南省社会变迁、经济发展产生深远而重大的影响,因此必须采取积极的应对措施。必须指出的是,由于特殊的省情及其在国内的代表意义,河南省应对老龄化问题成功与否,将在一定程度上影响着中国的人口发展。

(三) 近年河南人口老龄化的特点

1. 人口老龄化的速度加快

世界上人口老龄化的类型大致可分为缓慢型和快速型。缓慢型主要出现在一些发达国家,通常要经历几十年到上百年的过程。例如,法国人口年龄结构从"年轻型"到"老年型"的过渡经历了 150 年;英国 65 岁及以上人口比重从 5% 增至 7% 用了 80 多年;日本速度最快,用了 20 年。河南省属快速型:1982 年河南人口年龄结构为成年型,1990 年发展为成年型晚期,到 2000 年老年系数达到 7.1%,进入老年型。从 1982 年的 5.23% 上升到 2000 年的 7.1% 用了不足 20 年的时间,其转变速度之快,实属罕见。65 岁及以上老年人口比重从 7% 增加到 14%,法国用了 115 年,瑞典用了 85 年,美国用了 70 年,英国用了 45 年,而河南可能只用了不足 30 年的时间,其速度之快超过世界上任何一个发达国家。据联合国统计,自 1990 年到 2020 年,世界人口老龄化的平均速度为 2.5%,中国为 3.3%,而河南省为 3.5%。

2. 乡村人口老龄化程度高于城镇

据有关资料,2000 年河南省城乡老年人口系数存在着较大的差异,乡村人口老龄化程度高于城镇。乡村老年人口系数最高,为 7.49%;城镇次之,为 5.97%;城市最低,为 5.79%。从第五次人口普查的资料看,2000 年城市老年人口系数由 1990 年的 4.63% 上升到 5.79%,上升了 1.16 个百分点;城镇老年人口系数由 4.20% 上升到 5.97%,上升了 1.77 个百分点;乡村老年人口系数由 6.07% 上升到 7.49%,上升了 1.42 个百分点。城市、城镇、乡村 10 年间人口年龄结构均趋向老年型,但老龄化速度不同。10 年间,城镇的老龄化速度快于城市和乡村,而城市人口的老龄化速度相对慢于城镇和乡村,这种趋势短期内很难改变。其主要原因为:随着市场经济发展以及城市化进程加快,农村大量青壮年人口不断向城市及城镇流动。由于 20 世纪 80 年代城市人口控制较严,农村人口转移的主要方向是小城镇,因此 1990 年城镇的老年系数最低。20 世纪 90 年代大量青壮年人口由乡村和小城镇向城市流动,因此 2000 年城镇的老年系数上升较快。由于大量青壮年人口的流出,乡村人口老龄化进程加快,老龄化程度加深,从而使 2000 年全省人口老龄化程度农村高于城市和城镇。2020年第七次人口普查资料显示,随着城镇化水平的提升和乡村人口的减少,乡村富余劳动力转移进城数量逐渐下降(第七次全国人口普查乡村16～59岁劳动年龄人口占全部乡村人口的50.70%,比2010年第六次全国人口普查的61.70%下降11.00个百分点)。同时,县域经济的发展、产业集聚区的持续壮大也吸引了当地乡村人口就近就业创业,加之一些其他的原因,城乡之间人口迁移流动放缓,但城乡人口流动的大趋势没有从根源上改变,乡村人口老龄化程度高于城镇的现象还将在一定时期继续存在。

3. 各地老龄化水平发展不平衡

河南省各辖市之间的人口年龄构成存在着较大差异,老龄化水平发展不平衡。人口学中常用老年系数来反映此问题。老年系数是指老年人口占劳动人口总数的比重。老年人口的年龄起点一般在60(或65)岁,老年系数的计算公式为:

老年系数=(≥60周岁或≥65周岁人口数÷劳动人口总数)×100%

据第七次人口普查数据,河南省各地市老年系数较高的为信阳、漯河和驻马店,分别为15.4%、15.3%和14.6%;周口、许昌、开封、洛阳、商丘的数值均在13.4%以上;郑州和鹤壁的数值较低,在12%以下;其他市为12%～13%。从老年系数的计算公式可以看出,指标主要是人口中非劳动年龄人口数中老年部分和劳动年龄人口数之比,用以表明每100个劳动年龄人口要负担多少个老年人,是从经济角度反映人口老龄化社会后果的指标之一,实际上也反映了人口老龄化的程度。

总体来看,地区人口老龄化程度、人口自然增长率以及人口集聚度等指标,均与区域发展之间存在着较强的关联性。驻马店、信阳、周口、南阳、商丘等地市是河南省传统农区,呈现经济发展水平不高、人口老龄化程度较高的局面;郑州作为国家中心城市,经济发展水平较高,因为外来人口加快集聚,人口老龄化水平全省最低。

二、人口的性别结构

人口的性别结构是指一个国家或地区两性人口数量在总人口中的比例关系,通常用人口性别比来表示。常用的度量方法有两种:一是计算100个女性所对应的男性人口数量,如果大于100,表明男性人口数量多于女性;如果小于100,则说明男性人口数量少于女性。二是分别计算男、女人口数量占总人口数量的百分比。以上两种计算方法所对应的公式分别如下:

人口性别比=(男性人口数量÷女性人口数量)×100%

男(女)性别比例=[男(女)性人口数量÷总人口数量]×100%

性别比是人口学上关于社会或国家男女人口数量的一种比率,基本上以每100个女性所对应的男性数目为计算标准。性别比也用以反映生物学中种群中雌雄个体数量的比率,以族群中雄性所占比例来定义。

人口的性别结构受到人口的自然属性和社会属性的双重制约,其中既有生物学因素,又有社会经济因素,前者决定了受胎的原始差异,就整个人口过程的性别结构而言,出生时性别的影响往往处于主导地位。具体来说,一个国家或地区总人口的性别结构,主要受以下几个因素影响:

一是出生婴儿性别比。这一指标主要由生物学因素决定,在正常情况下,男女性别比为

102~108。据研究,受胎时,性别比在120左右。由于死胎、流产的概率以男性较大,出生时性别比降到105左右。一般情况下,总是男性多于女性,在大样本和准确登记的条件下,一个国家的出生性别比是相对稳定的。性别比关系到人口、性别结构的平衡和社会的稳定。

二是两性保存概率的差异。由于生理机能的差异,女性一般具有比同年龄组的男性寿命长的生理特征,同时社会上的高危职业大都由男性承担,各种事故死亡率男性高于女性,再加上男性具有相对突出的攻击性和性格特征,吸烟、酗酒以及犯罪的概率也远高于女性。在上述因素的综合作用下,男性的死亡率在一般情况下要高于同年龄组的女性,越往高龄差别越大。男性的性别比呈现连续下降趋势,中年以后尤为明显,这也是全世界的一个普遍规律。除此之外,重男轻女、妇女地位低下、遗弃女婴等封建陋习也会影响两性保存概率。数据表明,20世纪80年代以来,河南省男女性别比维持在103~108。第七次人口普查数据显示,全省常住人口中,男性人口为49 832 349人,占50.15%;女性人口为49 533 170人,占49.85%,人口性别比为100.60;2010年第六次全国人口普查为102.06。在正常水平上,这些数据基本也反映了近几十年来经济社会的持续稳定发展对于生育的影响,使得人们在生育性别选择上渐趋理性。

第三节 人口的分布

人口的地域分布是一定时间或时期人口发展过程在地理空间中的表现形式。

研究人口地域分布有着重要的意义。研究人口的地域差异和发展过程,揭示其中的规律性,对制定区域人口政策、人口的合理再分布以及实现人口、资源、环境的协调持续发展具有指导作用。人口地域分布研究关注的内容是各种人口过程和人口现象的空间表现形式,又有静态分布和动态分布之别,如人口再生产、人口结构、人口素质、城镇化、人口的迁移和流动、人种和民族分布等。

一、城乡结构

当前河南省人口发展的另一个特点是,城镇人口增长加速,但城镇化水平仍低于全国平均水平,而且差距在逐渐拉大。

2020年11月,全省常住人口中,居住在城镇的人口为5 507.9万人,占55.43%;居住在乡村的人口为4 428.7万人,占44.57%。与2010年第六次全国人口普查相比,城镇人口增加1 885.9万人,乡村人口减少1 351.7万人,城镇人口比重上升16.91个百分点。

从城镇人口的发展速度看,河南城镇人口在20世纪90年代中期以前发展速度比较缓慢。河南省城镇人口数量和乡村人口数量在1995年以前都呈增加的态势,乡村人口数量从1982年的6 435万人增加到1990年的7 307万人,再增加到1995年的7 536万人;城镇人口数量从1982年的1 084万人增加到1990年的1 342万人,再增加到1995年的1 564万人;相应的城镇人口占总人口的比重则增长很慢,从1982年的14.42%增长到

1995 年的 17.19%,13 年只增长了 2.77 个百分点。1995 年以后,河南省城镇人口开始迅速增加,从 1995 年的 1 564 万人增加到 2000 年的 2 201 万人,增加了 637 万人;而同时期乡村人口则逐年减少,从 1995 年的 7 536 万人减少到 2000 年的 7 287 万人,减少了 249 万人。城镇人口与乡村人口的此长彼消带动了城镇人口比重的迅速增长,从 1995 年的 17.19% 增长到 2000 年的 23.44%,增长了 6.25 个百分点。2000 年底,河南省城镇人口为 2 201 万人,乡村人口为 7 287 万人,城镇人口占总人口的比重为 23.20%。

从数字上看,全省常住人口中居住在城镇的人口占比为 55.43%,但与全国相比,河南省人口城镇化水平一直处在较低的水平上。1990 年第四次人口普查时,河南省人口城镇化水平为 15.52%,全国为 26.20%,河南比全国平均水平低 10.68 个百分点;2000 年第五次人口普查时,河南省人口城镇化水平为 23.17%,全国为 36.22%,河南比全国平均水平低 13.05 个百分点;2010 年第六次人口普查时,河南省人口城镇化水平为 38.52%,全国为 49.68%,河南比全国低 11.16 个百分点;2020 年第七次人口普查时,河南省人口城镇化水平为 55.43%,全国为 63.89%,河南比全国低 8.46 个百分点。2000~2010 年,河南省人口城镇化年均增幅高出全国 0.19 个百分点;2010~2020 年,河南省人口城镇化年均增幅高出全国 0.27 个百分点。从以上数据可以看出,河南省城镇人口增长较快,但人口城镇化水平与全国的差距仍然不小。

二、地市分布情况

根据第七次全国人口普查公布的常住人口情况,用 arcmap 软件计算出各市的人口密度。

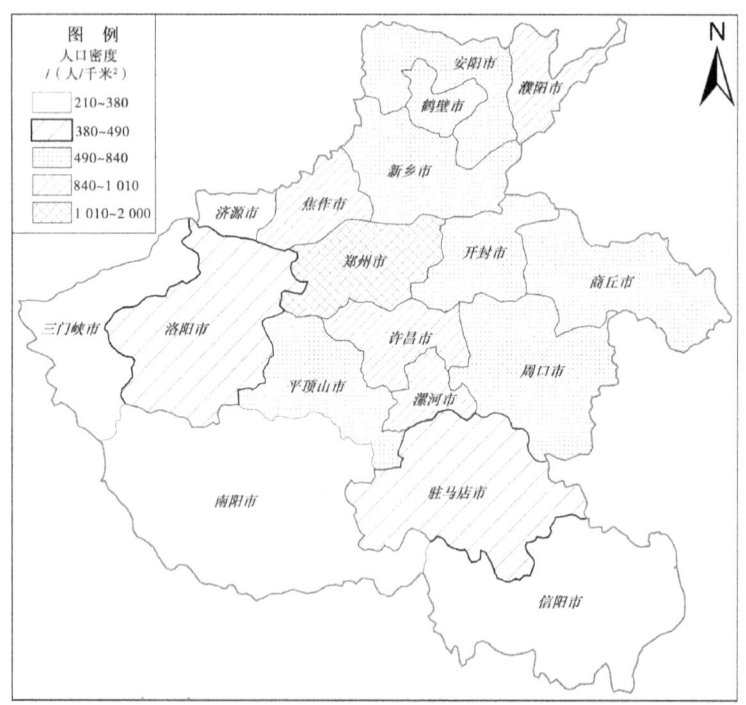

图 3-3-1　河南省 2020 年各市人口密度

从图 3-3-1 可以看出,河南省的人口分布很不均匀,人口密度大小差别很大。虽然市一级的人口密度在反映全省人口分布上有相当的误差,但基本上可以看出人口分布的客观情况。豫中地区的郑州市人口密度在 1 010 人/千米^2 以上,是省内的人口密集区,这与郑州市的城市地位密不可分。三门峡、南阳、信阳地区的人口密度处于低值区,为 210~380 人/千米^2,原因之一是这几个地区山区面积较大,影响了人口分布。其他地区人口密度为 380~1 010 人/千米^2。

近年来,河南省各地市以及省内外的人口流失情况也值得引起重视。据《河南省统计年鉴 2019》,人口净流入的地市只有郑州和济源,其他地市都有不同程度的人口流失。商丘、信阳、周口、驻马店等市的人口流失非常严重,超过 20%,其他市的数值为 2%~20%。随着经济社会发展,人口流动已经成为常态,但河南省总体上呈现人口的净流出是不争的事实。省内部分城市的人口流失势必会影响区域和城市的正常发展,应引起足够的重视。

第四节 人口发展目标和原则及战略导向

总体来看,21 世纪中叶之前,河南省人口发展进入关键转折期,既面临诸多问题和潜在风险挑战,也存在劳动力总量充裕、仍处于人口红利期等许多有利条件,又存在老龄化和低生育水平交织、人口分布与经济社会发展不协调和人口净流出等问题,统筹谋划人口问题有较大的回旋空间,也必须加倍重视。河南省作为中国内陆地区的一个大省,人口问题与资源、环境等协调发展对于中国未来一段时间具有典型性和代表性。制定合理的人口发展战略,促进人口长期均衡发展,最大限度发挥人口对经济社会发展的能动作用,对决胜全面小康、让中原更加出彩具有重大意义。

一、目标和原则

强化人口发展的战略地位和基础作用,充分响应国家生育政策,综合施策,创造有利于发展的人口总量势能、结构红利、流动活力和素质资本叠加优势,促进人口与经济社会、资源环境协调可持续发展,为决胜全面小康、让中原更加出彩提供坚实基础和持久动力。在此过程中,要注意总结经验和做法,为中华民族伟大复兴提供有益的范本和参考。

在人口问题上应坚持以下原则:

一是尊重人口自身发展规律和人口与经济社会、资源环境关系发展规律,将生育水平调控到维持更替水平的合理区间,推动人口结构优化调整、人口素质不断提升、人口流动更加有序,统筹解决人口问题,促进人口均衡发展,持续增强人口资源禀赋。

二是坚持统筹兼顾。统筹经济社会发展和家庭健康发展,既顺应经济社会发展对人口的要求,又维护人民群众的切身利益。统筹当前发展与可持续发展,既重视人口与经济社会、资源环境发展的现阶段特征,又重视加强风险防范,做好超前谋划和战略预判工作,提早防范和综合应对潜在的人口系统内安全问题和人口与经济社会、资源环境系统间的冲突,切实保障人口安全。

三是坚持改革创新。转变人口调控理念和方法,推进生育政策、生育服务管理制度、家庭发展支持体系和治理机制综合改革,完善人口预测预报预警机制,健全重大决策人口影响评估制度,特别是应对人口老龄化问题的措施要切实可行,具有一定的前瞻性。

四是坚持综合决策。切实将人口融入经济社会政策,在经济社会发展规划计划、投资项目和生产力布局、经济结构战略性调整、城乡区域关系协调、可持续发展等重大决策中,要充分考虑人口因素,不断健全人口与发展综合决策机制。

二、人口战略导向

实现人口均衡发展目标,必须站在全省经济社会发展全局高度,以中长期发展视野谋划人口事业,明确并贯彻以下战略导向。

(一)积极应对人口老龄化和低生育水平问题

结合国家层面的应对人口老龄化战略,制定本省的人口长期发展战略,优化生育政策,增强生育政策的包容性,提高优生优育服务水平,构建普惠托育服务体系,降低生育、养育、教育成本,促进人口长期均衡发展,提高人口素质。改变传统老龄化观念,从"健康老龄化"向"积极老龄化"转变。"健康老龄化"是指人的个体进入老年期后在身体、心智、社会和经济等方面的功能仍能保持良好状态。一个国家或地区的老年人中若有较大比例属于健康老龄化,老年人的作用能够充分发挥,老龄化的负面影响即能较好地被制约或缓解,则其老龄化过程或现象就可能是健康的老龄化或成功的老龄化。健康老龄化是我们应对老龄化挑战的基本但非终极战略,如何使老年人群成为社会发展的建设性力量,这才是最重要的。因此,我们必须结合时代精神,超越健康老龄化这一传统的观念,实现向"积极老龄化"观念的转变。具体措施如:建立以家庭养老为主的多元化养老模式,积极开发老龄人力资源,发展银发经济,推动养老事业和养老产业协同发展,健全基本养老服务体系,发展普惠型养老服务和互助性养老,支持家庭承担养老功能,培育养老新业态,构建居家社区机构相协调、医养康养相结合的养老服务体系,健全养老服务综合监管制度。

对于低生育水平问题,思想的转变是首要的,其次是配套的政策和社会服务。中国的生育政策在近几十年来发生了巨大的变化。必须指出的是,合理的生育政策和积极的生育导向不仅是人口均衡发展的基础,更是事关中华民族伟大复兴的伟业。适应全国户籍人口大省发展新形势,把生育水平保持在合理区间,促进全省人口均衡发展。

应合理配置相关公共服务资源,建立并完善包括生育支持、幼儿养育、青少年发展、老人赡养、病残照料、善后服务等在内的家庭发展政策体系。完善税收、抚育、教育、社会保障、住房等政策,减轻生养子女家庭负担。鼓励雇主为孕产妇提供灵活的工作时间安排及必要的便利条件。支持哺乳期、育儿期妇女能够选择在家更长时间照料幼儿。支持妇女生育后重返工作岗位。增强社区幼儿照料、托老日间照料和居家养老等服务功能。加大对多子女家庭的扶助力度,对政策调整前的独生子女家庭和农村计划生育双女家庭,继续实行现行各项奖励扶助政策,在社会保障、集体收益分配、就业创业、新农村建设等方面予以倾斜。

(二) 积极应对人口流出

就户籍人口而言,2020年底河南省为11 525.82万人,在全国省级行政单位中位居第一,但常住人口近年来排名第三。2022年底河南人口为9 872万人。2020～2022年,每年流出人口在1 000万人以上,人口净流出成为不争的事实。

人口是区域发展的重要因素之一。在河南发展急需人才支撑之际,人口依然以千万级的流量远离故土,这必须引起重视,通过针对性措施实现留人留心。具体地说,提供良好的创业和就业的机会和公平竞争的机会,均衡享有教育、医疗等公共资源的机会,说到底就是营商环境的完善和提升问题。

首先,产业经济的发展是留住人口、人才的首要条件,抓住东部沿海产业转移和世界性产业分工体系转型的大好机会,鼓励先进制造业及其衍生产业发展,创造更多创业就业机会。对于回乡创业者给以三到五年的税收减免,对于年产值达到一定标准的回乡创业者给以较高的政治待遇,有条件的市县可以设立返乡者创业园,在土地、税收、社会保障等方面给以政策倾斜。

其次,合理完善的教育和医疗等社会资源配置对解决人口净流出问题也很重要,均衡、均享的社会资源布局对于河南这样的人口大省更加重要。

未来区域发展的竞争,归根到底是人才的竞争。为应对劳动力和人口外流,要树立大人才观,推进人才发展体制改革和政策创新,完善全链条育才、全视角引才、全方位用才的发展体系,最大限度解放和增强人才活力。除了高端引智工程,还应加强省内高校毕业生和省外的本省户籍高校毕业生在家乡就业和落户。着力引进海外高层次人才,制定并完善国际人才长期居留、税收、保险、住房、子女入学、配偶安置等配套政策,大力吸引海外高层次人才到河南省创新创业。

(三) 优化人口空间布局

人口的分布是人口发展过程在地理空间上的表现形式。人口分布不仅包括人口在空间上的分布状况,考虑人口结构、人口数量等在空间上的聚集和扩散,还必须将人口问题与经济社会发展综合考虑,与区域及城乡发展定位相协调。未来一段时间,完善以中原城市群为主体形态的城镇发展体系,优化人口空间布局,促进人口迁移流动与实施中原城市群发展规划和郑洛新国家自主创新示范区、黄河流域高质量发展等重大国家战略相适应。

1. 推动中原城市群人口合理集聚,适当推进人口城镇化

依托"米"字形综合交通运输通道,有序引导人口主要向中原城市群"米"字形城镇产业发展轴带上的节点城市集聚。加快推进郑州国家中心城市建设,发挥公共交通复合廊道对产业人口空间分布的引导作用,吸引人口加快向郑州大都市区集聚。进一步提升洛阳中原城市群副中心城市地位,加大南阳成为副省级中心城市建设的人口支持,支持安阳、商丘、信阳、周口等建设成为区域中心城市,推动基础条件好、发展潜力大的中心城市与周边县城组团式发展。推动"米"字形发展轴带上的节点城市增强产业集聚能力,提升综合功能,优化人居环境,形成更多支撑区域发展的增长极,引导区域内人口就近集聚。

围绕建设以城市群为主体形态、大中小城市和小城镇协调发展的现代城镇体系，推进新型城镇化，引导人口流动的合理预期。除区域内重要的中心城市外，必须把中小城市建设作为新型城镇化的重点，扎实推进建设提质工程，增强县级中小城市综合承载能力。突出县城作为吸纳农业人口转移的重要载体作用，推动基础条件好、发展潜力大、经济实力强的县城发展成为50万人以上的中等城市，其他有条件的县城发展成为20万人以上的小城市。积极与国家有关政策对接，将具备条件的县和特大镇有序设置为市，适度增加中小城市数量。有重点地推进小城镇建设，拓展农业转移人口就近城镇化空间。加强新型城镇化综合试点工作，积极探索有利于新型城镇化持续健康发展的体制机制。

2. 改善人口资源环境紧平衡

制定和完善与主体功能区相配套的人口政策，推动人口布局与主体功能相适应。开展主体功能区人口承载力监测，科学确定不同主体功能区的人口承载力，实行差别化人口调节政策。对太行山、伏牛山、大别山、黄河滩区等人居环境不适宜人类常年生活和居住的地区，以及南水北调中线工程环库区和干渠沿线等生态保护带，实施限制人口迁入政策，有序推进生态移民。对人居环境临界适宜的地区，基本稳定人口规模，鼓励人口向重点市镇收缩集聚。对人居环境适宜和资源环境承载力平衡或有余的地区，要重视提高人口城镇化质量，培育人口集聚的空间载体，引导产业集聚，增强人口吸纳能力。

促进人口绿色发展，推行绿色生产生活方式，实施人口绿色发展计划，努力建设人口均衡型、资源节约型、环境友好型社会，积极缓解人口与资源环境的矛盾。重视生态环境对人口流动的影响，落实生态省建设规划，实施重大生态修复和建设工程，完善太行山地生态区、伏牛山地生态区、桐柏大别山地生态区、平原生态涵养区和沿黄生态涵养带、南水北调中线生态走廊带、沿淮生态保育带"四区三带"生态格局，构建多层次、网络化、功能复合的生态系统。深入实施大气治理和水污染治理攻坚战略。大力推行创新驱动、资源集约节约、低碳环保的绿色生产方式，推广绿色低碳技术和产品，严格限制高耗能、高污染行业的发展，节约集约利用土地、水和能源等资源，发展循环经济，促进资源循环利用。积极倡导简约适度、绿色低碳、文明节约的生活方式，鼓励绿色出行。

3. 完善人口流动政策体系

加快建立与户籍制度脱钩的基本公共服务提供机制，逐步消除户籍人口与居住证持有人的权益差别，促进人口有序流动、自由迁徙。以人口为基本要素，优化公共服务资源配置，使基本公共服务设施布局、供给规模与人口分布、环境交通相适应，增强基本公共服务对人口集聚和吸纳的支撑能力。深化农村集体"三权分置"制度改革，探索建立进城落户农民土地承包权、宅基地使用权、集体收益分配权维护和自愿有偿退出机制。健全全省人口生存发展状况、人口分布的动态监测体系，完善流动人口服务管理体制机制。

（四）发挥人口基础信息对决策的支撑作用，推进信息共建共享

河南省要实现人口大省优势向经济优势的转变，未来一个时期，必须加强人口基础信息管理，发挥人口基础信息对决策的支撑作用。

利用大数据、政府信息网络平台等，加强人口信息系统的建立与利用。在此基础上，注重人口内部各要素相均衡，推动人口发展从控制人口数量为主向调控总量、优化结构和

提升素质并举转变。注重人口与经济发展的互动,准确把握经济发展对人口变动的影响,综合施策,缓解经济因素带来的生育率下降等人口发展问题。统筹城乡区域协调发展,统筹技术、产业、公共服务、就业同步扩散,引导人口与经济布局有效对接,充分发挥人口的能动作用,为经济增长提供有效的人力资本支撑和内需支撑。实施积极老龄化政策,防范和化解老龄化对经济增长的不利影响。注重人口与社会发展相协调,完善基本公共服务制度体系,促进公共服务资源在城乡、区域之间均衡配置,推动基本公共服务常住人口全覆盖,有序推进农业转移人口市民化。着力补齐重点人群发展短板,构建多层次养老服务体系,保障妇女儿童、残疾人合法权益,实施贫困人口精准脱贫。促进社会公平正义,尊重个人和家庭在人口发展中的主体地位,坚持权利、义务对等,推动人口工作由主要依靠政府向政府、社会和公民多元共治转变。

第四章　经济发展与产业布局

"经济"一词是"经邦""经国"和"济世""济民",以及"经世济民"等词的综合和简化,含有"治国平天下"的意思。现代"经济"一词实为我国从日本人翻译引进的,其本来含义是指治理家庭财物的方法,到了近代扩大到治理国家的范围。简而言之,狭义的经济就是人们生产、流通、分配、消费一切物质精神资料的总称。在这一动态整体中,生产是基础,消费是终点。

经济发展是一个国家或者地区按人口平均的实际福利增长过程,它不仅是财富和经济机体的量的增加和扩张,而且还意味着其质的方面的变化,即经济结构、社会结构的创新,社会生活质量和投入产出效益的提高。总之,经济发展就是在经济增长的基础上,一个国家或地区经济结构和社会结构持续高级化的创新过程或变化过程。经济增长只强调量的扩张,不关注经济质的提高。经济发展指包括质量与数量在内的经济高质量发展,而不仅是数量的增长。因此,用GDP来计算经济增长、衡量经济发展已经落后于时代的要求。经济发展是价值的发展,不是金钱的增长;是效益的发展,不是效率的增长;是全面的发展,不是片面的增长;是辩证的发展,不是线性的增长。经济发展状况与区域内不同地方的资源禀赋、经济基础等密切相关。充分利用区域资源,统筹区域内部各种关系,才能高质量促进区域发展,这些必然要求合理布局区域经济和区域产业。

布局,是对事物的全面规划和安排。经济布局,指在一定时期内对社会物质生产部门基本建设的地区分布所做的部署;或指社会物质生产部门,如工业、农业、交通运输等在地域上的分布。经济布局的特点取决于社会生产方式,并受自然、人口、历史、社会、技术等各方面条件的影响。合理的经济布局能充分发挥各地优势,加快地区经济发展,促进全国经济布局合理化。产业布局是指产业在一国或一地区范围内的空间分布和组合的经济现象。产业布局从静态来看,是指形成产业的各部门、各要素、各链环在空间上的分布态势和地域上的组合;从动态来看,则表现为各种资源、各种生产要素甚至各产业和各企业为选择最佳区位而形成的在空间地域上的流动、转移或重新组合的配置与再配置过程。宏观调控上的产业布局指政府对国民经济各产业在空间上所进行的布局。

产业布局是产业结构在地域空间上的投影。一般来说,区域发展总是先从某一产业布局在开发条件较好的节点上开始。随着区域经济的进一步发展,点与点之间的经济联系构成轴线,轴线经纬交织而形成网络(域面)。由此,产业布局演变大致遵循由一个或者多个增长极(点)向轴线和经济网络(域面)演变的规律。优化产业结构和布局是区域经济发展的核心。它既能建立适应地方发展条件的产业体系,促进产业的可持续发展能力的形成,又能保护生态环境,促进良好人居环境的建设,还能促进产业集聚及规模效应的形成。县域经济是国民经济的基础,县域经济发展的关键是广大农村的发展。因而合理的城镇化发展能有效解决"三农"问题,提高农村经济发展竞争力,促进城乡协调发展。因此,产业合理布局与城乡发展有密切的关系。

第一节 农 业

一、河南省农业自然条件

农业是以土、水为基本生产资料,以太阳能为基本能源,以植物、动物和微生物等生物为生产对象,通过劳动,生产所需物质的生产事业。狭义上农业仅指种植业,且主要指粮食生产;广义上包括农业(种植业)、林业(造林营林)、牧业(养殖业)、渔业(水产养殖)、副业(农民附带从事的加工业)等。农业是人类赖以生存的重要产业,是支撑国民经济建设与发展的基础产业。

河南有辽阔坦荡的豫东平原、肥沃富饶的南阳盆地和面积广大的山地丘陵。河南省土地总面积广阔,山地282.18万公顷,丘陵岗地393.24万公顷,平原979.39万公顷,水面15.19万公顷,分别占全省总土地面积的16.9%、23.5%、58.6%、0.9%。新中国成立以来,河南省农业产值占全国的比重一直在3%～8%,农业总产值增长率和全国的发展基本一致。1949年河南全省粮食产量71.4亿千克,1978年增长至209.7亿千克,2018年跃升至664.9亿千克,2018年比1949年增长8.3倍多。人均粮食占有量由1949年的171.0千克,增加至2018年的609.7千克。河南省坚持藏粮于地、藏粮于技,变"望天田"为"吨粮田",累计建成高标准农田410.87万公顷,小麦、玉米等多个品种培育获得国家科技进步一等奖,农业科技贡献率居全国第一方阵,主要农作物良种覆盖率在97%以上,粮食产能大幅提升。河南用全国1/16的耕地生产了全国1/10的粮食(见图4-1-1)。1978

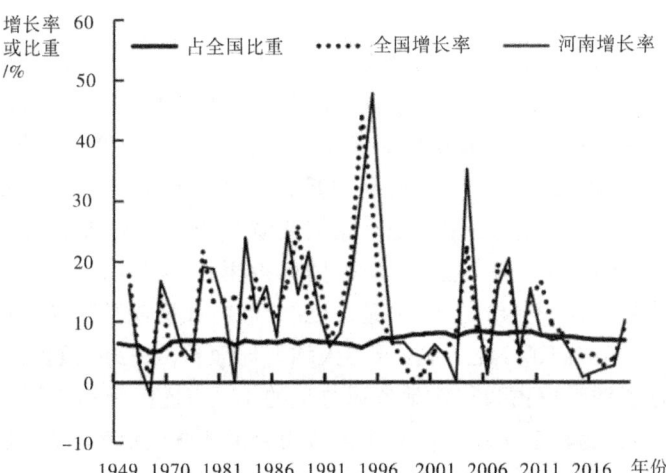

图4-1-1 河南省农业产值占全国比重与农业产值增长率比较

年,还"吃不饱"的河南需要从十多个省调入粮食;2018年,河南向全国调出粮食及其制成品200万千克,粮食生产成为河南的一大优势、一张王牌,为全国人"吃饱饭"做出了贡献。

综合自然资源组合配置状况的优劣是影响农业生产是否良性发展的因素。河南所处自然地理位置和综合自然条件优越,使其农业综合自然资源配置状况良好。

河南省光、热和水资源配置良好。河南地处中纬地带,光照资源相当丰富。有关资料显示,与全国其他地区相比,河南太阳辐射低于青藏高原、西北、华北北部和东北部分,高于华中、华南及华东大部分地区。同时,由于太阳辐射量最高值在夏季出现,此时不仅气温最高,降水量也最为集中,光、热、水同季,对促进植物的生长发育极为有利,充分利用光、热、水资源,为提高作物的产量和质量提供了良好的自然条件。光、热、水的良好配合,奠定了河南优势突出的良好农业地域基础。

河南省水、土资源配置良好。水是农业的命脉,土地是农业生产的基本载体,水、土资源的配置状况,在农业的综合自然条件中占有突出的地位。

河南省的年降水量及地表径流量,在全国范围内小于南方诸省区,但与西北、华北和东北广大地区相比,却是较为丰富的。同时,大面积的平原、众多的低山丘陵和河谷盆地等类型较多的地貌条件,又为地下水的形成和储存创造了优越的条件。据有关资料,河南为全国地下水资源最丰富的地域之一,多年平均浅层地下水资源量为204.7亿立方米,加之河南有黄河、淮河、海河、长江等流域的径流量,多年平均水资源量为389.2亿立方米,这些为农业生产用水提供了较为坚实的保障。

河南土地结构良好,山地、丘陵和盆地、平原搭配适当,特别是平原面积所占比重大,在全国仅次于江苏省、山东省,居第三位。耕地主要分布于南阳盆地、黄淮海平原和黄土丘陵等地区。河南省耕地主要包括旱地、水浇地和水田这三种类型,以旱地和水浇地为主,两者占耕地面积的比重分别为34.53%和56.11%,水田仅占9.36%。河南省水田主要分布于水热条件较好的信阳市,水浇地主要分布于灌溉设施较好的河南省中东部平原区,旱地则主要分布于洛阳、南阳、驻马店等山地丘陵区。土地类型多样,宜林、宜果、宜耕、宜牧,区域配置优越,加上温暖湿润的气候条件,为农业生产的发展奠定了良好的土地资源基础。

从水、土资源的组合配置来看,河南全省的地表径流主要产于山地和丘陵区,这为山地、丘陵区发展林业、牧业提供了用水条件;地下水资源主要储存于广阔的平原、山间盆地和河谷平原,同样又为这些地区集中发展种植业提供了用水条件。因此,水、土资源的良好配置为农业生产的发展奠定了十分有利的基础条件。河南省经济发展迅速,城镇化率快速提高而造成建设用地大量占用耕地。据河南省国土资源公报显示,近年来河南省建设用地审批量年均增加8.00%以上,所增加的建设用地90%以上来源于耕地。2009年以来,河南省人均耕地面积持续减少,一是2009年后耕地资源总量减小;二是河南省人口增长迅速,在2010年突破了1亿人,拉低了人均耕地面积。另外,根据河南省耕地后备资源调查,后备耕地资源量仅占目前耕地资源总量的10%,且多为难以开垦利用的洼地、荒地及废弃工矿地。作为粮食主产省区和中原城市群的主体,河南人地矛盾日益突出。

二、河南农业发展的历程

河南省远在八九千年前的新石器时代就有了原始农业,是华夏农业文化的发源地之一。河南人民在开发、利用农业资源的长期斗争中,培育了大量的农作物、林木果树和畜禽品种,是全国小麦、棉花、烤烟、花生、油菜、芝麻、红麻、牛、羊和各种暖温带果树、林木以及土特产的重要产地。

新中国成立以来,河南人民在中国共产党的领导下,同心协力,艰苦奋斗,走过了70多年不平凡和曲折前进的历程。特别是中共十一届三中全会以来,河南人民认真落实中共中央关于农业和农村经济的一系列方针政策,以改革为动力,使农业生产得到了快速发展,农村经济建设取得了巨大成就,农村社会面貌发生了根本变化,基本形成了农林牧渔并举、三次产业协调发展的农村市场经济新格局,从根本上改变了旧河南农业的落后状况,农业总产值持续上升(见图4-1-2)。

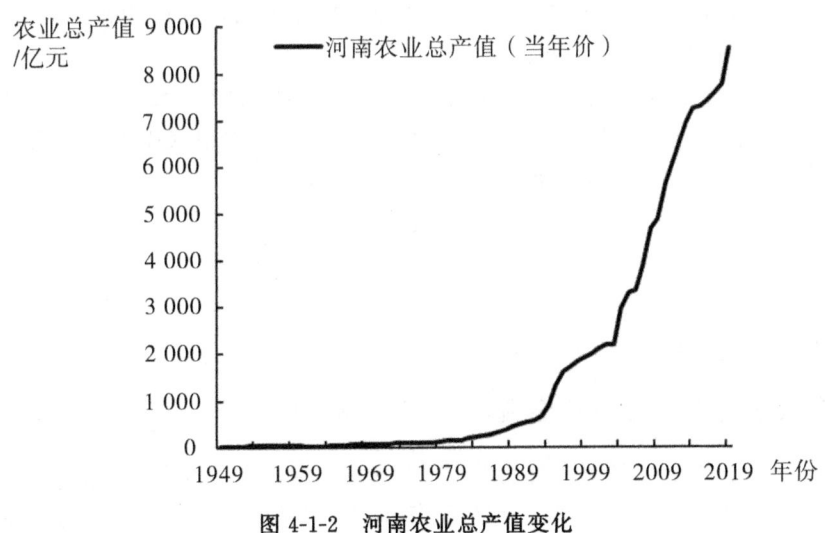

图 4-1-2　河南农业总产值变化

河南省农业发展大体可分为四个阶段。

(一) 恢复发展阶段(1949~1957年)

新中国成立前,河南连年遭受战争和自然灾害的破坏,农业生产水平极低,农村经济几乎处于崩溃的境地,1949年全省农业总产值只有17.19亿元,人均产值41.2元;粮食亩产46千克,总产量71.4亿千克,人均占有量171千克;棉花总产量0.63亿千克,亩产不足10千克;油料总产量2.43亿千克,亩产29千克;烟叶总产量0.23亿千克,亩产55千克。

1949~1952年,党和政府领导农民进行土地改革,废除封建地主阶级土地所有制,农民政治上和经济上翻了身,焕发了极大的生产热情。全省人民奋发图强,艰苦奋斗,经过三年的努力,使满目疮痍的农业开始恢复。

（二）徘徊和缓慢发展阶段（1958～1978年）

1958年后，经济建设等方面的"左"倾路线，给农业发展造成了很大的危害。这一时期实行农地集体所有制、农业集体经营政策，农村集体经济有所发展。在水利建设方面，不讲科学和经济效果，提出了"一块地对一块天，节节拦阻，蓄住天上水"的错误口号，大搞平原水库。在对黄河水沙资源如何开发利用没有很好研究的情况下，重灌轻排，在沙碱地、两合土上到处搞地上灌渠，造成大面积土地盐碱化。从周口、商丘到永城修了条"大运河"，打乱了径流自然流势，大搞所谓平原坑塘化、河网化，造成巨大损失。这段时间，河南山林受到较大破坏。在大炼钢铁运动中，数十万人到豫西、豫南山区，伐木烧炭"炼钢铁"，许多地方的林木几乎荡然无存。同时，由于浮夸风、搞超额征购、"一平二调"、管理混乱，后来的三年经济出现极大困难。与1957年相比，1962年农业总产值下降35.2%。1960年代国家执行调整国民经济的"八字方针"，实行一系列安民利国政策，河南农业才逐渐修复。之后，比较注重调查研究，对农机具和农业技术的推广应用也比较重视。1964～1965年，开展了大规模高产稳产农田选片研究，与此同时，还不同程度地开展全省和部分地区的农业区划工作，农业生产稳步推进。

1964年到1970年代中期，在丘陵地区又建成了一批大中型水利工程，林县（今林州市）红旗渠全面完工，五岳、宋家场等大型水库以及几十座中型水库和渠灌区陆续建成。平原地区农田林网化和农桐间作面积有很大发展。

20世纪60年代末，人们总结发展了引黄灌溉技术，通过掌握水盐运移规律，对"以排定灌"和引黄淤地改土的作用有了统一认识。到70年代初，沿黄地带引黄淤地灌溉发展到近百万亩，并出现了大面积水稻区。到1978年，河南北部水稻区和信阳、南阳、驻马店所在的南部水稻区面积，已占相当高的比重。

（三）快速发展与结构调整阶段（1979～2004年）

党的十一届三中全会对发展农业做出重要决定，实行农村改革，废除人民公社，坚持农地集体所有制，实行农业家庭联产承包责任制，农村经济快速发展。实行以粮为纲，推进农业全面发展。实行粮食流通体制改革，推行粮食统购统销制度，农产品流通逐步实现市场化。政府还运用行政手段将不适宜种植粮食的土地进行退耕还林还牧，开始注意区域布局的优化。以财政手段支持粮棉集中产区发展农产品加工业，鼓励发展畜牧业，鼓励发展多种经营。这些有效地促进了农业生产的发展，基本上保证了城乡农产品的供应，改变了长期存在的农产品严重短缺的状况，绝大多数农民解决了温饱问题。1991年以粮棉油为代表的重要农产品供给出现过剩，出现"卖难"现象，而局部地区发展的优质农产品却是供不应求，农产品供求结构开始失衡。为解决粮食增产但效益低的问题，也为更好满足当时经济高速发展下城乡居民对优质农产品的需求，1993年国家开始在确保粮食稳步增长、积极发展多种经营的前提下，将传统的"粮食作物－经济作物"二元结构逐步向"粮食作物－经济作物－饲料作物"三元结构转换（见图4-1-3）。

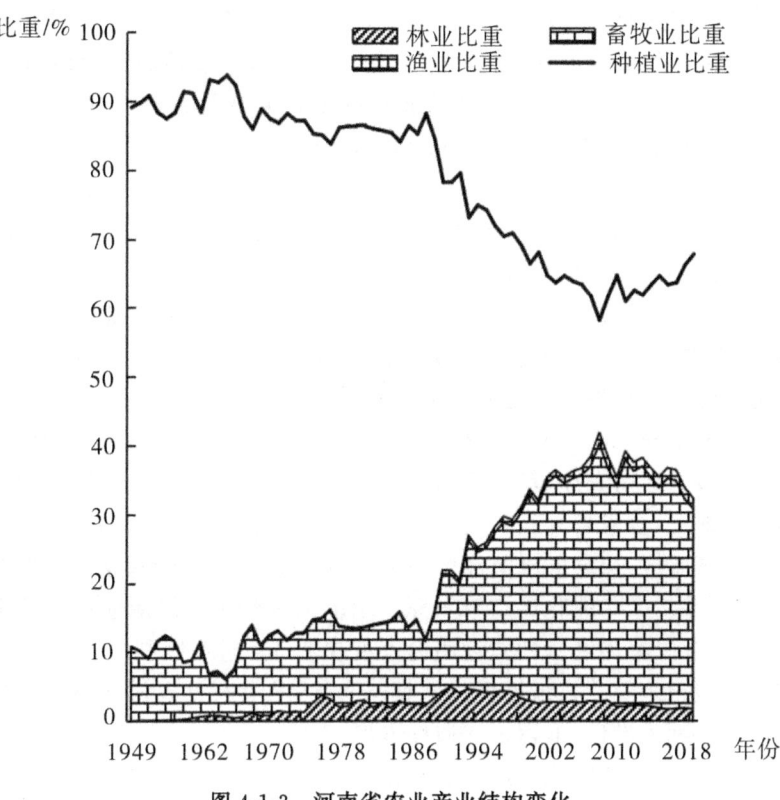

图 4-1-3 河南省农业产业结构变化

（四）农业发展新的改革阶段（2005年至今）

前一阶段包括粮食、经济作物在内的农产品再次出现供给过剩，农产品供给从短缺开始走向结构性失衡。这也导致农民收入增速放缓，生产积极性被削弱，农业可持续性发展受到抑制。从需求侧来看，这个阶段的国内外市场环境也发生了很大变化。伴随国民经济的快速发展和居民生活水平的不断提高，人们已从温饱型的低层次需求向健康型和营养型的高层次需求转变。农业开始紧跟市场再次调整结构。同时，由于国家宣布取消农业税，并出台了农业直接补贴政策，全面放开粮食购销市场和购销价格，农地的集体所有制以较低成本满足了工业化和城镇化对劳动力和土地的基本需求。所以，农业有力地支持了工业化、城镇化和整个国民经济的发展，并且缓解了人多地少、通过务农增加收入困难的矛盾，也使农民获得了进城务工增加收入的第二条渠道，同时还给农民提供了最后一条保障线，避免了农村大量"三无农民"（无地、无业、无社会保障）的产生、严重的贫富两极分化和大量城市贫民窟的出现，维持了包括农村在内的社会的基本稳定。2013年国家首次提出"构建集约化、专业化、组织化、社会化相结合的新型农业经营体系"。河南省农业产业化集群发展成效显著，龙头企业规模逐步扩大，农业产业化龙头企业近6 800家，其中国家级龙头企业60家，省级龙头企业760家。在境内外上市的涉农企业17家，"新三板"挂牌23家。农业产业化集群517个，覆盖全省农业领域11个产业50多个子产业，基本覆盖全省优势农产品产业和区域性特色产业，实现年销售收入10 152亿元，吸纳农民就业140.5万人,促进农民增收2 180亿元。全省在工商部门登记注册的农民合作社达到12.3万家,家庭农场2.7万家,种粮大户4.3万户。农村土地流转面积259.8万公顷,占家庭承包面积的38.9%,粮食生产经营面积在100亩以上的经营主体6.9万个,完成新型职业农民教育培训11.5万人。农业新业态、新模式方兴未艾,"互联网+"广泛应用,农村电商异军突起,阿里村淘项目在22个县落地,1 100多个村级服务站投入运营。全省电商企业超过20万家,农村网店突破3万家。据不完全统计,全省每年休闲农业和乡村旅游接待人数达到4 500万人次,从业人员200多万人。

引导农村土地承包经营权有序流转,鼓励和支持土地承包向专业大户、家庭农场、农民合作社流转,发展多种形式的适度规模经营,这标志着新一轮农业结构调整的正式开始。农村土地承包经营权确权登记颁证工作进展顺利,郑州、新乡、信阳、济源、鹤壁、濮阳等地建立农村产权交易中心。农村金融加快创新,中原银行成立"三农"金融事业部,积极服务农村经济发展。河南农业、粮食、畜牧三家涉农担保公司健康运营,中原农业保险股份有限公司挂牌成立,全省累计获批组建农商行53家、村镇银行70家。新乡、信阳成为国家级农村改革试验区,探索的改革经验在全国得到推广。16个省辖市的城乡一体化示范区和鹤壁、济源等7个一体化试点市发挥了示范引领作用。济源农村集体资产股份权能改革试点、长垣农村集体经营性建设用地入市改革试点进展顺利。邓州、长葛等9个县(市)获批农村承包土地经营权抵押贷款试点。滑县、兰考获批农村住房财产权抵押贷款试点。农垦等改革深入推进,取得了实质性进展。

近年来,各地大力发展农业生产性服务业,积极探索推进服务规模化经营,形成了农业生产托管等直接服务农户和农业生产的有效形式。向农民提供自种、流转之外的第三种全新选择,能更好地适应小农户灵活就业和弹性作业情况,具有农业生产成本低、风险低的优势,是当前我国经营性农业社会化服务的主要表现形式。虽然实行农地流转、实现农业规模经营方式、发展农村集体经济的方向是明确的,现在面临的一个重要问题是,如何正确选择实行农地流转和农业规模经营合理有效方式。如果农地的流转方式和经营方式不合理,不仅农业规模经营不易持续、收益难以共享,而且可能不利于农村集体经济的发展,甚至扩大农村的贫富差距。因此,现在特别需要深入探讨实行农地流转、实现农业适度规模经营、发展农村集体经济的合理有效途径。

三、河南农业产业结构的演变

河南省农业结构变迁的70多年,既是被动适应国内外市场环境和制度条件不断变化的70多年,也是政府宏观调控经济形势并引导微观主体行为的70多年。在这期间,农业结构变迁经历了一个从不协调到比较协调的演化历程,先后围绕"粮食增产""以粮为纲、全面发展""丰富农产品品种""适应国内市场需求""农业增效、农民增收"和"与国际市场接轨"而展开,以动态适应约束条件变化和国家战略要求变化,更好地处理政府和市场的关系、促使政府和市场关系的良性化为主线,依靠农业经济制度变迁放松政府管制,逐步让市场在资源配置中起决定性作用,并配合政策工具的使用,以此影响微观主体行为决策并产生相应的绩效。

河南省总播种面积中,有88.4%为粮食作物,10.7%为经济作物,0.9%为其他作物。这种比例结构在1978年前变化不明显。不合理结构主要体现在两个方面:其一是农业结构中,种植业所占份额过大,畜牧业的份额较小,渔业和林业的份额过低;其二是种植业结构中,几乎没有饲料作物,经济作物的份额较小,绝大部分是粮食。这种结构对农业不同部门间彼此作用、协调发展造成严重影响与破坏,限制农业的全面发展。因此,这种农业结构虽然长期运行,却一直没改变农民收入少、农产品供应少的局面。短缺经济是当时农村经济、农业经济以及国民经济的重要特征。

(一)农业产业结构调整

随着改革开放政策的实施与不断推进,河南省农业产业结构不断调整与变化,共历经四次大调整。1979~1984年为第一阶段调整,属于被动性调整,在改革农产品购销体制的基础上,从传统的粮食生产转变成多种经营,种植业与粮食生产的比重不断减小,养殖业与经济作物种植持续发展。废除以"粮食为纲"的生产方针,既重视粮食生产,也促进多种经营的发展。此阶段全省粮棉产量快速提高,但运销、加工及储藏能力提升较慢,出现卖棉难、卖粮难的现象。1985~1991年为第二阶段调整,调整目标是适当减少棉花与粮食的种植面积,积极发展畜牧业。此阶段,河南省出现农业增产却难以增收的情况。1992~1997年为第三阶段调整,以促进多种经营发展、保证粮食产量持续提高为调整原则,以重视粮食生产、稳定播种面积、提高商品率和提升粮食品质为主要目标。此阶段,农产品产量快速提高,但农产品价格不断降低,没有体现出调整农业结构应有的效果。1998年至今为第四阶段调整,此次调整的宗旨是跳出短期经营思想下重视农产品数量的想法,既要有效地稳定供需,也要按需生产、以销定产;抛开传统农业生产的限制,推动农产品加工业的发展,增强农产品转化与加工能力,让农业实现产业化发展;摒弃小范围平衡发展的局限,对区域性农产品结构进行调整,让不同地区都能有效体现区位优势和资源优势,建立起特色农业新结构;跳出为发展农业而发展农业的圈子,全面发展小城镇与乡镇企业,扩大农业就业途径,推动城乡经济与农村三次产业的共同发展。所以,这次农业结构的调整是农村与农业经济持续、稳定发展的重要变革。

目前,河南省农业产业结构仍不尽如人意。首先,河南省的种植业一直是农业结构中的主体,创造了一半以上的产值。其次,畜牧业占总产值的28%~39%,是河南省农业产业结构中的第二主体;林业和渔业占比很少,年年平稳增长。例如,2021年农林牧渔业总产值达到10 501.20亿元,比上年增长约5.5%。其中,农业总产值约6 564.83亿元,比上年增长5.1%;林业总产值134.08亿元,比上年增长5.8%;畜牧业总产值2 942.06亿元,比上年增长3.1%;渔业总产值143.41亿元,比上年增长21.9%。从图4-1-4可以看出,河南省农业以种植业为主,种植业在农业产值中的比重长期高于全国平均水平。从长期来看,种植业比重呈下降趋势,但是又存在一定波动。1949~2008年种植业产值处于下降阶段,2009~2019年种植业产值又有回升趋势。但由于缺乏优越的自然条件,农业基础设施不完善,种植条件落后,这种产业结构不利于农业的发展。

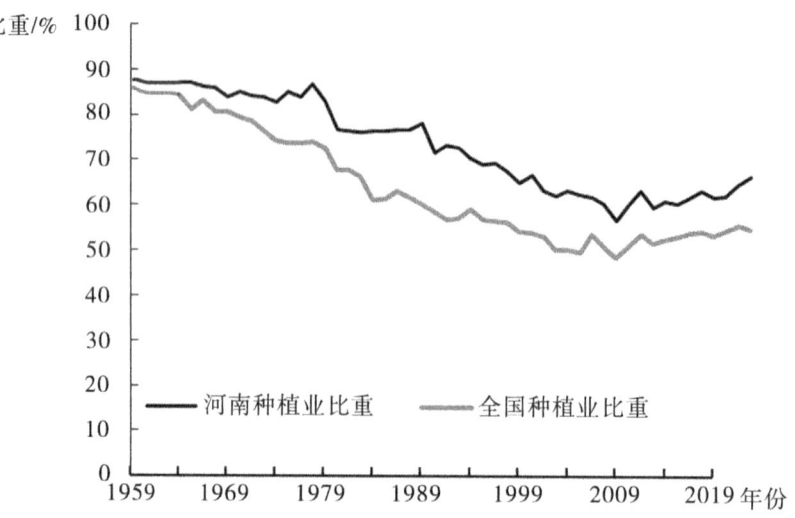

图 4-1-4 河南种植业比重与全国种植业比重变化

（二）种植业调整情况

通常以种植业的种植面积来说明种植业结构变化情况。长期以来，粮食种植面积始终占大头，占总播种面积的 2/3，说明粮食作物仍然在河南省占据最重要的地位；油料作物播种面积有一定的下降，从 2009 年的 1 541 公顷下降到 2017 年的 1 397.5 公顷；蔬菜播种面积略有上升，但呈现不稳定的状态，比如 2016 年有小幅下降。

从河南省主要农作物产量来看，粮食产量出现了稳定的增长，尤其从 2015 年开始粮食产量突破 6 000 万吨，保持了强劲的增长势头。这说明河南作为传统的粮食主产区很好地发挥了其积极作用，为全国的农业发展做出了巨大贡献。但棉花产量出现了连续下降。

（三）畜牧业调整情况

畜牧业是河南省农业结构整合的重点之一，为农村经济增长的一个新科目，是推动农民收入增加的有效渠道。随着规模饲养比重的逐渐提高，畜牧产业现代化进程明显加快，初步形成了"区域化布局、专业化生产、产业化经营、集约化管理"的新型发展模式。

河南省畜牧业产值占农业总产值的比重在 2003 年以前长期低于全国平均水平，2003年以后开始逐渐超过全国平均水平（见图 4-1-5）。从总体看，1952~1983 年为缓慢发展期；1983 年以后河南畜牧业持续较快发展。2020 年河南省畜牧业产值 2 856 亿元，占全省农业总产值的 28.7%。畜牧业及其相关产业带动 1 000 多万人就业，带动农民净增收入约 160 亿元，为打赢脱贫攻坚战和推动乡村振兴做出了重要贡献。河南已经成为全国重要的畜产品生产、加工和供应大省。

2005 年河南省已形成了以豫西、豫南浅山丘陵区和黄河滩区为主的绿色奶业示范带，中原肉牛、肉羊产业带，以许昌、漯河、驻马店等为主的京广铁路沿线生猪产业带，以新乡、安阳、鹤壁为主的豫北蛋肉鸡产业带和以信阳为主的豫南水禽产业带。"十二五"以

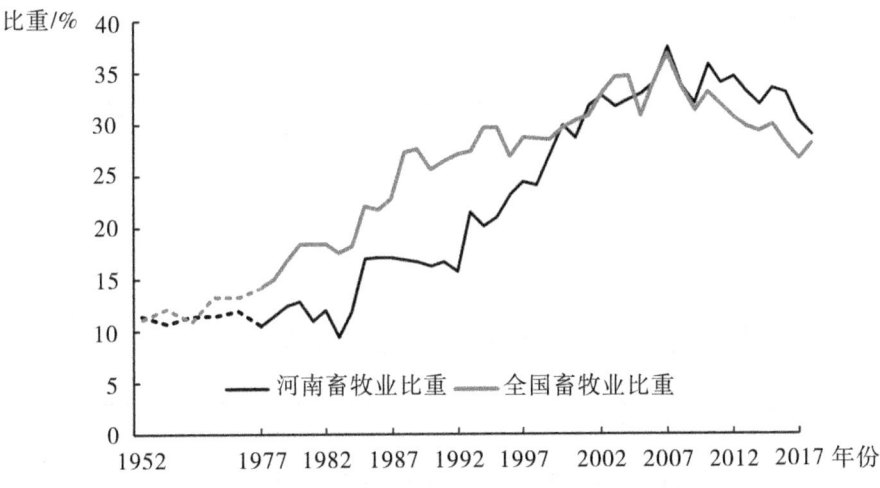

图 4-1-5　河南畜牧业比重与全国畜牧业比重变化

来,河南省畜牧业加快"育、繁、推、改"步伐,促进外来品种本地化、地方品种国际化、杂交改良商品化,建设优良地方品种种质资源库,构建良种繁育体系。2021 年,全省种畜禽场数量达 403 家,其中国家级核心育种场 14 家,年供种量 10 亿头(只),畜禽良种覆盖率达到 90%以上;郑州鼎元等 4 个国家级种公牛站年生产牛冻精 900 万剂,占全国的 1/3,稳居全国第一。

河南省坚持做强生猪产业、做大牛羊产业、做优家禽产业的发展思路,全力推进畜牧业发展和畜产品基地建设。2020 年,全省生猪存栏 3 887 万头,居全国第一位;禽存栏 7 亿只,居全国第二位。全省肉产量 544 万吨,居全国第三位;禽蛋 449 万吨,居全国第二位;牛奶产量 210 万吨,居第六位。河南省"豫牧"品牌培育步伐不断加快,通过绿色认证畜产品 35 个,通过国家地理标志产品 9 个,全省已培育出双汇、牧原、华英、花花牛等多个畜产品知名品牌,市场竞争力不断增强。

(四) 林业调整情况

林业主要指的是森林,包括原始天然林、天然次生林和纯人工林。河南省林业产值在农业总产值中的比重呈现先增加后减少的趋势,1949~1990 年为增长期;1991 年以后为减少期,其中 1999 年以后,林业产值一直低于全国平均水平(见图 4-1-6)。从河南省目前林业发展现状来看,河南省林业资源不够丰富。2022 年河南省全年造林 219.23 万亩,全省森林覆盖率达到 25.07%,森林质量明显提升。根据研究和实践,一般认为森林覆盖率在 30%以上且分布均匀,就能更好地起到保护环境的作用。河南省林业仍需进一步调整发展。

(五) 渔业调整情况

河南省河流、水库、湖泊、池塘星罗棋布,天然水域较多,宜渔水面 46.7 万公顷,渔业资源比较丰富。虽然近些年由于人民生活水平提高和市场需求加大,渔业比重有所上升,但与全国相比,河南省渔业在农业生产中所占比例一直较小(见图 4-1-7)。全省有 3 个省

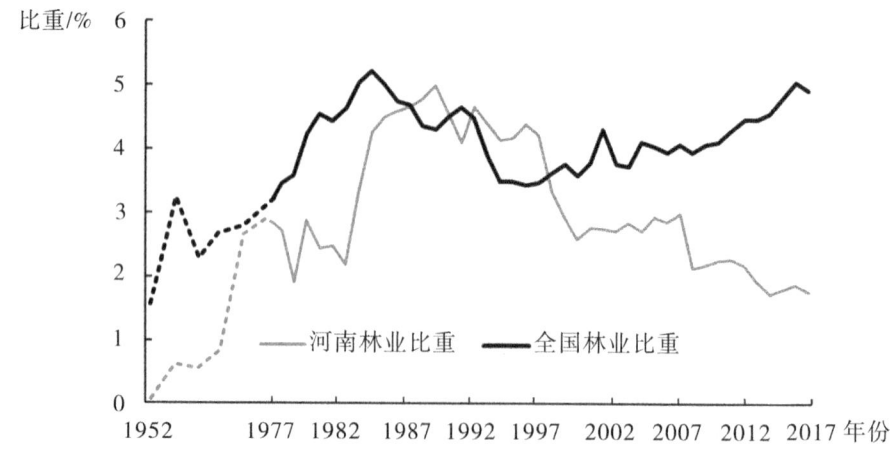

图 4-1-6 河南林业比重与全国林业比重变化

级和 20 个国家级水产种质资源保护区。河南省应结合渔业资源优势,发展特色优势水产,重点打造黄河鲤、淇河鲫两大特色品种,培养名特优水产集群。抓好特色优势水产品区域布局,扩大名特优水产品养殖规模,形成一批特色水产品生产基地。在沿黄区域积极建设现代化渔业基地,推进鱼类集约化养殖,为全省渔业提供可靠的良种保障。豫东地区积极开发沿黄低洼易涝盐碱地,大力发展鱼、蟹等名优水产品养殖。豫南地区以稻田养殖为重点,加大河蟹、虾、名优鱼类养殖,实现渔业和粮食生产双丰收。豫西地区大力发展网箱、冷水养鱼等。总之,河南要充分利用资源优势,因地制宜,形成中原特色的水产产业集群带。

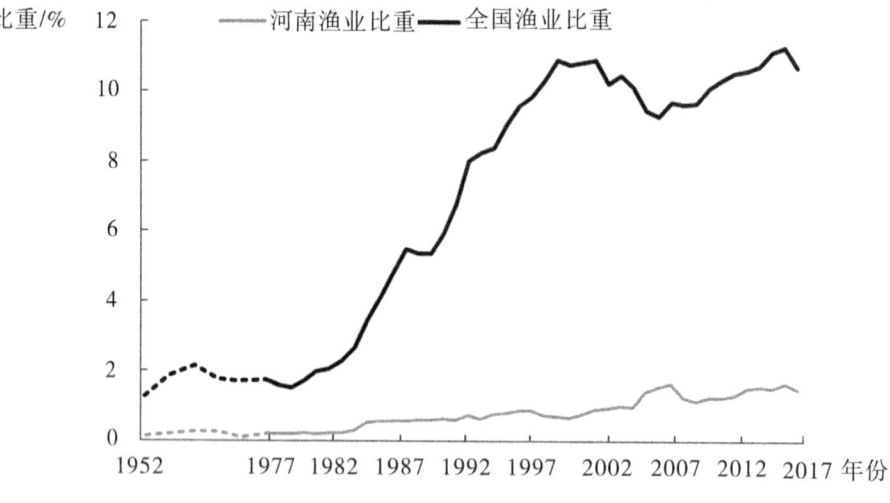

图 4-1-7 河南渔业比重与全国渔业比重变化

四、河南主要农作物的生产与布局

1978 年土地联产承包责任制解放了农村被束缚的劳动力。随着温饱问题的基本解决、社会的长期稳定与经济的发展,人们对农业发展的要求不断提高,河南的种植业结构发生了显著的变化,粮食作物种植比重在不断下降,其他作物比重在上升,深刻地体现了市场需求对种植业结构的影响。1983年粮食种植比重跌破80%,1999年跌破70%,目前仍然徘徊在70%左右。油料作物种植比重呈现先增后减趋势,而且总趋势是不断下降的。棉花种植比重呈现先增加后减少,而且有不断减少的趋势。其他作物种植比重在不断上升(见图4-1-8)。

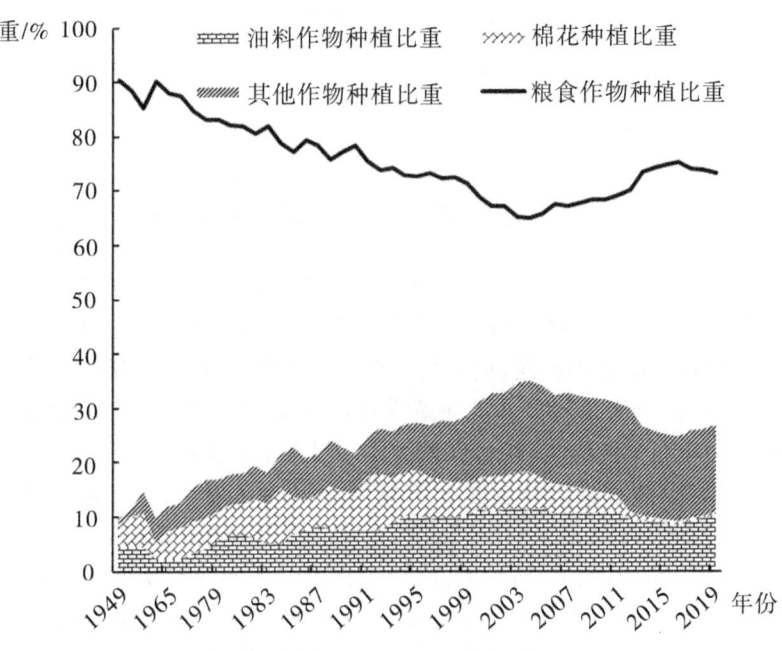

图 4-1-8 河南主要农作物种植结构变化

（一）河南粮食作物的生产特征

在国际上粮食概念的界定与联合国粮农组织的定义一致,一般指谷物类粮食作物,具体包括8种,即小麦、稻谷和6种粗粮(大麦、玉米、黑麦、小米、高粱、薯类),这也是国际粮食市场的划分标准。在国内不同粮食统计部门之间也存在着一些细微的差别,粮食生产部门将粮食划分为小麦、稻谷、玉米、大豆、其他5个类别;统计部门在生产部门划分标准的基础上更加细致,增加了高粱、谷子、薯类3个类别。因为河南小麦、玉米、水稻的产量合占河南省粮食总产的90%左右,所以下面主要阐述小麦、玉米、水稻三大主粮的生产与布局。

河南省的粮食生产有重要的地位,粮食产量在养活省内近1亿人的同时,每年还向外输出200亿千克的商品粮及粮食加工品。目前,市面上流通的便捷食品大多产自河南省,全国1/3的方便面、1/4的馒头产自河南省,由此可见河南在保障国家粮食安全方面的重要地位(见图4-1-9)。

1978年以前,河南省的粮食产量一直不高,难以保证省内居民口粮消费。十一届三中全会以后,随着家庭联产承包责任制的实施,农民生产积极性得到了很大的提高,粮食

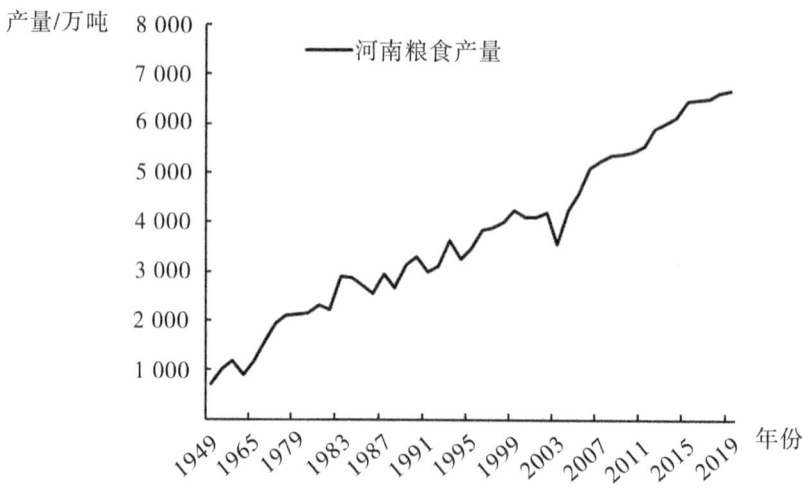

图 4-1-9 河南粮食产量变化

生产长期以来的总量不足问题也得到了较好的解决。河南省是粮食大省,省政府对于粮食产业发展的重视程度有所加强,粮食生产结构不断调整,粮食产量不断增加。

1978~1990 年,随着粮食产量的快速增长,粮食消费结构也由单一逐渐向多元转变,粮食消费在解决口粮消费的基础上,逐渐用于饲料和工业生产。

1990~2000 年,随着我国社会主义市场经济不断发展,粮食市场化改革进程加快。1990 年郑州粮食批发市场成立。1993 年郑州商品交易所成立,正式推出小麦、绿豆等粮食期货交易。1996 年开始尝试订单农业,与农户签订预约收购优质小麦的合同。河南开始引导粮食生产向优质化、标准化发展。1991~2000 年河南省粮食作物种植面积与粮食产量呈现波动增长状态。由于我国粮食统购统销制度于 1989 年开始变"双轨"为"单轨",粮食向商品化、市场化转变,因此这个时期粮食价格始终处于周期性波动,导致粮食产量也是在波动中增长。1994 年的"保量放价"以及 1995 年的"米袋子"省长负责制,促使河南省粮食生产在 1995~1999 年不断增产。之后粮食产量出现下滑,到 2004 年逐渐恢复,达到 4 260 万吨。

2001~2012 年,河南省进一步提出了建设"两个基地"的重大战略,要把河南建设成为全国重要的小麦深加工基地和畜产品生产基地。2006 年 5 月,河南省委明确提出,不仅要让河南省成为国人的"大粮仓",还要成为国人的"大厨房"。在政府的支持下,河南省粮食的生产结构在逐步得到优化。2000 年中央开始实施农业税赋改革,2003 年全面推进农业税费改革试点工作,2004 年中央一号文件开始聚焦农业的发展,2005 年河南省在中部地区率先取消农业税,2006 年废除农业税条例全面生效。政府对于农业的支持体系不断完善,农民群众得到了极大的实惠,这缓解了社会矛盾,缩小了城乡差距,进而促使粮食作物的种植面积占农作物种植面积的比例由下降走向了平稳,并凸显出上升的趋势。

2013 年以来,随着以国家粮食安全为核心的现代化农业的快速发展,我国的粮食供需局面发生了较大的变化,优质粮食供不应求,普通粮食供大于求。为保证农户的种粮积极性,政府完善了收储政策,普通粮食的大量收购增加了政府的财政负担,同时,国外的低价粮大量涌入国内,造成了高库存、高产量、高进口的局面。如小麦,高产量与高库存大多数是普通小麦,部分企业需要的优质专用小麦还需要进口。河南省政府于 2012 年出台了关于发展主食产业化的规划。主食产业化的发展,给居民的日常生活带来了极大的便捷,以安全、优质、营养、方便为原则的主食产业化发展,推进河南省由中国粮仓到国人厨房,再到世界餐桌的转变。据国家统计局公布的数据和 2020 年河南省国民经济和社会发展统计公报,10 年来,河南省的粮食作物播种面积长年保持在 0.1 亿公顷以上,面积起伏波动不大;2013 年以来粮食产量保持在 0.6 亿吨以上,且呈递增趋势;单产水平在 5 566.79～6 356.21 公斤/公顷,总体呈递增趋势,但受多种因素影响,年度间差异较明显。2020 年河南省粮食生产再获丰收,总产、单产均创历史新高,粮食播种面积 1 073.88 万公顷,总产达 6 825.80 万吨,占全国粮食产量的 10.19%,对全国粮食增产贡献率达 23.07%,为保障国家粮食安全做出了重要贡献。

从河南省粮食作物来看,小麦和稻谷份额变动相对比较稳定,1978～2019 年小麦的种植比重从 81% 下降到 53%,稻谷和小麦几乎占据了夏收粮食的全部。玉米的份额几乎每年都在上升,目前,已占到粮食作物种植面积的 37%。玉米是高产作物,其份额的持续增长为粮食产量的持续增长做出极大贡献。豆类的份额处于下降的态势,从最高的 16% 下降到目前的 4%。粮食作物越来越集中于几种主要的农作物。

(二)河南粮食作物的发展与布局

从粮食作物播种面积来看,1949 年以来,河南省粮食作物播种面积基本是上升的。从粮食作物播种面积占农作物播种面积比例来看,西部的洛阳和平顶山前期呈下降趋势,近年又呈现出上升态势;三门峡和南阳虽然占比较低,但是以较快的速度增长;中北部的郑州、许昌、漯河和济源等地区变化相对较小,值得注意的是开封市的占比较小且增长速度较慢;北部的鹤壁、新乡、安阳、焦作和濮阳等,占比相对较高,并且呈现出平稳上升态势;东南部的商丘、信阳、驻马店和周口呈现出波动式的快速增长态势。从粮食增产量来看,1990 年以来,河南 18 个地级市粮食产量全部处于增产状态,南阳、驻马店和周口增长较快,济源、三门峡和郑州增长较慢。从三大主粮作物看,小麦增长明显的集中于商丘、鹤壁、新乡、驻马店、漯河、许昌和周口;稻谷增长明显的集中于安阳、濮阳、开封、信阳、南阳和驻马店;玉米产量全省都处于增长明显的状态(见图 4-1-10)。

从目前的粮食总产看,粮食生产大市主要是驻马店、周口、商丘、南阳和信阳,即粮食基地集中于豫东平原和南阳盆地。粮食生产较弱的地区主要是三门峡、济源、洛阳。

从 2019 年三大主粮的产量看,最适宜小麦生长的是熟土层厚、结构良好、有机质丰富、养分全面、氮磷平衡、保水保肥能力强、通透性好的土壤;另外,还要求土地平整,确保排灌自如。驻马店、南阳、周口和商丘土地平整,土层深厚,是小麦主产区。最适宜水稻生长的是水稻土。水稻喜高温、多湿、短日照,对土壤要求不严;水稻幼苗发芽最低温度 10～12℃,分蘖期日均温 20℃ 以上,穗分化适温 30℃ 左右,抽穗适温 25～35℃,开花适温 30℃ 左右,相对湿度以 50%～90% 为宜。信阳是河南最大的水稻主产区。玉米对土壤要求不十分严格,大部分土壤都能种植玉米。玉米是喜温作物,种子发芽期温度 6～10℃,拔节期温度 15～27℃,开花期温度 25～26℃,灌浆期温度 20～24℃。河南省大部分地区都适合玉米生长,主产区是驻马店、周口、商丘、南阳、安阳和新乡。

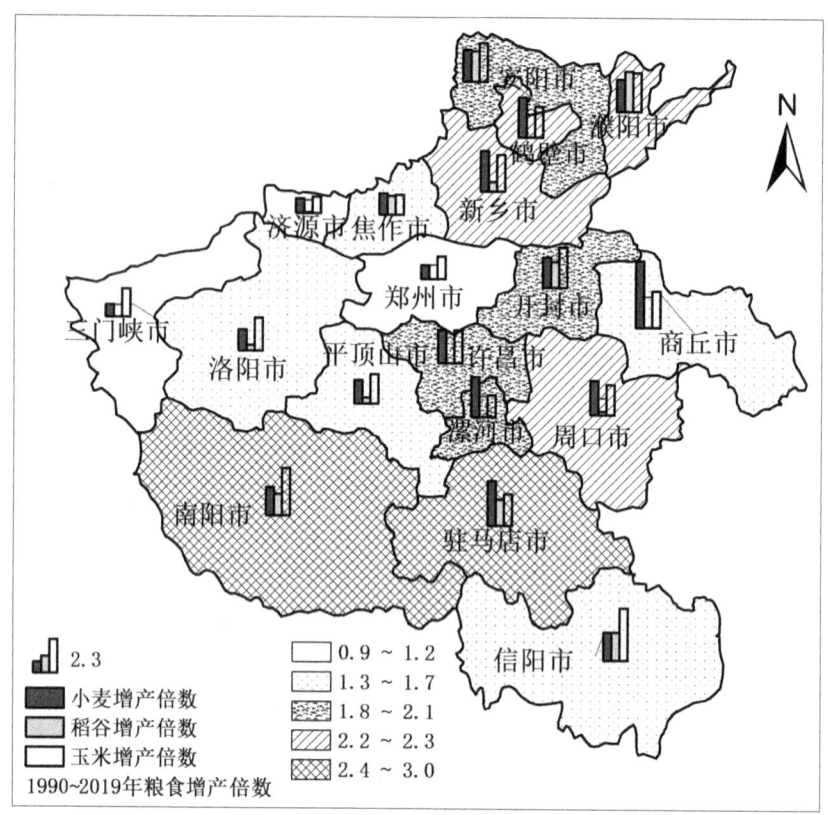

图 4-1-10　1990～2019 年河南省粮食增产倍数

（三）河南省经济作物的发展与布局

调整优化农业产业结构,促进农业产业发展,是乡村振兴战略"产业兴旺"的内在要求。因此,要深挖农业产业发展的巨大潜力。按照 2015 年农业供给侧改革要求,在保障粮食安全的基础上,要不断优化农业种植结构,调减低质低效作物种植面积,扩大优质高效作物种植规模,因地制宜发展经济作物,优化粮、经、饲种植结构。

河南省经济作物类型多样,以油料作物、棉花和蔬菜为主。从图 4-1-11、图 4-1-12 看,棉花产量 1949～1984 年为增长期,1985～2006 年为波动缓慢增长期,2007 年至今为产量下滑期。油料作物 1949～1992 年为缓慢增长期,1993～2012 年为快速增长期,2013 年以来为波动缓慢增长期。蔬菜的产量增长最多,1995 年以前为缓慢增长期,1996～2007 年为快速增长期,2008 年以来为缓慢稳定增长期。

从 2019 年油料产量的空间分布看,油料作物主要分布在豫东平原和南阳盆地,其中南阳和驻马店为主产区(见图 4-1-13)。河南的油料作物以花生和油菜为主。花生生长适宜温度为 25～30℃,比较耐旱,但发芽出苗时要求土壤湿润,田间最大持水量以 70％ 为宜;花生全生育期需水量 300～500 毫米;长日照有利于营养生长,短日照促进开花。所以河南的花生生产区主要集中于黄河滩区和黄泛区。棉花喜热、好光、耐旱、忌渍,适宜疏松深厚的土壤;在整个生长期间都需要很高的温度,适宜的生长温度为 25～30℃。河南省

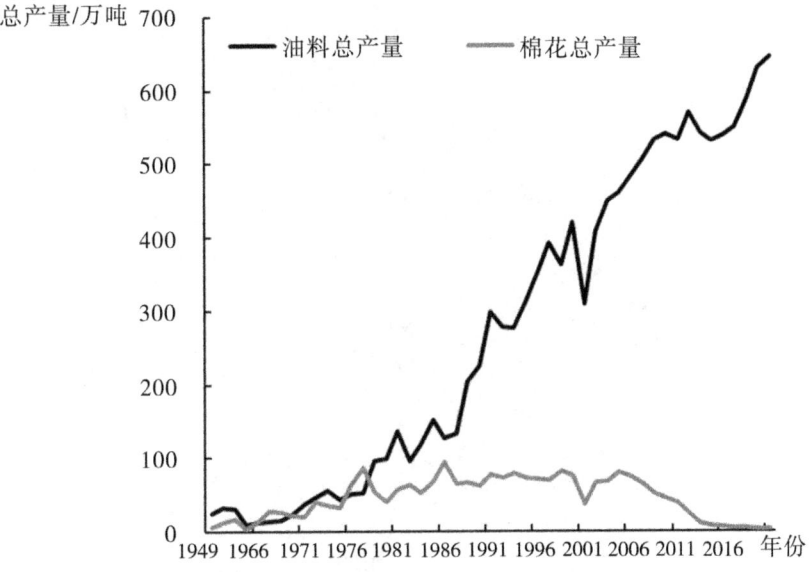

图 4-1-11　河南油料和棉花总产量变化

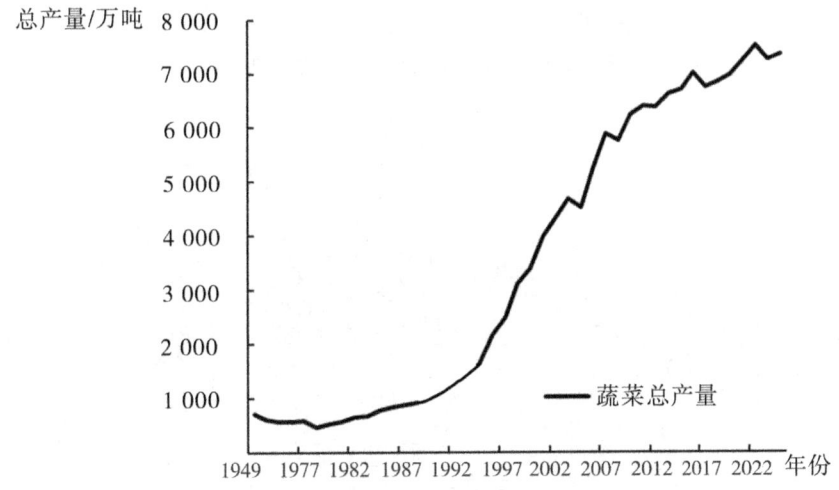

图 4-1-12　河南蔬菜总产量变化

的棉花产区主要分布在开封、周口和商丘(见图 4-1-14)。蔬菜的生产主要集中于平原区靠近城市的地区。

1990～2019 年油料作物和棉花产量的生产增长量来看,油料作物增长快的是驻马店、平顶山和信阳,而增长慢的主要集中于豫北和部分豫东地区(见图 4-1-15)。棉花增长最明显的是豫西和豫北,其中三门峡和洛阳表现最突出,增长慢的集中于信阳、驻马店和焦作。

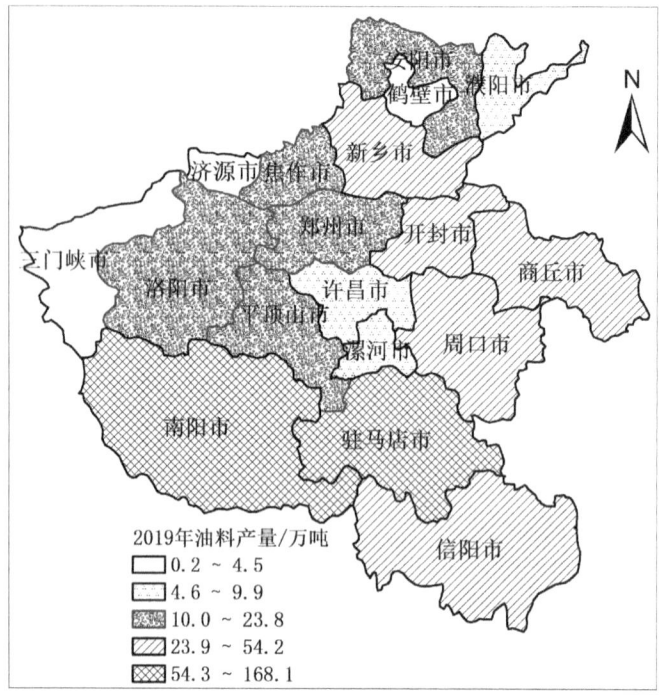

图 4-1-13　2019 年河南油料产量分布

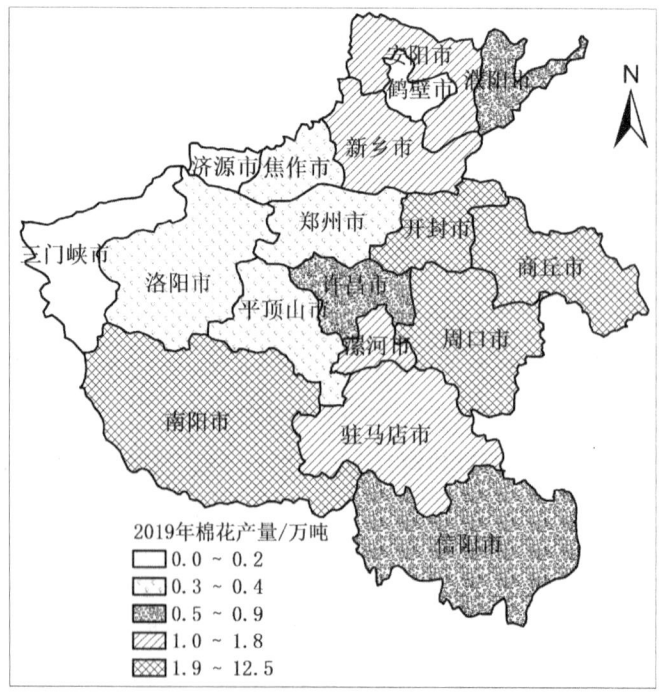

图 4-1-14　2019 年河南棉花产量分布

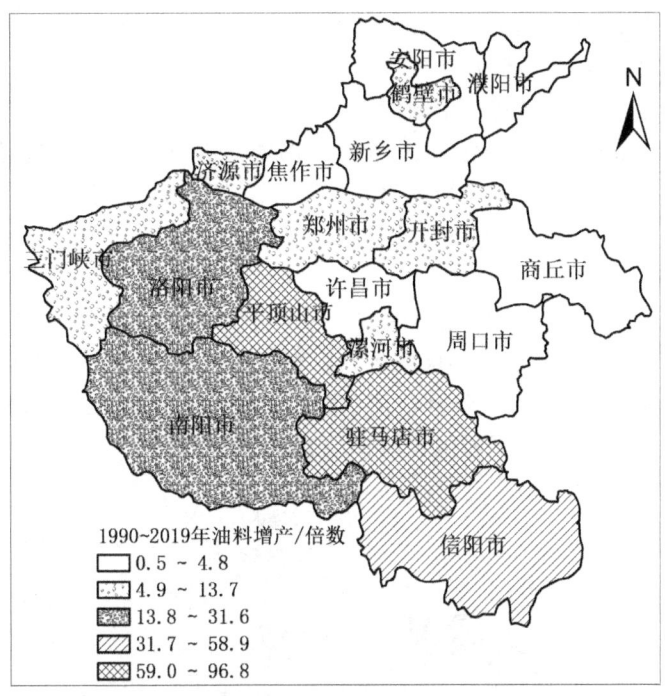

图 4-1-15　1990～2019 年河南油料产量增长倍数

五、河南畜牧业的发展与布局

农业作为具有发展规律的产业,从国际范围来看基本遵循种植业所占比重逐年下降,而畜牧业、林业、渔业比重逐年升高的规律。畜牧业水平的高低是农业发展水平高低的重要标志,因为畜牧业可以促进种植业、带动加工业、促进产业间良性循环,是衡量农业内部结构是否合理的重要标志。

河南是畜牧业大省和我国重要的畜产品生产和加工基地。2022 年畜牧业产值近 3 000 亿元,居全国第二;省级以上畜牧产业化龙头企业 309 家,其中国家级 28 家;省级现代畜牧产业园 6 家,国家级现代畜牧产业园 2 家。据传统发展经验和资源禀赋,河南主要发展猪、牛、羊、禽的养殖和加工。河南省的大牲畜饲养 1949～2005 年一直呈上升态势,2006 年以后开始迅速下降,主要是由于农业机械化的普及和大型养殖场的出现,使得大牲畜数量减少。同时,由于需求的多样化,猪、禽类和渔业的多样化占据了大牲畜的市场。这也可以从肉类产量、禽蛋产量和奶类产量的持续增长看出。

河南肉类生产量一直排在全国前列,规模优势较为明显。1978～1992 年是河南省肉类生产的缓慢增长期,这一时期的肉类主要是满足温饱需要。随着开放的深入和人们生活水平的提高,1993～2005 年河南肉类生产高速发展。但养殖户抵抗风险的能力不强,尤其对市场行情缺乏有效预测,并且养殖成本的不断增加也影响了养殖户的积极性,2006～2019 年养殖一直处于波动下降趋势,生产规模优势不断弱化,猪肉产量虽然逐年增加,但在全国却表现为效率劣势。河南是粮食主产区,小麦、玉米秸秆为牛、羊养殖提供了大量饲料。近些年,河南提出发展"两牛"产业,并确定大别山、伏牛山、太行山等地区以及黄河滩区为优质牧草生产基地,牛的养殖数量随之不断增加,尤其是肉牛养殖数量一直位居全国前列,牛肉综合比较优势不断增强,牛奶综合比较优势在2011年后也显著增强。河南肉羊养殖数量虽有波动,甚至2016年比2007年有所下降,但河南仍然是肉羊养殖大省,仅次于内蒙古、新疆和山东,在全国仍具有综合比较优势,且其优势不断增强。禽类数量仅次于广东、山东,但由于多为小规模养殖,规模效应未能充分发挥,所以在全国表现为综合效率比较劣势。

2019年河南省肉类产出大区和河南省的粮食主产区是一致的,主要分布在驻马店、南阳和周口一带,也就是说,河南的肉类生产以农区圈养为主,其中以养猪为主,其次是养羊。从图4-1-16看,1990~2019年驻马店、漯河、鹤壁和新乡肉类生产增长最显著,其次是周口、开封和许昌,郑州、洛阳和焦作增长最少。

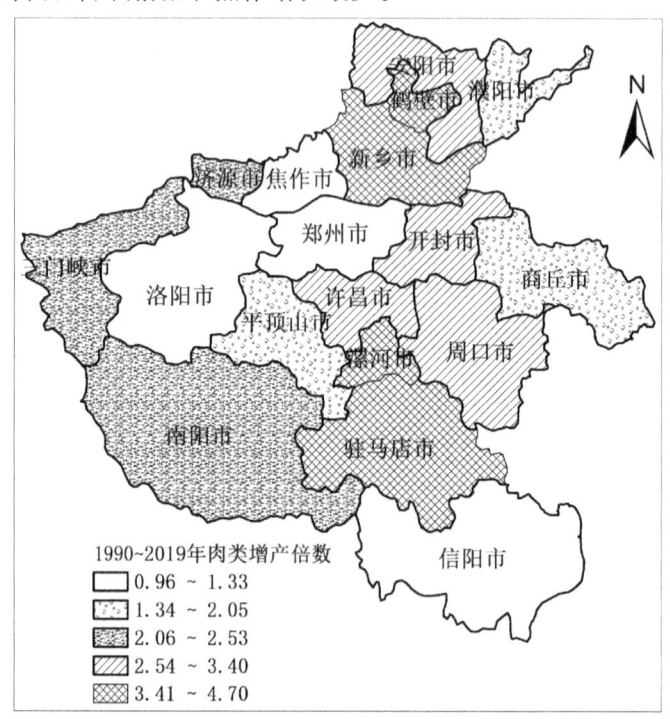

图 4-1-16 1990～2019 年河南肉类产量增长倍数

六、河南林业的发展与布局

根据第八次全国森林资源连续清查结果,河南省森林面积在全国仅列第22位,森林覆盖率在全国排名第20位,人均森林面积更是仅为全国平均水平的1/5。而且,森林资源分布不均,60%以上的林业用地、森林面积、森林蓄积量都分布在伏牛山区。河南省政府编制的《森林河南生态建设规划(2018—2027年)》,以"五年增绿山川平原,十年建成森林河南"为基本目标,提出"一核一区三屏四带多廊道"的总体布局。到2027年,河南省森林覆盖率达到30%,森林蓄积量达到2.59亿立方米,湿地面积达到80万公顷,林下经济面积达到134.9万公顷,森林植被储量达到1.4亿吨,森林生态服务价值达到每年3 600亿元。河南林业产业建设紧抓重点生态建设工程,大力建设退耕还林、天然林保护、野生动植物保护及国家储备林、防护林建设等林业工程,以因害设防、科学布局、分类指导为建设原则,以建设生态工程、开辟绿色通道、荒山宜林绿化为林业发展重点。

从图4-1-17看,2019年河南省的森林抚育区主要集中于伏牛山区和桐柏山—大别山区的南阳、三门峡、洛阳和信阳;木材主要产出地是信阳和驻马店所在的桐柏山—大别山区,其次是平原区的用材林,豫西和豫北产量很低。

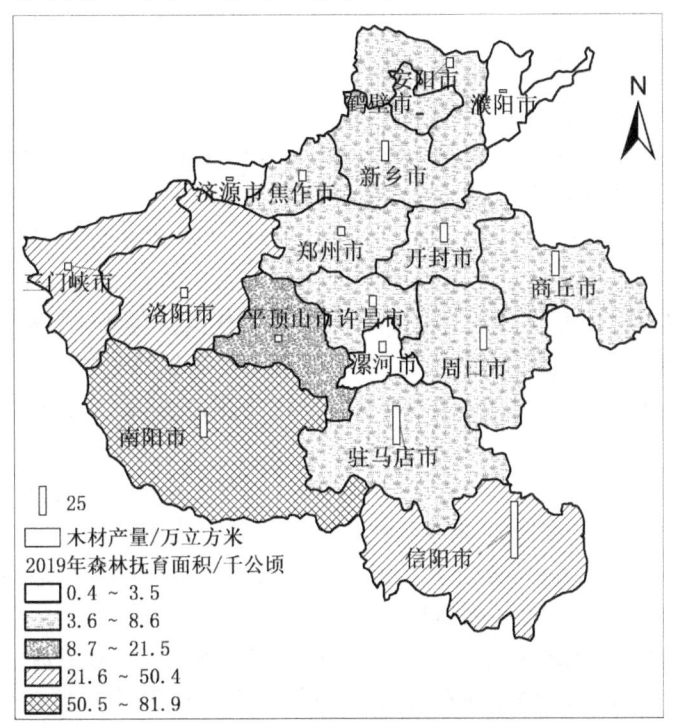

图4-1-17　2019年河南省森林抚育面积及木材产量分布情况

七、河南农业发展面临的问题及其对策

(一)河南农业发展面临的问题

1. 农业产业结构优化滞后

河南2002年全面推行农村税费改革,2006年废除农业税条例全面生效,健全农业支持补贴制度,极大地调动了农民的生产积极性。2004年,我国处于劳动力短缺和工资上涨的阶段,农民工资性收入普遍提高,河南作为人口大省,农村经济得到较大幅度提升。加之长期以来河南农业特别是粮食等大宗农产品生产,主要以高产为目标,力求增加农产品社会供应量和提升安全保障程度,因此,在农业现代化进程中加大投入,注重产出,农业现代化发展水平有了较为明显的提升。但是,随着经济社会的发展,人们对农产品的消费

需求结构发生了显著变化,开始追求饮食营养健康和食物的多样性。河南省农业生产中,小农经济占据主要地位,科技创新能力、生产组织方式、人力资源成本等要素资源配置未能实现较大提升与优化,制约了优质农产品的供应,以小农为主的生产经营方式无法有效判断市场需求,导致优质肉蛋奶的供应紧张。河南省农业产业结构优化中,农业产业调整力度不够,"一粮独大"的局面较为突出;农业产业融合水平不高,农林牧渔业服务业水平较低,农林牧渔增加值增速缓慢。农业现代化发展进程中,主要表现在农村社会经济发展水平低,农村居民人均可支配收入较低;农业生态现代化几乎停滞不前,化肥施用水平远高于其他省级行政区。

2. 特色农业区域布局不合理,且规模化水平低

从近几年河南省特色农业发展的状况来看,河南省90%以上的地区都是以生产小麦和玉米为主,除了南阳市和三门峡市,其余各市大宗粮食作物的种植比例都在60%以上,经济作物的种植比例也大体相同。从气候方面来说,河南省南部为亚热带,北部为暖温带;从地形方面说,河南省有平原、盆地、丘陵和山地;从位置方面说,黄河东西贯穿河南省,北部为海河流域,东南为淮河流域,西南为长江流域。再结合河南省各区域不同的交通、能源、互联网等发展条件,自然条件和社会经济条件具有优势。但河南省的农业布局显得尤为单调,特色农业布局问题尤为突出。随着市场需求的多样化,区域内特色产品的种植或养殖应该有侧重点,突出地区的优势资源,在有限的发展空间里实现经济效益的最大化。

河南省还没有实现特色农业的规模化经营,大部分农业生产经营以家庭为单位,从事第一产业生产的人数还很多。河南省三成以上的劳动力从事第一产业,直接进行农作物种植和家畜家禽养殖。在有限的土地上投入的劳动力越多,单位劳动力的种植面积或养殖规模就越小,实现特色农业的规模化的困难就越大。

3. 土地收入效益较低,农业人口外流,农民发展农业的积极性不高

青壮年农民外出打工,农业劳动力不足,劳动力成本上升,农产品生产成本节节攀升,加上粮食流通推向市场,价格偏低,农业相对收益连年下降,损害了农业生产的收益,重挫了农民的积极性。农业收入的比重在逐渐下降,农业投入产出比低,农业收入只占农民家庭总收入的25%。农村70%的青壮年农民外出务工,留下的人员多为老、弱、病、残、幼,优质劳动力不多,形成"70后不愿种地,80后不会种地,90后不谈种地,00后不知种地"的局面。留下来种地的多为50岁、60岁甚至70岁的中老年人,他们因为对土地还有情怀,不舍得放下,或上有老下有小不能外出打工等而留下来种地。留守在农村的这些人年龄普遍偏大,体力差,科技文化素质低,难以掌握现代种养技术。他们仍然沿用传统耕作技术,粗放种植,无法精耕细作,劳动生产率不高,甚至出现撂荒现象。

农业投入严重不足,生产零散、分散、规模小,制约了农业生产的产出,导致生产难以标准化,产品质量不稳定。调查数据显示,有98.8%的农户种地使用纯化肥、农药,只有1.2%的农户使用有机肥或者粪肥,这样不仅导致粮食的品质下降,更严重的是在化肥、农药的使用过程及生产环节中,对土壤、环境和能源的破坏极为严重,耕地质量退化,土壤酸化和盐碱化问题逐渐显现,土传病害呈现逐年加重的趋势,很多地方还出现了重金属离子超标的现象,严重制约了农业生产。

（二）保障粮食安全、促进河南农业发展的对策

1. 高效利用耕地资源，加强粮食生产能力建设

河南耕地保有量稳中有增。粮食主产区的南阳盆地、豫东黄淮平原、豫北山前平原以及豫东南丘陵平原区的耕地保有量都有所增加，耕地数量占土地的比例也有所提高。粮食种植面积及产能稳步提高。要通过提高复种指数和粮食单产，调整农业种植结构，引导粮食生产向南阳市、商丘市、信阳市、周口市、驻马店市等粮食主产区集中。按照驻马店市＞周口市＞信阳市＞南阳市＞商丘市＞新乡市＞安阳市＞洛阳市＞濮阳市＞许昌市＞开封市＞漯河市＞平顶山市＞焦作市＞郑州市＞鹤壁市＞三门峡市＞济源市的顺序合理安排粮食生产，保障粮食安全。

按照集中连片、旱涝保收、稳产高产、生态友好的要求，积极推进高标准基本农田建设，加强农田水利设施建设，合理调整农用地结构，大力发展城郊农业。严格保护耕地特别是优质耕地，进一步强化耕地占补平衡政策，不得以任何理由减免补充耕地的义务。按照"占一补一、先补后占、占优补优"的原则，从严格落实占补平衡数量、质量方面，确保建设占用的耕地与补充的耕地数量、质量相匹配。

建设优质、集中连片、基地化的基本农田保护体系，有针对性地采取培肥地力等措施，稳步提高耕地产能。经整治的耕地要划为基本农田，实行永久保护。按照数量、质量和生态全面管护的要求，依据耕地等级，实行差别化管护，重点保护优质耕地。城镇周边要切实加强对高标准基本农田的管控和保护，要划出一定宽度基本农田绿色隔离带，不允许市镇之间形成所谓的建设走廊。交通干线以及河道两侧不允许大搞景观建设，应建设生态安全的农业体系。各项建设不允许随意切割基本农田，而是要逐渐归并"小斑块"基本农田向"大斑块"基本农田靠拢，适应高标准基本农田基地化管理的要求。

加大农业空间管控力度，实行差别化耕地保护政策。人口聚集的经济较发达区，耕地保护要从"节流"上下功夫，严格控制建设占用耕地，稳定基本农田面积。通过农田基础设施建设提高现有耕地的产出率，走集约利用耕地的道路。将耕地作为城市绿地系统中的一部分进行考虑，通过耕地的生态恢复、生态建设，使其充分发挥出耕地的生态环境服务功能。要加强耕地保护宣传教育，只有人们充分意识到耕地的重要性，经济发达区的保护才有可能成为自觉行为。农业生产条件优越的经济欠发达区，耕地多为中低产田，改良潜力较大，现在和未来都是河南主要的粮食主产区和商品粮基地。今后应继续发挥粮食主产区的优势，把耕地保护的重点放在基本农田建设上。一方面，通过加大政府对农业的投入力度，改良中低产田，完善农田灌溉设施，推广节水灌溉技术，提高耕地质量；另一方面，通过对后备资源的合理开发，增加耕地数量。农业生产条件差的经济落后区，耕地保护要注重先质量、后数量，先生态、后发展，在保证生态环境建设用地的同时，加强基本农田保护，稳定农民基本的口粮田，重点保护好水浇地、梯田、平坝等良田。大力开展生态退耕，在保护生态的前提下适度开发耕地后备资源。

适度扩大城镇工矿用地空间，引导人口向经济发展潜力大、基础设施较好、经济发展水平较高的中小城市和中心镇集聚，形成合理的人口分布格局。

2. 优化升级农业产业结构,推进农业现代化提升

(1) 调整和优化种植业结构

一是坚持适区适种。各市要结合自身的自然资源条件,结合粮食生产综合比较优势,生产适宜本地的种植品种。二是对重要农产品设立保护区。根据各主产区资源禀赋和产业基础,划定农产品保护区,确保粮食安全。三是发展特色农业。针对消费者的消费升级和不同消费者的需求,优化农业产品结构,发展特色农业、品牌农业,扩大市场影响,带动增产增收。

(2) 发展畜牧业

针对大部分主产区畜牧业发展水平不高的现状,要加快畜牧业产能结构调整,建立完善扶持政策体系。要根据各主产区资源与环境的承载力,充分发挥各地区资源优势。大力发展畜牧业与畜产品精深加工业,形成具有明显优势的龙头企业。进一步推进标准化和规模化养殖,提高畜产品的竞争力,增加畜产品附加值。

(3) 促进农业产业融合

农业现代化发展中,要延伸产业链,使农业发展与农产品加工、流通和服务业等行业融合发展,形成具有联动作用的新产业,实现农业产业融合。农业现代化进程中,要促进农业产业融合,应重点抓好以下三个方面:第一,培育经营主体,带动农业全产业链融合。培育新型农业经营主体是促进三产融合的首要任务。农业产业融合要求参与的农民具有一定的知识水平,可快速接受与适应新技术。因此,要加强教育培训工作,培育新型农业经营主体。第二,发展与优化农产品加工业,提升农业生产的工业化水平。以市场需求为导向,以特色优势产品为基础,延伸产业链,加强农产品产后处理、精深加工,实现农业产前、产后一体化,提高农业生产效益。第三,开发农业的多种功能,培育新产业、新业态。要结合各地区的资源与基础设施条件,发展优势特色产业,依托农业生产基础和优势,挖掘农业的多种功能,让农业在生态观光、休闲娱乐、文化传承等方面的功能得到充分发挥和拓展,实现农业产业多元化,进一步提高农业的综合效益。

3. 合理布局和发展特色农业,提高农民收入水平

依据不同的资源条件,将区域经济、地缘经济与农村优势特色产业相互融合,发挥区域内龙头企业带动村内其他产业的功能,形成适应市场的农村经济结构。比如,鹤壁市浚县根据王庄镇粮食生产品质优良和规模较大的特点确立了当地的优势产业,又与当地产业基础较好的中鹤集团合作重点发展粮食生产、加工产业,以传统农业生产为依托,大力发展农产品加工业,延长农产品加工的产业链条,提高农产品的经济附加值,形成多条农产品产业链,逐步推进王庄镇特色农业的发展。要加大农技推广力度,提高优质农产品种植面积,保障种植效果,在区域内形成稳定的种植结构,提高农产品质量与经济效益,使其在国内乃至国际市场具有竞争力。通过农产品的增产、增收、增效,使农村社会经济充满生机和活力。延长特色农产品的产业链,形成特色农业产业集群。从河南省农产品的加工规模来说,特色农业产业链很不完善,从农产品生产到销售要经过很多企业主体,特色农产品的附加值大大降低,严重影响了河南省特色农业的进一步发展。为此,在现有发展条件下,河南省应不断培育和整合产业链条,完善产业链体系,在产业链各个环节共同发展的基础上,实现农户、中介组织、企业、政府机构之间的密切合作(可以考虑供销社体系的介入),形成特色农业产业集群,这样才能使地区潜在的相对优势转化为现实竞争优势,形成具有优势特色和竞争力较强的主导产业。要立足河南优势产业,以大中型粮食加工企业为主导,以市场为导向,整合生产、供销等环节,建立农产品加工产业化体系,加快农产品初级加工和农产品精深加工发展,提高农产品加工转化率和产品附加值,打造出河南加工企业品牌。要注重发展具有地理标志的有机杂粮、风味独特的特色瓜果,发展无公害、绿色、有机农产品,培育知名品牌,扩大市场影响,带动增产增收。要进一步发挥大型龙头企业在农业生产中的带头示范作用,通过大型龙头企业带头示范作用,提升区域内产品质量和产品信誉,使农业生产的现代化得到进一步深化,增加区域产品竞争力。

4. 做好农村与农业电子商务配套设施和服务工作,大力发展农业电子商务

随着社会的发展,信息化成为农业发展的必然趋势。加快推进农业信息体系建设,推进农业信息进村入户,可以使农民随时了解市场需求,有针对性地进行种植,减少农作物种植的盲目性。建设农产品网络销售平台,及时发布农产品供求信息及技术信息,促进产品信息交流,最大限度地提升农业生产效益。

农产品因其特殊性,保质期相对来说是比较短暂的,因此通过电子商务快速推销农产品是非常有必要的。政府要加大投入,加强农村基础设施建设,建立一个比较畅通的网络系统。除了建立健全的网络系统,相关配套的服务产业如金融、物流、电商平台建设等都离不开政府的资金投入。相关部门还应该借此东风,大力培养熟悉农特产品业务的相关人才。比如在就业方面,对回到农村农特产品行业的电商人才给予相应的政策支持和政策优惠,鼓励大学生支援农村。

第二节 工 业

工业是国民经济中一个十分重要的物质生产部门。没有工业的存在与发展,就不会有国民经济其他部门的进一步发展,而且工业的现代化程度及发展规模,最终决定着整个国民经济的面貌,因此工业是国民经济的主导。

一、改革开放以前的河南工业经济

(一)国民经济恢复时期(1949~1952年)

新中国成立前,长年的战乱使得河南经济凋敝,现代工业基本空白,基础十分薄弱。1949年,河南工业总产值仅2.98亿元,发电量也只有500多万千瓦时。除生产少量的纱、布、火柴、卷烟和原煤、电力等外,其他则是一片空白,工业在国民经济中处于从属地位。有限的工业生产能力主要集中在铁路沿线有限的几座城市,分布极不合理。新中国成立后,河南进行了为期三年的国民经济恢复建设,没收官僚资本主义工业企业为国有工业,对日渐衰落的民族资本主义工业和个体手工业生产实施社会主义改造。由于正确处理了生产关系和生产力等一系列重要政治经济关系,工业生产得以快速恢复和发展。到1952年能够生产30余种产品,全省工业总产值达到9.98亿元,占全省工农业总产值的比重从1949年的14.8%上升到23.8%,许多关系国计民生的重要产品的产量恢复到或超过历史最好水平。

(二) 社会主义改造时期(1953～1957年)

从1953年开始,河南继续对全省资本主义工业和个体手工业实施社会主义改造。在工业结构上,将优先发展重工业作为经济建设的战略重点,集中主要力量在煤炭、电力、化学、机械等重工业领域进行了大规模的基础设施建设,重工业产值比重迅速提高,初步奠定了社会主义工业化基础,为进行全面的社会主义建设创造了必要条件。到1957年,全省工业总产值达16.63亿元,比1952年增长66.6%,占全省工农业总产值的比重上升到31.8%。重工业加速增长,年均增长23.2%,高于轻工业增速12个百分点,在工业总产值中的比重由1952年的20.4%上升到30.0%。河南已开始有能力生产诸如锻压设备、滚动轴承、变压器等重要机械设备。但在这一时期,河南工业经济也出现了一些问题,一是重工业超前起步,为后来的国民经济比例失调埋下了隐患;二是伴随着高度集中的计划经济体制的建立,政府成为资源配置的主体。

(三) "大跃进"及调整时期(1958～1965年)

由于对经济发展规律认识不足,从1958年开始在生产建设中出现"左"倾冒进的失误,提出了"大跃进"等口号;在所有制关系上,强调"一大二公三纯",排斥非公有制经济;在经济关系上,工业发展被简化为重工业发展,重工业发展被简化为"以钢为纲",违背经济规律,致使工业经济比例关系严重失衡,重工业占工业的比重从1957年的30.0%急剧上升到1962的46.0%,工业生产几乎纯化为全部国有和集体。工业结构严重失衡,导致工业经济增速大幅下降。1958～1962年全省工业总产值年均增长6.7%,比"一五"时期下降了一半。1962年全省布、纱、卷烟等轻工业产品产量比1957年还低。

为了摆脱这种困境,中央决定从1961年起对整个国民经济实施"调整、巩固、充实、提高"的方针,关、停、并、转了一大批企业,大力发展轻工业,充实和加强薄弱环节,由此全省工业生产秩序得到调整和改善。1965年,全省工业总产值达到42.24亿元,比上年增长36.9%。其中轻、重工业分别增长36.2%、37.7%,各类轻工产品也有不同程度的增长,大部分指标接近或超过了历史最好水平,河南工业重现生机。

(四) 在徘徊中前进时期(1966～1976年)

这一时期,极"左"思想又一次成为工业部门的指导方针,工业经济运行出现了较为严重的问题。一是全省工业总产值平均增速逐渐降低,"三五"时期比"三年调整"时期降低6.2个百分点,"四五"时期又比"三五"时期降低5.0个百分点;二是"一大二公三纯"的所有制格局进一步强化,国有工业和集体工业产值比重达到100%;三是形成了高度的封闭式特征、最终产品率低下的"重工业自我循环"特征和分散布局特征,"三线建设""大办五小"的工业建设与发挥优势、区域分工、集中布局、规模经济的工业化规律趋于严重对立;

四是工业管理混乱,停工停产,亏损逐年扩大。1976年全省工矿企业亏损面达到67.0%。但在全省上下共同努力下,1975年全省工业总产值仍比1965年增长了2.1倍,达到130.94亿元。

二、改革开放以后的河南工业经济

(一)改革开放与振兴阶段(1978～1988年)

1978年,党的十一届三中全会召开,"以经济建设为中心"成为全党的工作重心。面对国民经济比例严重失调的状况,河南按照"调整、改革、整顿、提高"的方针,对全省2 300多家企业分期分批进行整顿,努力进行经济体制改革,积极开展扩大企业自主权试点工作。通过艰苦的努力,全省工业经济停滞、倒退的局面得到初步扭转。1984年,伴随着经济体制改革从农村转向城市,全省工业战线围绕增强企业活力特别是增强国营大中型企业活力这个中心环节进行体制创新,厂长负责制、各类经营承包制等一系列以完善企业经营机制为核心的改革形式陆续全面推开,推动全省工业迈入高速增长的轨道。1979～1988年,全省全部工业增加值年均增长13.0%,较1973～1978年的平均增速提高3.7个百分点。

(二)治理整顿与加速发展阶段(1989～1993年)

1988年9月,鉴于当时经济生活中出现了明显的经济"过热"和通货膨胀等问题,国家决定开始治理经济环境,整顿经济秩序。在省委省政府的积极推动下,治理整顿的措施在河南陆续落实到位并发挥作用,但工业生产在降温中增速回落过快,从1989年第四季度急剧下滑,出现负增长局面。为扭转工业负增长的局面,1990年中央把宏观调控工作重点放在调整结构和提高效益上。省委省政府制定了"以农兴工、以工促农、农工互动、协调发展"的发展思路,做出"大力发展食品工业,振兴河南经济"等一系列重大部署,并根据邓小平南方讲话精神适时提出"一高一低"的战略方针。与此同时,"八五"计划与到2000年的10年规划同时出台,一系列改革举措加快实施,全省改革开放和经济建设的步伐明显加快,1990年5月摆脱负增长的局面,工业生产又现增长之势。1989～1993年,全省全部工业增加值年均增长13.4%,其中,1992年、1993年全省全部工业增加值增速分别高达26.5%、23.1%。

(三)调整转变与改革攻坚阶段(1994～2002年)

在各项改革举措的引导下,全省经济建设全面高涨。但同时也伴随着开发区热、房地产热的不断升温,经济发展中的"泡沫"成分不断加大,金融秩序出现混乱局面。治理经济过热,抑制通货膨胀,再度成为宏观调控的首要任务。以此为背景,全省工业经济增速再次放缓。

1995年9月,党的十四届五中全会提出"两个根本性转变",宏观调控不再搞全面紧缩,更加强调灵活运用利率、税率、价格和法律等手段,同时注意把加强宏观调控和深化改革有机地结合起来,既抑制了通货膨胀,又保持了经济稳定增长,实现了经济"软着陆",全省工业经济增长方式从粗放型向集约型转变的步伐加快。

随着1997年亚洲金融危机爆发,世界经济的变动第一次明显波及河南。省委省政府高度重视,及时出台一系列政策性文件。一方面,积极应对金融危机,努力扩大内需,促进经济平稳较快增长;另一方面,充分把握入世契机,将国际竞争的压力转为推进国企改革和结构调整的动力,全省国企改革向纵深推进,由点爆式攻坚转向整体式推进,超过80%的国有工业企业成功实现改制。国有经济经过改制重组后,机制优势初步显现。1994~2002年,全省全部工业增加值年均增长12.7%,继续保持高速增长态势。

(四)跨越与科学发展阶段(2003~2007年)

2002年,按照党的十六大精神,河南以国有大中型企业公司制改革、上市公司股权分置改革、省属企业产权结构多元化改革等为突破口,积极推进国有经济布局和国有企业战略性重组。同时以建立落实科学发展观的体制机制为重点,在全国率先启动了煤炭、铝土等矿产资源整合,着力推动资源向骨干企业配置。随着价格管理体制改革力度不断加大,投资管理体制积极推进,财税管理体制不断深化,金融体制加快创新,社会主义市场经济体制得到进一步完善。面对我国加入WTO后的新形势,河南主动适应新变化,积极承接国内外的产业转移,开放型经济进入到一个新阶段。2004年以后,全国经济出现煤电油运紧张、部分地区和行业投资增长过快、经济运行泡沫不断加大的现象和苗头,国家实行稳健的财政政策和适度从紧的货币政策。河南坚持在发展中主动适应调控,在调控中谋求更好更快发展的思路,积极推进各项改革与体制机制创新,努力保持经济社会又好又快发展的态势。2003~2007年,全省全部工业增加值年均增长18.2%,这一时期也是河南工业经济发展的黄金期。

(五)增速换挡与转型升级阶段(2008~2021年)

2008年全球性的金融危机爆发。河南工业战线积极应对,工业生产虽有所放缓,但仍保持较快增长,全省全部工业增加值同比增长15.3%。随后,全省上下认真贯彻落实"稳增长、调结构、促转型"的各项政策措施,以产业集聚区为载体,坚持发挥比较优势与后发优势相结合、做大总量和优化结构相结合,强化创新驱动发展,注重新旧动能转换,努力做大做强战略支撑产业,积极发展战略新兴产业,全面提升工业经济信息化水平,工业经济持续稳定增长,逐步走出金融危机的阴影。2009~2012年,全省全部工业增加值年均增长13.2%。

党的十八大之后,全省深入学习贯彻习近平总书记系列重要讲话和调研指导河南时重要讲话精神,认真贯彻落实中央一系列重大决策部署,紧紧围绕"中原崛起、河南振兴、富民强省"总目标,统筹"稳增长、促改革、调结构、惠民生",坚持调中求进、改中激活、转中促好、变中取胜,河南工业经济发展呈现出结构优化、动力转换、发展方式转变加快的良好态势。2013年起,全省工业经济进入换挡期,增加值增速回落至个位数,但河南工业经济转型升级效果初显,提质增效发展稳中向好。2016年,河南工业全面推进供给侧结构性改革,在化解过剩产能、处置"僵尸企业"、实现资源优化配置和市场出清的同时,加快培育更多产业新增长点和结构性力量,推动全省产业结构向中高端迈进,河南经济保持较快的增长态势。2008~2021年,全省全部工业增加值年均增长10.8%;工业利润年均增长16.4%,高于增加值年均增速5.6个百分点。

三、河南工业经济发展的辉煌成就

新中国成立以来,特别是改革开放40多年来,河南工业经济在建设有中国特色社会主义、全面振兴河南、加快中原崛起的征程上取得了巨大成就。

(一)工业经济实现跨越发展

1. 工业生产突飞猛进,经济规模迅速扩大

新中国成立70多年来,河南工业企业队伍逐步壮大,规模以上工业企业数量倍增,经济规模实力持续提升,为河南经济社会发展做出了重要贡献。1949年,全省共有工业企业2 646家,经过30年发展,1978年增加到12 142家;1978~1997年,全省乡及乡以上工业企业单位数成倍增长,增至25 986家;1998~2008年,全省规模以上工业企业数快速增长,由10 450家增至18 700家;2009~2021年,全省规模以上工业企业数进入较为平稳的增长阶段,由18 105家增至22 041家,企业单位数增长21.7%。随着河南工业企业的发展壮大,全省各项主要工业经济指标总量均实现扩张。70多年来,全省工业规模逐步发展壮大,工业增加值年均增长12.7%,工业在全国的影响力发生历史性变化。截至2021年底,河南规模以上工业资产总量居全国第5位,规模以上工业主营业务收入居全国第6位、利润总额居全国第7位。从河南省工业占全国的比重(见图4-2-1)可以看出,改革之后,1978~2010年河南省的工业发展迅速,从占全国比重的4.0%跃升至6.7%,2010年以后稳定发展,基本保持在6.0%以上的比重。工业总产值提升趋势明显(见图4-2-2),从20世纪90年代之后大幅上升。《河南工业发展报告蓝皮书(2020)》指出,新兴产业增加值增速喜人,工业利润在中部6省中名列第1,出口规模继续稳居全国第10位、中部6省第1位。2021年河南装备制造、食品制造、新型材料制造、电子制造、汽车制造等五大主导产业增加值增长7.7%,高技术制造业同比增长12.3%,战略性新兴产业同比增长12.2%,分别高于全省规模以上工业同期增速0.5个、5.1个、5个百分点,也高于同期传统产业、高耗能工业(分别为6.7%、7.3%)的增速。新产品较快增长,2018年锂离子电池产量增长142.8%,新能源汽车产量增长70.4%,服务机器人增长37.8%,而同期塑料制品、有色金属、平板玻璃等产品产量不同程度萎缩,表明产业产品结构优化趋势明显。

2. 工业生产能力迅速提升,主要产品产量居全国前列

新中国成立之初,河南只能生产少量的纱、布、火柴、卷烟和原煤、电力等产品。经过70多年特别是改革开放以来的快速发展,全省工业生产能力迅猛增强,特别是在冶金、建材、化工、纺织、电子信息、汽车和家电等领域生产能力更是大幅跃升,主要工业产品产量进入全国前列。2021年,全省规模以上工业主要产品中,纱产量345.5万吨,占全国产量的11.6%;纯碱产量172.7万吨,占全国产量的6.6%;水泥产量10 965.0万吨,占全国产量的5.0%;粗钢、钢材产量分别为2 892.0万吨、3 661.0万吨,分别是1978年的53.3

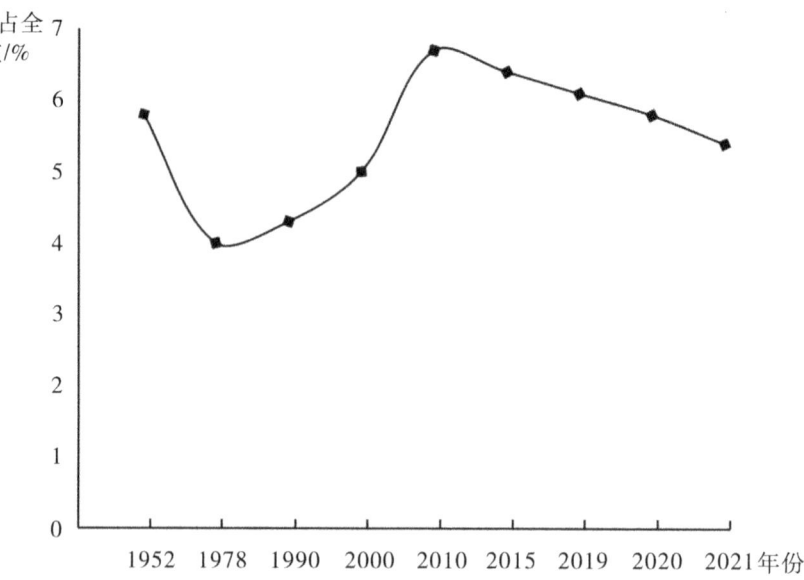

图 4-2-1 河南省工业产值占全国的比重

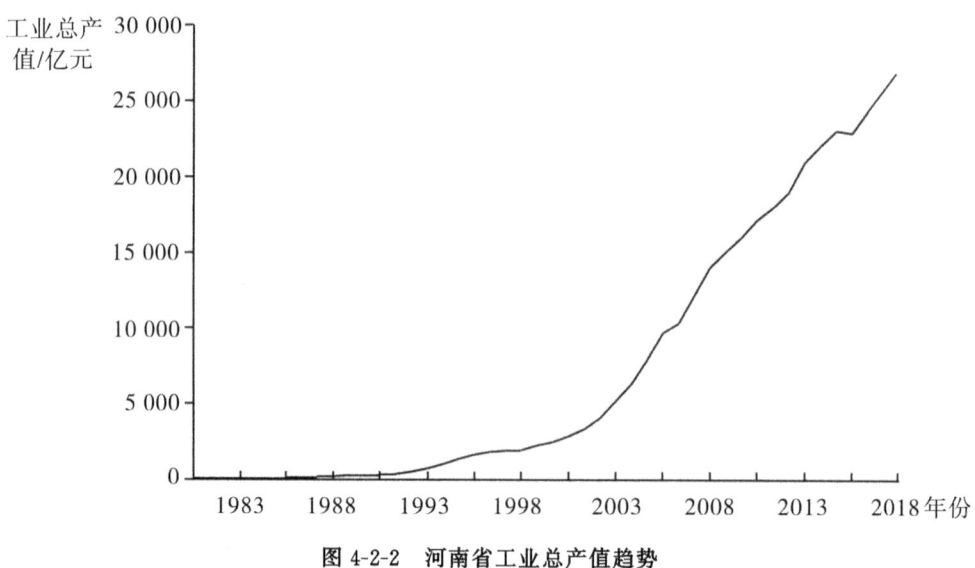

图 4-2-2 河南省工业总产值趋势

倍、118.3倍;汽车产量60.9万辆,是1978年的435倍。手机、轿车、家用电冰箱、房间空调器、家用洗衣机等产品的生产能力从无到有、从少到多、从弱到强,有些甚至一举主导国内乃至国际同类产品市场。2010年全省手机产量只有2万多台,经过11年的迅猛发展,2021年已达2.06亿台,占全国手机产量的11.5%,在全国位居第2位。2019年,规模以上工业营业收入河南48 544.5亿元、湖北45 212.9亿元、四川43 811.1亿元、湖南37 310.8亿元,河南在中西部工业大省中名列前茅。河南省主要规模以上工业品产量,在中西部也位居前列(见表4-2-1)。

表 4-2-1　2019 年河南、四川、湖北、湖南 4 省主要规模以上工业品产量

工业品	河南	湖北	四川	湖南
十种有色金属/万吨	435.55	85.84	97.02	193.90
钢材/万吨	3 837.97	3 771.58	3 308.24	2 451.58
交流电动机/万千瓦	1 273.57	236.87	115.13	1 114.04
大型拖拉机/台	11 273.00	0.00	0.00	0.00
中型拖拉机/台	35 410.00	9 788.00	130.00	0.00
工业锅炉/蒸发量吨	102 418.40	3 213.00	96 941.10	13 942.70
手机/万台	21 744.06	3 919.95	14 811.37	1 262.86
机制纸及纸板/万吨	386.83	415.83	332.41	331.27
硫酸/万吨	418.57	848.92	650.96	171.58
农用氮磷钾化肥/万吨	406.50	558.32	441.70	52.57
平板玻璃/万重量箱	1 973.25	10 299.44	4 759.41	3 394.59
粗钢/万吨	3 599.09	3 611.51	2 733.31	2 385.72
塑料制品/万吨	424.42	526.23	448.85	405.83
家用电冰箱/万台	251.63	539.85	157.64	0.00
发动机/万千瓦	366.11	15 583.65	1 857.43	745.06
空调/万台	1 520.84	2 110.93	251.73	11.30
汽车/万辆	60.92	223.97	61.94	56.13
铁矿石原矿量/万吨	741.80	1 600.30	10 928.81	142.10
原盐/万吨	347.30	427.35	537.51	322.13
饮料/万吨	1 252.14	910.62	1 952.59	753.70
水泥/万吨	10 465.59	11 622.84	14 712.10	11 194.89
发电设备/万千瓦	80.64	120.31	2 007.98	160.87
发电量/亿千瓦时	2 765.80	2 896.40	3 671.00	1 505.50
集成电路/万块	127.70	237.10	772 217.30	62 639.00
家用洗衣机/万台	57.71	0.00	156.19	0.00
电脑/万台	0.00	1 270.24	6 584.24	128.78
大气污染防治设备/台	4 779.00	10 816.00	3 193.00	11 980.00
金属冶炼设备/吨	58 007.50	22 388.00	60 888.40	71 107.80
铁路机车/辆	0.00	0.00	82.00	346.00

3. 工业竞争力不断增强

新中国成立到改革开放前,由于主要工业品供应短缺,加上工业发展模式是半封闭型的,河南对外贸易及出口商品基本一片空白。改革开放后,全省工业企业不仅吸引国外资金和先进技术来发展壮大自身,还积极参与国际分工,拓展国际市场,产品大量进入国际市场,出口品种不断增多,产品档次和质量不断提高,特别是近年来工业产品出口交货值规模增长迅速。

河南出口产品种类不断增多。高技术、高附加值产品成为出口主力。2021 年,全省手机生产企业的出口交货值 2 900 亿元,成为全省工业产品出口增长的主要拉动力量。电子元件产品出口额 325 亿元,占全省出口交货值的 6.6%。同时,传统劳动密集型产品加快更新换代,出口产品档次和质量不断提高,发制品、汽车、皮革鞋靴、石墨、铝材等行业已成为河南省在全球具有一定国际竞争力的行业。

4. 工业技术水平显著提升,"两化"融合深入推进

新中国成立时,河南工业技术能力非常薄弱。随着全省经济实力的增强,工业企业科研投入稳步增长,创新能力显著增强,研发成果日益丰硕,技术水平明显提升,工业装备水平和产品附加值持续提高。同时,大力推进"两化"(工业化、信息化)深度融合,努力运用信息技术特别是新一代信息通信技术改造传统产业、发展战略新兴产业,加快产业转型升级,促进全省工业持续快速发展。

企业研发力量不断增强。2021年,全省规模以上工业企业中有研发机构的有2 397家,比2004年增长4.9倍,占规模以上工业企业的比重为10.9%,比2004年提高6.4个百分点;规模以上工业R&D经费支出472.25亿元,比2004年增长13.9倍;研发投入强度(R&D经费支出与主营业务收入之比)由2004年的0.33%提升至0.57%,提高了0.24个百分点。

研发成果日益丰硕。2021年,全省规模以上工业有效发明专利1.4万件,比2004年增长24.6倍。科研成果转化为生产的能力不断提高,全省高技术产业增加值为1 403.04亿元,占工业增加值的8.2%,比2010年提高4.4个百分点;同比增长16.8%,高于规模以上工业8.8个百分点,对工业增长的贡献率达16.9%。装备制造、冶金、机械、石油、化工和纺织等工业部门的技术水平都有了很大的提高,拥有一批具有现代水平的产品、工艺和技术装备,核心竞争力和总体水平有了长足提高。

"两化"融合深入推进。近年来,河南加快实施工业信息化工程,努力促进制造业与互联网融合发展,组织开展智能工厂、数字化车间试点示范和国家两化融合管理体系贯标,大力推进"两化"深度融合发展。截至2021年,全省52家企业被确定为国家两化融合管理体系贯标试点企业,10家企业被确定为国家互联网与工业融合创新试点企业。河南加快发展电子商务、物联网、云计算、大数据,开展"豫货通天下"工业企业和电商企业对接活动,国家工业云创新服务试点通过验收,国家大数据综合试验区获批,涌现出中华粮网、世界工厂网、中钢网、鲜易网等一批知名的本土电子商务平台。2018年,全省电子商务交易额15 048亿元,同比增长20.0%,是2010年的8.4倍;网络零售额3 203亿元,同比增长28.4%。全年新认定备案电子商务企业5 991家,累计认定11 961家。省级电商示范基地、示范企业累计分别达到56个、218家。

(二)现代工业体系逐步形成,工业产业结构持续优化

新中国成立前,河南工业部门残缺不全,只有煤炭开采、木材加工、纺织等简单的加工业。新中国成立后特别是改革开放以来,全省制定和实施了一系列重大产业政策,对工业经济内部结构进行了多次重大调整,建成了门类齐全的现代工业体系,工业产业结构在持续调整中不断优化升级。

1. 建立了门类比较齐全的工业体系

经过70多年的建设,工业结构门类日趋完善,建材、食品、化工、钢铁、有色金属、电力、煤炭、机械、轻纺等工业部门逐步发展壮大,一些新兴的工业部门如轿车、电子等产业也从无到有,迅速发展起来。目前河南已拥有40个工业行业大类。

2. 轻重工业结构不断合理深化

1978年,全省轻、重工业产值比为0.8∶1,重工业占比高于轻工业,但重工业仍以劳动密集型为主,技术含量不高。改革开放以后尤其是进入新世纪后,随着工业化进程的加快,以黑色和有色金属工业、石油化工及煤化工工业、装备制造工业等为主体的重化工业加快发展,工业内部结构向更高层次演进。2021年,全省轻、重工业增加值占比分别为36.6%、63.4%,重工业占比大幅上升,资本密集型、技术密集型企业得到迅速发展壮大,为工业经济由大变强奠定了基础。

3. 主导产业对工业经济的支撑作用日益凸显

党的十八大以来,根据世界工业经济发展趋势和河南工业自身特点,河南制定了重点发展电子信息、装备制造、汽车及零部件、食品、新材料等5个重点产业的政策措施。近年来,五大主导产业快速增长,对河南工业经济的快速稳定发展发挥了极为重要的作用。2012~2021年,全省主导产业年均增长15.0%,高于规模以上工业年均增速3.4个百分点;主导产业增加值占比持续提高,2021年主导产业增加值占规模以上工业增加值的45.1%,较2012年提高7.7个百分点。

4. 新兴产业不断加快孕育发展

新中国成立初期至21世纪前10年,河南工业结构以冶金、化学、建材、轻纺、能源等传统行业为主。进入21世纪特别是十八大以来,全省大力发展高技术产业和先进制造业,积极推动战略性新兴产业,新动能产业加快孕育发展,工业经济不断向中高端迈进。2018年,高技术制造业、装备制造业增加值占规模以上工业的比重分别为8.2%、15.0%,全省战略性新型产业增加值所占比重为15.4%。主要代表性产品增势强劲,2021年,新能源汽车产量增长70.4%,锂离子电池增长142.8%,生物基化学纤维增长45.3%,服务机器人增长37.8%。手机、盾构机等产品的产量跻身世界前列,矿山机械、起重机等加快追赶国际先进水平。

(三)产业集聚区成为工业经济发展的重要推动力量

1. 产业集聚区成为强劲动力

全省产业集聚区自2009年开始建设,经过十余年的发展,综合带动作用不断增强,已成为承接产业转移的主要平台,推进工业化、城镇化进程的重要载体,实现科学发展和转变经济方式的战略突破口。2013~2021年,全省产业集聚区规模以上工业增加值年均增长16.8%,高于同期全省规模以上工业增加值年均增速5.8个百分点。2021年产业聚集区规模以上工业增加值占全省规模上工业增加值的比重为71.6%,对全省工业主营业务收入增长的贡献率高达97.3%。18个省辖市和10个省直管县中,89%的地区产业集聚区工业增加值占当地规模以上工业增加值的比重超过50%,产业集聚区在各地区域经济中的地位日益突出,已成为引领地区经济发展的主导力量。

2. 产业互补、各具优势的区域发展新格局初步形成

经过多年的发展,全省工业产业互补、各具特色的区域发展新格局已初步形成。郑州市是全国重要的综合性交通枢纽,区位优势明显,近年来在装备制造、汽车、食品、电子信息等产业方面具有明显的比较优势,2016年汽车产业产值首次突破千亿元,千亿级产业集群达到5个。洛阳市积极发挥老工业基地优势,装备制造业、冶金、石化等重工业行业基础雄厚,门类齐全,体系完整。漯河市的食品工业、许昌市的装备制造和能源电力等工业在全国具有重要影响。周口、商丘、信阳等黄淮地区依靠农业优势,重点发展食品、服装加工等产业。平顶山、安阳、鹤壁、焦作、濮阳、三门峡、济源等资源型城市正在着力转型发展。

3. 一批优势企业迅速崛起

河南实行工业强省战略,重点支持大企业、大集团发展,加强资源整合,引导生产要素向优势企业聚集,有力地促进了优势企业(集团)做大做强。目前,一批规模大、效益好、市场竞争力强、具有自主创新能力的大企业迅速崛起。2021年,全省年营业收入超过100亿元的工业企业集团达到46家,较2008年增加23家,其中超过300亿元的达到10家。电子信息产业的鸿富锦,食品行业的双汇集团、河南众品、牧原食品,有色金属行业的洛阳钼业、豫光金铅、万洋冶炼,煤炭行业的河南煤化工、中平能化,汽车行业的宇通客车,非金属矿物制品行业的黄河集团、西保集团,化工行业的风神轮胎、神马集团、龙蟒伯利等公司已经成为国内外知名企业甚至是该行业的"领头羊"。

四、主要工业生产部门及其布局

(一)能源工业

河南省能源资源种类繁多,藏量丰富,开发容易,生产条件优越。能源工业是新中国成立以来河南省发展最快、地位最高的一个工业部门。而在能源工业中,特别突出的是煤炭、石油和电力生产。2019年全省能源生产总量10 304万吨标准煤,比1978年增长132%。《河南能源发展报告(2020)》蓝皮书指出,2019年,河南清洁能源消费稳步增长,全年能源消费约2.3亿吨标准煤,煤炭消费减量替代成效显著,煤炭消费比重降至70%以下;油气增长较为平稳,消费比重持续提升;非化石能源消费比重达到8.5%左右。截至2019底,全省非化石能源发电装机2 336万千瓦,其中太阳能发电装机1 054万千瓦,跻身千万千瓦级别,全省非化石能源发电量同比增长18%;全省非化石能源利用量同比增长约13%,利用水平大幅提升;全省净吸纳外电规模首次突破500亿千瓦时,创历史新高,同比增长超过23%。

新时代能源发展呈现新特征。一是擦亮绿色发展底色。在能源供给侧,清洁能源有效供给不断增加,全省可再生能源发电装机比重超过25%;在能源需求侧,终端用能清洁化水平持续提升,天然气、非化石等清洁能源消费比重"十三五"以来累计提高约5个百分点。二是坚持为民惠民本色。助力打赢脱贫攻坚战,持续做好电网脱贫、光伏扶贫工作;着力办好民生实事,协调推进清洁取暖,2019年完成"双替代"209万户;持续释放改革红利,一般工商业电价实现再降10%。三是打造农村能源特色。以兰考全国首个农村能源革命试点建设为依托,推进农村资源能源化、用能低碳化、能源智慧化、发展普惠化,率先探索建设农村现代能源体系。四是突出创新发展亮色。积极推动能源产业与"大云物移智链"等新一代信息技术深度融合,河南能源大数据应用中心建设快速推进。

从地域分布来看,煤炭主要分布在豫北的鹤壁、安阳、焦作、济源,豫西的荥阳、巩义、新密、登封、偃师、新安、宜阳、洛阳、义马、渑池、平顶山、临汝、韩梁、禹州和豫东的永城等地。20世纪70年代南阳油田和中原油田被发现并相继开采,河南省的石油工业才得以确立,石油工业虽生产历史很短,但发展迅速。河南省的电力生产特点是以火电为主(占95%),水电为辅(占5%),电网供电。全省现有的大型火电厂分布在平顶山(姚孟)、焦作、安阳、开封和洛阳(首阳山)。河南省水力资源丰富,水能理论蕴藏量517万千瓦,可开发利用量315万千瓦,大部分集中在黄河干流上,具有巨大的开发价值。水电站以黄河上的小浪底和三门峡电站最大。

（二）冶金工业

冶金工业包括黑色冶金和有色冶金两大类,黑色冶金中以钢铁冶炼为主。河南省的钢铁冶炼居全国中等水平,有色冶金地位较高,河南是全国重要的有色金属生产基地之一。2021年河南省钢材产量为3 837.97万吨,10种有色金属产量435.55万吨。

河南省是全国有色金属资源较丰富的省份,种类有30多个,其中以铝、金、钼、银四大有色金属储量最大,地位最高。河南省铝土矿的工业储量约占全国的37%,居全国之冠;探明储量约占全国30%,在全国仅次于山西居第2位。铝土矿主要分布于京广铁路以西的焦枝和陇海两大铁路沿线。全省大型炼铝企业共有5家,即郑州上街铝厂、郑州中原铝厂、焦作铝厂、三门峡铝厂和永城铝厂。其中郑州上街铝厂是全国规模最大的铝工业生产基地。河南钼矿资源得天独厚,仅河南省栾川县境内的钼矿储量就达约100万吨,是全国最大的钼矿产地。黄金矿主要分布于豫西的灵宝等地,矿体规模大、品位高,现已大规模开采和冶炼。三门峡建有大型黄金冶炼厂,是全国三大黄金产地之一。银矿主要分布于豫南和豫西,其中桐柏山区的银矿是全国四大银矿中储量最大、品位最高的一个。现在,河南省也已成为全国重要的白银产地之一。河南省的铜矿储量不大,但冶炼加工能力很强,洛阳是河南也是全国重要的铜精炼和加工中心之一。河南省发展钢铁工业的条件较差,铁矿资源贫乏(储量11.13亿吨,占全国的2.2%),矿点多而分散,大中型矿少,品位低。因此,钢铁工业的生产受到很大限制,规模较大的只有安钢和舞钢两家。

（三）纺织工业

河南省是一个棉、毛、麻、丝等自然纤维资源极为丰富的农业大省,也是全国重要的化学纤维生产地。河南省的纺织工业部门较为齐全,不论是棉、毛、麻、丝和化纤纺织,还是原料加工、纺纱、织布、印染和纺织机械生产,都有相当的规模,成为专业齐全的综合性纺织工业基地。从内部比例结构看,河南的棉纺织工业生产能力最大,工业地位最高,河南是我国六大棉纺织生产省区之一。郑州是全省最大的棉纺织中心,也是我国拥有棉纺锭50万枚以上的五大棉纺织基地(上海、天津、石家庄、郑州和武汉)之一,纺、织、染生产能力约占全省的1/3以上。除郑州外,安阳、新乡、洛阳、三门峡、周口、平顶山、开封等十几个城市还建有中型棉纺织企业,小型棉纺织企业几乎遍布全省各县市,布点稠密而均匀。

（四）机械工业

机械工业为河南省最大的工业行业之一，形成了工程农机、电工电器、基础件、汽车、石化通用、重型矿山、机床工具、仪器仪表、食品包装等9个行业，生产150多个大类5 000余种产品，其中工程农机、电工电器、基础件行业在全国具有一定的优势。一拖集团、许昌继电器集团等几十家企业的综合指标及近百种产品的生产能力、市场占有率、技术水平和经济效益位居全国同行业的前列。

农业机械制造是河南省在全国最富有特色的机械工业生产部门，主要生产拖拉机、排灌机械、机引农具和农产品加工机械。特别是拖拉机的生产地位最高，大中型拖拉机生产数量仅次于上海，小型拖拉机生产数量仅次于山东，在全国均居第2位。拖拉机工业产值大约占农业机械总产值的3/4。洛阳和开封是河南也是全国重要的农业机械制造中心。洛阳拖拉机厂（中国第一拖拉机制造厂）是全国规模最大、产量最大、以生产大型履带式拖拉机为主的农业机械骨干企业，产品畅销全国各地。开封是我国大型联合收割机制造中心之一，也是河南省中型拖拉机和手扶拖拉机的重要产地。除以上两地外，郑州、新乡、周口、商丘、许昌和漯河等地，在拖拉机、排灌机械、机引农具和农产品加工机械方面，也都有较大的生产能力。其他小型农机具，几乎每个县市都有生产。目前，一个以郑、汴、洛三地为依托，以大型企业为骨干，由各县市中小机械厂构成的农业机械生产和服务体系已经形成，有力地支援着河南乃至全国的农业发展。

河南省的工业专用设备、通用设备、通用零部件、锅炉及纺织机制造业也都比较发达，其中矿山机械、纺织机械和滚动轴承等产品在全国占有重要地位。矿山机械企业主要分布于靠近采矿业发达且交通便利的洛阳、郑州、焦作、鹤壁和新乡等地。洛阳矿山机械厂是我国大型矿山机械制造中心之一，以生产大型采掘机、卷扬机、选煤机为主。郑州主要生产液压支架、煤矿运输设备和勘探机械，纺织机械制造是随着河南省成为全国性纺织工业基地而兴起的。郑州是全省最大的纺织机械和器材生产中心，其次是开封，两地的纺织器材产量在全国位居前列。此外，新乡、安阳和洛阳的机床制造，郑州和开封的锅炉生产，洛阳的轴承生产，三门峡和郑州的水工机械制造，信阳的木土机械制造，等等，也都闻名全国。

电气机械及器材制造业产品主要包括发电设备、电线电缆、电器开关和电机等。在全国地位较高的产品有郑州和焦作的电缆、许昌的继电器、南阳的防爆电机、平顶山的高压开关、新乡的电冰箱、安阳的电筒和电池、开封的电机等。

（五）化学工业

化学工业是河南省仅次于机械和纺织的第三大工业部门。经过"十一五"到"十三五"的快速发展，特别是在河南能源化工集团和平煤神马能源化工集团的龙头带动下，全省石化产业综合实力由21世纪初的全国第10位跃到2018年全国第5位，河南已经成为全国重要的基础化学品生产基地。在能源、资源、区位的基础上，河南石油和化学工业形成了具有中部特色的产业基础。

河南省化学工业发展中仍存在一些问题。一是单厂规模小，产能利用率低。例如，全省现有的 24 家合成氨生产企业中,产能在 100 万吨/年以上的仅有 3 家,21 家产能在 30 万吨/年及以下,产能利用率不足 60%。现有的 10 家甲醇生产企业,产能均在 60 万吨/年及以下。二是装备水平低,环保压力大。例如,合成氨生产企业、甲醇生产企业使用固定床间歇式煤气化炉的分别有 17 家、2 家,能耗高,排放量大,与先进水平相比有很大差距。三是产业布局分散,安全问题突出。传统煤化工企业分布在 14 个省辖市,有些位于城市建成区、人口密集区,安全风险隐患较大。四是成本优势不突出。煤炭、电力等生产成本明显高于西部省区,从外省调入煤炭量占比一半以上,主要产品低端化、同质化严重。五是河南化工产业缺少大体量、前沿性的现代化装置。六是省内化工产业整体信息化和智能化程度有待提高,与沿海发达地区(例如浙江、江苏)相比,在发展起点和发展速度上仍有差距。七是省内适用于过程型产业的技术服务力量有待进一步增强。

河南省化工行业面临新的挑战,必须抓住发展契机,发挥产业基础优势,加快转型、升级和发展的步伐。强化传统产业、布局新兴产业、加快科技进步是未来河南化工产业的发展方向。化工产业既是传统优势产业,又是新兴产业,与国民经济息息相关,在国家战略布局中占有重要位置。传统产业是基础,要在新形势下强筋健骨,走低碳绿色循环化发展之路,通过智能化、循环化、园区化等手段,实现技术水平和装备能力的快速提升。河南拟围绕这一主题开展相关工作,巩固和建立一批国内有影响的化工企业集团和化工产业集聚区。新兴产业要结合危险化学品仓储物流加工基地建设,充分发挥河南独有的交通区位优势,利用东、西部不同的资源禀赋和产业分布特点,顺应国家拉动内需的市场要求,在河南布局一批有市场、效益好的现代化学品加工产业园区,以改变化工产业能源消耗偏大的现状。加快科技进步,谋划建设河南省化工科创基地和产业孵化园区,集中力量开展一批促进化工产业高质量发展的关键共性技术的研发,结合相关产业的发展,实施"产学研"一体化新产品技术创新,打造国内乃至国际知名的科创产业基地。从行业角度来看,河南石化所面临的问题是发展中的问题,只能立足于发展去解决问题,借助智能制造深入挖掘和释放行业内的有效产能,提高产能利用率;促进全行业工艺及装备的优化和进步;从技术角度上保障化工生产的安全;降低化工生产成本,促进行业内企业经营模式和产品创新、管理和生产转型、规模和市场升级。

(六)电子信息工业

《河南省电子信息产业转型升级行动计划(2017—2020 年)》提出,到 2020 年,河南省电子信息产业基本实现由单纯规模扩张向规模扩张与价值提升并重的转变,由生产制造为主向生产制造与研发应用服务相结合的转变,主营业务收入力争达到万亿级,建成全国重要的中西部地区竞争优势突出的电子信息产业基地。到 2020 年,建成 5 000 亿级智能终端产业集群,全产业链发展格局和产业生态系统基本形成。

"十一五"末以来,河南省抢抓产业转移机遇,走出了一条以智能终端为突破口的电子信息产业转型发展路子,引进一批智能终端龙头项目,电子信息产业规模迅速扩大,层次不断提升,结构持续优化,全球重要的智能终端制造基地基本形成。2016 年,全省电子信息产业主营业务收入 4 861 亿元,其中电子信息制造业达到 4 565 亿元,是"十一五"末的 9 倍左右,位居中部六省首位、全国第 6 位。智能终端产业从无到有,电子材料、新型电池、智能传感器、信息安全等行业在全国已具有一定影响力,并涌现出一批行业龙头企业。依托郑州航空港经济综合实验区建设,全省围绕电子信息产业构建的产业公共支撑服务体系正在加速形成,为产业集聚发展提供了良好的载体条件。

河南省电子信息产业虽然实现了跨越发展,但深层次、瓶颈性问题仍然突出。一是产业规模总体偏小,电子信息产业占全国的比重不足4%。二是核心竞争力不足,创新水平不高,产品附加值低;重点领域品牌欠缺,具有影响力的龙头企业偏少。三是区域发展不平衡,对个别地方、企业的依存度过高,产业发展存在一定风险。四是要素成本上升,发展压力增大。针对存在的问题,河南省应加快落实国家相关战略规划,抢抓政策机遇,把握信息技术发展趋势,加速核心技术突破和产业化,巩固优势产业,培育新增长点,全力实施电子信息产业转型升级。

坚持高端化、绿色化、智能化、融合化发展方向,按照"龙头带动、集群配套、创新协同、链式发展"的思路,注重与国家发展战略相衔接。注重立足基础与布局前沿相结合,注重推动产业集聚发展,注重谋划转型升级方向和路径,做强智能终端、电子材料、新型电池3个优势产业,实现跨越发展。做优信息安全、智能传感器及终端、光电子、汽车电子、云计算大数据、软件和信息技术服务业6个特色产业,实现规模效应,提升核心竞争力。培育新型显示、集成电路等关键核心产业,实现高端突破。到2020年,河南省电子信息产业基本实现由单纯规模扩张向规模扩张与价值提升并重的转变,由生产制造为主向生产制造与研发应用服务相结合的转变,主营业务收入力争达到万亿级,建成全国重要的中西部地区竞争优势突出的电子信息产业基地。

(七) 轻工业

河南省是我国的农业大省,农产品资源丰富,为发展食品工业提供了良好条件。2009年9月,河南省人民政府印发了《河南省食品工业调整振兴规划》(简称《规划》)。按照《规划》设计,通过"三步走"实现从"中国粮仓"到"国人厨房"和"世界餐桌"的跨越。河南将着力打造国内一流的面制品、肉制品和乳制品三大主导优势产业,建设国内具有较强竞争力的果蔬、油脂、饮料三大区域优势产业,培育国内具有重要影响力的休闲食品、调味品等成长性产业,构建企业和品牌、产业基地、现代物流、技术创新、质量安全、人力资源六大支撑体系,形成结构优化、布局合理、特色明显、优势突出的现代食品产业基地。

河南名酒有宋河粮液、杜康酒、民权葡萄酒、西峡养生酒、张弓大曲、林河大曲、宝丰大曲、汴京啤酒、郑州啤酒等。从产地分布看,郑州市、焦作市和漯河市是河南饮料酒产量最大的地区,其次是商丘、信阳和南阳等。河南省是我国发展烟叶生产和卷烟工业最早的地区之一,也是我国最大的烟叶产地和第二大卷烟生产地。卷烟生产规模以郑州最大,其次是许昌,安阳、南阳、漯河、驻马店和洛阳的产量也都比较大。河南省医药工业是一门新兴工业,包括化学药品生产、中药材饮片加工、中成药生产、医疗器械制造、卫生材料生产以及药用玻璃包装等比较配套的医药工业基础,并有一批包括化学合成、制剂生产和制药机械等专业科技干部和技术工人在内的科技骨干力量。

根据河南省造纸学会的调查资料,2021年全省造纸及纸制品生产企业约298家,机制纸及纸板总产量355.66万吨,主营业务收入429.27亿元(包括纸制品),利润总额

10.44亿元。河南造纸企业主要分布在新乡、濮阳、焦作、驻马店、周口、郑州等地区,2021年全省造纸企业生产能力超过10万吨的企业22家,其产量占全省总产量的86%以上;麦草等非木纤维浆造纸产量约18万吨,占全省的5.06%;废纸造纸产量约108万吨,占全省的30.27%;木浆造纸产量约230万吨,占全省的64.67%。主要产品中,书刊印刷纸、双胶纸、白板纸、无碳复写纸、生活用纸等文化、工业、生活用纸约220万吨,箱板纸约60万吨,瓦楞纸约47万吨,其他约10万吨。

四、工业高质量发展面临的主要问题

(一)科技创新投入力度不够

2017年9月,河南省政府办公厅印发的《河南省研发投入提升专项行动计划(2017—2021年)》提出,到2018年,河南省全社会研发投入约600亿元,占生产总值的1.3%以上。到2021年,河南省全社会研发投入力争赶上全国平均水平。实际上,2018年全省研发投入占比达1.40%,较好地完成了提出的年度目标。但是,当年全国研发投入占比升至2.19%,北京、上海、天津和重庆分别达到6.17%、4.16%、2.62%和2.01%,广东、江苏、浙江、山东和福建分别达到2.78%、2.70%、2.57%、2.51%和1.80%。河南省与全国平均水平相比差距比较大,与先进地区相比差距更大。同是地处中部的安徽、湖北、湖南和江西等研发投入占比已分别升至2.16%、2.09%、1.81%和1.41%,连地处西部的陕西和四川也已分别升至2.18%和1.81%。河南省研发投入居全国第16位,与GDP稳居全国第5位非常不匹配,对实施创新驱动战略投入力度明显不够,不利于吸引和集聚创新资源,不利于吸引优秀人才,更不利于形成长期推动高质量发展的持续动力。

(二)生态环境保护问题比较突出

自从2012年全国开始定期公布PM2.5等空气污染指标以来,郑州、焦作、安阳、洛阳、鹤壁、濮阳等市经常出现在全国空气污染最严重的前20个城市之内。近几年,河南省下决心启动污染防治攻坚战,确实采取了很多重要措施,大量企业承担了减轻环境污染的历史责任,全省环境污染状况总体上有很大改观。但是,从20世纪80年代开始河南省按照国家能源原材料基地建设的要求发展,目前全省火电装机容量占比高达77.94%,钢铁、煤炭、电解铝、水泥、玻璃、传统煤化工(甲醇、合成氨)、焦化、铸造、铝用炭素、耐火材料、陶瓷等污染较重的企业比较集中,加上西高东低的地势不利于近地面污染物扩散,致使全省环境污染负荷仍然比较重。在全国网络购物快速发展的同时,河南城镇居民家庭生活垃圾、包装垃圾等数量快速增加,垃圾污染也成为城镇生活面临的一个突出问题,离国家提倡并已经开始试点的"无废城市"距离较远,更谈不上绿色生活方式。在全面迈向高质量发展的背景下,河南省生态环境保护问题仍然比较突出,污染防治攻坚战的任务依然繁重。

（三）制造业亟待转型升级

近年来，制造业发展呈现出"软件定义、数据驱动、平台支撑、服务增值、智能主导"的新趋势。全省制造业高端化、智能化推进力度较大，全省投资3 000万元以上的示范项目超过了1 000个。目前，河南省有国家两化融合管理体系贯标试点企业99家，2021年河南省"两化"融合发展水平指数为51.2，居全国第11位。河南省制造业发展规模居全国第一方阵，特别是在超高压电力装备、盾构装备、农机装备、矿山装备、智能手机、专用机器人等领域产业规模较大，产品质量优良，远销全球几十个国家，创新发展态势较好，在国内外有较大影响力。但是，河南省制造业总体上大而不强，高端供给不足、中低端供给过剩的结构性矛盾也比较突出。很多领域创新能力弱、资源消耗大、智能化水平偏低、龙头企业少、品牌影响力不强、集群化程度不高等短板比较明显，高端制造、智能制造占比较低。郑州、洛阳、许昌、新乡等研发实力较强的城市高端制造、智能制造也处在起步状态，尚没有形成明显的行业竞争优势与核心技术竞争优势。这些问题直接制约了制造业高质量发展。2021年，全省规模以上工业企业数字化研发设计工具普及率、关键工序数控化率和数控设备联网率分别达到71.1%、45.6%和35.7%，较2017年分别提高6.1、1.4和2.2个百分点，进一步提升空间较大。面对以物联网、大数据、5G等为代表的新的产业技术革命浪潮，全省制造业高端化、智能化、绿色化、服务化、国际化势在必行，亟待通过创新驱动转型升级，逐步打造先进制造业强省，进一步强化创新发展的优势，培养更多国际化知名品牌。

（四）民营经济活跃度不高

2021年，河南省民间投资增长5.7%，虽然高于2018年增长2.9%的速度，但是仍然低于同期全省投资增速2.5个百分点。全省民间投资占固定资产投资的80%左右，是以投资促进经济高质量发展的主力军。主力军投资增长低迷，对稳经济、促发展的大局影响较大，也说明在转轨经济背景下，政商关系出现了新情况，针对性营造宽松营商环境方面还存在较大差距。其原因是河南省民间投资主要集中在工业和房地产领域。当前不少工业企业，特别是中小微企业普遍反映存在国内外市场竞争激烈、招工困难、用工成本高、融资难融资贵等问题，直接影响投资信心。同时，在房地产领域，各地落实"一城一策"，抑制房地产领域投机炒房行为，导致房地产开发投资增速趋缓，有钱不敢投的现象比较明显。在基层调研时很多民营企业家反映，全国股市一直波动较大，使民营企业对未来投资预期不明朗，特别是对新项目不敢投，等待观望心理比较重，直接影响了民间投资的增长速度。过去民营经济发展比较活跃的许昌市，也出现了民间投资增长不活跃的新情况。部分资产规模较大的民营企业由于资金链出现问题，形成非正常运行现象，也影响了民营企业投资的信心。

（五）乡村振兴战略推进不均衡

实施乡村振兴战略，是党的十九大做出的重大战略部署，是新时代"三农"工作的总抓手。按照省委省政府关于推进乡村振兴战略的实施意见，全省各地坚持高质量发展的时代主旋律,按照"产业兴旺、生态宜居、乡风文明、治理有效、生活富裕"的总要求,统筹推进农村经济建设、政治建设、文化建设、社会建设、生态文明建设和党的建设,涌现出各种各样的加快农村发展的新模式、新业态,特别是三产融合效果比较突出,有效促进了当地农民增收、农村生态环境改善和农村精神文明建设。2019年3月全国两会期间,习近平总书记参加河南代表团审议时,对如何推进乡村振兴提出明确要求,强调"乡村振兴是包括产业振兴、人才振兴、文化振兴、生态振兴、组织振兴的全面振兴,实施乡村振兴战略的总目标是农业农村现代化"。要扛稳粮食安全这个重任,要推进农业供给侧结构性改革,要树牢绿色发展理念,要补齐农村基础设施这个短板,要夯实乡村治理这个根基,要用好深化改革这个法宝。按照习近平总书记的新要求,省委组织了大规模的专题调研,聚焦人才、土地、市场、改革等重点问题,形成了进一步推动乡村振兴的一系列新举措,深受基层欢迎。但是,乡村振兴涉及面比较广,现在各地进展差异较大,特别是基层党组织不健全或缺乏好带头人的农村,乡村振兴进展较慢,需要引起高度重视。

五、工业高质量发展对策

(一) 实施创新驱动战略亟须政府加力

习近平总书记强调:"发展是第一要务,人才是第一资源,创新是第一动力。""创新是撬动发展的第一杠杆。""实施创新驱动发展战略决定着中华民族前途命运。""自主创新是推动高质量发展、动能转换的迫切要求和重要支撑。"习近平总书记这些论述,为我们指明了高质量发展的关键支撑是创新驱动,这也是发达国家实践证明的、科学可行的高质量发展之路。实施创新驱动发展战略,需要全社会投入足够的人力、物力、财力,这是创新发展的一般规律。企业的应用性研发需要以企业为主体投入,而社会公共科技投入、基础研究投入、超前性重大项目研发投入则需要以政府投入为主。河南省作为全国GDP第五大省,研发投入占比明显偏低的现象必须引起高度重视,并下决心从省市县政府做起,瞄准研发投入占GDP 2.50%的目标,想方设法带头提高全社会研发投入占比在全国的位次,以比较充裕的研发投入营造宽松的创新氛围,培育深厚的创新沃土,进而大量吸引人才、集聚创新资源、滋养创新项目、激发创新热情、积淀创新成果,以持续不断的创新成果推广应用为全省经济高质量发展增添不竭动力,以创新发展谱写新时代中原更加出彩的绚丽篇章。

(二) 以高端制造和智能制造为支撑挺起先进制造业的脊梁

习近平总书记在郑煤机调研时指出:制造业是实体经济的基础,实体经济是我国发展的本钱,是构筑未来发展战略优势的重要支撑。要坚定推进产业转型升级,加强自主创新,发展高端制造、智能制造,把我国制造业和实体经济搞上去,推动我国经济由量大转向质强,扎扎实实实现"两个一百年"奋斗目标。按照习近平总书记的要求,我们要旗帜鲜明地发展实体经济,而在实体经济中,要牢牢把握制造业高质量发展这个基础。基础不牢,地动山摇。只有把制造业这个基础不断巩固与加强,实体经济才能够有战略支撑。两者相辅相成,国民经济就能够保持发展活力,老百姓就能够在经济发展中充分享受发展红利,不断提高获得感、幸福感、安全感。

(三)坚定不移保护生态环境

按照习近平总书记在黄河流域生态保护与高质量发展座谈会上重要讲话精神的要求,我们要坚定不移地推进生态环境保护与环境污染防治攻坚战协同发展。一是要把黄河流域生态保护与高质量发展做实,坚持"绿水青山就是金山银山"的理念,坚持生态优先、绿色发展,以水而定、量水而行,因地制宜、分类施策,上下游、干支流、左右岸统筹谋划,共同抓好大保护,协同推进大治理。按照国家顶层设计要求,启动一批"大保护""大治理"工程,着力加强生态保护治理,保障黄河长治久安,促进全流域高质量发展,改善人民群众生活,保护、传承、弘扬黄河文化,让黄河成为造福人民的幸福河。二是按习近平总书记讲话中生态保护的思想,对全省生态保护进行系统规划,提出全面推进生态保护的方案,并举全省之力分步实施,推动全省生态保护工作实现新的重大跨越,让全省越来越多的区域形成绿水青山的面貌,让老百姓享受美丽家乡的幸福。三是继续坚持铁腕治污,特别是要从长计议,全社会协同推进,在降低燃煤发电占比,提高风力发电、太阳能发电等绿色能源占比上做出长远规划,并调动全社会资源推动落实,以板上钉钉的硬举措大规模减少批量污染物来源,让绿色发展之光照亮我们美好生活的未来。四是推动绿色生产方式与绿色生活方式普及,让所有企业与社会成员都成为绿色发展的参与者与奉献者。在生产领域,建议以税收优惠的政策加快建设绿色车间与绿色企业,鼓励越来越多的企业成为绿色发展的支持者。在生活领域,由郑州、洛阳等带头,从我做起,从现在做起,从减少城市垃圾、建立居民家庭垃圾分类处理体系入手,让绿色生活概念融入普通百姓生活实践,在全社会营造绿色发展的整体氛围。

(四)激发民营经济发展活力需要新的重大策略

由 2019 年 1~6 月份全省稳投资实际进展情况分析可知,河南这样一个基础设施更需要投资、发展机会较多、外商投资比较活跃的经济大省,民营经济固定资产投资只增长 3.8%,而同期浙江省却增长 10.0%,福建省更是增长 11.4%。调研分析认为,这与当地出台的鼓励支持民营经济发展几十条意见的含金量与执行力直接相关。不少民营企业负责人反映,管理部门在处理与民营企业的"亲清关系"上,"清"处理得比较好,但是"亲"处理得不妥。有些企业需要相关部门帮助协调解决一些具体问题,多次联系,但是连具体管理者的面都见不到,使民营企业负责人感觉比较"凉",这确实影响了民营企业进一步发展的积极性。因此,在认真向浙江、福建等民营经济发展活跃的省份学习的基础上,进一步细化、增加支持鼓励民营经济发展的新的政策措施迫在眉睫,而且任务比较艰巨。政府相关部门要认真学习浙江、福建等民营经济发展活跃省份的经验与做法,围绕民营企业发展遇到的实际困难,立足于为民营企业扩大投资解决实际问题,探索更加贴合实际的政府管理、投融资、项目报批、投资回报等政策措施及其落地落实问题,以最终能否激活民营企业投资为检验标准,从每一件具体事情做起,改善当地的营商环境,为民营经济加快发展注入生机与活力。

(五)总结推广企业还贷周转金的"洛阳模式"

面对百年未有之大变局,企业正常经营遇到多方面的困难,再加上历史性转型升级的需要,很多企业高质量发展中反映最集中的问题之一是融资难、融资贵,而资金链条不畅对企业可持续发展影响特别大。洛阳市充分发挥市财政资金"四两拨千斤"的作用,建立企业还贷周转金,引导省、市、县三级财政注入资金2.5亿元。自实行企业还贷周转金以来至2019年9月底,共办理还贷周转金7 601笔,周转金额352.1亿元,财政资金放大达141倍,为企业节约融资成本5亿元以上,为很多企业渡过短期资金难关发挥了重要作用。建议省财政厅对此组织系统调研,向全省推广普及这种做法,并可进一步创新,帮助企业破解融资难、融资贵难题,发挥财政制度的独特优势。

(六)实施乡村振兴战略需要全面加强党的基层组织建设

习近平总书记对河南省乡村振兴特别重视,2019年3月和9月两次就河南省乡村振兴提出明确要求,河南省要对乡村振兴倾注更多的精力。据调研所到的基层情况可知,乡村振兴战略实施成效显著的地方最重要的经验都是基层党组织建设特别好。既有德才兼备的支部书记,又有善于合作共事的支部一班人。在这样强有力的党组织带领下,充分利用党中央实施乡村振兴战略的一系列优惠政策,就能够顺利推动当地乡村振兴,加快农业农村高质量发展步伐。因此,实施乡村振兴战略必须把加强农村基层党组织建设放在突出位置,这是整个工作的重中之重,也是党的十九届四中全会对基层党建制度建设的要求。

第三节 交通运输业

河南省具有便捷联系东中西、顺畅沟通南北方的区位优势,交通运输是河南服务和融入新发展格局的重要支点。2021年12月河南省人民政府印发了《河南省"十四五"现代综合交通运输体系和枢纽经济发展规划》。该文件明确指出,要以现代综合交通运输体系为依托,以综合交通枢纽为切入点,以交通物流为支撑牵引,通过创新要素集聚和产业组织方式,大力发展枢纽经济,是锚定"两个确保"、全面实施"十大战略"、建设现代化河南的时代选择。

一、交通运输业回顾

河南自古以来交通运输就非常发达,是全国重要的综合交通枢纽和人流物流信息流中心。在各种运输方式中,除了海洋运输,其余运输方式的开通和利用都比较早,从古代的车、马、船到今天的水、陆、空、管,河南无一不是较早利用的地区之一。河南不仅古代交通运输地位重要,至今仍保持着"中国交通咽喉和枢纽"的重要地位,仍起着"中原阻全国困,中原畅全国顺"的交通运输作用。然而,因受历史和社会生产力发展水平的局限,不论历史时期河南的交通运输业多么发达,都不可与今天同日而语。

古代河南的自然地理环境较现在优越,那时的河南地处黄河中下游,西部是山地丘陵,中间夹有许多河谷与盆地,东部绝大部分为坦荡的冲积平原,上面镶嵌着许多湖泊与洼地。境内有黄河、济水、淮河等许多河流,从西部山地丘陵流经东部大平原。古时候,这些河流的水量一般都比现在大,含沙量比现在小,根本没有什么污染,具有良好的灌溉和航运之利。因此,这里便成为人类活动频繁的地区。另外,古代河南正处在中国各氏族部落活动的中心地区,这种"天下之中"的位置,在人类社会的原始阶段对交通运输业的发展可能没有多大作用,因为那时的生产力水平有限,生产和生活活动量都不大。但是,当人类进入奴隶社会以后,随着社会生产力水平的提高,各氏族之间的联系加强,河南地理位置的优越性便开始显露出来,遂成为各部族往来的"通衢"和"天下"商品交易活动的中心,从而对河南早期交通运输的发展起了重要的促进作用。

春秋战国时期,奴隶制开始向封建制转变,生产力在原有基础上得到进一步提高,河南的交通运输业也随之得到较快发展。当时,以洛阳为中心的水路交通四通八达,向西有黄河通向关中,向东有丹、睢、颍、淮河通向江浙,向北有黄、济等河通向冀鲁,向南有唐、白河通向楚湘。尤其是在这一时期魏国疏通了鸿沟运河,把当时黄淮之间的重要水道如济、丹、淮、涡、沙、颍等都连接起来,构成了一个完整的以河南为中心的全国性水道运输网,河南也就自然成为全国水运交通网的枢纽。而这个时期河南的车马陆路交通也相当发达。不过,美中不足的是,当时由于诸侯林立,相互讨伐,为保全自己而制约他人,各诸侯国间的车轨轨距都不相同。后来,秦朝统一诸侯列国,在全国推行"税同率、币同值、车同轨、书同文"等有益于全国统一、生产发展及社会进步的制度后,河南的陆路交通才变得更为完善。秦朝时,秦始皇曾设驰道(专供行驶车马的大道)经河南到山东海滨。秦以后历代王朝也多在河南设置驿站,经河南通向全国。汉朝建立以后,经过一番休养生息,交通运输与商业经济又取得了重大发展。据《史记·货殖列传》记载:"汉兴,海内为一,开关梁,弛山泽之禁,是以富商大贾周流天下,交易之物莫不通,得其所欲。"可见当时地处中原的河南,交通发达,商贾云集,城市发展达到了空前程度。当然,这些城市也是当时河南重要的交通运输中心,因为没有发达的交通运输业,商业的繁荣和城市的发展都将是一句空话。

隋唐至北宋时期,是河南省社会经济的又一个鼎盛发展时期,交通运输建设成就也很显著。在隋朝,先后修通了广通渠、通济渠(即汴河)、江南河、永济渠等,形成了以开封、洛阳为枢纽,西通长安,北达涿郡(包括今北京部分地区),东南通余杭(今杭州),连接黄河、淮河、长江、钱塘江四大水系的南北大运河系统。特别是开封市(唐称汴州,宋称东京),自战国开通鸿沟水系以后逐渐成为中原地区的水运中心。隋朝开通通济渠以后,开封因为地处黄河、淮河水运的中枢地带,加上又是由长安、洛阳进入齐鲁的必经之地,商业和交通运输业显得十分繁荣。到了唐代,开封便成为全国仅次于扬州的国际贸易中心。如《旧唐书》曾记载:"汴为雄都,自江淮达于河洛,舟车辐辏,人庶浩繁。"这充分反映了当时开封的繁荣景象。

南宋以后,北方女真、蒙古等少数民族相继入侵中原,河南的社会经济遭到严重破坏,加之黄河泛滥改道日益频繁,汴、蔡等河道均被淤塞,昔日交通运输的繁荣景象被战乱和荒凉所取代。特别是随着经济中心的南移和政治中心的北去,作为联系京畿与江南"粮仓"的大运河也不再以中原为中心,而是由江苏径直北上,河南从此完全失去了全国政治、经济中心和交通枢纽的地位,封建经济日趋衰败。

1840年以后,由于帝国主义列强的先后入侵,中国开始沦为半殖民地半封建社会。帝国主义列强以发展海运、兴筑铁路为手段,大肆掠夺中国的财富,倾销本国的商品。河南的半殖民地化是以1906年京汉铁路的开通为转折点的,河南现代交通运输业的发展也是以此为起点而逐渐发展起来的。20世纪初期,清政府向比利时借款,于1898~1906年建成了以郑州为中心的京汉铁路,1905~1931年修通了省境内的陇海铁路,并在京汉铁路线上修筑了新乡至焦作的支线。到新中国成立前夕,全省的铁路营业里程达到1 224千米。但是,由于当时线路和车辆的各种技术标准很低,交通设施落后,线路的实际运输能力很低。河南的公路发展晚于铁路,1918年河南境内首次出现汽车。1920年国际组织曾以工代赈的形式修筑了焦作至济源、焦作至沁阳的公路,这是河南最早的公路。经过27年的建设,到1947年全省公路通车里程发展到约4 000千米。但由于战争的影响,到1949年能通车的公路仅有220千米,汽车数十辆。1840~1949年,河南的内河水运基本没有什么发展,黄河虽为河南境内的一条大河,但由于河水泥沙含量大,航道不稳定,很少有船只在其上航行。淮河因受1938年黄河决口的影响,大部分河段被淤塞,只有局部可勉强通航。南阳地区的唐、白河和洛阳地区的伊、洛河上也仅有一些小木船漂泊,运量极小。新中国成立之前,河南根本没有民航正班客机。1945年以后,虽然当时的"中国航空公司"和"中央航空公司"都曾在郑州设有航空站,开展了航空客货运输业务,但当时主要是为国民党的一些军政要人和大资本家服务,河南人民并未得到任何实质性利益。

总之,河南省的交通运输业发展历史是悠久的,曾在我国的交通运输事业中发挥过重要作用,并为今天河南乃至全国的交通运输业的发展奠定了一定基础。但是,由于历史的局限性以及生产力、生产关系的落后性,几千年来交通运输业的变化不过是简单的数量增减,总体上并未发生质的变化。例如,春秋战国时期我国就已有车马船运,到中华人民共和国成立时,河南的交通运输仍是以这些落后的交通运输方式为主,运输的动力仍然是人力和畜力。新中国成立后,河南的交通运输业才发生了翻天覆地的变化,实现了由量变到质变的飞跃,落后的运输工具被火车、汽车、飞机、机动船和管道取代。现在,河南省的各种现代交通线路密如蛛网、四通八达,实现了市市通铁路、村村通公路,交通运输十分便利。2019年10月15日,交通运输部确定河南省为第一批交通强国建设试点地区。

二、综合交通发展概况

为充分发挥河南交通枢纽优势,提升交通运输对经济社会发展的支撑和引领作用,近年来河南省大力推进交通基础设施建设,不断扩大交通基础设施网络规模,进一步优化调整交通运输结构,基本形成以高速铁路、高速公路为动脉,以普速铁路、普通干线为主干,以农村公路、内河水运为脉络,以民航网络为补充的综合交通运输网络。

河南拥有普铁、高铁双"十"字铁路枢纽,全国"十纵十横"综合运输大通道中有5个经过河南,以郑州为中心的"米"字形高速铁路网基本建成,联通全国主要经济区域的"米+

井"综合交通运输通道初步形成。"十三五"时期,河南省认真贯彻落实习近平总书记视察河南重要讲话精神,基本建成连通境内外、辐射东中西的现代立体交通体系和物流通道枢纽,交通区位优势更加凸显,为打赢脱贫攻坚战和全面建成小康社会提供了有力支撑。一是综合交通枢纽体系加快构建。郑州国际性综合交通枢纽建设全面提速,郑州新郑国际机场客货运规模连续4年保持中部地区"双第一",成为全国航空电子货运项目唯一试点机场,"六口岸、十站点"中欧班列国际通道稳定运行。洛阳、商丘全国性综合交通枢纽和其他区域性综合交通枢纽功能明显增强,全省综合客、货运枢纽分别达到11个、12个。二是综合交通网络日趋完善。"米+井"综合运输通道基本形成,"四纵五横"普速铁路网全部实现复线电气化。形成"一枢三支"机场布局,航线网络基本覆盖全球主要经济体。全省高速公路通车里程达到8 000千米,省际出口32个,所有高铁站、机场、港口和省级开发区实现二级以上公路连通,所有行政村和89%的自然村通硬化路。沙颍河、淮河等内河航道实现通江达海。三是运输服务普惠优质。运输服务覆盖面持续扩大,以郑州为中心,实现公路5小时内覆盖我国4.1亿人口和30%的经济总量,铁路3小时内覆盖我国7.6亿人口和56%的经济总量,航空2小时内覆盖我国12.3亿人口和90%的经济总量。运输结构调整完成预期目标任务,多式联运发展水平在中部地区领先,社会物流总费用与生产总值的比率降至13.5%,物流成本优势逐步显现。四是交通枢纽经济快速发展。郑州航空港经济综合实验区产业集群初具规模,电子信息产业产值占全省的60%以上。陆港经济发展势头良好,产业链不断延伸。周口港等临港经济蓬勃发展。五是改革创新持续深化。投融资改革深入推进,收费还贷高速公路管理中心改制顺利完成,省铁路建设投资集团组建工作有序推进,率先出台治超地方性法规,以信用体系为基础的新型监管机制加快形成,自由贸易试验区、功能性口岸等开放平台制度创新成效持续显现。

(一)公路网络持续优化,服务保障能力提升

截至2022年底,全省公路通车里程27万多千米,其中高速公路通车总里程突破8 000千米。全省"内联外通"高速公路网络格局基本形成,郑州大都市区、中原城市群核心区、省界边缘区三层高速公路环状格局基本建成,以郑州为中心、辐射所有省辖市的3小时高速公路交通圈已经形成;郑州、洛阳、安阳、南阳、商丘、周口等6市已形成高速绕城环线;重点推进跨省通道和中原城市群核心圈加密路段、紧密圈联通路段建设,已建成高速公路省际出口32个,与周边6省联系较为紧密。普通干线公路总里程达到3.1万千米,其中二级及以上公路超过2万千米,占比65%,已实现"县县通国道、乡乡有干线"。普通干线公路布局更加合理,与城镇衔接更加紧密。农村公路总里程达到23万千米,实现了乡道及以上行政等级公路覆盖所有建制村,服务保障能力稳步提升。

(二)"米"字形高铁布局已经形成,枢纽地位突出

截至2022年底,全省铁路营业里程6 715千米,其中高速铁路营业里程2 176千米,位居全国前列。以郑州为中心的"米"字形高铁格局加速形成,枢纽地位愈加凸显。京广、徐兰、郑渝、郑阜、京港高铁商合段已建成运营,郑济、太焦高铁加快推进,"米"字形高铁布局已经形成。郑州大都市区城际铁路网不断完善,郑开、郑机、郑焦城际铁路建成运营,新

郑机场至郑州南站城际铁路、郑开城际延长线、新郑机场至许昌市域铁路开工建设。万吨重载晋豫鲁铁路(瓦塘—日照)投入运营,"三纵五横"(三纵为京广、京九、焦柳,五横为陇海、新菏兖日、宁西、孟平—漯阜、晋豫鲁)国家干线铁路网全部实现复线电气化,蒙西至华中、三门峡至江苏洋口港铁路加快建设。

(三)"一干八支"民用机场格局加速构建

近年来,河南以构建"国际航空货运枢纽和国内大型航空枢纽"为主要目标,大力推进航空事业的发展。目前,已通航郑州、洛阳、南阳、信阳4个民用运输机场,安阳、商丘机场开工建设,平顶山鲁山、周口、三门峡等机场前期工作有序推进,5个通用机场获批建设,"一干八支"的民用机场格局加速构建。客货运规模长期保持中部地区"双第一",2021年完成货邮吞吐量70.5万吨,货运规模稳居全国第6位。已开通国际货运航线48条,基本形成以郑州为枢纽、连接亚欧美澳等四大洲的航运国际货运网络。2021年,旅客吞吐量1895万人次。河南省正形成以郑州新郑机场为中心,不断提升洛阳北郊机场、南阳姜营机场、信阳明港机场服务功能的航空运输网络。

(四)水运网络初具规模

近年来,在国家节能减排、调整交通运输结构、大力发展绿色交通运输方式政策的引导下,河南省内河水运驶入快速发展的轨道,呈现强劲的发展势头,水运网络初具规模。截至2021年底,全省内河航道已通航里程1725千米(其中四级以上航道358千米),各类港口泊位201个,年吞吐能力5486万吨。已拥有淮河、沙颍河两条沟通华东和长三角水网地区的水上运输通道,具备常年通航500～1000吨级单船、万吨拖队的能力。已建成周口港、漯河港、信阳港、平顶山港4个以货运为主的港口。

三、河南交通枢纽

"十四五"期间,河南将构建由郑州国际性综合交通枢纽,洛阳、南阳、商丘全国性综合交通枢纽,安阳、信阳、周口、漯河重要区域性综合交通枢纽组成的"1+3+4+N"多层级一体化综合交通枢纽体系,加强航空、铁路、内河水运主导型综合交通枢纽场站和物流枢纽建设;提升枢纽经济核心产业竞争力,推动交通运输与高端制造、现代服务深度融合,发展航空、陆港、港口、高铁偏好型产业集群,重点培育1个万亿级交通装备产业集群和10个以上千亿级枢纽偏好产业集群,增强枢纽综合竞争优势和规模经济效应。最终促进全省物资流通,带动区域内部经济发展。

(一)郑州

在我国中部地区,武汉和郑州是南北双核,郑州是中部地区北翼核心城市,与南翼核心城市武汉形成双国中布局,共同促进中部的崛起。郑州被誉为火车拉来的城市,京广和陇海铁路奠定了郑州铁路中心的基础,随着"米"字形高铁的建成,郑州的中部地区枢纽地位再次被加强,成为国家层面国际性综合交通枢纽集群中的一员。郑州未来将加速综合枢纽体系建设,加强与国土空间、城镇、产业发展的融合与联动,进一步增强枢纽发展动能和可持续发展能力。

郑州国家中心城市依托国家骨干路网规划,目前在谋划京广、陇海高速铁路走廊,提升与京津冀、长三角、粤港澳大湾区和成渝地区双城经济圈的四极及其他城市群互联互通水平。郑州作为国际性综合交通枢纽城市,接下来优化提升将会提速,特别是在国际枢纽机场、国际铁路枢纽场站、国际邮政快递处理中心、跨境物流中转等方面,更会发狠力加强发展。

郑州建设国际性综合交通枢纽,不但能加快郑州枢纽新地位的构建,还将有助于成为河南乃至中原城市群的核心引擎。郑州高铁客运南站将完工投用,小李庄普客一级客站将开工建设。未来郑州将形成"四主多辅"铁路客运枢纽布局,同时还将加快推进中国(河南)自由贸易试验区郑州片区多式联运国际物流中心建设,推进中欧班列郑州集结中心建设,建设国际陆港及第二节点,建成中欧班列集结调度指挥中心。在国际航空货运枢纽能级提升方面,郑州新郑国际机场三期主体工程北货运区和第三跑道已经开工,"十四五"期间还将有序推进第四跑道、T3航站楼、南货运区一期、机场综合交通中心等核心工程。郑州将推动干线铁路、城际铁路、市域铁路、城市轨道交通"四网"融合,加快郑州与都市圈其他8个城市的交通融合,提升郑州国际枢纽地位。

(二) 洛阳

洛阳以服务区域重大战略和区域协调发展战略为重点,完善全国性综合交通枢纽城市运输组织功能,推进与国际性、区域性枢纽城市协同发展。目前,中部崛起、区域协调发展、交通强国、黄河流域生态保护和高质量发展、优势再造等战略,有利于推动洛阳交通区位优势向枢纽经济优势转变;建设"四轴"国家级对外通道,有利于提升洛阳在全国交通格局中的地位。

1. 新亚欧大陆桥发展轴

依托陇海铁路、徐兰高铁、连霍高速、310国道等,向东联系东陇海地区,向西联系关中平原、天山北坡城市群,在省内串联郑州都市圈、黄河金三角等,助力洛阳更好融入"一带一路"发展。

2. 二广发展轴

依托呼南高铁豫西通道、焦柳铁路二广高速、207国道、208国道等,向北衔接山西中部、呼包鄂榆城市群,向南联系长江中游、珠三角城市群,在省内联系济源、汝州,形成服务全国的综合运输通道。

3. 沪洛银发展轴

依托洛平漯周高铁、宁洛高速、三洋铁路、344国道、242省道等,向西北连接宁夏沿黄城市群,向东南连接长三角城市群,在省内联系汝州、漯河、周口等,发挥承接东南沿海产业转移等重要作用。

4. 济洛渝发展轴

依托郑济高铁、呼南高铁豫西通道、郑万高铁等,向东北直通京津冀、山东半岛城市群等环渤海地区,向西南连接成渝城市群等,在省内联系南阳、焦作、新乡等,打通洛阳市东北、西南向直连通道。

（三）南阳

南阳全力打造全国性综合交通枢纽城市，为现代化河南省副中心城市建设提供坚强的交通支撑。

目前，南阳把握"一体融合"发展规律，把握"优质高效"发展方向，把握"动能变革"发展趋势，大抓交通，抓大交通，以高水平交通强市助推现代化省副中心城市建设。突出"外联"，构建豫鄂陕交界地区的航空客货运枢纽，打造通江达海的水上通道，加快构建多向连接的高铁格局，形成"两环八纵四横"的高速公路网，在融入国内国际"双循环"上实现大发展、大跨越。聚焦"内畅"，打通"大动脉"，畅通"微循环"，全域"数字化"，在织密市域交通"一张网"上实现大发展、大跨越。着眼"融合"，大力发展多式联运，打造全国重要的物流枢纽，在发展枢纽经济"多支撑"方面实现大发展、大跨越。

（四）商丘

商丘位于豫、鲁、苏、皖4省辐辏之地，素有"豫东门户"之称，是豫、皖、苏、鲁4省交界重要的物资集散中心和综合交通枢纽。因地理位置重要，商丘自古以来都是兵家必争之地和商贾云集中心。

商丘是中国重要的物资集散地和商贸中心，是河南省的区域物流中心，是河南省距离出海口最近的一个城市，京九铁路与陇海铁路在此交会。商丘作为全国六大路网性枢纽之一、河南省第二大铁路枢纽，在全国铁路网中具有战略性的地位。

商丘是国家"八纵八横"高铁网络的重要枢纽，是"一带一路"重要物流节点城市，是全国性综合交通枢纽城市和全国66个区域流通节点城市之一，具有打造国内大循环重要支点的天然区位优势，拥有良好的产业基础和巨大的市场潜力，具备促进内外双循环的诸多有利条件。

2016年9月，郑徐高铁通车运营，商丘进入高铁时代。短短4年多时间，商丘市铁路格局发生翻天覆地的变化，商合杭高铁通车运营，京雄商高铁开工在即，高速铁路网正在全面铺开，与陇海铁路、京九铁路等形成"双十字"交叉格局，仅次于郑州的全省第二个铁路枢纽正在形成，现代综合交通枢纽正在从蓝图擘画变为现实。

为进一步打造现代综合交通枢纽，提升在国家区域中心城市中的战略地位，商丘着力打造了商合杭高铁与京九铁路、商济客运专线、郑商城际铁路的交会枢纽站——商丘东站。2019年，商丘东站启动运营，自此，京津冀与珠三角北上南下的高铁与商丘高铁站的动车组"南北呼应"。

公路方面，高速公路形成"四横三纵"网络格局。干线公路通车里程1 727千米，其中一级公路241.5千米。构建"三环九放射"市域快速通道中心城区与周边县区40~60分钟不收费交通经济圈，使沿线500万人受益。农村公路总里程突破2万千米，公路密度居全省第一位。商丘在全省率先实现公交车辆全部电动化，永城、睢县、民权、虞城、柘城先后被批复为全省绿色交通试点县(市)，交通运输走上绿色低碳循环发展之路。

内河航运方面，新增沱浍河四级航道85千米，沱浍河航运二期工程、涡河及惠济河航运项目前期工作扎实推进,豫东地区通往华东及长三角地区的水上运输通道正在打通。

航空方面,民权通用机场的开工,将实现民用航空"零"的突破,目前主体工程已完成,即将实现首飞;商丘机场项目完成可批复的一系列前置要件;永城机场已立项,近期将开工建设。

四、发展中存在的主要问题

尽管河南的综合运输网络建设取得了一定成就,综合交通网络密度、通达深度达到了一定水平,一体化衔接水平不断提升,促进了全省经济社会发展,提高了人民群众生活水平,但距高质量发展、新时代构建现代综合交通体系以及建设交通强国的要求还有一定差距,存在发展不平衡、不充分等问题,与人民迫切要求的安全、便捷、高效、绿色、经济的交通还有较大差距。

(一)通道对外辐射能级偏低,部分线路运能紧张

目前,河南省对外辐射周边省份的交通运输网络有待继续完善。河南省主要依托南北向通道(京九、京广通道)与京津冀、长江经济带、粤港澳等国家重大战略发展区域连接。河南省与长三角世界级城市群、关中城市群等主要依靠东西向的陆桥通道和沪陕通道进行连接,由于陆桥通道是国家级东西向重要通道,本身运能就较为紧张,沿线供小于求。对外辐射连接通道数量较少且通道内交通运输资源较少,是制约河南发展的重要因素。例如,河南省京港澳、大广、连霍、沪陕等高速公路主通道,不但是河南省经济发展的"基轴",同时承担着大量的过境运输任务。在省内和过境交通双重压力下,交通拥堵日益凸显。京港澳高速郑州段日均流量突破12万辆,平均运行速度为其设计时速的68%,通行能力趋于饱和;连霍高速郑州段日均流量突破8万辆,平均运行速度为其设计时速的72%,通行能力趋于饱和。这已成为制约整个运输通道的服务能力和运输水平的瓶颈。因此,需要尽快对这些路段实施扩容改造,提升通道运输能力。

(二)区域内交通运输网络衔接水平有待提升,整体运行效率较低

河南省综合交通运输网络的衔接水平有待提升,区域内高速公路网、高速铁路网、城际轨道网以及城市公共交通网之间衔接融合程度较低,衔接水平有待进一步提升。区域内缺乏统一的综合交通运输网规划,省内各区域仍然站在自己的利益角度,各自为政,无法发挥区域整体效应。区域内跨黄河通道较少,部分城市过黄河绕行距离较大,现有的跨黄河通道运能无法满足经济社会发展的需求,这已成为制约区域经济发展的重要因素。省内部分区域干线铁路网密度较低,内河航道网络等级较低,衔接不畅。对标长三角、珠三角、成渝等发达地区城市群,郑州大都市区路网规模及通行能力相对较低,与大都市区功能定位及区域内经济发展需求不匹配,需进一步提升。此外,河南省高速公路出入口数量不足,平均间距17.6千米,无法充分发挥高速公路的服务功能,亟须研究加密高速公路出入口,满足新时代下经济社会发展、城镇建设及人民群众出行需求,实现市县区域经济协调发展。

（三）交通运输发展结构失衡，区域发展不均衡

从河南省运输结构来看，公路承担的货运比例较高，达到了90.64%，且这个比例仍然在逐年上升；由铁路承担的货运比例偏低，不足4%。近年来，全省高速公路主通道交通量年均增速约13%，主通道中约10%的路段服务水平在三级及以下，约9%的路段运行速度在其设计时速的75%以下，交通拥堵在一定程度上影响城市运行效率和道路通行服务水平。区域发展存在不均衡现象，目前全省县级节点快速铁路通达率为19.5%，而郑州大都市区范围内县级节点快速铁路通达率为33.3%，领先于全省发展水平，铁路覆盖度发展差异大。现今仍有部分城市没有飞机场，成为河南省综合交通体系建设的洼地。城乡交通也存在一定的差异性，不同地区城乡公交开通频次、相关配套设施以及服务水平存在差异，影响区域内部综合交通运输网络一体化发展水平。

（四）交通枢纽发展滞后，"交通+"融合程度较低

河南省综合客运枢纽总体发展较为滞后，目前占比不到10%，主要分布在郑州、许昌等地市。大部分客运场站尚未实现零距离一体化换乘，多方式无缝换乘水平较低，旅客出行效率尚有较大的提升空间。在货运枢纽（物流园区）方面，河南省建成的具有多式联运功能的货运枢纽还较少，货运场站小而散，功能较为单一，资源缺乏整合对接，货运集而不省，整体发展水平较低。河南省"交通+"融合程度较低，交通运输与经济社会在融合发展的过程中存在需求对接不匹配、资源利用率较低等问题。河南地理位置优越，综合运输网络已基本成型，旅游资源丰富，因此应加速推进"交通+"融合发展，塑造融合发展新业态，推动交通运输供给侧改革和实体经济降本增效，提升交通资源利用率，为河南省高质量发展提供有力的支撑和承载平台。

（五）交通部门协调机制有待健全，叠加效应未能充分发挥

目前河南省"大交通"管理体制尚未形成，全省综合交通运输体系发展水平和发达省份相比仍有一定差距，多种运输方式的叠加效应未能充分发挥。以河南省综合立体交通网规划编制为例，仍采用各自编制、最后汇总的方式来编制综合立体交通网规划，公路、铁路、航空、水运等管理分属不同部门，几种运输方式间规划衔接不充分，不同管理部门间的协调性较差。

五、未来发展对策及规划

河南省立足新发展阶段，完整、准确、全面贯彻新发展理念，紧抓构建新发展格局战略机遇，以推动高质量发展为主题，以深化供给侧结构性改革为主线，以改革创新为根本动力，以满足人民日益增长的美好生活需要为根本目的，强化通道、枢纽、网络衔接，构建安全、便捷、高效、绿色、经济的现代综合交通运输体系，强化枢纽资源要素组织和产业链、供应链协同，推动交通运输与现代产业发展、城镇开发、内需扩大、区域联动、高水平开放等深度融合和精准适配，加快交通区位优势向枢纽经济优势转变，打造具有国际影响力的枢

纽经济先行区。到2025年，连通境内外、辐射东中西的枢纽通道优势凸显，交通区位优势向枢纽经济优势转化成效显著，以枢纽经济为牵引的交通运输与经济社会发展实现深度融合，交通强省建设取得较大进展，初步建成枢纽经济先行区。到2035年，基本实现交通运输现代化，交通运输与经济社会发展实现更高水平、更高质量的有机融合，枢纽经济成为经济高质量发展的重要支撑，河南省成为国内大循环的重要支点和国内国际双循环的战略链接，率先建成交通强省和具有国际影响力的枢纽经济先行区。

（一）强化综合交通枢纽功能地位

加快综合交通枢纽城市建设，推动综合交通枢纽布局由核心引领向多层协作转变，构建"1+3+4+N"多层级一体化现代综合交通枢纽体系，畅通资源要素流动，增强产业链、供应链耦合组织能力。一是建设郑州国际性综合交通枢纽，巩固郑州国际铁路枢纽地位，提升郑州国际航空货运枢纽能级，打造全球性国际邮政快递枢纽。二是拓展全国性综合交通枢纽功能，增强洛阳枢纽服务功能，拓展南阳枢纽发展空间，提高商丘枢纽发展能级。三是对标全国性综合交通枢纽，完善安阳陆港型国家物流枢纽功能，强化信阳大别山革命老区交通枢纽地位，提升漯河全国性邮政快递枢纽功能，打造周口临港型多式联运枢纽，形成4个功能性、特色化重要区域性综合交通枢纽。结合城镇体系布局，建设开封、平顶山、鹤壁、新乡、焦作、濮阳、许昌、三门峡、驻马店、济源等区域性综合交通枢纽。加快推进以高铁站、机场等为主的综合客运枢纽和以铁路货运场站、内河港口、快递物流园区等为主的货运枢纽规划建设。强化枢纽一体化衔接，以城际铁路、城市轨道为骨干，加强高铁站、机场等无缝衔接，加强货运枢纽与干线公路、铁路等的衔接，完善枢纽集疏运系统，推动区域性综合交通枢纽建设。

（二）完善现代综合立体交通网

依托国家综合立体交通网主骨架，以枢纽城市为主要节点，构建"米+井+人"字形综合运输通道布局，实施快速网、干线网和基础网"三网"融合工程，构建多通道、多方式、多路径综合立体交通网，增强交通系统韧性。一是畅通综合运输大通道。积极参与国家综合立体交通网主骨架建设，提升河南省与京津冀、长三角、粤港澳大湾区和成渝地区双城经济圈4极及其他城市群互联互通水平，畅通资源要素循环通道。强化"米"字形运输通道功能，提升新亚欧大陆桥、京港澳等综合运输通道交通承载力，合理建设分流路线，促进南北互动、东西交融；完善"井"字形运输通道布局，助推内外连通、通边达海。二是完善现代综合交通网。构建便捷高效的交通快速网，实施高速铁路"拓展成网"工程，在全面建成"米"字形高速铁路网基础上，加快"井+人"字形运输通道内高铁建设，协同推进城际铁路建设，实现与全国主要经济区高标准快速通达。实施高速公路"13445"工程，着力提升高速公路主通道能力，打通省际出口通道，完善中心城市辐射网络。实施民航机场"强枢增支"工程，提升既有机场基础能力，拓展支线机场覆盖范围，形成"一枢多支"运输机场布局。构建能力充分的干线网，优化完善普速铁路网，加快三洋铁路建设，实施陇海铁路等既有铁路线改线工程。实施普通干线公路"畅通畅连"工程，畅通国道主干线和国省道瓶颈路，畅连高速公路出入口、高铁站、机场、主要景区等重要节点。实施内河水运"通江达海"工程,建设完善淮河、沙颍河、贾鲁河、唐河等航道。构建广泛覆盖的基础网,以大型工矿企业、物流园区、港口为重点,实施铁路专用线"进企入园"工程,打通铁路运输"最后一千米",支持旅游铁路建设。大力实施农村公路"提档提质"工程,加快推动农村公路骨干路网提档升级。积极创建国家通用航空发展示范省,完善通用机场布局,提升既有通用机场功能。三是强化重大战略交通支撑,以生态化通道支撑黄河流域高质量发展,以试点示范支撑交通强国建设,以一体化交通支撑郑州都市圈发展,以均等化交通助力乡村振兴战略实施,以多元化网络带动大别山革命老区振兴发展。

(三) 提升运输组织效率和服务品质

依托现代交通基础设施,推动运输全链条一体化组织,强化海陆联动、区域协同、城乡一体化发展,全面提升运输组织效率、服务质量和要素流通效率。一是提高客运服务质量。打造一体化出行服务链,推进客运枢纽空间共享、立体或同台换乘,提升智能化水平,加强安检互认,推进各种运输方式在运营时刻、组织调度、运力安排等方面协同衔接,改善旅客出行体验。发展便捷化、品质化旅客运输服务,加快构筑以高速铁路、航空为主体的大容量、高效率、跨区域客运服务网络。二是推进货运组织创新。打造陆海联运走廊,大力发展多式联运,培育竞争力强的市场主体。三是推动城乡服务一体化。推动城乡客运一体化发展,推进农村客运班线公交化改造,支持有条件的地方农村客运班线向自然村组延伸。推动城乡货运一体化发展,持续开展省级城乡高效配送试点创建活动,加快城乡物流配送一体化进程,积极实施省级农村物流服务品牌培育工程。

(四) 推动综合交通运输高质量发展

加快提升数字技术赋能,大力发展智慧交通,增强系统韧性,将绿色发展理念和低碳发展要求贯穿发展全过程,落实碳达峰、碳中和要求,增强发展动力,变革发展模式,夯实综合交通运输高质量发展基础。一是加强科技创新智慧赋能。实施科教资源引聚突破,完善重点科研平台布局,强化创新能力建设。大力发展智能交通,加强交通运行智能监测,利用物联网、大数据、建筑信息模型等技术,推行关键基础设施及安全设施动态监控和项目全生命周期监管。加快新型基础设施建设,利用新技术推进交通基础设施数字化转型、智能化升级,实施一批智慧公路、智慧桥隧、智慧港航、智慧枢纽、智慧物流等交通新基建试点项目,推动全省高速公路沿线5G网络全覆盖。二是推动绿色低碳转型发展。加快调整运输结构,构建绿色出行体系,提高公共交通、慢行交通、共享交通出行比例。加大节能减排力度,鼓励推广使用新能源和清洁能源车辆、船舶,推进新增和更新的城市公共交通汽车、出租汽车、城市物流(快递)配送车辆以及物流(快递)园区运输装备和机械使用新能源和清洁能源,推广新能源重型载货车辆。加强生态保护修复和资源集约节约利用。三是增强安全应急保障能力。全面推进灾后恢复重建,优先实施脱贫村通村公路恢复重建,加固或拆除重建受损桥梁,加快通乡、通村公路和旅游路、资源路、产业路等恢复重建。提升本质安全水平,加强新型材料及建造技术研发,提升基础设施使用寿命和抗灾能力,提高城市轨道交通、综合客运枢纽等防汛等级和标准。加强安全生产管理,强化企业安全生产主体责任落实,扎实推进安全生产标准化、安全风险隐患双重预防机制、安全信用管理体系建设,强化安全生产监督检查执法,遏制重特大事故发生。强化应急救援能力,健全跨方式、跨部门综合交通预警、响应和处置联防联控机制,完善省级应急寄递保障重点企业名单制度。

（五）提高现代枢纽产业体系发展质量

充分发挥各类枢纽经济承载平台优势,推动枢纽与高端制造、现代服务、农业等产业深度融合,提升产业发展质量,提升枢纽综合竞争优势和规模经济效应。一是提升枢纽经济核心产业竞争力。加快发展现代物流业,围绕建设现代物流强省,加快融入国家物流枢纽网络,以京津冀、长三角和粤港澳等重点城市群及沿海港口、沿边口岸城市等为重点,加强国家物流枢纽间合作互动,强化国际物流、干线运输、区域分拨、仓储配送等服务高效协同和一体化运作。积极发展商贸流通业,依托郑州商品交易所、商丘农产品中心批发市场、开封大蒜现货交易中心等交易市场,完善市场功能和物流组织,拓展交易、结算、贸易等功能,增强商贸资源吸附能力。加强供应链创新和应用,重点依托国家物流枢纽,聚集运输、贸易、金融、商务、中介等资源,加强产业链上下游、产供销各环节无缝连接,提供全程一体化供应链服务,建设供应链管理中枢。二是推动枢纽经济制造业高质量发展。支撑优势产业做强,依托郑州新郑国际机场、洛阳北郊机场等机场发展航空维修、航空制造等航空核心产业,建设国内重要的航空航材维修基地,积极发展电子信息、智能制造等航空偏好型产业。推动传统产业做优,围绕推进传统产业高端化、智能化、绿色化、服务化改造,结合传统产业布局优化,发挥水运成本优势,壮大临港工业,发展船舶制造、建材加工、纺织服装等产业,加快安钢周口项目建设、特色装备产业园区建设,引进长三角和沿江城市钢铁精深加工、工程机械等产业项目。促进新兴产业做大,积极发展地铁列车、有轨电车、城际列车和动车组等系列化产业集群,打造千亿级轨道交通装备产业基地,提升制造业物流供应链组织能力,增强枢纽经济承载平台供应链能力,推进采购、分销、仓储、配送等各环节与产业链组织精准对接,巩固优势产业供应链竞争力,强化传统产业转型升级的供应链服务支撑,支持围绕枢纽构建新兴产业生态体系,超前谋划量子信息、区块链、生命健康、前沿新材料等未来产业供应链配套布局建设。三是促进枢纽经济服务业扩容升级。

（六）拓展枢纽经济辐射联动发展空间

发挥河南区位优势,加强与沿海城市群产业承接和合作,推动与中西部地区产业链合作,积极培育跨域通道经济带,推进枢纽经济协同发展区建设及跨省毗邻区域合作,拓展枢纽经济辐射联动发展空间。一是培育发展跨域通道经济带。协同建设中原-长三角通道经济带,依托高速铁路通道和水运通道,发挥与长三角核心城市、港口群连接的快速客运交通网、多式联运服务网优势,加快建设郑焦产业走廊、洛平漯周产业走廊、淮河生态经济带、郑合高铁经济带等,推进产业链一体化布局。二是建设枢纽经济协同发展区。做强豫西枢纽经济协同发展区,强化洛阳北郊机场和生产服务型、商贸服务型国家物流枢纽叠加功能,用好自由贸易试验区、自主创新示范区、跨境电商综合试验区等平台,高质量推进商贸流通载体和现代物流通道建设,完善多式联运服务系统,强化资源要素集聚能力,推动现代服务业和先进制造业等融合发展。建设豫南枢纽经济协同发展区,以南阳全国性综合交通枢纽为核心,联动信阳、驻马店等枢纽城市,强化豫南地区通道枢纽建设。提升豫东枢纽经济协同发展区,发挥商丘全国性综合交通枢纽功能,联动周口等枢纽城市,提升供应链物流组织服务和产业链集聚发展能力。培育豫北枢纽经济协同发展区,推进豫北地区交通、产业等领域联动,加强与冀南、晋东南区域联系,以安阳、鹤壁、濮阳为重点建设豫北跨区域协同发展示范区。

（七）增强内陆门户枢纽高水平开放功能

充分发挥空中、陆上、海上、网上"四条丝绸之路"协同发展效应,强化门户开放和平台承载能力,精准嵌入国际供应链、产业链,以服务国内大循环为主导,提升融入国际循环的竞争力,建设内陆型高水平对外开放新高地。一是畅通国际开放立体通道。强化"空中丝绸之路"辐射功能,巩固提升郑州—卢森堡"空中丝绸之路"品牌优势,争取扩大第五航权配额,积极争取第七航权,深化"双枢纽"战略合作,增强国际主要航空枢纽通达能力,扩大航线网络全球覆盖范围,加强国际和国内、干线和支线航线衔接,推动省内机场协同发展。扩展"陆上丝绸之路"通道,依托中欧班列郑州集结中心和国际陆港新节点,强化连通"一带一路"国际经济走廊服务能力。扩大郑州国际陆港中转集结规模,完善枢纽集散、干支结合、多点衔接的高效集疏运体系,形成全省国际铁路联运班列"一核多极"联动发展格局。加强"海上丝绸之路"连接,打造无缝对接的通江达海新通道,高效融入"海上丝绸之路"。推动"网上丝绸之路"升级,拓展"跨境电商＋空港＋陆港＋邮政快递"运营模式,打造国际性跨境电商与多元化贸易中心。二是打造高能级开放平台。提升交通枢纽口岸功能,完善郑州航空港经济综合实验区功能性口岸功能,积极推进洛阳航空口岸建设,支持南阳姜营、信阳明港机场等申请开放口岸。推进开放平台赋能提升,推动郑州新郑综合保税区扩区和功能拓展,完成郑州经开综合保税区、许昌保税物流中心(B型)验收和封关运营,加快洛阳、开封综合保税区建设,争取鹤壁、商丘、三门峡、安阳等具备条件的城市建设综合保税区或保税物流中心(B型),加强与郑州航空港经济综合实验区、郑州国际陆港等通关合作、功能协同和业务合作。三是高质量共建"一带一路"。促进口岸经济加快发展,以共建"一带一路"为重点,依托航空口岸、铁路口岸等口岸,推动跨境贸易由"点对点"流通向"枢纽对枢纽"对接转变。依托自由贸易试验区建设,加快服务贸易、保税物流等业态发展；推进金融业聚集发展,提高贸易结算便利化水平。加强"一带一路"经贸合作,深化与"一带一路"沿线国家和地区投资合作,加快建设一批覆盖全省、连接沿海及中部省份、辐射"一带一路"沿线国家的口岸产业园,稳妥布局一批境外经贸产业合作园区,促进装备制造、文化旅游等产业规模扩张和质量提升,增强"河南制造"品牌国际竞争力,推动医疗护理、建筑安装及劳务承包服务等优势行业拓展服务贸易出口,培育壮大服务外包产业。

（八）建设高品质枢纽经济新区新城

统筹交通物流和产业、城镇发展,以枢纽城市、枢纽场站为依托,打造各种要素大聚集、大流通、大交易的枢纽经济业态,培育发展增长极。一是推进"港产城"融合发展。建设现代航空都市,按照"产城互动""产城融合"发展要求,高标准、高质量、高规格建设郑州航空港经济综合实验区、新郑组团,推动先进制造、商贸物流、国际会展和现代金融等协同融合发展,强化生态环保功能,建成现代航空大都市。推动港城一体化发展,围绕重点陆港、港口等枢纽,推进现代物流功能区、商贸服务区、产业区等多区融合发展,完善商务生活配套,实现枢纽、产业、城市有机融合。有序建设高铁新城,统筹城市空间、产业布局和高铁枢纽场站布局,科学确定高铁新城规模和开发时序,加强高铁新城与城市主城区、城市组团之间的便捷交通联系和功能合理分工。二是加快建设现代枢纽经济区。探索创建国家枢纽经济示范区,构建以电子信息、智能制造、生物医药、新基建等为主导的产业结构,推动现代金融、科技服务、会展商务等服务业向专业化、高端化发展。提升交通枢纽经济区发展质量,选择部分条件成熟的支线机场培育发展临空经济区,发挥航空运输高时效、高附加值和及时响应的优势,推进现代商贸物流业、航空偏好型制造业等集聚发展。加快建设智慧平台枢纽经济区,推动资源要素有效整合和供需高效对接,融合制造业、服务业发展,建设智慧平台枢纽经济区,鼓励与交通物流、生产服务、商贸服务等枢纽经济区集约布局、功能整合和业务融合。打造生产服务型枢纽经济区,加快战略新兴产业、未来产业供应链布局,提升设计、采购、制造、运营、物流、销售全链条一体化组织能力,建设"港产城"有机融合的生产服务型枢纽经济区。建设商贸服务型枢纽经济区,重点围绕食品、农产品、汽车、纺织服装、大宗商品等市场,打造一批支撑资源高效流通、内需规模扩大的商贸服务型枢纽经济区。发展内陆口岸枢纽经济区,推动高能级开放平台载体建设和功能优化提升,强化一体化通关、便捷化运输、保税等综合服务保障,增强全球性进口商品集散、交易能力,提升内外贸一体化和创新发展水平,推进外向型产业和适应内需扩张型产业集聚融合发展,提升城市功能和生活品质,建设内陆开放型枢纽经济区。三是推广"站城一体"开发。创新开发建设管理模式,试点实施"站城一体"开发,强化交通、地产、商业等深度融合,提升枢纽区域发展活力和持续发展能力,推动城市中心再造,建设融综合交通枢纽、城市生产生活设施于一体的城市交通商业综合体,增强城市区域发展活力。制定和完善长效的开发政策,坚持以公共交通为导向进行城市开发,统筹编制综合交通枢纽及周边土地综合开发规划,打造特色鲜明、职住平衡、规模适度、联动发展的交通枢纽型"微中心",推动以公共交通枢纽引领城市空间合理有序开发与更新。鼓励在新改建高铁枢纽、城际铁路枢纽、轨道交通枢纽、公路客货运站、公交综合车场和口岸枢纽中采用分层确权模式,拓宽投融资渠道,建立健全土地增值反哺制度,在保障交通功能的前提下,鼓励采用市场化手段进行综合开发。

(九) 提高融合联动发展治理能力

围绕更好地推动交通、物流与经济社会融合发展,深化重点领域改革,在要素统筹、综合开发、扩大开放、投融资、人才保障等领域,探索推进体制机制改革和政策创新的路子。一是要持续深化重点领域改革。完善综合交通运输管理体制机制,健全跨方式、跨区域、跨部门综合交通运输协调机制。二是优化交通运输发展环境。深化"放管服"改革,持续推进简政放权,提升"一网通办"服务效率,深入落实"最多跑一次"要求。三是创新投融资和开发模式。健全交通基础设施分级分类投入机制,用好"债贷组合"模式。

第四节 文化旅游产业

河南省不仅有灿烂的历史文化景观,也有众多美丽独特的自然景观。河南省旅游业经过改革开放以来40多年的发展,已实现了从传统的旅游接待型向开发经营型的转型。全省旅游景区、旅行社、旅游星级酒店等衔接顺畅。丰富的旅游资源和完善的接待设施,为河南省文化旅游业的发展提供了得天独厚的条件。

一、文化旅游产业的概念和发展

文化旅游产业是旅游产业的重要组成部分,主要是由人文旅游资源所开发出来的旅游产业,是为满足人们的文化旅游消费需求而产生的一种旅游产业。它的目的就是提高人们的旅游活动质量。文化旅游的核心是创意,特别强调"创造一种文化符号,然后销售这种文化和文化符号",并强调文化旅游的"文化"是一种生活形态,"产业"是一种生产行销模式,两者的连接点就是"创意"。因此,文化旅游产业可以理解为"蕴含人为因素创造的生活文化的创意产业"。

(一)文化旅游产业定义

对于文化旅游产业的定义,相关学者主要从两方面进行了研究。一方面它是以旅游文化的地域差异性为诱因,以文化的碰撞与互动为过程,以文化的相互融洽为结果的,它具有民族性、艺术性、神秘性、多样性、互动性等特征。文化旅游的过程就是旅游者对旅游资源文化内涵进行体验的过程,这也是文化旅游产业的主要功能之一。它给人一种超然的文化感受,这种文化感受以饱含文化内涵的旅游景点为载体,体现了审美情趣激发功能、教育启示功能和民族、宗教情感寄托功能。另一方面它泛指以鉴赏异国异地传统文化、追寻文化名人遗迹或参加当地举办的各种文化活动为目的的旅游。寻求文化享受成为当前旅游业出现的新时尚。文化旅游产业是一种特殊的综合性产业,因其关联性高、涉及面广、辐射性强、带动性强而成为新世纪经济社会发展中最具有活力的新兴产业。文化旅游资源包括历史遗迹、建筑、民族艺术、宗教等内容。其涵盖面广,几乎可以囊括所有相关的产业。"文化旅游产业"是最近几年才出现并流行的一个名词,它的出现与游客需求的转变密切相关。因此,"文化旅游产业"较为流行的定义是"那些以人文资源为主要内容的旅游活动,包括历史遗迹、建筑、民族艺术和民俗、宗教等方面"。还有说法认为文化旅游属于专项旅游的一种,是融政治、经济、教育、科技等于一体的大旅游活动。

综上所述,文化旅游产业是以旅游经营者创造的观赏对象和休闲娱乐方式为消费内容,使旅游者获得富有文化内涵和深度参与旅游体验的旅游活动的集合。

（二）文化旅游产业的发展

文化是旅游的灵魂，旅游是文化发展的重要途径。近年来文化产业作为"国民经济支柱性产业"，与同样作为"战略性支柱产业"的旅游业有越来越多的融合发展。其中，文化旅游产业将是挖掘地方文化、完善旅游产业、促进经济结构调整、助力地方经济腾飞的重要发展方向。

文化旅游产业是一个跨行业的朝阳产业，在经济社会发展中有着至关重要的作用，不仅对经济结构调整、区域经济协调发展、扩大对外开放具有重要作用，而且是满足人民群众日益增长的文化需要、提高人民生活水平、构建和谐社会、实现全面协调可持续发展的重要途径。随着经济社会的不断发展和人民生活水平的不断提高，旅游成为一种时尚。文化旅游产业微信公众平台整合丰富的文化旅游资源已经成为发展的现实优势，发展文化旅游产业的条件已经成熟。

二、河南文化旅游产业发展现状

河南的自然景观资源和历史文化资源均比较丰富。从南向北，河南气候属于由亚热带湿润半湿润地区向暖温带半湿润半干旱地区过渡，气候、环境、植被、风土人情均呈现较明显的地域差异。太行山、伏牛山、桐柏山、大别山呈半环形环绕在西部、南部省境，山地风景也因为南北过渡的地理特征而丰富多彩。河南东部为辽阔无垠的平原，南部有南阳盆地，黄河从省域中部穿境而过，足不出省就可以尽享多彩多姿的自然景观。商周以来，中原代表了先进经济、文化和礼仪，而河南就位于中原之中，重要的地理位置使河南历来是兵家必争之地，安定时代十分繁华与发达，战乱时代又是灾难特别深重之处，因而有"一部河南史，半部中国史"的说法。河南地下文物存量全国第一，地上文物存量全国第二，历史文化旅游资源丰富，足不出省就可以领略中国历史文化的博大精深。

（一）河南具有丰富的旅游资源

截至 2022 年，河南拥有全国八大古都中的 4 个，即安阳、洛阳、郑州、开封；世界文化遗产 5 处，即洛阳龙门石窟、安阳殷墟、登封"天地之中"历史建筑群、丝绸之路河南段、大运河河南段；国家 5A 级旅游景区 15 处，即少林景区、清明上河园、龙门石窟景区、龙潭大峡谷景区、白云山景区、老君山·鸡冠洞景区、尧山·中原大佛景区、八里沟景区、云台山—神农山·青天河景区、安阳殷墟景区、红旗渠·太行大峡谷景区、老界岭·恐龙遗迹园景区、嵖岈山风景区、芒砀山旅游景区、鸡公山景区；世界地质公园 4 处，即嵩山、云台山、王屋山—黛眉山、伏牛山；国家地质公园 15 个，即嵩山国家地质公园、焦作云台山国家地质公园、内乡宝天曼国家地质公园、王屋山国家地质公园、西峡伏牛山国家地质公园、河南嵖岈山国家地质公园、郑州黄河地质公园、洛阳黛眉山地质公园、洛宁神灵寨地质公园、辉县市关山地质公园、信阳金刚台国家地质公园、河南汝阳恐龙国家地质公园、河南小秦岭国家地质公园、河南红旗渠·林虑山国家地质公园、南阳伏牛山世界地质公园；国家级风景名胜区 10 处，即鸡公山风景名胜区、洛阳龙门风景名胜区、嵩山风景名胜区、王屋山—

云台山风景名胜区、尧山(石人山)风景名胜区、林虑山风景名胜区、青天河风景名胜区、神农山风景名胜区、桐柏山—淮源风景名胜区、郑州黄河风景名胜区;国家园林城市21个,即郑州、洛阳、许昌、南阳、新乡、济源、登封、舞钢、偃师、焦作、商丘、安阳、平顶山、三门峡、巩义、信阳、驻马店、濮阳、鹤壁、汝州、禹州;历史文化名城8个,即洛阳、开封、郑州、安阳、商丘、南阳、濮阳、浚县。另有其他丰富的人文和自然旅游资源。

(二) 河南的历史文化独特

1. 中华民族发祥之地,泱泱华夏文明之源

远古时期,中华民族的祖先就繁衍生息在中原大地上。河南被称为中国历史和文化的摇篮。古代文明遗址在中原大地上星罗棋布,在河南已经发现的7 000年前的裴李岗文化遗址、6 000年前的仰韶文化遗址、5 000年前的大河文化遗址,在中华民族的发展史上均有划时代的意义。

2. 群雄逐鹿必争之地,历代帝王治国之都

"中原自古帝王都""得中原者得天下",在中华民族数千年的文明史中,从中国第一个王朝夏开始,先后有20多个朝代建都或迁都于此。在中国政治、军事、经济、文化史上,这里曾上演过武王伐纣、周公营洛、春秋诸侯争霸、战国群雄逐鹿、刘项对峙、刘秀兴汉、曹魏中原称雄、隋末瓦岗暴动、赵匡胤陈桥兵变、岳飞抗金、李自成中原血战等可歌可泣的历史事件。

3. 东方文化摇篮,历代名人辈出

河南地处中原的区位,优越的农耕条件,与黄河、淮河等造成的水患灾害的斗争,东西南北社会、经济、战争的交融,催生了中华文化。这里是中国文字的发祥地,是中华民族礼仪典章的发源地,是影响至今的东方哲学思想的诞生地,中国古代四大发明中的指南针、造纸、火药三大技术均发明于这里。河南的政治、军事、科技、文化名人也灿若繁星,孕育了我国古代和现代众多著名的思想家、哲学家、政治家、科学家、医学家、诗人、文学家、军事家及民族英雄等1 000多位。

4. 文物遍地,尽属国宝

悠久的历史、古老的文明给河南留下了众多的人文遗迹,历史文化遗存遍布中原大地。太昊伏羲陵寝、轩辕黄帝故里、夏商古都遗址、禅宗祖庭少林寺、世界最古老的天文台、世界遗产龙门石窟、中国第一个官办佛寺白马寺、宋都开封诸景、诸葛武侯故里、关圣帝君墓葬等,都是闻名海内外的名胜古迹。

据河南省文物部门统计,全省已普查出各种文物点达28 000多处,其中全国重点文物保护单位97处;全国三批颁布的国家历史文化名城,河南占8座,省级历史文化名城13座;馆藏文物140万件,约占全国的1/8,其中一级品1 707件。

三、河南文化旅游产业的发展阶段与发展规模

(一) 发展阶段及其特点

根据不同时期旅游发展量和质的特征,把河南文化旅游产业的发展划分为三个阶段,即起步阶段、发展阶段和初步升级阶段。

1. 第一阶段——起步(1978～1989年)

1978年改革开放以后,旅游业以接待入境游为主,接待人次逐年上升,至1988年达峰值。这个阶段,资源初步利用和主要经典旅游产品形成;旅游接待与设施初步配套;旅游管理以粗放的管理模式为主,大部分地市没有独立的旅游行政管理机构。

2. 第二阶段——发展(1990～1999年)

20世纪90年代,河南旅游发展迅速,除了洛阳、开封、安阳等古都和少林寺、龙门石窟等传统景区,还开发了黄河风景区,南太行山形成了云台山、林虑山—红旗渠等风景旅游区,逐步形成了沿黄河旅游产品群等,全省旅游发展龙头的郑—汴—洛和沿黄河旅游线初步发挥效应;接待游客数量快速增长;旅游经济总体水平日趋提高;旅游服务设施逐步配套,形成了一批规范化的经营机构和服务设施;旅游管理逐步完善,各地旅游行政管理机构逐步健全。但对旅游发展的认识尚处于初期阶段,大部分旅游管理机构没有独立,旅游的大发展推动的经营管理呈现被动局面,条块分割与地方割据使得旅游发展协调不够。

3. 第三阶段——初步升级(2000年至今)

2000年,"假日经济"的概念被明确提出,"黄金周"的出现刺激了国内旅游的发展,同时也推动了河南旅游的升级。该阶段的突出特点是政府日益重视旅游发展,可持续发展、大旅游理念和区域旅游协作理念日益被政府领导接受,大部分市、县和主要旅游区开始重视旅游规划和新产品开发。同时,传统的老产品开始升级和更新,一批休闲度假型新产品初步形成。一些地区通过积极探索、大胆创新,在产品开发、品牌培育、管理改革等方面形成良好的示范性效应,涌现出了政府主导下发展旅游的"焦作现象"和"栾川模式"。各地旅游综合素质提升,旅游设施日趋配套升级。城市旅游发展出现新气象,以郑州、洛阳、焦作等最为突出。现代技术特别是网络营销日益受到重视。

对当前发展阶段的基本判断:

初级阶段——对传统资源的初步开发利用和基本服务配套,产业链短,产业效益不高。

中级阶段——对传统产品的潜在文化进行发掘和深度开发,形成精品景点,服务全面提升,产业链延长,产业效益提升。

高级阶段——更新理念,发展大旅游,旅游业向社会延伸,社会产品通过旅游化介入旅游产业,产业链大大延伸,产业效益最大化。

终极模型——在旅游开发与城市和区域建设一体化的原则下,实现区域旅游要素和社会要素全面整合,形成主题旅游社区、主题旅游城镇、主题旅游区域,整个区域对于旅游者来说都是旅游区和良好的旅游环境,对于当地人来说都是良好的生存和工作环境,实现

区域经济、社会、环境等综合效益最大化。

从整体发展层面看,河南绝大部分区域旅游业属于发展的中级阶段,旅游业发展相对较快的部分地区开始升级并出现社会产业介入的某些表征,个别旅游业发达地区开始全面提升。但从整体来看,河南文化旅游产业仍然处于资源利用型的初级发展阶段向中级阶段升级的转换期。

(二)河南文化旅游产业发展规模

"十二五"到"十三五"(2011~2020年)期间,河南省旅游产业持续加大投入,完善功能设施,注重市场营销,提高服务品质,旅游产品竞争力、市场影响力和综合带动力不断增强,已经成为国民经济战略性支柱产业,为全省扩内需、调结构、促转型、稳增长奠定了坚实基础。

2015年,河南省全年共接待海内外游客5.18亿人次,实现旅游总收入5035亿元,年均分别增长14%和15.8%。旅游总收入占全省生产总值的比重由2010年的9.9%上升到2015年的13.3%。旅游产业成为社会投资热点,"十二五"期间全省旅游招商引资总额达7200亿元。

2016年,河南省全年共接待海内外游客5.83亿人次,比上年增长12.5%。其中入境游客293.95万人次,增长9.6%。旅游总收入5764.06亿元,增长14.5%。年末4A级及以上景区146处,星级酒店520个,旅行社1178家。

2017年,河南省全年共接待海内外游客6.65亿人次,比上年增长14.1%。其中入境游客307.32万人次,增长4.5%。旅游总收入6751.00亿元,增长17.1%。年末4A级及以上景区159处,星级酒店532个,旅行社1199家。

2018年,河南省全年共接待海内外游客7.86亿人次,比上年增长18.2%。其中,入境游客321.73万人次,增长4.7%。旅游总收入8120.21亿元,增长20.3%。年末4A级及以上景区178处,星级酒店432个,旅行社1137家。

2019年,河南省全年接待海内外游客达9.02亿人次,旅游总收入达9607.06亿元,同比分别增长14.8%和18.31%。其中,接待入境游客351.47万人次,同比增长9.2%;旅游创汇13.04亿美元,同比增长26.2%。年末共有4A级及以上景区185处,星级酒店406个,旅行社1156家。

2020年,受新冠肺炎疫情影响,河南省全年共接待海内外游客5.51亿人次,旅游总收入4812.85亿元。

2021年,河南省全年共接待国内外游客7.93亿人次,旅游总收入6078.87亿元。年末4A级及以上旅游景区218家。星级酒店359个,旅行社1195家。

2022年,全省共接待国内游客4.36亿人次,旅游总收入3160亿元。年末共有A级旅游景区681处。年末4A级及以上旅游景区215处,星级酒店361个,旅行社1229家。

四、河南文化旅游产业发展布局

近年来河南以建设郑汴洛旅游产业发展核心区、沿黄旅游带、南水北调中线旅游带、南太行旅游区、伏牛山旅游区、桐柏—大别山旅游区、豫东平原旅游区为重点,积极构建"一核两带四区"旅游产业发展格局。

（一）一核

河南依托自贸试验区建设,以发展全域旅游为抓手,整合郑州、开封、洛阳三市旅游资源,打造国际知名华夏文明旅游目的地、中国全域旅游示范区,成为带动全省旅游产业发展的核心区。

依托郑州国家中心城市建设,积极发展文化创意、时尚购物、商务会展、休闲度假等业态。推进自贸试验区郑州片区建设,引入国际知名的休闲娱乐、免税购物、商务会展、动漫游戏等品牌,发展现代时尚旅游。积极开发文化创意、休闲度假、现代娱乐等旅游产品,加快建设郑州国际文化创意产业园。以嵩山少林景区为依托,延伸功夫产业链,开发嵩山主题度假、文化创意旅游产品。以黄帝故里景区为引领,整合黄帝文化资源,加快建设根亲文化国际旅游目的地。以建设郑州古商都历史文化休闲为抓手,创新大遗址保护开发模式,打造全景展现郑州历史、满足都市休闲娱乐需求的休闲街区。整合沿黄旅游资源和城郊乡村休闲旅游资源,推进环城游憩带建设,将郑州打造成国际商都城市、国内外知名旅游目的地、我国中部重要的旅游集散中心。

依托自贸试验区开封片区建设,发展创意设计、文化演艺、医疗旅游及旅游商品制造等,构建国际文化贸易和人文旅游合作平台,促进融合发展。深度挖掘开封宋文化,塑造大宋皇城、北方水城、汴京菊花、铁面包公、味道古都等五大旅游品牌,实施文化旅游创新、重点景区提升、旅游产品优化、旅游产业融合、生态环境改善、旅游综合体建设六大工程。策划宋文化体验游、民俗风情游、遗迹奇观游、名街名巷游、黄河生态游、乡村休闲游、研学体验游等七大主题旅游线路。打造黄河生态文化旅游区、童世界文化旅游园区、银基文化产业园区、朱仙镇国家文化生态旅游示范区、尉氏休闲生态园区五大旅游增长极,将开封建设成全城一景、宋韵彰显的国际文化旅游名城。

持续强化洛阳"华夏之源、丝路起点、千年帝都、牡丹花城"品牌打造和形象推广,加快建设洛阳都市文化旅游中心区和黄河文化旅游带、洛河文化旅游带、伊河生态休闲旅游带。在自贸试验区洛阳片区,加快建设一批国际文化旅游、文化创意、旅游商品研发设计、旅游装备制造等项目,推进华夏历史文明传承创新区建设。加强龙门石窟世界遗产文化园区、白马寺佛教文化园区、关圣文化园区、国家考古遗址公园、老城历史文化街区、玄奘文化景区、二里头遗址博物馆等项目建设,推出丝绸之路游、国学研修游、河洛寻根游、黄河文化游、生态山水游、温泉养生游、博物馆游、工矿体验游、特色乡村游等精品旅游线路,将洛阳建设成具有古都特色、中原风格的国际文化旅游名城。

（二）两带

1. 沿黄旅游带

抓住"一带一路"国家建设机遇,深入挖掘和展现沿黄古都文化、丝路文化、黄河文化、根亲文化、佛教文化,突出峡谷奇观、黄河湿地、地上悬河等自然景观,加强黄河两岸生态建设,开发生态观光、休闲度假、文化体验等旅游产品。因地制宜开发黄河游轮、摩托艇、皮划艇、气垫船等水上观光和休闲娱乐产品,加快建设一批融餐饮、住宿、休闲等功能于一体的旅游码头。将河南省沿黄旅游带打造成荟萃华夏文明、彰显中原丝路文化特色、凸显生态黄河风光的国际旅游精品带。

2. 南水北调中线旅游带

整合南水北调中线沿线自然、人文旅游资源,加强打造南水北调中线渠首、沙河渡槽、穿黄工程等水利工程特色景观。加快沿线城市近郊游憩、休闲农业、康体养生产品开发和干渠两侧生态廊道建设,打造融自然观光、文化体验、休闲养生等功能于一体的生态文化旅游带。

(三) 四区

1. 南太行旅游区

深入挖掘殷商文化、神农文化、周易文化、道教文化、红色文化,积极开发山岳观光、山地休闲、避暑度假、健康养生、猎奇探险、户外运动、低空旅游、研学旅游等产品,建设一批时尚康体运动旅游基地。将南太行旅游区打造成以山岳观光为基础、以运动养生为特色的国际知名、国内一流旅游区。

2. 伏牛山旅游区

突出生态系统完整性、生物多样性和地质构造独特性,在巩固山水观光、山地休闲等知名旅游产品的基础上,大力发展温泉养生、康体健身、休闲度假、漂流滑雪、野营探险等特色旅游产品。将伏牛山旅游区打造成以山水休闲、养生度假为特色的国际知名、国内一流旅游区。

3. 桐柏—大别山旅游区

突出豫风楚韵、淮河文化、民俗文化、根亲文化、红色文化特色,积极开发生态观光、休闲度假、康体养生、红色教育、姓氏寻根等旅游产品。加强与安徽、湖北两省合作,面向闽台地区开拓客源市场,共同打造大别山无障碍旅游区。将桐柏—大别山旅游区打造成以红色教育、生态休闲为主的国内知名旅游区。

4. 豫东平原旅游区

充分挖掘历史文化遗存,创新展示手段和形式,展现史前文化、姓氏文化、龙文化、道家文化、古城文化、汉梁文化、农耕文化、特色民俗文化、红色文化,大力发展休闲农业和乡村旅游。将豫东平原旅游区打造成以历史文化、农耕文化、姓氏文化为精髓的特色旅游区。

五、河南"一核两带四区"内重点景点介绍

(一) 郑汴洛旅游产业发展核心区

郑汴洛旅游产业发展核心区主要景点有郑州嵩山少林寺、黄帝故里、方特欢乐世界、中国绿化博览园、伏羲大峡谷等景区,开封清明上河园、包公祠、大相国寺、开封府、铁塔公园、中国翰园碑林等景区,洛阳龙门石窟、白马寺、关林、中国国花园等景区。

1. 郑州嵩山少林寺

少林寺，位于河南省登封市嵩山五乳峰下。该寺始建于北魏太和十九年（公元 495 年），孝文帝为了安置他所敬仰的印度高僧跋陀，在嵩山少室山北麓敕建一座寺院，因其建在少室山下的丛林茂密之处，故名少林寺。少林寺是中国佛教禅宗祖庭和中国功夫的发源地之一及世界文化遗产、全国重点文物保护单位、国家 5A 级旅游景区。少林寺是世界著名的佛教寺院，是汉传佛教的禅宗祖庭，在中国佛教史上占有重要地位，被誉为"天下第一名刹"。少林寺因其历代少林武僧潜心研创和不断发展的少林功夫而名扬天下，素有"天下功夫出少林，少林功夫甲天下"之说。

2010 年 8 月，包括少林寺常住院、初祖庵、塔林等在内的天地之中历史建筑群被联合国教科文组织列为世界文化遗产。

少林寺常住院建在河南登封少溪河北岸，从山门到千佛殿，共七进院落，主要包括常住院、塔林和初祖庵等。常住院的建筑沿中轴线自南向北依次是山门、天王殿、大雄宝殿、藏经阁（法堂）、方丈院、立雪亭、千佛殿。另外，寺西有塔林，北有初祖庵、达摩洞、甘露台，西南有二祖庵，东北有广慧庵，寺周还有同光禅师塔、法如禅师塔和法华禅师塔等古塔 10 余座。

少林寺西约 300 米处的少室山脚下，有一片中国最大的塔林。它南临少溪，背依龙虎岭，东接伏牛山脉，西依当阳坡，林木葱郁，环境秀美幽雅，这就是著名的少林寺塔林。它是少林历代高僧、住持方丈的墓寝。少林寺塔林入选世界纪录协会世界最大古塔建筑群，是古塔建筑群世界之最。

塔林中现存从唐至今的各类塔 256 座，其中元塔 47 座，仅次于明塔的存量。据说现存塔仅是原来的二分之一，其余被历年来山水所冲毁。这里的 47 座元塔的建筑风格、砖石雕刻为研究元代的建筑艺术留下了宝贵实物。更可贵的是，几乎每座塔都有塔铭留存，为研究少林寺的历史和元代文化提供了珍贵资料。

塔林中有一座建于 1339 年的"菊庵长老灵塔"，这是一座单层密檐式砖塔，叠檐五重，造型秀丽，塔后壁镶嵌着"显教圆通大禅师照公和尚塔铭并叙"的石碑。碑文和书丹都出自"当山首日本国沙门邵元"之手。由于铭文出自日本高僧之手，并且文辞书法都具有相当高的造诣，尤显珍贵。

塔林北约 1 千米有初祖庵。它是河南省遗存文物中最古老的一座木结构建筑，是为纪念达摩面壁而修建的。殿的檐柱、内柱、墙下雕石以及神台周围都有浮雕。大殿神龛内供着达摩祖师像。

五乳峰上达摩洞深约 7 米，高、宽均 3 米余，北额有燕都近溪题刻"东来肇迹"。洞内石壁上，遗有高 1 米多、宽约 60 厘米的凹槽，即是当年挖凿达摩面壁石的痕迹。内供有达摩及其弟子的石像四尊。洞外有石坊，明万历甲辰年（1604 年）造，双柱石砌，南额胡斌题刻"默玄处"。传说达摩曾在此面壁十年，由于功夫深厚，他的身影形状印在山石上，留下了极富传奇色彩的"达摩影石"。

少林寺内保存唐以来碑碣石刻甚多，重要的如《唐太宗赐少林教碑》《武则天诗书碑》《戒坛铭》《少林寺碑》《灵运禅师塔碑铭》《裕公和尚碑》《息庵禅师道行碑》和近年建立的《日本大和尚宗道臣纪念碑》等。

少林寺内外碑铭繁多,其中元代碑铭不仅数量可观,且大都具有珍贵的文化价值。它们是研究元代宗教、政治、历史、书法艺术及中外交流的不可多得的实物文献。在少林寺甫道右侧"慈云堂"碑廊里,奇碑珍铭琳琅满目。碑铭中《大元重建河南嵩山少林禅寺萧梁达摩大师碑叙》的碑文出自当时文人欧阳玄之手,而碑文的书丹则为元代大书法家康里巎,它不仅有较高的书法艺术价值,还有一定的文献价值。

少林功夫是中国武术中体系最庞大的门派,武功套路高达七百种以上,又因以禅入武,习武修禅,又有"武术禅"之称。"少林"一词成为中国传统武术的象征。少林功夫的要旨是禅武合一,借练功习武达到收心敛性、屏虑入定的目的,同时也有强壮身体、益寿延年的功效。

2. 龙门石窟

龙门石窟位于洛阳市城南6千米处的伊阙峡谷间。由于地处都城之南,古代帝王拟己为"真龙天子",故又称"龙门"。龙门自古为险要关隘、交通要冲,向为兵家必争之地。因山清水秀,环境清幽,气候宜人,素为文人墨客观游胜地。又因石质优良,宜于雕刻,故而古人择此而建石窟,伊河两岸东西山崖壁上的窟龛星罗棋布,密如蜂房。1961年国务院公布龙门石窟为全国第一批重点文物保护单位。1982年龙门风景名胜区被公布为全国第一批国家级风景名胜区,2000年11月联合国教科文组织将龙门石窟列入《世界遗产名录》,2006年1月龙门石窟被中央文明办、建设部、国家旅游局联合授予全国文明风景旅游区,2007年5月被国家旅游局评定为全国首批5A级景区。

龙门石窟始凿于北魏孝文帝迁都洛阳之际(公元493年),盛于唐,终于清末。历经北魏、东魏、西魏、北齐、隋、唐、五代、宋、明、清等10多个朝代陆续营造长达1 400余年,是世界上营造时间最长的石窟,形成了南北长达1千米、具有2 300余座窟龛、10万余尊造像、2 800余块碑刻题记的石窟遗存。

龙门石窟是北魏、唐代皇家贵族发愿造像最集中的地方,是皇家意志和行为的体现,具有浓厚的国家宗教色彩。在北魏时期雕凿的众多洞窟中,以古阳洞、宾阳中洞、莲花洞和石窟寺这几个洞窟最有代表价值。其中古阳洞集中了北魏迁都洛阳初期的一批皇室贵族和宫廷大臣的造像,典型地反映出北魏王朝举国崇佛的历史情态。这些形制瑰异、琳琅满目的石刻艺术品,是中国传统文化与域外文明交汇融合的珍贵记录。

唐代龙门石窟的重点洞窟中,以规模宏伟、气势磅礴的大卢舍那像龛群雕最为著名。这座依据《华严经》雕凿的摩崖式佛龛,以雍容大度、气宇非凡的卢舍那佛为中心,用极富情态质感的美术群体形象,将佛国世界充满祥和色彩的理想意境表达得淋漓尽致。这组雕像体现了大唐帝国强大的物质力量和精神力量,显示了唐代雕刻艺术的最高成就。

龙门不仅为石镌佛场,亦是古碑林。"龙门二十品"是魏碑体的代表,它基于隶、形于楷,是隶书向楷书的过渡,是后代碑拓鉴赏家从众多的石刻题记中精选出来的魏碑书法精华。康有为在《广艺舟双楫》中称魏碑有"结构天成、笔法跳跃、精神飞动、血肉丰美",他大力提倡学习书法应从"龙门二十品"入手,给"龙门二十品"以极高的评价。久负盛名的"龙门二十品"和褚遂良的"伊阙佛龛之碑",分别是中国书法艺术史上魏碑体的珍品和唐楷书体的典范,堪称中国书法艺术之杰作。

龙门石窟延续时间长,跨越朝代多,所处地理位置优越,自然景色优美,是许多石窟难以比拟的。龙门石窟以大量的实物形象和文字资料从不同侧面反映了中国古代政治、经济、宗教、文化等许多领域的发展变化,对中国石窟艺术的创新与发展做出了重大贡献。

龙门东山的香山寺,是武周时代封建王朝为安置印度高僧地婆诃罗的遗身而建立的一座佛教寺院。在此后的一百多年中,香山寺法音绵历,香火炽盛,以致中唐时代享誉中外的文化名人白居易,竟以居士情与如满和尚等人结为"香山九老",酬唱于该寺的堂上林下、晨烟夕霭。会昌六年(公元846年)八月,白居易卒于洛阳履道里故居,其亲属根据他生前的遗嘱,将他葬于龙门香山寺下。今日的白园(白居易墓园),是各界来宾体验大诗人晚年生活的理想之地。

龙门石窟这些洋溢着信仰情感的文化遗存,其极具异域格调的外在形态和充斥着人文意识的内在涵养,是古代社会广大人民对现实世界充满诉求意愿的折射。中华民族向往美好生活的精神追求和成效卓绝的创造能力,透过这一遗响千载的人文景观可以得到透彻的解说。

3. 白马寺

白马寺位于河南省洛阳老城以东12千米处,创建于东汉永平十一年(公元68年),为中国第一古刹、世界著名伽蓝,是佛教传入中国后兴建的第一座官办寺院,有中国佛教的"祖庭"和"释源"之称,距今已有1900多年的历史。现存的遗址古迹为元、明、清时所留。寺内保存了大量元代夹纻干漆造像,如三世佛、二天将、十八罗汉等,弥足珍贵。1961年,白马寺被中华人民共和国国务院公布为第一批全国重点文物保护单位,1983年被国务院确定为全国汉传佛教重点寺院,2001年1月被国家旅游局命名为首批4A级景区。

白马寺把佛教传到了朝鲜、日本和东南亚各国,使佛教在亚洲得到普及,后来又传入欧美,因此白马寺成为世界各地佛教信徒参拜的圣地。19世纪末以来,日本捐资重修白马寺钟楼并立空海雕像;泰国、印度、缅甸政府相继出资在白马寺建造佛殿,使之成为全世界唯一拥有中、印、缅、泰四国风格佛殿的国际化寺院。韩国、新加坡、马来西亚的佛教信徒均来此受戒,美国、德国、加拿大的相关要人皆出席该寺方丈升任法会,作为国际化程度最高的寺院,白马寺可谓名副其实的"天下第一寺"。

白马寺主要景点有白马寺山门、白马寺钟鼓楼、白马寺二僧墓、白马寺卧玉佛等。

白马寺山门即寺院的大门,为牌坊式拱券三门洞,中门洞高3.08米,宽2.35米,深3.60米,两侧门洞较小。"山门"是中国佛寺的正门,一般由三个门组成,象征佛教"空门""无相门""无愿门"的"三解脱门";由于中国古代许多寺院建在山村里,故又有"山门"之称。

山门外有两匹石马,左右相对,石马高1.8米,长2.2米,头戴辔络,身置鞍鞯,性情温顺,雕工精细,相传为汉代的驮经之马,实为北宋太师太保魏咸信墓前的石像。1935年德浩法师住持白马寺,将石马迁置于山门前。

白马寺钟鼓楼分别位于山门内南北中轴线东侧和西侧。其中,钟楼由日本国中村包行先生捐资400万日元、白马寺出资60万元人民币于1991年6月建成;鼓楼于1992年竣工。钟鼓楼同为方形歇山顶双重檐两层楼阁式,底部长、宽都是7.3米,上覆灰色筒瓦,额枋彩绘,同建于石砌台基之上。

晨曦初露时敲钟,红日西沉时击鼓,它是僧人作息的信号,也是佛事活动兴盛的标志。

"马寺钟声"曾被美誉为洛阳八大景之一。现今,每年的新旧交岁之时,人们都欢聚在白马寺内,听僧人敲响新年吉祥的钟声,伴随着悠扬的钟声,迎接新一年的幸福与吉祥、和平与安乐。

在古色古香的洛阳白马寺山门内大院东、西两侧茂密的柏树丛中,各有一座弧形青石围砌起来的坟冢,这就是有名的"二僧墓"。东边的一座墓碑上刻着"圣旨""敕赐""汉启道圆通摩腾大师墓",西边的一座墓碑上刻着"圣旨""敕赐""汉开教总持竺法兰大师墓"。这两座墓冢的主人便是拜请来汉传经授法的高僧——迦什摩腾和竺法兰。石碑上的封号是宋徽宗赵佶追封的。墓碑立于明代崇祯七年(公元 1634 年),由"赐进士中宪大夫知河南府事尹明翼"重立。在清凉台上还有二位高僧的塑像,它们寄托着中国佛门弟子对二位高僧的敬慕之情。

白马寺卧玉佛是 1996 年前后,在弘法寺本焕大和尚及白马寺印贤法师的感召下,深圳、广州的部分居士捐资雕刻而成,用缅甸玉敬雕成卧玉佛像,1996 年 12 月由印贤法师护送到白马寺,供奉于卧玉佛殿内。1997 年 12 月 19 日,白马寺专门举行了开光法会。该佛像用缅甸玉雕刻而成,身长 5 米,重 8 吨,侧卧于榻上。卧玉佛是释迦牟尼的涅槃像,身体右侧而卧,右臂弯曲,右掌托腮,二目微闭,左手放在左腿上,左腿稍曲压在右腿上,卧姿自然,安详自在。

4. 清明上河园

清明上河园位于河南省开封市龙亭区,是对宋代著名画家张择端的代表作、中华民族艺术之瑰宝的《清明上河图》复原再现的大型宋代历史文化主题公园。该园占地面积约 600 余亩,其中水面 180 亩,拥有大小古船 100 余艘,各种宋式房屋 400 余间,形成了中原地区最大的气势磅礴的宋代古建筑群。整个景区内芳草如茵,古音萦绕,钟鼓阵阵,形成了"丝柳欲拂面,鳞波映银帆。酒旗随风展,车轿绵如链"的古风神韵。2009 年,清明上河园荣膺中国世界纪录协会中国第一座以绘画作品为原型的仿古主题公园。

清明上河园设驿站、民俗风情、特色食街、宋文化展示、花鸟鱼虫、繁华京城、休闲购物和综合服务 8 个功能区,并设有校场、虹桥、民俗、宋都 4 个文化区,还设立了宋代科技馆、宋代名人馆、宋代犹太文化馆和张择端纪念馆。清明上河园主要建筑有城门楼、虹桥、街景、店铺、河道、码头、船坊等。园区按《清明上河图》的原始布局,集中展现宋代诸如酒楼、茶肆、当铺、汴绣、官瓷、年画等现场制作,汇集民间游艺、杂耍、盘鼓表演、神课算命、博彩、斗鸡、斗狗等千年东京城繁华街市风情。

清明上河园特色演出《大宋·东京梦华》是由"影响世界的中国文化旅游名人"梅帅元策划的大型水上实景演出。整个演出运用大量的科技手段,制造出梦幻的效果,把人们的记忆拉向 1 000 多年前的那个辉煌朝代。八阕经典宋词和一幅《清明上河图》串联的画面,将精心选择的北宋印象包含进去,以唤起一个民族对兴衰的思考和渴望崛起的激情。《大宋·东京梦华》实景演出选择在清明上河园皇家园林区的景龙湖上,充分利用了亭台楼树、水榭桥廊,构成了一个完整的古典实景剧场。《大宋·东京梦华》全剧共 70 分钟,由 700 多名演员参与演出,是中国实景演出的又一力作。

（二）沿黄旅游带

沿黄旅游带主要景点有黄河小浪底景区，郑州黄河生态旅游风景区，洛阳龙潭大峡谷景区、黛眉山景区，新乡黄河故道森林公园景区，焦作陈家沟景区、嘉应观景区，三门峡天鹅湖国家城市湿地公园、函谷关历史文化旅游区、黄河丹峡景区、陕州地坑院景区，济源黄河三峡景区，商丘黄河故道国家森林公园，巩义康百万庄园，等等。

1. 黄河小浪底景区

黄河小浪底景区为国家 4A 级旅游景区、国家水利风景区。它地跨洛阳、三门峡、济源三市，总面积 1 262 平方千米（其中水面 296 平方千米），全长 175 千米。由于该大坝位于洛阳市孟津区小浪底村，故而以小浪底命名了该工程。它由小浪底大坝、荆紫山、八里峡、三门峡大坝 4 个片区 13 个景区 113 个景点组成。

该景区地跨黄河两岸，南岸为崤山的东北余支，西接汾渭盆地，东临华北平原，北岸有太行山和王屋山，景区是以小浪底工程为依托，以山、水、林、草为特色的生态园林。南岸黄鹿山为该景区最高点，从这里可俯视大坝全景，又可以感受到大自然的美丽景色。小浪底风景区景色优美壮观。小浪底大坝截流后，晋豫黄河峡谷与库区的柏崖山、红崖山、黄鹿山等 20 多个风景点及雄伟的水库大坝交相辉映，形成湖光山色、千岛星布、"高峡出平湖"的自然景观，使得小浪底水库成为由山水自然风光和水利工程组成的大型旅游区。

2. 焦作陈家沟景区

陈家沟景区位于温县赵堡镇西南的清风岭上，南临黄河，北依太行，与伏羲画卦台、河洛汇流处隔河相望，闻名中外的太极拳就诞生于此地，整个村庄处于浓厚的华夏文化氛围之中。2007 年，温县被中国武协、民协正式命名为"中国武术太极拳发源地""中国太极拳发源地""中国太极拳文化研究基地"。陈家沟村先后被评为全国乡村旅游模范村、美丽文化传承村、省级生态文明村、全国先进武术之乡、中国第三批传统村落、中国第一批特色小镇。2018 年，陈家沟景区被授予"港澳青少年游学基地""河南省研学旅游示范基地"称号。

太极拳由明末清初温县陈家沟陈氏第九世人陈王廷博采众家之长，汇集《易经》太极阴阳之理、中医经络学说和道家导引吐纳、养生功而创编。经过近 400 年的传承与发展，太极拳已逐渐衍生出杨、吴、武、孙等诸多太极拳流派，在世界 150 多个国家或地区广为传播，习练者达 3 亿人之多。

陈家沟太极拳文化旅游区是国家 4A 级景区，规划面积 35 平方千米，核心区 3.5 平方千米，主要景点有太极拳祖祠、祖林、中国太极拳博物馆、太极文化园、武学社、东沟创拳处、中国太极馆博物馆、陈照丕陵园、古皂角树、名人故居等。

中国太极拳博物馆是以太极拳为主题的我国第一家非物质文化遗产代表作项目博物馆，也是我国第一家武术单项主题博物馆。博物馆分太极拳基础文化、太极拳史（两仪堂）、太极拳衍生流派（四象堂）、太极拳拳理（文修堂）、太极拳拳法（三省堂）5 个部分，系统深入地阐述了太极拳的起源、演变和发展。内藏太极拳拳经、拳谱及历代大师史料、实物等 800 余项近 3 000 件珍贵文物及近万件太极拳相关文物资料。投影画面显示、现代遥感、多媒体处理等高科技技术手段融入其中，向广大游客和太极拳爱好者展示了太极拳文化的博大精深。

东沟创拳处位于陈家沟村东,长约1.5千米,南宽北窄,深六七米。沟内林木茂密,绿树成荫,曲径盘桓,小桥流水,有两个练拳台,是历代拳师传拳习武之地,相传也是陈王廷创拳的地方。

3. 函谷关历史文化旅游区

函谷关历史文化旅游区位于河南省灵宝市北15千米处的王垛村,距三门峡市约75千米,地处"长安古道",紧靠黄河岸边,因关在峡谷中深险如函而得名。函谷关是中国历史上建置最早的雄关要塞之一。这里曾是战马嘶鸣的古战场,素有"一夫当关,万夫莫开"之称。这里又是我国古代思想家、哲学家老子著述五千言《道德经》的地方。千百年来,众多海内外道家、道教人士都到这里朝圣祭祖。

函谷关西据高原,东临绝涧,南接秦岭,北塞黄河,是我国建置最早的雄关要塞之一,始建于春秋战国,是东去洛阳、西达长安的咽喉,素有"天开函谷壮关中,万谷惊尘向北空""双峰高耸大河旁,自古函谷一战场"之说,自古为兵家必争之地。周慎靓王三年(公元前318年),楚怀王举六国之师伐秦,秦倚函谷天险,使六国军队"伏尸百万,流血漂橹"。秦始皇六年(公元前241年),楚、赵、卫等5国军队犯秦,"至函谷,皆败走"。"刘邦守关拒项羽"、"安史之乱"的唐军与叛军的"桃林大战",以及1944年中国军队与日本侵略军的"函谷关大战",都是在这里进行的。函谷关不仅是一处军事重地,而且是古代中原腹地与西北地区文化、经济交流的要点。围绕着这座重关名城流传着"紫气东来""老子过关""鸡鸣狗盗""公孙白马""唐玄宗改元"等历史故事和传说,唐太宗、唐玄宗、司马迁、李白、杜甫、白居易、司马光等历史名人志士临关吟诗作赋,流传至今的有100余篇。

函谷关历史文化旅游区为国家4A级旅游景区,辖区面积16.5平方千米,主要景点有太初宫、道圣宫、道家养生园、藏经楼、瞻紫楼、鸡鸣台、碑林、蜡像馆、博物馆、关楼、函关古道等20余处。

4. 陕州地坑院景区

陕州地坑院,位于河南省三门峡市陕州区张汴乡北营村,距三门峡市区11千米,规划面积23平方千米。作为一种古老而神奇的民居样式,地坑院蕴藏着丰富的文化,是全国乃至世界唯一的地下古民居建筑,是我国特有的四大古民居建筑之一,被誉为"地平线下古村落,民居史上活化石"。2011年,地坑院营造技艺被列入国家级非物质文化遗产名录。

地坑院是古代人们穴居生存方式的遗留,被称为中国北方的"地下四合院",距今已有约2000年的历史。地坑院在河南三门峡陕州区、山西运城、甘肃陇东的庆阳及陕西的部分地区均有分布,有"进村不见房,闻声不见人"的奇妙景象。地坑院也叫天井院、地坑窑院,属于黄土高原地域独具特色的民居形式,是人类"穴居"发展史演变的实物见证。这种奇特的民居形式,在中国乃至世界上是独一无二的。

20世纪初,德国人伯纳德·鲁道夫斯基在《没有建筑师的建筑》一书中,最早向全世界介绍了中国的地坑院,称地坑院建筑为"大胆的创作、洗练的手法、抽象的语言、严密的造型"。书中记载的地坑院窑洞照片的拍摄地点,就是豫西陕州区三道塬。

地坑窑院建造十分巧妙,颇具匠心,窑洞与大地相通,卧于大地之中,随大地脉搏跳动,具有防震功能。艺术功能方面,从上往下看,整个窑院为方形,站在院中间看天空,天似穹窿,是天地之合的缩影,体现出方圆之美,是中国古代"天人合一"的哲学思想的反映,是人与大自然和睦相处、和谐共生的典型范例。穿山灶是地坑院特有炉灶,灶呈斜坡状依次向上,灶心相通,根据热气往上走的原理,依次开9个灶孔,可以同时放置9个锅,往上炉温逐减,可根据火候烹饪地坑院的特色美食"十碗席"。穿山灶的第一个火最旺,适合蒸煮,随着火力的逐步减弱,依次有炖、闷、保温的功能。穿山灶最大限度地利用了热能,非常节能,几个锅同时操作,非常高效。穿山灶虽然外观粗朴,但结构巧妙,功能强大,充满了地坑院人的生活智慧。

(三) 南水北调中线旅游带

南水北调中线旅游带主要景点有郑州古柏渡飞黄旅游区,平顶山三苏园景区,安阳殷墟景区、岳飞纪念馆,鹤壁大伾山风景区,新乡比干庙景区、潞王陵景区、百泉景区,南阳香严寺景区,等等。

1. 安阳殷墟景区

安阳殷墟景区位于中国历史文化名城安阳市的西北郊,横跨洹河两岸。殷墟(古城)古称"北蒙",甲骨文卜辞中又称为"大邑商""邑商",是中国商代晚期的都城,也是中国历史上第一个有文献可考并为甲骨文和考古发掘所证实的古代都城遗址,距今已有3 300年的历史。

殷墟宫殿宗庙遗址景区建在殷墟宫殿宗庙区内,是世界文化遗产、国家5A级旅游景区、中国考古学的诞生地、甲骨文发祥地,是中宣部公布的全国百个爱国主义教育示范基地之一、首批全国旅游景区级青年文明号,属历史遗址类型的全国重点文物保护单位。1973年以前这里发掘的53座建筑基址,是殷墟宫殿宗庙区的主体和殷王都全盘规划、布局结构的重心所在,被考古学者划分为甲、乙、丙三组基址。甲组建筑基址共发现15座,是宫殿宗庙区内建设时间最早、使用时间最长的建筑,被认为是商王室的宫室、寝居之所。乙组建筑基址共发现21座,多数结构繁复,面积巨大,互相连属,被认为是殷王室的宗庙建筑。丙组建筑基址共发现17座,被认为是商王室的祭坛建筑。目前,在宫殿宗庙区已发现大型夯土建筑基址80余座。这些建筑基址形制阔大,气势恢宏,布局严整,按照中国古代宫殿建筑"前朝后寝、左祖右社"的格局依次排列,分布在以宫殿区为中心的范围内。

1961年3月,殷墟被公布为第一批国家重点文物保护单位。2001年3月,殷墟被评为"中国20世纪100项考古大发现"之首。2006年7月,殷墟因具有全球突出普遍价值和良好的管理与展示,被联合国教科文组织列入《世界遗产名录》。

甲骨文,是中国目前已知最早的成系统的文字形式,是世界四大古文字之一。它具备了象形、指事、会意、形声、转注、假借等造字方法,标志着古文字已进入成熟阶段。殷墟甲骨文是殷王朝占卜的记录。中国古代甲骨占卜有着悠久的历史,殷墟时期则是占卜最盛行的时期,商王和贵族几乎每事必卜,占卜成为商代社会生活的重要组成部分。甲骨的纳贡、收贮、整治、钻凿,占卜方法、程序和卜辞的语法、辞例等形成一套严格而有系统的制度。据甲骨文记载,殷代已有专门掌管占卜和纪录的贞人,见于卜辞的贞人约有上百人。占卜涉及内容包括祭祀、天象、年成、征伐、王事等,甚至包括商王游猎、疾病、做梦、生子等。商代以后,甲骨占卜逐渐失去了其显赫地位。殷墟甲骨文的发现,见证了已经消逝的商代占卜制度,为研究中国文化史提供了重要的材料。目前殷墟发现有大约 15 万片甲骨,包含 4 500 多个单字。从甲骨文已识别的约 1 500 个单字来看,甲骨文已具备了现代汉字结构的基本形式,其书体虽然又经历了金文、篆书、隶书、楷书等书体的演变,但是以形、音、义为特征的文字和基本语法被保留下来,成为今天世界上 1/5 的人口仍在使用的方块字,对中国人的思维方式、审美观产生了重要的影响,为中国书法艺术的产生与发展奠定了基础,甲骨文也因此成为世界四大古文字中唯一传承至今的文字。由甲骨文演变发展而来的汉字,在传播华夏文化、促成中国大一统国家的形成与巩固方面发挥了重要作用。

商代是中国青铜时代的第二个王朝。与世界上的其他文明古国相比较,殷墟的青铜文化有着鲜明的中国特色,以青铜礼器为基础,发展成为一套以等级为核心的礼制制度,在中国延续了数千年,这在世界青铜文明中是绝无仅有的,体现出独特的东方色彩。殷墟出土的青铜器种类繁多,器形厚重,纹饰繁缛,铸造工艺高超,达到了前所未有的水平。其中尤以王陵遗址出土的司母戊大鼎最负盛名。大鼎高达 133 厘米,器口长 79.2 厘米,重量达 875 公斤,它是至今世界上发现的最大青铜器,代表了中国古代青铜文化的最高水平。此鼎造型庞大雄浑,纹饰精美细腻,通体以雷纹为底纹,饕餮纹、夔纹为主体装饰,给人以稳重、庄严而又神秘的感觉,是古代科技与艺术、雕塑与绘画的完美结合,是中国青铜器文化中的瑰宝、美术史上的璀璨明珠。

2. 平顶山三苏园景区

平顶山三苏园景区位于平顶山市郏县城西北约 20 千米处的"小峨眉"山下,这里安葬着宋代大文学家苏轼、苏辙两兄弟的遗骨和他们的父亲苏洵的衣冠。景区主要由东坡湖、广庆寺、三苏祠、三苏纪念馆、东坡碑林、东坡中年布衣塑像、金娃迎宾道、苏仲南夫妇墓、梁氏墓和三苏陵园等景点组成。唐宋八大家中,苏家父子就占三个,形成了中国文化史上一个独特的文化体系——三苏文化。从古到今,有莘莘学子、社会名流来到这里朝贤拜圣,留下许多珍贵佳作,三苏园景区内现存宋代的墓、元代的坊、明代的碑、清代的碣以及代表当代书法艺术高水平的 300 余块碑刻。整个景区坐北朝南,有一条神道贯穿景区,游客游览时,主要沿着这条神道向前游玩即可。步入景区后,映入眼帘的是一座红石牌坊,横眉镌刻"青山玉瘗"4 个大字,背面是明代进士、浙江右布政使王尚䌹的《祭三苏先生文》。左右石柱隶刻苏轼《狱中寄子由》词句:"是处青山可埋骨,他年夜雨独伤神。"在石牌坊的东侧有斋房 5 间,是过去名流祭拜三苏时吃素沐浴之处。正中是飨堂,系康熙四十七年(1708 年)重建,堂内立有各代碑刻,四壁嵌有众多石碣。飨堂后面就是祭坛,祭坛后面就是三座墓冢;中间是苏洵衣冠冢,东边是苏轼墓,西边是苏辙墓。三座墓冢的西南方向还有 6 个墓冢,是苏轼六公子墓。广庆寺、三苏祠坐落在陵园西南 300 米处,前寺后祠。三苏祠殿建于元代至正年间,殿内有三苏彩色塑像,殿内外有金、元、明、清石碑,其中清代的《三苏先生佳城图》碑最为突出。

3. 百泉景区

百泉景区位于辉县市西北 2 千米的苏门山南麓,是河南省最大的、保护最好的古园林建筑群,素有"中州颐和园""北国小西湖"的美誉。百泉湖开凿于商,已有 3 000 多年的历史,因湖底泉眼无数而得名;又因泉水自湖底喷涌而出,累累如贯珠,故又名珍珠泉。百泉泉水甘洌,清澈见底,志书上有"甘泉之父"的称谓,面积3.4万平方米。历代名人在此游览、隐居,留下了无数赞美百泉的诗词歌赋。众所周知的魏晋时期的孙登,北宋时期的邵雍、大文学家苏轼,元朝王磐,明末清初的孙奇逢以及清乾隆皇帝,留下啸台、安乐窝、饿夫墓、三碑亭、清晖阁、卫源庙、孔庙、邵夫子祠等名人遗址。

百泉历经开凿,清乾隆十五年(1750年),绕岸砌石,成一长方形泉湖。湖中心有一条青石板铺成的小径,曲曲折折,将湖中的亭阁小桥连在一起。钓鱼亭、湖心亭、南大厅、下马亭、课桑亭、涌金亭、喷玉亭、灵源亭错落有致地点缀在湖畔,独具匠心地玉立在湖间,玲珑秀丽,煞是好看。

百泉湖,风光绮丽,景色宜人,湖水碧波荡漾,清澈纯净。湖畔刚复修的喷玉、灵源、放鱼、下马等诸亭沿湖而立。北宋文学家苏轼在涌金亭中挥毫疾书"苏门山涌金亭"6个大字。著名爱国将领冯玉祥1928年所建的湖心亭中高高矗立的"人民百泉"碑,镂刻着百泉饱经沧桑的履历。始建于元朝的清晖阁,原是元朝郭子忠的花园,阁周古柏环绕,绿柳婆娑。

4. 南阳香严寺景区

南阳香严寺景区位于南水北调中线渠首和亚洲第一人工湖——丹江小太平洋西岸,与道教名山武当山遥遥相望,并且与洛阳白马寺、嵩山少林寺、开封相国寺并称为中原四大名寺。香严寺地势优越,东为龙山,西为虎山,南对面山,背靠清风岭。整个地势就像一朵盛开的莲花,寺院恰好就坐落在莲花台上。寺院周围40多处自然景观和名胜古迹留下了许多脍炙人口的美丽传说和动人故事。寺院始建于大唐开元年间,距今已有1300多年。宋、元、明、清各有重修。鼎盛时,各类建筑房屋达437间,院墙700余丈,占地1万多平方米。过去,香严寺分上、下两寺,一在白崖山丛中,一在丹水山麓旁。可惜,下寺已淹没于丹江水库之中。香严寺四周峰峦叠翠,碧水缠绕,茂林修竹,古木参天,泉水叮咚,是"深山藏古寺"的真实写照。寺内主体建筑有石牌坊、韦驮殿、凝月轩、大雄宝殿、接官厅和藏经楼等,雕梁画栋,气势磅礴。砖雕、木雕、石雕和大雄宝殿内保存的中原大原型壁画,被称为"三绝一宝"。寺里的三大奇观是"美女抱将军"树、能识善恶的痒痒树、"灵气宝地",寺外的一柏担八榆、一柏一石一座庙、双石洞、珍珠泉、百亩竹园、塔林、迎宾桥等各具魅力,是游人朝圣崇佛、寄情山水、生态休闲的一方净土。

(四) 南太行旅游区

南太行旅游区主要景点有安阳红旗渠景区、太行大峡谷景区,新乡八里沟景区、万仙山景区、九莲山景区、宝泉旅游度假区,鹤壁云梦山风景区,焦作云台山景区,济源王屋山风景名胜区、五龙口风景名胜区,等等。

1. 红旗渠景区

红旗渠,位于河南安阳市林州市,是20世纪60年代林县(今林州市)人民在极其艰难的条件下,从太行山腰修建的引漳入林的水利工程,被称为"人工天河"。红旗渠,渠道总长2000多千米,参与修建的人数近10万人,耗时近10年,是"新中国奇迹"、国家5A级旅游景区、全国重点文物保护单位,被誉为"世界第八大奇迹"。十万开山者,历时十年,绝壁穿石,挖渠千里,把中华民族的一面精神之旗插在太行之巅。在具有"北雄风光最胜处"的太行山上,红旗渠像一条蓝色飘带缠绕其间。其工程之艰巨、工程美学价值之高,堪称人间奇迹,形成了独一无二的红旗渠风光。

红旗渠旅游黄金线路由红旗渠分水苑和青年洞景区组成。

分水苑景区:红旗渠总干渠到此一分为三条干渠,南去北往延伸至林州腹地。苑区主轴景观带上分布着水利科普园、演艺广场、红旗渠纪念碑、中南海翠柏、红旗渠分水枢纽工程分水闸和红旗渠总干渠、一干渠、二干渠等,与红旗渠纪念馆一起构成虚实结合的景观群落,呈现出现代与古朴兼而得之的风貌。

青年洞景区:青年洞景区是以红旗渠的代表性工程——青年洞为主景,以太行山为依托,融人文景观和自然景观于一体的综合性景区,是红旗渠艰苦奋斗精神的实景体验场所。登临青年洞红飘带廊桥,可俯看三省风光、漳河奇观。行走在不足两米宽的渠墙上,向前看不见头,向后看不到尾,抬头是陡立的峭壁,俯首是数丈高的悬崖。不经意间,已与英雄擦肩而过,号角嘹亮、踏遍青山、推独轮车等英雄的形象已凝固为雕像,融入太行红岩。蓦然抬头,青年洞就在眼前,这里昭示青春,也展示巍峨,更有江泽民、李先念、郭沫若等领导人题词摩崖石刻点缀其间。"铁姑娘打钎""凌空除险"现场表演,怀旧,惊险,与英雄再次握手,进行一次心灵的交流,浮躁的心情也会变得宁静,从而更加深刻地体会"人民,只有人民,才是创造世界历史的动力"的真谛。

红旗渠精神:红旗渠是中国共产党和中国人民刻在太行山岩上的一座丰碑,孕育了伟大的红旗渠精神,是民族精神的一座丰碑、中华文化的一个符号。红旗渠精神是林州人民伟大创业精神的真实写照,这种艰苦奋斗的拼搏精神,激励人们战胜各种困难,创造人间奇迹。红旗渠精神是"自力更生、艰苦创业、团结协作、无私奉献"的真实写照。

2. 太行大峡谷景区

太行大峡谷地处河南省西北部、南太行山东麓的河南省安阳市林州市石板岩乡境内,南北长50千米,东西宽1.5千米,海拔800~1739米,相对高差1000米以上。景区总面积89平方千米,其植被覆盖率为90%,有"天然氧吧"之美誉。境内断崖高起,群峰峥嵘,阳刚劲露,台壁交错,苍溪水湍,流瀑四挂,是"北雄风光"的典型代表。峡谷内民宅建筑就地取材,石街、石院、石墙、石柱、石梯、石楼与大自然浑然一体,古色古香,耐人寻味。太行大峡谷景区交通便捷,接待设施完善,是休闲养生、漂流滑翔、避暑度假、绘画写生、寻古探幽、旅游观光的好地方。

太行大峡谷核心景区包括泉潭叠瀑桃花谷、百里画廊太行天路、太行之魂王相岩、原始生态峡谷漂流、人间仙境仙霞谷。"青崖如点黛,赤壁若朝霞,树翳文禽,潭泓绿水,景物奇秀,为世所称",太行大峡谷景区四季景色各异,令人神往。

泉潭叠瀑桃花谷:桃花谷是一条谷中之谷,长约4千米,海拔约800~1736米,高差近千米。谷内奇峰突兀,峭拔雄壮,一条蜿蜒曲折的桃花溪水贯穿峡谷。溪水两岸草藤垂挂,杂木丛林茫茫无际,随山风涌动的绿潮似海水漫卷。桃花谷风景秀丽,被称为爱情谷,雾散云山变,花开鸟飞鸣,高山悬瀑落百丈,泉流潭水澄如镜。沿谷流下的溪水跌落成瀑,瀑落成潭,潭潭相连,构成了桃花谷山灵水秀的峡谷风韵。桃花谷内移步换景,景景相连,黄龙潭、飞龙峡瀑布、飞龙峡栈道、九连瀑、桃花洞等景点珠联璧合,显示出深峡藏秀的悠远意境。

百里画廊太行天路：太行天路景区位于太行山之巅，北起桃花谷景区，南至仙霞谷景区，全长约30千米，既是景区环线游览道路的重要组成部分，更是俯瞰太行山壮美风光的好位置。乘坐观光车游走于太行天路，犹如置身于百里画廊，满眼望去，无处不是大气磅礴的国画山水长卷，深邃的峡谷、直立的岩壁，带给游客强烈的视觉震撼。结合山势山形，太行天路沿线设置有10余座观景台，临栏远眺，感觉心胸开阔，杂念全消。

3. 焦作云台山景区

焦作云台山景区为国家级风景名胜区、国家5A级旅游景区、国家水利风景区、国家地质公园、科普教育基地。景区位于河南省焦作市的修武县境内，以独具特色的"北方岩溶地貌""云台山水"被联合国教科文组织列入全球首批世界地质公园名录。景区面积240平方千米，含泉瀑峡、潭瀑峡、红石峡、茱萸峰、子房湖、万善寺、百家岩、叠彩洞、猕猴谷、青龙峡、峰林峡等11个大景点。还有亚洲落差最大的瀑布——云台天瀑。2004年2月，在法国巴黎召开的联合国教科文组织世界地质公园专家评审大会上，云台山成为首批28个世界地质公园中的一员。

云台山满山覆盖着原始森林，有深邃幽静的沟谷溪潭、千姿百态的飞瀑流泉、如诗如画的奇峰异石，形成了云台山独特完美的自然景观。云台山云气缭绕，仙风回荡，为道教历代重玄派妙真道士仙居之福地洞天、道教妙真祖庭。这里有汉献帝的避暑台和陵墓，中国山水园林文化鼻祖"竹林七贤"的隐居地（至今有刘伶醒酒台、嵇康淬剑石、孙登啸台等遗迹），还有唐代药王孙思邈的采药炼丹遗迹、玄帝宫、重阳阁、唐代大诗人王维写出"每逢佳节倍思亲"千古绝唱的茱萸峰，以及众多名人墨客的碑刻、文物，形成了云台山丰富深蕴的文化内涵。

云台山以山称奇，整个景区奇峰秀岭连绵不断，主峰茱萸峰海拔1 308米，踏千阶云梯栈道登上茱萸峰顶，北望千里太行深处，巍巍群山层峦叠嶂；南望怀川大平原，沃野千里，田园似棋，黄河如带，山水相连，不禁使人心旷神怡，领略到"会当凌绝顶，一览众山小"的意境。

云台山以水叫绝，素以"三步一泉，五步一瀑，十步一潭"而著称。落差314米的亚洲最高大瀑布——云台天瀑，犹如擎天玉柱，蔚为壮观。天门瀑、白龙潭、黄龙瀑、丫字瀑皆飞流直下，形成了云台山独有的瀑布景观。多孔泉、珍珠泉、王烈泉、明月泉清冽甘甜，让人流连忘返。青龙峡景点有"中原第一峡谷"美誉，这里气候独特，水源丰富，植被原始完整，是生态旅游的好去处。

（五）伏牛山旅游区

伏牛山旅游区主要景点有洛阳白云山景区、老君山－鸡冠洞旅游区、重渡沟景区、神灵寨景区、龙峪湾景区、养子沟景区、木札岭景区、天池山景区、平顶山尧山－中原大佛景区、画眉谷景区、三门峡豫西大峡谷景区、双龙湾景区、燕子山生态旅游区，南阳伏牛山老界岭景区、恐龙遗迹园景区、宝天曼旅游区、内乡县衙博物馆、龙潭沟景区、五朵山景区、老君洞景区、七峰山生态旅游区，驻马店嵖岈山风景区、老乐山景区、金顶山景区，等等。

1. 重渡沟景区

重渡沟景区位于洛阳市栾川县潭头镇西南10千米的伏牛山,是国家4A级旅游景区,因东汉光武帝刘秀二渡伊水至此,摆脱王莽追杀并成就帝业而得御赐之名。景区被赞为"高峡飞瀑藏幽径,绿水秀竹怀古情。竖看山水横看竹,上听鸟语下听泉"。

重渡沟景区位于熊耳山的腹地,气候适宜,雨量充沛,物种多样,南北物种兼而有之,森林覆盖率高达98%。重渡沟景区山高水长,瀑潭相连,一定的温度加上富氧的条件造就了空气中负氧离子含量高达每立方厘米68 000个,是大中城市的200倍,林地潮湿,苔藓满布,充分体现出原始古朴的自然性,是生态旅游、休闲度假、健身疗养的理想胜地。

重渡沟景区的地理位置优越,气候条件独特,年均气温12℃,冬无严寒,夏无酷暑,高温多雨同期,有利于多种植物的生长,所以构成了多种动植物的生存环境和独特的生态系统,造就了动植物资源的多样性,保存着较为完善的天然次生林植被和多种生物群落。相对稳定的生态系统,不仅可以涵养水源,防止水土流失,调节气候,保护和美化环境,而且还能孕育和保存多种动物,形成了一个较为完整的生物链。

林业部门调查统计的数据显示,重渡沟景区内各种灌木类植物共计75科368属680种,其中山野果类40余种,山野菜60余种,中药材400余种,国家一、二级保护植物12种。

重渡沟景区是伏牛山世界地质公园栾川园"中欧型岩溶"类型的核心地段,是对伏牛山世界地质公园岩溶地貌的重要补充,具有较高的地质科学研究价值。由于栾川斜向汇聚构造带在景区内有大量的碳酸盐岩底层出露,与太古界太华岩群TTG岩系和中元古界火山岩系相伴存在,并在断裂及牵引褶皱的双重影响下,岩溶作用强烈,造就了独特的"垄脊槽谷"地质特征,形成了巨大的洞穴、暗井、暗河,在地表则出现坡立谷、盲谷和悬挂式岩溶裂隙泉。由于地下岩溶水文交流接受了非溶岩区的外源水的大量补充,经过内部系统调蓄后进入水循环下游体系,泻出时,遇到刚性岩块(变质杂岩体)的阻隔,形成了该系统的泻出带,景区内的悬挂式岩溶泉、瀑水钙华等景观便孕育而生。

由于景区内地质构造复杂多样,在长期的演变中形成了形态各异的山地景观,如峻拔的山峰、幽深的峡谷、陡峭的断崖、千姿百态的瀑潭,这些景观为地质学研究提供了极高的参考价值。

重渡沟三绝:

一绝,重渡沟的水。北方景区普遍缺水,而重渡沟得天独厚,上百个泉眼数百股泉水从地球深处喷涌而出,汇成了源源不断的碧水清流,形成姿态万千、形状各异的泉水、飞瀑。飞虹瀑狂放不羁;泄愤瀑一波三折,冰粉玉碎;水帝仙宫瀑布纤手轻抖,丝舒帘垂;林林总总30余条,举之不一。

二绝,重渡沟的竹。铺天盖地、遮天蔽日的万亩竹林给重渡沟平添了一道满目涌翠的天然画廊。游客在这里观光、休闲、度假,既可观看赏心悦目的竹林风光,又可居住宽敞明亮的竹楼客栈;既能睡竹床,坐竹凳,躺竹椅,跳竹竿舞,又能吃竹筒米饭,尝竹笋烩菜,品竹叶香茗,听竹箫悠扬,临走还可带上一些制作精巧的竹制器具和竹编工艺品作为留念。

三绝,重渡沟的农家宾馆。到了重渡沟你会看到环翠居、翠屏居、桃花园、故人庄等清雅别致的名字点缀于窗含翠岭、竹环水绕的温婉农家的门楣上,318家富有山情风味、充满田园气息的农家宾馆星散于十里兰溪之旁、万亩竹海之中,在满足游客吃住之需的同时,还给深山区农民找到了一把打开致富之门的金钥匙。因此重渡沟被称赞为"中国农家宾馆第一村"。

2. 老界岭景区

老界岭景区位于河南省南阳市西峡县境内,是伏牛山世界地质公园的核心和精髓,是国家5A级旅游景区、国家级自然保护区,是中国南北气候的分界线、长江流域和黄河流域的分水岭,是一个融观光体验、科普科考、休闲度假、避暑养生于一体的综合性旅游目的地。

老界岭景区东西长23千米,南北宽16.7千米,总面积153.33平方千米,集奇峰、怪石、森林、云海、树屋等景观于一身。老界岭景区森林覆盖率高达97.8%,负氧离子含量每立方厘米36 000个,暑期平均气温仅21℃,被誉为避暑胜地、度假天堂。

老界岭是中国南北地理的分界线,在这里,既能观赏到北方山峰的雄伟挺拔,又能领略到南方山峦的俊美灵秀,可谓一脚踏南北、一日览华夏。"八百里伏牛凌绝顶,长江黄河分水岭"的伏牛山主峰——犄角尖鹤立群山,堪称人间仙境。分水岭,体验时光的变迁,聆听长江和黄河的澎湃;锯齿峰、骆驼峰,感受大自然的鬼斧神工;人迹罕至的原始森林,造化神奇,令人叹为观止。自然保护区由中山地貌组成,主峰北西—南东走向,支脉呈羽状向南延伸,山势陡峭,沟壑纵横,峰峦叠嶂,气势磅礴。区内最高点海拔2 212.5米,最低点600多米,相对高差1 600多米。主要山峰犄角尖,位于太平镇乡东北部,是西峡、栾川、嵩县三县界山,海拔2 212.5米,为群峰之最,山峰高矗。晴日山体呈青紫色,清晰雄伟;阴时云雾缭绕,时隐时现,其景壮观异常。

老界岭从字面意思就是分界岭之意,"老"就是年代久远之意。据考察,老界岭形成于震旦系,是一条名副其实的分界岭。其一,老界岭是中国著名的气候分界岭。老界岭以南为北亚热带,气候比较湿润炎热。在老界岭南侧脚下河谷地带可以看到成片的油桐、柑橘,还有甘蔗园,这是亚热带代表性植物。老界岭以北为暖温带,气候干燥寒冷。其二,它是长江和黄河的分水岭。有诗云:"八百里伏牛凌绝顶,长江黄河分水岭。"老界岭以南的河流入长江,以北的河流入黄河。长江最长的支流汉江,发源于老界岭地区。其三,老界岭是动物的分界岭。老界岭以北为古北界,以南为东阳界。其四,老界岭是南方和北方的分界岭。

老界岭景区内动植物资源丰富,被誉为"天然动植物王国"。景区森林面积135.4平方千米,植物总计约2 200种,其中维管束植物1 600种以上,隶属125科516属,占河南省植物种类的一半以上。陆脊椎动物有4纲24目55科182种,占全国动物种类的8.6%,占河南省动物种类的43.5%,其中哺乳纲30种、爬行纲10种、两栖纲7种、鸟纲135种。

3. 恐龙遗迹园景区

西峡恐龙遗迹园是一大型恐龙主题公园,位于秦岭东段伏牛山南麓、河南省西峡县丹水镇三里庙村,距离南阳市区约100千米。它为国家5A级旅游景区,被誉为"世界第九大奇迹",被中国科协评为"全国科普教育基地"。中国西峡恐龙遗迹园包括全国唯一的以恐龙蛋化石为主要展品的恐龙蛋化石博物馆、地质科普广场、恐龙蛋遗址与仿真恐龙园、中原首座动感4D影院,以及以展示地球沧海桑田变化和生物复杂演化为主题的时空隧道等,集科普、观光、娱乐、休闲、科研于一身。

地壳中保存的属于古地质年代的动物或植物的遗体、遗物或生物留下的痕迹叫化石。恐龙化石是指恐龙死后身体中的软组织因腐烂而消失,骨骼(包括牙齿)等硬体组织沉积在泥沙中,处于隔绝氧气的环境中,经过几千万年甚至上亿年的石化作用,骨骼完全矿物化而得以保存。除了西峡,目前全世界所发现的恐龙化石埋藏地还有德国的索伦候芬、蒙古戈壁沙漠的火焰崖、中国云南的禄丰、中国山东的诸城等。博物馆里能够看到的恐龙其实是通过发现的化石而进行复原的,但恐龙皮肤的颜色,无法找到化石的依据,所以只能根据对现有动物的认识来推测。

恐龙蛋化石是白垩纪时期恐龙产下的蛋埋藏后,经历石化作用形成的一种化石。空间分布上,除了南极(有在南极发现恐龙骨骼的报道),在世界其他各洲均已发现有恐龙蛋化石分布。中国是世界上恐龙蛋化石埋藏异常丰富的国家,无论在品种上,还是在数量上,都令世人瞩目。

恐龙蛋化石的大小悬殊,小的直径在3厘米左右,大的直径可达56厘米。蛋化石的形状通常为卵圆形,少数为长卵形、椭圆形和橄榄形。恐龙蛋中最珍贵的品种是含有胚胎的恐龙蛋。从恐龙蛋原始结构在地层中保存的完好程度来看,一般可把恐龙蛋化石分为两类:一类是恐龙蛋壳化石;一类是完整的恐龙蛋化石。在完整的恐龙蛋化石中,有相当一部分含有胚胎。恐龙蛋化石可呈窝状产出,排列有序。恐龙蛋化石一般可呈黑、黄、青、灰、褐、红等不同的颜色。其形状扁圆如胆,俗称"石胆",看上去像倒扣的龟盖。其表面有一层指甲厚、略带线纹的光洁皮壳,敲一块皮壳拿至鼻前可闻到一股淡淡的鱼腥气味。

豫西南西峡县恐龙蛋化石群是世界上出土数量最多的恐龙蛋化石群,多达万枚,此数量超过世界上其他地方出土的恐龙蛋数量总和的十几倍,因此西峡恐龙遗迹园被誉为"世界第九大奇迹"。

(六)桐柏—大别山旅游区

桐柏—大别山旅游区主要景点有南阳桐柏山淮源风景区,信阳鸡公山风景区、南湾湖风景区、灵山风景名胜区、金刚台(西河)生态旅游区、红色首府景区、许世友将军故里景区、黄柏山国家森林公园、固始西九华山风景区等。

1. 南阳桐柏山淮源风景区

南阳桐柏山淮源风景区,是国家级风景名胜区、国家森林公园、河南省十佳文明景区、河南省生态文明教育基地、国家4A级旅游区。该景区位于中国优秀旅游城市河南省南阳市豫鄂交界的桐柏山脉中段,总面积108平方千米,自然景观奇绝,人文景观荟萃,分为淮源、桃花园、太白顶、水帘洞四大各具特色的区域。景区内有豫南第一高峰、海拔1140米的桐柏山主峰太白顶,享誉海内外的佛教禅宗白云系祖庭云台禅寺,被誉为天下"三十六洞天"之一的水帘洞,河南四大名寺之一的水帘寺,险幽神秘的淮河源,以及新开发的三条黄金旅游线路——通天河《西游记》文化游、盘古溪生态游、情人谷休闲避暑游,各类景观118处,其中一类景观46处。桐柏山淮源风景区集雄、奇、险、幽、秀于一身,兼具南疆北国之神韵,被有关专家评价为"比华山之险,与黄山竞秀"。

桐柏山淮源风景区旅游文化内涵十分丰富,具有源远流长的淮源文化、影响深远的佛道文化、历史悠久的盘古文化和在国内革命战争时期具有重要地位的苏区文化。刘少奇、李先念、王震、杨靖宇、彭雪枫、王树声等都曾在这里战斗和工作过。从1925年到1947年22年间,这里先后建立过6个省级、5个地级、12个县级党政军领导机构,原中原军区、中共中央中原局都曾设在这里。1945年10月24日"桐柏三军会师"在我国解放战争史上占有重要位置。原国家主席李先念为"桐柏英雄纪念碑"和"桐柏革命纪念馆"题词。桐柏已成为对后代进行爱国主义教育的重要基地。

桐柏山淮源风景区主要景点有水帘洞、洞下水帘寺、桃花洞、太白顶。

水帘洞,是桐柏山淮源风景区的主要景点之一,居挺翠峰48米高的绝壁上。洞宽10米,深5米,中有猴王石像,通天河水飞流直下,掩遮洞口,雨则龙吟虎啸,晴则游丝断珠。洞内一泉涓滴,汇于一石钵内,其水甘甜凛冽,四季不涸,周有石桌石凳可供小憩。透过如雪飞帘,尽可远眺太阳城等山色寺景,"水帘挂雪"是明清以来桐柏古八景之一。

洞下水帘寺,是闻名海内外的中原佛教圣地,宋代元祐年间曾修葺过此寺,1984年桐柏县政府又重修新建,现有大雄宝殿、毗卢殿、玉佛楼、天王殿、僧房楼、功德堂、禅林院、罗汉堂、华藏图书馆等各类殿堂房舍120间,各类佛祖菩萨像120多尊,大型木刻金刚经12面,日本版大正藏两部经书2万余册。梅花、松云二溪寺前交汇,呈双龙捧珠之势,终日晨钟暮鼓、佛气氤氲。寺旁还有竹林精舍、观音禅林、妙法寺、石盘寺、尚元寺等,一地多寺,寺寺相连,堪称"中州一绝"。水帘洞西侧峻岭上有一卧佛,首南足北,仰天而卧,头枕元宝垛,脚蹬花果山,身长绵延6千米。佛的发髻及眉、眼、口、鼻清晰可辨,十分神秘、逼真。

桃花洞,位于太白顶西侧的大峡谷内。峡谷两侧峻峰擎天,古木森森,岩石壁立,大小七十二洞分布其上。其中西壁有一大洞,即桃花洞,传为桃花仙女居住之地。桃花洞宽丈二,高九尺,深逾七丈,深处有井叫"龙池"。东壁有观音洞,供有石雕观音和十八罗汉;北有孙膑洞,上下两层,纵深数丈,传说孙膑曾在此著书立说;南有锣鼓洞,在洞中击石,声如锣鼓,奇妙异常。桃花洞前的普化寺,是中原标准的窟寺文化的代表,已有260多年的历史,峡谷底巨石磊磊,溪流叮咚,是澧水的源头,流入长江。桃花洞一溪连三潭,下有桐柏著名的"仙人摆布"景观,其间的神话传说更是妙趣横生,内有天桥寺、铁佛寺"汉蛟望淮"等景观。阳春三月,桃花洞前漫山桃花盛开,花红十里,香溢满谷,宛若朝霞,瑰丽妖娆。"桃洞铺霞"亦为桐柏明清古八景之一。

太白顶,位于桐柏县城西15千米的国有陈庄林场境内,是桐柏山主峰,海拔1 140米,山势峻峭,雄伟壮观,景色奇秀,远近闻名。登顶远眺,北视中原,南阅楚天,万山俱下,极目千里。顶上有名刹云台禅寺,为佛教临济宗白云山系祖庭,堪称中原的布达拉宫。寺东侧有大淮井,是淮河源头。井东南30米远石壁间有张良洞,传说张良功成身退,辟谷于此。太白顶还有松月台、老虎洞、小淮井等景观。太白顶山顶四周林木遮天蔽日,1982年被辟为省级自然保护区,区内有国家一级保护动物33种、国家重点保护植物41种,且南北兼容,现为国家森林公园。

2. 信阳鸡公山风景区

信阳鸡公山风景区位于河南省南部、信阳市东南,是大别山的支脉,巍峨耸立在豫鄂两省的交界处,方圆五十里,素有"气压嵩衡"之誉。主峰鸡公头又名报晓峰,海拔768米,像一只引颈高啼的雄鸡,凝视远方,鸡公山因此而得名。鸡公山风景区是国家级风景名胜区、国家级自然保护区,还被誉为"万国建筑博览会"。

鸡公山,长年云腾雾绕,享有"云中公园"之美称。夏天,气候凉爽,平均气温为23.7℃。有人形容这里"午前如春,午后如秋,夜如初冬"。古人有诗赞曰:"三伏炎热人欲死,清凉到此顿疑仙。"秋天,漫山红叶和黄花构成鸡公山最浓的景色,是一片花的海洋,层林尽染叶如丹。冬天,是鸡公山最静谧的季节,满山冰花玉枝,银装素裹。鸡公山随着季节的更替呈现出十大奇景:晴晨云海、晓峰朝晖、晚霞夕照、楼台赏月、云头观雨、雨后黄花、彩虹映川、银装素裹、怒云撞峰和坳雾疾飞。

鸡公山地区雨量充沛,地处我国南北植物过渡带,植物繁茂,有1200多种,兼有南方和北方的树种,既有针叶树又有阔叶树,既有常绿树又有落叶树,是一个混合型的自然植物园。特产有毛尖茶、猕猴桃、板栗、银耳、何首乌等。鸡公山森林植被多种多样,野果繁多,是各种鸟类栖息繁衍的天然场所,据初步调查,野生鸟类有100多种。

"佛光、云海、雾凇、雨凇、霞光、异国花草、奇峰怪石、瀑布流泉"被称为鸡公山的八大自然景观。鸡公山海拔并不是很高,只有七八百米,但地理位置独特,两边峡谷深平,长年风生风息。鸡公山有高山气候,却无高山反应,特别适宜疗养避暑,对某些疾病如肺病、脚气病、心脏病、气管炎、高血压等有特殊疗效。还有奇峰怪石、泉溪瀑布、奇花异草、山村田园和风韵殊异的楼台亭榭等,诸多因素构成优美的自然风景区。古往今来,鸡公山以其雄伟秀丽的景色和特定的地理环境,招徕了许多历史名人,明太祖朱元璋、农民起义领袖李自成等留下了许多富有传奇的故事,给鸡公山蒙上神秘的面纱。

鸡公山风景区不但南北文化交融十分明显,而且更具有中西文化交融的内涵。早在20世纪初,先后有23个国家的近千名外交官和传教士以及国内的军阀巨贾,在鸡公山兴建了300幢风韵殊异的度假别墅和园林。这些多民族、多国别的建筑群落,依山就势,交相辉映,俨然是"万国建筑博览会"。

(七)豫东平原旅游区

豫东平原旅游区主要景点有濮阳戚城文物景区、许昌大鸿寨景区、中国钧瓷文化园、鄢陵花都温泉小镇、鄢陵国家花木博览园,漯河沙澧河景区、许慎文化园景区,商丘古文化旅游区、永城芒砀山汉文化旅游景区,驻马店南海禅寺景区,周口太昊陵庙,等等。

1. 鄢陵花都温泉小镇

花都温泉小镇是国家4A级景区,位于素有"花都"之称的河南省许昌市鄢陵县,是一个融温泉养生、休闲度假、住宿餐饮、商务会议、观光旅游等为一体的综合度假区。花都温泉小镇目前占地面积0.69平方千米,史载有"神泉"美誉的华佗珍珠泉就位于度假区内。景区有五星级酒店、温泉别墅、度假公馆、温泉SPA养生馆、会议中心、知泉楼、户外主题运动公园、欧式风情商业街、名优花卉观光园等。

花都温泉泉眼深1500米,出水温度70℃,属于氧化钠石岩泉,泉水中富含偏硅酸、溴、铜、锶等多种有益于人体健康的矿物质微量元素,长期沐浴,具有软化血管、降低血压、调节神经等辅助功效,并可预防心脑血管疾病。依据泉水的这种神奇功效,花都温泉建造了106个风格迥异的室外园林汤池和室内中庭式汤池。其中知泉楼有温泉汤池75个,五行汤、美人汤、十二星座池、中药谷、多功能SPA水疗池、石板浴、沐足阁等露天汤池群错落有致地镶嵌在万花丛中。

2. 周口太昊陵庙

周口太昊陵庙位于河南省周口市淮阳区羲皇故都风景名胜区,是为纪念三皇之首太昊伏羲氏而修建的陵庙合一的大型古建筑群,为全国重点文物保护单位、中国十八大名陵之一、国家4A级旅游景区。因太昊伏羲位居三皇之首,其陵墓被誉为"天下第一陵"。太昊陵庙以先天八卦数理兴建,是中国帝王陵庙中大规模宫殿式古建筑群之孤例,占地0.58平方千米,分内城、外城、紫禁城三道皇城。据《陈州府志》载:太昊陵在春秋时有陵,汉以前有祠,唐宋时期不断扩建,并形成规模;元朝祀事不修,庙貌渐毁,现存陵制及建筑是明太祖朱元璋颁诏修建的,后经明清两代的多次整修和重修,始定格局;清至民国虽历有维修,但格局未变,风韵精髓无大改观。

伏羲自古就是人们传说中的文化英雄、共同始祖,三国时期魏国陈思王曹植写有著名的《伏羲赞》;唐太宗李世民为太昊陵颁诏禁民刍牧,设守陵户;从宋代开始,太昊陵被皇家列为全国祭祀伏羲专祀地,宋太祖赵匡胤亲颁修陵奉祀诏,祀以太牢,大事建筑;金袭宋制;元代全国通祀三皇;明洪武元年(1368年),朱元璋驻跸幸陈,亲临太昊陵祭祀,四年(1371年),朱元璋下诏尽数废止各地三皇庙,太昊陵被确定为祭祀伏羲的唯一合法场所,并御制祝文,派遣大臣前来致祭,这种制度为后代帝王所效仿,祭祀规格非常之高;明至清末,帝王遣官致祭达52次之多,并形成了规模宏大的二月古庙会,月接待游客百万人。

随着对人祖伏羲尊崇祭祀规格的提高,陵庙规模不断扩大,形成了具有内城、外城、紫禁城,有午朝门、道义门、先天门、太极门、钟鼓楼、统天殿、显仁殿、太始门等门殿重重、俨若帝王宫殿的庞大建筑群。太昊陵南枕白龟献瑞的蔡河,北依圣神之域的蓍草园,居于庙堂之后,保存了陵区的古树、蓍草园等自然景观,体现了天人合一、人与自然和谐的思想。如此规模宏大、规划布局合理、陵庙合一、寓意深刻的陵庙建筑群,在全国都极为罕见,备受文物旅游界尊崇。

太昊陵有6 500多年的历史文化积淀。伏羲结网罟,养牺牲,造屋庐,制干戈,等等,初步形成了网捕式渔业、畜牧业、建筑业等物质文化;画八卦,刻书契,作甲历,造琴瑟,正姓氏,制嫁娶,等等,形成了精神文化以及以龙记官的社会型文化。众多的文化,构成了史前文化的一个重要组成部分。伏羲文化虽起源于结绳记事的原始时代,但它对中华民族文化的发展产生了深远的影响。

其一,伏羲文化的精华——阴阳八卦思想,体现的是先民的宇宙论模式。它囊括了宇宙最高原理,奠定了东方哲学思维模式的基础。因此,数千年来,那蕴藏着易学内涵的古太极图,被中外学者称为"中国文化的根""人类文明的源头";它所包含的对立统一的宇宙观和朴素的辩证法思想,奠定了自然科学的总基调,对中国传统的天文、气象、历法、数学、农业、医学、军事、宗教、艺术等学科的创建与发展,具有重要的作用。

其二,伏羲以龙为图腾,将氏族各部落统一起来,形成一个庞大的团族,体现了中华民族历史上的第一次大融合、大团结。龙的凝聚力和向心力以及所产生的共同创造力,形成了光辉灿烂的中华文化,使龙成为中华民族伏羲肇启和立国的象征。

其三,伏羲制定嫁娶制度,维护一夫一妻制,既是对群婚制度的告别,也是人类婚姻史上一场划时代的革命,它对人类历史、文化及观念的改革,具有重要的意义。

伏羲以其卓著的功绩、肇启文明的伟大贡献,被中华民族推崇为人文始祖、华夏祖先,伏羲文化成为华夏文明的渊源,太昊陵也成为人们谒祖寻根、旅游观光的圣地。

3. 永城芒砀山汉文化旅游景区

芒砀山汉文化旅游景区位于河南省永城市,是一处集山水观光、文化品赏、生态休闲于一身的国家5A级旅游景区。景区面积14平方千米,有汉梁王墓群、刘邦斩蛇处、大汉雄风、芒砀山地质公园、陈胜墓、夫子崖等景点。西汉王陵内出土的国宝级文物《四神云气图》、金缕玉衣等中华瑰宝交相生辉。

芒砀山是豫东平原上唯一的山群,秦汉文化遗存颇丰,现对外开放的有汉梁王陵景区、夫子山景区、陈胜园景区、大汉雄风景区、芒砀山地质公园等。

汉梁王陵景区:汉梁王陵景区为芒砀山旅游区主要景点之一,包含梁孝王陵、梁孝王王后陵、梁共王陵、芒山寺等景点。芒砀山西汉梁国王陵墓群是从公元前144年梁孝王刘武首葬芒砀山的保安山后,历代梁国国王皆择山而葬所形成的,前后历经八代九王约150余年。该陵墓群于1996年被国务院公布为全国重点文物保护单位。

西汉梁国王陵墓群"斩山为廓,穿石为藏",其中梁孝王王后陵被誉为"天下石室第一陵"。该陵墓容积达6 500余立方米,墓室内有中国最早的冰柜、坐便式厕所、神秘的相思道,构筑绝妙,气势恢宏。梁共王陵内的《四神云气图》彩绘壁画,具有极高的历史、艺术、科研价值。

刘邦斩蛇处:汉文帝时,为纪念刘邦斩蛇反秦,在斩蛇处立碑建庙。历经千年,碑庙几经损坏,又几经修建。刘邦斩蛇碑吸引人之处除有关它的历史传说外,还由于碑体所呈现的神奇幻影。每当夜幕降临,灯光映照碑体,一身披金甲的武士便跃然碑体之上,如同当年刘邦戎马征战再现,令人惊叹,被誉为"天下第一奇观"。

芒砀山地质公园:芒砀山形成于燕山中晚期,地质岩层主要由石灰岩、细晶岩等构成。作为千里豫东平原上唯一的山群,芒砀山在上古时期就已经闻名华夏,《山海经》中更是留下了"有文石焉,质胜玉,可以为砚"的记载。

芒砀山地质公园规划面积50平方千米,十三连峰宛若水墨画卷,逶迤棋布,自然风光旖旎多彩,人文历史厚重。汉代古墓群隐匿于崖石深处,形制宏伟,规模庞大,被誉为"退隐到地宫里的大汉王朝"。

芒砀山地质公园主题园区位于保安山西侧,修建有地质博物馆、地质广场、矿业广场、寒武湖以及地质长廊等,是一处融科普教育、休闲旅游为一体的场馆和休闲观光场所。其主体场馆——芒砀山地质博物馆建筑面积5 000余平方米,分为序厅、多功能厅、神秘芒砀厅、远古海洋厅、资源环境厅、魅力永城厅等6个展厅。馆内珍藏有珍贵矿石、矿物标本以及生物化石近千件。

六、河南文化旅游融合发展

《中华人民共和国国民经济和社会发展第十四个五年规划和2035年远景目标纲要》《河南省"十四五"文化旅游融合发展规划》都强调,要推动文化和旅游融合发展。

2020～2022年,河南省文化旅游产业发展面临深刻复杂变化。新型冠状病毒疫情给全球文化旅游产业带来空前挑战,更给国内文化旅游产业发展带来不确定性,文化旅游产业复苏任重道远。

(一)河南文化旅游融合发展存在的问题

随着河南省文化旅游融合发展进入关键时期,制约文化旅游高质量融合发展的深层次问题不断凸显。

1. 思想观念滞后

受传统思想文化影响,难以跳出历史文化"资源陷阱",在文化旅游融合方面思想不够解放,先行先试意识不强,缺少前瞻性谋划。有些地方对发展旅游业的重要性尚缺乏足够的认识,未把旅游业真正当成产业去对待,加上对于旅游业的发展缺乏主动性和积极性,导致旅游业的发展受到严重阻碍。另外,一些地方的资源开发相对落后。作为农业大省,河南省具有显著的农业优势及独特的田园风光优势。河南省的优势资源主要包括文化资源以及产业资源,因此河南省旅游资源的开发主要体现在要着力发展生态农业和观光农业,这些作为河南省旅游文化的特色是其他地区不可复制的。

2. 创新创造活力不强

文化创意人才匮乏,缺少创新创意的空间环境和政策环境,难以孵化文化旅游创新业态和新模式,不能充分有效地对接国际国内文化旅游创新链。目前,不管是从旅游项目还是从旅游产品方面来说,河南省很多景点整体缺乏新意,未体现出其应有的地方本土特色,也未完全体现出旅游项目和旅游产品的主要内涵。近年来,河南省一些景区添加了新内涵、新元素,但是很多新元素都表现出明显的仿制痕迹,照抄照搬现象非常普遍。比如,旅游者购买的旅游纪念品,在一个景点看到,在其他景点往往也可以看到,缺乏一定特色。除此之外,目前一些地方尚未完全做到将旅游资源的开发和生态环境的保护有机结合,缺乏科学长远规划和合理有序开发,最终影响了当地旅游业可持续发展。

3. 市场主体不强

缺少省级层面的文化旅游投资运营集团,难以吸引战略投资商和知名品牌入驻。高成长性文化旅游企业偏少。本土企业"走出去"动力不足。如有些文化产品创新创意不够,融合产品结构单一,文化产业发展大多是传统技艺的延续,文化产业与旅游产业相关的吃、住、行、游、购、娱等各个环节产品有待开发。"老家河南"的品牌效应发挥有待增强。文化旅游资源效益提升不够,特色彰显不足。

4. 高品质商品供给不足

具有国际影响力的文化旅游目的地不多。文化旅游同质化、低品质开发现象普遍存在,文化内涵挖掘和转化不足,文化和旅游服务难以适应人民群众需求。高品质不等于高消费。我国已经进入消费率由降转升、需求结构发生趋势性变化的时期,正处于消费对经济增长的拉动作用不断增强的关键时期。现阶段,我国高品质商品消费潜力巨大,商品消费正经历从有到好的转型,居民对消费品质提出更高要求,更加安全实用、更为舒适美观、更有品位格调的产品以及高品质服务消费潜力巨大。在文化旅游消费领域,高品质的文化旅游产品,不光只是形式等方面较为新颖,更重要的是能满足人们不同方面的需求。以文化旅游创意产品为例,随着故宫的衍生产品愈发受到人们的欢迎,国内多家博物馆、美术馆也纷纷推出自己的衍生品,但市场反响不一。究其原因,则是部分旅游产品无法满足人们的高品质需求。

5. 体制机制不优

文物和文化资源、旅游资源的一体化管理机制尚未健全。文物建筑开放、大遗址保护利用与人民群众的期待还有差距。文艺院团、博物馆等激励机制仍不健全。河南省文化和旅游厅应加强对文化和旅游融合发展的宏观指导,明确政府在文化和旅游融合发展过程中的角色,深化文化和旅游融合发展的供给侧结构性改革。突破原来文化和旅游两种体制的分割,创新文化和旅游融合发展的体制机制。健全促进文化和旅游融合发展的政策法规体系,出台体现融合发展、协调发展、创新发展和长期发展的政策法规,为文化和旅游深度融合发展奠定制度基础。制定推动文化和旅游融合全面发展的规划计划,做好统筹部署工作,明确融合发展的目标,体现文化和旅游融合发展的科学性、全面性、系统性和前瞻性。

(二)河南文化旅游融合发展的定位和目标

河南省是黄河文化核心区和集大成之地,是华夏儿女的心灵故乡和精神家园。在5 000多年中华文明史中,中原地区作为全国政治、经济、文化中心长达3 000多年。"十四五"及今后一段时期,中华优秀传统文化将迎来复兴,"文化转向"将成为后工业社会的标志性特征,"文化跃迁"将成为消费升级领域的必然现象。文旅文创融合战略上升为国家"十大战略"之一,为河南省文化旅游融合发展带来重大战略机遇。实施文旅文创融合战略,通过创意激活和科技赋能,河南省得天独厚的历史文化资源将加速转化为文化旅游产品,成为坚定文化自信、讲好中国故事的重要载体。

1. 河南文化旅游融合发展的战略定位

服务社会主义文化强国建设和提高国家文化软实力重大战略,厚植中华优秀传统文化优势,坚持创意驱动和科技赋能,推动文化旅游在新的历史起点上实现全域深度融合,加快将河南省建设成为中华文化传承创新中心、世界文化旅游胜地。

(1)中华文化传承创新中心

彰显黄河文化在河南所呈现的根源性、核心性、融合性、延续性四大特征,突出黄河文化在中华文明起源和发展进程中的重要地位,发挥黄河文化对于中华民族根和魂的塑造作用,以保护、传承、弘扬黄河文化为主线,以黄河国家文化公园重点建设区为载体,延续黄河历史文脉,讲好黄河故事,大力弘扬以黄河文化为代表的中华文化,建设中华文化传承创新中心。

(2)世界文化旅游胜地

围绕黄河、根亲、功夫、古都、文字等享誉世界的中华文化IP,展示中原地区在中华文明演进中取得的灿烂成就和对世界文明做出的积极贡献,建设一批具有世界影响力的文化旅游目的地,推出一批具有全球影响力的文化旅游精品线路,打造郑汴洛世界文化旅游之都,优化国际人文环境,构筑文明交流互鉴高地,建设世界文化旅游胜地。

2. 河南文化旅游融合发展的目标

河南省文旅文创成为全省战略性支柱产业,具有中原特色的中华文化超级 IP 初具影响力,国家文化公园建设保护任务全面完成,黄河文化旅游带的国际影响力不断提升,以中原文化、黄河文化为主题的文化旅游优质内容生产形成规模,高品质、多元化的文化旅游业态谱系基本建立,文化旅游消费成为引领消费升级的重要阵地,"行走河南·读懂中国"文化旅游品牌形象深入人心,中原文化、黄河文化的国际影响力与日俱增,文化和旅游公共服务体系不断优化、效能不断提升,制约全省文旅文创融合发展的体制机制、政策环境等深层次问题有效破解。河南成为全球顶尖创意阶层的集聚地,营造各种创意要素充分涌流的文旅创作生态环境,成为全球文化创意创新的策源地和展演展示首选地。文旅文创成为高水平实现现代化河南的重要标志。

(三) 河南文化旅游融合发展的新空间

以省内山川地理为骨架,以历史文化为脉络,打破行政区划,统筹重大国家战略和文化工程,发挥城市群、都市圈的增长极作用,助推乡村振兴,加快数字化转型,构筑以国家文化公园为轴带、以文化创意城市为节点、以人文旅居乡村为腹地、以世界级文化旅游目的地为支撑、以线上空间为延展的文化旅游融合发展新格局。

1. 建设国家文化公园

充分发挥黄河、大运河、长城、长征国家文化公园在河南的叠加优势,整合沿线具有突出意义、重要影响、重大主题的文物和文化资源,实施公园化管理运营,形成具有特定开放空间的公共文化载体,集中打造中华文化重要标志,探索新时代文物和文化资源保护传承利用新路,建设国家文化公园示范省。高标准打造黄河国家文化公园重点建设区,彰显华夏文明主根、国家历史主脉、中华民族之魂战略地位,建设中华文明连绵不断的探源地、实证地和体验地。推进隋唐大运河文化博物馆等一批大运河国家文化公园工程项目,展示"隋唐胜迹·运河根脉"品牌形象。重点打造楚长城文化和旅游复合廊道,展示"万里长城·河南开端"品牌形象。推出红二十五军长征步道体验线路,展示"北上先锋"品牌形象。

2. 建设文化创意城市

充分发挥中原城市群、大都市区、国家中心城市、区域中心城市、重要节点城市、特色小城镇等文化资源富集优势、创意要素汇聚优势和消费市场集聚优势,坚持以城市为文旅文创融合发展的主战场,结合城市有机更新,建设城市主题型文化创意和创新空间,打造面向未来、面向全球的文化创意城市网络。依托郑州国家中心城市、洛阳省域副中心城市建设,规划布局世界级文化创意园区、国际艺术社区,建设文化创意人才"豫漂"聚落,强化以河南博物院、郑州博物馆、洛阳博物馆等为核心的都市文博区的功能。支持郑州建设世界文化旅游枢纽和国家文化创新高地,支持洛阳建设国际人文交往中心、"东亚文化之都",支持安阳、鹤壁、濮阳、商丘、周口、漯河、驻马店、信阳、南阳等建设不同主题的文化创意节点城市。打造浚县古城、道口古镇、朱仙镇等具有中原风格、国际风范的文旅文创名镇(城)。

3. 建设人文旅居乡村

以太行山、伏牛山、大别山为重点区域,按照文化引领、艺术点亮、美学提升、消费驱动的原则,加快布局精品民宿、乡村酒店、艺术聚落等人文体验空间,打造一批彰显中原文化底蕴、承载现代生活方式的乡村旅居目的地,助推乡村振兴。推进太行山国际山地度假旅游目的地、伏牛山国民休闲旅游度假地、大别山"豫风楚韵·红绿融合"乡村旅游目的地建设。以县为主体、以村为单元,突出融合化、智慧化、生活化、休闲化、多元化,按照生态优良、风光优美、环境优越、业态优化、服务优质的标准,依托景区、街区、度假区、古村落、特色民居、田园综合体等资源,培育形成一批生态康养、文物古建、非遗活化、名人典故、红色传承、民俗体验、研学科考等主题特色鲜明、文旅文创业态突出的特色旅游村、乡村旅游消费街区、乡村特色美食产品。

4. 建设世界级文化旅游目的地

打造黄河小浪底、郑州花园口、开封东坝头三大文化旅游片区和黄河豫晋陕、冀鲁豫、豫皖苏三大文化旅游协作区,建设具有国际影响力的黄河文化旅游带,保护、传承、弘扬黄河文化。以"黄河魂·古都韵·中国情"为主题,建设郑汴洛黄河文化国际旅游目的地,打造世界文化旅游之都。依托登封"天地之中"历史建筑群、双槐树等文化遗产,大力发展考古遗产旅游,打造大嵩山国际文化旅游圈,建设华夏历史文明传承创新区。实施小浪底库区港航工程,建设黄河小浪底交通和文化旅游融合发展示范区,培育休闲康养新业态,合理布局世界级度假酒店品牌集群,打造国际滨水度假旅游目的地。依托鸡公山万国建筑群,规划布局精品度假酒店、人文主题民宿等高端业态,打造具有豫风楚韵的国际人文度假社区。

5. 打造线上文化旅游空间

深化"互联网+旅游"和文化产业数字化融合创新,推动5G、人工智能、物联网、大数据、云计算、北斗导航等在文化旅游领域有效赋能应用。推动大遗址、古建筑、石窟寺、革命文物等重大文物和文化遗产以及大山岳、大河川、大景观等重大自然遗产资源实现数字化保护展示。建设省文旅文创融合数字创意中心,实现省级层面文化旅游云展览、云娱乐、线上演播、数字艺术、沉浸式体验等新兴业态的内容生成、定制消费、智慧服务和共治管理。创作生产具有河南特色的网络演艺、网络视听、数字动漫、数字出版等,实现可视化呈现、互动化传播、沉浸式体验和便捷化消费。建设贯通科技、教育、文博、商业、旅游、娱乐的一体化线上文化虚拟平台。打造一批省级数字文旅智慧产业园区,实施一批科技创新重点项目,推动文化和旅游领域科技研发和成果有效转化,推动科技支撑文化旅游推广方式方法创新。

第五章　城市与经济区

　　区域研究与区域差异分析是区域地理研究的重要内容。对于一个国家或地区而言，由于自然条件、社会经济条件、历史发展过程等因素的不同，各地区之间的社会经济发展水平表现出很大不同。

　　一般认为，区域差异涉及很多方面。一是区域经济发展条件，包括地理位置、自然条件、人口条件、社会经济条件、历史发展脉络等。在具体分析中，优势、劣势、机遇和挑战等问题分析是必不可少的。二是区域经济特征分析，如经济结构、发展水平、经济地位与作用、主要产业部门、发展潜力等。三是产业布局分析，包括产业布局特点、产业的地域组合情况等。四是经济中心分析，其内容包括城市数量、等级规模、城市性质与职能、在地区经济发展中的地位与作用等。通过以上区域差异分析，可以明确看出每个地区在全省、全国乃至世界劳动地域分工中的优势和不足，合理确定区域发展定位、社会经济发展的方向和重点。

　　目前河南省下辖17个地级市和1个省直辖市（济源市）。为了行政管理以及经济社会交往的便利，对省内又进行了区域的划分，但这些区域的划分并没有一个相对明确的标准。众所周知，省内具有明显地理标志的事物，如四大流域、南北过渡带、山地与平原等，都可以作为划分区域的标志。如果以京广线为界，京广线以西称为豫西，以山地居多；京广线以东是豫东，以平原为主；如果以黄河为界，河南则被一分为二，把黄河以北的地区统称为豫北，黄河以南的地区称为豫南。同时，这种省内的分区还必须考虑划分结果的实用性，首先是指称区域相对明确，歧义较小；其次是划分的结果不要把地区一级的市辖区人为地分割。传统上河南省划分为五个区域，分别为豫中区、豫南区、豫东区、豫西区、豫北区，这种划分是以其区域在河南省的相对地理方位为依据的，但这些区域的划分并没有一个相对明确的标准。

第一节　豫　中　区

　　豫中区包括郑州市、许昌市和漯河市，总面积约1.51万平方千米，占全省总面积的9.05%。2021年总人口1 949万人，占全省人口总数的19.72%。豫中区地处省域中部，是省会郑州所在地，是中原城市群的核心区域，有京广、陇海、郑济、郑渝等铁路干线交会，是沟通南北、贯穿东西的交通要冲。豫中区不仅地理位置优越，人口密集，经济发达，是中部地区重要的商品集散地，而且在全国经济发展格局中承东启西、连接南北，具有十分重要的战略地位。

一、自然条件

豫中区北临黄河,西依嵩山,东南为广阔的黄淮平原。

西部山地丘陵属豫西山地,是黄河与淮河的分水岭。主要山脉为中岳嵩山,系孤立块状山地,气势磅礴,层峦叠嶂,陡峻雄伟,景色秀丽。由于强烈的块状抬升,相对高度较大,少室山主峰海拔1 512.4米,为整个嵩山最高峰。其他地区山势低缓,低山丘陵广泛分布。

东部和南部平原为黄淮平原的一部分,主要是在地壳不断下沉情况下,由黄河和淮河冲积而成,以黄河冲积扇形平原为主体。由于历史上黄河多次改道,多次洪积的结果使地表遗留的大规模故道带不显著,决口泛滥所形成的沙地、洼地及微倾斜平地等分布较广。综合治理风沙和土壤盐碱化,改造中低产农田,对促进当地经济持续发展至关重要。经过长期的改造,该地区已成为河南省乃至全国的商品粮基地。

(一) 气候

豫中区位于33°24′N～34°58′N,气候类型属暖温带大陆性季风气候,春季干旱多风,夏季炎热多雨,秋季晴朗干爽,冬季寒冷干燥。全年平均气温为14.2～14.7℃,无霜期206～234天,多年平均降水量579～845毫米,日照时数为2 187～2 400小时,≥10℃积温4 500～4 800℃,大部分地区熟制为两年三熟和一年两熟。广大的平原地貌与雨热同季的气候为本区提供了优越的农业自然资源条件,但春旱夏涝及干热风等灾害性天气是造成农业生产不稳的主要原因。

(二) 河流

豫中区主要河流有黄河60千米干流,黄河主要支流伊洛河、汜水等。黄河干流孟津以西,河道较窄,水流湍急;孟津以东进入平原,河道展宽,水流变缓,泥沙大量沉积,河床逐年淤高,郑州花园口以下,河床高出两岸地面3～5米,形成悬河,长期依靠两岸大堤约束河水。

淮河水系河流众多,大多发源于西部山区,向东南流入颍河,主要河流有贾鲁河、双洎河、颍河、北汝河、沙河、澧河等。

(三) 资源

一般来说,资源可分为自然资源和社会资源两大类。前者如森林、矿产、土地、气候等;后者如政策资源、人力资源、信息资源、交通设施等有利于经济社会发展的各种有形与无形的有利条件。这里仅简要介绍矿产、农业和文旅资源。

1. 矿产资源

郑州市矿产资源丰富,已探明矿藏36种,主要有煤、铝矾土、耐火黏土、水泥灰岩、油石、硫铁矿和石英砂等。其中煤炭储量达63亿吨,居全省第一位;耐火黏土品种齐全,储量达 1.08 亿吨,约占全省总储量的 50%;铝矾土保有储量 2 亿余吨,占全省总储量的 30%;天然油石矿质优良,豫中区是全国最大的油石基地之一。

许昌市境内已知矿藏主要有煤、铝矾土、铁矿石、耐火黏土、石灰岩、大理石和白垩土等,煤炭、铝矾土、铁矿石等矿产资源较为丰富,原煤储量 64 亿吨,铝矾土探明储量 1.4 亿吨,铁矿石探明储量 4.2 亿吨。耐火黏土、石灰岩等储量可观。主要矿产分布集中,储量大,易于开采,发展电力、建材、陶瓷等行业前景广阔。

漯河市矿产资源优势主要是盐矿,集中分布于舞阳县境内的孟寨、姜店两个乡,面积约 80 平方千米,储量约 400 亿吨,品位较高,达到国家食用标准。其他还有河沙资源,主要产于沙河、澧河。

2. 农业资源

本区农业开发历史悠久,农业资源丰富。农作物主要有小麦、玉米、红薯、大豆、花生、烟叶、棉花等,在国内外久负盛名,形成了一系列的特色农产品,如新郑大枣和枣花蜜、中牟西瓜、荥阳柿饼和石榴、黄河鲤鱼。许昌烟叶种植与烤烟历史悠久,素有"烟叶王国"之称,是国内重要的烟叶生产基地之一。漯河市在"双汇"等食品企业的带动和影响下,畜牧养殖业发展迅速。依托传统农业优势,该区大力发展花卉园艺,渐成气候。

3. 文旅资源

豫中区与河南省大多地区一样,悠久的历史与文化是最具吸引力的文旅资源。

郑州市作为国务院公布的国家历史文化名城(第三批)、八大古都之一,拥有距今 8 000 年的轩辕黄帝故里、裴李岗文化遗址,距今 5 000 年的大河村、秦王寨等多种类型的仰韶文化与龙山文化遗址,以及夏都阳城遗址和商城遗址,等等。全市有国家级重点文物保护单位 78 处,省级及以下文物保护单位不计其数。少林寺、中岳庙、天地之中建筑群名扬天下,黄河浏览区、黄河大观和大河村原始村落遗址厚重质朴,浮戏山、环翠峪风景各异,商代遗址、郑韩故城、北宋皇陵、北魏石窟寺、杜甫故里引人入胜。

许昌市三国(汉魏)遗迹众多,特色显著。汉魏故城、灞陵桥、春秋楼、射鹿台、练兵台、受禅台、华佗墓、古钧台、禹王锁蛟井、思故台、乾明寺等,都具有较高的观光与考古价值。鄢陵国家花木博览园、神垕古镇等享有盛誉。

豫中区历史悠久,留下了众多的历史名人(如荀彧、钟繇、许慎、杨再兴等)遗迹和典故。

二、城市与经济

豫中区地理位置特殊,开发历史悠久,长期以来是中原文化发祥发展的重要地区,在多个历史时期占有重要地位。1949 年 5 月,河南省人民政府成立后,定开封为省会。1954 年 10 月,河南省会由开封迁至郑州,自此郑州成为河南省的政治、经济、文化中心。改革开放以来,在中国东部地区逐渐形成了以上海为中心的长江三角洲经济圈,以广州、深圳为中心的珠江三角洲经济圈,以北京、天津为中心的京津唐经济圈。随着改革开放的深入,中西部地区长株潭城市群、中原城市群、成渝城市群、武汉城市群、关中城市群等应运而生。中原城市群以郑州为中心,是包括洛阳、开封、新乡、焦作、许昌、漯河、平顶山、济源等城市在内,并辐射部分省外城市的城市密集区。这一区域城市布局紧凑,城市群体规模最大,人口最密集,经济实力较强,经济联系日益紧密,工业化进程较快,城镇化水平较高,交通区位优势突出,总体发展水平较高,在省内具有引领、带动、示范的作用。

"十三五"期间,中原城市群地区生产总值达81 266亿元,占全国的比重为8.0%,比2015年增长33.4%,年均增长5.9%,高于全国年均增长水平。

(一)郑州——中原城市群核心城市

1. 枢纽地位

郑州是全国重要的铁路、航空、公路、电力、邮政电信主枢纽城市。郑济、郑万、郑合高铁与京广、陇海等普通铁路在此交会,郑州成为全国普通铁路和高速铁路网中唯一的"双十字"中心,"米"字形高铁网已成型。郑州新郑国际机场为4F级国际民用机场,是中国首个国家级航空港——郑州航空港经济综合实验区核心组成部分、国际航空货运枢纽机场、中国八大区域性枢纽机场之一、国内大型航空枢纽机场、对外开放的国家一类航空口岸。截至2018年12月,郑州新郑国际机场业务涉及55家客运航空公司,208条客运航线,116个客运通航城市;21家货运航空公司,34条货运航线,40个货运通航城市。郑州是国家首批跨境电子贸易试点城市和国家级互联网骨干直联点城市,中欧班列(郑州)每周"去八回八"常态化运营,全年开行501班,境内外双枢纽、沿途多点集疏格局初步形成。郑州处于中国东西南北干线公路的交会处,成为我国7个公路主要枢纽之一。郑州是国道107线、310线和京珠、连霍高速公路交会点,拥有全国第一个内陆公路口岸,公路网四通八达,客货运输便捷。郑州还是仅次于北京、上海的全国第三大邮电通信枢纽之一。郑州所具有的中国交通枢纽的重要位置,有利于进一步发挥区域性经济、信息、科技和文化中心的作用,连锁经营、物流配送、电子商务等现代服务业积极发展,郑州将成为全国重要的集散中心,经济实力和辐射带动作用强劲。

郑州不仅是中原城市群的核心和龙头,还是中原经济区的枢纽和心脏。依托中原城市群建设,郑州将进一步带动中原经济区的建设。

中原经济区是以郑州大都市区为核心、中原城市群为支撑,涵盖河南全省、延及周边地区的经济区域,地处中国中心地带,全国主体功能区明确的重点开发区域,地理位置重要,交通发达,市场潜力巨大,文化底蕴深厚,在全国改革发展大局中具有重要战略地位。2011年,建设中原经济区上升为国家战略。2012年11月,国务院正式批复《中原经济区规划》,建设中原经济区拥有了纲领性文件。《中原经济区规划》对该区域的战略定位为:全国工业化、城镇化、信息化和农业现代化协调发展示范区,全国重要的经济增长板块,全国区域协调发展的战略支点和重要的现代综合交通枢纽,华夏历史文明传承创新区。中原经济区经济总量仅次于长三角、珠三角、京津冀及长江中游城市群,为全国经济第五增长极。

《中原城市群发展规划》中提出进一步加快郑州国家中心城市建设,建设现代化郑州大都市区,推进郑州大都市区国际化发展。把支持郑州建设国家中心城市作为提升城市群竞争力的首要突破口,强化郑州对外开放门户功能,提升综合交通枢纽和现代物流中心功能,集聚高端产业,完善综合服务,推动与周边毗邻城市融合发展,形成带动周边、辐射全国、联通国际的核心区域。

中原经济区按照"核心带动、轴带发展、节点提升、对接周边"的原则,形成放射状、网络化空间开发格局。因此,郑州面临千载难逢的发展机遇,在整个国家战略中的地位大幅度提升,建设任务也任重道远。要提升郑州交通枢纽、商务、物流、金融等服务功能,推进郑(郑州)汴(开封)洛(洛阳)一体化发展,建设郑(州)洛(阳)工业走廊,增强引领区域发展的核心带动能力。依托亚欧大陆桥通道,壮大沿陇海发展轴;依托京广通道,拓展纵向发展轴;依托东北—西南向、东南—西北向运输通道,培育新的发展轴,形成"米"字形重点开发地带。逐步扩大轴带节点城市规模,完善城市功能,推进错位发展,提升辐射能力,形成大中小城市合理布局、城乡一体化发展的新格局。加强对外联系通道的建设,促进与毗邻地区的融合发展,密切与周边经济区的合作,实现优势互补、联动发展。不仅如此,郑州市的发展还要统筹生态保护、文化传承、三化协调等。

2. 建设大郑州的内涵

所谓"大郑州",具有丰富的内涵。从经济总量上说,到 2020 年,国内生产总值比 2000 年翻三番,达到 6 600 亿元,占全省的比重达到 1/4 以上,在全省率先基本实现工业化,基本实现全面建设小康社会目标,具备完善的社会主义市场经济体制和市场体系;从城市规模上说,全市城镇化水平要达到 70% 以上,市区人口达到 500 万人左右,中心城区建成区面积达到 500 平方千米,成为基础设施完备、功能齐全、布局合理、管理科学、环境优雅、具有鲜明中原文化特色的现代化大都市;从城市定位上说,要成为名副其实的国家区域性中心城市、全国重要的现代化商贸城市、重要的交通枢纽城市、中原城市群经济隆起带的核心增长极;从产业的支撑上说,要充分发挥现有优势,创新发展思路,构建先进制造业和高新技术产业基地、现代服务业中心、现代农业示范区。同时,大郑州的内涵还要求各项社会事业全面发展,社会保障体系比较健全,社会就业比较充分,人民生活更加殷实,人口素质明显提高,可持续发展能力不断增强。

建设大郑州要树立新的发展观,既要全面推进,更要重点突破;既是行政区划,更是经济区域;既要重视大城市建设,也要重视中小城市建设;既强调物质财富,也强调人文精神;既要强调 GDP 增长,也要强调生态环境和可持续发展;既讲究速度,更追求效益;既讲究规模,更追求质量;既讲究数量,更追求结构;既是一座消费型城市,也是一座生产型城市;既抓经济建设,又抓文化建设和政治建设。

3. 建设大郑州的基本途径和重点

建设大郑州的基本途径为:坚持以工业化为主导,以城市化为支撑,以推进农业现代化为基础,统筹城乡经济社会协调发展;拉长工业短腿,发挥商贸优势,带动现代农业;保护改造中心城区,规划建设郑东新区,抓好中小城市建设和小城镇发展。

建设大郑州的步骤:第一步,到 2005 年,国内生产总值达到 1 360 亿元,"十五"期间年均递增 13%,人均国内生产总值超过 2 000 美元;第二步,到 2012 年,国内生产总值达到 3 000 亿元,2006~2012 年年均递增 11.9%,人均国内生产总值达到 4 300 美元左右;第三步,到 2020 年,国内生产总值达到 6 600 亿元以上,2013~2020 年年均递增 10.5%,人均国内生产总值达到 8 000 美元以上。

在发展重点上,倾全力打造产业支撑体系、城市功能体系和社会发展体系。

(1) 产业支撑体系

一是做大做强优势产业。

汽车工业：改造提升现有汽车生产企业，以发展公路客车、运动休闲车、特种专用车等产品为重点，扩大生产规模，增加产品类别。加快汽车零部件工业园建设，加大技术引进、合资合作力度，提高汽车工业零部件配套能力和国产化水平。

铝工业：积极推进煤电铝一体化，拉长产业链条，优先发展氧化铝产业，适度发展电解铝产业，加快发展铝深加工产品，实现铝工业由初级产品到终端产品的跨越。

食品工业：把握城市食品多样化、农村食品商品化、家庭饮食社会化、食物结构营养化的趋势，充分利用郑州市现有存量资产和河南资源优势，重点培育面粉、速冻食品、方便食品、乳制品、啤酒饮料、烟草等行业中的龙头企业，实施品牌战略，走规模化经营道路，提高产业竞争力，建成国内重要的食品生产加工基地。

能源工业：加快电力发展，重点建设60万千瓦以上超临界火电机组。抓好登封、新密、巩义以及郑东新区电厂建设。

二是优先发展高新技术产业。发挥郑州市高等院校、科研院所集中和人才聚集优势，充分利用两个国家级开发区在科技成果转化、高科技企业孵化中的先导作用，加快产、学、研一体化，重点在电子信息、生物工程及制药、新材料等领域取得突破，使之成为郑州市新的支柱产业。

三是加快商贸城建设，构建现代服务业中心。以提高总量、优化结构、完善功能、增强辐射、扩大就业为目标，壮大和提升传统服务业，加快发展现代服务业，经过10年左右的努力，基本建立新兴服务业与传统服务业、技术密集型服务业与劳动密集型服务业、生产性服务业与生活性服务业密切结合的发展格局，形成与建设大郑州相配套的现代服务业体系。重点发展现代物流、会展、旅游、房地产、中介、金融等服务业。经过若干年的努力把郑州建设成为国家重要的物流中心、会展中心、金融中心和具有中原文化特色的旅游名城。

四是推进农业现代化，建成全省现代农业示范区。在产业布局上，在环城600平方千米第一圈层内重点发展安全无公害蔬菜、绿色奶业、优质水果、花卉苗木、种子种苗、生态林业和观光休闲农业。在以6县（市）为主的第二圈层，大力发展畜牧养殖业，重点扶持规模养殖、特色养殖和无公害畜产品生产。在发展重点上，建立起都市农业、产业化经营、标准化生产品牌化营销等3个示范基地，形成农业研发推广、农产品集散交易、农业信息服务等3个中心。

五是培育一批集团企业。依托名牌产品和优势企业，以资本为纽带，推进股权转让、兼并、收购、借壳上市等多种形式的资产重组，抓好产品经营和市场营销，形成一批核心竞争力强的大型、特大型企业集团，形成一批销售收入超200亿元、超百亿元和超50亿元的企业集团。

六是推进园区经济发展，形成"一带三区多园"的发展格局。发挥市区和巩义、荥阳、上街产业密集优势，打造郑洛先进制造业走廊。加快"三区"建设，把高新技术产业开发区建成中西部地区重要的技术创新基地、高新技术产业化基地和高新技术产品出口创汇基地，把经济技术开发区建成先进制造业基地、外向型经济基地和品牌集聚基地，把出口加工区建成全省重要的出口产品生产加工基地。调整现有县级工业小区和乡镇工业园区布局,完善功能,引导工业项目向重点工业园区集中,突出抓好铝业、阀门、耐火材料、食品加工、生物医药、精细化工等一批特色园区建设,加快县域经济发展。

(2) 城市功能体系

合理调整城市空间布局和人口分布,完善基础设施,提升城市功能,大力推进卫星城和小城镇建设,逐步把郑州建设成为承接东西、沟通南北、辐射周边的国家区域性中心城市。

一是加快郑东新区的规划建设速度。郑东新区建设要严格按照总体规划组织实施,三年出形象,五年成规模,十年铸精品。加快建设中央商务区,使其成为融金融、商务、办公、住宅、旅游、娱乐、服务、信息和研究功能于一体,具有"24小时城市"功能的不夜城,成为中原地区与世界对接的商贸金融中心。

二是加大老城保护改造力度。重点建设和完善城市公共活动中心系统、历史文化景观系统、连续性绿地及水系的开敞系统、商业服务特色分区系统、城市标志及雕塑系统、夜景照明系统,全面提升人居环境和城市文化品位,实现老城与新区、经济与文化、传统与现代的和谐共生。

三是加快卫星城和小城镇发展步伐。按照建设大郑州的要求,逐步把五市一县建成设施完备、功能齐全、环境优美、产业协调、特色各异、充满活力、优势互补、相互推动的卫星城市群。把巩义市建设成为城区人口达到50万人的城市,新密市、新郑市、荥阳市城区人口达到40万人以上,中牟县、登封市城区人口达到20万人以上。抢抓机遇,加快撤市(县)建区工作步伐。同时,按照"政府引导、市场运作、依托产业、形成特色"的原则,加快基础设施建设,形成不同类型、不同风格、辐射力强的新型小城镇。

四是加快基础设施建设,服务中原城市群。在交通建设方面,巩固提高现有区位优势,以"郑州都市圈"为中心,构建包括高速公路、高速铁路、城市轻轨、航空在内的现代化综合交通运输体系。

(3) 社会发展体系

坚持以人为本,继续实施科教兴郑、开放带动、可持续发展三大战略,建立健全城乡就业和社会保障体系。加快文化事业和文化产业发展,努力创建现代化文化名城。弘扬中原文化优良传统,精心打造省会文化品牌。大力发展教育事业,发展职业教育、继续教育和现代远程教育,构建终身教育体系,建立学习型社会。加快卫生事业改革步伐,加大对疾病控制机构的投资力度,积极开展全民健身运动,提高国民身体素质。

4. "大郑州"在中原城市群经济隆起带中的功能和作用

建设大郑州,对于发展中原城市群经济隆起带,对于全省全面建设小康社会都具有重大意义。中心城市在城市群经济发展中的功能和作用,主要体现在以下5个方面:

(1) 加快要素聚集

建设大郑州,能够利用中心城市科技、资本和技术优势,发展较高层次产业,吸引资本、劳动力、技术、信息等要素向中心城市聚集,使郑州成为先进制造业和高新技术产业基地、现代服务业中心、现代农业示范区,形成中原城市群核心增长极。

(2) 促进产业融合

通过要素整合,在城市群内部形成以郑州为龙头,协调有序、分工合理的产业体系和产业集群,减少产业雷同,避免盲目竞争和资源浪费。

(3) 增强辐射带动力

随着郑州城市群规模的扩大、产业的升级、效益的提高、技术进步的加快、创新能力的增强,必然对周边地区产生强大的辐射和带动作用。

(4) 提高整体竞争力

随着郑州城市规模的不断扩大和经济实力的迅速提高,带动中原城市群经济社会一体化协调发展,使各城市之间形成合力,增强整个中原城市群参与国内国际竞争的整体实力。

(5) 转移农村剩余劳动力

河南是一个农业、农村人口占绝大多数的省份,大力发展中心城市可以把数以千万计的农业劳动力转向非农产业,使数以千万计的农村人口走向城市,大幅度提高农业劳动生产率;同时,还可以输送高级形态的发展要素,为农村工业化、城镇化注入动力,使"三农"问题得到根本解决。

(二) 许昌

许昌为豫中区区域性政治、经济、文化中心,在河南省经济和社会发展中占有重要地位,是河南省政府批复确定的中原城市群地区性中心城市、中原经济区交通和物流枢纽城市、全国重要先进制造业基地、汉魏历史文化名城。许昌下辖2区、2市(县级)、2县,总面积4 996平方千米。2021年末全市常住人口438.2万人,其中城镇常住人口239.2万人,常住人口城镇化率54.59%。

许昌地处中原,历史悠久,是华夏文化的重要发祥地,是中原城市群、中原经济区核心城市之一。许昌古文化有史前文化系列、汉文化系列、三国文化系列、寺庙建筑文化系列、钧瓷文化系列等。许昌市交通便利,距郑州80千米,距新郑国际机场50千米,多条国道、高速公路、高铁、普铁贯穿全境。2021年,许昌市生产总值为3 655.4亿元,同比增长5.5%。

(三) 漯河

漯河为豫中区重要城市,是河南省人民政府批复确定的国家食品名城、区域性交通枢纽城市、中原经济区重要的现代商贸物流中心、生态宜居城市。漯河总面积2 617平方千米,下辖3区、2县。漯河市历史悠久,与省内许多地区一样文化灿烂,贾湖遗址出土的国宝七音骨笛,是世界最早的乐器;发现的8 000～9 000年前的甲骨契刻符号是迄今为止世界上最早的文字雏形;出土的酿酒遗留物将人类酿酒史推到了9 000多年前。2021年,漯河市生产总值为1 721.1亿元,同比增长9.1%。

三、区域经济发展

（一）第一产业

1. 农业发展现状

至 2018 年，豫中区耕地面积 126 万亩，占全省的 10.4%。2019 年粮食总产量 634.73 万吨，占全省的 9.5%；油料 23.9 万吨，占全省的 3.7%；棉花 0.23 万吨，占全省的 8.4%。与前期相比，农作物产量在全省的占比有所下降，主要原因是随着一线大城市建设和工业化程度的不断加深，加剧了农业生产的矛盾，农业用地日益紧缺。这一方面造成农耕面积不断减少，城市建筑占用土地数量越来越大；另一方面农业领域从业人员减少，缺乏具有现代化农耕技术的人员，导致一些农村地区出现土地撂荒的现象。

豫中区的农业现代化走在了全省的前列。2021 年发布的《河南省农业农村现代化综合评价报告》，首次对河南省农业农村现代化发展水平进行了科学细致的剖析。根据报告结果，漯河与郑州、许昌、濮阳等市处于第一梯队。该报告立足河南省情，从"三农"角度出发，确定了农业产业、农业生产、农业经营、农村公共服务、农村基础设施、农业农村生态环境保护、农业农村投入保障、农民生活和农业农村可持续发展 9 个维度的评价指标，并将其又细分为 41 个二级指标，共同构成了河南农业农村现代化发展水平评价指标体系。

豫中区在坚持粮食主产区定位的基础上，兼顾区域总体发展战略，不断开拓创新。近年来第一产业在三次产业中的占比下降的前提下，仍然保证了粮食有效供给，不断推进经济结构战略性调整，使农业结构得到优化，粮经比例更趋合理，畜牧业比重逐步提高，农业综合效益不断提高。以郑州市为例，农业总产值从 2012 年的 140.5 亿元增加到 2020 年的 156.0 亿元。

豫中区坚持把农业产业化经营作为调整农业结构、增加农民收入和推进农业现代化的一个重要途径，从培育龙头企业和农民专业经济合作组织方面寻求突破，推进农业产业化经营。

最新颁布的《郑州市高质量推进乡村振兴加快农业农村现代化"十四五"规划》明确提出，到 2025 年，都市现代农业质量效益和竞争力明显提高，乡村宜居宜业环境明显改善，农民富裕富足水平显著提升，乡村振兴和农业农村现代化在省内示范引领作用凸显，力争走在全国前列。搭建农业科技创新平台，组建郑州市农业科技研究院，创建农业科技创新中心，要形成"一中心两基地"协同创新、辐射带动农业科技创新发展格局。重点提升科研管理、生物技术实验、现代农业展示、种质资源存储、配套公共服务等建设水平，积极对接国家、省重大农业科技项目，攻关一批粮食、蔬菜、水果、花卉耕种管收等农业关键技术，聚焦现代种业、高效设施农业、数字农业等重点领域，研发一批具有自主知识产权的核心技术。

2019 年郑州市共有市级以上龙头企业 493 家（其中国家级 14 家、省级 52 家），市级以上农业产业化集群 31 个，省级农业产业化联合体 13 个。2019 年全市农产品加工型龙头企业年销售收入约 420 亿元。全市现有全国休闲农业与乡村旅游示范县（市、区）2 个

(登封市、惠济区)、示范点1个(丰乐农庄),全国休闲农业与乡村旅游星级企业76家。郑州市农业产业化龙头企业经过多年的发展,呈现规范快速发展趋势,并且拥有发展良好的大环境,在国家政策的扶持和引导下,发展速度不断加快,其发展模式逐渐呈现出规模化、品牌化、区域化、专业化等特点,有效地促进了农业特色主导产业的发展,初步形成了市场牵龙头、龙头带基地、基地连农户的龙型经济格局。

漯河市的农业现代化与农业产业化也快速发展。截至2020年,漯河市全市食品工业产值达2 000亿元,年营业收入超亿元食品企业31家,全市超亿元"链主"龙头企业36家(其中国家级龙头企业5家),农业产业化联合体27家(其中省级农业产业化联合体20家)。"南德""麦恩""金鼎""双汇"等食品品牌驰名中外。

截至2020年,许昌市农业产业化经营组织达883家,市级以上农业产业化龙头企业达245家,其中省级38家(个数位居河南第二)、国家级3家;30家龙头企业获得省以上名牌产品或著名(驰名)商标,24家龙头企业通过了无公害、绿色、有机食品认证。规模以上农业产业化龙头企业发展迅猛,其中,年销售收入100亿元以上的企业1家,亿元以上的企业42家,2 000万元以上的企业214家,辐射带动农户173万户(含异地带动),平均每户年均增收1 584元。

2. 特色农业快速发展

坚持从本地的实际出发,充分发挥资源、区位、技术、经济的优势,以产业为依托、科技为动力、效益为中心,大力发展区域特色加工业,促进产业布局向专业化、区域化、群体化、块状化发展。如金水区、惠济区的速冻食品加工,新郑市的系列枣产品加工,中牟县的大蒜产品精深加工,等等,均已形成区域块状加工业的示范窗口。

近年来,许昌市用发展工业的理念发展农业,以国家农业科技园区建设为载体,把增加农民收入作为基本目标,大力调整农村经济结构,积极推进产业化经营,全市农业和农村经济保持了较好发展态势,形成了以鄢陵县为主的花卉苗木种植、以襄城县为主的蔬菜种植、以禹州市为主的中药材生产、以许昌建安区为主的优质小麦生产、以长葛市为主的畜产品加工五大优势区域格局。

3. 品牌农产品发展迅速

为满足人们日益提高的对安全无公害农产品的需求,本区大力实施以无公害蔬菜和畜产品为重点的农产品质量安全工程。无公害农产品生产基地、无公害种植业生产基地、无公害养殖基地、无公害水产品生产基地、地理标志产品等如雨后春笋般快速成长。

截至2019年,中牟县绿色企业5家,绿色食品品牌8个,绿色食品产量9 700吨;新郑市绿色企业5家,绿色食品品牌8个,绿色食品产量4 260吨;许昌市绿色企业2家,绿色食品品牌4个,绿色食品产量10 650吨。

地理标志产品呈现多样化特点,如郑州市的尖山金银花、茶亭沟红薯、花园口红薯、中牟西瓜,许昌市的金银花、丹参、半夏、烤烟,漯河市的麻鸡、大蒜等农产品先后被认定为地理标志产品。在地理标志产品的认定上,还出现了申请主体的变化,农业公司和农业合作社成为认定工作的主力军。长葛市民生种植专业合作社的番茄和小米、荥阳市广武镇根据地家庭农场的桃、郑州国盛农业科技有限公司的葡萄、荥阳大润生态农业科技有限公司的梨等一大批农产品被认定为地理标志产品。无公害农产品、绿色农产品、地理标志产品等一系列行动计划的全面实施,使农产品质量和安全水平明显提高。农产品质量的明显提高进一步带动了品牌农业快速发展。如巩义市的"星神"牌绿色食品鸡蛋和新郑市生产的鸡心枣、灰枣、"郑风"牌莲藕等农产品,被农业部绿色食品发展中心认定为A级绿色食品。品牌农产品已经形成品牌优势和名牌效应,显示了较强的市场竞争力。

4. 现代农业示范区建设

农业进入新阶段以后,优化农业结构、提高农业效益、增强国际竞争力、改善生态环境已经成为农业发展的主要任务。促进农业由以资源为依托的数量型农业向以技术为依托的效益型农业转化,实现传统农业向现代农业的跨越,其根本出路在于农业的科技进步,其有效途径是政策引导和建园设区进行示范。

(1) 郑州市都市型现代农业示范区

建立优质农产品生产基地,能够形成规模生产,提高科技投入效益,提升市场竞争力,降低农业经营风险。发展具有区域特色的主导产业,是发挥区位比较优势和传统优势,加快当地农业发展,形成有特色、有竞争力的农产品规模生产的必由之路。郑州市为全面推进现代农业示范区建设,调整和规划农业区域布局,把整个农业划分为3个圈层:都市农业圈层、近郊农业圈层、远郊农业圈层。围绕3个圈层,确定重点培育主导产业,建立农产品生产基地,进而全面推进农业结构战略性调整。

随着中原经济区和郑州航空港经济综合实验区上升为国家战略,郑州市城镇化和工业化加速推进,对郑州传统农业格局和发展方式带来了重大影响。郑州市加快构建都市型现代农业产业体系,围绕都市区空间布局和功能定位,以蔬菜、渔业、休闲观光、特色种植、现代农业服务业等产业为主,在农业资源条件、产业基础较好的区域,集中连片规划了10个万亩以上的现代农业示范区,如中牟现代草莓农业产业示范区、中牟国家农业公园、郑州现代农业服务业示范区等。

其他还有荥阳沿黄现代渔业示范区、荥阳河阴石榴产业示范区、荥阳绿色蔬菜产业示范区、新郑高标准粮田粮种示范区、新郑"三化"协调现代农业示范区、惠济休闲观光农业示范区、河南惠济花卉产业示范区等。

(2) 许昌国家农业科技园区

1995年以来,许昌进行了建设高效农业示范园区的成功探索,依靠科技进步推动了种、养、加的全面发展,提高了农业生产、加工、储运等整个技术体系的水平,并且形成了一种有利于农业发展的园区运行机制和科技推广机制。

许昌国家农业科技园区于2001年9月由科技部、农业部等6部委批准建设,是全国首批建设的21个国家农业科技园区(试点)之一。许昌国家农业科技园区已建成核心区2.2万亩、示范区15万亩、辐射区62.8万亩,花木面积达80万亩。2.2万亩核心区年产优质标准化规格苗木946万株、鲜花652.2万株(支)、盆景盆花136.6万盆,年销售收入4.1亿元,利税1.12亿元。15万亩示范区年产花木8 970亿株(盆),销售总收入8.26亿元。80万亩花木年产种苗6.2亿株(盆),销售总收入33.5亿元。

(3) 漯河市现代农业特色突出

近年来,漯河市紧紧围绕"中国食品名城"建设,坚持保质量、保效益、可持续原则,不断加大投入力度,着力发展壮大粮食、畜牧、蔬菜和农产品加工四大主导产业,走出了一条特色明显、优势突出的现代农业发展路子,成为平原农区现代农业发展典型。

统计显示,截至2014年底,漯河市累计建成高标准粮田108.7万亩,全市粮食总产达到174.87万吨,生猪加工总量保持全省第一,畜牧业产值占农业总产值的比重达50%以上。作为全国农业产业化工作先进集体,漯河市已培育出现代农业产业化集群21个,其中双汇肉制品产业化集群等8个集群被认定为省农业产业化集群,认定数量居全省前列。

(二) 第二产业

1. 工业优势

(1) 具有一定的比较优势和后发优势

豫中区同发达地区相比,其劳动力、矿产资源相对丰富,工业要素成本比较低。本区制造业劳动力工资成本比沿海发达地区低一半以上。同时,豫中区有一批在全省乃至全国有影响力的骨干企业,如郑州市的宇通、中铝河南公司等,许昌市的许继集团、黄河集团等,漯河市的双汇集团、南街村集团等。所以,豫中区具备了一定的经济实力和工业基础。此外,本区有丰富的煤炭和电力能源保障,为工业的发展提供强大的支撑。

(2) 人才和科技优势

本区的郑州是科教大市,拥有一批在全国有影响的大学和科研院所。解放军信息工程大学、郑州大学、郑州工业大学、郑州航空工业管理学院等在信息安全、材料工程方面具有较高的科研水平。邮电设计院、713所、核五院、三磨所、机械部第六设计院等在全国同行科研开发中处在领先地位。豫中区拥有国家工程技术研究中心6个、省级工程技术研究中心712个,拥有国家级重点实验室562个、省级重点实验室136个,拥有国家级企业技术中心24个、省级企业技术中心359个。

(3) 市场和产业优势

豫中区人口稠密,地理位置好,交通发达,接近中西部消费市场,有广阔的腹地和发展空间。仅郑州市2019年社会消费品零售总额就达到5 389.2亿元,居中部6省第3位,商品交易市场359个,交易额超亿元的市场50个、10亿元的20个,进入全国零售百强企业的有4家。郑州工业拥有中国名牌产品10个,宇通客车占全国22%的市场份额,冷藏车占全国40%的市场份额。郑州冷冻食品占据全国40%以上的市场,面粉加工和销售多年居全国第1位。中铝河南公司氧化铝占全国22%的市场,居全国第1位。耐火材料工业产品占全国市场的20%以上。漯河市双汇集团是目前国内最大的肉类产品加工企业,占国内肉类食品40%的市场份额,2003年销售已达120亿元,成为中国肉类加工企业和河南省首批超百亿的企业集团,在国家统计局2004年公布的全国大型工业企业排序中居第77位、食品行业第1位;2022年营业收入达625.76亿元。

(4) 工业体系基本完备,基础厚实

豫中区工业经过新中国成立后70多年的发展,已形成了以煤电铝、汽车、食品、电力装备、烟草为支柱,电子信息、新材料、生物化工与医药行业迅猛发展,纺织、机械、能源、建材等各具特色的工业体系。豫中区是河南省的经济核心地区,在全省乃至中原经济区中有引领作用,是中原城市群经济隆起带发展的龙头,是全省先进制造业和高新技术产业基地及全省经济社会的核心增长极。2018年全年产业集聚区规模以上工业增加值比上年增长 10.0%，占全省规模以上工业的比重为 71.6%。2019 年，本区第二产业生产总值达 7 181.42 亿元，占全省的 30.4%。

2. 工业结构调整力度加大，高技术产业增速加快

2020 年，郑州市规模以上工业增加值同比增长 6.1%，分别高于全国、全省平均水平 3.3、5.7 个百分点，增速位列 35 个大中城市第 7 位，在全省排名跃居第 1 位，为近 20 年来最好位次。郑州市大力实施"制造强市"战略，深入推进供给侧结构性改革，走出了一条产业结构持续优化、数字化转型加速推进、重点项目加快集聚的新型工业化道路。郑州市紧扣供给侧结构性改革这一主线，以制造业高质量发展为主攻方向，以数字化为基础，着力推进稳增长、调结构、促转型、扩增量、强主体等重点工作。

3. 郑州重点产业的发展和布局

在"新经济"浪潮的推动下，郑州借力国家中心城市建设、航空港实验区、跨境电商综试区、河南自贸试验区、国家自主创新示范区等国家战略的"东风"，围绕新兴产业"谋篇布局"，铆足发展后劲，从而释放更大经济能量。

《郑州市"十四五"先进制造业高地建设规划》提出，按照"现有产业未来化"和"未来技术产业化"工作思路，加快谋划区块链、人工智能、虚拟现实、量子信息、氢能与储能等未来产业，布局了一批具有产业引领作用的创新平台、产业项目和龙头企业，形成"研发＋产业＋应用"链式推进格局，在技术、产业和应用方面实现重大突破。

郑州市的重点产业主要有汽车及装备制造业、铝及铝精深加工业、通用专用制造业、现代食品制造业、新材料工业等。

（1）汽车及装备制造业

郑州要围绕郑州客车及零配件产业群做强三大板块，即以宇通为核心的高档客车、阔体公交车，形成全系列的高档客车、公交车产品优势；以日产公司为龙头的休闲越野和商用车板块；以红宇公司为主体的冷藏车板块，引进、消化和吸收世界冷藏车先进技术，不断提高产品技术含量，使市场占有率达到 60% 以上。

（2）铝及铝精深加工业

依托郑州丰富的铝土、煤炭、电力资源，以中铝河南公司为核心，依托人才和技术优势，围绕氧化铝、电解铝、碳素制品、水泥、铝型材、合金部件为主体的产业链和铝业经济体系，建设郑州铝工业产业群，把上街建成中国的铝工业生产基地和研发中心。

（3）通用专用制造业

依托郑纺机、郑煤机、宇通重工、水工机械、郑州电缆、二砂等一批制造业骨干企业，用信息技术、高新技术和先进适用技术对其进行改造，加快经营体制和研发体制创新，走专业化、集团化的路子。

（4）现代食品制造业

依托河南粮食大省的优势和人口大省的巨大市场，发展食品工业潜力巨大。要以金星、三全、思念、金苑等食品加工企业为龙头，向一产、三产拓展，发展"种、养、加"生产流通一条龙的产业链，推进食品产业群的发展。

（5）新材料工业

郑州具有丰富的建筑材料和耐火材料工业原料资源，形成了高端耐火材料和超硬材料两大优势,目前相关企业近200家,生产高铝砖、耐碱砖、尖晶砖等产品。企业开发和引进先进技术,发展环保、高效节能、无污染、低粉尘、工艺先进的项目,推动产业的结构升级和产品的更新换代。

对未来产业发展,郑州围绕"1554"先进制造业生态体系建构,重点聚焦区块链、类脑智能、虚拟现实、量子信息等未来产业领域发力,引进培育了国科量子、科大讯飞、金惠、众诚等一批企业和项目,培育了近千家企业,主要分布在金水区、高新区、郑东新区、二七区、航空港区等区域。

按照"现有产业未来化"和"未来技术产业化"工作思路,郑州加快谋划区块链、类脑智能、虚拟现实、量子信息等未来产业,布局一批具有产业引领作用的创新平台、产业项目和龙头企业,形成"研发＋产业＋应用"链式推进格局,在技术、产业和应用方面实现重大突破。全市未来产业规模迅速壮大,产业层级持续提升,努力把郑州建设成为全国重要的未来产业先导区、示范区。

区块链,以金水区为重点,布局技术创新研发项目。以金水区、郑东新区、二七区为重点,布局产业应用项目。

类脑智能,以高新区、郑东新区为重点,布局创新研发项目。以高新区、航空港区、经开区、金水区为重点,布局产业应用项目。

虚拟现实,以金水区、郑东新区为重点,布局创新研发项目。以航空港区、金水区为重点,布局硬件研发生产和成套解决方案项目。

量子信息,以高新区、郑东新区为重点,布局创新研发项目。以高新区、郑东新区、金水区为重点,布局产业应用项目。

4. 许昌市工业发展的重点产业

(1) 改造提升传统产业

传统产业主要有煤化工、陶瓷、建材、农业机械、纺织服装等。

① 煤化工及循环经济。按照"基地化、大型化、规模化、循环化"发展要求,积极推进捣固炼焦、配型煤炼焦、干法熄焦、导热油换热、炼焦废水深度处理回用、煤焦油精深加工、苯加氢精制、煤沥青制针状焦、焦油加氢处理、焦炉煤气高附加值利用等先进技术的研发与应用,拉长和细化煤炼焦化工产业链条,重点发展煤气制氢、甲醇、针状焦、己内酰胺等九大主导产品,按照"资源－产品－再生资源－再生产品"的循环经济模式,建成融煤炭开采、洗煤、炼焦、焦炉尾气发电、化工产品回收及深加工、新型建材等为一体的高效循环经济产业园。

② 陶瓷。发挥禹州钧瓷历史悠久、名扬四海的传统优势,将钧瓷历史、钧瓷文化、钧瓷科技、钧瓷经济、钧瓷工艺与现代科技、钧瓷生产与陶艺研发等融为一体,实施品牌战略和精品战略。利用传统优势,重点发展中高端建筑陶瓷、卫生洁具陶瓷等陶瓷产品,全面提高建筑卫生陶瓷产品档次和技术含量,打造以中高档卫生陶瓷、卫浴配套等相关产品为主的卫生陶瓷生产基地。

③ 新型建材。重点发展中高端建筑陶瓷、卫生洁具陶瓷、高档石材、石膏轻质复合板,以及新型墙体材料、装饰装修材料、隔热隔音材料等节能环保绿色建筑材料,积极推广应用环保型外墙防火保温材料、节能门窗、节能屋面系统等,尤其要提高卫生陶瓷、新型餐

具厨具产品质量和档次。实施名牌发展战略,注重创新发展与品牌建设,大力发展高档次、高附加值、出口主导型产品,做大做强高档卫生洁具、新型餐具厨具、环保绿色建材三大板块,使其成为许昌建材发展的支柱产品。

(2) 壮大特色优势产业

许昌市的特色优势产业主要有汽车及零部件、电梯、电机、烟草制品、食品及冷链、再生金属及制品、发制品等。

① 汽车及零部件产业。依托森源重工、远东传动轴、万向钱潮等龙头企业,加强特装重卡传动轴总成关键技术、传动轴总成装配工艺、传动轴总成关键零部件加工工艺等核心技术研发,促进企业战略重组,调整产品结构,强化项目建设,做大做强汽车整车及零部件产业,建成中国最大的传动轴生产基地和零部件出口基地。

② 电梯产业。积极承接转移,吸引国内外知名电梯企业投资电梯整机、配件和组装项目,支持本地电梯企业改扩建项目建设,建立和完善电梯产业上下游产业链,提高电梯就近配套能力。以西继迅达公司、博玛曳引机、科泰电梯、钟鼎隆机械制造公司、恒达富士河南电梯公司等企业为主体,以许昌电梯产业园为平台,围绕高速节能电梯、自动扶梯、载货电梯、施工升降机等主导产品,积极开发观光电梯、病床电梯、汽车电梯、杂物电梯、自动人行道等特种专用电梯。支持企业与高校院所实施紧密型产学研合作,进一步提升行业研发能力,突破永磁同步曳引机、电梯控制、多台电梯群控、电梯能量反馈、高速电梯降噪、无触点控制、微机变频等技术瓶颈,促进信息化与电梯制造深度融合,提升电梯产业整体核心竞争力,建成融电梯研发、生产、配套、物流、维保等环节于一体的中西部地区规模最大、竞争力最强的电梯产业集群。

③ 电机产业。以许昌大成电机公司、许昌万通电机公司、许昌大力电机公司、天壕节能机电公司、杜氏动力公司等公司为依托,强化与上海电器科学研究所、郑州大学、河南理工大学等科研部门和高校合作,以各种高低压普通电机、发电机、轻型发电机、防爆电机为主体,着力建设国内一流的大型数控车床、专用键槽铣床、数控绕线机、数控高速冲床、高压压铸机、中频感应焊机和树脂砂造型流水线等生产设施,为电机关键零部件的制造提供可靠的硬件保障。同时,把高效节能作为技术研发的第一目标,将科技含量高的节能电机打造成为我国经济升级版的助推剂。

④ 烟草制品产业。以许昌卷烟厂、天昌国际烟草公司等企业为主体,建设融种植、复烤、卷烟生产、烟机制造、包装印刷、科研教育于一体的完整产业链,提升许昌烟草产业的优势地位,形成我国最具特色的烟草产业集群。

(3) 培育发展战略性新兴产业

① 智能电力装备和智能电网产业。以推进中国电力装备高端化、成套化、国际化为重点,在"输、风、配、核、民"五大领域,依托中原电气谷、经济技术开发区、长葛市产业集聚区,以许继集团、森源电气等企业为主体,实施河南省电力装备重大科技专项,积极承接产业转移,引进建设一批高端电力装备项目,增强自主创新能力,加快集聚发展,打造全国最大的电力装备制造基地,建立完善电力装备产业链,做大做强许昌电力装备产业集群。依托许继集团,大力发展风电设备、核电控制设备、轨道交通电力自动化装备。

② 信息产业。坚持市场主导、企业主体、创新驱动、深化应用、集聚发展、扩大规模,

重点支持集成电路、物联网、云计算、大数据、智能终端及信息通信设备等产业发展,促进信息技术的推广应用,加快制造业数字网络化、智能化步伐。

③ 集成电路产业。以许昌高端装备制造业龙头企业为依托,强化集成电路的设计优势,突破高端通用和专用芯片制造技术,开发先进工艺模块和特色工艺模块,重点发展面向高端装备制造、机械加工、电子信息、新材料、新能源汽车、建筑陶瓷等领域产品,大力发展电脑芯片、工业控制芯片、RFID 与传感器芯片、汽车专用芯片、电源管理芯片等,提高封装工艺和测试水平。建立许昌市集成电路设计产业公共服务平台,吸引国内外知名集成电路设计企业集聚发展,建立和完善集成电路支撑技术体系,支持集成电路知识产权技术项目研发,增强生产线关键设备、仪器和基础材料研发能力,促进产业链相关环节的协调发展,争取芯片生产技术达到国内一流水平,把许昌建成全省重要的集成电路设计产业化基地。

④ 机器人与数控设备产业。以许昌市机器人制造企业为主体,大力引进国内外一流的自动化研究所、高校和机器人企业的人才,建立许昌市智能机器人协同创新研究院。重点突破机器人精密减速器、伺服电机、控制器等关键零部件及系统集成设计制造等技术瓶颈,促进工业机器人标准化、模块化发展。提高机器人的国产化率,降低生产成本,扩大应用规模,把许昌建成我省最大的机器人制造基地。

⑤ 新能源汽车产业。紧跟发达国家新能源汽车前沿最新技术,以"纯电驱动"为主方向,以整车为龙头,瞄准电池、电机和汽车电子控制系统三大重点,按照"企业主体、政府引领、招大引强、集群发展"的要求,加强车联网、物联网体系建设,完善配套设施,创新商业模式,强化安全监管,壮大集群规模,培育具有国际竞争力的龙头企业,促进纯电动乘用车、低速电动汽车协调发展。以森源集团、宏瑞世英、鸿舟车业等企业为重点,成立许昌市新能源汽车创新发展协会,整合全市生产要素资源,提高配置效率,增强产业内生动力,使企业间形成既合作又竞争的发展新格局。大力发展纯电动乘用车、商务车和低速电动汽车,积极发展行政执法系列、巡逻消防系列以及纯电动观光车、环卫车和物流快递车等专用电动汽车。

⑥ 生物医药产业。充分发挥许昌市生物医药制造业企业比较密集、禹州中药材种植与加工历史悠久的优势,做大做强"现代中药、化学药、医药中间体、医疗器械"四大板块,积极开展人工支架、人工关节等生物医学工程技术产品的研发。支持企业与国内外大学、科研机构和医院联系与合作,建立高层次的研发机构和技术中心,支持企业承担国家级、省级重大科技专项。建设融医药配送、加工、交易于一体的医药物流产业园,培育龙头企业,实施品牌战略,加快科技成果转化,做大许昌市医药产业。

5. 漯河市工业发展的重点产业

一是发挥食品主导产业优势,倾力打造"中国食品名城"。要充分利用"中国食品名城"这一金字招牌为食品工业发展提供的新机遇,加快研究制定漯河"中国食品名城"发展规划,突出肉食精加工、粮食深加工、果蔬加工和饮料制造四大主导产业,带动养殖业、种植业、包装业、机械制造业四大配套产业。主导产业方面,肉类加工业依托双汇、汇通、北徐等企业,大力发展高低温肉制品、发酵肉制品、冷鲜肉、出口分割肉等产品,巩固肉食品加工业在全国同行业中的领先地位。新开工双汇火腿肠及低温灌肠扩建项目,加快汇通高低温肉制品项目。依托经济技术开发区智能食品装备产业园,加快形成聚集效应,促进智能食品装备企业入驻,加快产业配套和产业链条形成,建设国内技术力量较强、全省最大、国内重要的智能食品装备专业园区。争取中国食品和包装机械工业协会支持,与中国机械工程协会等建立战略合作关系,成立食品机械产业研究院,积极开展平台创建。

二是在加快食品工业发展的同时,扶强造纸、纺织等轻工产业。

三是积极发展重化工业。开工仁和40万吨冷热轧钢和40万吨棒材项目、颖青新增5万吨合成氨和3万吨尿素项目、金山30万吨五联制碱项目,抓好迎丰6万吨精甲醇项目,逐步扩大和提高重化工业的规模和水平。

(三)第三产业

以提供服务为主要特征的第三产业,是在人类的物质生活丰富以后逐渐发展起来的产业。其发展对优化资源配置、优化产业结构、优化投资环境、扩大劳动就业、提高人民生活水平、促进经济和社会的全面发展有着重要的意义。第三产业的现状与发展,影响着一个地区经济发展的水平,反映一个地区经济的发展阶段,其快速发展是现代市场经济发展的重要特征,在社会经济格局中占有非常重要的地位。

豫中区作为全省经济、政治、文化中心区域,人口密集,交通便利,生态优良,历史底蕴深厚,所有这一切都蕴涵着无限的商机,为第三产业的发展提供了无限可能,第三产业的成长环境可谓得天独厚。近年来,本区以第一产业为基础,以第二产业为主要拉动力,以第三产业为新的经济增长点,有力保证了经济的发展。经济的快速发展又为第三产业提供了广阔的发展空间。2019年,本区第三产业产值占国内生产总值的比重达54%,高于全省的平均数(48%)。就本区的三个城市而言,第三产业的发展各有特色。

2020年郑州市的三次产业结构为1.4∶39.7∶58.9,许昌市的三次产业结构为5.3∶52.7∶42.0,漯河市的三次产业结构为9.5∶42.8∶47.7。

下面以郑州市为例介绍本区的第三产业的发展。

1. 服务业的发展特点

到目前为止,郑州市服务业已发展成为具有一定规模、经济效益较好、以传统行业为主、新兴行业快速崛起、门类齐全、多种经济成分并存的服务业体系,已成为推动全市经济快速健康发展的决定性力量之一。

2. 服务业的发展重点

从现代服务业的空间布局来说,河南省将构筑"龙头引领、梯次推进、协同互促"的发展格局。围绕郑州现代化国家中心城市建设,依托国家级战略平台叠加优势,加强高端资源要素集聚,增强服务业新模式、新业态创新策源能力,完善区域服务功能,提高服务经济外向度,推动产业链现代化、供应链高效化、价值链高端化和创新链系统化发展,打造区域辐射带动能力强劲、国内比较优势突出、国际影响力彰显的产业矩阵,建设国际物流中心、丝绸之路经济带商贸中心、国家区域性金融中心、区域医疗中心、时尚创意中心,构筑全省服务业创新发展核心增长极。

(1)加快郑州都市圈服务业一体化发展

建立郑州与毗邻城市物流发展联动对接机制,共建共享物流基础设施,打造衔接紧密、高效便捷的都市圈物流网络。发挥郑州高校和科研院所集聚优势，发展信息服务、科技服务、人力资源服务等产业，培育形成一批知识密集型服务业集群。结合黄河文化旅游带建设，支持郑州、开封、新乡、焦作联合开发文化体验、都市休闲、教育研学产品，推进"两山两拳"区域生态文化旅游融合示范带建设，支持开封建设全国文化贸易高地和具有国际影响力的旅游目的地。依托郑州、许昌、漯河产业基础，加快发展跨境电商、商务会展、检验检测等现代服务业，打造高端生产性服务业走廊。

(2) 建设现代服务产业新体系

2022年，河南省人民政府印发《河南省"十四五"现代服务业发展规划》，提出构建"7＋6＋X"重点产业体系。其中，"7"指大生产性服务业；"6"指大生活性服务业；"X"意为加强技术创新应用和新业态、新模式培育，主动衔接战略性新兴产业和未来产业发展规划，促进服务新业态、新模式迸发涌流。其中，围绕建设现代物流强省，着力强设施、增动能、促融合、提效率，力争到2025年全省社会物流总额达到22万亿元左右。构建功能齐备、创新活跃、服务高效的现代金融服务体系，力争到2025年金融业增加值达到3700亿元。打造覆盖创新全链条的科技服务体系，力争到2025年全省规模以上科技服务业营业收入达到2000亿元左右，为高水平创新型省份建设提供有力支撑。

郑州市编制和实施现代服务业高质量发展三年行动计划。推动生产性服务业向专业化和价值链高端延伸，支持制造业和服务业深度融合。加快国家区域性金融聚集核心功能区、高新区科技金融创新实验区建设。持续推进龙湖金融岛、龙子湖智慧岛建设。发挥郑商所龙头作用，做强期货产业链，打造亚洲重要的期货交易中心。落实挂牌上市"千企展翼"行动计划，力争科创板上市实现新突破。协同金融机构用好信贷、债券、股权三大融资渠道，确保社会融资规模稳定增长。启动国家文化和旅游消费示范城市创建工作，大力发展全域旅游，支持县(市)区创建国家级、省级全域旅游示范区。壮大数字创意、动漫游戏、文创设计等新型业态，培育一批国家级龙头企业和文化旅游品牌。高质量建设国家物流枢纽和现代国际物流中心，力争国家A级以上物流企业突破100家；物流业增加值达到925亿元，增长8%左右。加快标准化市场建设和转型提质，巩固外迁成果，新建和改造标准化农贸市场20家。

具体而言，要做好以下工作：

① 整合改造商贸等传统行业。通过政策引导和管理创新，向传统商贸流通企业导入连锁经营、物流配送等新兴业态，逐步确立新兴业态在郑州商业中的主体地位。充分运用现代信息技术和网络技术成果，推广条码技术、商场POS系统、信用卡结算等多种电子交易方式，提升商贸企业的现代化水平。大力发展电子商务，提高企业服务、交易效率。

② 积极培育物流、会展等现代服务业。发展物流业以整合现有资源、完善物流设施为重点，通过建设物流园区、扶持现代物流企业，着力打造物流配送、仓储运输和公共物流信息三大平台，构建完善而高效的现代物流网络体系，把郑州建成中部地区的物流中心城市。在会展业发展方面，加快建设郑州国际会展中心，积极与国内外大型会展场馆合作，吸引国际著名会展公司来郑设立分支机构和开展会展业务，提高会展的档次和专业服务水平，建立良好的会展运行体系，把郑州建成国家区域性会展中心。

③ 加快服务业的市场化、产业化、社会化。要以政企分开、政事公开、企业与事业分

开、营利性机构与非营利性机构分开为原则,尽快完成适宜产业化经营领域由"政府办"向"社会办"的转变,基本公共服务以外的有条件的领域都要实行产业化经营,营利性事业单位要加快改制为企业或实行企业化管理,逐步取消政府投资和事业经费。挂靠政府部门的营利性机构要与原部门脱钩;非营利性机构也要引入竞争机制,面向市场提供服务。

四、经济发展对策

地域差异是任何地方都客观存在的,是地球不同空间内在自然、经济、人文、社会等诸方面差别的综合反映。地域差异主要表现在 3 个方面:第一,自然资源、地理位置、自然条件等方面的差别;第二,经济、社会条件等方面的差别;第三,科技水平、文化背景等方面的差别。豫中区的未来发展离不开对区域差异的认识,立足优势、扬长避短是关键。豫中区虽然面积较小,但地理位置优越,人口密集,经济发展快速,经济水平较高,是中部地区重要的商品集散地,是中原城市群经济隆起带的核心区域,位居河南经济腾飞的龙头地位。

前已述及,豫中区 3 市三次产业比重及其在全省的占比,充分表明豫中区是河南省经济较为发达区。从区内看,郑州、许昌、漯河 3 市的资源条件、经济发展水平及内部产业结构差异都较大,各具特色,均有较大的发展潜力。郑州市是河南省省会,居九州之中,四通八达,北临黄河,西依嵩山,东、南接黄淮平原。全市总面积 7 567 平方千米,2019 年,郑州市市域城市建成区面积合计为 1 181.51 平方千米,其中市区面积 1 010.3 平方千米,中心城区建成区面积 651.35 平方千米(含航空港经济综合实验区)。悠久的历史、优越的区位和丰富的资源,使郑州成为中国重要的交通枢纽、著名商埠、中国历史文化名城、优秀旅游城市和陇海兰新经济带重要中心城市。2021 年年末全市常住人口 1 274.2 万人,常住人口城镇化率为 79.1%,比上年末提高 0.7 个百分点。除第一产业外,其他经济指标均居河南省第 1 位。

未来,以郑州为首的豫中 3 市的发展关键在郑州。郑州不仅要做好河南省的省会,在一省范围内成为高地和领跑员,还要发挥好豫中区的带头和示范作用,更要结合国家发展战略,提高站位,高瞻远瞩,再铸辉煌。

2017 年 1 月,国家发改委发布《国家发展改革委关于支持郑州建设国家中心城市的复函》和《国家发展改革委关于支持郑州建设国家中心城市的指导意见》,明确要求郑州要发挥郑州大都市区及中原城市群核心城市引领作用,增强国际物流通道功能和航空枢纽作用,提升全国铁路枢纽功能,建设国际物流中心、国际联合研究中心和科技合作基地,建设国际化现代都市。

2017 年 4 月 1 日,"中国(河南)自由贸易试验区"正式挂牌成立。

2018 年 11 月 18 日,中共中央、国务院发布的《中共中央国务院关于建立更加有效的区域协调发展新机制的意见》明确指出,以郑州为中心引领中原城市群发展。

从这个意义上来讲,郑州不仅是河南的,也是全国的。

第二节 豫南区

豫南区包括河南省南部的南阳、信阳、驻马店3市,面积约6.13万平方千米,占全省总面积的36.72%。2021年年底,本区人口2774万人,占全省总人口的23.01%。总体看,本区自然条件较为优越,自然资源丰富,社会经济条件也有明显优势,距离郑州、武汉又较近,受它们辐射作用较强,是一个非常具有发展潜力的地区。

一、自然条件

(一)地貌类型多样,平地较多的地表结构

豫南区地貌类型复杂多样,不仅有连绵高峻的山脉,而且有坦荡无垠的平原;既有波状起伏的丘陵,也有山丘环抱的盆地。其中广义的山地面积占42.9%,平地占57.1%。这为豫南区农、林、牧、渔业的发展提供了必不可少的条件。

豫南区较大的平原有两个。一个是位于驻马店和信阳的淮河平原部分,主要是由淮河及其支流泛滥冲积和古湖积共同作用下形成的低缓平原,地势低平坦荡,海拔高度一般在50米左右。淮河干流以北地区,地势由西北向东南倾斜,淮河支流洪河、汝河等都是嵌入平原上的顺向河。淮河干流以南地区地势西南高、东北低,坡度较大。总之,该平原地势低缓,土壤肥沃,土层深厚,旱地、水田均有大面积分布,是河南省重要粮食产区之一。另一个是南阳盆地平原(即南阳平原),为唐河、白河水系冲积而成的平原,地势平坦,坡度较小,大部分地区为微起伏的红色亚黏土岗地,高差仅20米左右,面积约8000平方千米,也是河南省重要的粮食产区。2019年豫南区粮食产量2079.86万吨,占河南省粮食产量的31.06%。上述平原与本区不连续分布的山区河谷平原一起,总面积超过2.5万平方千米。广阔的平原和较好的水热条件为豫南区的现代化建设奠定了较为稳定的农业基础,并使本区成为河南省主要的农耕区之一。2019年豫南区的农业机械总动力占全省的34.4%,大型农用拖拉机数量占全省的35.5%。丰富的农产品也带动了农产品加工业的发展,2019年豫南区的农产品加工机械也占到了全省的30%左右。

山地主要分布在本区的西部和东南边界地带。西部的伏牛山为秦岭的东延部分,向东、向南山势逐渐降低,海拔多在1000~2000米,大部分为中山。东南部的桐柏山、大别山横亘于豫鄂边界,向东伸入安徽境内,以低山、丘陵为主,只有少数中山散布其间。总体来看,本区山地水热条件较好,并且垂直分异明显(尤其是海拔较高的伏牛山区),天然动植物种类丰富,一些原始次生林保护较好的区域被确定为国家级或省级自然保护区。此外,优越的气候条件,搭配本区山地的各种小地貌类型组合,除少数几个深山县外,一般县(市)都有一定面积的河谷平原或小盆地,从而具有一定的耕地资源。这种内部组合对于交通困难、人口稠密的豫南山区来说是非常宝贵的,它是开发山区、发展山区特色农产品的重要前提之一。2019年信阳的茶园面积占全省的95%以上,3市的果园面积占全省的29.2%。但目前山区人口密度过大,对山地资源的开发利用已经造成了较严重的不合理现象。随着生产力的提高,豫南山区仍有形成以一业为主、综合发展的经济结构条件,不至于出现高、中山地区那种耕地资源过少而难以开发的困难。

豫南区处于我国地势第二和第三阶梯的交界地带,淮河平原向东平川千里,直达海域,南阳西、北部山地与秦岭连成一片,平原、山地的自然条件与经济状况迥然有异。这种地形组合形势,长期以来对豫南的经济开发起到了极为重要的作用。在漫长的历史岁月中,在山区与平原的交界处形成了为数众多的城市和交通线,近代经济发展起来后,豫南区又在河南省经济开发中起着承东启西、沟通南北的重要作用,从而影响了本区的经济结构和生产布局。就区内而言,这种分野清楚、分布规则的条件及其对其他自然要素的制约,形成了各具特色的区域资源优势,有利于生产的地域分工和专业化发展。

(二)优越的气候条件

豫南区纬度位置偏南,处于亚热带的北缘和暖温带的南缘地带,具有较为典型的大陆性季风气候的特点:冬季寒冷少雨雪,春季干旱多风,夏季炎热多雨,秋季晴朗。由于处于过渡地带,再加上地形的影响,气候要素在本区表现较为复杂。南阳、驻马店和信阳北部的平原区大部分地处暖温带南部,属于半湿润气候。年均气温为14~15℃,最热月平均气温为28℃,日均温≥10℃的积温为4 700~4 800℃,热量充足,能满足农作物一年两熟的需要。年降水量为800~900毫米,大部分集中于夏季,约占全年降水量的60%,且多暴雨,易造成洪涝灾害,但春雨多于秋雨,春旱不多,有利于越冬作物生长和春播。大别-桐柏山的山地丘陵区属于北亚热带北部,气候温和,年均温15℃以上,最冷月平均气温1~2℃,最热月平均气温在28℃,日均温≥10℃的积温为4 800~4 900℃(固始、商城一带可达5 000℃),为全省热量丰富地区。年降水量1 000~1 200毫米,有50%左右集中在夏季,水分充足。热量条件完全可满足农作物一年两熟的需要,适于马尾松、杉木、油桐、茶叶等亚热带林木的生长。2019年森林抚育面积13.6万公顷,占河南省的45%,木材产量占河南省的42.2%。其他地区年均温13~15℃,1月均温都在10℃以下,日均温≥10℃的植物生长活跃期在220天以下,活动积温在4 700℃以下,无霜期200~220天。热量条件也可满足一年两熟的需求,但不能稳定满足亚热带林木的需求。

由于气候跨亚热带、暖温带两个热量带,湿润状况也兼有南北气候的特征,具有明显的过渡性质,豫南区在农业生产方面不仅能种植许多泛域性的作物,而且有种类繁多的地带性作物和树种,农业生产在广度上有广阔的开拓前景,可考虑育种资源。从整体上看,本区光照充足,热量丰富,雨量适中,而且水热在时间上配合较好,因而使本区成为河南省小麦、玉米、花生、芝麻、棉花、水稻等农作物最适宜生长的地区之一。2019年豫南区水稻产量占全省的86.1%,小麦产量占全省的29.5%,玉米产量占全省的21.3%。

(三)水资源较丰富

豫南区是河南省水资源最丰富的地区,年均水资源总量约223亿立方米,占全省年均水资源总量的1/2以上。区内河流众多,大多源于伏牛山、桐柏-大别山,分别向南、东、北流入汉水和淮河。唐河、白河、湍河、丹江注入汉水,属长江水系;汝河、潢河、史河、竹竿河等为淮河支流。本区降水丰沛,可以满足农作物对田间降水量最低需求量(800毫米)的要求,而淮河以南的大部分地区则可以达到稻、麦等作物对田间降水量最适需求量(1 030～1 130毫米)。降水主要集中在5～9月,基本可以满足此期间各种农作物的需求。但由于降水季节变化大,有时也会出现干旱或雨涝。淮北平原区就是旱涝灾害频繁发生的地区,直接影响当地农作物的高产稳产。今后随着区域经济的发展,工矿业用水、农业用水以及城市生活用水势必逐年增加,应注意保护水资源和节约用水。通过进一步完善水利设施,提高对水资源的时空调节能力,并严格控制水污染,本区的水资源完全可以满足经济建设和居民生活用水的需求。

(四) 土壤类型多样

由于豫南区气候、地貌、水文等自然条件复杂,而且农业开发历史悠久,因而土壤类型多且分布复杂,其情况大致如下:从纬度地带性看,该区大部分土壤属于黄棕壤、黄褐土,黄棕壤集中分布于该区南部的低山丘陵区,而黄褐土则分布于该区北部的丘陵垄岗区。从经度地带性看,广泛分布着潮土、砂姜黑土、风沙土、盐碱土等。受垂直地带性影响,伏牛山地自下而上依次分布着褐土、棕壤、草甸土;桐柏—大别山地则依次为褐土、黄棕壤、棕壤、草甸土。淮北平原以及南阳盆地唐白河两岸的南阳、唐河、新野、邓州等地分布着砂姜黑土,这种土壤质地黏重,通气透水性差,下部常有砂姜层阻隔,但有机质含量较高,有较高的潜在肥力。淮河以南的洪积倾斜平原,淮河北岸的淮滨、息县、正阳及南阳盆地唐白河下段河流两侧等地区多为水稻土,有机质含量较低,耕层欠松软,其肥力水平不及长江下游的水稻土,但仍是本区的高产土壤之一。此外,在南阳盆地和信阳地区的低丘缓岗上,分布着由黄棕壤或黄褐土经耕种熟化而形成的黄刚土,其土质黏重,干时坚硬易于龟裂,湿时泥泞,透水性能不良,有机质含量偏低,易旱易涝,是河南省低产土壤之一。这种土壤需要加大改良力度,不断提高其肥力水平。本区多种多样的土壤类型为不同植物的生存提供了必要的条件。

(五) 良好的生物多样性

豫南区过渡性的气候、复杂多样的地貌和土壤类型为众多生物的生存与繁衍提供了必要的生境条件。生物区系组成中,既有华北暖温带区系的植物和动物,也有华中北亚热带区系的植物和动物。据不完全统计,本区有高等植物3 500种以上,陆栖脊椎动物400多种。伏牛山主脉南坡海拔800米以下、南阳盆地、桐柏山、大别山及淮南平原,属北亚热带温暖湿润—亚湿润气候区,代表性自然植被为常绿阔叶林、落叶阔叶林和暖性针叶林。落叶阔叶林主要有栓皮栎林、麻栎林、槲栎林、茅栗林、青檀林、黄檀林、枫香林等,是山地的主要植被类型,多分布于山坡、山脊,在山谷坡地多枫杨林等。这些落叶阔叶林中的植物,大部分属于华东植物区系,但亦含有华中植物区系成分。常绿阔叶乔木有青冈、细叶青冈、青栲等。竹林有毛竹、刚竹、桂竹、苦竹、冬瓜皮竹、水竹等。落叶灌丛有胡枝子、美丽胡枝子、连翘、杜鹃花、白鹃梅、馒头果、光叶黄栌、细叶水团花等。针叶林面积也不大,为暖性针叶林,主要有黄山松林、马尾松林、杉木林、水杉林、柳杉林等。在低海拔的石灰岩地区,常分布有较耐旱的马桑灌丛。在南阳盆地、淮南平原和丘陵地带,由于人类开垦历史悠久,自然林全被栽培植被替代,丘陵坡地常见的是常绿阔叶的经济林,如油桐林、油茶林、茶园和橘园。农作物除旱地作物外,还有水田作物。本区野生动物资源也较为丰富,兽类、鸟类、爬行类、两栖类中都不乏珍稀动物或经济价值较高的动物,如黄鼬、果子狸、金钱豹、白冠长尾雉、红腹锦鸡、猫头鹰、黄绿闭壳龟、大鲵等。丰富的生物资源为发展农业的特色种植、养殖提供了有利条件。

(六) 以非金属为主的矿产资源

豫南区矿产资源以非金属矿产资源储量最丰富,如天然碱、蓝石棉、红柱石、大理石和石墨等储量均居全国前列,珍珠岩、膨润土、含碱玻璃、石油、银、金等矿产资源在全省占有重要地位。在泌阳县与桐柏县交界地带发现了世界上最大的金红石矿,具有巨大的开采价值。本区矿产不仅储量丰富,而且天然组合比较合理,有利于综合开发利用,如天然碱、水泥灰岩与石膏黏土的天然组合以及有色金属之间形成的组合矿床等。桐柏的天然碱、信阳上天梯的珍珠岩和膨润土、南阳的独山玉、南召的大理石、南阳的石油等,在全国均居重要的地位。这些矿产资源为本区扩大采矿业和进一步发展碱化工、有色金属冶炼、建材等工业提供了丰富的原材料。

二、城市与经济

豫南区下辖33个县(市、区),2020年全区总产值9 590.81亿元,占河南省总产值的17.4%,人口约占河南省总人口的1/4。人均GDP 41982元,只有全省人均GDP的75.7%。全区平均城镇化率48.28%,远低于河南省平均55.43%的水平(见图5-2-1)。豫南区的三次产业结构落后于全省水平,这是豫南经济发展长期滞后的重要原因。

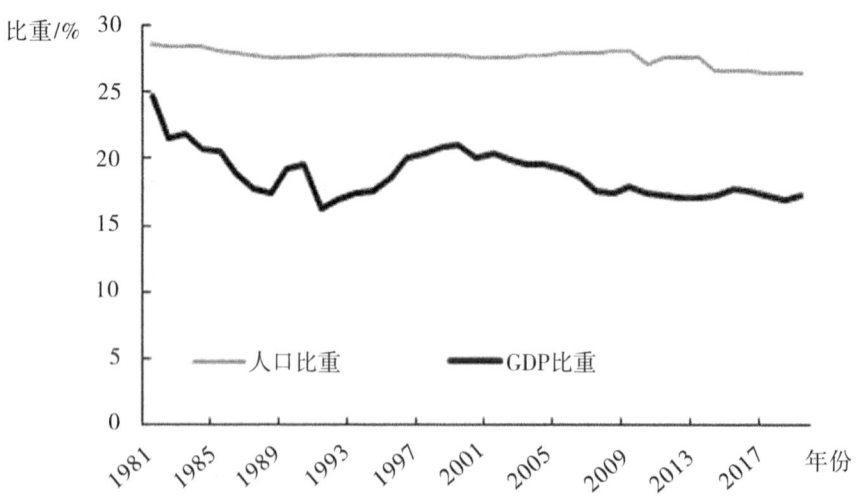

图5-2-1 豫南区人口、GDP占全省的比重

豫南区的南阳、驻马店和信阳早在旧石器时代就有人类活动,历经夏商,人类活动更

加频繁。春秋时期这里是中原各诸侯国和楚国争夺的前沿,因此豫南区居民的生活习俗和思维方式兼具南北方的特点。豫南区是比较完整的地理单元和已具有雏形的区域生产综合体。新中国成立70多年来,本区经济得到了迅速的发展,特别是改革开放以来,本区经济发展更是日新月异(见图5-2-2)。随着区域资源的不断整合和合理配置,以及与区外联系的不断加强,国家社会政治经济体制的不断改革和完善,本区在全省乃至全国区域格局中的地位将进一步提高。

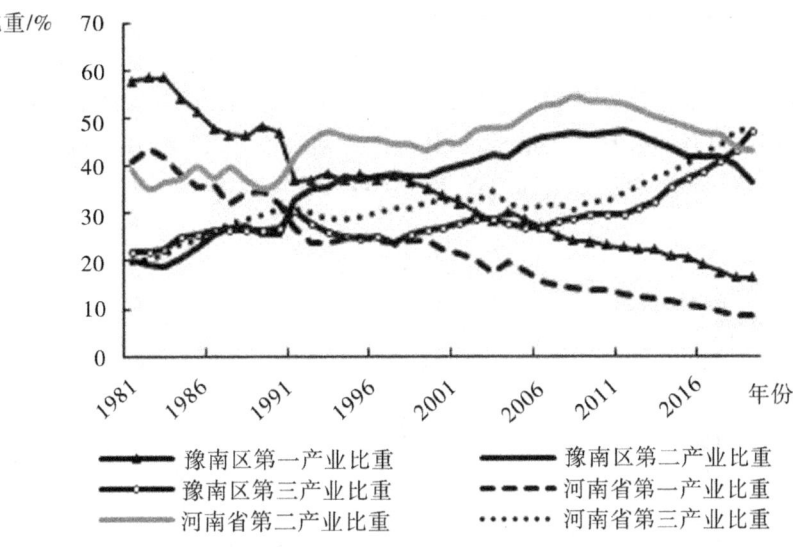

图 5-2-2　豫南区产业结构变化与全省比较

豫南区人口众多,城市化缓慢。豫南区的城市化水平一直低于河南省城市化平均水平。从区域内部看,2004年以后信阳的城市化水平最高,驻马店的城市化水平最低(见图5-2-3)。

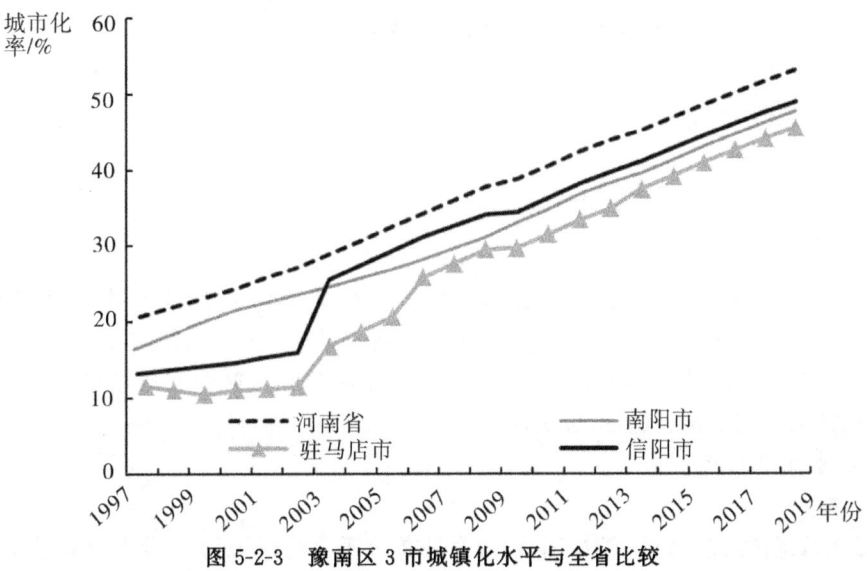

图 5-2-3　豫南区3市城镇化水平与全省比较

豫南区内县域城镇化水平差异较大,地级市是区内的中心城市,城镇化水平最高。除地级市外,2019年全区城镇化水平高的县(市)有潢川县、新县和西峡县,城镇化水平最低的县是正阳县和新蔡县。城市化水平高的区域主要集中在宁西铁路和京广铁路沿线。区域经济发展态势基本和城市化水平相匹配。从城市经济规模看,地级市是区内经济规模最大的行政单元。

2019年,南阳经济规模最大,信阳次之,驻马店最小(见图5-2-4)。除了地级市,以平原为主的南阳的邓州市和信阳的固始县经济规模也较大。经济规模小的主要是南阳的桐柏县、社旗县,信阳的新县和驻马店的确山县,这些县主要分布于山区。从人均生产总值看,生产效率最高的并不是城镇化水平最高的县(市)。2019年人均产值较高的是南阳的西峡县、信阳的新县和驻马店的遂平县,其次才是地级市。人均产值低的县(市)主要集中在南阳,其次是驻马店的新蔡县和上蔡县,信阳各县比较均衡。

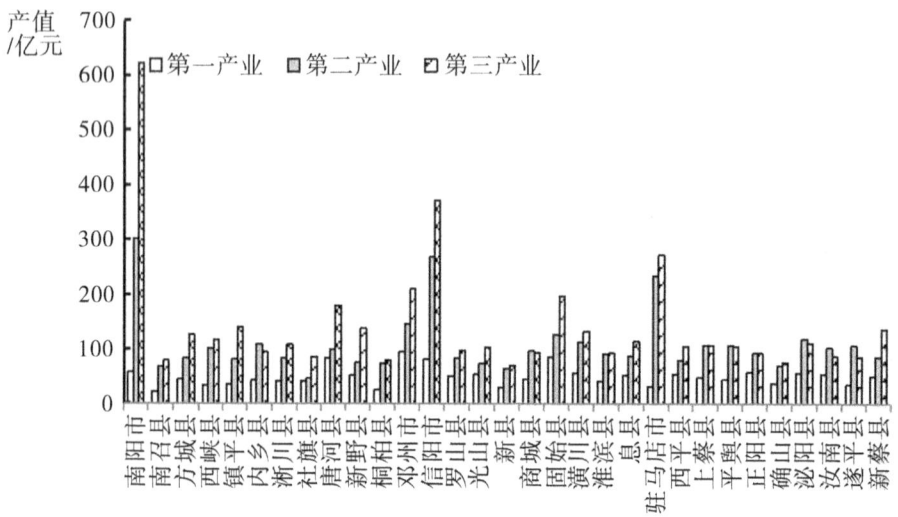

图5-2-4　2019年豫南区各县(市)三次产业产值

三、区域经济发展

(一)第一产业

豫南区耕地面积233万公顷,占全省的32.52%。2019年粮食产量2 079.86万吨,占河南省粮食产量的31.06%。木材产量占河南省的42.2%,猪牛羊出栏量占全省的33.5%。农业机械总动力占全省的34.4%,大型农用拖拉机数量占全省的35.5%,农产品加工机械也占到了全省的30%左右。

1. 农业生产特点

(1)农业开发历史悠久

远在旧石器时代,南召"猿人"就繁衍生息在白河上游,新石器时代的文化遗址在丹江两岸阶地、南阳盆地和信阳地区多有发现。西汉时,水利事业发达,豫南区与关中、成都平原并称为全国三大水利区,成为全国著名的"粮仓"。东汉时南阳被称为"南都",同洛阳并列为全国两个最大的中心城市。1949年前,由于阶级矛盾激化,列强入侵,内忧外患,生产力落后,加之频繁的人为与自然灾害,人口减少严重,粮食远远不能满足基本生活所需。例如,1938年黄河花园口决口淹没耕地约80万公顷,造成黄泛区,共计有1 200万人受灾,390万人流离失所,主要淹没区就包括豫南区的驻马店和信阳部分地区。新中国成立后,政府大力发展农田基本建设,提高农业生产力。尤其是改革开放以来,土地家庭联产承包责任制的推行,极大地调动了农民的生产积极性,一些经济作物如棉花、油菜以及粮食作物如水稻、小麦、玉米等的生产在全省占有重要地位。林业、畜牧业得到了更快的发展,2019年,豫南区木材产量占河南省的42.2%,猪牛羊出栏量占全省的33.5%。在符合农村发展实际的农业政策支持下和农业科学技术推动下,农业生产条件大幅度改善,农业生产结构和布局不断优化,农业的专业化、集约化和区域化生产不断发展,农业生产水平和商品率不断提高。这些为全省经济的发展提供了扎实的基础。豫南区正在成为河南省现代化农业的重要生产基地。

(2) 农业生产结构不断优化

种植业结构进一步优化,集约化与专业化不断发展。水稻、油料、小麦、玉米产量在河南省占重要地位。

2019年全区种植业增加值1 048.1亿元,占全省的33.8%。经济作物、粮食作物、油料作物商品率很高,平原地区是重要的商品粮基地(见表5-2-1)。

表5-2-1　2019年豫南区主要农产品产量(单位:万吨)

农产品	南阳市	信阳市	驻马店市	合计	全省占比/%	与2009年相比占比变化/百分点
粮食	710.59	560.38	808.89	2 079.86	31	2.5
夏粮	425.81	147.62	530.69	1 104.12	29	−1.0
秋粮	284.78	412.76	278.20	975.74	33	−5.0
谷物	679.05	555.37	793.75	2 028.17	31	−2.5
水稻	28.02	395.09	18.19	441.30	86	2.0
小麦	425.10	147.62	530.54	1 103.26	29	0
油菜籽	0.23	0.08	0.05	0.36	0.01	2.0
玉米	221.42	12.67	244.73	478.82	21	0
棉花	0.61	5.02	2.09	7.72	98	70.0
油料	151.78	31.72	142.90	326.40	51	2.0
烟叶	4.96	0.12	1.09	6.17	27	0
烤烟	62.35	3.07	6.11	71.53	43	0
蔬菜	1 127.21	437.21	469.97	2 034.39	28	4.0
花生	7.77	18.64	4.42	30.83	5	6.0

农业产业化、集约化已经初具规模,2018年河南省已经形成农业产业集群254个,其中豫南56个,占全省的22%。同时,在政府"一村一品"政策推动下,许多农村围绕种植业或养殖业形成规模经营,在发展深加工的同时,利用电子商务打开市场。到2019年6月,阿里巴巴在河南省45个县22 800个行政村开设了农村淘宝店,京东开通线上地方馆和扶贫馆30家,苏宁开设100多家乡级易购直营店。各地培育出近30个县域电商公共

品牌,如"光山十宝""水源西峡""乡土大别山"等。南阳西峡黄狮村围绕猕猴桃种植、双龙镇利用香菇养殖,大力发展深加工和电子商务,为农业现代化打开了新的窗口。

(3) 养殖业和林业稳固发展

豫南区的林业和牧业在全省居于前列,其中驻马店的牧业居全省首位;南阳的林业居全省首位,信阳居第2位。2019年豫南区牧业增加值408亿元,占全省牧业增加值的29.5%;林业增加值28.68亿元,占全省林业增加值的41.89%(见表5-2-2)。

表5-2-2 2019年豫南区主要林业发展状况

项目	当年造林面积/千公顷	抚育面积/千公顷	木材产量/万立方米	林业增加值/亿元
南阳市	43.78	81.94	23.20	13.77
信阳市	26.86	46.55	50.21	11.72
驻马店市	11.02	7.94	34.49	3.19
全省	196.49	303.04	256.03	68.46

随着人民生活水平的提高,市场对肉蛋奶的需求量增大。豫南区利用广阔的山地资源和充足的粮食生产,大力发展山区畜牧业和农区养殖业,并在此基础上,大力发展肉蛋奶产品深加工,促进了农业发展的多元化和产业化。养殖业的龙头是驻马店,生猪出栏数居河南省首位,南阳市居第3位。这两个市也是河南省养牛量居前两位的大市。2019年,豫南区蜂蜜产量占全省的84.67%,山羊粗毛产量占全省的64.88%,牛出栏数占全省的44.3%(见表5-2-3)。

表5-2-3 2019年豫南区养殖业产品产量

项目	南阳市	信阳市	驻马店市	合计	全省占比/%
出栏猪/万头	511.14	277.09	669.26	1 457.49	32.80
出栏牛/头	50.97	8.81	46.01	105.79	44.30
出栏羊/万只	328.84	82.37	214.48	625.69	27.90
猪肉产量/万吨	38.35	20.71	50.80	109.86	32.83
蜂蜜/吨	24 800.56	6 159.46	20 769.83	51 729.85	84.67
禽蛋/万吨	33.30	38.03	30.71	102.04	25.10
绵羊毛/吨	321.82	缺失	113.16	434.98	11.91
山羊粗毛/吨	1 054.63	缺失	545.98	1 600.61	64.88

(4) 非农经营在农村经济中占重要地位,农民工回乡创业有所增加

随着我国产业结构的调整,东部地区劳动密集型产业向中西部转移。豫南区劳动力丰富,资源丰富,促进了一部分返乡农民,利用在东部地区学习的技术和管理经验,在家乡以各种产业形式发展非农经营,如农村工业、电子商务、餐饮业,同时,大部分农民就近务工。非农经营在增加税收、支持农村发展、增加农民收入、促进农村劳动力转移等方面,都起到了重要作用。目前,本区农民收入的相当一部分都来自非农经营。

(5) 农业生产布局发生明显变化

豫南区粮食生产更趋于集中,粮食生产大县数量减少,但是总产量提高。大部分原来的产粮大县,粮食播种面积减少,其中最突出的是邓州市和固始县,其次是唐河县、新野县、正阳县和光山县。2009年区内粮食生产大县有南阳的邓州市、唐河县,信阳的固始县、息县,驻马店的上蔡县。粮食总产量居前列的县(市)主要分布于驻马店的东部和信阳

的北部,粮食总产量少的县(市)主要分布于山区,如南阳的西峡县和信阳的新县。2019年区内粮食生产大县(市)有南阳的邓州市、唐河县,信阳的固始县和驻马店的上蔡县。粮食总产量居前列的县(市)主要分布于驻马店的东部,粮食总产量少的仍然主要分布于山区,如南阳的西峡县、淅川县、桐柏县,信阳的新县、商城县。

由于民众饮食结构的多元化,受经济利益驱使,在粮食种植面积缩小的同时,其他作物种植面积有扩大趋势。其中最突出的是油料作物种植面积的扩大。与2009年相比,2019年全区油料作物种植面积普遍扩大。其中主要集中在驻马店和南阳原来的粮食种植大县(市),如驻马店的正阳县、汝南县、确山县、泌阳县,南阳的唐河县、方城县、淅川县。此外,在城市近郊和丘陵区果园面积扩大也很快。

2. 豫南区农业发展存在的问题

(1) 农业增产、农民增收难度加大

农产品生产成本上升,国际国内价格倒挂,成本底板和价格天花板挤压越来越严重,部分农产品结构性供求失衡,粮食生产在高起点上实现稳产增产的难度加大。农民工就业形势趋紧,市场需求不足,部分农民工出现回流,依靠务工增加农民收入的不确定性增加,实现农民持续增收的难度加大。

(2) 农业结构调优迫在眉睫

随着我国经济社会发展,人民生活水平快速提高,对农产品的消费需求结构已经发生了显著变化。农产品供求关系开始向总量基本平衡、结构性短缺转变,一方面出现大量农产品过剩滞销,另一方面农业上的许多新兴需求却得不到满足,部分品种需要靠进口弥补缺口。本区作为农业大区,农业产业大而不强、农产品多而不优的问题较为突出,优质化、多样化和专用化的农产品发展依然滞后,质量安全水平不高,不能适应城乡居民对农产品消费需求的变化。

(3) 高素质农业劳动力紧缺

随着农村青壮年劳动力大规模向城镇和非农产业转移,农业兼业化、农民老龄化、农村空心化状况日益凸显。农业劳动力整体素质的结构性下降加大了农业新技术推广应用的难度,"谁来种地""如何种地"问题在将来一段时间内将显得更加突出,农业劳动力供求结构进入总量过剩与结构性、区域性短缺并存新阶段,关键农时缺人手、现代农业缺人才、新农村建设缺人力问题日显普遍。

(4) 资源环境约束趋紧,农业基础设施亟须加强

本区农业资源禀赋先天不足,人多地少。很多地方农田水利设施年久失修,抗灾减灾能力低。除粮食作物外,大多数农产品生产机械化作业率仍然较低,不利于降低生产成本。农业科技投入不足,农业技术推广组织不健全,不能适应农业发展新形势。随着化肥、农药、农膜的大量使用,不仅地越种越薄,而且带来了严重的面源污染、白色污染,再加上工业和生活垃圾污染,农村环境问题较为严峻,实现绿色发展和资源永续利用、确保"舌尖上的安全"任务艰巨、不容乐观。

3. 豫南区农业进一步发展的对策

(1) 进一步转变农业发展方式

当前农业生产要素集聚步伐加快,农村土地流转面积不断扩大,适度规模经营不断推

进,以龙头企业、家庭农场、农民合作社、种养大户为代表的新型经营主体逐渐成长,农业市场化、区域化经营的优势和趋势日益明显,农业发展方式正在逐渐转型升级。

(2) 加强各方协调和调动生产要素更有力地支撑农业发展

随着农村金融改革的不断深入,农业融资渠道逐步拓宽,工商社会资本投资现代农业势头强劲,为现代农业发展提供更大的资本动力。新型职业农民逐渐成为建设现代农业的主导力量,这有利于新理念、新知识、新技术在农业生产中应用。新一轮科技革命和产业革命蓄势待发,新技术、新业态不断涌现,"互联网+"催生新的生产方式、商业模式和增长空间,这将进一步厚植农业发展优势,推动农业转型升级。随着农村各项改革不断深化、全面依法治国深入推进,将进一步盘活农村资产资源,激发发展潜力和活力。

(3) 在保证粮食生产的同时,积极调整农业结构,适应国内外市场需求

随着城乡居民消费结构变化和消费水平提高,多层次、多样化、个性化农产品和服务消费潜力巨大,有机、绿色、无公害食品及蔬菜、水果、花卉、中药材等具有比较优势的农产品将有更大的发展空间。旅游休闲、教育文化、健康养生与农业的深度融合,为农业功能拓展和价值链延伸提供了广阔的增值空间。国家"一带一路"倡议的实施,郑州航空港经济综合实验区、国际陆港、郑欧班列、跨境贸易等项目建设,为扩大我省农产品的出口、实施"走出去"发展战略提供了新的发展机遇。

(4) 因地制宜发展农业新兴业态,促进农民增产、增收

积极拓展农业多种功能,推动农业与旅游、文化、教育等产业深度融合,发展分享农业、定制农业、创意农业、休闲农业、养生农业等新产业、新业态,推进三产融合发展,构建融生产、经济、生态、文化功能于一体的多功能新型农业。实施"互联网+"现代农业战略,以大数据、云计算和物联网等现代信息技术为支撑,推进农业数字化改造,大力发展精准农业、智慧农业。大力发展电子商务,开展农业电子商务试点示范,引导各类新型农业经营主体对接各类涉农电子商务平台,支持名特优、"三品一标"、"一村一品"和乡村旅游资源入驻电商平台,探索新型互联网营销模式。

(5) 加快培育新型职业农民

以新型职业农民培育整省推进示范建设为契机,大力实施新型职业农民培育工程,加快建立健全教育培训、规范管理和政策扶持"三位一体"的新型职业农民培育制度体系,着力实施新型农业经营主体带头人轮训计划,重点实施青年农场主、农业职业经理人和农村实用人才培养计划。以家庭农场、专业大户、农民合作社、农业企业等新型农业经营主体带头人和骨干农户为主要培育对象,实行生产经营型分产业、职业经理人分行业、专业技能型按工种、专业服务型按岗位的分类教育培训,着力提升新型职业农民综合素质、职业技能和创业发展能力。按照公开、公平、公正、自愿的原则,建立和完善生产经营型职业农民认定管理制度,实行动态管理。积极推动资源要素向新型职业农民集聚,探索建立相互衔接配套的新型职业农民扶持政策体系,不断增强新型职业农民综合实力和自主发展能力,提高农业生产效益。

（二）第二产业

1. 工业发展特点

豫南区为河南省工业弱势区，近年来规模以上工业利润总额的比重一直维持在12%左右，2019年第二产业占GDP的比重只有36.2%，远低于全省平均水平43.5%，3个市的工业利润排名均居于全省中后位置。而且地区差异大，南阳相对厚实，驻马店和信阳均较薄弱。今后应充分发挥农产品资源、非金属矿产资源和劳动力资源丰富的优势，并加强区内联系，使各地区间的资源、技术等生产要素互为补充，积极引进国内外先进的技术、设备和管理经验，加快工业生产的发展，尽快赶上或超过全省工业发展水平。

（1）工业生产持续增长，但增速低于全省平均水平

2007～2019年3市的工业增加值指数（见图5-2-5）反映出本区的工业化速度趋缓，进入工业结构转型期。豫南工业发展速度基本与全省趋势一致，各市工业增加值每年都以6%以上的速度增长。近年来驻马店的增速高于全省平均水平；信阳的增速长期以来低于全省水平；南阳增速有波动，但基本与全省增速接近。

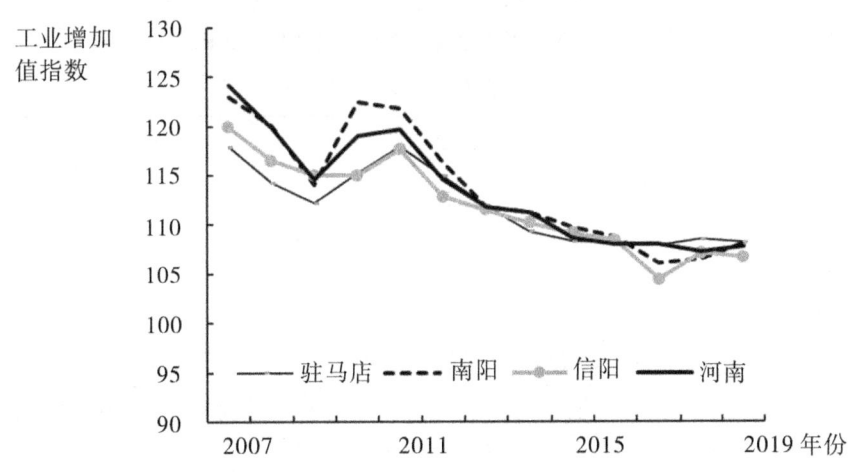

图5-2-5　豫南区3市及全省工业增加值指数变化

从1981～2019年3市的工业产值占全省比重（图5-2-6）看，豫南区工业在全省的地位呈现先升高后下降的状态，1999年达到最大值18.4%，此后开始下降。从区域内部看，南阳工业占全省的比重最大，信阳最小。但从3市的工业发展趋势看，南阳的工业在1999年之后一直在走下坡路，而驻马店和信阳的工业在缓慢上升。

（2）有较完整的工业体系，专业化继续加强，优势产业正在形成

经过几十年的建设，本区已初步形成了以食品加工、化工、冶金建材、电力能源、卷烟、纺织、医药等为主的工业体系（见表5-2-4）。但工业生产还未能充分发挥出本区的资源优势，特别是农副产品的优势。例如2019年，本区畜肉制品产量还不到全省的10%；粮食产量占全省的31%，而饮料酒产量只占全省的16.13%；蜂蜜产量占全省的85%，蜂蜜产品占比很低；羊毛产量占全省的64%，羊毛制品及皮革产品很少。由此可见，本区农产品加工业发展潜力巨大。2019年本区轻、重工业增加值的比例为41.5∶58.5，轻、重工业结构基本合理。

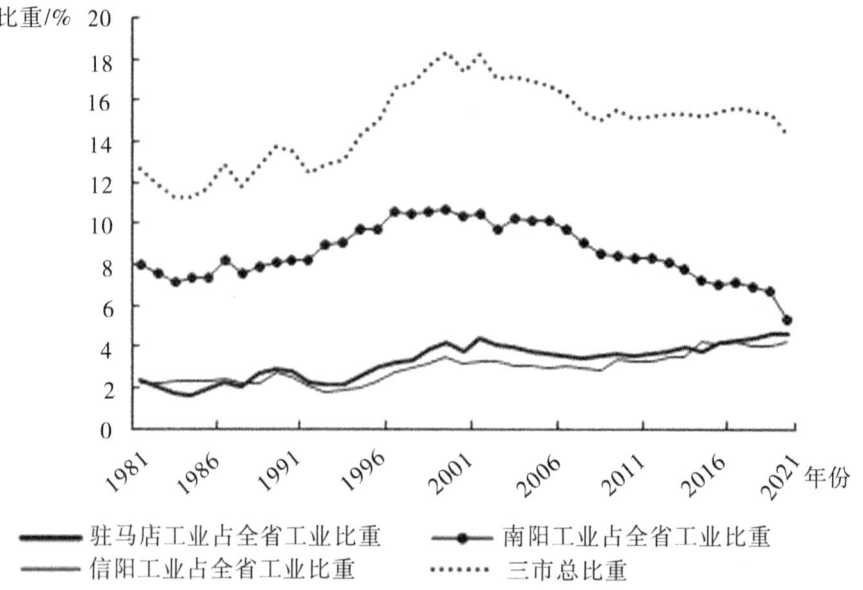

图 5-2-6 豫南区 3 市工业产值占全省比重变化

表 5-2-4 2019 年豫南区主要工业品产量的比重（单位：%）

工业品	南阳市	信阳市	驻马店市	全省占比	与 2009 年相比增加
液体乳	45.60	0	3.80	49.40	44
人造板	2.23	15.31	12.60	30.14	10
合成氨	0	0	27.79	27.79	4
生铁	8.71	11.60	0	20.31	2
纱	18.70	0.47	2.48	21.65	−7
农用化肥	0.24	0	19.95	20.19	−0.7
水泥	9.90	5.20	3.70	18.80	−4
粗钢	8.33	10.20	0	18.53	4
钢材	7.18	8.86	0.14	16.18	缺失
饮料酒	5.79	5.40	4.94	16.13	3
纸和纸板	5.43	0.02	7.90	13.35	10
化纤	0	12.70	0	12.70	12
布	10.30	0	0.30	10.60	−3
发电量	4.16	2.90	2.45	9.51	−4
服装	2.75	2.75	3.65	9.15	−3
畜肉制品	1.05	2.11	5.65	8.81	7

（3）多种所有制并存，国有工业和外资企业保持稳定发展

随着有中国特色社会主义市场经济的不断发展，以公有制为主体，多种所有制并存、优势互补的所有制格局已经形成。豫南区国有企业和外资企业发展水平明显高于全省，但是集体企业发展不尽如人意。豫南地区要不断解放思想，为集体企业发展创造良好环境（见表 5-2-5）。

表 5-2-5　2019 年豫南区不同所有制工业企业增长速度比较（单位：%）

企业	国有控股企业	集体企业	私人控股企业	外商及港澳台商企业
南阳市	5.4	−9.0	10.6	8
信阳市	6.1	−46.4	8.9	14.7
驻马店市	20	−70.4	11	18
全省	4.7	−19.1	10.3	4.4

2. 发展产业聚集区，大力支持新兴产业

截至 2019 年，豫南区已经有各类产业聚集区 40 多个，主要是围绕化工、机械制造、制药、建材、农产品加工发展的工业企业。

2019 年，南阳市 16 个产业集聚区规模以上工业从业人员 21.20 万人，规模以上工业营业收入增长 11.2%。南阳电子信息、装备制造、汽车及零部件、食品、现代家居、服装服饰等高成长性制造业增加值同比增长 5.8%，高成长性产业增加值占全市增加值的 42.8%。高新技术产业实现增加值增长 12.3%，占规模以上工业增加值的 47.0%。南阳产业聚集区全力推动纺织服装、油碱化工两大传统产业转型升级，装备制造、绿色食品、冶金建材三大支撑产业量质齐升，数字光电、生物医药、新材料、新能源四大新兴产业快速增长。同时，围绕产业集群培育，重点扶持 30 家龙头企业，加快培育防爆电气装备、石油钻采装备、输变电装备、生物质能源装备、汽车及零部件、光电电子信息、农产品深加工、生物化工和新材料等 9 个具有南阳特色产业的产业链，初步形成纺织、汽车零部件、视频、电子等几大产业集群。聚焦西峡、淅川、邓州、社旗汽车零部件，内乡、唐河农牧装备制造，方城轴承制造，高新区防爆装备制造，宛城区输变电装备制造，镇平和南召新型建材，桐柏碱硝化工，新野纺织服装等产业，提升关键环节骨干企业能级，推动基础好、关联度高的优势产业固链强链。培育壮大新兴产业，聚焦内乡绿色印刷，宛城光电印刷，卧龙新型显示和智能终端、生物兽用制品，高新区光电信息，邓州生物基合成材料，唐河、新野、镇平新型电子元器件，西峡特钢，方城超硬材料，淅川现代中药，桐柏医药中间体等产业，加强头部企业和关键技术引进，努力构建先发优势，打造南阳发展新引擎。做优做强特色产业，聚焦内乡、西峡、镇平、宛城、邓州、唐河、桐柏、社旗特色食品加工，以及南召先进铸造、卧龙工程装备制造、新野智能玩具、高新区专用车制造、方城生物动保等产业，凸显特色，错位发展，集中力量构造局部优势。

驻马店市产业聚集区已入驻企业 140 多家，其中规模以上工业企业 80 多家，2016 年产值突破 600 亿元。中国铁路总公司、中国国电、华润集团、华能集团、中国通用、杭氧集团、广钢集团、中石化、中石油、中海油、华中正大、千金药业、法国液化空气、康师傅等境内外知名企业相继落户。昊华骏化、平煤蓝天、顺达化工、天方药业、天方生物、后羿制药、海川电子玻璃等本地企业如雨后春笋。以昊华骏化、平煤蓝天、中原甲醇厂、豫邮金大地等为支撑的化工产业集群，在国内市场的地位举足轻重，部分产品远销海外。以天方药业、后羿制药、华中正大、天方生物等为支撑的生物医药产业集群，已初步形成原料药生产基地，年产原料药 20 000 吨。天方药业生产的乙酰螺旋霉素产量居全国第 1 位，在国内占据 90% 的市场份额。以海川电子、中多铝业、新型保温材料等为代表的新材料产业集群，异军突起。海川电子生产的超薄玻璃，用于手机、平板电脑等电子产品首层盖板，在国内市场占50%的份额。以矿石为原料生产的阻燃、绝缘新型保温材料填补了国内市场的空白。中多铝业与中国航天、军工合作,其产品广泛用于高端制造业。

信阳市2019年产业集聚区规模以上工业企业增加值比上年增长9.4%,主营业务收入增长12.3%。新兴产业发展态势较好。2019年信阳战略性新兴产业增长11.7%,高技术产业增长22.8%,高成长性制造业增长6.5%,高载能产业增长6.9%。信阳产业聚集区的绿色食品、纺织服装、建材家居等3个千亿级产业集群正在快速成长,电子信息、装备制造、生物医药、矿产功能材料等百亿级产业集群蓬勃发展。信阳产业聚集区已建成项目52个,在建项目86个,已累计完成投资210亿元。经过近几年发展,初步形成了以同合车轮、河南特种车辆、中国航天精工、万华板业装备、雄狮重工设备、禹王水工机械、华仪电器、信电电器、万泰电器等为代表的高端装备制造业,以泛蓝科技、博仕达手机、东森科技、天扬光电、东信蓝光、圆创磁电、英波电子等为代表的创新电子信息产业。

3. 聚焦特色,聚力龙头企业,形成品牌效应

根据地方资源优势,结合产业发展基础,为地方特色产业发展创造条件,避免区域产业雷同引起的恶性竞争。产业集群是某一行业内的竞争性企业以及与这些企业互动关联的合作企业、专业化供应商、服务供应商、相关产业厂商和相关机构(如大学、科研机构、制定标准的机构、产业公会等)聚集在某特定地域的现象。它往往是产业聚集区发展的雏形。政府要结合产业特征聚力发展龙头企业,为轮轴式产业集群和政府依赖型产业集群的形成和发展创造条件,同时为产业聚集区发展奠定基础。

目前,我国已进入新的发展时期,本区经济发展有着许多历史机遇和有利条件。一是在国家"一带一路"倡议下,本区要积极融入国际市场。二是在内外双循环背景下,积极推动供给侧改革,在增加投资过程中优化投资结构、产业结构,开源疏流,在经济可持续高速增长的基础上实现经济可持续发展与人民生活水平不断提高;优化产权结构,政府宏观调控与民间活力相互促进;优化投融资结构,促进资源整合,实现资源优化配置与优化再生。三是信息化、网络化、高新技术产业的快速发展为本区传统产业改造和产业升级提供更多的可能,为发展新型产业提供更大的选择余地。四是企业的规范到位、市场体制的确立、兼并破产,以及社会保障等政策的完备,将为企业和经济的发展注入新的活力。

(三)第三产业

1. 社会经济发展的血管——交通运输网

豫南区南接楚徽,西连秦楚,是进入长江流域和西部的重要通道,在历史上也是我国南北方的重要通衢,交通位置相当重要。目前除开通较早的焦枝、京广、襄渝铁路外,又增加了京九、宁西铁路,而且陇海和郑万高速铁路也已开通,这为该区人员和物资的流动提供了便利条件。

豫南区目前已经形成了由铁路、公路、水运和民用航空等现代运输方式组成的初具规模的运输体系。铁路运输显著改变了过去线路少、设备差、互不协调、布局不合理的落后面貌。京广、京九、焦枝、宁西、郑万等铁路线组成的"三纵一横一斜"相互交叉的铁路网,不但是本区和全国各地联系的要道,而且在区内运输网中起着重要作用。公路方面,2019年豫南区312国道与106、107、207国道在区内交会,京珠高速公路、许平南高速公路贯穿南北,形成公路体系的骨架,村村通地方公路分布于各大、中、小城市及乡镇之间。2019年豫南区公路客运量2.69亿人次,占河南省客运量的29.4%;公路货运量3.54亿吨,占河南省的18.5%;拥有民用汽车155万辆,占河南省的9.5%。客货运量占比远低于公路网占比,说明豫南区运输网络可利用潜力还比较大(见表5-2-6)。

表5-2-6 2019年豫南区公路运输状况

项目	公路里程/千米	高速公路里程/千米	客运量/万人次	货运量/万吨
南阳市	40 149	792	9 962	13 981
信阳市	26 824	592	4 374	7 473
驻马店市	21 769	584	12 547	13 928
全省占比/%	32.9	28.2	10.3	4.4

区内航空运输事业经历了由小到大的发展历程。南阳机场建有现代化的全国联网售票系统和具有国际水平的气象雷达、通信导航与安全检查等先进设备,有飞往北京、广州、郑州、西安、上海、武汉、深圳等多条航线。本区水路东通安徽,南入长江,直达上海。以洪汝河为依托的内河航线上的船只,航行于淮河、长江两大水系,内河船舶运载力不断增强,水运实力有了较大提高,实现了船舶由非机动到机动、由小到大、由木到钢的三大变化,同时还不断开辟新航线,可通过长江进入湘江、赣江,实现江河联运。区内拥有淮滨港,航运可达上海,是河南的"出海口"之一。此外,本区的管道运输已初具规模,具有不可替代的作用,如"西气东输"南支管道及河南油田的油气运输管道等正在发挥着重要作用。

2. 旅游业发展潜力巨大

(1)旅游业发展的现状与特点

豫南区旅游业发展迅速,在全省旅游发展中具有重要作用。2021年全省游客接待量达7.9亿人次,恢复到2019年的88%;实现旅游综合收入6 079亿元,恢复到2019年的63%。

2019年南阳共接待游客7 478万人次,比上年增长18.9%;旅游总收入488亿元,增长30.0%;年末共有A级旅游景区41处,其中4A级以上景区19处;星级酒店70个;国际和国内旅行社100家。信阳全年共接待游客4 834万人次,旅游总收入402.30亿元;年末共有A级旅游景区45处,其中4A级以上景区14处;星级酒店(三星级及以上)29家;国际和国内旅行社36家。驻马店全年共接待游客5 025万人次,比上年增长22.5%;旅游总收入365.8亿元,增长30.3%;全市共有A级旅游景区30处,其中4A级以上旅游景区6处;星级酒店26个;国际和国内旅行社26家。2019年,豫南区接待游客占全省的31.5%,旅游收入占全省的26%,A级旅游景区占全省的22.4%,星级以上酒店占全省的30.7%。

豫南区旅游资源丰富,旅游资源结构合理,既有伏牛山和桐柏山丰富的山岳自然旅游资源和黄淮平原的田园旅游资源,又有丰富的楚文化旅游资源、汉文化旅游资源和红色文化旅游资源(见表5-2-7)。

表 5-2-7　豫南区 4A 级及以上景区名录(2021 年)

	景区名称	属地	等级		景区名称	属地	等级
1	老界岭－恐龙遗迹园景区	南阳市	5A	21	龙潭沟景区	南阳市	4A
2	嵖岈山风景区	驻马店市	5A	22	国际玉城	南阳市	4A
3	南阳卧龙岗武侯祠	南阳市	4A	23	鸡公山风景区	信阳市	4A
4	宝天曼景区	南阳市	4A	24	鸡公山桃花寨景区	信阳市	4A
5	内乡县衙博物馆	南阳市	4A	25	信阳市南湾湖风景区	信阳市	4A
6	宝天曼峡谷漂流景区	南阳市	4A	26	灵龙湖生态文化旅游区	信阳市	4A
7	云露山景区	南阳市	4A	27	信阳灵山风景名胜	信阳市	4A
8	中原二龙山风景区	南阳市	4A	28	大苏山国家森林公园	信阳市	4A
9	七峰山生态旅游区	南阳市	4A	29	新县许世友将军故里景区	信阳市	4A
10	七十二潭景区	南阳市	4A	30	金兰山国家森林公园	信阳市	4A
11	方城德云山风情植物园	南阳市	4A	31	鄂豫皖苏区首府景区	信阳市	4A
12	社旗县山陕会馆	南阳市	4A	32	大别山露营公园	信阳市	4A
13	香严寺景区	南阳市	4A	33	信阳市黄柏山国家森林公园	信阳市	4A
14	淅川河南丹江大观苑景区	南阳市	4A	34	商城县金刚台生态旅游区	信阳市	4A
15	南召宝天曼	南阳市	4A	35	金刚台猫耳峰景区	信阳市	4A
16	南阳五朵山景区	南阳市	4A	36	竹沟革命纪念馆	驻马店	4A
17	淮源风景名胜区	南阳市	4A	37	铜山风景区	驻马店	4A
18	鹳河漂流风景区	南阳市	4A	38	南海禅寺景区	驻马店市	4A
19	老君洞景区	南阳市	4A	39	金顶山景区	驻马店市	4A
20	寺山国家森林公园	南阳市	4A	40	老乐山景区	驻马店市	4A

豫南区气候适宜,旅游旺淡季不明显。豫南区大多数县市属于亚热带气候,全年温暖湿润,降水量适中,植被以亚热带常绿阔叶林为主,旅游季节长。特殊的地理条件为豫南区旅游业发展奠定了良好的基础。

(2)旅游业发展存在的问题

豫南区旅游业整体发展水平有待提高。近 5 年来,省内和国内旅游业区域竞争加剧,各地区旅游业发展迅猛,豫南区旅游业虽然持续高速发展,但是与其他旅游大区相比,在整体水平上还存在一定的差距。

① 旅游骨干企业和大型旅游集团少。豫南区旅游企业整体规模不大,整体呈现"散、乱、弱、小"等特点,文旅企业在市场融资、产业链整合、整体规模和发展速度上,与省内和国内大型文旅企业存在不小的差距,竞争力需要进一步增强。

② 产业链结构不完善。目前,豫南区国内外游客停留天数少,平均消费额低,旅游收入主要集中在传统的景点门票、餐饮、住宿、交通方面。文化旅游产业链不完善,关联性不强,以"游"为主、"食""住"为辅,"娱""购"要素还没有被充分发掘,旅游购物和休闲娱乐环节薄弱。同类企业主要以价格和标准服务为主要竞争手段,同一旅游产品生产线上的产品项目少,结构搭配不科学。不同类型企业之间缺乏合作,产业集聚的规模效应不明显。旅游交通与公共交通衔接不够充分,旅游公共信息服务能力不强。餐饮与住宿的层次搭配不够合理,景区游览和导游服务质量参差不齐。

(3) 旅游业发展对策建议

① 深入推进大众旅游。坚持标准化和个性化相统一,供给侧和需求侧协同发力,更好满足人民群众特色化、多层次旅游需求。优化旅游消费环境,拓展旅游消费领域,推出更多定制化旅游产品、旅游线路,开发体验性和互动性强的旅游项目,增加旅游惠民措施,加大旅游公共服务力度。推动完善国民休闲和带薪休假等制度。引导各地制定实施门票优惠补贴等政策。加强宣传教育,引导游客文明、安全、理性、绿色出行。聚焦旅游目的地建设,创新全域旅游协调发展机制,提升全域旅游示范区发展质量。发展夜间旅游和假日经济,拓展旅游时空范围。

② 提升旅游服务质量。建立旅游服务质量评价体系,推广应用先进质量管理体系和方法,推行服务质量承诺制度。推动旅行社和在线旅游企业的产品创新,提高专业服务能力。加强导游专业素养、职业形象、服务品牌建设。优化住宿供给,支持特色民宿、主题酒店等创新发展。提升旅游餐饮品质,推动旅游餐饮与文化结合,发展美食旅游。开发高品质的文创产品和旅游商品,推广"创意下乡""创意进景区"模式。

③ 加大旅游营销和宣传力度,开展多层次对外交流。办好旅游文化年(节)、旅游年(节),持续增强"欢乐春节""美丽河南"等品牌活动的国际影响力。持续提升旅游文化活动的国内外影响力。开发符合受众需求的文化和旅游产品,打造对外交流品牌。推动各地发挥地缘、人缘优势,依托"东亚文化之都"、友好城市等平台,加强城市间文化和旅游交流合作。推出一批历史古迹保护修复、联合考古、展览合作示范项目,培育文物外展精品。持续推动文化产业国际合作。鼓励和支持企业、行业协会、基金会等各类主体开展丰富多样的民间交流。尊重企业主体地位,加强政策引导,改善营商环境,培育骨干文化和旅游企业,支持中小微企业专业化、特色化发展。支持企业孵化器、众创空间、互联网创业和交易平台等载体建设。鼓励有条件的地方建设区域文化和旅游企业综合服务中心,为企业发展提供服务。

④ 培育文化和旅游融合发展新业态。推进文化和旅游业态融合、产品融合、市场融合,推动旅游演艺、文化遗产旅游、文化主题酒店、特色节庆展会等提质升级,支持建设融文化创意、旅游休闲等于一体的文化和旅游综合体。鼓励在城市更新中发展文化旅游休闲街区,盘活文化遗产资源。建设一批国家文化产业和旅游产业融合发展示范区。推进文化、旅游与其他领域融合发展。利用乡村文化资源,培育文旅融合业态。发展工业旅游,活化利用工业遗产,培育旅游用品、特色旅游商品、旅游装备制造业。促进文教结合、旅教结合,培育研学旅行项目。发展中医药健康旅游,建设具有人文特色的中医药健康旅游示范区(基地)。结合传统体育、现代赛事、户外运动,拓展文旅融合新空间。实施一批品牌培育项目,推动文旅融合品牌化发展。探索推进文旅融合 IP 工程,用原创 IP 讲好中国故事,打造具有丰富文化内涵的文旅融合品牌。

⑤ 推进区域城乡文化产业协调发展。加强区域间、城乡间文化产业发展的统筹协调,鼓励各地发挥比较优势,推动形成优势互补、联动发展格局。加强国家文化产业创新实验区、国家级文化产业示范园区(基地)的规划建设和管理,引导区域间文化产业园区结对帮扶,辐射带动区域文化产业发展。推动文化产业发展融入新型城镇化建设,大力发展乡村特色文化产业。统筹发达地区和欠发达地区文化产业发展,鼓励区域间开展多种形

式的文化产业合作。

第三节 豫 东 区

豫东区指郑州以东的开封市、商丘市、周口市。本区大致位于北纬32°10′~35°10′、东经114°~116°39′，面积2.89万平方千米，占全省总面积的17.32%；截至2021年年底，本区总人口2 137万人，约占全省总人口21.62%。豫东区地势平坦，气候温暖，开发历史悠久，为其社会经济发展创造了良好条件。

一、自然条件

（一）地貌

豫东区在黄淮平原的北部，是我国黄淮海大平原的组成部分，地势西北高、东南低，海拔30~80米，平均海拔50米以下，地势平坦。地貌主要是由黄河、淮河冲积而成的平原，占本区面积的99%以上。本区是燕山运动以来的沉降区，到古第三纪期间已基本形成了今天平原的规模。历史上因黄河、淮河干支流的频繁改道、泛滥和其他外力作用，区内地貌产生较大的差异。在沙颍河以北，遗存有黄河改道而形成的古河槽、古背河洼地、古泛道、决口扇、沙丘、沙岗、沙地等多种地貌类型；在沙颍河以南主要是淮河泛滥冲积和古湖积共同作用下形成的低缓平原，分布着许多大大小小不等的浅平洼地和湖洼地。

（二）河流及水资源

豫东区河流众多，属黄河和淮河两大水系。黄河大堤以北滩区属黄河水系，河流总长88千米，流域面积263.76平方千米；黄河大堤以南属淮河水系，流域面积8 856.5平方千米，主要河流有沙颍河、涡河、惠济河、马家河、贾鲁河、沱河等，其中沙颍河支流最多。颍河上游有两支，即颍河、沙河，一般以颍河为正源。但由于其支流沙河为其主要支流，习惯上将沙河也作为颍河水系上游的干流而称作"沙颍河"。颍河发源于河南省境内登封市嵩山，流经禹州市、襄城县、许昌县、临颍县、西华县及周口市，至沙河汇入处全长262千米，流域面积7 348平方千米。在周口市纳沙河及贾鲁河后流域面积为2.58万平方千米。颍河是淮河流域历史上航运、农业灌溉的重要水源，也是洪涝灾害严重的河流，历史上屡有治理，新中国成立后修建了昭平台水库、孤石滩水库等大量的水利设施。沙河发源于伏牛山区鲁山县，流经叶县、郾城县、商水县、淮阳县、项城市、沈丘县进入安徽省。涡河发源于开封西北部，流经朱仙镇、太康县、鹿邑县进入安徽省，至怀远县入淮河，长280千米。历史上黄河在开封附近决口时，常夺涡河河道入淮河，最后流入黄海。惠济河发源于开封市西北部黄河大堤以南的平坡地，流域狭长，自开封市流入商丘市的睢县、柘城县，最后注入淮河，除枯水期有短时间断流外，其余时间河道内均有水。

流经本区的河流大多数呈西北－东南流向,大致平行相间分布,多属季节性雨源型,汛期遇大暴雨,河水猛涨,洪峰显著,水位、流量变化很大。大多河道宽浅多弯,水流平缓,汛期宣泄不畅,易于积水成涝,但水资源比较丰富。合理利用这些水资源,基本能够满足全区工、农业生产和人、畜生活用水,为经济发展提供了水资源保证。

豫东区是河南水运集中区,有沙颍河、涡河、沱河3条"通江达海"的水运通道。主要港口有周口港、永城港、永城新桥港、沈丘刘湾港、鹿邑港、夏邑港等内陆港口。其中周口港为河南省最大港口。

(三) 气候

豫东区属于暖温带大陆性季风气候,受蒙古高压、太平洋副热带高压交替控制,四季变化明显,春季温暖大风多,夏季炎热雨集中,秋季凉爽日照长,冬季寒冷少雨雪。年平均气温13.9～14.3℃。1月份平均气温最低,为-0.6～1.0℃;7月份平均气温最高,为27.1～27.6℃。年平均日照时数为2 204.4～2 427.6小时。年日照率为50%～55%,其中最长为6月份,最短为2月份,太阳辐射总量在全省属于相对高值区。无霜期平均为207～214天,冬季较寒冷,但晴朗天气较多。春季气温上升较快,3月份平均气温8℃左右,5月份达20℃以上。全区热量丰富,作物生长季节积温较高,能满足粮食作物一年两熟的需要。年平均≥0℃的积温4 810～5 651℃,≥5℃的积温4 565～5 471℃,≥10℃的积温4 187～5 155℃,≥15℃的积温3 304～4 657℃。各市区平均降水量为700～1 000毫米,南部多于北部,东部多于西部,降水量由东南向西北呈递减趋势。降水量的年内分配很不均匀,夏季(6～8月)降水量最多,平均383.1～483.3毫米,占全年降水量的53%～58%;冬季(12～2月)降水量最少,平均28.2～48.3毫米,占全年降水量的4%～6%。在月份分配上,7月份降水量最大,平均为196.5毫米;1月份降水量最小,平均为12.2毫米。由此形成了春旱夏涝、涝后又旱、旱涝交替的气候特点。

豫东区气象灾害类型较多,主要有旱、涝、冰雹、大风、霜冻等。本区平均干旱频率在60%～65%,其中以初夏旱为主,频率高达35%以上;春旱也较为明显,频率在25%左右。一般初夏旱始于5月中旬,到7月初或中旬结束,因而有"到夏不下,旱到麦罢"之说。这里地势平坦,河道浅平并多在此汇集东下,汇水面积大,下游水的顶托作用往往使下泄水路受阻,易在这里积聚形成雨涝。该区也以夏涝最为突出,频率达60%～80%,永城夏涝频率可达73%,开封夏涝频率可达78%。商丘市、宁陵县、睢县、民权县是降雹集中区,年平均约0.3次,其中商丘市、周口市的西华和商水是多雹中心。本区几乎年年都有干热风发生,也是寒潮和霜冻重灾区。暴雨常引起洪涝灾害,使农作物减产,并冲毁土地、堤坝和农田水利工程,给社会生产和人们生活带来一定的经济和财产等损失。

(四) 生物资源

豫东区植物资源非常丰富,陆生植物和水生植物约有800余种。由于人类活动历史悠久,土地都已开垦,除少数沙区、河滩、山谷、洼地、盐荒地有自然植被外,其余早已为人工植被所代替,是河南省典型的农业地区。自然植物以盐生和沙生植被为主,草甸植被次之。本区种子植物约有98科472种,以草本植物为主,占2/3以上,木本植物少于1/3。

各科种子植物中,禾本科、豆科、蔷薇科、十字花科所占种类最多。植物主要有杨、柳、泡桐、松、柏、槐、椿、榆、楸、构、枫、悬铃木、槭、苹果、梨、桃、樱桃、李、杏、枣、山楂、柿子、石榴、核桃、胡桑、花椒、白蜡条、紫槐、杞柳等。粮食作物主要有小麦、大麦、玉米、荞麦、水稻、高粱、谷子、大豆、豌豆、扁豆、绿豆等。另有药材生地、藿香、蒲公英、白术、药玉米、白芷、瓜蒌等。本区动物种类繁多,为饲养家畜、家禽提供了条件。家畜主要有牛、马、羊、驴、骡、猪、兔、狗、猫等,家禽主要有鸡、鸭、鹅、鸽等,猪、羊、鸡在饲养业中占比例较大。无脊椎动物主要有蚕、蜜蜂、蚯蚓、土元、蝎子等。本区因地处平原,野生动物的种类与数量较少,有的现已绝迹。兽类尚有野兔、鼠、刺猬、蝙蝠等;鸟类主要有麻雀、喜鹊、黄鹭、乌鸦、斑鸠、鸽子、燕子等;两栖类主要有青蛙、蟾蜍;爬行类主要有鳖、壁虎、麻蜥、蛇等;鱼类主要有鲤鱼、鲫鱼、青鱼、鲢鱼、金鱼、鳝鱼、泥鳅等;昆虫类农业益虫有瓢虫、草蛉、赤眼蜂、小蜜蜂等;园林益虫有螳螂、马蜂、蜻蜓等。

开封是全省重要的猪、牛、羊繁育基地。"开封黄河鲤鱼"被誉为"鱼之上乘",驰名中外。商丘是全国重要的商品粮基地和优质绵山羊、板山羊、瘦肉型猪等农副产品生产基地,盛产小麦、玉米、棉花、油料、林果、蔬菜、畜产品,宁陵金顶谢花酥梨、虞城惠楼山药、柘城三樱椒等享誉全国。周口生物名贵品种有周口黄牛、槐山羊、淮阳驴、项城猪(灭绝)、鲈鱼、白龟;另外还有白花泡桐、高口樱桃、陈老将梨、黄花菜、逍遥大葱、房坟韭菜、芦笋等。

(五)土地资源

豫东区土地面积 28 929 平方千米,在全省分区中居第 2 位,其中商丘市 10 704 平方千米,开封市 6 266 平方千米,周口市 11 959 平方千米。第三次全国国土调查数据显示,截至 2020 年,豫东区耕地面积约 19 389.17 平方千米,园地约 405.65 平方千米,林地约 1 591.14 平方千米,牧草地约 24.44 平方千米,湿地约 12.94 平方千米,城镇村工矿用地约 5 420.22 平方千米,交通运输用地约 698.30 平方千米,水域及水利设施用地约 1 182.83 平方千米。总体看,本区土地资源利用的特点为:一是土地利用现状复杂多样;二是地貌以平原为主,土地利用类型以耕地为主;三是土地开发程度高;四是城镇及工矿交通占用土地面积增加比较快;五是土地后备资源不足。在现有的耕地后备资源中,区域间分布差别较大,呈现相对集中的特点。开封市土地后备资源相对较多,而商丘和周口两市土地后备资源比较少。后备土地资源的分布大致为:开封主要在黄河南岸,商丘主要在东南永城市,周口主要在东北淮阳。全区土地资源中中低产田面积比较大,今后加大物资投入和科技投入,中低产田可挖掘的潜力相当可观。

(六)矿产资源

本区的矿产资源主要以能源为主,煤炭、石油和天然气都有一定的储量,煤炭资源储量居全省首位。

开封已探明的地下矿产资源有煤炭、石油和天然气等,预计石油总生成量约为 5.6 亿吨,天然气储量约为 485 亿立方米;煤炭资源埋藏较深,预测可靠储量约为 77.9 亿吨。此外,地下还有丰富的石灰岩、岩盐、石膏等矿产资源。

商丘是全国六大无烟煤基地之一,年产量 2 800 万吨,已进行过地质勘探工作的矿产地15处。境内新发现的通柘煤田,储量230亿吨,是河南省迄今为止发现的最大煤田。

周口地下蕴藏着丰富的煤炭和煤层气资源,主要集中在太康、郸城、扶沟3个县。太康县煤炭、煤层气资源埋藏较浅,开采较为方便。煤炭和煤层气资源集中在该县北部,煤层厚度4.7米,面积312平方千米,预测煤炭储量约9.06亿吨,煤级为无烟煤。煤层气蕴藏在地下1 000~2 000米煤层中,资源总量达161亿立方米。另外,周口是南华北盆地的第一大凹陷,通过实钻证实了当地具备油气运聚成藏的条件,是中石化集团公司的重点勘探区之一,油气资源丰富,预测油气资源总量为3.6亿吨,具有良好的勘探开发前景。

二、城市与经济

豫东区下辖17县、2市、9区,截至2021年底,城镇化率约为47%。本区是传统的农业区,粮食生产在河南省占有突出地位。同时该区也是河南的能源原材料基地和新兴工业基地,汽车制造、生物医药、能源加工、制冷装备、体育器材、新型材料、金刚石、现代物流、纺织服装等产业集群逐步形成并做大做强,成为区域发展的重要支柱产业。

(一)开封市

开封市位于黄河中下游平原东部,地处河南省中东部,大致位于东经113°52′~115°15′、北纬34°11′~35°01′,南北宽约92千米,东西长约126千米。开封市西与省会郑州市毗邻,东与商丘市相连,南接许昌市和周口市,北依黄河,与新乡市隔河相望。开封市现辖4县、5区,即杞县、通许县、尉氏县、兰考县,龙亭区、顺河回族区、鼓楼区、禹王台区、祥符区。

开封市铁路、公路、航空等交通都较便利,是河南省新兴副中心城市、河南省中原城市群的核心城市、中原经济区中心城市、郑汴一体化发展的重要一翼、国家级文化产业示范园区、全省文化产业发展和文化体制改革试点城市、旅游景区管理体制改革试点城市、服务业综合改革试点城市、文化改革发展试验区。

开封市的农业主要有粮食作物、经济作物、蔬菜、瓜果及落叶乔木等,是全国主要的小麦、玉米、花生、大蒜、西瓜及泡桐种植和出口基地。开封的工业经济基础形成于新中国成立之初的"一五"和"二五"时期,是河南省重要的老工业基地。河南省第一台电视机、第一台电冰箱、第一辆自行车、第一台缝纫机、第一台半导体收音机都产自开封。当今的开封已经成为全省新兴的装备制造业基地。近十年,开封市经济社会各项事业发展实现了历史性飞跃。全市GDP从2012年的1 218.03亿元增长到2021年的2 557.03亿元,总量实现翻番;一般公共预算收入由61.92亿元增长到179.27亿元,综合实力进入全省第二方阵。十年间,开封市深入践行以人民为中心的发展思想,切实保障和改善民生,全市城镇居民人均可支配收入由2012年的1.71万元增长到2021年的3.42万元。社会保障扩面提标,就业、教育、医疗、养老等民生事业全面进步。

2021年,开封市生产总值达2 557.03亿元,比上年增长7.2%。其中,第一产业380.98亿元,增长6.4%;第二产业969.57亿元,增长6.6%;第三产业1 206.48亿元,增长8.0%;三次产业结构为14.9∶37.9∶47.2,对全市经济增长贡献率分别为13.8%、

33.6%和52.6%,分别拉动GDP增长1.0、2.4和3.8个百分点。

(二) 商丘市

商丘市大致位于东经114°49′～116°39′,北纬33°43′～34°52′,东西横跨168千米,南北纵贯128千米。商丘市东望安徽淮北、江苏徐州,西接河南开封,南接河南周口、安徽亳州,北邻山东菏泽、济宁。商丘市辖区面积约占河南省总面积的6.4%,下辖6县、1市、2区,即夏邑县、虞城县、柘城县、宁陵县、睢县、民权县,永城市,梁园区、睢阳区。地貌按其成因和形态类型的特征,分为黄河冲积平原、淮河冲积平原、剥蚀残丘三大类型区,主要为黄河冲积平原。

商丘市地处豫、鲁、苏、皖四省接合部,是全国性综合交通枢纽和建设中的区域性中心城市,是国家"一带一路""八纵八横"高铁网络节点城市,是中原经济区承接产业转移示范市,拥有国家级商丘保税物流中心和民权保税物流中心。"十四五"期间,商丘将建成融公路、铁路、航空、水运于一体的综合性立体式交通网络,成为河南省第二大高铁枢纽。

2018年,商丘市产业结构优化升级取得历史性成就,三次产业结构实现了由"二三一"向"三二一"的转变。产业发展从重规模数量向重溢出价值转变,三次产业协同发展,产业链条不断延伸,向价值链中高端昂首迈进。

"十三五"时期,商丘市深入推进农业高质量发展,农业现代化建设迈上新台阶。以"六高"为目标,"六化"为方向,加快推进高效种养业和绿色食品业转型升级,做深做细农业供给侧结构性改革,现代农业产业体系、生产体系、经营体系加快构建,技术装备支撑能力明显增强,农业质量、效益和竞争力不断提高。重点龙头食品企业快速发展,初步形成以中心城区休闲食品产业为中心,以民权、夏邑、虞城等县为支撑的四大食品产业集群,全市农产品精深加工能力、品牌效益和附加值得到大幅提升。

商丘市规模以上工业增加值年均增长7.8%,其中,2018年和2019年增速连续位居全省第1位。2020年,全市高成长制造业、高新技术产业增加值占规模以上工业的比重分别达55.1%、37%,形成了食品、装备制造、纺织服装制鞋3个千亿级产业集群,建成了中国制冷产业基地、制鞋产业基地、超硬材料基地等10个百亿级产业集群。

2018年,商丘市服务业增加值首次突破1 000亿元,达到1 154.93亿元,占全市GDP的43.4%,首次超过第二产业。2020年,克服新冠肺炎疫情影响,全市服务业增加值达到1 302.90亿元,占GDP的比重上升到44.5%。

2021年,商丘市生产总值达3 083.33亿元,比上年增长4.0%。其中,第一产业577.20亿元,增长6.8%;第二产业1 152.20亿元,增长1.5%;第三产业1 353.93亿元,增长4.9%。三次产业结构为18.7∶37.4∶43.9。全年人均生产总值39 678元,比上年增长4.6%。

(三) 周口市

周口市地处河南省东南部,大致位于北纬33°03′～34°20′,东经114°05′～115°39′,南北宽135千米,东西长140千米。周口市地处黄淮平原腹地,东邻安徽阜阳市、亳州市,西接漯河市、许昌市,南与驻马店市相连,北和开封市、商丘市接壤。市域面积1.196万平方千米,下辖7县、1市、2区,即扶沟县、西华县、商水县、沈丘县、郸城县、太康县、鹿邑县,项城市、川汇区、淮阳区。周口市是全国双拥模范城市、全国绿化模范城市、国家园林城市、国家卫生城市、全国农业综合标准化示范城市、中国优秀旅游城市、河南省对外开放优秀城市、河南省文明城市。

周口市交通四通八达,公路、铁路、水路运输交织成网,形成了公路、铁路、水路"三位一体"的大交通格局,有"中原港城"之誉。周口市是全国重要的粮、棉、油、肉、烟生产基地,为保障国家粮食安全做出了贡献。周口市还是国家重要的黄牛、槐山羊、生猪的养殖及肉类出口基地。所产槐山羊皮为出口免检产品,远销美、英、意、日及东欧各国,历史上的周口与河北张家口并称中国南北两大皮都。周口市还是闻名全国的平原绿化先进市,森林覆盖率达20%,素有"平原林海"之称。

周口市工业现已形成以食品加工、纺织服装、医药化工为支柱,以电力、机械、皮革皮毛为特色的门类齐全的工业体系,涌现出一批国内外知名的工业品牌。河南莲花集团生产的"莲花"牌味精先后获得24项国内国际金奖,其生产能力跻身世界同行业四强,单厂产量居世界第一;宋河酒业生产的高、低度宋河粮液酒获国家金奖,进入国家名酒行列;河南鞋城皮革集团生产的牛皮革及其制品远销10多个国家和地区。此外,金丝猴奶糖、邦杰食品、四五老酒等一批名优产品享誉海内外。财鑫集团、益海粮油、隆达发电、大用食品、辅仁药业等一批新兴工业企业将对周口工业规模的快速扩张起到强有力的支撑作用。

周口市市场贸易活跃,全市各类市场体系完善,荷花市场为豫东南最大的综合批发市场,辐射周边100多个市县。中原国际商贸城、麒麟商贸城等大型批发市场均形成了较强的辐射能力。周口市外向型经济发展迅速,产品出口到美国、俄罗斯、尼日利亚、日本、新加坡等50多个国家和地区。丰富的农产品和劳动力资源优势、优惠的投资政策、良好的投资环境吸引了来自美国、英国、日本、意大利、加拿大、澳大利亚等国家和地区的客商前来办厂。

2021年,周口市生产总值达3 496.23亿元,同比增长6.3%。其中,第一产业610.57亿元,增长6.6%;第二产业1 416.78亿元,增长4.7%;第三产业1 468.88亿元,增长7.6%。三次产业结构为17.5∶40.5∶42.0。

三、区域经济发展

豫东区经济发展条件优越。平原面积比例大,地形平坦,土壤肥沃,粮食产量占河南省的30%左右。豫东区煤炭资源储量居全省首位。本区还是河南的能源原材料基地和新兴工业基地,汽车制造、生物医药、能源加工、制冷装备、体育器材、新型材料、金刚石、现代物流、纺织服装等产业集群逐步形成并做大做强,成为区域发展的重要支柱产业。豫东区交通便利,陇海铁路、京九铁路、漯阜铁路、郑徐高铁、商杭高铁、郑合高铁、京九高铁、连霍高速、济广高速、宁洛高速、大广高速等国家交通干线纵贯全区,是全国交通路网密度较大的地区之一。豫东区城市发展快速,开封历史上曾长期作为全省乃至全国的政治、经济、文化中心,目前是中原城市群的副中心城市。商丘是百万人口大城市,区域内城镇化和农业化水平也在不断提高。

（一）第一产业

豫东区是传统的商品粮生产基地。这里平原广阔，气候适宜，雨量丰富，适合农作物的生长。区内河流众多，开凿有多条运河，河流、运河除用作运输外，余水用以灌溉，促进了本区农业经济的发展。区域内农业开发早，农田基本建设和农业技术装备水平较高，使得农业发达，成为河南省重要的农业商品生产基地。近十年，豫东平原农区在推进农业产业化进程中，改善农业生产条件、结构调整取得成效；主导产业逐步形成，农产品生产基地初具规模；农业龙头企业有了较大发展，带动能力增强；市场体系逐步完善，商品率不断提高。

1. 发展现状

近十年，豫东区农业农村经济发展较快，粮食生产连年丰收，农业现代化建设取得明显进展，乡村振兴扎实推进，农村人居环境整治成效显著，农村改革持续深化，农村社会和谐稳定，农民获得感、幸福感不断增强，圆满完成了农业农村发展确定的各项目标任务，为全面建成小康社会提供了有力支撑，为乡村振兴战略的实施打下了良好的基础。

（1）粮食播种面积基本稳定，产量不断上升

从总体看，多年来豫东区粮食播种面积和产量稳中有升，主要粮食作物为小麦、玉米和豆类。2020年，豫东区粮食播种面积为299.34万公顷，约占河南省粮食播种总面积的28%。其中，夏粮播种面积163.97万公顷，约占河南省夏粮播种总面积的28.9%。秋粮播种面积135.37万公顷，约占河南省秋粮播种总面积的26.7%；其中豆类播种面积15.31万公顷，约占河南省豆类播种总面积的37.7%，豆类中大豆的播种面积约占全省的39.9%。2020年，豫东区粮食产量为1 989.28万吨，约占全省粮食总产量的29.2%。其中，夏粮产量为1 189.85万吨，约占河南省夏粮总产量的31.7%。秋粮产量为799.43万吨，约占河南省秋粮总产量的26%；其中豆类产量为34.56万吨，约占全省豆类总产量的37.7%，豆类中大豆的产量约占全省总产量的37%。总之，本区粮食播种面积在全省各分区中位居前列，与消费量相比，产量有较大结余，自给率超100%，粮食绝对安全。

（2）经济作物种植面积及产量总体平稳

豫东区的经济作物种植种类和面积基本平稳，主要经济作物为花生、油菜籽、棉花、糖料、烟叶、中草药、蔬菜及食用菌、瓜果、花卉等。2020年，豫东区经济作物播种面积为117.21万公顷，约占河南省经济作物播种总面积的29.3%。其中，棉花播种面积为0.96万公顷，约占全省棉花播种总面积的59.3%；瓜果播种面积16.94万公顷，约占全省瓜果播种总面积的56.3%；蔬菜及食用菌播种面积为66.25万公顷，约占全省播种总面积的37.8%；花生播种面积为26.13万公顷，约占全省花生播种总面积的20.7%。2020年，豫东区经济作物产量4 067.12万吨，约占全省经济作物总产量的40.4%。其中，棉花产量为1.44万吨，约占全省棉花总产量的81.4%；瓜果产量为937.46万吨，约占全省瓜果总产量的60.0%；蔬菜及食用菌产量2 956.39万吨，约占全省蔬菜及食用菌总产量的38.8%；花生产量为130.59万吨，约占全省花生总产量的22%。豫东区经济作物在全省地位重要，尤其是棉花和瓜果的播种面积和产量位居全省第一。近年来，经济作物的种类有所增加，品种更新换代，产品质量不断提升。

(3) 畜牧业生产形势总体良好

豫东区饲料充足,发展畜牧业条件较好,主要畜产品种类有猪、牛、羊、骡、驴、马、兔、家禽、禽蛋、奶类、蜂蜜、羊毛等。近年,部分畜牧业产品的总产量有不同的变化,如猪肉的存栏量和产量在2018年前持续上升,但2018年后有所下降,2020年以后又稍有回升;禽蛋产量近20年持续上升;奶类产量相对较为平稳。2020年,本区畜牧业主要产品中,羊的饲养量为775.3万只,约占全省的39.5%;驴的饲养量为5 947头,约占全省的27.3%;生猪存栏数为1 016.92万头,约占全省的26.2%;牛的饲养量为100.45万头,约占全省的25.6%;家禽的饲养量为21 869.66万只,约占全省的31%;禽蛋产量141.17万吨,约占全省的31.4%。这些数据表明,豫东区是河南省重要的畜牧业产品供应地。

2. 农业发展取得的主要成就

中华人民共和国成立后,国家和河南省政府都非常重视农业的发展,从"一五"计划到"十三五"规划都把农业发展放到重要位置。豫东区农业及农村发展也取得了巨大成就,农业发展不断跃上新台阶,基础活力逐步增强,发展环境发生深刻变化。

(1) 农业实力大幅度提升

豫东区粮食生产及重要农产品保障水平稳步提高。豫东区各市把保障粮食等重要农产品有效供给作为农业工作的首要任务,近年来又全面落实"藏粮于地、藏粮于技"战略,加快推进国家重要粮食生产核心区建设,推动良种、良田、良机、良法配套,使粮食生产不断跃上上新台阶,农业综合生产能力进一步提升。粮食种植面积和产量持续增加,实现粮食十余年连续丰收,肉蛋奶和瓜果菜品种丰富、供应充裕,有效满足了人民群众日益增长的消费需求。

(2) 农业高质量发展深入推进,农业现代化建设水平持续提高

豫东区坚持进行高标准农田建设,加快推进高效种养业,农业绿色生产持续发展,绿色食品业转型升级,农业质量效益提高。做深做细农业供给侧结构性改革,现代农业产业体系、生产体系、经营体系加快构建,技术装备支撑能力明显增强。农业标准化、品牌化、科技化水平不断提高,质量、效益和竞争力不断提升。农业品牌稳步提升,形成了一批有影响力的特色农产品品牌,如开封菊花、杞县大蒜、汴梁西瓜、兰考"新三宝"(蜜瓜、红薯、花生)、祥符区"杜良"大米、尉氏"双圆"咸鸭蛋、淮阳黄花菜、扶沟辣椒、鹿邑芹菜、郸城红薯、项城白芝麻、太康食用菌、西华大桃、商水生猪、沈丘槐山羊、虞城荠菜、民权花生、宁陵金顶谢花酥梨、夏邑板山羊,以及冯桥红薯、闫庄番茄、龙港湾草莓、于氏庄园葡萄、菜小波石榴、凤彩晴草莓、广植树莓、爱伊辣小米椒、木兰丑甜甜等一批有影响力的特色农产品品牌。

(3) 初步实现农业转型升级

豫东区3市在注重农业生产发展的同时,积极推进农业转型升级,如周口市转型发展现代都市农业。豫东区紧紧围绕服务中心城市,以菜篮子为主,突出产业功能,统筹休闲功能和生态功能,优化农业结构,创建示范园区,挖掘乡土文化,培育知名品牌,不断转变农业发展方式,积极推进农业"接二连三"发展,构建现代都市农业发展新格局。乡村产业也加快发展,积极培育壮大一批农业产业化龙头企业,大力发展智慧农业、文旅农业、创意农业,打造以农耕文化、粮食文化为主题的田园综合体,积极发展"农业+制造""农业+电

商""农业＋康养"等新产业、新业态、新模式,促进三次产业深度融合。

近年,在国家精准扶贫和乡村振兴战略的指导下,豫东区不仅农业发展趋势向好,农村建设也发生了重大变化,农村人居环境整治逐步完成,农村移风易俗加快推进,乡风文明呈现新气象。乡村道路、绿化工程、垃圾处理、村级党群服务中心、村民文化活动广场、户厕改造及公厕建设、村容村貌提升、污水及供水管网铺设、照明工程等基础设施大幅改善,乡村人居环境持续优化。2021年又全面完成农村集体资产清产核资,农村土地承包经营权确权登记颁证工作基本完成,农村集体产权制度改革扎实推进,农村基本经营制度进一步巩固完善,农村改革持续深化,乡村发展的潜力得到充分激发,农业农村发展焕发新活力,呈现新气象。

(二) 第二产业

豫东区第二产业发展迅速,下面以工业为例加以说明。本区的工业,以开封的基础最好;商丘和周口工矿点较多,但工业基础十分薄弱。改革开放以来,豫东区工业布局逐步展开,对原有城市工业进行恢复和整顿,根据各市资源优势,改建、扩建、新建了一批工业企业。2009年4月,河南省委、省政府出台了《关于加快推进产业集聚区科学规划科学发展的指导意见》,豫东区首批规划了19个产业集聚区,成为优化经济结构、转变发展方式、实现节约集约发展的基础,实现了"企业(项目)集中布局、产业集群发展、资源集约利用、功能集合构建"4个要素的有机融合。目前豫东区已经形成了以农副产品加工、食品加工、机械制造、装备制造、纺织、化工、冶金、建材和能源为主的产业结构,工业产值不断提升。

1. 工业发展现状

改革开放40多年,豫东区的工业持续增长。本区工业门类比较齐全,拥有能源、冶金、机械、电子、化工、建材、食品、纺织等十几个工业门类,其中,纺织、食品、化工、机械等在省内占有相当重要的地位。2020年豫东区工业生产总值3 347.15亿元,占全省工业总值的14.6%;规模以上企业共4 081个,占全省的20.6%;河南全省70.1%的服装、65.2%的化学农药(原药)、57.4%的纱、43.8%的平板玻璃、43.3%的布、39.1%的液态乳、36.9%的塑料制品、30.9%的速冻米面食品、26.7%的人造板等来自豫东区3市。

从目前工业发展情况看,开封市的装备制造及汽车零部件、农产品加工、化工、纺织服装、新能源新材料、生物医药、电子信息七大产业集群是推动本市工业经济发展的重要支柱产业;商丘市除了发展食品、装备制造、纺织服装制鞋三大传统产业,在新能源汽车、新材料、生物医药、电子信息四大新兴产业上抢占先机,并积极布局氢能与储能等未来产业,着力构建"3+4+N"现代产业体系;周口市形成了以食品制造业、纺织服饰业、医药化工业、装备制造业、电子信息业、新型建材业等为支柱的产业体系。豫东区的工业从小到大、从弱到强、从点到群,实现了质和量的飞跃,筑牢了经济高质量发展的根基。

2. 工业发展取得的主要成就

工业是立国之本、强国之基。新中国成立70多年来,成功走出了一条中国特色的新型工业化发展道路,走过了发达国家几百年的工业化历程,成为全世界唯一拥有联合国产业分类中所列全部工业门类的国家。河南省也在一穷二白的基础上创造了波澜壮阔的工业奇迹,实现了从"传统农业大省"到"新兴工业大省"的历史性转变。豫东区工业在河南省内虽然不是很有优势,但也取得了一定的成就。

(1) 工业经济稳步增长,规模不断扩大

以新中国成立时工业基础相对较好的开封为例,新中国成立前,开封工业的发展是在半殖民地半封建的社会经济条件下进行的,不仅起步较晚,而且动荡的政局使其缺少稳定的发展环境。1948年开封解放后开始恢复工业生产,到1949年,开封工业生产总值为0.11亿元,1955年为0.32亿元,1957年为0.77亿元,1966年为3.29亿元。党的十一届三中全会之后,开封工业进入了新的发展时期,1980年工业生产总值为5.71亿元,1986年突破10亿元,1990年为13.98亿元,2000年为81.59亿元,2010年为397.17亿元,2020年为897.27亿元,2022年为1 027.39亿元,工业经济稳步增长,发展良好。

新中国成立前开封市工业企业不仅产值低,而且规模小、数量少。新中国成立后,随着工业经济的发展,开封市工业企业数量和规模也发生了巨大的变化。从全市工业企业单位数量来看,1952年有100家,1970年有1 040家,1985年有25 057家,2014年达到了创纪录的50 869家。随后企业数量有一定减少,到2018年有20 889家。工业企业数量增加的同时,规模也在不断扩大,到2020年,全市规模以上工业企业1 093家,工业增加值及经济发展主要靠大中型企业拉动。

(2) 工业行业门类较为齐全

新中国成立初期,豫东区除开封外,商丘和周口几乎没有工业。改革开放后,3市的工业得到快速发展,工业行业门类不断增加。1949年,周口地区只有小棉织厂、机械厂、卷烟厂、翻砂厂、轧花厂、印刷社、缝纫社及食品、榨油、造纸个体手工作坊等,工业年总产值0.13亿元,生产能力很低。2020年周口市工业总产值达到1 343.01亿元,形成了以食品加工、纺织服装、医药化工三大支柱产业为支撑,以电子信息、装备制造、新型建材等新兴产业为引领,内部结构趋于合理,涵盖32个行业、门类较为齐全的工业体系。1952年,商丘市仅有纺织、酿酒等简单加工业,多为手工作坊,且分布散、规模小。2020年商丘市工业产值为1 106.87亿元,全市35个工业行业大类企业呈现高质量发展局面。1949年,开封市共有金属加工及机械制造业4个,食品制造业6个,印刷业7个,纺织、服装、鞋帽制造业12个,化学工业4个,日用金属制品制造业8个,烟草加工业7个,医药制造业1个,且设备简陋,生产效率低下,近代制造业的发展水平并不高。新中国成立后,开封先后建设了地方国营开封机械厂、制药厂、植物油厂、印刷厂、炼硝厂、酒厂、机磨厂、制冰厂、第一酿造厂、空分设备厂、高压阀门厂、拖拉机电机电器厂、仪表厂、联合收割机厂、橡胶塑料机械厂、钢铁厂、电视机厂、电冰箱厂等一批大工业企业。近十年,开封市以制造业立市,全力打造农副产品加工、精细化工、汽车及零部件装备制造、新能源、新材料、现代家居、医药和医疗器械、纺织服装等八大产业集群;培育发展新兴产业,开通"5G+工业互联网"平台门户,涉及的行业越来越广,在全部工业的41个行业大类中,开封已经拥有34个。

(3) 工业产业结构逐步优化

在经济发展的过程中,豫东区3市为促进国民经济各产业间的协调发展,使各产业发展与整个国民经济发展相适应,依据产业技术经济关联的客观比例关系,立足再生产过程比例性需求,通过产业调整,使各产业实现协调发展,满足了社会不断增长的需求。目前,各市的三次产业都已形成"三二一"的结构。在国民经济结构调整的同时,为推动工业经济高质量发展,随着供给侧结构性改革深入推进,传统产业以技术改造、技术创新等为驱动的转型升级、提质增效步伐不断加快,新产业、新业态快速增长,工业产业结构也在逐步优化。具体表现为:淘汰落后的技术设备,对高耗能行业结构进行调整,高耗能行业占比下降,高成长性、高技术产业快速增长,产业结构更加合理,保证了工业经济的高质量发展。

开封市近年来"两高一新"(高技术、高新技术和战略性新兴)产业增加值增速持续走高,2021年高新技术产业增加值同比增长16.0%,增速较2020年提高11.2%;战略性新兴产业增加值同比增长15.3%,增速较2020年提高26.7%;而高耗能工业增加值增速则明显低于"两高一新"产业增加值增速,新动能逐步替代旧动能,工业结构日趋优化。商丘市近年来加快产能过剩行业结构调整、抑制重复建设、促进节能减排政策的实施,淘汰落后产能工作取得了明显成效。2021年,全市规模以上工业煤炭、化学、有色金属、非金属、黑色金属、电力等六大高载能产业实现增加值年均增长4.0%,增速比全市规模以上工业平均水平低3.8%。2021年,六大高载能产业实现工业增加值占规模以上工业增加值的比重为35.5%,比2012年下降13.4%。周口市近年来坚持淘汰落后产能,化解过剩产能。对产能过剩行业坚持"上大压小"、新增产能与淘汰落后产能"等量置换"或"减量置换"的原则,严格环境影响评价、土地和安全生产审批,遏制低水平重复建设,防止新增落后产能。制定工业清洁生产水平提升计划,实施高风险污染物削减清洁生产工程,培育清洁生产示范企业和节能减排科技创新示范企业,在做大高成长产业、积极培育新兴产业上下功夫,形成了高成长产业规模提升、新兴产业引领发展的发展格局。

(4)逐步实现产业转型升级

新一轮科技产业革命蓄势待发,人工智能、新材料、生物技术、数字经济等产业领域多点突破、交叉融合趋势明显,不断催生新技术、新产业、新业态、新模式。豫东区3市坚持把技术改造、智能制造、绿色化改造作为推进转型升级的重要途径,以智能化改造为引领推进工业企业改造创新,有力推进了工业转型升级,降低了企业运营成本,保障了企业产品质量,提高了企业发展效率。如商丘市,十年前还是一个以煤炭、电解铝、纺织、农副食品加工等传统产业为依托的地市,近年在制造业构建和发展方面坚持智能化、绿色化、服务化、高端化发展方向,为发展带来新变化,民权"中国冷谷、智慧经济"异军突起,柘城金刚石微粉产业实现向高端钻石生产加工成功转型,夏邑、睢县推进纺织服装制鞋产业提档升级,示范区新能源汽车以及夏邑印染产业园等项目填补了产业的空白,对推动商丘市产业转型升级、促进经济高质量发展起到重要的支撑作用。周口市积极搭建工业互联网平台,加快"企业上云",推进"5G+工业互联网"融合落实,让数字经济真正成为促进传统产业转型升级、优势产业做大做强,推动经济社会高质量发展的新引擎。2020年以来,华为公司在河南的首家工业互联网应用运营中心、浪潮集团打造的云绘三川·沙颍云运营中心项目,以及中原和仁、紫云周口通等一批数字经济企业相继在周口高新区数字产业园签约落地,大数据、云计算、电商等产业正逐步成为周口市产业发展的新增长点。

(5)形成了产业集聚区

豫东区2009年建立首批产业集聚区,经过十几年的发展,产业集聚效应已经形成,呈现出明显的优势。集聚区内企业原料产品的成本和交易费用减少,产品生产成本降低;企业劳动生产率明显提高;企业能够更稳定、更有效率地得到各种信息和服务,吸引了大批企业落户。如周口市的产业集聚区,就形成了鲜明的特点:一是特色产业集群发展迅速。按照"一县一主业"规划目标,各产业集聚区产业发展取得长足进展。二是主导产业培育成效显著。基本形成了上下游产业配套、相关产业协调发展的食品加工、纺织服装、医药化工、装备制造、电子信息、新型建材六大支柱产业;持续实施"培育百千亿级产业集群"行动计划,着力打造食品加工、纺织服装、医药化工3个千亿级产业集群和装备制造、电子信息、新型建材3个五百亿级产业集群。三是后发优势明显。周口市创新招商引资理念,搞好产业和项目承接,积极吸引知名企业向周口集聚,富士康、麦当劳、好时集团、郭氏集团等一大批投资拉动作用明显、支撑能力较强的重大项目纷纷落户周口产业集聚区。四是承接产业转移速度加快。周口市紧紧抓住沿海产业向内地转移的重要机遇,采取资源整合、异地共建等多种措施,开展驻地招商、以商招商、以产业链招商等多种形式,积极承接产业转移,有效增强招商引资的针对性,提高了招商成功率。产业集聚区已经成为周口县域经济的增长极、转型升级的突破口、转移就业的主阵地、改革创新的示范区,成为周口发展的最大亮点和最大潜力。

为推动工业企业发展,豫东区3市还大力优化企业发展环境,围绕产业需求,开展精准招商,强化产业链上下游招商引资,做好核心配套企业的招商对接服务,为经济发展积蓄力量,助力企业高质量发展行稳致远。

(三)第三产业

服务业是国民经济的重要组成部分,一个区域服务业的发展水平是衡量其社会经济发达程度的重要标志。豫东区地理位置优越,人口稠密,市场广阔,为服务业的发展提供了良好的条件。但新中国成立初期,由于物资匮乏、经济落后等诸多因素的制约,本区服务业发展相对缓慢。改革开放后,随着经济和社会的快速发展,服务业发展迅速,在国民经济中的地位日益重要,对经济的贡献率不断提高。

1. 服务业发展现状

新中国成立以来的70多年,也是豫东区服务业发展从弱到强的70多年。这期间,3市坚持促集聚、提服务、强融合的发展理念,促进生产性服务业向专业化和价值链高端延伸、生活性服务业向精细化和高品质转变,使服务业发展持续攀升,商务中心区和特色商业区建设快速推进,城乡市场保持繁荣,仓储物流、教育培训、金融、信息和科技服务等生产性服务业成长迅速,文化、住宿餐饮、客运邮政等生活性服务业保持活力。2020年,豫东区服务业总产值为3 776.01亿元,约占全省总量的14.11%;其中开封市为1 110.94亿元,商丘市为1 302.90亿元,周口市为1 362.17亿元。2021年开封、商丘和周口3市的服务业在各自国民经济总产值中的比例分别为47.2%、43.9%和42%,占比都居于三产结构第一位,是国民经济的主要增长点。

2. 服务业发展取得的主要成就

豫东区早期的服务业结构单一,依赖性强,抵御经济风险的能力较弱,在全省的地位不是很高。改革开放以后,本区工业化、城镇化和农业现代化进程不断加快,为服务业发展奠定了坚实基础,拓展了广阔空间,服务业发展迅速,规模日益壮大,综合实力不断增强,质量效益大幅提升,新产业、新业态层出不穷,已成为经济增长的主要动力、促进产业结构优化升级的战略重点、扩大就业的重要渠道、地方税收的重要来源。

(1) 服务业快速发展,对经济发展的贡献日益凸显

新中国成立到改革开放前,豫东区服务业基础薄弱,对经济增长的贡献率较低。改革开放后,服务业在满足经济发展和人民生活需求过程中快速发展,对经济增长的贡献率不断提高。尤其是近十年,本区服务业发展迅速,在国民经济结构中的比例上升到第一位。1978～2018年,开封市服务业增加值从2.14亿元提高到949.78亿元,年均增长16.4%,三次产业结构从71.2∶7.7∶21.1优化为13.7∶38.9∶47.4,第三产业比重上升26.3个百分点。2021年开封市服务业对全市经济增长贡献率为52.6%,拉动GDP增长3.8个百分点。商丘市服务业1952年在三产中的占比为12.9%,2000年上升到26.1%,2010年为27.4%,2020年为44.5%。"十三五"期间的5年,商丘市服务业增加值占全市生产总值的比例提高7.2个百分点,服务业对经济增长年均贡献率超过50%。2021年,服务业对GDP增长的贡献率为55.1%。周口市服务业1978年在三产中的占比为14%,2000年为23.8%,2010年为24.8%,2020年上升到41.7%。从数据上看,3市服务业的拉动作用逐步增强,增加值占比大幅提高,对经济增长的贡献不断提升,吸纳就业能力不断增强,日益成为经济发展的重要支撑点。

(2) 服务业结构不断优化,现代服务业发展迅速

改革开放前,豫东区的服务业主要是以商品批发和零售业、交通运输业为主。目前3市的生活性服务业和生产性服务业都蓬勃发展,服务业内部结构进一步优化,现代服务业类型不断涌现,服务业单位日益增多。规模持续扩大,新产业、新业态、新模式蓬勃兴起,呈现出又好又快跨越发展的良好态势,在优化结构、提高质量等方面发挥了重要作用。电子商务、健康养老、信息服务、科技服务等产业快速发展,平台经济、共享经济等新业态、新模式快速涌现,产业融合不断深化,优质服务供给稳步增加,实现了由门类简单向门类齐全、各行业共同发展的局面。豫东区服务业结构优化带动行业投资规模不断扩大,投资结构更加合理;同时带动市场消费结构日益改善,用于提升生活质量的商品零售额增长较快,且乡村增速高于城镇。

(3) 新兴产业快速成长,竞争力增强

2010年以来,豫东区新兴服务业如信息服务、电子商务、科技服务、金融服务、互联网经济、现代物流等发展较快,占服务业增加值的比重持续提高,竞争力增强;传统服务业中的批发零售业、住宿餐饮业、非营利性服务业增加值比重则有所下降。开封市的信息服务、电子商务、广告会展、文化创意、旅游休闲、健康养老等成为重点发展产业。开封市着力打造文化旅游、商贸物流、健康养老3个百亿级产业集群,推动现代服务业迈上新台阶。商丘市的电信邮政业、现代金融业、现代交通运输业等实现了新的发展和突破。周口市的现代物流、信息服务、金融、旅游、文化、科教、商务服务、健康服务、养老及家庭服务等实现了扩量提质发展。

(4) 服务民生能力增强,提升人民生活质量

党的十八大以来,随着居民收入水平不断提高,生活条件不断改善,对商品和服务的

需求也越来越高,百姓的精神需求也不断增长,旅游、文化、体育、健康、养老等关乎民生福祉的产业快速发展,既增强了人们的幸福感,又有效拉动了消费增长,推动服务业向更广的领域发展,满足了人民不断增长的各种生活需求,为民服务的综合能力增强。开封市紧紧围绕文化、旅游、体育、健康养老、教育等幸福产业重点领域,加大投入力度,不断提升服务品质。商丘市民生相关服务业发展加快,文化、健身、游泳等文体场所和学校、医院、综合养老服务中心、体检中心、健康咨询机构数量不断攀升。商丘市积极培育旅游新业态,开发旅游新产品,大力发展生态、文化、休闲、康养等旅游模式;积极发展共享经济,共享型服务和消费已渗透到商丘交通、住宿、金融、餐饮、物流、教育等多个领域和市场,百姓生活水平不断提高,消费结构逐步升级,人民群众获得感、幸福感明显增强。周口市顺应人民群众对美好生活的新期待,把握消费升级和"智慧城市"建设的新机遇,推动生活性服务业提高品质、融合发展,全面提升生活性服务业的质量和效益。

四、经济发展对策

豫东区经济发展虽然取得了巨大的成就,但从目前经济现状看,经济持续发展还面临着许多矛盾和挑战。今后要准确把握新时代经济高质量发展的新特征,找准定位,精准谋划,加大改革的广度和深度,着力固根基、扬优势、补短板、强弱项,只有这样才能全面推动经济的高质量发展。下面主要从农业、工业、服务业来看发展中存在的问题及其应对措施。

(一)农业发展中的主要问题及其对策

1. 农业发展中存在的主要问题

作为传统农业区,豫东区的粮食生产连年丰收,农业现代化建设取得明显进展,乡村振兴扎实推进。但也存在不利因素,主要问题表现在以下几个方面:

一是农业增产的难度持续加大。农产品生产成本上升,国际国内价格倒挂,成本挤压越来越重,部分农产品结构性供求失衡,粮食生产在高起点上实现稳产增产的难度加大。

二是物质技术装备水平仍然较低。随着农业高质量发展步伐加快迈进,农业基础设施建设和物质技术装备水平低的问题,已经由农业生产环节转向农业产前、产后环节。一些地方农田水利设施损坏,抗灾减灾能力低。大部分农产品生产机械化作业水平较低,对降低生产成本不利。农业科技投入不足,不能适应农业发展新形势的需要。农业社会化服务体系不健全,农业组织化程度较低,小生产与大市场的矛盾依然突出。农业有害生物防治手段依然落后,监测预警能力有待进一步提升。

三是农业产业化经营程度低。农业结构不合理,生产力水平较低;农户、主导产业、龙头企业等经营规模较小,市场竞争力弱,市场发育不健全。财政支农体系、金融支农体系以及农业保险体系有待进一步完善。农业产业化组织与农户的利益联结机制不规范。

四是农业生产依然面临着自然灾害风险、面源污染风险、政策调控风险、市场突变风险、生物防控风险、食品安全风险等风险因素,给农业可持续发展带来新挑战。

五是市场销售渠道有待进一步拓宽。农业生产有着极强的季节性,一旦错失时机,势必造成农产品供给等一系列连锁反应。目前农产品销售大都是通过批发市场、农贸市场及田间地头收购等方式,农民缺乏对市场的预见能力,使得部分产品产销渠道不对接。

六是高素质农业劳动力缺乏。随着农村青壮年劳动力大规模向城镇和非农产业转移,农业兼业化、农民老龄化、农村空心化状况日益凸显。农业劳动力整体素质的结构性下降加大了农业新技术推广应用的难度,关键农时缺人手、现代农业缺人才、乡村建设缺人力等问题日显普遍。

2. 农业发展对策

为保证农业高质量发展,豫东区采取了一系列应对措施。

一是稳定粮食种植面积,加强高标准农田建设,提升现代种业发展水平。为此,要做好以下几方面的工作:以保障粮食安全为底线,扛稳粮食安全重任;推进种业核心技术创新攻关;坚持最严格的耕地保护制度,推进新一轮高标准农田建设工程;加强粮食生产功能区、重要农产品生产保护区和特色农产品优势区建设,促进农业增产。

二是强化农业科技和装备支撑,使农业机械化作业效率、耕地等级、粮食综合生产能力得到有效提升,推动科学技术与粮食产业深度融合,构建起产业链健全、价值链高效、供应链完善的现代粮食产业体系,打造全国重要的粮食生产核心功能区。

三是提高产业化经营规模,提高农业质量效益和竞争力。为此,要做好以下几方面的工作:持续推动农业供给侧结构性改革,调整优化生产结构、产品结构、区域结构,加快形成结构更加合理、保障更加有力的农业供给体系;推进高效种养业和绿色食品业转型升级,建设智慧农业,推进农业生产智能化、经营网络化、管理数据化、服务在线化,不断提升农产品的供给质量,形成农业发展新格局;大力发展各类龙头企业,加快推动现代农业产业化集群创新、提升、优化和拓展。

四是采取多种措施应对农业生产中的风险。为此,要做好以下几方面的工作:加强气象服务体系建设,以精准化、标准化、信息化为核心,加强灾害性天气监测预报预警,强化气象灾害风险管理,提升气象为农服务能力;加强农药污染、化肥污染等农业面源污染防控,推进化肥、农药减量增效、有机肥替代化肥活动,推广高效、低毒、低残留新农药、新剂型、新助剂和科学环保使用技术;推进农作物秸秆综合利用;推进农膜和农药包装废弃物回收处置;推进畜禽粪污资源化利用;强化农用地分类管理;完善农产品质量监管体系;积极发展都市生态农业,促进产业融合发展。

五是利用互联网,丰富农产品线上销售渠道。为此,要做好以下几方面的工作:加强与电商平台合作,鼓励农业生产经营者拓展线上销售渠道,合理利用抖音、快手等短视频平台和京东、天猫、淘宝等购物平台;用好电商直播,实现实时互动,将产品更加直观地呈现给消费者,强化消费者对本地产品的认知度;快速构建、推广农业微信商城小程序,鼓励农户尤其是散户加入,适当扩大各地零售规模,保障农民收入。

六是实施科技强农战略,以农村实用人才和农业科技人才队伍建设为重点,通过引进优秀人才、培育人才,不断优化农村人才队伍,为乡村振兴提供强大的智力支撑。多层次培养农村实用人才,培育一支"爱农业、懂技术、善经营"的人才队伍。

(二) 工业发展中的主要问题及其对策

当前和今后一个时期,世界百年未有之大变局加速演变,国际国内发展环境发生深刻变化,这给工业发展提出新问题,带来新挑战;也迎来新机遇,指明新方向。豫东区工业发展中也存在很多挑战与机遇。

1. 工业发展中存在的主要问题

豫东区工业发展中的问题主要表现在以下几个方面:

一是先进制造业主导产业不突出,集群效应仍待提升。先进制造业产业发展离散,产业整体规模较小,产业集群优势尚未显现。

二是战略性新兴产业占比较低,高质量发展有待加强。战略性新兴产业代表新一轮科技革命和产业变革的方向,是培育发展新动能、获取未来竞争新优势的关键领域,是构建以国内大循环为主体、国内国际双循环相互促进新发展格局的重要支撑。豫东区的战略性新兴产业仍然存在整体创新能力还比较低,高端科技创新平台匮乏,高层次创新型人才不足的现状。

三是产业核心竞争力不强,产业发展后劲不强,产业层次不高、附加值低、规模较小、产业链不够完善;核心技术、关键零部件等方面竞争力不强,国家级平台和骨干企业较少,对科技型中小企业、创新创业团队和人才的吸引力不强。

四是缺乏有竞争力的领军企业,尤其是新兴领域龙头企业还不够多,重点企业品牌优势和影响力仍需加大培育力度。

五是推动产业发展的政策供给、体制机制等方面有待完善,部分企业转型的动力不足。

2. 工业发展对策

豫东区促进工业发展的措施有以下几个方面:

一是立足产业优势,做好规划布局,增强先进制造业主导产业活力。积极培育壮大产业集群,以现有优势产业为基础,以龙头企业培育为抓手,以完善产业链条为着力点,以信息化与工业化的融合发展为手段,围绕培育壮大区域特色经济,加速生产要素集聚和产业提升,打造区域经济竞争优势,形成比较优势明显、产业布局合理、产品结构升级、品牌效应突出的现代工业体系。

二是加大对高成长性和战略性新兴产业培育力度,推动工业经济高质量发展。为此,要做好以下几方面的工作:锚定"高端化、智能化、绿色化、服务化"转型方向,以发展低碳经济、循环经济为目标,积极培育节能环保、新能源等高成长性产业,争取形成新的经济增长点;引导传统产业向高新技术产业变革,加大对新兴产业的投入力度,在政策、资金、人才上提供保障;厚植新兴产业发展基础,打造一批优势互补、结构合理的新增长引擎,强化新兴产业新动能。

三是提升企业技术创新能力,建立企业、科研机构、高校共同合作机制,增强创新引领,增强产业核心竞争力。为此,要做好以下几方面的工作:培育形成一批引领能力强、经济效益好、具备核心竞争力的未来产业,走新型工业化和信息化融合之路,重点发展大数据、云计算、智能制造等相关产业,形成一批产业优势明显、创新能力突出的5G产业集聚区;提升集群产业链,加快产业链向高附加值环节延伸,增强产业链韧性;强化人才保障;构建科技创新体系,推进技术成果转化,提升企业家素质,支持企业招才引智,积极引进高级管理人员、高级技术人员、拔尖人才和团队。

四是加快领军企业培育,激发市场活力。为此,要做好以下几方面的工作:建立健全企业培育机制,做大做强龙头企业,对大型企业、龙头企业实行重点扶持、专班跟进,切实解决企业发展中遇到的营商环境、资金运转、用工和交通运输等方面的问题,促进其迅速壮大,发挥其龙头辐射带动作用;推动小微企业上规模,促进大中小企业融通发展;建设商标品牌示范基地,培育品牌产业集群。

五是提升产业链、供应链现代化水平。围绕特色优势制造业,通过建链、延链、补链、强链,促进要素集聚,推动全产业链优化升级。实施产业基础再造和产业链提升工程,加大关键核心技术攻坚力度,发展先进适用技术,推动产业链、供应链多元化。

六是政府政策支持。为此,要做以下好几方面的工作:实行链长制,通过抓实链长制,切实走稳走准工业高质量发展之路;支持工业企业以智能化引领"三大改造"(技术改造、绿色化改造、智能化改造),通过技术改造推动企业加快转型升级,通过智能化改造提升工业经济发展层次,通过绿色化改造促进企业健康、可持续发展;推动互联网、大数据、人工智能与实体经济深度融合;提高运用区块链技术的能力,推动生产系统智能化、制造营销协同化、上下游企业融合化,实现制造业高质量发展;加大金融支持力度,解决企业还贷周转资金问题;优化投融资结构,促进资源整合,实现资源优化配置与优化再生;优化营商环境,让更多企业茁壮成长;优化空间布局,推动县域制造业高质量发展。

(三) 服务业发展中的主要问题及其对策

服务业与生产、生活联系密切,服务业的发展和服务产品的增多,可为社会增加物质财富,提高人民的物质、文化生活水平。从当今社会经济结构看,服务业的发达程度是衡量经济、社会现代化水平的重要标志。豫东区的服务业与省内外发达地区相比起步较晚,存在一定的差距,有很大的发展空间。

1. 服务业发展中存在的主要问题

目前服务业已超过第二产业成为豫东区最大产业,是经济增长的一个重要动力源,但也存在突出问题。

一是行业结构仍以传统服务业为主,现代服务业规模小、比重低,尚未形成引领区域高端服务的核心产业。服务业增加值主要依靠批零、住餐、交通运输、房地产、教育、公共管理等传统服务业支撑,信息技术、商务服务等新兴服务业虽然增长较快,但实力弱小,对增加值的支撑作用不强。

二是主导产业支撑不足。服务企业"小、散、弱"现象明显,实力雄厚、业态先进和竞争力、带动力强的领军企业、知名品牌不多。如豫东区旅游业资源丰富,但旅游、康养收入与主导产业定位和资源禀赋相比有一定差距,支撑发展的能力尚未充分显现。

三是服务业在人才培育、新业态引进、产品创新、发展环境等方面也存在不足。现代服务业所需人才严重缺乏,金融服务实体经济的能力亟待加强,劳动力、建设用地等要素供给成本不断上升,等等,影响服务业的发展。

2. 服务业发展对策

一是推动服务业结构转化。推动传统服务业升级,推动传统商圈向体验式、智慧化商圈转型,从全方位、各领域发展现代服务业和高端服务业;突出新业态发展、新热点培育、新技术应用,促进服务业比重提高、结构优化、竞争力增强。

二是提高主导产业支撑力度。通过抓服务业的龙头企业建设,吸引高端要素集聚,形成服务区域经济发展的综合平台;实施信息服务、电子商务、广告会展、文化创意、旅游休闲、健康养老等重点产业发展计划,推动服务业迈上新台阶。

三是实施加快现代服务业高质量发展行动。以现代物流和现代金融引领生产性服务业跨越发展,推动生产性服务业向价值链高端迈进,着力发展现代物流、商贸服务、金融服务、科技服务、创意设计、研发设计等服务业;以精细化、品质提升为导向促进生活性服务业提速发展,推动生活性服务业向高品质和多样化升级,加快发展旅游、文化、体育、健康、养老等"幸福产业";建设商品交易市场平台,培育壮大电子商务和信息服务业,积极引进国内外知名电商企业,合作共建全国电子商务建设示范区,推进服务业与先进制造业、现代农业深度融合;支持知识密集型服务业发展,调整优化服务业载体;推进服务业数字化、标准化、品牌化建设,推动商务中心区和服务业专业园区发展。

四是实施现代服务业人才培养开发工程。加强对现代物流、文化创意、工业设计、旅游、金融、电子商务、服务外包等领域高级管理人才、专业人才的培养培训,加快建立人力资源服务体系,推进建立职业经理人制度;优化服务业发展环境,营造良好发展氛围;进一步完善社会信用体系,规范服务业市场秩序,加大知名服务业企业和品牌保护力度,强化示范引领,加大服务业宣传力度,营造公平有序的市场环境。

除分析各产业问题并采取应对措施外,还应加强产业融合、区域合作,推动区域共同发展。社会经济持续有序发展,一方面得益于生产力在各区域间的发展和合理布局、经济分工与协作在各区域间的有效组织,另一方面得益于政府对区域差异的强力调控与政策举措。豫东区的区域发展要充分认识区域差异的复杂性和区际协调的艰巨性,依托地区综合优势,确立经济发展方向,逐步调整经济结构,合理安排产业布局,促进三次产业融合发展。积极加强横向经济联系,统筹城乡一体化发展进程,实现区域经济高质量协同发展。

第四节 豫 西 区

豫西区包括河南省西部的平顶山、洛阳、三门峡3市,大致位于东经110°08′~113°41′、北纬33°08′~35°05′,北隔黄河与豫北区和山西省相望,西与陕西省相连,南接豫南区,东连豫中区。面积约3.36万平方千米,占全省总面积的20.13%。截至2021年年末,总人口数1 408万人,占全省总人口的14.25%,人口密度为419人/平方千米;国内生产总值9 723.82亿元,占全省的16.51%。本区自然条件较为复杂,自然资源丰富,社会经济条件也有明显优势,是一个非常具有发展潜力的地区。

一、自然条件

（一）地貌特征

1. 地貌类型复杂多样

豫西区处于我国地势第二与第三阶梯的过渡地区，地表起伏大，最高峰位于灵宝市小秦岭的老鸦岔，海拔 2 413.8 米，是河南省的最高点；最低点位于舞钢市的张营村，海拔 74 米。山地和丘陵占的比重高（85.7%），平原占的比重低（14.3%）。该区域地势西部高，东北、东部低。西部为豫西山地的主体，地表结构表现为山、河、岭、涧相间排列，地形复杂多变。从山脉体系上看，西部山地属于秦岭山系的东延部分，在本区呈爪状展开，其中崤山、熊耳山、外方山向东北延伸，伏牛山向东南延伸。这些山脉以中低山为主，间有河谷冲积平原，分别是黄河谷地、洛河谷地、伊河谷地等。这里具有向第三级阶梯华北平原和淮河平原过渡的地貌特征。本区地貌类型复杂多样，是河南省黄土地貌发育最好的地区。

在西南部山地与北部黄河之间，西起灵宝市，东到巩义市，区内有大面积条带状的黄土地貌分布。这一由西向东长达近 400 千米的黄土地貌，发育虽不及黄土高原地区典型，但与山地地貌和冲积地貌相比，都显出迥然不同的特征。

爪状山脉之间是河流谷地，每条较大河流又都与一些山间盆地相串通，如渑池盆地、洛宁盆地、宜阳盆地、嵩县盆地、汝阳盆地、洛阳和伊川盆地等。

2. 主要地貌类型

（1）山地

山地是豫西区最主要的地貌类型，占总面积的 46.4%，主要由秦岭山系的四支余脉（伏牛山、外方山、熊耳山、崤山）构成。

伏牛山脉是河南省最大的一支山脉，山地北面与熊耳山、外方山交会，其间没有明显的界线；山地南面以山脊老界岭为界与南阳盆地相连接，既是黄河、淮河、长江三大水系的分水岭，也是暖温带与北亚热带的自然分界线。

伏牛山脉规模大，山势雄伟高峻，主脊主要由燕山期花岗岩、片岩和片麻岩组成，两侧为古老的变质岩层，局部有灰岩出露。北侧山坡陡峭，坡度多在 45°以上，有的超过 80°；南侧山坡一般较缓，坡度 25°～40°。岭脊多呈锯齿状，山势挺拔，重峦叠嶂，多为悬崖峭壁，又有奇峰突起，远眺山峰如林。峰顶时常云腾雾绕，初夏常见风雪天气，被称为"河南的屋瓴"。明代诗人谢榛曾赞美伏牛山是"天连山势全雄晋"。

伏牛山山势高峻，气候湿润，垂直变化明显，天然植被较好，野生动植物种类繁多。1982 年 8 月，经河南省人民政府批准，伏牛山北坡的龙池曼和老君山被定为综合性森林和自然景观及珍稀动植物资源自然保护区、水源涵养自然保护区。这对保护和研究该区域野生生物的丰度、稀缺性、自然性、脆弱性、典型性、多样性等，具有重要的意义。

伏牛山东段自鲁山县城附近向东南一直延伸到舞钢市，由舞钢市东部出境，再向东南连接桐柏—大别山系，成为淮河与汉水的分水岭。山体以低山丘陵为主，坡缓谷宽。

外方山是伏牛山的支脉，在沙河和汝河之间，西南—东北走向，为沙河、汝河的分水岭。

熊耳山位于洛河与伊河之间,属秦岭东段支脉,西南-东北走向。

崤山又称三崤山,古称岭鉴山,是秦岭的东延分支,地跨洛宁县的西北部、新安县的北部,西南-东北走向。崤山山脉在洛宁段主要为中山,海拔1 000米以上;到新安境内降为低山,海拔800~1 000米。洛河横贯于崤山和熊耳山之间。

(2) 丘陵

丘陵是豫西区主要的地貌类型之一,主要分为石质丘陵和黄土丘陵,丘陵面积占全区总面积的38.7%。石质丘陵多为侵蚀剥蚀型,大部分属于山脉的延伸部分或山地与河谷平原的过渡区。黄土丘陵主要分布在三门峡、洛阳的北部及黄河的南侧。黄土丘陵海拔较低,多在200~400米,相对高度50~100米。地表组成物质下部为中更新世的深色黄土,上部系晚更新世浅色黄土。黄土的下面有较厚的钙质结核层。由于侵蚀较强烈,冲沟发育,地形破碎,水土流失严重。由于山地丘陵限制,这里的黄土塬以小块为主,且形态不甚完整。

(3) 河谷平原

本区平原面积较小,仅占总面积的14.9%,主要分布在北部的黄河两岸附近、伊洛河谷地和东部的沙河、汝河谷地等。北部的平原大多位于河流的一、二级阶地上,地面由黄色沙质黏土组成,是重要的农业生产区。东部的平原属于淮河平原的一部分,主要在平顶山市境内,面积达2 200多平方千米,地势低平,是重要的粮、油、烟生产基地。

(二) 暖温带为主的大陆性季风气候

豫西区处于中纬度地区,只有卢氏县熊耳山以南的老灌河谷地、伏牛山南的嵩县白河乡及平顶山舞钢市属于北亚热带,其他地区都处于暖温带,过渡性明显。伏牛山山势雄伟,气候垂直变化明显(见表5-4-1)。

表 5-4-1　伏牛山南、北坡不同高度的平均气温对比

海拔高度/m	500	1 000	1 200	1 400	1 600	1 800	平均
南坡均温/℃	24.4	21.3	20.9	19.3	18.8	17.2	20.3
北坡均温/℃	24.3	21.2	19.7	18.0	17.6	16.4	19.5
南北坡气温差/℃	0.1	0.1	1.2	1.3	1.2	0.8	0.8

从表中可知,相同高度上南坡平均气温均较北坡偏高。南、北坡平均气温差异的总趋势为:山体中部差异最大,为1.0℃~1.3℃;山顶次之;山脚最小,仅为0.1℃。

本区春温高于秋温,具有大陆性气候特征。区内地形复杂,山地丘陵多,伴有多种小气候,又表现出复杂性。本区1月盛行偏北风,7月盛行偏南风,具有明显的季风特征。本区地势高差大,气候的垂直变化(差异)明显。

豫西山区地形复杂,海拔高度相差悬殊,形成了明显的温度随海拔高度的增加而递减,热量资源随之而减少的规律。在自由大气中,高度每升高100米,气温下降约0.6℃;夏季较大,约降0.7℃;冬季较小,约降0.4℃。但是在山区,由于山体庞大辐射面的存在,加上受地形、地貌、坡向、植被诸因素的影响,气温随高度的变化趋于复杂。

温度垂直递减率在相同的季节内,因各地的地理条件不同也有差异。夏季伏牛山气

温的垂直递减率最大,熊耳山较小。这是因为夏季伏牛山地雨水相对较多,海拔高度高,山顶气温低,因而气温垂直递减率比熊耳山大。冬季相反,北部的熊耳山气温递减率比南部的伏牛山大。这主要是因为冬季北部先受西北来的空气影响,气温下降较多,而冷空气越山后下沉增温,导致南部降温比北部小。

本区气候四季分明,热量、降水分布均表现出显著的时间差异。年均降水量500~1 100毫米,四季的降水分配是冬寡、夏丰、春干、秋润。降水的地区分布总体表现出由东南向西北减少的趋势。本区舞钢市的东南部年降水量1 100毫米,而西北部的陕州区只有400毫米左右。本区多雨中心有两个,一个是舞钢市,一个是伏牛山地区。总体表现出山区降水多于平原区。在洛阳、三门峡境内,则表现出自东北向西南降水逐渐增多的趋势;在平顶山境内,大致表现出自南向北降水逐渐减少的趋势。本区热量条件能满足作物一年两熟或二年三熟,在西部山区中,只能满足一年一熟的耕作制度。季风的进退变化及复杂地表的影响,使本区灾害性天气发生的机会增多,但因地形的扰动,又使一些灾害性天气影响的范围受到了限制。本区常出现的主要灾害性天气有大风、干旱、暴雨、冰雹、低温和霜冻、干热风等。

(三) 以黄淮水系为主的地表水

豫西区地跨长江、淮河、黄河三大水系,伏牛山、外方山是三大水系的分水岭。黄河水系流域面积占本区总面积的65.1%,主要在洛阳、三门峡境内;淮河水系占29.7%,主要在平顶山境内;长江水系只占5.2%。黄河水系和淮河水系构成了本区地表水系的主体。本区降水较多,山区产水系数较大,地表径流较丰富,处于我国径流分布的过渡带内;位于三门峡、洛阳北部的黄土分布区,因产水系数较低,处于径流少水带内。

本区地表水资源总量达75.33亿立方米,占全省的24.1%,是河南省水资源较多的地区之一。由于这里是许多大河支流的发源地,加上地形复杂,为了治理水患、开发水力,修建了许多水利工程,其中以三门峡水利枢纽工程和小浪底水利工程最为有名。

三门峡水利枢纽工程位于三门峡市区东北部,距三门峡市区30千米,是新中国成立后我国兴建的第一座大型水利枢纽工程。拦河坝为混凝土重力坝,坝长713米,最大坝高106米,库容为162亿立方米。电站厂房可安装8台发电机组,现有装机容量40万千瓦,为低水头径流发电。三门峡大坝工程之大、气魄之雄,当时在我国首屈一指,也为世界瞩目。后来,工程又进行改进,库区淤积大为减轻,进出库区的泥沙基本平衡,实现了防洪、防凌、灌溉和发电、供水、旅游等综合效益,可控制黄河流域面积的91.5%。仅发电一项,截至1986年已全部收回国家对这项工程的投资。

小浪底水利枢纽工程是黄河干流三门峡以下唯一能够取得较大库容的控制性工程,既可较好地控制黄河洪水,又可利用其淤沙库容拦截泥沙,进行调水调沙运用,减缓下游河床的淤积抬高。小浪底水利枢纽工程技术复杂,施工难度大,被国际水利学界视为世界水利工程史上最具挑战性的工程。这座大坝设计最大坝高154米,总填筑量5 185万立方米,是我国迄今为止最大的土石坝。小浪底水利枢纽工程开发目标以防洪、防凌、减淤为主,兼顾供水、灌溉、发电,是我国治理开发黄河的关键性工程。

（四）多样性的生物资源

豫西区山地群峰竞秀，重峦叠嶂，动植物资源十分丰富，享有"森林博物馆"的盛誉。在生物区系组成中，既有华北暖温带区系的植物和动物，也有华中北亚热带的植物和动物。据统计，区内各种植物248科1014属2368种，其中属于国家重点保护的有26科31种。从植被垂直分布上来看，可以分4种类型：一是低山丘陵灌丛草甸带；二是中低山针叶林、落叶阔叶林混交林带；三是中山落叶阔叶林带；四是中高山针阔叶混交林、针叶林、灌丛草甸带。从植被种群特性上来看，可以分为6种类型：一是落叶阔叶林；二是针叶林；三是针阔叶混交林；四是灌丛；五是草甸；六是竹林。在低山缓坡地带自然植被多被人工植被所代替。区内的野生植物资源丰富，如珍稀濒危的植物银杏、金钱松、连香树、水青树、香果树等，丰富的用材树种马尾松、杉木、栎类、油松、华山松等，木本油料植物油茶、油桐、乌桕、漆树等，名贵药用植物党参、杜仲、天麻等，另有纤维植物、鞣质植物等。本区动物资源也较为丰富，有兽类、鸟类、爬行类、两栖类等。据统计，区内陆栖脊椎动物342种，属于国家重点保护的53种，其中有许多珍稀动物或经济价值较高的动物，如金钱豹、麝、羚羊、白肩雕、金雕、玉带海雕、白冠长尾雉、红腹锦鸡、猫头鹰、黄鼬、果子狸、黄缘闭壳龟、大鲵等。区内生物资源的多样性，为发展农业的特色种植、养殖提供了有利条件。

（五）以金属和能源为主的矿产资源

豫西区矿产资源种类丰富，已探明储量的矿产达80多种，且储量丰富，分布集中，易于大规模开采。平顶山、义马煤田最为有名。铁矿保有储量10亿多吨，占全省的91%；其中舞钢市的铁矿储量6.6亿吨，占全省保有储量的56.6%。铝土矿的保有储量达3亿吨，占全省的80%，主要集中在三门峡、洛阳境内。金矿是这里的优势矿产，主产于豫西山地中，其中三门峡和小秦岭一带为全国第二大山金基地，产量居全国第2位，探明储量360多吨，远景储量在600吨以上。洛阳的钼矿占全省探明储量的91%，钨矿占99%，主要分面在栾川县境内。平顶山的盐矿床储量大，仅叶县境内地质储量就达1000多亿吨，为全省第1位，是中国东部第二大井盐矿床。在探明储量的80余种矿产中，以金属、能源矿为主，本区是全省乃至全国重要的矿产基地。

（六）以棕壤、褐土为主的地带性土壤

豫西区气候、地貌、水文等自然条件复杂，土壤分布地带性明显。本区土壤以棕壤、褐土为主，棕壤主要分布在本区伏牛山、嵩山、熊耳山、外方山的上部，褐土主要分布在本区低山、丘陵阶地和缓岗部位上，由南向北表现出纬向水平分布规律。同时，本区土壤的垂直地带性分布也十分显著，自下而上呈褐土—淋溶褐土—棕壤—灰化棕壤—山地草甸土分布规律。但也有非地带性土壤的形成和分布，如黄色沙质黏土、潮土、砂姜黑土、粗骨土、红黏土、石质土、紫色土、水稻土等，主要分布在北部的黄河两岸附近、伊洛河谷地和东部的沙河、汝河谷地等。

二、城市与经济

（一）城镇体系特征

豫西区城镇建设历史悠久，古城（镇）较多，城镇体系发达。截至2021年年底，豫西区共辖4市、13县、13市辖区。全区常住人口共1 408万人，占河南省总人口的14.25%；其中洛阳市707万人，平顶山市497万人，三门峡市204万人。豫西区城镇化水平为60.72%，比河南省的平均水平（56.45%）高4.27个百分点。本区城镇体系发展现状与其历史发展基础、经济发展状况、人口分布特征等有关。

（二）城市概况

豫西区历史文化悠久。洛阳市位于河南西部，横跨黄河中下游南北两岸，因地处洛河之阳而得名。洛阳市有5 000多年文明史、4 000多年城市史、1 500多年建都史，是华夏文明的发祥地之一。洛阳还是国务院首批公布的历史文化名城，是国家区域性中心城市、中原城市群副中心城市、"一带一路"重要节点城市，获得中国优秀旅游城市、全国园林城市、国家卫生城市、全国文明城市等荣誉。

平顶山市为古应国，应国以鹰为图腾，"应""鹰"通假，故平顶山又称"鹰城"。平顶山市既是资源型工业城市，也是中国优秀旅游城市、国家园林城市、国家森林城市、国家卫生城市和省文明城市，还是中国曲艺城、中国书法城、中国观音文化之乡、中国汝窑陶瓷艺术之乡、中国唐钧基地、中原经济区重要的能源和重工业基地。

三门峡市有"五山四岭一分川"之称，西接关中，北邻三晋，东守中原，境内陇海铁路、连霍高速公路、310国道、郑西高铁横贯东西，209国道、三淅高速公路和浩吉铁路连通南北，是连接豫晋陕三省、北上南下、西进东出的区域交通枢纽城市。目前，三门峡市全力推动经济增长方式转变和城镇化健康发展，优化产业结构，提升城市服务水平，营造宜居城市环境，将三门峡建设成为黄河金三角地区重要中心城市、区域交通枢纽与物流商贸基地、资源型产业升级示范与新兴产业发展基地、黄河湿地与黄土高原融合的特色生态宜居城市。

悠久的历史文化为豫西区社会经济发展提供了良好的条件。各城市生产总值情况见表5-4-2。2021年年底，豫西区国民生产总值达9 723.82亿元，占全省的16.51%。其中第一产业628.28亿元，第二产业4 336.03亿元，第三产业4 759.51亿元。三次产业比例为6.46∶44.59∶48.95。第二产业的比重高出全省平均数3个百分点，第一产业低于全省平均数超过3个百分点。

表5-4-2　豫西区各城市生产总值情况一览表

城市	2020生产总值/亿元	2021生产总值/亿元	生产总值增长率/%
洛阳市	5 081.90	5 447.12	7.19
平顶山市	2 418.24	2 694.16	11.41
三门峡市	1 430.25	1 582.54	10.65

（三）经济发展

1. 区内经济差异明显

豫西区内部经济发展水平差异明显。就地区生产总值而言，2021年洛阳市为5 447.12亿元，平顶山市为2 694.16亿元，三门峡市为1 582.54亿元，洛阳市生产总值是三门峡市生产总值的3.4倍多。从人均GDP上看，2021年人均GDP最高的是洛阳，其次是三门峡，平顶山较低；洛阳市和三门峡市，人均国内生产总值均在全省平均值以上，而平顶山则在全省平均值以下。

2. 发达的工业

豫西区矿产资源丰富，能源充足，用水方便，交通便利，发展工业的条件优越。新中国成立前，这里的工业非常薄弱。新中国成立后，伴随着国家重点投资和资源的开发，本区工业发展很快，目前已经形成了以电力能源、机械电子、石油化工、冶金建材和轻纺食品等工业为主，门类齐全、实力雄厚、布局合理的工业体系。

洛阳市矿藏资源丰富，境内已探明矿产资源77种，其中钼、铝、金等甲类矿产资源26种，钼矿储量居全国首位，黄金储量居全国第3位。

洛阳市是一座工业基础坚实、科研实力较强的现代化工业城市。洛阳市有着鲜明的红色基因，是新中国重点建设的老工业基地，"一五"时期全国156项重点项目有7项在洛阳布局，第一台拖拉机、第一台压路机、第一条浮法玻璃生产线、第一批汽车变速箱轴承等众多"中国第一"在洛阳诞生。近年来，洛阳市依托产业基础和科技资源优势，坚持以创新驱动引领产业转型升级，积极推动"政产学研金用介"各类要素高效配置，一拖、洛矿、洛轴等一批"共和国长子"企业焕发活力，实现了"老树发新芽"；中航光电、中船725所、普莱柯生物等新兴产业蓬勃发展，实现了"新树结硕果"。洛阳市现已建立了较为齐备的产业体系，形成了包括39个行业大类的综合性工业体系，全市形成了先进装备制造、新材料、机器人及智能制造等3个千亿级产业集群，入选国家产业转型升级示范区。洛阳科研实力突出，郑洛新国家自主创新示范区、中国（河南）自由贸易试验区、国家高新技术产业开发区在此叠加，在航空航天、电子信息、国防科技工业等高科技领域位居全国先进水平，国产航母、大飞机、神舟、天眼、蛟龙、天宫一号、嫦娥五号等大国重器凝聚洛阳创新元素。

三门峡市矿产资源丰富，已发现各类矿藏66种，其中"黄（黄金）、白（铝土矿）、黑（煤炭）"为三大优势矿产。黄金远景储量1 000吨，储量、产量均居全国第2位；铝矾土储量3.78亿吨，居河南省第3位；煤炭保有储量11亿吨，居河南省第5位。

目前，三门峡已形成以黄金、铝工业、装备制造、煤化工等支柱产业为主导的现代化工业格局，其规模以上工业增加值占全市的70%。全市年黄金冶炼能力占全国的40%以上，黄金产量连续35年居全国第2位，中国黄金集团中原黄金冶炼厂是亚洲最大的黄金综合回收基地。以精密量仪、水工机械、化工压力容器、机床设备为主导的装备制造业实力雄厚，是国家电动、汽动量仪生产基地，化工装备制造能力和规模居全省第1、全国前列。电动汽车、新材料、生物医药等战略新兴产业快速发展。目前，三门峡以7个省级产业集聚区为支撑，正在大力实施高成长性制造业发展、战略性新兴产业培育和传统支柱产业转型三大工程，着力打造现代工业体系。

目前,平顶山市拥有平煤神马集团、平高集团、舞钢公司、天瑞集团、宝酒公司等一大批在全国同行业占有重要地位的企业,正在大力发展尼龙新材料、电气装备制造、特钢不锈钢等优势产业,培育壮大新一代信息技术、高端装备制造、生物医药、新能源储能等新兴产业,着力打造"一主两优四新多支撑"先进制造业新体系,新型功能材料产业集群纳入国家战略性新兴产业集群发展工程。平顶山市被确定为国家产业转型升级示范、国家农业绿色发展先行区、国家尼龙新材料高新技术产业化基地。

3. 豫西区产业结构状况

通过对豫西区3市2021年年底产业结构(见表5-4-3)分析,可以从宏观上看出豫西区的产业结构情况。

表5-4-3 豫西区2021年产业结构与全省产业结构比较

行政区	生产总值/亿元	人均生产总值/元	第一产业		第二产业		第三产业	
			总值/亿元	比重/%	总值/亿元	比重/%	总值/亿元	比重/%
全省	58 887.14	59 410	5 620.82	9.55	24 331.65	41.32	28 934.67	49.14
洛阳	5 447.12	77 110	261.01	4.79	2 378.68	43.67	2 807.43	51.54
平顶山	2 694.16	54 122	216.87	8.05	1 208.53	44.86	1 268.76	47.09
三门峡	1 582.54	63 473	150.40	9.50	748.83	47.32	683.31	43.18

表5-4-3表明,豫西区3市的第二产业和第三产业在生产总值中均占较大比重,而第一产业农业所占比重很小,符合产业演进规律。和全省产业结构相比,洛阳市和平顶山市第一产业比重低于全省平均水平,而三门峡则接近全省平均水平,三门峡农业比重较高。洛阳市、平顶山市和三门峡市第二产业比重均超过全省平均水平,说明三个地市工业比较发达。洛阳市的第三产业比重超过全省平均水平,而三门峡和平顶山市则低于全省平均水平。通过对比分析,下一步三门峡市要加大第三产业的发展,提高第三产业在产业结构中的比重,促进经济的进一步提升。

4. 豫西区区域发展优势

(1) 区位条件好

洛阳市自古为"九州腹地、十省通衢",具有承东启西、纵贯南北的区位优势,是我国中西部地区重要的交通枢纽。陇海、焦柳、郑西高铁三大铁路干线穿境而过,浩吉货运铁路洛阳段建成通车,呼南高铁豫西通道具备开工条件,"十字"高铁路网加快构建,连霍、二广、宁洛等高速公路在此交会,济洛西、尧栾西等高速建成通车,"三横三纵三环"的高速路网加快完善。洛阳机场是国内净空条件最好的二级机场之一,疫情前通航城市达30个,旅客吞吐量突破150万人次。

三门峡市地处豫西边陲,自古是通秦连晋、承东启西的咽喉要塞。西接关中,北邻三晋,东守中原,境内陇海铁路、连霍高速公路、310国道、郑西高铁横贯东西,209国道、三浙高速公路和浩吉铁路连通南北,是连接豫晋陕三省、北上南下、西进东出的区域交通枢纽城市。三门峡市也是东部产业转移和西部资源输出的必经之地,与山西运城、临汾及陕西渭南构成黄河金三角经济协作区。目前已建成以高速公路、国省干线为骨架,县乡公路、农村公路为支脉的公路交通网络体系,连接金三角、融入大中原、辐射中西部的现代化交通网络体系初步形成。

平顶山市地处京广和焦枝两大铁路干线之间，距新郑国际机场100千米。兰南、宁洛、二广、郑尧、焦桐5条高速公路穿境而过。正在建设的郑万高铁从该市通过，并在城乡一体化示范区和郏县设站。

（2）自然资源丰富

洛阳市矿藏资源丰富，境内已探明矿产资源77种，其中钼、铝、金等甲类矿产资源26种，钼矿储量居全国首位，黄金储量居全国第3位。洛阳动植物资源丰富，森林植物中有维管束植物173科830属2 308种及198个变种6个变型，陆栖脊椎动物565种，天然药物480余种。

平顶山市各类矿藏57种，原煤储量100亿吨，是我国中南地区最大的煤田；钠盐储量3 300亿吨，是中国岩盐之都；铁矿石储量10亿吨，是全国十大优质铁矿之一。

三门峡市主要有贵金属、黑色、有色、稀有（散）、放射性等金属矿产以及冶金辅助原料、燃料、化工原料等非金属矿产。"黄、白、黑"是三大优势矿产。全境域内维管束植物144科780多属2 100多种。稀有树种主要有领春木、望春花、铁杉、连香树、暖木、红豆杉、糯米椴、龙须木、水曲柳等。可用于医药的植物约600多属1 300多种。三门峡市辖区内除家养动物外，仅野生的陆栖脊椎动物就达140多种。其中，爬行类动物20种，鸟类70多种，哺乳类42种，两栖类8种。

（3）文化底蕴深厚

洛阳市是一座历史源远流长、文化底蕴深厚的千年古都。洛阳市居天下之中，处九州腹地，先后有夏、商、西周、东周、东汉、曹魏、西晋、北魏、隋、唐、后梁、后唐、后晋13个王朝在此建都，是我国建都最早、历时最长、朝代最多的城市。洛阳市现有全国重点文物保护单位51处、河南省文物保护单位115处、不可移动文物9 000余处、馆藏文物42万余件。夏都二里头、偃师商城、东周王城、汉魏故城、隋唐洛阳城五大都城遗址沿洛河一字排开，"五都荟洛"举世罕见；龙门石窟、中国大运河、丝绸之路等3项6处世界文化遗产穿越千年，熠熠生辉；佛教传入中国后官办的第一座寺院白马寺，全国唯一"林、庙"合祀的关公祭祀之所关林，隋唐洛阳城国家历史文化公园、明堂、天堂、应天门、九州池等大遗址保护展示工程，无不彰显着洛阳厚重的历史文化底蕴。洛阳是儒学的奠基地、道学的产生地、佛学的首传地、玄学的形成地、理学的渊源地，各类文化思想在此相融共生、大放异彩。中国古代四大发明中的指南针、造纸术、印刷术均诞生于此，世界上第一台地震测量仪器——地动仪发明于此，中国第一部字典《说文解字》、第一部断代史《汉书》、第一部编年体通史《资治通鉴》等均著作于此。洛阳还是全球华人的文化之根、祖脉所系，全球1亿多客家人祖居于此，中国70%的宗族大姓起源于洛阳，以"河图洛书"为代表的河洛文化是华夏文明的祖根文源。

三门峡市历史文化积淀深厚，是华夏文明发祥地之一。三门峡市地处黄河流域中游、连接中原与西北的独特地理位置，使得华夏各种文化在这里交汇、融合、升华，孕育出具有鲜明地域特色的崤函文化。仰韶文化、黄帝文化、虢国文化、老子文化、达摩文化、砥柱文化、甘棠文化、根亲文化以及古代崤函交通文化、战争文化等诸多历史文化，正是崤函文化的典型代表。

平顶山市历史底蕴深厚，有全国重点文物保护单位31处、不可移动文物5 000多处，是中国曲艺城、中国书法城、中国观音文化之乡、中国汝窑陶瓷艺术之乡和中国唐钧基地。该市文旅资源丰富,有千手观音证道祖庭香山寺、千年古刹风穴寺、汝官窑遗址、苏轼父子三人的安息地三苏园、全国保存完整的明代县衙叶县县署、国家级非物质文化遗产马街书会,旅游资源单体4 200多个。

(4) 国家政策支持

《河南省国民经济和社会发展第十四个五年规划和二○三五年远景目标纲要》明确指出,要加快郑州国家中心城市、洛阳中原城市群副中心城市建设,构建都市圈轨道交通网和重点产业带,推动郑(州)洛(阳)西(安)高质量发展合作带建设全面起势。加快推进重大遗址保护和黄河历史文化地标城市建设,推进黄河文化专题博物馆建设,打造黄河国家文化公园重点建设区,构建以郑汴洛为引领、省内全流域贯通的黄河历史文化旅游带。顺应区域经济多极化发展趋势,增强洛阳要素集聚承载和跨区域配置能力,强化与郑州国家中心城市错位发展,加快建设洛阳都市圈,在推动高质量发展中发挥更大作用。推进重要节点城市特色错位发展,支持建设开封世界历史文化名都、平顶山转型发展示范市、鹤壁高质量发展城市、新乡豫北地区重要中心城市、焦作豫晋交界地区中心城市、濮阳豫鲁冀省际区域中心城市和新型化工基地、三门峡黄河金三角区域中心城市、周口新兴临港经济城市、信阳践行生态文明的绿色发展示范区、济源国家产城融合示范区。开展承接产业转移、科技成果转移转化、产业链供应链优化提升等示范创建。这些政策推动了豫西区快速发展。《河南省人民政府关于推进城乡建设加快城镇化进程的指导意见》也明确指出,要运用市场力量和政策导向,扩大安阳、信阳、商丘、南阳、三门峡、济源等周边城市规模,逐步培育成为能够带动区域经济发展的地区性中心城市。国家实施中部崛起战略,为增强豫西区城市综合竞争力提供了有力的支撑。

三、区域经济发展

(一) 第一产业

1. 种植业

豫西区地处暖温带向北亚热带过渡地带,气候温和,热量丰富,光照充裕,降水适中,宜于发展农业。在本区农业生产部门结构中,以种植业的地位最高、规模最大。小麦是豫西区最重要的粮食作物,种植历史悠久,经验丰富,种植面积大,是人民生活和食品工业生产的主要用粮来源。从生产分布看,本区小麦分布广泛且相对集中。广泛就是全区各市、县都有大面积种植;相对集中是指平原区分布多于山区,其中,宜阳、洛宁、叶县、汝州等地为重要的小麦生产基地,商品率较高。玉米是本区仅次于小麦的第二大粮食作物,从本区的地势来看,位于我国玉米分布带上,生长条件适宜,新中国成立前玉米就是这里主要的糊口之粮,生产经验丰富。新中国成立后,随着农业生产技术水平的提高和农田基本建设的加强,灌溉、施肥的改善及育苗移栽技术的推广,玉米很快成为本区大宗粮食作物。薯类是本区传统的种植作物,20世纪70年代以前,薯类在人们食物中占有相当大的比重,素有"一年红薯半年粮"之说。进入80年代以后,红薯已由主食降为调剂生活的食物,并逐渐变为副食品、牲畜饲料和轻工业的加工原料。目前薯类是豫西区第三大粮食作物，在区内种植范围广，但主要集中在洛阳和平顶山境内。大豆既是粮食作物，也是油料作物，营养丰富，食用价值很高，主要集中在平原地区。水稻是本区重要的细粮作物，主要分布在伊洛河、沙河、汝河等沿岸水利条件好的地区。除上述粮食作物外，豫西区还种植谷子、高粱、绿豆、豌豆等作物，但由于单产低或可食性差，其播种面积逐渐减少，仅作为一种调剂生活食品，地位在全区粮食生产中偏低。

豫西区的经济作物种类繁多，有烟叶、油料、蔬菜、瓜果、棉花等，其中烟叶、油料、蔬菜最为重要。本区具有发展烟叶的优势条件，主要表现在：一是自然条件适生，排水良好，光照充足，昼夜温差大，土壤富钾贫氮，利于烟叶生长；二是栽培历史悠久，技术条件好，经验丰富，烤烟颜色正、油分足、厚薄适中、燃烧性好、品质优，具有"浓香型"烤烟的独特风味；三是名优品种多，经济价值很高。目前本区已成为全国重要的烤烟生产基地，从生产分布上看，分布广泛，各市、县、区都有较大面积种植，是本区最重要的经济作物之一。

油料作物主要有芝麻、花生、油菜籽，总产量基本可以保证本区人民生活食用油的需要。从生产分布看，花生以平顶山和洛阳种植面积较大，产量较高；油菜籽以平顶山种植面积最大，其次为洛阳，三门峡最少；芝麻以洛阳最多。

综上所述，种植业在豫西区农业结构中地位重要，直接影响着人民的生活水平、经济的发展速度和社会的稳定。抓好种植业的发展，是社会发展的需要。

2. 畜牧业

畜牧业是豫西区第二大农业经济部门，也是本区传统的经济部门。本区畜牧业发展历史悠久，饲养经验丰富，畜牧业发展的条件优越。主要有利条件：一是气候温和湿润，利于畜禽的繁殖和生长；二是饲草饲料资源丰富，既有天然牧草、农作物的秸秆和杂粮，又有丰富的食品工业的下脚料（如酒糟、醋糟等）；三是劳动力资源丰富，利于规模经营、组织饲养和畜产品的加工等。豫西区畜牧业主要以舍饲为主，放养较少，畜禽种类有牛、马、骡、驴大牲畜和猪、羊、鸡、鸭、鹅等家禽家畜。优良品种较多，如平顶山市郏县红牛，被列入全国地方良种之一，其特点是肉役兼用，成熟早，体质健，肉质好，耕挽力大，这种牛以郏县为中心，在周围各市、县都有喂养。近年，豫西区畜牧业的发展逐步趋向专业化、商品化、集约化，实行规模经营，形成规模效益。另外，全区很多荒山、草地、草坡还没有得到开发利用，许多作物茎叶、秸秆及麸、饼等粮食下脚料没有得到充分利用。随着各种饲料资源的充分开发利用以及科学饲养技术的推广、管理水平的提高，豫西区畜牧业必将有更大的发展空间。

3. 林业

历史上本区内林木茂密，林业资源丰富。随着人口的急剧增长，大面积的垦荒和乱砍滥伐，森林资源急剧下降，到新中国成立前后，这里仅存一些散生树木。新中国成立后，全区人民为了从根本上治穷致富，改善农业生产环境，结合农田水利建设和小流域水土流失的整治，进行了大规模的群众性植树造林活动。除对全区荒山、荒坡进行大面积绿化外，还实施了农田林网建设、四旁植树、河道堤防造林、环城绿化工程等。

豫西区林地主要集中在山地丘陵区。有林地是林地的组成部分，主要分布在平顶山的鲁山、舞钢、汝州，洛阳的嵩县、栾川、偃师、新安，三门峡的卢氏、陕州、渑池等地。灌木林地主要分布在低山区,以鲁山最多。疏林地主要分布在平顶山的汝州、鲁山,洛阳的汝阳、栾川、偃师、新安,三门峡的灵宝、义马、渑池、陕州等地。未成林造林地在全区都有分布。苗圃主要分布在汝阳、汝州、义马等地。

从林木类型来看,本区林业生产可分为用材林、经济林、农田防护林、水土保护林、水源涵养林、市郊环境保护林等。其中用材林、经济林主要分布在南部及西北部的浅山地带。农田防护林主要分布在河谷平原地带。水土保护林主要分布在三门峡、洛阳的黄土地貌单元区和平顶山的汝州等地。水源涵养林主要分布在伏牛山区及河流上游的库区等地。

随着社会经济的快速发展,区内的经济林种发展较快,其中苹果树、梨树、柿树等种植面积呈逐年扩大趋势。在林产品中,果品种类多,名优特产品多,如灵宝的苹果、鲁山的板栗、叶县的马湾白桃和汝坟店柿子等远近闻名。

4. 渔业

在豫西区的农业生产中,渔业属规模最小的一个部门。本区渔业生产条件良好,主要表现在:一是气候温和,雨量适中,热量充足,年平均气温12~15℃,境内水域基本没有结冰期,所有的鱼类均可以生长。二是区内水域面积较大,水质优良。在水质方面,本区水质属Na^+或Ca^+型,pH为中性,适宜鱼类生长。三是饵料充裕,水产品种类多。本区水域一般水温适中,水质肥美,利于水中浮游生物生长,有助于鱼类的繁衍。据查,本区鱼类有60多种,经济价值较高的鱼类有20余种,数量多,分布广。四是水产品市场广阔,需求量大。五是劳动力资源丰富,有利于渔业集约化养殖和规模经营。

从渔业生产发展变化来看,尽管渔业在农业生产部门中所占比重小,但是近几十年来发展的速度很快,尤其是改革开放以来,随着市场经济的蓬勃发展,渔业市场看好,经济效益可观。但是相对于渔业生产条件,本区渔业生产还远远不够,生产潜力还很大,有待进一步开发。

(二)第二产业

豫西区矿产资源丰富,能源充足,用水方便,交通便利,发展工业的条件优越。新中国成立前,这里的工业非常薄弱。新中国成立后,伴随着国家重点投资和资源的开发,本区工业发展很快,目前已经形成了以电力能源、机械电子、石油化工、冶金建材和轻纺食品等工业为主、门类齐全、实力雄厚、布局合理的工业体系。

1. 煤炭工业

河南省的煤炭储量十分丰富。已查明的煤田主要集中在京广铁路以西的山丘地区,大约占全省煤炭探明储量的96%;其中平顶山远景储量103亿吨,也是我国第二大煤炭生产基地,是我国钢铁企业的主要煤炭供应地。从煤炭产出层位看,主要集中于石炭-二叠系地层中。从煤炭资源的地域分布看,荥巩、新密、登封、偃龙、新安、宜洛、义马、渑池、平顶山、临汝、韩梁、禹州等地保有储量149亿吨,占全省的65.56%,产量占全省的78.15%。

2. 冶金工业

冶金工业包括黑色冶金和有色冶金两大类。黑色冶金中以钢铁冶炼为主,河南省的钢铁冶炼居全国中等水平；有色冶金地位较高，是全国重要的有色金属生产基地之一。20世纪50年代以前，河南每年只能生产200吨生铁，有色金属工业几乎是空白，是一个少铁无钢的省份。"一五"时期，国家安排了洛阳铜加工厂的建设，并开始着手建立钢铁工业。在"大跃进"和"文革"期间，钢铁工业大上大下，有色工业在动乱中求发展，洛阳铜加工厂、三门峡铝厂、小秦岭金矿等，在困难的环境下继续坚持建设，并陆续投产。

河南省是全国有色金属资源较丰富的省份，种类有30多个，以铝、金、钼、银四大有色金属储量最大、地位最高。其中三门峡铝厂是全省大型炼铝企业之一。黄金矿主要分布于豫西的灵宝等地，矿体规模大、品位高，现已大规模开采和冶炼。三门峡建有大型黄金冶炼厂，是全国三大黄金产地之一。豫西区还是河南省两大银矿分布地之一，洛阳是河南也是全国重要的铜精炼和加工中心之一。

3. 电力工业

河南省水力资源丰富，水能理论蕴藏量517万千瓦，可开发利用量315万千瓦，大部分集中在黄河干流上，具有巨大的开发价值。黄河上的小浪底和三门峡电站属于大型水电工程，其余均为小型水电站。

三门峡水利枢纽是以防洪为主、综合利用的大型水利枢纽工程，位于黄河中游下段，连接豫、晋两省，控制流域面积占黄河总流域面积的91.5%，来水量的89%，来沙量的98%。三门峡水利枢纽工程为国家大型水电工程，被誉为"万里黄河第一坝"。三门峡水利枢纽工程是发电、灌溉、防洪综合工程，为河南、河北、山西三省提供了丰富的电力，为河南提供了灌溉的水源，对河南、山东的防洪起着重大作用。

三门峡水利枢纽自1973年年底第一台机组发电投产，到1978年年底第五台机组安装完成，电站总装机容量为25万千瓦。三门峡水电站对河南省用电的高峰期很有补益，对缓解华中电网供电紧张状况也起到了较大的作用。尤其是三门峡水电站分担系统中的部分峰荷容量，降低了系统中的火电站的煤耗，为国家节省了大量的原煤，取得了显著经济效益。用等效替代工程所需的年折算费用计算，按《水利经济计算规范》SD139—85规定采用的社会折现率为7%计算，三门峡水电站发电的经济效益现值为13.634亿元；按《建设项目经济评价方法与参数》规定建设项目的社会折现率为10%计算，三门峡水电站发电的经济效益折现值为18.77亿元。

4. 机械工业

机械工业是为国民经济各部门直接制造先进技术设备，并为人民生活提供服务设备的工业生产部门。机械工业的发达程度直接代表着一个国家或地区的工业生产水平，直接影响着国民经济各部门和国防建设的发展以及人民生活水平的提高。农业机械制造是河南省在全国最富有特色的机械工业生产部门，主要生产拖拉机、排灌机械、机引农具和农产品加工机械。洛阳拖拉机厂（中国第一拖拉机制造厂）是全国规模最大、产量最大、以生产大型履带式拖拉机为主的农业机械骨干企业，产品畅销全国各地，新中国成立以来全国半数以上的拖拉机都是该厂生产的。洛阳矿山机械厂是我国大型矿山机械制造中心之一，以生产大型采掘机、卷扬机、选煤机为主。此外，洛阳的机床制造、洛阳的轴承生产、三门峡的水工机械制造等，也都闻名全国。

5. 化学工业

河南省发展化学工业的条件优越。在豫西区化肥生产中,平顶山市是河南省氮肥的主要产地之一,洛阳市是河南省磷肥的主要生产地之一,钾肥生产量很少。有机化工是利用煤、石油、天然气、木材、农副产品等为原料,通过有机化学反应而获取化工产品的部门,主要产品是塑料、橡胶和合成纤维。洛阳橡胶厂是重要的轮胎生产地之一,产量占河南省总产量的2/5;平顶山轮胎产量也很大。

6. 纺织工业

豫西区的纺织工业生产开始于1907年,20世纪60年代,国家在三门峡、平顶山等地建设了棉纺厂、印染厂、绢丝厂、黏胶纤维厂。改革开放以来,平顶山、洛阳等地建设了毛织厂、化纤厂。目前,豫西的纺织品除供省内外人民生活需要外,还有几十个种类、数百个品种远销世界几十个国家和地区。洛阳、三门峡、平顶山建有中型棉纺织企业,小型棉纺织企业几乎遍布各县市,布点稠密而均匀。河南省化纤工业洛阳规模最大,平顶山规模仅次于洛阳。平顶山既是全省也是全国最大的锦纶生产地。平顶山帘子布厂是20世纪80年代初从国外引进设备兴建的,是我国第一家生产锦纶帘子布的现代化企业。帘子布是制造轮胎的骨架材料,对汽车工业的发展有巨大作用。河南化纤工业起步虽晚,但发展极快。今后,随着石油工业和煤炭工业的发展,化纤工业还会有更大的飞跃。

(三)第三产业

1. 仓储运输及邮政业

洛阳北郊机场于1987年9月26日正式通航。2018年,洛阳北郊机场旅客吞吐量达131.51万人次,货邮吞吐量为1 339.13吨。铁路有郑洛城际铁路、洛阳—新郑机场城际铁路、焦洛城际铁路、洛平城际铁路。高速公路有环城高速、连霍高速、二广高速、宁洛高速、郑卢高速、洛栾高速、济洛高速(开工)、尧栾西高速(开工)等,还有洛偃快速通道、洛宜快速通道、洛栾快速通道、洛吉快速通道等。

平顶山地处京广和焦枝两大铁路干线之间,距新郑国际机场100千米。兰南、宁洛、二广、郑尧、焦桐5条高速公路穿境而过。郑万高铁从该市通过,并在城乡一体化示范区和郏县设站。

三门峡已建成以高速公路、国省干线为骨架,县乡公路、农村公路为支脉的公路交通网络体系,连接金三角、融入大中原、辐射中西部的现代化交通网络体系初步形成。三门峡境内铁路全长496千米,其中郑西客运专线长154千米,陇海铁路长189千米,浩吉铁路长153千米。三门峡拥有湖大铁路、渑杨铁路、渑张铁路3条地方铁路,与陇海铁路相接,连通各厂、矿区,形成了服务区域经济的干支相连的铁路网系统。三门峡拥有3条省级以上高速公路,即连霍高速公路、三淅高速公路和郑卢高速公路。三门峡属内河非水网地区,黄河流经三门峡境内220千米,三门峡大坝上游有140千米,下游有80千米。水上运输主要为对河渡运和水上旅游,基本无长航运输。

2. 旅游业

洛阳市是中国优秀旅游城市,是华夏文明的发祥地之一、丝绸之路的东方起点、隋唐大运河的中心,历史上先后有13个王朝在洛阳建都。洛阳市有二里头遗址、偃师商城遗址、东周王城遗址、汉魏洛阳城遗址、隋唐洛阳城遗址等五大都城遗址,有中国洛阳牡丹文化节、河洛文化旅游节等节日活动。截至2022年12月,洛阳共有龙门石窟、汉函谷关、含嘉仓等3项6处世界文化遗产;有A级旅游景区82处,其中4A级及以上景区30处。

平顶山有白鹭洲、白龟湖两个国家级湿地公园。尧山中原大佛景区是国家5A级旅游景区,尧山地质公园是国家地质公园。平顶山博物馆、二郎山、灯台架、画眉谷、三苏园、尧山大峡谷漂流、香山寺等是国家4A级旅游景区。平顶山旅游资源居河南省第二位。

三门峡市是仰韶文化、道家文化和虢国文化的发源地,还是华夏人文始祖黄帝的铸鼎地、老子《道德经》的著经地、佛教禅宗始祖菩提达摩的圆寂地。境内有被誉为"文化圣地"的仰韶文化遗址、象征中华民族不屈不挠精神的中流砥柱石、荆山黄帝铸鼎原、"千古雄关、道家之源"函谷关、我国三大遗址博物馆之一的虢国博物馆、成片地下民居天井窑院建筑群、空相寺、黄河古栈道、石壕吏遗址、宝轮寺塔、秦赵会盟台、鸿庆寺石窟、安国寺、甘棠苑等名胜古迹。截至2021年底,三门峡共有20处A级旅游景区,其中4A级旅游景区14处;非A级旅游景区30处。

3. 商业批发和零售业

2021年,三门峡市全年社会消费品零售总额535.13亿元,比上年增长10.7%。分城乡看,城镇消费品零售额440.68亿元,增长9.6%;乡村消费品零售额94.45亿元,增长16.1%。分行业看,批发业24.83亿元,增长10.6%;零售业437.58亿元,增长10.5%;住宿业4.71亿元,增长7.2%;餐饮业68.01亿元,增长12.4%。

2021年,平顶山市全年社会消费品零售总额1 100.84亿元,比上年增长10.7%。分城乡看,城镇895.97亿元,增长10.6%;乡村204.87亿元,增长11.1%。分行业看,批发零售业889.07亿元,增长10.2%;住宿餐饮业211.77亿元,增长13.0%。

2021年,洛阳市在限额以上批发零售业企业商品零售额中,粮油、食品类增长18.6%,饮料类增长20.4%,烟酒类增长10.6%,服装鞋帽针纺织品类下降2.5%,化妆品类增长7.5%,日用品类增长18.1%,家用电器和音像器材类增长5.6%,中西药品类增长5.5%,通信器材类增长13.6%,家具类增长16.2%,石油及制品类增长1.3%,汽车类增长2.2%,体育、娱乐用品类增长8.4%,金银珠宝类下降20.8%。

四、经济发展对策

(一) 主动融入国家重大战略,着力提升发展位势

豫西区把自身发展放在全国、全省对黄河流域生态保护和高质量发展、促进中部地区高质量发展的总体部署中谋划,在筑牢黄河生态屏障中推动生态价值转化,在保护传承弘扬黄河文化中打造黄河历史文化主地标城市和国际人文交往中心,在维护产业链供应链安全稳定中建设先进制造业基地,持续拓展发展空间,不断积蓄发展势能,加快把国家战略势能转化为自身发展实效。

（二）立足扩大内需战略基点，着力融入新发展格局

豫西区主动融入以国内大循环为主体、国内国际双循环相互促进的新发展格局，深入推进供给侧结构性改革和需求侧管理，聚焦重点领域扩大合理有效投资，加快补齐农村基础设施和公共服务短板，推动消费升级、投资结构优化、城镇化潜力释放、中等收入群体扩围增收，在服务新发展格局中更好发挥重要枢纽和平台作用。

（三）聚焦制造业高质量发展，着力筑牢实体经济基础

顺应制造业服务化、智能化、高端化发展趋势，豫西区强化数字牵引和绿色转型，加快推进产业结构高级化和产业链现代化，促进先进制造业和现代服务业、农业深度融合发展，打通资金、技术、人才等生产要素向实体经济流动通道，加快构建实体经济、科技创新、现代金融、人力资源协同发展的现代产业体系，不断提升经济发展的科技含量、就业容量和生态质量。

（四）推进改革开放创新，着力增强发展动力和活力

豫西区实施关键核心技术攻关行动，坚持以科技创新引领产业升级，以体制机制创新激发内生动力，突出改革推动，探索首创性、集成性改革举措，推进有效市场和有为政府更好结合；突出开放带动，不断拓宽开放领域，完善开放平台，拓展开放空间，全方位提升对内对外开放水平；突出创新驱动，把科技创新作为战略支撑，加快谋划建设重大科创平台，采取超常规举措突破关键领域"卡脖子"环节和核心技术，塑造发展新优势。

（五）增强区域联动发展，着力推进城市跨越发展

坚持以城市功能创新增强聚合能力，以发展模式创新重塑区域发展格局，顺应产业和人口向优势区域集中的趋势，突出中心城市带动，加强与济源深度融合发展，推动豫西区协同发展，构建中心辐射带动周边的梯次传导格局。

（六）优先发展农业农村，全面推进乡村振兴

豫西区把解决好"三农"问题作为重中之重，强化以工补农、以城带乡、城乡互补、协调发展，促进农业高质高效、乡村宜居宜业、农民富裕富足。大力实施绿色产品质量提升、名优特新品牌、黄河地理标志产品培育工程，加强种质资源保护和利用，开展种源"卡脖子"技术攻关，建成国家级品种选育基地。建设特色农产品期货交易平台。提高农业质量效益和竞争力。坚持藏粮于地，以闲置土地清理为重点盘活存量，保持耕地面积总体稳定。坚持藏粮于技，强化装备支撑，提升农药、新型肥料保障的质量和水平。大力发展智慧农业、节水农业、创意农业、观光农业等乡村经济新业态，推动农业从以单一的农副产品生产为主向科研、生产、加工、贸易、休闲旅游等全产业链拓展。落实"米袋子""菜篮子"负责制，完善粮食储备管理体制，激发发展动力和活力。健全农村金融服务体系，发展农业保险。实施乡村建设行动。把专业化、特色化乡村建设放在突出位置，编制"多规合一"的实用性村庄规划，建设一批具有豫西特色的新农村。深化农村人居环境整治，梯次推进生活

污水、垃圾治理，全面改善农村生产生活条件。多渠道增加农村公共服务供给，建设宜居宜业乡村。完善新型农村农业社会化服务体系，加快建设综合平台，优化重要农资和农副产品供应服务。提高农民科技文化素质，推动乡村人才振兴。推动、巩固、拓展脱贫攻坚成果同乡村振兴有效衔接，强化乡村振兴动力支撑。

第五节 豫 北 区

豫北区位于河南省北部，黄河以北的黄淮海平原上。该区北依太行山与晋、冀、鲁相接，南临黄河与豫中区相望。豫北区大致位于北纬34°53′～36°22′、东经113°23′～116°5′，包括安阳、鹤壁、新乡、焦作、濮阳、济源6市。土地面积约2.80万平方千米，占全省面积的16.78%。2021年年末，本区人口约2 115万人，占全省总人口的21.40%。京九、焦枝、陇海、新菏等铁路沟通南北、贯穿东西。京珠、连霍高速公路呈"十"字交叉于此。豫北区不仅地理位置优越、交通发达，是连接河南城市群与首都经济圈的纽带，而且能源丰富、矿产富集，是河南省的能源基地，是实现中原崛起的"加油站"和"助推器"。

从行政区的位置看，本区虽属河南，但却地处黄河以北。从与相邻省份的空间关系看，豫北区地处山西省的东边、山东省的西边、河北省的南边，是晋、冀、鲁、豫4省交界之地，也是兵家必争的战略要地，自古以来交通方便，经济发达。如今，豫北区北距经济技术发达的京津唐地区，南到以郑州为中心的城镇群，东到有海运之便的山东海港，其直线距离都在300千米左右，地缘优势十分明显。随着交通条件的进一步完善，豫北区的经济地理位置和社会经济环境优势会更为凸显。

一、自然条件

（一）地貌特征

本区地貌主要有两个特点：

1. 地势西北高、东南低，东西差异和南北差异明显

大体以京广铁路为界，西部是东北—西南走向的太行山地，东部是宽广坦荡的华北平原，山地和平原面积之比约为4∶6。这种地势比较有利于降水的排泄，故历史上很少见到豫北区发生涝灾。东西地形的巨大差异造就了太行山为我国地形第二阶梯和第三阶梯的分界线，也是季风区与非季风区的分界线、农区与牧区的分界线和600毫米年等降水量线。区内地势的总趋势是，北部、西部海拔高且起伏大，南部、东部地势低且平坦。

2. 地貌类型多种多样

区内不仅有绵延高峻的山地，也有坦荡无垠的平原；既有波状起伏的丘陵，还有山丘环抱的泊洼。多种多样的地貌类型，为豫北区的农林牧和工矿业的全面发展，提供了有利的条件。

（二）暖温带大陆性季风气候

本区位于北纬 34°53′～36°22′，气候类型属于暖温带大陆性季风气候。由于受地形和季风的影响，光、热、水时空差异明显，春季温暖多风，夏季炎热多雨，秋季天高气爽，冬季干冷少雪。年平均气温平原区 14.1℃，浅山丘陵区 13.2～14.3℃，北部和西部太行山、王屋山区低于 10℃。无霜期一般为 205 天，年平均降水量 573.4 毫米，蒸发量 1 646.1 毫米，相对湿度 65%。区内降水量年际变化显著，降水随季节变化较明显，且四季分配不均，一半多集中于 7、8、9 三个月。年日照时数为 2 010～2 640 小时。

本区气候特点表现为：第一，温暖适中，兼有南北之长。区内气候温和，全区年平均气温 13℃左右，冬冷夏炎，四季分明，具有冬长寒冷雨雪少、春短干旱风沙多、夏日炎热雨丰沛、秋季晴和日照足的特点。南、北两个气候带的优点兼而有之，有利于多种植物的生长。第二，季风性显著，灾害性天气频繁。背靠广阔的欧亚大陆，东近浩瀚的太平洋，冬夏海陆温差显著，风向随季节变化明显。季风气候对农业有利的方面虽占主导地位，但也有其不利的一面，主要在于它的不稳定性，具体表现在年降水量的时空分布不均，全年的降水量主要集中在夏季，约占全年降水量的 45%～60%，降水的不稳定性极易引起旱涝灾害。本区时常受寒潮和霜冻之害，使农作物减产，给人民生命财产造成重大损失。

（三）河网密集，分属黄河和海河两大水系

豫西区河流分属黄河和海河两大水系，黄河为豫北区、豫东区和豫中区的分界线。流经本区的河流呈西北－东南和西南－东北走向，河流（除黄河外）短且流域面积小，多属季节性河流。汛期遇暴雨，河水猛涨，水位、流量、流速变化很大，大多河道宽浅且多湾，水流平缓，汛期宣泄不畅，也会积水成涝。这些河流是城市用水的重要水源，也是农田灌溉的主要水源。

本区黄河的主要支流有蟒河、沁河。沁河发源于山西省，向南切穿太行山，流入河南省境内，在武陟汇入黄河。沁河上游植被好，水蚀模数小；中下游植被覆盖较差，水流浑浊，是沁河泥沙的主要来源区域。

海河水系的主要河流有卫河干支流和徒骇河、马颊河。卫河是河南省海河流域最大的支流，发源于山西省高平市朱丹岭，流经河南省，入河北省大名县，至山东省馆陶县秤钩湾与漳河汇流后进入南运河。

（四）能源、矿产资源丰富

豫北区能源充足，是我国重要的能源基地之一，煤炭和石油在全国居重要地位。本区煤炭分布面积达 500 平方千米，区内所辖 6 个市均有大量的煤炭储存。2019 年安阳市煤炭总产量 265.5 万吨，煤炭消费总量 2 306 万吨，其中规模以上企业消费量 2 278 万吨。根据《安阳市矿产资源总体规划（2016～2020 年）》，安阳市煤炭资源查明矿区 14 处，保有资源储量 18.75 亿吨。焦作市煤田面积 971 平方千米，煤炭保有储量 32.4 亿吨，尚有 90% 未开发。濮阳是中原油田开发腹地，石油、天然气资源尤其丰富，最大储油厚度为 1 900 米，平均厚度 1 100 米，生油岩体积为 3 892 立方千米，开发利用前景十分广阔。本

区石油远景资源总量达十几亿吨。全区天然气远景资源量为 2 000～3 000 亿立方米。石炭—二叠系煤系地层分布面积为 5 018.3 平方千米,煤储量为 800 多亿吨。

豫北区矿产资源丰富,为河南省重工业基地的发展提供了资源条件。安阳市已发现的矿产达 23 种,其中煤炭、铁矿石、石灰岩、大理石等资源都有一定的储量。鹤壁市辖区内有 30 余种矿产,现已探明的矿产有 12 种,其中水泥灰岩、水泥黏土、玄武岩、白云岩、化工灰岩储量分别为 1.25 亿吨、1.81 亿吨、527 万吨、3 268 万吨、754 万吨。新乡市境内已发现和开采的矿藏有 20 多种,其中水泥灰岩储量为 40 亿吨,远景储量 100 亿吨以上;大理石储量 20 亿立方米;白垩土和黏土矿储量均在 2 亿多立方米。焦作市硫铁矿石保有储量 4 000 多万吨,占河南省总储量的 55%。石灰石分布面积达 500 平方千米,储量 100 亿吨,厚度稳定在 30 米以上。耐火黏土分布广泛,品种齐全,储量约 8 700 多万吨。还有铁、铜、金、铝矾土、石油、大理石、石英石等矿产资源。济源市目前已探明的各种矿藏达 40 余种,主要有铁、铜、锌及煤炭、石英石、铝矾土、石灰石、水泥灰岩、黏土等,且具有埋藏浅、品位高、储量大、易开采的特点。上述矿产资源与丰富的地下水和便利的交通等条件形成良好的地域组合。

二、城市与经济

(一)比较发达的城镇体系

豫北区城镇建设历史悠久,古城(镇)较多,城镇体系比较发达。截至 2021 年年底,豫北区共有城市 12 个,建制镇 244 个。全区总人口 2 115 万人,其中新乡市总人口数最高,为 617 万人,其余 5 个城市依次为安阳(542 万人)、濮阳(374 万人)、焦作(352 万人)、鹤壁(157 万人)、济源(73 万人)。其中市镇人口 1 216 万人,城镇化水平为 57.49%,比河南省的平均水平(56.45%)高 1.04 个百分点。豫北区之所以具有发达的城镇体系,除得益于良好的历史基础以外,还与其发达的经济、丰富的资源、众多的人口等有关。

(二)豫北区城市概况

豫北区历史悠久,有文字可考的历史就已有 3 500 多年。这里既是颛顼之故乡、夏代的昆吾国所在地,也是殷商建都之所在。据史书记载,公元前 14 世纪,盘庚迁都安阳,称北蒙,也称"殷",直到帝辛亡国,共历 273 年。此后,先后有曹魏、后赵、冉魏、前燕、东魏、北齐等朝代在安阳建都,故安阳有"七朝古都"之称。悠久的区域发展史为豫北区培育了无数的历史名人,如岳飞、吴起、李商隐、郭熙、吕不韦、韩愈、李唐、比干、鬼谷子等,同时也留下了大量的辉煌灿烂的文化遗产,为豫北地区社会的经济发展,尤其是旅游业的发展提供了良好的条件。各市概况见表 5-5-1、表 5-5-2。

表 5-5-1 豫北区 2020 年各市基本情况

城市	面积/km^2	总人口/人	生产总值/亿元	生产总值增长率/%
安阳	7 413	5 477 614	2 300.50	3.3
濮阳	4 188	3 772 088	1 649.99	3.0

续表

城市	面积/km²	总人口/人	生产总值/亿元	生产总值增长率/%
新乡	8 249	6 251 929	3 014.51	3.3
焦作	4 071	3 521 078	2 123.60	−23.1
鹤壁	2 182	1 631 500	980.97	2.0
济源	1 931	727 265	703.16	3.4

表 5-5-2 豫北区 2020 年各市发展特色与定位

城市	特 色	定 位
安阳	七朝古都、甲骨文的故乡、《周易》文化的发源地、红旗渠精神的发祥地、国家历史文化名城、国家卫生城市、国家森林城市、全国双拥模范城（县）	豫晋冀三省交界地区区域性中心城市、京津冀周边协同发展区城市、河南省支持建设的重要区域中心城市
濮阳	国家卫生城市、国家园林城市、中国优秀旅游城市、国际花园城市、中国最佳文化生态旅游城市、全国文明城市，获中国人居环境范例奖、迪拜国际改善居住环境良好范例奖	国家重要商品粮生产基地、河南省粮棉油主产区之一、中原油田所在地
新乡	历史悠久，仰韶文化、龙山文化都有遗址留存，《诗经》重要发源地之一；流行于古代新乡地区的诗歌，占国风的四分之一；反映朝代兴衰更迭的牧野之战、张良刺秦、陈桥兵变等重大历史事件都发生在这里	豫北地区重要的中心城市，中原地区重要的工业城市，中原经济区及中原城市群核心区城市之一，豫北的经济、教育、交通中心
焦作	全国著名的"百年煤城"和老工业基地，国家知识产权试点城市和国家新型工业化示范基地；华夏民族早期活动的中心区域之一，有裴李岗文化、仰韶文化和龙山文化遗址，是司马懿、韩愈、李商隐、朱载堉、许衡与竹林七贤山涛、向秀等历史文化名人故里；中国太极拳发源地；全国双拥模范城（县）、国家卫生城市，获第六届"全国文明城市"称号	国务院批复确定的中国中原城市群和豫晋交界地区的区域性中心城市
鹤壁	封神榜故事发生地，商朝首都朝歌、周朝第一大诸侯国卫国都城朝歌、战国七雄之赵国都城中牟均位于鹤壁市；林、石、卫、康、殷姓及韩国（朝鲜）康氏、琴氏等姓氏起源于此，东亚民族姓氏的重要发祥地；花园城市	中原城市群核心发展区
济源	国家卫生城市、全域旅游示范区、全国文明城市、国家园林城市、全国绿化模范城市、国家节水型城市、国家水土保持生态文明市、国家可持续发展实验区、中国国际化营商环境建设示范市，获中国人居环境范例奖	中原城市群 14 个核心发展区城市之一、国家产城融合示范区

（三）经济发展

1. 区内经济差异明显

豫北区内部经济发展水平差异明显。就地区生产总值而言，新乡最高，在河南省排名 2019 年和 2020 年均为第 6 名；区内其他地市排名都在第 12 名之后，除焦作 2019 年 GDP 总值排名第 8 外。豫北地区的人均 GDP 排名较为靠前。2020 年人均 GDP 最高的是济源,在河南省排名第 2;其次是鹤壁,排名第 6;焦作排名第 7;新乡排名第 9;安阳和濮阳排名在第 12 名之后。从人均 GDP 来看,本区的济源、鹤壁和焦作 3 市属于经济发达区域,人均国内生产总值均在全省平均数以上。形成区域差异的原因是多方面的,但资源分布的不均衡是形成区域差异的客观基础;另外,人口数量也是很重要的影响因素。

2. 以能源、冶金、化工和电子工业为支柱的工业结构

豫北区工业部门齐全,除一些海洋工业部门外,几乎应有尽有。但是,就其产值规模、经济地位和在地区经济发展中所发挥的具体作用看,能源、冶金、化工和电子四大工业部门多年来始终处于主导地位。豫北区是全国重要的大型能源工业基地之一,其煤炭、石油、电力等的生产能力和产量在河南乃至全国都占有重要地位。安阳是河南省最大的钢铁生产基地、国家特大型钢铁联合企业所在地,可生产 30 多个品种、2 000 多个规格型号的产品。在本区良好的能源、化工资源基础上建立起来的化学工业也很发达,是仅次于能源和冶金的第三大工业部门。本区的电子工业生产主要集中在新乡和安阳两市,新乡的新飞集团和安阳的安彩集团是区内最大、全国著名的两家电子企业。

3. 豫北区产业结构状况

通过对豫北区 6 市 2019 年生产总值(表 5-5-3)、2019 年的从业人员(表 5-5-4)的构成分析,可以从宏观上看出豫北地区的产业结构比重和从业人员情况。

表 5-5-3 豫北区 2019 年生产总值(按当年价格计算)

行政区	生产总值/亿元	第一产业产值/亿元	第一产业所占比重/%	第二产业产值/亿元	第二产业所占比重/%	第三产业产值/亿元	第三产业所占比重/%	人均生产总值/元
全省	54 259.20	4 635.40	8.5	23 605.79	43.5	26 018.01	48.0	56 388
安阳市	2 229.29	198.00	8.9	998.41	44.8	1 032.88	46.3	43 002
鹤壁市	988.68	63.83	6.5	593.17	60.0	331.68	33.5	6 0678
新乡市	2 918.18	253.62	8.7	1 338.57	45.9	1 325.99	45.4	50 277
焦作市	2 761.12	149.78	5.4	1 480.18	53.6	1 131.16	41.0	76 828
濮阳市	1 581.49	193.12	12.2	570.89	36.1	817.48	51.7	43 810
济源市	686.96	24.36	3.5	421.89	61.4	240.71	35.1	93 693

表 5-5-4 豫北区 2019 年从业人员情况

行政区	就业人员/万人	第一产业/万人	第二产业/万人	第三产业/万人	就业人员构成/%		
					第一产业	第二产业	第三产业
全省	6 562	2 277	1 919	2 366	34.7	29.2	36.1
安阳市	356.86	113.88	127.53	115.45	31.9	35.7	32.4
鹤壁市	97.42	27.35	32.48	37.59	27.3	32.4	40.3
新乡市	350.16	111.04	121.62	117.50	31.7	34.7	33.6
焦作市	235.23	67.53	88.15	79.55	28.7	37.5	33.8
濮阳市	242.54	84.53	62.31	95.70	34.8	25.7	39.5
济源市	45.86	13.60	16.65	15.61	29.7	36.3	34.0

表 5-5-3 表明,豫北区 6 市的第二产业和第三产业在生产总值中均占较大比重,而第一产业所占比重很小,符合产业演进规律。和全省产业比重相比,鹤壁、焦作和济源是典型的工业城市,第二产业比重最高,其中济源市的比重最高。濮阳市农业、服务业比重最高,这和濮阳市的生态旅游城市、花园城市等定位一致。安阳市和新乡市的产业比重和全

省的产业发展趋势基本一致。

表5-5-3和表5-5-4结果较为一致,鹤壁、济源和焦作为工业城市,故第一产业从业人员在6个城市里面较低;第二产业、第三产业从业人员较高,鹤壁第三产业从业人员数最高,这和鹤壁花园城市定位有关。安阳和新乡各产业从业人员较为均衡。濮阳第一产业从业人员比重最高,其次为第三产业,第二产业最低,这和濮阳的城市定位有关。和全省相比,豫北区的工业地位表现也非常突出,除濮阳外,第二产业从业人员比重均高于全省。

豫北区的产业结构有待于从宏观上进一步进行调整和完善。这些特点与豫北区的资源分布、国家政策以及社会发展的历史特点等密不可分。今后应注意:第一,巩固和加强农业基础地位,加快传统农业向现代农业转变;第二,加强能源、交通、水利和信息等基础设施建设,增强其对经济发展的保障能力;第三,以振兴装备制造业为重点,发展先进制造业,发挥其对经济发展的重要支撑作用;第四,加快发展高技术产业,进一步增强高技术产业对经济增长的带动作用;第五,提高服务业比重,优化服务业结构,促进服务业全面快速发展;第六,大力发展循环经济,建设资源节约和环境友好型社会,实现经济增长与人口、资源、环境相协调;第七,优化产业组织结构,调整区域产业布局;第八,实施互利共赢的开放战略,提高对外开放水平,促进产业结构升级。

4. 豫北区区域发展

(1) 有利条件

① 自然资源丰富,能源、原材料和旅游资源开发潜力大。豫北区自然资源丰富,西部山区、丘陵地带有着得天独厚的煤、铁、铝土、建筑材料等矿产资源。煤炭资源和铁矿资源储量都约占河南省煤炭和铁矿资源总储量的1/4,其他如石油、铝土矿、水泥灰岩等也都占河南很大比重。除得天独厚的矿产资源以外,本区还是全国最丰富的地下潜水储藏地之一,尤其是焦作市的地下潜水储藏量最大。这样,水、煤、铁、铝等资源的良好地域组合条件,十分有利于冶金、化工、建材等重化工业的发展。另外,本区还是全国重要的优质粮、棉、油和畜牧产品生产地,从而为本区食品、纺织以及第三产业的发展提供了有利条件。在旅游资源方面,本区的自然和人文旅游资源皆很丰富,在全省的优势非常明显。据旅游资源普查统计,本区共有自然旅游资源单体4 577个,占全省自然旅游资源单体总量的31.63%;本区共有人文旅游资源单体7 866个,占全省人文旅游资源单体总量的32.22%。目前,豫北地区旅游资源的开发量还不足资源总量的1/2,旅游发展潜力巨大。

② 经济基础良好,再发展优势明显。豫北区自然条件良好,自然资源丰富,开发历史悠久,自古以来都是富庶之地。新中国成立以后,豫北区人民在中国共产党的英明领导下,艰苦奋斗,奋发图强,创造了一个又一个经济奇迹,特别是林州市人造天河——红旗渠、新乡市黄河引水灌渠的修建,使本区的工农业生产和人民生活条件大大改善,社会经济面貌发生了巨大变化。再加上近年来济源地区小浪底水利枢纽工程和一些重大项目的建设,焦作、新乡、濮阳、安阳和鹤壁等一系列石油化工、煤化工、炼油、炼铝、机械、电子等工业项目的投产,豫北区经济以高于河南省平均水平的速度迅猛发展。

③ 城镇体系发达,对地区经济发展带动作用强大。豫北区城市化水平高于全省,表明其城镇体系发达,这些城镇是地方社会经济发展的增长极,可对周围地区社会经济的发展起到强大的带动作用。豫北区北边距离京津唐、东边距离海边、南边距离郑州大都市圈

均很近,这些都会对豫北区的经济发展产生带动作用。这些带动作用可以表现在以下几方面:第一,城市开放的思想意识、进步的时代观念和良好的生活习惯等方面的带动。思想意识和观念是行动的先导,没有这些方面的改变,乡村落后的社会经济面貌将很难改变。第二,城镇的资本效率优势明显,随着资本边际效率的变化,资本会在城镇与乡村之间流动,进而推动以城镇为中心的地区经济的发展。第三,表现在城镇对周边地区的技术扩散作用方面,即城镇尤其城市是人才、知识和技术高度密集的地方,有着强大的知识和技术优势,通常情况下,知识和技术多是由中心城市向周边地区扩散。第四,城镇对周边地区的市场支撑作用,即利用城镇各种优越的资金、商品、人才、技术、信息等市场条件,促进周边地区的经济发展。第五,城镇对周边地区良好的人才培养、科技普及、人才储备和技术支援等。

④ 政策条件支持,有利于社会经济发展。《河南省国民经济和社会发展第十四个五年规划和二〇三五年远景目标纲要》明确指出,要"推进区域协同发展,增强区域中心城市辐射带动力和重要节点城市支撑力,高水平建设三大城镇协同区,谋划建设郑洛西高质量发展合作带和中原－长三角经济走廊,全方位提升区域合作水平"。为此要加强区域中心城市和城镇协同区建设,提升南阳、安阳、商丘等区域中心城市规模能级,培育特色城镇组团,建立健全区域协同发展机制,强化跨市域交通对接、功能衔接、产业链接,吸引生产要素加快集聚。《河南省人民政府关于推进城乡建设加快城镇化进程的指导意见》也明确指出,要"运用市场力量和政策导向,扩大安阳、信阳、商丘、南阳、三门峡、济源等周边城市规模,逐步培育成为能够带动区域经济发展的地区性中心城市"。尤其是国家实施中部崛起战略以后,西电东送、西气东输、南水北调等重大工程的相继开工,为豫北区的社会经济发展创造了更为有利的条件,为增强豫北区城市综合竞争力提供了有力的支撑。

河南省十四五规划涉及豫北地区的还有:打响安阳"殷都"品牌,建设区域先进制造业中心和交通物流中心,联动鹤壁、濮阳等城市融入京津冀协同发展,打造北部跨区域协同发展示范区;发展壮大重要节点城市,完善重要节点城市资源要素承载和综合服务功能,培育壮大特色优势产业集群,支持鹤壁高质量发展城市、新乡豫北地区重要中心城市、焦作豫晋交界地区中心城市、濮阳豫鲁冀省际区域中心城市和新型化工基地、济源国家产城融合示范区建设等。从以上内容可以看出,豫北地区的建设与发展,在整个河南省的社会经济发展中占有十分重要的位置。

(2) 不利条件

① 人口素质还有待提升。一般来说,决定一个地区劳动力要素禀赋综合水平的因素主要有三个方面,即劳动力数量、劳动力素质和影响人力资源发展的环境和条件。其中,人口数量是决定劳动力数量的基础,而劳动力素质的高低和人力资源发展环境的宽松与否,则在很大程度上影响着劳动力资源开发的广度和深度。如果缺乏开发人力资源的条件或开发力度不强,则大量的劳动力就会成为地区经济发展的包袱;如果劳动力资源能得到充分开发,则会推动地区经济快速发展。由表 5-5-5 可以看出,豫北区反映人口素质的综合评价结果除焦作和济源外其他市均高于(或等于)全省平均水平,但每个地市在人口问题上都有待提升的地方,如安阳的服务业从业人员偏低、中等职业学校生师比较低等;鹤壁综合评价结果最高,但高等学校数较少,教育投入低;新乡第三产业从工业人员比重

较低;焦作第三产业从业人员较低,生师比不太合理;濮阳和济源在高等学校数上垫底;济源市的教育财政经费投入最低,生师比也不尽合理。

表 5-5-5 豫北区人口数量及人口素质情况(2019年)

行政区	综合评价结果	总人口/万人	第三产业从业人员比重/%	城镇化率/%	普通高等学校数/所	国家财政性教育经费投入/万元	生师比			
							小学	初中	高中	中等职业学校
全省	6.0	9640	36.0	53.2	141	2067	17.84	14.28	15.52	20.02
安阳市	6.1	519	32.4	53.2	6	94	21.80	16.70	16.14	14.61
鹤壁市	6.7	163	40.2	61.3	3	28	19.73	14.46	17.58	22.79
新乡市	6.2	581	33.6	54.9	10	97	19.81	15.18	15.48	21.03
焦作市	5.4	360	33.8	60.8	6	52	15.63	11.38	14.60	14.36
濮阳市	6.0	361	39.5	46.8	2	77	17.80	14.08	15.68	21.30
济源市	5.5	73	34.0	64.4	1	16	20.46	12.60	13.23	10.05

② 城市建设有待加强。与全省相比,豫北区虽城市体系发达,城市化水平较高,地区中心作用较强,但城市建设依然存在一些问题。第一,城市功能同化严重,工业城市特色突出,农业色彩浓厚,第三产业从业人员占比不高,等等;第二,工业化水平虽相对较高,但资源开采和简单性资源加工工业多于深加工工业,传统产业多于高新技术产业,多属于低水平综合性城市;第三,工业城市的环境污染问题、城市管理和建设等问题;第四,城市间的相互合作亟待加强。

③ 产业结构还有待优化。豫北区工业产业结构趋同性比较严重(见表5-5-6),第二产业占比较高,第三产业除濮阳市占比较高外,其他城市占比均较低。与此对应,第三产业从业人员数也比较低。在第一产业内部,各地区都是以种植业为主,农业生产集约化、专门化程度有待提高。在第二产业内部,都是重工业大于轻工业,工业部门结构都是以原材料开采、简单加工等传统工业为主,深加工、高技术含量工业部门偏少。在第三产业内部,商业、交通运输、邮电通信、金融保险、旅游等是其主要部门。经济服务化水平还比较低,服务的内容、范围与水平普遍比较落后。

表 5-5-6 豫北区 2019 年各产业情况

行政区	第一产业所占比重/%	第二产业所占比重/%	第三产业所占比重/%	第一产业从业人员比重/%	第二产业从业人员比重/%	第三产业从业人员比重/%
全省	8.5	43.5	48.0	34.7	29.2	36.1
安阳市	8.9	44.8	46.3	31.9	35.7	32.4
鹤壁市	6.5	60.0	33.5	27.3	32.4	40.3
新乡市	8.7	45.9	45.4	31.7	34.7	33.6
焦作市	5.4	53.6	41.0	28.7	37.5	33.8
濮阳市	12.2	36.1	51.7	34.8	25.7	39.5
济源市	3.5	61.4	35.1	29.7	36.3	34.0

④ 基础设施还比较薄弱,社会经济发展支撑能力不足。第一,交通设施还需进一步加强。要提高交通线路密度,加快河南省"十四五"规划中所涉及的重大交通设施建设。如建成安阳机场,建成郑济高铁,争取建成呼南高铁焦作济源、洛阳至平顶山段,规划研究濮阳经开封至潢川、太原经安阳濮阳至徐州、新乡至菏泽等项目;建成新乡至焦作铁路,

推进焦作至济源铁路建设;实施焦柳和洛宜铁路改线;实施沿黄、沿太行、安阳至罗山、安阳至新乡至郑州、濮阳至湖北阳新、焦作至唐河、焦作至平顶山等高速公路通道项目;扩容改造焦作月山编组站。第二,信息网络建设有待加强。第三,文化教育投入、建设美丽乡村、改善居民卫生设施、提高居民文化素质等方面还有待进一步加强。

⑤ 防范生态环境问题。豫北区多为工业城市,由于过去对生态环境问题重视不够,很多生产性建设未充分考虑对生态环境带来的影响,大规模的资源开发利用,使今天的可持续发展面临严峻的挑战。豫北区的生态环境问题主要表现在以下几个方面:城市水质污染、大气污染严重;城市垃圾量大,处理能力较差,处理措施不力;农药、化肥和农用塑料薄膜对农业土壤的污染严重;等等。

三、区域经济发展

(一) 第一产业

1. 种植业

豫北区是河南乃至全国重要的粮食生产基地,2019年粮食播种面积273.3万公顷,占河南省粮播总面积的18.6%。在豫北区的粮食作物生产中,小麦和玉米是最重要的两种粮食作物,2019年这两种粮食作物的播种面积分别占本区粮食播种总面积的43.5%和32.6%;其次是水稻、豆类;其他粮食作物面积都很小,主要是谷子、高粱、绿豆等。豫北区是河南重要的商品粮产地之一,具有单产高、总产量大、商品率高的特点。除一些山区县以外,其他县都有大量的商品粮出售,滑县是河南省第一产粮大县,有"豫北粮仓"之称。

小麦是本区播种面积最大的粮食作物。从生产条件看,光照和土壤条件优越,灌溉方便,管理精细,尤其是京广铁路线以西地区,是河南省小麦生产条件最好、单产最高的地区。玉米的种植和小麦一样,是一种全区普遍种植生产的粮食作物。从生产条件看,太行山前平原地区受旱涝灾害的影响较小,土地肥沃,玉米单产高,总产量大。新乡东部、濮阳和安阳东部等地区,玉米的生产条件也比较好,是玉米的重要产区之一。太行山区因生产条件相对较差,无论种植面积,还是单产和总产,都不是太大。区内小麦产量最大的是安阳和新乡,其次是焦作和濮阳。水稻因受水利灌溉条件的限制,其生产分布很不平衡,主要集中分布在黄河以北的沿岸地带。新乡市是豫北地区水稻播种面积最大、总产量最高的地区,其次是濮阳市。新乡的原阳县是豫北地区水稻的主产地,"原阳大米"以米白、味香、口感好等广受欢迎,已成为全国闻名的大米品牌。

本区的经济作物种类很多,但从其播种面积和产量看,以花生、芝麻、油菜为代表的油料作物,以西红柿、黄瓜、豆角、白菜、萝卜等为代表的蔬菜作物,以西瓜、甜瓜等为代表的瓜类作物,以棉花、麻类为代表的纤维作物,以"四大怀药"(怀山药、怀地黄、怀牛膝、怀菊花)为代表的中药材种植等最为普遍。花生是本区种植面积最大的油料作物,本区京广铁路线以东地区多沙壤土,有利于花生的生长,新乡、濮阳、安阳东部地区各县是花生的主产区。棉花也是本区播种面积最大、种植最为广泛的经济作物之一,其中安阳、新乡和濮阳是播种面积和总产量较大的3个地市。

2. 畜牧业

豫北区的畜牧业生产是仅次于种植业生产的第二大农业经济部门。从分布看,平原地区各种牲畜的饲养量都比较大,而山区羊的饲养相对较多。最近几年,随着农业机械化水平的不断提高,大牲畜的饲养量有不断减少的趋势,猪、羊等小牲畜相对比较稳定,鸡、鸭、鹅等家禽的养殖量增加较多。在畜牧产品的生产方面,产品产量变化很大,成几倍乃至十几倍增长。本区的特色养殖发展很快,如瘦肉型猪、奶牛、香乌鸡、微型猪、太行黑山羊、小尾寒羊、良种肉狗太行犬、红心蛋鸭、缠丝蛋鸭、良种兔、鹌鹑等。这些特色养殖业的发展,既进一步促进了畜牧业生产,扩大了收入,也丰富了豫北区乃至国内肉、蛋、奶的市场供给。在畜牧业生产形式上,也一改过去单一养殖的习惯,建立了"猪－沼－果"、"畜－沼－粮"、"猪－沼－鱼－鸭"等高效立体生产模式。焦作市的农业生产结构优化和立体化农业生产搞得最好,曾创造了十多种种养殖相结合的生产模式。鹤壁淇县兴建有"河南省未来农业示范园",高效植物种植有"黑三珍",即黑小麦、黑玉米、黑旱稻;另外,还有牧草新品种,如"三株草"——大中华科牧草、俄罗斯饲料菜、美利坚籽粒苋;该园还首创"生态高效农村示范田"等。

3. 林业

豫北区林业生产的基本特点为:林种构成以经济林、用材林、农田防护林、水土保持林、水源涵养林、市郊绿化和环境保护林为主;分布上,平原和浅山地区多为水果类经济林、农田防护林和用材林等,山区多为水土保持林和水源涵养林,城市郊区和市内多为绿化、市容美化和城市环境保护类林木。豫北区林业收入逐年增多,林业地位日益重要。在林产品中,水果占绝大部分,主要水果类型有苹果、梨、枣、桃、葡萄、山楂、核桃、柿子、樱桃、杏、李子等。其中产量最大的6种水果是苹果、桃、大枣、葡萄、梨和柿子。豫北区是河南省山楂产量最多的地区,其产量占全省总产量的半数以上。水果的分布既普遍又相对集中,苹果主要分布于安阳、焦作和濮阳3市,大枣和梨以安阳最多,桃以焦作、安阳、新乡居多,葡萄各市均有大量生产,而山楂、核桃等基本上分布于山区。安阳内黄县的红枣,面积和产量均为全国之冠,内黄素有"枣乡"之称。

4. 渔业

由于豫北区缺乏大面积的湖、库水面,故渔业生产的自然条件先天不足。不过近十年来,随着人们生活水平的提高,鱼类产品的市场需求量越来越大,其生产发展很快。现有的水库、坑塘、洼地和河流沿岸地带都得到了比较充分的鱼类养殖开发利用,其管理也比以前更为科学、精细,鱼类产品的产量自然也大幅度提高。豫北区的鱼类主要为鲤鱼、鲫鱼、草鱼、鲇鱼、鳝鱼、泥鳅、乌龟、螃蟹和虾等。其中,黄河鲤鱼和洪河鲫鱼是本区久负盛名的鱼类。黄河鲤鱼主要产于焦作和新乡两市的黄河沿岸地带。淇河鲫鱼主要产自鹤壁市的淇河,是"淇河三珍"(另二珍是冬凌草和缠丝鸭蛋)之一。从鱼类产品的生产分布看,新乡市濒临黄河,陆地水域面积较大,渔业生产条件相对较好,鱼类产品产量和产值也相对较高。

从以上豫北区农、林、牧、渔各业的生产与布局情况看,其生产主要以农业(种植业)、牧业为主,林业和渔业相对比较薄弱,规模经济效益很不显著。因此,适当调整农、林、牧、渔各业结构,促进农业全面发展,是豫北区今后农业发展中的努力方向之一。

5. 多种经营

除农、林、牧、渔业以外，豫北区的多种经营搞得也比较好，涌现出许多实力雄厚的先进企业和全国著名的乡镇。如辉县市孟庄镇被授予"中国乡镇之星"和"中州名镇"光荣称号，新乡县七里营乡刘庄成为全国农业战线的一面旗帜，新乡县小冀镇东街第五村民小组（京华实业公司）被誉为中国"乡村都市"，孟庄镇和小冀镇均被列为全国小城镇综合改革试点。

（二）第二产业

豫北区轻重工业的发展条件良好，其发展水平在全省居前列地位。目前豫北区已经形成了以煤炭、冶金、石油、电力、化工、机械、电子、纺织和食品等工业为主，门类比较齐全，实力相当雄厚，布局基本合理的工业地域生产综合体。

1. 煤炭工业

豫北区赋存石炭、二叠、侏罗和三叠系煤层，煤类齐全，煤质优良，是河南省的重要产煤区之一。按自然分布可以把豫北区煤田划分为安（阳）鹤（壁）煤田、焦作煤田和济源煤田。安鹤煤田煤类齐全，主要有无烟煤、贫煤、瘦煤、焦煤等，其中安阳矿区以无烟煤为主，约占矿区总储量的47%。目前矿区累计探明储量约12亿吨，动用储量约1.5亿吨，保有储量约10亿吨。焦作煤田埋深1 000米，含煤面积约1 000平方千米，煤类较单一，以无烟煤为主，煤质优良。目前矿区累计探明储量超过9亿多吨，动用储量超过2亿多吨，保有储量约7亿吨，其中暂难利用储量超过5 000多万吨，占保有储量的7.1%。济源煤田含煤面积23.7平方千米，煤类为无烟煤，累计探明储量超过1.4亿吨，保有储量不足1亿吨，其中暂不能利用的有150多万吨。

2. 钢铁工业

豫北区拥有丰富的煤炭、铁矿石、石灰岩、大理石等资源，形成了一批具有雄厚实力的钢铁集团，如安阳钢铁集团有限责任公司（简称安钢）和济源钢铁（集团）有限公司。安钢创建于1958年。改革开放40多年来，安钢创造了持续盈利无亏损的优良稳健业绩，发展成为千万吨级的现代化钢铁集团，跻身钢铁强厂行列。2001年，安钢A股上市，2008年安钢销售收入首次突破500亿元，达到510亿元，位居2009年中国企业500强第107位，是河南省第一大钢铁公司。安钢在"2016中国企业500强"中排名第350位，在"2019中国制造业企业500强榜单"中排名第160位，在"2019河南企业100强榜单"中排名第5位。

3. 石油工业

豫北区是河南省重要的两大石油产地之一。豫北区的中原油田也叫濮阳油田，范围包括豫北、豫东、鲁西南的12个县市。油田的中心地区在河南的濮阳、范县、清丰、兰考4市县。中原油田的油气质量高，油气层厚度大（最厚处达1 500米）。这里的石油多属中轻质油，并伴生有大量的天然气，每生产1吨原油可产天然气120立方米。中原油田所产天然气通过600多千米的管道输往河南省的开封、安阳、郑州，河北的沧州，山东的东明和莘县等地。

4. 电力工业

豫北区由于煤炭和石油资源丰富,且区内及邻近地区人口众多,工农业经济发达,故发展电力工业的生产和市场条件良好。本区的电力生产主要有以下特点:第一,电力生产多以煤为燃料,多坑口电站;第二,电力生产既普遍又相对集中,即在豫北地区6市中,各地市均有电力生产,但相比较而言,焦作市电力生产规模最大,其次是煤炭资源丰富的济源、新乡、安阳和鹤壁4市;第三,以火电为主,其他电力生产极少,豫北区的电力生产95%以上是以煤为原料的火力发电,在山区有少量的水力发电。

5. 化学工业

豫北区的化学工业是仅次于冶金和能源工业的第三大工业门类,主要包括化学纤维、化肥、化学农药、合成氨和烧碱等。在这几种化学产品生产中,除化学纤维产量略少,仅次于豫西地区外,其余各种产品的产量都很大,均居河南五大区第1位。从生产分布看,本区的化学纤维生产主要集中于新乡市;化肥生产主要集中在新乡和焦作市;化学农药生产主要集中在安阳和鹤壁市;合成氨生产相对比较普遍,但新乡、焦作、安阳和濮阳4市较多,新乡市合成氨的产量约占豫北区的1/2;烧碱和硫酸生产的90%以上集中于焦作和济源市。

6. 纺织工业

纺织工业是豫北区最重要的轻工业生产部门之一,也是河南省重要的纺织品产地之一。本区的纺织产品主要是纱和布,其产量约占河南省纱和布总产量的1/4。从生产分布看,新乡是豫北区最重要的纺织基地。

7. 其他工业

除以上工业部门外,豫北区的有色冶金、水泥、机制纸、纸板、卷烟等产品,在全省也都占有重要地位。例如,十种有色金属产量占全省的43.8%,水泥占29.3%,机制纸及纸板占38.0%,卷烟占14.1%。从生产分布看,济源和焦作的有色冶金、安阳的卷烟、新乡和焦作的造纸、新乡和安阳的水泥等,在全省的特色都非常突出。

(三) 第三产业

从生产的角度看,豫北区增加值较多的第三产业部门主要有交通运输业、旅游业、邮政业、批发与零售业、房地产业、住宿和餐饮业、金融业、教育、卫生及社会福利业、公共管理和社会组织,等等。

1. 交通运输业

在豫北区的第三产业生产中,交通运输业是规模最大、增加值最多的一个产业。由于地理区位和交通条件的限制,豫北区的交通运输业主要是铁路、公路运输。在铁路运输方面,经过本区的国家级干线铁路有京广线、京九线、太焦—焦枝线、焦新—新菏线等。联结京广与京九铁路的线路有汤(阴)台(前)线。河南省是我国地方铁路通车里程最多的省份,而豫北区又是河南省地方铁路发展最早、线路最长、密度最大、运输量最大的地区。在公路建设方面,豫北区也是河南省发展最早、发展较快、通车里程较长、密度较大的地区,豫北区公路实现了村村通。

2. 旅游业

豫北区旅游业发展的资源条件和社会经济条件良好,故发展速度很快,成效显著。本区的焦作市通过努力打造"焦作山水品牌",现已经成为我国旅游界的"一匹黑马",其旅游发展速度之快、旅游业绩之辉煌在我国旅游界实属少见。本区的济源市,自小浪底工程完工以后,依托"一山(王屋山)一水(小浪底水库)一文化(道教文化)"强大的旅游资源优势,一跃成为河南旅游界的后起之秀,其旅游接待人数和收入都位居全省各县(县级市)前列。本区的安阳市,是七朝古都、国家级历史文化名城,具有辉煌灿烂的文化。这里还是"人工天河"和"世界第八大建筑奇迹"——红旗渠的诞生地、《周易》文化的发源地和著名的国际跳伞滑翔基地。

3. 商业批发和零售业

按照生产规模和增加值,豫北区的商业批发和零售业是仅次于交通运输业的第二大产业和第三大产业。本区的商业批发和零售业具有以下特点:

(1) 商业从业人员大幅度减少,而商品零售额大幅度增长,经营的内容结构发生了很大变化。

(2) 从消费结构看,生活消费品零售总额,尤其是吃、穿等生活消费品零售总额所占比重明显下降,而汽车类、石油及其制品类、化工材料及其制品类、金属材料类等生产性消费品零售总额则大幅度上升,这说明人们的消费观念与消费构成发生了质的变化,在生活资料得到充分满足之后,开始将剩余资金大量投入生产领域,用于扩大再生产。另外,从基本生活消费品零售总额的构成还可看出,豫北区人们用于吃、穿、用的消费比重明显下降,而用于文化娱乐、体育用品和书报杂志类的消费比重明显上升。这一方面说明人们的生活质量发生了显著变化,文化素质在不断提高;另一方面也说明,过去那种温饱型消费结构正在向小康型消费结构转变。

(3) 商业经营方式日益多样化。在商业经营方面充分扩大了企业自主经营权,本着"多渠道、少环节"的经营方针,让利于消费者,扩大了销售,方便了消费,如企业直销、试销、网络销售等。

4. 其他第三产业

其他第三产业指除以上三类产业以外的第三产业,包括住宿和餐饮业、金融业、教育、卫生、社会保障及社会福利业、公共管理和社会组织、房地产业、租赁和商务服务业、科研、技术服务和地质勘探业、居民服务和其他服务业,文化、体育和娱乐业,信息传输、计算机服务和软件业,等等。其中房地产业、公共管理和社会组织、住宿和餐饮业、教育产业和信息传输、计算机服务和软件业等的经济效益都比较好,是仅次于交通运输业、批发与零售业的主要第三产业。而本区的文化、体育和娱乐业、技术服务业等,无论是从业人员,还是经济贡献,基本上都处于本区第三产业的末位。这说明豫北区依靠知识发展经济的力量还很有限,是今后有待加强的方面。

四、经济发展战略

（一）知识经济战略

信息、技术和知识已经成为经济发展、社会转型最重要的推动因素。面对经济全球化和知识革命的机遇与挑战，豫北区应优先实施知识经济战略，即从自然资源开发战略转向知识资源开发战略，提高本区获取、吸收和交流知识的能力，增加区域知识资产和知识收益，在教育、科技、信息、通信等方面实现跨越式发展。可通过以下途径实现：第一，加速发展教育，提高区内居民吸收知识的能力。增加教育投资，提高教育质量；大力发展中等教育，全面提高中等职业教育的适应性；通过多种形式扩大普通高等教育和高等职业教育；利用新的教育技术，大力发展具有规模效益的跨区域"开放式"大学，包括电视教育、远程教育、网络教育、虚拟大学等形式；重视农民教育和农村教育，尤其是贫困人口的教育问题。第二，提高知识交流能力，实现通信设施跨越式发展。通信设施的建设水平和能力直接或间接地影响着区域内知识和信息的交流，进而影响着社会、经济的发展。要加快电信产业发展，特别是网络建设，迅速提高网络入户率、教育网络普及率、企业和公共部门入网率，尽快使网络进入豫北区所有社区的社会文化、经济、生活活动中去；通过政府行为迅速解决弱势群体和经济落后地区的通信问题。第三，增强获取知识的能力，实现产业跨越式发展。建立多元化的研发体制，增加全社会对研发工作的资金投入，提高研发机构生产知识的能力与效率；充分发挥区内现有科技人员的潜力和作用，提高技术人员生产知识的积极性、能动性和主动性；明确研发投资的优先领域，增强生产"创造财富"型知识的导向性；鼓励企业增加对研发的投入，使企业逐步成为技术创新的主体；创造更加良好的环境，吸引国内外人才资源和大型跨国公司的投资，加强自身获取知识的能力。

（二）开放经济战略

世界经济全球化已成为一股不可阻挡的潮流，任何一个国家只能面对现实，积极融入这股潮流，别无选择。为了抓住全球化带来的发展机遇，迎接全球化的挑战，豫北区应实行全面开放战略，通过扩大对内对外开放，充分利用国内外两方面的资源、技术、资金和市场，促进豫北区的跨越式发展。为了促进我国的经济开放，我国已经出台了很多鼓励性政策，如贸易自由化、外贸体制改革、投资自由化、吸引外资等方面的政策。发展开放经济的政策环境早已具备，关键是对开放性经济的认识要充分，措施要得力，区域环境建设要跟得上。当然，豫北区也客观存在着对开放性经济发展不利的区位因素。因此，为了实施开放性经济战略，本区除了加强对开放性经济的认识，还要在具体措施和区域环境建设等方面下功夫。例如前述的各种规划中的交通设施建设等，提高交通线路密度，加强信息网络建设，提高文化教育投入，建设美丽乡村，改善居民卫生设施，提高居民文化素质，这些对豫北区开放性经济的发展都具有非常重大的意义。

(三) 结构调整战略

在新的"五位一体"国家建设总体战略指导下,豫北区必须重新审视一贯实施的资源开发导向型发展思路,适时推进本区产业结构的调整和升级,积极探索建立面向21世纪的高级化的经济结构。努力把豫北区的发展潜力转化为现实生产力,把资源优势转化为市场优势和竞争优势,既积极推进豫北区工业和农业现代化的进程,又不失时机地加快经济服务化、信息化、知识化进程,从而为本区长远经济发展提供更为广阔的空间和巨大的推动力,实现自我投资、自我积累、自我增长和自我发展。

豫北区的经济结构调整,首先是三大产业结构的调整,即基本保持第二产业比重,进一步压缩第一产业比重,大幅度提高第三产业比重,使产业结构基本接近发达国家或地区的产业结构水平(0.5:4.5:5)。目前,各地市距此还有一定的差距。其次是城乡结构的调整。豫北区与我国大多数地区一样,城乡收入水平和生活水平的差异是一个突出的结构性矛盾,不解决这个"二元结构"问题,一方面会影响社会稳定,另一方面也难以有效刺激社会需求。而要解决这个问题,一方面有赖于城镇化水平的提高,另一方面也有赖于农村居民收入水平的提高。

在乡村产业经济结构调整方面,应主攻以下方向:从自给自足的农业经济转向以市场为导向、面向国内外市场的农业商品化生产;从重视农业产量增长转向产量与质量并重、更加重视质量与效益;从依靠传统技术转向传统技术与现代技术相结合,鼓励农业科技创新,推进农业高新技术示范园区建设,促进农业高新技术产业化,大力发展高科技含量和高附加值产品,延长农业产业链,提高农业生产效率与效益;从依靠能源消耗的传统增长方式转向实施可持续发展,保护生态环境;从自我发展转向注重农业与工业相结合、农村与城市一体化发展,大力培育龙头企业,走农业产业化经营的路子,强化农副产品的加工转化环节,积极发展小城镇,推进乡镇企业二次创业,促进城乡一体化发展和农村剩余劳动力转移。

第二产业结构的调整应注重以下几个方面:一是轻重结构的调整。目前,豫北区的工业结构存在着重工畸重、轻工畸轻的局面,轻工业比重有待进一步提高。二是传统工业与现代工业间的结构调整。目前,豫北区的工业,尤其是重工业,大多是资源开采或原材料加工型工业,缺乏深加工、精细加工等技术含量较高或很高的工业生产部门。三是重工业内部装备工业(机电工业)和高新技术产业严重落后,自我服务和自我装备能力差;轻工业内部对农业资源依赖程度高,高技术含量产品少。因此,豫北区的工业生产受原材料生产波动的影响很大,尤其是轻工业生产。这样,很容易导致各类工业产品加工链条短,中间产品比例高,最终消费品比例低,附加值低。这种高投入、低产出的结构特征,很容易造成"资源优势,效益劣势"的后果。因此,调整工业内部结构势在必行。

(四) 城市带动战略

在豫北区的社会经济发展中,要加强城市(包括城镇)建设,使之在区域产业结构调整中充分发挥示范和带动作用。要实行城市带动战略,首先要解决目前城市建设中存在的一些问题,如城市职能结构和等级规模结构不合理,城市基础设施条件差,城市环境恶化,等等。这些问题在一定程度上影响着城市带动作用的充分发挥。加快城市化建设进程是实施城市带动战略的重要途径之一。它可以进一步扩大消费,拉动生产,还可以促进基础设施的建设。目前,豫北区区域基础设施建设的任务还很艰巨,而加快城市化将使人口和生产要素相对集中,密切社会经济交往,提高基础设施使用效率,减少重复建设和分散投资,又快又好地集中力量进行重点设施建设。加快城市化建设也有利于促进城乡之间、地区之间的经济交往,加快生产要素的合理流动,优化资源配置,打破自然经济体系,促进市场化进程和水平的提高,进而达到促进地区社会经济发展的目的。

协调城乡关系,是城市带动战略得以顺利实施的重要保证。在计划经济条件下形成的"城乡二元结构"使城乡关系严重对立,十分不利于区域社会经济的发展,更不利于城市带动战略的实施,必须彻底打破。为此建议:实行积极的人口迁移政策,促进城乡之间的人口流动;打破城乡户口壁垒;一视同仁对待城乡居民;建立城乡土地资源统一优化配置、节约用地、集约用地的土地管理机制,既要处理好进城农民宅基地的置换问题,又要加强城市建设用地的宏观管理;逐步建立城乡无差别的社会保障机制,真正实现城乡居民的社会平;等等。

(五) 可持续发展战略

在资源开发利用方面要加强土地、水、生物、矿产等各种资源的管理与保护,完善自然资源有偿使用制度和价格体系,逐步建立资源更新的经济补偿机制,狠抓资源节约与综合利用,大幅度提高资源利用效率。要制定一套确保可持续发展战略能够贯彻落实的政策保障体系。可持续发展战略必须坚持以人为本,以协调人地关系为主线,以发展经济、提高经济发展质量和人民生活质量为核心的基本原则,力求实现经济发展与环境保护同步进行,经济效益与环境生态效益共同提高,经济质量与环境质量同时改善的双重目标。但是,在社会经济发展过程中,经济目标与环境目标之间往往存在着各种冲突。为使这种冲突最小化,必须制定一套确保可持续发展战略能够贯彻落实的政策保障体系,在重大项目建设的同时要周密考虑环境保护对策。如严格执行待建和在建重大项目的环境影响评价制度,推行"三同时"保证金制度,建立对已建重大项目环境影响回顾评价和责任追究制度,建立对容易造成重大环境问题的已建项目进行定期检查制度,尽可能将环境保护问题解决在发生之前或尽可能减弱对环境影响的强度。全面推进产业结构优化升级(即逐步降低第一产业甚至第二产业的比重,提高第三产业的比重),促进宏观经济布局合理化。区域产业结构优化调整的目的在于适应粗放型经济向集约型经济的转变,促使三次产业结构合理、优质、高效地协调发展。通过产业结构优化,使区域自然资源实现优化配置,产业结构升级转换(即产业结构高级化),技术密集型和知识密集型产业比重增加,最终推动区域经济稳步、持续发展。

第六节 河南省区域产业结构分析

区域产业结构是区域中各类产业之间的内在联系和比例关系,是区域进行资源配置,实现资源增值的载体。区域经济发展状况在很大程度上取决于区域产业结构的先进性及优化。

一、区域产业结构模式相关研究理论

区域产业结构模式是指区域内各产业之间的组合方式。这里主要用的是以主导产业、关联产业和基础性产业所构建的区域产业结构模式和三次产业结构模式。

（一）主导产业

主导产业是区域产业结构的核心,在区域经济发展中具有组织和带动作用,生产规模大,在全国同类产品中占有较高的比重,产品输出率高,与其他产业关联性强。实践中,不同的区域、同一区域不同发展阶段,主导产业可以不同,且主导产业的数量是有限的。

（二）关联产业

关联产业是为主导产业的发展进行配套、协作的产业,与主导产业在产品投入、产出、技术等方面有联系。以主导产业为核心,依据主导产业产品情况提供前向联系,依据主导产业生产资料的情况提供后向联系,以主导产业所需技术、能源和其他服务情况提供侧向联系,由此为主导产业发展提供保障。实践中,以主导产业发展为起点,尽量延长产业链条。同一个区域内,要积极发展有条件或有基础的关联产业,没有条件发展的关联产业应该积极寻求区际合作。

（三）基础性产业

基础性产业是可为区域经济、社会发展和人民生活提供公共服务的产业,是主导产业和关联产业发展的重要保障。基础性产业按作用性质可分为生产性基础产业、社会性基础产业、生活性基础产业。实践中,基础性产业种类多、构成复杂,它可以根据市场的需求变化合理发展,受市场机制的调节。从区域长远发展来看,要积极鼓励和保护基础性产业的发展。

（四）支柱产业

支柱产业在区域经济增长中对总量扩张影响很大,所占比重也较高,但在全国的同类产业中所占比重却较小,与其他区域的同类产业相比并不具备发展的优势,产品输出率低,关联效应小,带动作用弱,不能发挥区际分工的作用。实践中,支柱产业对于区域经济增长的贡献较大,因此要给予支柱产业必要的支持和保护;同时,要坚持培育和改善,使其

能够保持长久的生命力。

(五) 潜导产业

潜导产业尽管当前规模较小,对区域经济增长的影响有限,但是它代表了未来产业进步的方向,发展潜力大,前景广阔。实践中,在构建区域产业结构时,必须综合考虑世界技术进步的大趋势、全国经济发展的总体走向以及本区域的实际经济发展状况与条件,选择和培育有广阔发展前景的新兴产业作为潜导产业;同时,要加大技术引进、人才培养、资金供给等方面的扶植力度,创造条件促使其逐步发育、壮大。

二、河南省产业结构模式分析

结合河南省"十四五"规划以及河南省统计年鉴数据(表 5-6-1、表 5-6-2),可以看出河南省 2020 年相比于 2015 年主要产业结构的变化。2020 年河南省将装备产业、食品制造、新型材料制造、汽车制造、电子制造作为主导产业(表 5-6-1),这和河南省"十四五"规划目标基本相同。和 2015 年相比(表 5-6-2),河南省在产业结构上思路愈加清晰,装备、食品、汽车、电子产业稳固发展,从 2015 年的高成长性制造业升级成为河南省的主导产业;2020 年的新型材料制造替代了 2015 年的现代家居产业及服装服饰产业,表明了河南省在产业结构上的探索与改变。

表 5-6-1　河南省 2020 年规模以上工业主要产业单位数及增加值比重

行　　业	单位数/个	增加值占规模以上工业增加值的比重/%
五大主导产业	8 486	46.7
装备产业	3 819	13.8
食品制造	2 510	14.9
新型材料制造	1 138	7.5
电子制造	294	6.3
汽车制造	625	4.2
传统产业	8 469	46.2
冶金工业	755	10.8
建材工业	3 312	8.7
化学工业	1 266	7.4
轻纺工业	2 463	7.5
能源工业	673	11.8
战略性新兴产业	3 483	22.4
高技术制造业	1 021	11.1
医药制造业	413	2.9
航空、航天器及设备制造业	9	0.3
电子及通信设备制造业	312	6.5
计算机及办公设备制造业	27	0.2
医疗仪器设备及仪器仪表制造业	251	1.3
信息化学品制造业	9	0.1

(注:本数据大都来自全国、河南省统计年鉴,非该数据来源会特别注明,以下同。)

表 5-6-2　河南省 2015 年规模以上工业主要产业单位数及增加值的比重

行　业	单位数/个	增加值占规模以上工业增加值的比重/%
高成长性制造业	10 922	47.5
电子信息产业	318	4.3
装备制造业	4 012	16.0
汽车及零部件产业	679	3.8
食品产业	3 403	15.8
现代家居产业	1 418	4.0
服装服饰	1 092	3.6
传统支柱产业	9 545	45.3
冶金工业	1 103	8.0
建材工业	3 544	12.9
化学工业	1 529	6.6
轻纺工业	2 747	10.2
能源工业	622	7.7
高技术产业	1 008	8.8
医药制造业	433	2.9
航空、航天器反设备制造业	5	0.0
电子及通信设备制芭业	293	4.5
计算机及办公设备制造业	32	0.2
医疗仪器设备及仪器仪表制造业	225	1.0
信息化学品制造业	20	0.2

《河南省"十四五"规划纲要》指出,河南要立足产业基础和比较优势,壮大装备制造、绿色食品、电子制造、先进金属材料、新型建材、现代轻纺等 6 个战略支柱产业链,形成具有竞争力的万亿级产业集群。由此可以看出,《河南省"十四五"规划纲要》中除了强调主导产业,依然比较重视轻纺工业这一传统产业。前述产业结构理论告诉我们,区域的发展需要一个良好的产业结构,需要主导产业、支柱产业、关联产业、基础性产业、潜导产业的相互支撑和协调。区域发展既要重视基础产业的服务配套,也要重视那些直接与主导产业或支柱产业在产品的投入产出、技术等方面有联系,为主导产业、支柱产业发展进行配套、协作的产业,即关联产业的发展。如轻纺产业被河南省列为战略支柱产业,但相关的关联产业发展并不配套。轻纺产业与关联产业的简单联系如图 5-6-1 所示。目前河南省在后向联系和侧向联系上发展较好,但还有提升空间;在前向联系上明显不足。2015 年,河南省曾将服装服饰作为高成长性产业培植,"十三五"时期成长较慢,至今尚未打造出属于河南省的服装品牌,在全国乃至国际上占有一席之地。但这个产业结构完善的方向是对的,河南省是农业大省、棉花种植大省、纺织工业大省,不能让纺织工业只停留在初级产品加工上,今后依然需要在服装服饰加工上寻求突破,提升纺织工业的附加值。

在基础性产业方面,《河南省"十四五"规划纲要》指出,要建设现代服务业强省,推动生产性服务业向专业化和价值链高端延伸,推动生活性服务业向高品质和多样化升级,加快现代服务业同先进制造业、现代农业融合发展,积极培育新业态、新模式、新载体。构建"通道+枢纽+网络"现代物流运行体系,发展高铁货运,打造万亿级物流服务全产业链,

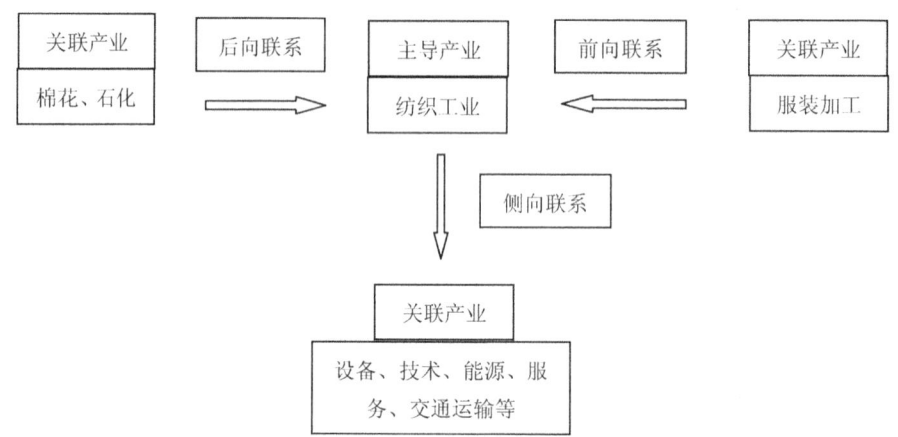

图 5-6-1 主导产业与关联产业的联系

加快建设现代物流强省。在知识密集型服务业方面,河南省的创意设计产业引起全球关注,是产业发展方面较为成功的一例,尤其是文化产业的传承和展示方面特色突出,如近两年的河南春晚成了浓墨重彩的一笔。《河南省"十四五"规划纲要》还指出,建设现代化基础设施体系,加快第五代移动通信、工业互联网、大数据中心等建设,构建便捷畅通的综合交通体系,建设郑州国际交通门户枢纽和洛阳、商丘、南阳全国性交通枢纽,加快"米"字形高铁向多中心网络化发展。建设数字河南,坚持数字产业化和产业数字化,突出数字化引领、撬动、赋能作用,全面推进国家大数据综合试验区建设,实施数字产业集聚发展工程,打造千亿级鲲鹏计算产业集群,培育软件、物联网、数字内容等产业,拓展"数字+""智能+"应用领域,争创国家新一代人工智能创新发展试验区,建设数字经济新高地。由此可见,河南省在基础性产业方面与时俱进,紧随时代潮流,注重数字、大数据、交通、物流、文化等方面的优势。今后需要在基础性产业方面迈出更大的步伐,不仅关注郑州的物流枢纽地位,更要关注地级市如南阳市的物流承载枢纽潜力。交通的发展使得很多原来地处多省交界地带的区域成了交通联结上的"香饽饽"。因此,河南省也应该着力打造安阳、南阳、商丘等交通枢纽城市,而且要把目光从交通枢纽转移到物流枢纽上。比如,南阳居于西安、重庆、长沙、南昌、合肥、太原等城市联系的中心位置,郑州联系着东西南北,二者在交通和物流承载上具有极大的潜力。

与 2015 年相比,2020 年河南省的传统产业和高耗能产业变化不大。《河南省统计年鉴 2020》在产业上新增加了战略性新兴产业的工业增加值,而且占比不低,规模以上单位 3 483 个,增加值占规模以上工业增加值的比重为 22.4%。2021 年 12 月,河南省人民政府印发《河南省"十四五"战略性新兴产业和未来产业发展规划》,由此也可以看出河南省在培育新兴产业上所做出的努力和改变。今后,河南省要建立"456"战略性新兴产业和未来产业体系。

"4"是指具有较好基础的 4 个主导产业,包括生物技术、新一代信息技术、新材料和节能环保。今后河南省在这 4 个产业上要着力"建链、延链、补链、强链",培育头部企业,打造产业集群。新一代信息技术产业聚焦要"补芯、引屏、固网、强端、育器",提升信息领域制造能力。重点发展光通信芯片、电源管理芯片等,建设专用芯片产业和封装测试基地。

引进高端显示产品,前瞻布局量子点、微型发光二极管显示器件、印刷显示等新型显示产品。积极发展基于5G技术的新型智能终端产品。建设许昌黄河鲲鹏等计算产业硬件生产基地,打造千亿级产业集群。支持郑州中国智能传感谷和开封、南阳、新乡、洛阳、三门峡、鹤壁智能传感器产业园"一谷多园"建设,推动智能传感器全产业链发展。

"5"是指5个具有一定基础的高成长性产业,包括高端装备、智能网联汽车、新能源、航空航天及新兴服务业等。今后要重点突破关键技术和装备,融合新兴技术,寻找和培育具有更强创新力、更高附加值的新业态、新模式。面向重大行业领域应用需求,加快软件与互联网、第五代移动通信技术(5G)、物联网、云计算、大数据、虚拟现实、人工智能、区块链等新一代信息技术的融合创新应用,围绕政务、金融、医疗、教育、文化、工业等重点行业需求构建智能软件产业生态体系。建设一批软件产业园,争创国家级软件名园。支持有条件的地方创建"中国软件特色名城"。发展通用航空研发制造链,培育壮大郑州上街、周口西华、安阳北关等无人机研发制造产业集群,打造一两家有一定国内影响力和竞争力的通用航空整机制造企业,推动"北斗+无人机""5G+无人机"走在全国第一方阵。

"6"是指尚处于起步阶段的6个未来产业,包括氢能与新型储能、量子信息、未来网络、类脑智能、前沿新材料及生命健康科学等。对此河南省所采取的措施是"优中培精""有中育新""无中生有"的三大培育路径。

创新是发展的逻辑起点,要着力推进关键核心技术攻关。比如,围绕战略性新兴产业"前沿"攻关,重点在中药现代化、分子育种、碳达峰碳中和、智能传感器、动力电池轨道交通装备、智能网联汽车以及5G新材料等领域做强做优,突破一批"撒手锏"核心技术;围绕未来产业"抢滩"攻关,聚焦未来网络、量子信息、氢能与储能、类脑智能、碳基电子新材料等方向,破冰引领或非对称性赶超,培育新的未来产业增长极。

规划是宏观的引领和指导,较为全面。在战略性新兴产业方面,如果和河南省的实际结合起来,那么可以重点推动中药现代化、分子育种、碳达峰碳中和、节能环保、新能源及新兴服务业等方面的发展。河南省是农业大省,也是"医圣"张仲景的故乡,所以在中药现代化上具有天然的影响力和建设条件。作为农业大省,河南当然在分子育种上不能落后。碳达峰碳中和、节能环保、新能源的出发点有一致的地方,都和低碳、节能和环保有关,可以归为一类,今后河南省可以在农业和制造业间寻找突破口来解决经济的高质量发展与农业、低碳间的关系。河南省是人口大省,提高人口素质,将未来网络、电子制造、信息技术、现代农业、新兴服务业进行产业关联也是壮大产业体系的发力点。

三、河南省区域产业结构演进分析

(一)区域产业结构演进理论

对区域产业结构演进进行分析,可以明晰区域产业结构变化的时间特征。有关这方面的理论较为成熟、较为常用的为以下两种:

1. 佩蒂-克拉克定理

这是我们常用的劳动力在三次产业之间转移的理论,即"随着经济的发展,人均国民收入水平会相应提高,劳动力随着开始从第一产业向第二产业转移,继而会进一步向第三产业转移,由此,第一产业劳动力在全部劳动力中所占的比重就越来越小,而第二产业和第三产业在全部劳动力中所占的比重就越来越大"。引起这种变化的原因是产业之间存在收入差异,劳动力总是倾向于收入较高的产业。

2. 库兹涅茨法则

库兹涅茨在佩蒂-克拉克定理的基础上,通过不同产业间国民收入和劳动力的统计分析,得到了库兹涅茨法则:① 随着时间的推移,农业部门的国民收入在整个国民收入中的比重和农业劳动力在全部劳动力中的比重均处于不断下降之中。② 工业部门的国民收入在整个国民收入中的比重大体上是上升的,但是,工业部门的劳动力在全部劳动力中的比重则大体不变或略有上升。③ 服务部门的国民收入在整个国民收入中的比重大体不变或略有上升,然而,服务部门的劳动力在全部劳动力中的比重基本上都是上升的。引起这种变化的原因是产业之间的相对国民收入差异。库兹涅茨提出了"相对国民收入"这一指标,该指标可以更加具体地表征产业结构和劳动力结构的变化。这一指标表述如下:

相对国民收入=某部门国民收入在全部国民收入中的比重÷某部门劳动力在全部劳动力中的比重

库兹涅兹认为,对于大多数国家来说,一般而言,第一产业的相对国民收入都低于1,第二产业和第三产业的相对国民收入大于1。第二产业的国民收入相对比重呈普遍上升趋势,而其劳动力的相对比重的变化则因不同国家工业化的水平不同而存在差异,但是综合起来看变化不大。一般情况下,第三产业的相对国民收入呈下降趋势,但其劳动力的相对比重却是上升的。

(二) 河南省产业结构演进分析

从图 5-6-2 河南省国民生产总值的产业构成趋势线演进方向可以看出,河南省的三次产业演进方向总体符合佩蒂-克拉克定理和库兹涅茨法则,即第一产业产值构成呈明显下降趋势;第二产业产值构成缓慢上升,趋势平稳;第三产业产值构成呈上升趋势。

就第一产业而言,20 世纪 90 年代以前产值构成在 40% 以上,出现大幅度降低的时期大致是在 20 世纪 90 年代之后。当前第一产业产值构成比例则在 10% 及其以下,稍高于 2020 年的全国值(7.7%)。

就第二产业而言,早期和第一产业占比差异相差不大,1990 年代后期,第二产业占比提升幅度显著。自 2016 年左右开始至今,第二产业占比有下降趋势。当前,第二产业产值构成比例在 40% 及其以上,高于 2020 年的全国值(37.8%)。

就第三产业而言,早期占比在 20% 左右,之后趋于上升,且上升趋势较为稳定,与第二产业变化趋势相反。自 2016 年左右开始至今,第三产业占比超过第二产业占比,且继续保持上升趋势。当前,第三产业产值构成比例在 50% 左右,稍低于 2020 年的全国值(54.5%)。

综上所述,河南省的产业结构保持着"三二一"的发展模式。产业结构是在市场机制与政府干预的共同作用下不断发展演变的。今后要合理发挥市场机制的功能,利用市场的供需关系引导产业之间建立起技术或经济联系;利用市场的价格机制调整生产要素在

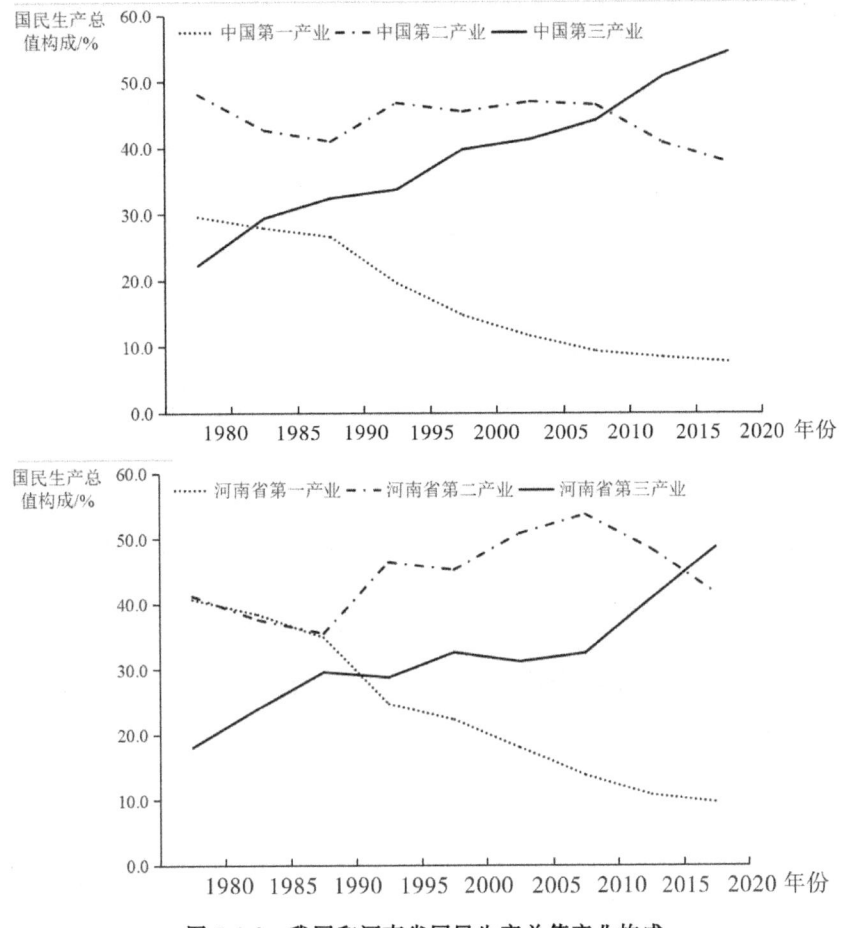

图 5-6-2　我国和河南省国民生产总值产业构成

三次产业之间的流动和配置,调节产业之间的规模和结构关系;利用市场的竞争机制促进各产业追求改革创新,提高资源的利用效率,由产业技术的先进性来决定产业的兴衰更替。但是完全依靠市场机制,有可能会出现产业发展失衡的现象,且无序的竞争有可能导致资源利用率降低、重复建设等问题。因此,在市场机制的调控之下还需政府的干预。通过制定区域产业发展规划,合理确定区域产业发展的重点,有效把控产业发展次序、发展速度、发展规模等。还可通过政策工具如信贷、税收、价格等对不同产业进行鼓励、扶持或限制,有效协调产业之间的发展关系,促进区域经济增长。政府还可以创造良好的产业条件和环境,如维持良好的营商环境,加强区域合作和分工,促进市场信息畅通,消除限制要素合理流动的障碍,等等。当然,政府干预也要注意避免干预过度或者决策失误。唯有合理地将市场机制和政府干预结合起来,才能确保区域产业结构合理、有序、稳定发展。

(三) 相对国民收入演进比较分析

根据库兹涅茨法则计算出了中国、河南省自 1978 年以来每隔 5 年的相对国民收入情况(如图 5-6-3),结果表明:

(1) 随着时间的推移,中国和河南省农业部门的国民收入在整个国民收入中的比重

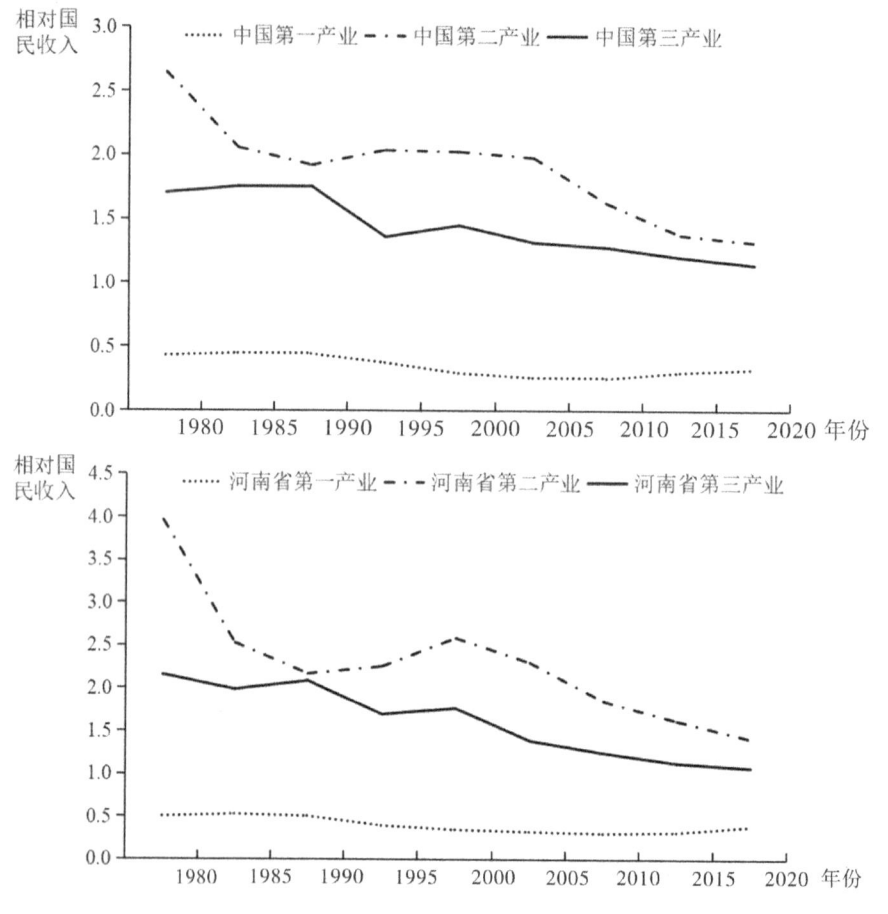

图 5-6-3　我国及河南省相对国民收入演进

和农业劳动力在全部劳动力中的比重均处于不断下降之中,且第一产业的相对国民收入均都低于1,早期在0.5左右,至2020年前后降至0.3左右。从动态变化趋势来看,第一产业的相对国民收入呈现较为稳定的状态,基本呈直线式变化,折线起伏不大。但也可发现2015年后有微上升趋势,这可能和疫情冲击有关,导致农产品短缺,价格上涨,农业收入有所增加;或者和我国现在对农业的重视有关,尤其是实行乡村振兴战略以来,虽然从事农业的人口减少了,但是劳动生产率提高了,国民收入有所增加,从而使得相对国民收入也有所提升。

(2)工业部门的国民收入在整个国民收入中的比重大体上是上升的,但是,工业部门的劳动力在全部劳动力中的比重早期略有上升,至当前则大体平稳。第二产业的相对国民收入大于1,从动态变化趋势来看,第二产业的相对国民收入早期起伏变化较大,后期较为稳定,且有逐步下降的趋势。理论上讲,第二产业的国民收入相对比重应呈上升趋势,我国和河南省的动态变化则有稳中趋降的趋势。这表明我国的制造业生产效率还有待提升,同样劳动力规模下创造的国民收入提升值不高,由此导致相对国民收入不高;或者因为我们产业的附加值不高,从而导致收入增加不多。但三次产业相比,工业部分的相对国民收入都是最高的。

(3) 服务部门的国民收入在整个国民收入中的比重大体不变或略有上升,服务部门的劳动力在全部劳动力中的比重基本上都是上升的。第三产业的相对国民收入也是大于1的。从动态变化来看,第三产业的相对国民收入早期起伏变化较大,后期则较为稳定,大体不变。

四、河南省区域产业结构方面存在的问题

(一) 第一产业优势还有待进一步发挥

2020年河南省第一产业产值为5 354亿元,中部6省第一产业的总产值为20 100亿元,河南省占中部6省的26.64%,占比最高。可以看出,河南省第一产业优势明显,同时河南省又是人口大省,农村人口比例较高,随着农业技术的创新、推广以及农业集约化的发展,农村劳动力中非农就业人口比例还将不断上升。今后要注意提升农业劳动效率,充分发挥第一产业的自然优势。

(二) 制造业竞争力有待加强

2020年河南省第二产业产值22 875亿元,中部6省第二产业的总产值为90 269亿元,河南省占中部6省的25.34%,占比最高。从数据可以看出,河南省的制造业处于明显的领先地位。今后需要加强的是产品附加值以及品牌效应和质量口碑,另外还要加强创新力和核心技术。要逐步从劳动力密集型产业向知识密集型产业转移。比如郑州的富士康,确实解决了河南省20多万劳动者的就业,但是从长远来看,一个区域的发展演化不能只靠输出廉价的劳动力获得,富士康在美国威斯康星州的选址规划不仅给出的工资高,所生产的产品附加值也很高。如何提高产业的劳动效率和产品的附加值是河南省今后在产业发展上要解决的问题。

(三) 河南省省服务业发展亟待加速

2020年河南省第三产业产值22 875亿元,中部6省第三产业的总产值为111 878亿元,河南省占中部6省的20.45%,占比最高。河南省人口基数大,但教育资源还有待进一步开拓。若能进一步提高人口素质,则河南省在第三产业上会有较大作为。如何加速河南省第三产业的发展也是今后面临的重要课题。

(四) 三次产业之间发展协调性不够

从上述河南省各产业产值在中部6省中的占比可以看出,河南省第一产业产值占比最高,其次为第二产业产值,最后是第三产业产值。尽管从三次产业结构的动态演变看,河南省三大产业结构逐渐地由"一二三"调整到"三二一",第一产业比重有所降低,第二产业比重保持稳定,第三产业比重进一步提高,但从中部地区的产业比重上来看,河南省三次产业结构仍然是"一二三",表现出仍然以农业为主,具有一定的工业基础,第三产业比重仍显偏低,三次产业发展的协调性不强,产业结构升级速度还有待提高,三次产业的发

展还有较大提升空间。

(五)大力发展高新技术产业,提速和增强传统产业的发展

河南省人口众多,农业生产条件好,是我国重要的农产品生产基地;同时区域能源资源丰富,传统制造业优势明显,工业基础雄厚,科研、教育力量较强,具有综合经济优势和良好的发展基础;生态环境条件较好,生态承载能力较强,在我国经济社会发展中具有重要地位和巨大发展潜力。充足优质的劳动力资源是河南省发展劳动密集型制造业和第三产业服务业的最显著优势。今后要大力发展高新技术产业,为河南省的产业结构由劳动密集型、资本密集型向知识密集型跨越创造条件。

五、河南省产业结构调整的建议

(一)基于比较优势和竞争优势,大力发展优势产业

河南省是我国重要的农产品生产基地和能源、原材料工业基地,产业基础设施比较完备,人力资源和教育资源丰富,具有巨大的发展潜力。同时,河南省的农产品、矿产资源、旅游资源,以及"承东启西,纵南贯北"的区位具有一定的比较优势,应抓住机遇把比较优势转变为竞争优势,大力发展优势产业。比如河南省的气候、土壤等农业生产条件较好,适于小麦、玉米、棉花、水稻等农作物生长,但这一产业存在的问题是农产品价格有限,附加值较低。今后要充分利用这一优势,把河南省建成优质农产品专用生产加工基地,并向规模化、多样化、优质化、高附加值化方向发展。同样,河南省的矿产资源比较丰富,如煤、磷、有色金属等,且有一定的加工能力。如何利用这一比较优势,做大做强工业?再比如前面提到的轻工、纺织,基本是河南省的传统优势产业。怎样发挥这些产业的特色和发展潜力呢?河南的旅游业也是极具潜力的,河南省的"根文化""中原文化"特色突出、优势明显,古都、历史文化名城居多。如何充分利用这些丰富的旅游资源,打造精品旅游线路,创建旅游品牌,带动区域经济、社会的发展?上述问题是河南省今后发展中需要认真对待的经济战略问题。

(二)利用主导产业,拉长产业链条

前述产业结构分析的时候一再强调产业链条的延长,要多利用主导产业的前向、后向、旁侧关联,拉长产业链条,使其产生连锁效应或聚集效应。就中部而言,可以在一个省内或省域间充分利用周边丰富的矿产资源,加强重点工业基地建设。如通过区域内矿山、电厂、铝厂的协同建设,实施煤-电-铝一体化运作战略,形成采选业-发电业-氧化铝业-电解铝业-铝加工业产业链条,提高资源的综合利用水平。通过食品工业的后向关联带动种植业、饲养业、饲料业的发展,通过前向关联带动零售业、物流业、批发业的发展,通过旁侧关联带动冷藏、机械制造、印刷、建筑、包装、信息服务等各业的发展,进行农产品的深加工,提高其附加值。

（三）用高新技术和先进适用技术改造提升传统产业

河南省传统产业主要包括机械、轻纺、食品、建材、冶金、化工、能源等，这些产业提供了就业机会，在一些时期也满足了社会需要，对经济增长起着带动作用，有些至今仍然发挥着巨大作用。今后应把重点放在用高新技术和先进适用技术改造提升这些传统产业上，在增强产业竞争力上下功夫，在提高产品质量上抓升级，力争创新，解决实际中存在的卡脖子问题，由此带动其他产业发展。但是，河南省并不像发达区域比如美国的硅谷那样资本市场发育成熟，风险投资丰富，因此应将培育发展高新技术产业与传统产业改造提升结合起来，以传统产业发展为基础培育发展高新技术产业，用高新技术促进传统产业的改造提升，分阶段有步骤地培育高新技术产业，寻找适于各个地区发展和有竞争力的高新技术产业。

（四）协调三次产业的结构

优化三次产业结构，促进三次产业结构向合理化和高效化演进，发挥产业结构的关联效应和扩散效应；不断创新、培育核心竞争力突出的主导产业，利用主导产业的前向、后向、旁侧关联，拉长产业链条，充分利用连锁效应或聚集效应，在产业间合理配置和有效利用资源，促进各产业协调发展。对于第一产业，应当发挥河南省农业生产的传统优势，以市场需求为导向，以产业化为基础，发展有比较优势的特色农业和具有高附加值的绿色农业、观光农业、高效农业、创汇农业和品牌农业；大力开展农产品的深加工和精加工，提高粮食及畜产品加工转化能力，增加农业附加值，解决农民增产不增收问题；积极推动传统农业向现代农业转变，推广"公司＋农户""订单农业"等现代农业生产方式，逐步形成农产品生产、加工、销售一体化经营。对于第二产业，要充分利用中部地区的丰富资源、资源组合优势，做大做强传统优势产业，实现工业生产的规模经济。对于第三产业，要大力发展现代物流业、旅游业。要有效利用中部地区独特的区位优势，抓好物流基础设施和物流结点建设，整合重组物流资源，培育大型商贸企业和物流集团，建设全国性的区域性物流中心，发挥大城市的区位优势；要依靠丰富的旅游资源和深厚的文化积淀，大力发展文化旅游、产业旅游、生态旅游和红色旅游，创新服务方式，提高服务水平，发展社区服务业和社会服务业，改善消费环境，培育消费热点，满足消费者多方面的需求。

第七节　河南省高质量发展潜力综合性比较分析

经济全球化的日益发展使得不同国家、不同区域面对的发展环境和挑战都发生了巨大变化，且每个区域自然资源禀赋、产业结构、空间结构、区域发展定位等各不相同，因此不同区域的发展模式、发展路径等也存在一定差异。世界经济的发展、国家间的竞争越来越聚焦和体现在区域的发展和竞争上。区域以一个多维空间载体正在通过各种复杂的方式进行着全球资源、市场、发展空间和机会的争夺与较量，这已成为国家乃至全球经济发展的引擎。

2017年,党的十九大提出,我国经济已由高速增长阶段转向高质量发展阶段,"高质量发展"成为首次提出的新表述。新时代下,"建立健全绿色低碳循环发展的经济体系"为高质量发展指明了方向,同时也提出了一个极为重要的时代课题。2020年10月,党的十九届五中全会也将高质量发展作为我国"十四五"时期经济社会发展的主题。2021年,恰逢"两个一百年"奋斗目标历史交汇之时,习近平总书记一再强调"高质量发展",意义重大。高质量发展的根本在于经济的活力、创新力和竞争力。而经济发展的活力、创新力和竞争力都与绿色发展紧密相连,密不可分。离开绿色发展,经济发展便会因丧失了活水源头而失去活力;离开绿色发展,经济发展的创新力和竞争力也就失去了根基和依托。绿色发展是我国从速度经济转向高质量发展的重要标志。

中部地区的崛起,2004年由时任国务院总理温家宝首次提出。2016年国务院批复的《促进中部地区崛起"十三五"规划》指出,要将中部地区建设成为"全国重要先进制造业中心、全国新型城镇化重点区、全国现代农业发展核心区、全国生态文明建设示范区、全方位开放重要支撑区"。2019年,习近平总书记在南昌主持召开推动中部地区崛起工作座谈会。2021年3月30日,中共中央政治局召开会议,审议《关于新时代推动中部地区高质量发展的指导意见》。2021年9月14日,《国务院关于推进资源型地区高质量发展"十四五"实施方案的批复》,原则同意国家发展改革委、财政部、自然资源部关于《推进资源型地区高质量发展"十四五"实施方案》。由此可见,中部崛起战略在时隔17年之后又成为我国关注的重点。河南省作为中部地区最核心的省份,在中部崛起战略中具有举足轻重的战略地位。在全国追求"高质量发展"的背景下,为了掌握自身发展基础,认识区域经济活力、创新力和竞争力现状,河南省非常有必要构建一个区域发展评价指标体系,以对影响区域发展的因素进行深入剖析,为客观反映区域发展现状和可持续发展能力提供指导,为河南省集中精力推进改革创新、协调发展和高质量发展提供实践参考。

一、区域高质量发展研究简介

(一)高质量发展的提出

2017年,中国共产党第十九次全国代表大会首次提出"高质量发展"的新表述,这同时也表明我国经济由高速增长阶段转向高质量发展阶段,这是一个极为重要的时代课题。党的十九大报告中提出的"建立健全绿色低碳循环发展的经济体系",为高质量发展指明了方向。中国特色社会主义和经济发展同时进入了新时代,推动高质量发展,既是保持经济持续健康发展的必然要求,也是适应我国社会主要矛盾变化和全面建成小康社会、全面建设社会主义现代化国家的必然要求,更是遵循经济规律发展的必然要求。

质量与速度是辩证统一的,高质量发展注重发展的"量"和"质",既要保证一定的发展速度,还要保证发展的质量。和传统发展比,高质量发展有以下几个转向:从关注经济规模和增长过程转向关注增长的结果和增长的效益;从关注经济增长一个维度转向关注生态环境、社会公平、经济发展等多个维度;从片面重视高增长产业转向关注产业协同发展,构建现代化产业体系;从关注经济增长的要素投入转向关注要素生产率的提升和要素优化配置;从关注GDP转向关注以人民为中心的各项制度安排和城乡区域之间的协调发展。总而言之,高质量发展追求更充分、更均衡的发展,并需在更高水平上实现供给和需求的动态平衡。

(二) 高质量发展的内涵

深刻认识和理解高质量发展的内涵,可为相关政策的制定和实施提供更加精准的依据,推动我国经济在高质量发展上不断取得新进展。具体来看,可从以下几个层面理解高质量发展的内涵。

(1) 高质量发展是适应经济发展新常态的主动选择。随着我国经济的发展,越来越多的区域开始追求遵循经济规律,主动适应新形势、新常态,区域经济发展不能再简单地以GDP论英雄,而要更加注重创新驱动,由此来推动我国经济的高质量发展。

(2) 高质量发展是贯彻新发展理念的根本体现。党的十八大提出了"创新、协调、绿色、开放、共享"的新发展理念。为了满足人民日益增长的对美好生活的需要,区域必须把创新作为第一动力,让协调成为内生动力,使绿色成为普遍形态,实现开放为必由之路、共享为根本目的的发展。

(3) 从宏观层面理解,高质量发展追求的是经济增长稳定,区域城乡发展均衡,以创新为动力,实现绿色发展,让经济发展成果更多更公平地惠及全体人民。因此,其一表现就是增长的稳定性。在推动经济高质量发展的同时,保持速度和规模的优势依然重要。高质量发展意味着必须保持经济增速稳定,不能出现大起大落的波动。其二表现就是发展的均衡性。在高质量发展进程中,经济发展的速度依旧重要,但是强调在更加宽广领域上的协调发展。如国民经济重大比例关系要合理,实体经济、科技创新、现代金融、人力资源要协同发展;经济发展要从规模速度型向质量效率型转变,从粗放增长向集约增长转变,推动经济发展向结构更合理、附加值更高的阶段演化;城乡区域发展上要更加注重城乡之间、区域之间的均衡发展。其三表现就是环境的可持续性。绿色发展理念为高质量发展提供了更加丰富、广泛的内涵。高质量发展要求我们要提供更多优质生态产品,满足人民日益增长的对优美生态环境的需要。其四表现就是社会的公平性。要兼顾生活、生产与生态,把增进民生福祉作为发展的根本目的,形成有效社会治理、良好社会秩序,促进社会公平正义。

(4) 从产业层面理解,高质量发展要求产业布局优化、结构合理,不断实现转型升级,并显著提升产业发展的效益。一是产业规模要不断壮大。不断完善现代农业、先进制造业、现代服务业等,形成健全的现代产业体系。二是产业结构要不断优化。"一二三"产业结构要日益合理,并且不断深化融合发展。三是创新驱动转型升级。创新是增强竞争能力的核心要素,是建设现代化经济体系的战略支撑,是增强国家竞争力的需要。高质量的创新发展可在现代供应链、人力资本服务、中高端消费、绿色低碳、创新引领等方面培育新的增长点,形成新动能。四是质量效益要不断提升。这是产业转型的重点,要以最小的质量成本产出最大的质量效益,并不断提升产业的可持续发展能力。

(5) 从企业经营层面理解,首先,高质量发展要求具有全球一流竞争力,要具备国际影响力,要在国际企业中具有举足轻重的行业地位,具有一定的规模实力、品牌影响力等,在行业规则、行业标准制定上有话语权,可以成为行业的整合者;要有国际竞争力,能够跨越多个经济周期,在公司治理、人才队伍建设、风险防范、管理水平、经济效益等方面始终保持竞争优势;要有国际带动力,成为行业发展和变革的引领者,拥有技术、制度、商业模式、管理等方面的创新,在产业培育与孵化上具有前瞻性、导向性和指引性。其次,高质量发展要求保持产品质量的可靠性与持续创新,要有品牌影响力。我们的"中国制造",需要涌现大量具有世界影响力的品牌,弥补部分高端品牌的不足,打造出如"德国制造"那样的整体影响力。企业要顺应消费个性化、多样化发展的大趋势,努力增加高品质商品和服务供给,在产品细节、做工、创新、性能上多下功夫,形成具有全球影响力的知名品牌。要有先进的质量管理方法和技术基础,如认证与检测、标准与计量等先进技术手段和现代质量管理理念,全面提升企业的质量和效益,形成具有中国企业特色的质量管理体系。

(三)高质量发展研究现状

在十九大提出"高质量发展"概念之前,诸多学者主要用经济增长质量衡量发展质量;"高质量发展"概念提出之后,相比而言,已有的研究其理论内涵及外延明显不足。已有的针对高质量发展的研究可归结为以下3个方面:第一,关于高质量发展内涵特征的研究;第二,关于高质量发展作用机理的研究;第三,关于高质量发展提升路径的研究。上述3个方面已有成果多为定性分析,涉及定量探讨的较少(文献占比为7.62%),因此下述影响因素和理论分析里也包括区域竞争力的影响因素。区域竞争力和区域高质量发展都属于综合性的概念,理解角度可以多样,不同的思想流派有不同的看法。尽管传统的经济理论很少直接论及区域竞争力或者区域高质量发展的影响问题,但很多经典的思想中却包含对这一问题的理解。传统经济理论关于区域高质量发展的影响因素分析总结见表5-7-1。

表 5-7-1 传统经济理论对区域高质量发展影响因素的分析

理论名称	有关区域高质量发展的影响因素
古典经济学理论	贸易 资本的投入 技术的改进
竞争优势理论	资源(如自然资源、人力资源、资本和技术) 环境(包括政治、社会、经济、技术等环境) 能力
发展经济学理论	外国直接投资 政府行为
区域经济学理论	区位条件 制度 集聚 文化环境 创新

续表

理论名称	有关区域高质量发展的影响因素
增长经济学理论	创新
	R&D 支出
	知识的有效扩散
	教育水平
	政府政策
	对人力资本的投资(如培训、学校教育等)
新贸易理论	专业化的基础设施
	熟练劳动力
	本地化技术
	供应商网络
新制度经济学理论	制度
新金融发展理论	资本配置效率
	储蓄率
企业经济学理论	企业的管理和技术水平

(四)区域高质量发展影响因素实证研究归纳

自十九大提出"高质量发展"理念之后,国内学者开始在区域竞争力的基础上研究区域的高质量发展。例如,徐福祥认为,生态保护、环境综合治理、人水关系调节、区域高质量发展、黄河文化复兴等5个方面的因素可以影响黄河流域的生态环境保护和高质量发展。杨传明将影响长三角城市群高质量发展的因素构建为协调发展、绿色生态、经济运行、创新效率、民生共享5个方面。孙斌从环境压力、生态状态、环境响应3个方面研究了城镇化与生态环境耦合。还有部分学者针对高质量发展的某一方面进行了研究。黄娟等发现,对中部地区外商直接投资影响力最大的是集聚程度,其次是基础设施建设、经济发展水平、市场规模、人力资源、产业结构、劳动力成本。樊新生等研究发现,中部地区在涉外能力、经济管理水平、经济实力、科技竞争力、国民素质和基础设施等方面竞争力弱于东部地区,其中涉外能力与沿海地区差距最大,具体表现在利用外资强度和对外贸易方面。王中亚对中部地区对外开放竞争力进行了实证研究,结果表明,竞争力较强的省份为湖北和安徽两省,河南和山西对外开放竞争力不强;安徽和江西的经济开放度处于相对领先位置;湖北的技术和社会开放水平均居首位。王中亚还从区域比较角度对标高质量发展要求进行了研究,分析了河南省制造业发展与全国先进地区相比存在的问题:创新能力偏弱,产业链偏短,生产效率偏低,资源依赖度偏高,等等。与中部其他省份相比,河南省制造业整体实力优势较突出,提质增效空间较大,但产业结构相似度高,结构趋同现象明显。乔雅君研究发现,河南省与其他中部省份相比,第三产业发展相对滞后,产业增加值及就业率较低,整体就业结构偏离度较高。

二、区域高质量发展的测评指标体系研究

区域是一个复杂的巨系统,对其进行评价不能单靠一个或几个指标,往往需要建立科

学合理的指标体系,这是处理各种评价问题的前提。除借鉴已有国内外成果外,指标体系的建立还要考虑必须遵循的原则。

(一) 区域高质量发展测评指标体系建立的原则

1. 科学性

科学性是进行指标评价必须遵守的最基本原则。指标体系的建立要有一定的理论基础,每个指标的选取都要有一定的依据,且具有确定的经济内涵和意义。

2. 完备性和代表性相结合

评价指标体系要尽可能多地、较为全面地、完整地反映和测度评价对象。区域高质量发展的影响因素复杂多样,不同因素之间还具有相互作用和关联,因此在设计指标体系时,必须系统地、全面地考虑各种影响因素,同时还要采用多个指标从不同角度度量。但指标也不能过多,过多的指标会影响关键因素作用的体现。因此,在全面分析的基础上,要抓住影响区域高质量发展的主要方面和本质特征,选择有代表性的最能反映区域高质量发展特征和水平的因素及指标,兼顾指标体系的完备性和代表性。

3. 系统性

区域高质量发展是一个复杂的多因素系统,因此需遵循系统论观点,处理好部分与整体、各指标体系和系统目标之间的关系。区域高质量发展的测评不但应从各个层次、各个角度反映区域特征和状况,而且还要体现区域高质量发展的变化趋势及发展动态。

4. 创新性

区域的尺度是多样的,因此在进行评价时,需要根据区域实际情况进行大胆创新,设计出一些能够反映区域高质量发展本质特征的指标。

5. 可操作性

区域高质量发展测评必须考虑数据的可获得性,要根据数据的情况适当细化或者简化指标体系。除数据的可获得性外,还要考虑指标的量化、数据获取的难易程度以及数据的可靠性,尽量利用统计部门已有的公开资料。在此基础上,构建简单、明确、易于理解的指标体系,用尽量少的指标反映尽量多的内容。

6. 定性与定量相结合

定性方法具有一定的主观性、不确定性和模糊性,定量方法则具有客观性、确定性和可量化性,二者各有利弊。实际研究中,需要将定性和定量两种方法相结合,以弥补各自的不足之处,从而使指标体系更为科学。

(二) 区域高质量发展测评指标体系构建

当前,世界经济论坛设计的有较为权威的国家竞争力评价指标体系,主要包括区域经济实力、企业管理水平、对外开放程度、科学技术、基础设施、人力资本、政府的作用以及金融等指标,国内学者在进行区域评价的时候经常参考该评价指标体系。

1. 经济实力

区域高质量发展潜力首先表现在经济实力上,经济实力是当前区域宏观经济运行状况的表现,它可以反映现状,它是过去经济发展的结果,也是未来经济发展的基础。除已有的经济实力外,还需看一个区域高质量发展和未来创造的潜力及可持续性,要着眼未来,资本的形成在一定程度上可以表征区域经济的投资潜力。另外,还需结合区域的人口情况来进行评价,看该区域的经济实力是否有利于区域人民生活水平的提高和经济的长远发展。居民生活水平状况可反映区域人均经济实力和消费能力。

根据以上分析,本书选用了以下指标来评价区域经济实力:① 国内生产总值和第二、三产业产值占地区生产总值的比重等,这些指标代表了一个区域现有的经济实力;② GDP 增长率、固定资产投资增速、人均 GDP 增长率、工业部门劳动生产率、工业生产实际增长率、服务业劳动生产率、服务业年均增长率等,这些指标代表一个区域高质量发展和未来创造的潜力及可持续性;③ 人均 GDP、人均社会消费品零售总额、社会固定资产投资等,这些指标反映经济的人均指标以及居民生活水平和消费能力状况。

2. 国民素质

高质量发展内涵里特别强调绿色、创新的发展理念,这一理念的实现离不开国民素质的提升,因此要在经济实力的基础上分析国民素质这一指标。该指标的提升需要通过对人力资源的投资,从而提升劳动者的智力、体质、知识和技能水平以及劳动态度等。国民素质包括现实的国民素质和潜在的国民素质。

根据上述分析,可以选用下述指标进行衡量:① 反映国民体质水平的指标,可以用健康卫生指标,如每千人口卫生技术人员数量、平均寿命、人均日摄入热量、每万人口拥有的医务人员数量等;② 反映国民文化水平的指标,可以用教育状况来表示,如每十万人口高等教育平均在校生数、人均受教育年限、大中小学入学比例、每万人中大学生数量、大专以上受教育人口比例、人均教育支出等;③ 城镇化水平,如城镇人口比重;④ 专业技术水平,如 15~64 岁人口比重、每万人中高级职称人员数量、教育机构数、教育经费占 GDP 的比例、科研院所数等。

3. 基础设施

基础设施既包括生产性基础设施,如交通、技术、能源设施等;也包括非生产性基础设施,如教育、医疗、环保设施等。交通和能源基础设施是区域生产的必要条件;技术基础设施是区域实现技术进步和创新的最重要的因素;环保设施等基础设施可以为区域发展提供良好的生态环境,也符合高质量发展的绿色理念。基础设施对区域高质量发展的贡献不仅仅体现在设施的规模和质量,更重要的是设施为用户提供服务的能力和水平。

根据上述分析,可以选用下列指标进行测评:① 交通运输基础设施,该指标可以反映交通运输基础设施满足区域发展需求的能力,可采用公路网密度、公路里程、高等级公路的比重、铁路网密度、铁路里程、航空客运周转量、客运量、货运量、邮政业从业人员数、水运货物周转量等;② 能源基础设施,该指标可以反映能源满足区域需求的能力,可采用发电装机容量、人均发电量等;③ 技术基础设施,该指标是随经济信息化的需要而产生和发展的,可采用电话普及率、对电信的投资、每百人拥有计算机数、软件业务收入、每百人拥有移动电话数、每千户互联网户主数等;④ 环保设施,可采用工业污染治理完成投资等指标来衡量。

4. 科技竞争力

科技竞争力是创新的源泉、区域发展潜力的永动机。科技活动的提升需要依靠两个方面:第一,加大基础研究人力和财力的投入;第二,技术资源转化为实用技术或专利以及新产品。由此可见,科技水平的高低,不仅取决于实用专利技术的多少,更取决于区域研究和开发活动的投入。

根据上述分析,可采用下述指标进行评价:① 反映科技投入的指标,如规模以上企业R&D人员全时当量、规模以上企业 R&D 经费、科学技术支出 R&D 总支出额、人均 R&D 总支出、R&D 经费占 GDP 的比例、科技活动经费、R&D 总人数、每千人中 R&D 人数、每万人中科学家和工程师数等;② 反映专利成果多少的指标,如三种专利授权数、人均专利申请数、专利授权量、人均专利授权量、国际科技论文数、每万名科技人员国内科技论文数等;③ 反映科技转化效率的指标,如技术市场成交额、成交合同金额等。

5. 经济管理水平

经济管理水平直接影响商务活动的效率,进而影响区域高质量发展水平的高低。对经济管理水平进行评价不仅要考虑其产品价格和质量,还要考虑其内部运行机制和效率。经济管理离不开人,因此还要看就业人员的情况。

据此构建经济管理水平的评价指标体系,包括:① 反映就业人员情况的指标,如就业人员数、城镇非私营单位就业人员平均工资、城镇私营单位就业人员平均工资等;② 反映产品价格、质量的指标,可采用工业生产者出厂价格指数、产品质量合格率、企业产品的价格质量比、就业者人均 GDP、综合生产率增长率等。

6. 涉外能力

涉外能力体现的是区域在全球化及国际分工中所表现出来的综合实力。根据国际经济理论,一个区域的国际经济贸易情况可通过贸易和投资来体现,贸易是产品的流动,投资是资本的流动。贸易流动可实现全球优势互补,从而提高区域的经济效率。资本流动可实现资本的优化配置,从而促进生产要素和经验的交流以及经济的回报。由此可见,国际贸易和投资直接关系到区域生产率,可体现区域对外开放和在国际市场上的综合实力。

根据上述分析,可采用下述指标进行评价:① 反映国际贸易水平的指标,如贸易进出口总额、外商投资企业货物进出口总额、国际旅游收入、贸易依存度、进出口增长率、外贸依存度等;② 反映国际投资水平的指标,如对外直接投资、外商投资企业投资总额、外国直接投资、外国直接投资增长率等。

本书在上述指标的基础上结合其他学者的研究对上述指标体系进行了修改(见表5-7-2)。

表 5-7-2 区域高质量发展潜力评价指标体系

经济实力	国内生产总值、GDP 增长率、固定资产投资增速、人均 GDP、人均社会消费品零售总额
国民素质	城镇人口比重、每十万人口高等教育平均在校生数、15~64 岁人口比重、人均教育支出、每千人口卫生技术人员数
基础设施	工业污染治理完成投资、邮政业从业人员数、客运量、货运量、每百人使用计算机数、软件业务收入、铁路里程、公路里程
科技竞争力	规模以上企业 R&D 人员全时当量、规模以上企业 R&D 经费、三种专利授权数、技术市场成交额、科学技术支出

续表

经济管理水平	就业人员数、城镇非私营单位就业人员平均工资、城镇私营单位就业人员平均工资、工业生产者出厂价格指数、产品质量合格率
涉外能力	贸易进出口总额、外商投资企业货物进出口总额、外商投资企业投资总额、国际旅游收入、贸易依存度

(三) 区域高质量发展水平测评方法

将上述各指标数据标准化，标准化公式为：

$$X'_{ij} = \frac{X_{ij} - \overline{X}_j}{St_j} \tag{5-7-1}$$

$$St_j = \sqrt{\frac{1}{n}\sum_{i=1}^{n}(X_{ij} - \overline{X}_j)^2} \tag{5-7-2}$$

式中，X'_{ij} 为指标 X_{ij} 的标准化值，i 代表省份，j 代表评价指标，X_{ij} 为 i 省份第 j 项指标的值，$\overline{X}_j$ 为第 j 项指标 X_j 的平均值，St_j 为第 j 项指标的标准方差，n 为指标数量。

区域高质量发展潜力的各项指标和最终的综合性指数采用加权平均法。因为 Delphi 法计算权重主要是通过专家打分，这种方法会带有一定的主观性，故本书的权重计算均采用主成分分析法，客观地根据数据本身的关系确定权重。主成分分析法采用 SPSSAU 在线统计分析软件进行。根据建构的区域高质量发展潜力评价指标体系，计算出各个省份的各分类发展潜力指数，在此基础上算出各区域高质量发展潜力的综合性指数。计算公式为：

$$C_i = \sum_{j=1}^{m} W_{ij} \times X'_{ij} \tag{5-7-3}$$

$$Z_n = \sum_{i=1}^{6} W_i \times C_i \tag{5-7-4}$$

式中，i 代表分类发展潜力，j 代表评价指标，m 代表指标数量，C_i 为 i 分类发展潜力指数，X'_{ij} 为 i 类发展潜力的第 j 项指标的标准化值，W_{ij} 为 i 类发展潜力的第 j 项指标的权重，Z_n 为 n 省的高质量发展潜力综合性指数，W_i 为 C_i 的权重，n 代表省份。

根据上述建立的指标体系及评价方法对河南省区域高质量发展潜力进行了评价（见表 5-7-3），同时为了进行比较，特将河南省与中部地区其他省份的评价结果进行了展示，各指标数据大都来自《中国统计年鉴 2021》和 2021 年各省的统计年鉴；如不是该来源渠道或年份，会在表下予以说明。

表 5-7-3　河南省及中部其他省份区域高质量发展潜力综合性比较指数

项目	区域经济实力指数	区域国民素质指数	区域基础设施指数	区域科技竞争力指数	区域经济管理水平指数	区域涉外能力指数	区域高质量发展潜力指数
权重	0.157	0.144	0.156	0.190	0.185	0.168	
山西省	-1.710	0.766	-0.252	-1.624	-1.560	-1.200	-0.997
安徽省	0.281	-0.450	0.072	0.744	0.676	0.750	0.384
江西省	-0.945	0.392	-0.495	-0.454	-0.160	-0.066	-0.296

续表

项目	区域经济实力指数	区域国民素质指数	区域基础设施指数	区域科技竞争力指数	区域经济管理水平指数	区域涉外能力指数	区域高质量发展潜力指数
河南省	0.228	−1.126	0.482	0.524	0.359	0.620	0.220
湖北省	1.731	0.752	0.085	0.671	0.169	−0.109	0.534
湖南省	0.415	−0.333	0.107	0.139	0.516	0.004	0.156

注：各指数计算中湖北省GDP增速和固定资产增速均为2019年数据，因为2020年受疫情影响，数据变动过大。表中有关各类高质量发展潜力的指标及指数均为标准化之后的结果，并不是绝对值，只具有相对意义。

1. 河南省区域经济实力比较分析

区域经济实力指数显示河南省实力居中。河南省虽然GDP总量居第一，但其他指标水平不高，表现出经济总量及其增长速度和消费能力的不协调、不同步。今后在"量与质"协同以及内需潜力释放等方面亟待加强。

2020年中部6省中河南省的国民生产总值最高，也高于全国平均值，在高质量发展的总量上具备一定的发展基础。GDP增长率可以代表一个区域经济发展的潜力，河南省的GDP增长率在中部6省中最低，也低于全国平均GDP的增长速度，和全国增速相比，河南省在迈向高质量发展的道路上任务还十分艰巨。通过经济增长速度和经济总量的对比，发现二者之间存在不同步的情况。河南省最为明显，经济总量最高，但增速最低。今后河南省需要在经济发展的速度和总量上力争实现协调、动态和稳固发展。固定资产增速也可以反映区域的增长潜力。河南省的固定资产投资增速在中部6省中最低，但超过全国平均水平。由此也可以看出一些问题：固定资产投资作为一项区域基础性产业的投资是否能满足GDP的发展和增长需求？或是投资是否被更多地用在了和区域产业关联度不高的行业？从高质量发展的理念上来看，河南省今后应该思考如何更好地合理利用固定资产投资，以更好地提升河南省的产业关联度，优化产业机构，增强产业的持久力和可持续性。

人均国民生产总值和人均社会消费品零售总额可以从侧面反映一个区域的消费潜力。河南省的消费潜力较小，两个指标均低于全国平均水平。由此可以看出，河南省的消费潜力还是有待提升的。河南省靠内陆一些，因此，在消费思维上会倾向保守一些，如喜欢储蓄，较为看重房子等大件固定品的投资，居民较为勤俭节约，等等。近两年，受疫情的影响，全球市场萎缩问题突出，更使得消费水平下降。2022年我国政府工作报告提出，要坚定实施扩大内需战略，持续扩大消费和投资规模，聚焦畅通国民经济循环，进一步增强内需对经济增长的拉动力。鉴于此，河南省在已有经济实力的基础上尚需持续释放内需潜力。

2. 河南省区域国民素质水平比较分析

河南省区域国民素质指数最低，河南省各指标中，除高校在校学生数有些优势外，其他各项指标均没有任何竞争力。高质量发展追求创新与协调，国民素质在一定程度上可以影响创新，河南省在国民素质协调度上明显不足。

河南省城镇人口比重在中部6省中最低，2020年城镇化水平为55.43%，我国平均水平为 63.89%,河南省低了 8.46 个百分点;同时,河南省的城镇人口比重低于全国平均水平。这表明河南省今后需要加快城市化进程,优化产业结构,大力发展第三产业,提供更多的就业岗位,从供给侧和民生角度来完善产业体系;同时,要积极创设就业环境,能够在本省内留住人才,同时吸引其他区域人才进驻。唯有如此,河南省才能有高质量的城市化进程。

青壮年劳动力比重河南省最低,且低于全国平均值。这个问题较为突出,河南是人口大省,与其他省份相比,65 岁及以上人口数量较多,0～14 岁人口数量也多。今后要面对老龄化、大批量提升青少年总体素质、提高青壮年就业机会等问题,任务艰巨。

河南省人均教育支出低于中部 6 省平均值,也低于全国的平均值。河南省人口多,人口素质提升任务重,经费支出有限。河南省作为人口大省,高素质人口较中部 6 省平均值高些;但每千人口卫生技术人员数依然偏低。这暴露出河南省的教育问题:其一是教育投入和支出明显不够;其二是人才流失严重,因为缺乏好的高校,且为农业大省,所以尽管高等学校在校学生很多,但这些学生毕业后要么流向国外,要么流向他省,还有相当多的考生直接考进他省的高校;其三,吸引人才的就业环境不好,比如每千人卫生技术人员数偏低,这体现了人口与教育、医疗、服务等就业软环境的不协调,因此缺乏东部沿海地区的城市优势,很难留住人才。

3. 河南省区域基础设施水平比较分析

区域基础设施指数显示河南省最高。结合我国的发展现状,从高质量发展角度来看,交通设施方面基本不存在太大问题,毕竟"中国制造、中国高铁、中国高速"都在发生着日新月异的变化。关键的仍是环保设施和信息化设施方面,尤其是信息化设施。

(1) 环保设施方面

河南省的工业污染治理完成投资额低于中部 6 省平均值。单纯从数据来看,这样的投资不利于区域的绿色发展,这样的投资是否与工业发展相协调,还需考虑二者之间的耦合情况。传统意义上,河南省确实是名副其实的农业大省,但从规模以上工业总收入上看,河南省该指标不低,被众多媒体评为我国十大工业大省之一。因此,河南省今后还需在绿色发展上加大投资。

(2) 信息化设施方面

每百人使用计算机数以及软件业务收入可以代表区域信息化的情况,软件收入更能代表区域一定的创新能力。从该指标可以看出,河南省虽然是正值,但是依然低于全国平均水平(2 631 亿元)很多。每百人使用计算机数这个指标差距较小,和软件业务收入相比,该指标比较容易实现。信息化社会,信息、数据、软件是必由之路,但从现有数据来看,河南省似乎还有很长一段路要走。从前述产业结构可以看出,河南省在新兴产业上把大数据、超算、数字产业等作为区域新兴战略产业培育,今后需要在提升全民计算机水平和软件开发方面下功夫,而不仅仅是流水线上的零部件生产,期待今后的发展中河南省在创新、开放和共享方面能领先。

(3) 交通设施上方面

和全国平均水平相比,河南省邮政业从业人数、客运量高于全国平均水平。货运量上,中部各省均高于全国平均水平,该数据可以作为中部 6 省发展物流联运的一个有利证明,表明中部6省货运需求非常大。铁路里程、公路里程上河南省均高于全国平均水平。

4. 河南省区域科技竞争力水平比较分析

从区域科技竞争力指数来看,河南省总体指数为0.524,居于中部6省第3位,规模以上企业研发人员全时当量最高,研发经费投入也最高,专利授权数也最高,科学技术支出居中,技术市场成交额较低,表明科研转化能力较弱,尤其是专利成果的实践应用较差。河南省今后应加强与国内外重点大学的科研合作,同时将科研重点转向时代所需、区域所需方面,努力提高科研成果的转化效率。

(1) 科技投入方面

规模以上企业R&D人员全时当量、规模以上企业R&D经费、科学技术支出均可以用来比较科技人力投入情况,在高质量发展中可以代表区域发展的创新潜力。无论是和全国平均水平相比,还是和中部其他省份相比,河南省均为最高。

(2) 专利成果方面

和全国平均水平相比,除河南省外,中部其他各省均低于全国平均水平。专利成果的表现特征和科技投入情况基本一致。

(3) 科技转化方面

技术市场成交额可以反映科技转化方面的情况。河南省该指标低于全国平均水平和中部6省平均水平。

5. 河南省区域经济管理水平比较分析

区域经济管理水平综合评价结果显示河南省居中。河南省的就业人员数最高,工业生产者出厂价格指数也最高,但是城镇非私营单位就业人员平均工资最低,城镇私营单位就业人员平均工资、产品质量合格率较低。这表明河南省的情况和人口总量有极大的关系,今后可在延长产业链、壮大经济实力上下功夫,提高就业人员工资、提升产品质量是亟须解决的问题。

(1) 就业人员情况方面

就业人员数这一指标是区域经济管理水平最直接的反映。河南省该指标高于全国平均水平和中部6省平均水平。就业人员数可能和人口总量有关,也可能和产业结构有关,需要根据实际情况进行合理的改善。城镇私营单位就业人员平均工资也可以反映区域经济管理的灵活程度。中部6省该指标均低于全国平均水平,这可能和中部地区居民的思维意识有关,没有北上广和东部沿海开放的思维及商业意识;另外,也和经济实力、消费意识、人均消费能力有很大关系。

(2) 产品价格质量方面

工业生产者出厂价格指数代表了一个区域工业产品价值和质量的稳定程度。与全国平均水平和中部6省平均水平相比,河南省的工业生产者出厂价格指数较高。

6. 河南省区域涉外能力水平比较分析

在中部6省中,河南省的区域涉外能力水平居第2位。河南省的贸易出口额、贸易进出口总额最高,外商投资企业货物进出口总额也最高,贸易依存度居中,经济结构较为稳定,外商投资企业投资总额和国际旅游收入较低。今后应加大开放的力度,培育有创新力和竞争力的产业,同时注意发展旅游业,提高国外游客的入境旅游水平。

(1) 国际贸易水平方面

诸多指标中贸易进出口总额和外商投资企业货物进出口总额权重较高。河南省的外商投资企业货物进出口总额高于全国平均水平和中部6省平均水平。高质量发展追求开放、共享,贸易流动可实现全球优势互补。然而,从国际贸易水平来看,河南省的对外开放程度并不尽如人意。河南省有部分企业确实做得不错,比如洛拖,在国外也设置了很多分厂、分公司;还有,河南富士康,也是影响特别大的河南对外贸易的企业,该企业充分利用了河南人口众多的优势。但从长远来看,河南省应将该种劳动密集型企业作为过渡,尽可能地拥有自己有自主产权的企业。贸易依存度在一定程度上可以反映区域的开放程度,中部各省的贸易依存度均低于全国平均水平,表明中部各省的经济开放程度有限,在全球化趋势下,可以合理利用贸易的优势来增强区域经济。

(2) 国际投资水平方面

外商投资企业投资总额可以在一定程度上反映国际投资情况。中部6省的国际贸易方面并不是很强,由此也导致该指标的权重不是很高。中部各省的外商投资企业投资总额均低于全国平均水平,表明中部6省在吸引外资方面的能力有限。

7. 河南省区域高质量发展潜力综合性比较评价

由河南省及中部其他省份区域高质量发展潜力综合性评价结果可以看出:中部6省中综合性评价指数最高的是湖北省,其次是安徽省,河南省居第三,湖南省第四,江西省第五,山西省最低。

河南省的几个指数大多居于中间的地位,国民素质指数最低,原因是城镇人口比重最低,青壮年劳动力比重也最低,人均教育支出也是最低的,这与河南人口多有很大关系;另外,河南的劳动力输出较多,造成青壮年劳动力比重最低。今后应该想办法留住人才,留住投资,留住机会。河南省委省政府为此也做了很多工作,如引进高学历、高职称人才和各级各类专家,加强与清华大学等著名高校的合作。但是远水解不了近渴,河南省高校数量有限,走出河南的学子不愿意回来,这是一种恶性循环。今后河南省在国民素质提升上还要面对老龄化、大批量提升青少年总体素质、提高青壮年就业机会等诸多问题,任务艰巨。

三、乡村振兴潜力分析

乡村振兴是居民素质提升的一个表现。习近平总书记强调新时代乡村振兴要扶贫、扶智相结合,所以在区域高质量发展综合评价中理应加入乡村振兴潜力这一指标。但已有研究中很少涉及这个方面,因此将该部分剥离出来单独分析,继而再和区域高质量发展综合起来研究。

(一) 乡村振兴潜力评价指标体系

乡村振兴潜力可以分为不同的尺度,基于省级、地市级尺度的多为宏观评价,基于县级和乡镇、村级的多为微观评价。本书则主要针对省级尺度的乡村振兴潜力进行宏观评价。

党的十九大报告指出要实施乡村振兴战略。《中华人民共和国乡村振兴促进法》第二条规定:"全面实施乡村振兴战略,开展促进乡村产业振兴、人才振兴、文化振兴、生态振兴、组织振兴。"基于这5个方面,本书建立了乡村振兴潜力评价指标体系(见表5-7-4)。

表 5-7-4 宏观尺度上乡村振兴潜力评价指标体系

产业振兴	第一产业增加值、第一产业就业、农业产品生产者价格指数、耕地面积、农户固定资产投资增速、农业机械总动力、农作物播种面积
人才振兴	乡村人口数、乡村就业人员、每千农村人口乡镇卫生院床位数
文化振兴	农村居民人均教育支出、农村居民平均每百户移动电话、计算机拥有量
生态振兴	农村居民人均可支配收入、农业化肥施用量、谷物单位面积产量、人均粮食产量、耕地灌溉面积
组织振兴	农村居民人均消费支出、粮食作物产量、农村水电建设投资额

(二)河南省乡村振兴潜力比较分析

从产业振兴角度来看,河南省的产业振兴潜力指数最高(1.307),振兴潜力最大(表5-7-5)。河南省是农业大省,第一产业产值占比较高,就业人数众多,产品价格稳定,耕地面积广大,这反映河南乡村振兴的任务很重,但同时也是优势。今后应提高农业方面的固定投资比例,提高农业劳动生产率和单位土地面积产出率,借鉴美国、法国、以色列等农业发达国家发展现代农业和商品农业的经验,提升农户技术素养,进行农业培训,争取培养更多的职业型农民,向着一个农业劳动力可以养活40~100个人的目标挺进,那么河南省的农业也将成为经济发展的强项。产业兴旺是乡村振兴的基础和重点。河南省要坚持农业的高质量发展以及绿色可持续发展,如工业一样构建系统的产业、生产、经营、流通等体系,勇于创新,提高农业的竞争力和生产力,不仅要追求农业的增产,更要追求农业的体制转向。

表 5-7-5 乡村振兴潜力指数

项目	产业振兴	人才振兴	文化振兴	生态振兴	组织振兴	乡村振兴潜力指数
权重	0.204	0.218	0.152	0.205	0.221	
山西省	-0.771	-1.221	-1.366	-1.340	-1.023	-1.132
安徽省	0.181	0.103	-0.239	0.383	0.030	0.108
江西省	-0.898	-0.524	-0.094	-0.067	-0.720	-0.485
河南省	1.307	1.385	0.055	0.556	1.140	0.943
湖北省	-0.007	-0.125	1.153	0.024	0.359	0.231
湖南省	-0.066	0.382	0.490	0.163	0.213	0.225

从人才振兴角度来看,河南省的人才振兴潜力指数最高(1.385),振兴潜力最大。这与河南省的乡村人口和就业人员数有很大关系,该潜力的发挥还有待于今后政策的重视。习总书记将"三农"问题作为重中之重,河南省应该利用当前国家在农业上的政策支持,大力培养乡村人才,提高农业的技术含量和现代化水平,造就一大批职业农民。唯有如此,河南省才能成为真正的农业大省、农业强省。就农村居民人均教育支出而言,河南省较低,作为农业大省、人口大省、教育大省,如何在有限的教育支出范围内提升人才素质?可

以结合信息社会的优势,通过直播、线上培训等手段使农民享受免费培训和教育。乡村振兴需要大批的乡土人才,知农、懂农、会农,所以乡村人才振兴之路还很漫长。河南省具有一定的基础优势,需要想办法在乡村振兴方面有所作为。

从文化振兴角度来看,河南省的文化振兴潜力指数(0.055)位居第三。文化振兴所选择的指标主要表征的是农民与时代文化的链接程度。河南省的电话和计算机指标较好,但农村医疗这一指标为负值,这和河南省众多的人口有很大关系。移动电话和电脑是信息时代的必需品,河南省应该利用大数据、无人机等现代农业技术手段,让农业与时俱进。另外,要积极改善农村医疗卫生条件,解决农村"就医难"的问题。

从生态振兴角度来看,河南省的生态振兴潜力指数最高(0.556),振兴潜力最大。这与河南省的土地单位面积产量、人均粮食产量和耕地灌溉面积有关。生态振兴不鼓励大量施用化肥,这方面河南省存在问题较大。今后应加强测土配方、精准施肥技术的应用。既要生态振兴,又要生态宜居,这是乡村振兴的关键。保护好农村良好的生态和宜居环境,这也是农村发展的优势和财富。要积极推动农村的循环经济、生态经济发展,让农业资源和资本、资产加速进入良性循环,真正实现"绿水青山就是金山银山"。

从组织振兴角度来看,河南省的组织振兴潜力指数最高(1.140),振兴潜力最大。这与河南省的人均消费高、粮食作物产量高有关,但这些指标表达的内涵有限。从乡村振兴角度来看,今后需要有意识地组织和引导农村居民的消费支出,如增大农户的固定资产投资、农业培训支出、教育科技支出等;提高作物产量要在保证质量的前提下提高土地单位面积的产出率。河南省今后需要加大农村水电建设投资。

从综合分析结果可以看出,河南省的乡村振兴潜力指数最高(0.943),振兴潜力最大。河南省是"中原粮仓",是当之无愧的农业大省,因此乡村振兴潜力巨大。关键是如何将潜力发挥出来,打造一个富有现代优势的农业大省。

(三) 乡村振兴视角下中部6省区域高质量发展潜力综合性评价

在考虑乡村振兴潜力下,区域高质量发展潜力指数最高的是湖北省(0.476),其次是安徽省(0.337)和河南省(0.331)(见表5-7-6)。

表5-7-6 乡村振兴视角下中部6省区域高质量发展潜力综合性指数

项目	区域经济实力指数	区域国民素质指数	区域基础设施指数	区域科技竞争力指数	区域经济管理水平指数	区域涉外能力指数	乡村振兴潜力指数	区域高质量发展潜力指数
权重	0.127	0.125	0.133	0.156	0.152	0.150	0.158	
山西省	-1.710	0.766	-0.252	-1.624	-1.560	-1.200	-1.132	-1.004
安徽省	0.281	-0.450	0.072	0.744	0.676	0.750	0.108	0.337
江西省	-0.945	0.392	-0.495	-0.454	-0.160	-0.066	-0.485	-0.319
河南省	0.228	-1.126	0.482	0.524	0.359	0.620	0.943	0.331
湖北省	1.731	0.752	0.085	0.671	0.169	-0.109	0.231	0.476
湖南省	0.415	-0.333	0.107	0.139	0.516	0.004	0.225	0.162

区域的高质量发展具有广泛的含义,不应只包括区域经济的发展及相关条件的提升。我国是农业大国,在追求高质量发展的过程中,乡村振兴是不可或缺的重要环节。2023年3月5日,习近平在参加十四届全国人大一次会议江苏代表团审议时强调:"农业强国

是社会主义现代化强国的根基,推进农业现代化是实现高质量发展的必然要求。"高质量发展,就是为了满足人民日益增长的对美好生活的需要。新时代的"三农"工作,也需要准确把握高质量发展的根本要求,把"创新、协调、绿色、开放、共享"的新发展理念作为推动乡村全面振兴的行动先导,全面推进乡村振兴。比如通过制度设计,识别乡村振兴类型,并分类建立退出机制和监测机制,从根本上解决"扶持谁、谁来扶、怎么扶、如何退、如何稳"等一系列实际问题。中部各省要汇聚更强大的力量,以更有力的举措,结合各省在推动乡村振兴中的优劣势,促进农民富裕富足、乡村宜居宜业、农业高质高效,加快农业农村现代化步伐,加快补齐农村基础设施短板,提高公共服务水平,全面提升农民生活质量,让广大农民在共建共享发展中有更多获得感、幸福感、安全感。比如河南省的各项指标中,国民素质指数最低,最高的是乡村振兴潜力指数(0.943),涉外能力和科技竞争力指数也不低,如果国民素质、乡村振兴、涉外能力和科技竞争力能再更好地匹配,那么河南的综合素质也会有极大的提升。

(四) 河南省区域高质量发展存在的问题

1. 经济发展的"质和量"不协调

经济实力可以体现出经济发展的质和量的协调。但从前述分析中可以明显看出河南省经济实力方面的不协调,且这种不协调性还要更强一些,如河南省 GDP 总量第一,但其他指标水平不高,表现出经济总量和增长速度以及消费能力的不协调、不同步。通过经济增长速度和经济总量的对比,也同样发现河南省二者最为不同步,经济总量最高,但增速最低。由此可以看出,河南省尚需持续释放内需潜力。

2. 国民素质协调度不足

区域国民素质指数的评价结果显示河南省最低,除高校在校学生数有些优势外,其他各个指标均没有任何竞争力。和全国相比,河南省的城镇人口比重低于全国平均水平,说明城市化任务较为艰巨,而这又是一个系统性工程,不单单是城市人口比重增加这一个指标,要面对的是由于城市人口增加所带来的教育、医疗、土地、就业等等很多方面的问题。河南省青壮年劳动力比重低于全国平均值,且在中部6省中最低;人均教育支出低于全国的平均值。由此可以看出河南省与全国平均水平以及中部其他省份间的差异,这可能是河南省高质量发展方面的一个瓶颈。

3. 配套基础设施建设还需加强

区域基础设施水平评价结果显示:中部6省中河南省指数水平最高。诸多基础设施方面,交通设施较为稳固;环保设施和信息化设施,尤其是信息化设施需要加强,特别是山西省、江西、河南3省。和全国相比,河南省的污染治理投资低于全国平均水平,有所不足,湖南省最低。该项指标事关区域高质量发展中的绿色发展,河南省需要投入与其工业规模相协调的环保投资。信息化设施方面,软件收入指标河南省低于全国平均值很多,该指标在一定程度上可以体现区域的创新能力,但从现有数据来看,河南省差距较大,如果再和河南省的"十四五"规划相结合的话,差距更大。河南省在新兴产业上把大数据、超算、数字产业等作为区域新兴战略产业培育,但是现有实力与这些新兴产业培育还有很大差距。交通设施上,值得注意的是,河南省及中部6省货运量均高于全国平均水平,这给中部6省产业发展提供了很好的渠道。关键是如何合理规划,实现中部物流联运的现代化、信息化、大数据化、网络化、做大化。

4. 科技投入和成果转化不协调,科技创新还有待加强

和全国相比,科技投入及专利成果方面,河南省均超过全国平均水平,且为中部6省最高。科技转化方面,河南省要低于全国平均水平。由此可以看出科技投入和成果转化上的不协调在河南省表现明显。从总体的科技竞争力评价来看,河南省的专利成果的实践应用较差。今后应加强与国内外重点大学的科研合作,同时将科研重点转向时代所需、区域所需方面,努力提高科研成果的转化效率。

5. 就业和收入不协调,提升人民生活水平方面还有待加强

和全国平均水平相比,河南省的就业人员数量及工业生产者出厂价格指数都高于全国平均水平。河南省的区域经济水平居于中部6省第三。河南省的就业人员数最高,但是城镇非私营单位就业人员平均工资最低。这表明河南省在城市化进程中要解决的问题很多,因此要加强就业和收入的协调,满足区域高质量发展下人民日益增长的物质文化和精神文化需求。

6. 开放意识不够,涉外能力有限

和全国水平相比,河南省的贸易进出口总额低于全国平均水平。河南省的外商投资企业货物进出口总额高于全国平均水平。河南省的外商投资企业投资总额低于全国平均水平,且差距较大。从上述比较可以明显看出,河南省在吸引外资方面的能力有限。然而从前述分析可以看出,河南省的对外开放程度也并不尽如人意。贸易依存度在一定程度上可以反映区域的开放程度,河南省的贸易依存度低于全国平均水平,表明河南省的经济开放程度有限,在全球化趋势下,可以合理利用贸易的优势来增强区域经济。从涉外能力综合评价方面来看,河南省的区域涉外能力水平居中部6省第二的位置。今后,河南省应加大开放的力度,培育好有创新力和竞争力的产业,同时注意发展旅游业,提高国外游客的入境旅游水平。

四、河南省区域高质量发展对策

(一)追求经济发展"质和量"的协调

从前述分析发现,河南省人口众多,但城镇人口比重较低,人口外流较多,导致青壮年劳动力比重也较低。因此,河南省要适度增加教育支出,力争能从劳动力密集优势转为高素质劳动力密集优势,培养知识经济所需人才,留住和吸引人才以及投资,积极面对老龄化,提升青少年总体素质,提高青壮年就业机会。区域高质量发展离不开乡村振兴。河南省尽管农业占比较大,但是在乡村振兴方面依然优劣势并存,要真正实现河南省的高质量发展和中部整体崛起还有很长的路要走。首要的就是要学习农业大省的经验,重视农业;另外,河南省在高质量发展过程中还要想办法持续释放内需潜力。

（二）加强城市建设，吸引和留住人才，提升国民素质

河南省要加快城市建设，推进城市化进程。河南省城市化水平较低，而城市是区域的经济中心，它可以吸纳大量的劳动力，是拓展生产力的重要载体。因此必须以工业为基础，科学规划推进河南省城市化发展，完善城市规划，明确主要中心城市的定位，进一步增强中心城市的集聚能力和辐射能力。应加快中原城市群建设，加强分工合作，整合区域资源，推进区域内城市空间和功能对接，率先在统筹城乡、统筹区域协调发展的体制机制创新方面实现新突破。通过富有特色的城市以及城市群建设，更好地留住人才、吸引人才，建立教育良性循环，从而提升河南省整体国民素质。

（三）加强基础设施建设

资源环境是河南省经济发展的优势因素之一。今后河南省应转变粗放型的增长方式，积极贯彻新发展理念，加大资源的保护力度，提高资源的利用率，实现河南省的绿色崛起。交通和通信基础设施建设是一个地区发展的基础，是增强经济实力、促进长远发展的根本举措，是支撑一个地区经济又好又快发展的需要，也是保障和改善民生的需要。今后河南省要进一步加快水电、交通、移动通信等方面的基础设施建设，给经济快速、健康的发展打下坚实的基础。为此，要继续加快综合交通运输体系建设，加快高速公路路网建设和农村公路建设，加强水利工程建设，加快电力输送通道建设并推进信息网络建设。大力推进经济社会领域的信息技术普及应用，提升信息技术的普遍服务能力，建设更完善可靠的网络体系。积极对接信息时代信息技术的发展，善于学习，争取能把大数据、超算、数字产业做出河南省的特色。

（四）推进制度创新和技术创新，加强成果转化

制度创新和技术创新在区域经济发展过程中扮演着重要的角色，因此必须大力推进制度创新和技术创新。制度创新首先要攻克体制难关。制度创新是区域高质量发展的有力保障，是政策、思维意识、格局上的创新，制度创新能够为推进创业富民提供制度保障。比如产业上的制度创新，打破对原有制度环境的路径依赖，积极提高区域的产业化层次、工业化水平等。市场上的制度创新，可以在推进市场经济体制创新、产业结构调整机制创新、企业经营机制创新、行政管理体制创新和人力资源配置机制创新等方面下功夫。此外，还要创新政府体制，转变政府智能，改革政府的管理制度和管理方式。除了制度创新，还要大力推进技术创新，加强知识产权保护。当今世界已进入信息技术社会，科学技术变化日新月异，技术创新对经济发展的支撑作用更显重要。因此，政府、科研单位、企业要着力增强技术创新能力，转变经济发展方式，增强核心竞争力。大型企业尤其是国有企业要敢于攻克难关，争当技术创新的排头兵，不但要努力创造更好的效益，更要承担技术创新的历史重任。要注意对自主知识产权和技术创新产权的保护。最后，还要重视创新成果的转化。今后应加强与国内外重点大学的科研合作，同时将科研重点转向时代所需、区域所需方面，努力提高科研成果的转化效率。

(五)积极促进就业,提升人民生活水平

河南省经济实力有限,所以必须想尽办法营造一个良好的就业环境,扩大就业渠道,完善社会保障体系。就业是民生之本,可积极借鉴国外发达国家的办法和经验,如免费提供就业培训、就业服务和就业信息,创办公益性工作岗位来安置特困群体就业,对照顾失业者的企业给予经济补贴或者减免该企业的社会保险税费,实行非全日制就业和弹性就业制度,提供"一站式"和"个性化"的就业服务,等等。健全社会保障体系是保障民生的基本手段。河南省要想吸引和留住人才,除了经济实力和产业实力,还需要有较好的社会保障体系。为此,要建立覆盖城乡居民的医疗保障体系,全力解决人民"就医难"的问题,让广大人民群众享有安全、快捷、物美价廉的医疗卫生服务。加大财政对社会保障的投入,加快完善社会保障制度的法律法规,进一步完善落实城镇职工养老、失业和生育等保险制度,积极做好对进城务工的农民工和社会临时就业人员参加社会保险的工作,努力扩大社会保障的覆盖面。唯有如此,才能满足人民群众日益增长的生活需要,为区域实现高质量发展奠定和谐稳定的基础。

(六)增强开放意识,提升涉外能力

从前述分析可以看出,即便是被称为我国十大工业大省的湖南、湖北、河南,涉外能力都有所不足。因此,河南省必须增强开放意识,善于在全球的经济活动中加强合作,互惠互利。世界经济发展的历史证明,外向型经济对经济增长的推动作用要远远强于内向型经济。我国近些年的发展就是明证,自改革开放以来,我国加入世贸组织,积极参与全球化,综合国力明显增强,国际地位显著提高,人民生活水平大幅改善。河南省要想实现经济实力的跨越发展,就必须把自身优势和外部力量结合起来,把增强开放竞争力摆在更重要的位置,促使外向型经济更加迅猛地发展。结合区域产业优势,进一步加大招商引资的力度,全方位地增强开放程度,吸引外资。加强与发达地区、发达国家的经济联系和协作,利用河南省的劳动力成本和资源成本较低的优势,积极主动地去接受发达地区、发达国家的辐射,并能从本土化学习中提升自身实力,从而提升区域经济竞争力。加快转变经济发展方式,不断提升全球配置能力,同时改善对外开放硬环境,切实提升服务能力。

专题一　调水工程

南水北调,源起南阳。

河南地理作为区域地理和乡土地理的一种,既要反映区域内重要的自然、人文要素,还要关注现实,体现河南省在新中国发展与建设过程中的辉煌篇章,体现河南省对全国发展的贡献。南水北调中线工程无疑就是其中一个重要内容。

本专题主要围绕调水工程尤其是我国南水北调中线工程展开,涉及以下内容:世界范围内的调水工程,中国主要的调水工程,南水北调中线工程实施的背景、意义、建设过程和运行维护,等等。作为一个超级工程,南水北调工程涉及方面甚多,在专题展开的过程中有所侧重,有所舍弃。

一、世界范围内的调水工程

世界水资源的分布是不均衡的。为了人民的福祉,在特定的历史条件和经济技术水平下,很多国家开展了调水的实践,其著名者如美国的北水南调工程、德国的巴伐利亚调水工程等。目前世界上已有40多个国家和地区建成了350余项大型调水工程,年调水规模超过了5 000亿立方米,相当于长江平均年径流量的一半。

(一)美国加州北水南调工程

美国西部干旱缺水,为此美国先后建成十几项调水工程,其中最具代表性的就是著名的加州北水南调工程。美国加州北水南调工程位于西部的加利福尼亚州。此前南加州处于极度缺水状况,北加州不但雨水充沛,而且还常常由此引发洪涝灾害,所以在这种情况下,加利福尼亚州的北水南调是非常合理的选择。这项世界上规模最大、施工最复杂的调水工程开始于1935年,至今已经过去了近百年,但是这项工程却并未完全结束,至今仍然在改造和扩建。自该工程建设以来,加利福尼亚州中央谷地南部的整体状况大为改观。

(二)澳大利亚雪山工程

澳大利亚气候干旱,水资源相对短缺,为此修建了雪山工程。澳大利亚在雪山山脉的东坡建库蓄水,将斯诺伊河的多余水量引向西坡,在调水沿途利用落差发电。雪山工程是世界上最复杂的大型水电工程之一,包括多个水电站、大坝、泵站,以及复杂的引水管道、压力隧洞、高压电网等,年供水23.6亿立方米,灌溉总面积26万公顷。它保证了阿德雷德市和重要工业区"铁三角"的水源供应,大大促进了墨累－达令盆地农牧业的发展。在此工程的支撑下,澳大利亚西部生态环境大为改善。

(三) 莫斯科运河工程

20世纪50年代，苏联将中亚地区的两条大河——阿姆河和锡尔河的水截流后用以灌溉当地棉花田。1967年这项工程中最长的一条运河——卡拉库姆运河完工，与此同时，还有其他长短不一的调水运河在乌兹别克斯坦以及哈萨克斯坦修建完成，使得这一地区一度成为全世界棉花出口量最大的地区。

(四) 德国巴伐利亚调水工程

该工程从阿尔特米尔河和多瑙河调水至雷格尼兹河和美因河，年平均调水1.5亿立方米，在干旱年份，调水量增加到3.0亿立方米。德国巴伐利亚州调水工程以生态环保为主要目的，这在世界上已建和在建的调水工程中是不多见的。

二、中国主要的调水工程

中国人对水的利用和治理可以追溯到很久以前，开挖沟渠，构建陂堰，引水灌溉，开凿运河，联通河网，等等，解决水资源时空分布不均问题，并在此过程中积累了大量的知识和丰富的经验。邗沟、鸿沟、都江堰、郑国渠、召父渠、灵渠、京杭大运河等都是著名的古代水利工程。

1949年以后，特别是改革开放以来，为解决缺水城市和地区的水资源紧张问题，除南水北调工程外，已修建了20余项大型调水工程，如天津引滦入津、广东东深供水、山东引黄济青、甘肃引大入秦、山西引黄入晋、辽宁引碧入连、吉林引松入长、江苏江水北调等重要的调水工程。这些调水工程的建设，为受水区提供稳定可靠的水源，在推动区域经济发展、促进社会安定团结和改善生态环境等方面发挥着非常重要的作用，有力地支撑着社会和经济的快速发展。

三、南水北调的提出

1952年10月，毛泽东视察黄河，在听取时任黄河水利委员会主任王化云关于引江济黄设想的汇报后，说："南方水多，北方水少，如有可能，借点水来也是可以的。"这是新中国成立后第一次提出南水北调的宏伟设想，从此开启了南水北调工程建设的壮阔征程。在党中央的坚强领导下，经过几代人的接续奋斗和沿线40多万移民的无私奉献，南水北调工程从设想成为现实，从"如有可能"的科学探索变成"时代赋能"的大国重器，创造了人类水利史上的奇迹，铸就了中华民族伟大复兴进程中的丰碑。

新中国成立以来，党和政府一直都十分重视南水北调工程。党的十八大以来，习近平总书记多次就南水北调工程做出重要指示和批示。2021年5月14日，习近平总书记在河南省南阳市主持召开推进南水北调后续工程高质量发展座谈会并发表重要讲话。他强调，南水北调工程事关战略全局，事关长远发展，事关人民福祉。进入新发展阶段，贯彻新发展理念，构建新发展格局，形成全国统一大市场和畅通的国内大循环，促进南北方协调发展，需要水资源的有力支撑。要深入分析南水北调工程面临的新形势新任务，完整、准确、全面贯彻新发展理念，按照高质量发展要求，统筹发展和安全，坚持节水优先、空间均衡、系统治理、两手发力的治水思路，遵循确有需要、生态安全、可以持续的重大水利工程论证原则，立足流域整体和水资源空间均衡配置，科学推进工程规划建设，提高水资源集约节约利用水平。

习近平总书记充分肯定了南水北调工程的重大意义，系统总结了实施重大跨流域调水工程的宝贵经验，明确提出了继续科学推进实施调水工程的总体要求，全面部署了做好南水北调后续工程的重点任务，为推进南水北调后续工程高质量发展指明了前进方向。

四、南水北调中线工程

南水北调中线工程是新中国大规模跨区域调水实践的重要组成部分。按照设想，南水北调设计为东线、中线和西线工程。中线工程只是其中的一个重要组成部分。

（一）背景

阳光、空气和水是三大自然广布性资源。没有水，人类就无法生存；水资源短缺，就会制约经济社会发展。解决本地水资源短缺问题，最重要、最见效的重大措施，就是建设调水工程，从水源较为丰富的区域调入水源不足的区域。建设南水北调工程，主要目的就是要通过跨区域跨流域调水，解决我国北方地区缺水问题。

我国是一个水资源短缺的国家，人均水资源量为 2 100 立方米/人，只有世界人均水平的 1/4，且时空分布不均，南方水多，北方水少。黄淮海流域是我国水资源承载能力与经济社会发展矛盾最为突出的地区，人均水资源量 462 立方米/人，仅为全国平均水平的 22%，其中京津两市所在的海河流域人均水资源量仅为 292 立方米/人，不足全国平均水平的 1/7。黄淮海流域总人口 4.4 亿人，约占全国总人口的 31%，国内生产总值约占全国的 35%，人口密度大，大中城市多，在中国经济格局中占有重要地位，而水资源量仅占全国总量的 7.2%。由于长期干旱缺水，这一地区有 2 亿多人口不同程度存在饮水困难，700 多万人长期饮用高氟水、苦咸水，一批重大工业建设项目难以投资落产，制约了经济社会的发展。由于不得不过度利用地表水，大量超采地下水，挤占农业及生态用水，造成地面下沉，海水入侵，生态恶化。

由于资源性缺水，即使充分发挥节水、治污、挖潜的可能性，黄淮海流域仅靠当地水资源已不能支撑其经济社会的可持续发展。目前，全国 21 个重要经济区中的 15 个、17 个国家能源基地中的 16 个、17 个粮食主产区中的 8 个均位于水资源超载或临界超载地区。为缓解黄淮海流域日益严重的水资源短缺，改善生态环境，保持经济发展和社会进步，促进黄淮海流域的经济发展和社会进步，中央决定在加大节水、治污力度和推进污水资源化的同时，从水量相对充沛的长江流域向这一地区调水，实施南水北调工程。

正如习近平总书记在考察江苏期间所指出的："党和国家实施南水北调工程建设，就是要对水资源进行科学调剂，促进南北方均衡发展、可持续发展。"

（二）建设过程

南水北调中线工程的建设跨越了多半个世纪。1958年9月，丹江口水利枢纽工程开工建设，湖北襄阳、荆州和河南南阳共17个县10万建设大军高喊着"丹江不北流，誓死不回头"的口号，汇聚丹江口，开始建大坝。1968年11月，作为丹江口库区调水配套工程的陶岔老渠首和引丹工程开工建设。来自邓县（今邓州市）的5万多名县乡干部和民工响应党的号召，用架子车拉着农具和简单行礼奔赴工地，在陶岔安营扎寨。1970年3月，来自南阳、唐河、新野、镇平、方城、社旗等6县的4.5万人，加入到建设大军当中，工地上人数最多时达8万人，最少时也有2万多人，前后轮换参与修建的人数达40万人。

为配合南水北调中线工程，丹江口大坝加高工程于2005年9月开工建设，2013年8月建设完成。加高后大坝坝顶高程由原来的162米增加到176.6米，正常蓄水位由157米提高到170米，蓄水位库容由174.5亿立方米增加到290.5亿立方米，可以满足调水需要，抬升后的蓄水位可确保江水重力自流至沿线各受水区。

南水北调中线工程于2003年12月30日开工，长1432千米，历时11年建设，2014年12月12日正式通水。

截至2021年12月12日，南水北调中线一期工程累计调水超441亿立方米，优化了中国水资源配置格局，有力支撑了受水区和水源区经济社会发展，促进了生态文明建设。

（三）水源保护

为确保一渠清水永续北送，水质、水量成为南水北调中线工程的核心问题，水源保护成为重中之重。水源保护涉及的区域主要是丹江口水库、水源地和干渠。

丹江口水库是南水北调中线工程的水源地。丹江口大坝按正常蓄水位170米加高可以减少弃水，增加供水，改善供水过程，提高汉江中下游防洪标准，但需要移民25万人，库区淹没大片土地。

丹江口水库作为"在线"调节水库具有以下优势：

一是通过总干渠并采用已有成熟经验的现代化控制技术和先进的调度管理手段，可确保供水调度安全可靠。

二是具有得天独厚的地理条件。总干渠位于黄淮海平原的西部，居高临下，控制范围广，与受水区已建成的水利工程连接简单，供水调度灵活机动。

三是具有丰富的水源后备。中线工程从丹江口水库引水，视远景需要可以从长江三峡引水。

四是在给渠道沿线城市供给水源的同时，可以通过穿黄工程南岸分水闸在黄河中游给黄河中、下游流域补水。结合黄河调水调沙等工程联合运作，在黄河中游以补充长江清水的方式稀释泥沙，冲刷河床，补给水源，解决黄河中、下游缺水及水沙关系不协调的问题。

为实现水质、水量目标，相继开展了一系列丹江治理工程，主要涉及小流域治理、水土流失整治、植树造林和石漠化治理。

为确保南水北调中线调水水质安全，国务院南水北调办、国家发展改革委、环境保护部等多部门联合印发考核办法,明确河南、湖北和陕西三省人民政府是中线水源保护的责任主体,并对年度水质、水污染防治项目、水土保持项目等情况进行考核,考核结果纳入各级政府领导干部的综合考核评价。

到2015年,南水北调中线水源区已实现三大目标:一是水质目标,河南省淅川县丹阳村渠首取水口水质达到Ⅱ类,直接汇入水库的主要支流水质不低于Ⅲ类。二是污染物总量控制目标,COD排放量减少8.3%,氨氮排放量减少10.6%。三是水土保持目标,水土流失治理程度达到50%,年均减少土壤侵蚀量0.1亿~0.2亿吨。按照规划,到2015年,实现南水北调中线水源区各县及重点乡镇污水、垃圾处理设施全覆盖,重点企业全部达到污染治理和技改升级目标,水土流失治理面积超过2万平方千米。

为了防范总干渠输水过程中污染的风险,中线工程划定了总干渠两侧水源保护区,还开展了总干渠两侧内排段地下水现状调查,防范地下水污染风险。输水总干渠两侧85%以上的地下水监测点位水质达到或优于地表水Ⅲ类标准。

(四)移民

丹江口水利枢纽是南水北调中线水源工程的重要组成部分,分为前后两期工程建设。前期工程于1958年动工兴建,1973年建成。前期工程水库正常蓄水位157米,鄂豫两省共计搬迁安置移民38.27万人。丹江口水库前期工程涉及河南省淅川县,移民迁安工作自1959年开始,至1978年基本结束,历时20年,淅川先后搬迁20.2万人。历经青海支边(1959~1960年)、老移民(1961年,124米高程以下移民)、外迁湖北(1966~1998年,迁入地为湖北荆门、钟祥)、县内安置(1971~1978年)四个阶段;采取投亲靠友、分散插队、整搬整迁、后靠自安等多种形式;迁移地点初期是远迁外省,后期为本省外县安置、本省县内安置。

丹江口水利枢纽工程大坝加高后,共淹没河南、湖北两省6个县(市、区),共需搬迁安置移民34.5万人。平均每天搬迁500多人,最多一年动迁19万人,计划4年完成的搬迁任务在2年内完成,是世界水利移民史上强度最大的移民搬迁。移民搬迁安置任务主要集中于2010年、2011年完成,其中2011年要完成19万人的搬迁安置,年度搬迁安置强度(即搬迁安置人口)在国内和世界上均创历史纪录,在世界水利移民史上前所未有。

移民安置除水源区丹江口水库库区湖北、河南两省34.5万人外,还有干线9万群众征迁安置。移民群众和移民干部为南水北调工程做出了巨大贡献,用汗水、泪水与热血谱写了一曲感天动地的移民壮歌,谱写了舍小家、顾大家、为国家的移民精神。

(五)重点工程

南水北调工程跨越长江、淮河、黄河、海河四大流域,涉及十余个省区市,输水线路长,穿越河流多,工程涉及面广,是一个十分复杂的巨型水利工程,其规模及难度国内外均无先例。

1. 穿黄工程

穿黄工程是南水北调中线总干渠穿越黄河的关键性工程,也是南水北调中线干线工程总工期中的控制性项目。穿黄工程位于郑州市以西约30千米处,总长19.3千米,由南岸渠道、北岸渠道、南岸退水建筑物、进口建筑物、穿黄隧洞、出口建筑物、北岸新老蟒河交叉工程，以及孤柏嘴控导工程等组成。穿黄隧洞长4.25千米，双洞平行布置，隧洞内径7.0米，采用盾构法施工。

穿黄隧洞是南水北调工程中规模最大、单项工期最长、技术含量最高、施工最复杂的交叉建筑物。穿黄工程于2005年9月27日开工建设，历时9年。设计流量265立方米/秒，加大流量320立方米/秒。

2. 膨胀土处置工程

膨胀土是一种吸水膨胀，失水收缩，体积受外界水分影响剧烈的特殊土质。在膨胀土地区修建渠道十分困难，膨胀土反复膨胀收缩，会造成渠道垮塌，被称为"工程癌症"，是世界性的技术难题。

3. 大型渡槽工程

渡槽是跨越河道的输水建筑物。南水北调中线总干渠共建设27座大型渡槽。通过"大流量预应力渡槽设计和施工技术研究"课题的攻关，取得了大量的研究成果。其中，湍河渡槽和沙河渡槽极具代表性。

其他比较大的工程还有城市地下输水隧洞工程、方城垭口工程等。

（六）配水方案

河南省37.69亿立方米（其中刁河引丹灌区分配水量指标为6亿立方米），河北省34.7亿立方米，北京市12.4亿立方米，天津市10.2亿立方米。

（七）意义与效益

实现通水后，根据国务院新闻办公室相关调查和研究，社会效益显著，完全达到了预期。

1. 服务国家战略

作为一项重大战略性基础设施，南水北调中线工程不仅有规划设计、工程建设等方面的繁重任务，还涉及水污染防治、水资源保护、征地移民等系统工作。党中央总揽全局，协调各方，统筹战略规划、组织协调、综合保障，集中经济资源、人才资源、技术资源支持南水北调工程，各部门、各地方和衷共济、通力合作，征迁移民顾全大局，数十万建设者齐心协力，一大批科研单位攻坚克难，形成了推进南水北调工作的强大合力。这是一个国家综合实力的充分体现，是社会主义制度集中力量办大事优越性的充分体现。

正如邓小平同志指出的："社会主义同资本主义比较，它的优越性就在于能做到全国一盘棋，集中力量，保证重点。"习近平总书记强调："我们最大的优势是我国社会主义制度能够集中力量办大事。这是我们成就事业的重要法宝。"我国社会主义制度决定了广大人民群众在根本利益上的高度一致，全党、全国各族人民围绕共同的奋斗目标，集中各个方面的力量，全国一盘棋，上下一条心，高效执行，有力推进，从而办成一件件大事。

南水北调中线工程为国家重大发展战略提供了水资源保障。水权就是发展权，南水北调中线工程是京津冀协同优化生产力布局，以水定产，促进产业结构调整的重要推力。同时，中线工程也为黄河流域经济社会发展和生态安全提供了水利支撑。

2014年2月,习近平总书记指出:"实现京津冀协同发展是一个重大国家战略。"2014年9月11日,水利部印发实施《京津冀协同发展水利专项规划》(简称《规划》),为京津冀协同发展水资源的利用立了规矩,明确了方向。自2014年12月12日正式通水以来,南水为京津冀地区提供了水资源支撑。根据《规划》,京津冀将建立水资源统一调配管理平台,尤其要依托南水北调中线工程调来的水充分改善京津冀地区的水资源现状。在工程方面《规划》提出,京津冀将建立水资源储备与应急体系,大中城市建设战略储备水源地;建立南水北调中线地下水源储备体系,在漳河、拒马河、永定河等河流的山前洪积扇建设地下水储备库系统。南水北调使京津冀区域在结构调整、产业转移、人口分布等方面可以有更大的空间和余地,进一步减轻了水资源短缺的制约和限制。

雄安新区建设是国家战略,水资源方面的制约影响到该战略的顺利实施,南水北调可以为新区建设提供水资源保障。建设雄安新区是深入推进京津冀协同发展战略、积极稳妥有序疏解北京非首都功能的一项重大决策部署。2018年4月中共中央、国务院批复的《河北雄安新区规划纲要》中明确提出依托南水北调等区域调水工程保障新区供水安全。自2016年12月雄安新区输水工程运行至2019年5月,累计供水量达到2.44亿立方米,其中向雄县、安新县、容城县的3个地表水厂提供生活和工业用水0.16亿立方米,向白洋淀补充生态用水2.28亿立方米,为雄安新区水资源安全保障和白洋淀水生态环境改善提供了有效支撑。

南水北调中线工程为支撑黄河流域生态保护和高质量发展战略同样起着不可或缺的作用。黄河流域是我国重要的生态安全屏障、资源能源集聚地区、生产活动高度密集地区,在我国经济社会发展和生态安全方面具有十分重要的地位。河南省加快构建以南水北调中线总干渠、淮河、沙颍河、黄河干流为骨架的"一纵三横六区"现代水网体系,全面提升水资源节约集约、水生态系统修复、水环境综合治理、水灾害科学防治能力,有力支撑国家高质量发展战略。

2. 经济效益

在工程建设论证阶段,预测南水北调工程建设过程中由于对南水北调工程投入了大量资金,仅东线、中线每年就可以拉动中国经济发展速度提高0.2~0.3个百分点。南水北调间接促进我国的经济发展和社会进步,调水工程通水后,我国北方增加了水资源的供给,每年将增加工农业产值500亿元,经济效益符合预期。另外,由于调水工程的实施,每年可增加就业人口50万~60万人。

(1)工程建设拉动经济增长,提供水资源支撑

南水北调中线一期工程总投资为2528亿元,工程建设创造了众多就业岗位,促进了社会稳定和群众收入的增长,刺激了消费需求。工程建成运行后,又带动了工程运行管理、维修养护、备品备件更新等相关产业和企业的集聚与发展,继续拉动地方经济和社会发展。以2016~2018年全国万元GDP平均需水量73.6立方米来估算,南水北调为北方增加近300亿立方米水资源,可以为受水区约4万亿元GDP的增长提供优质水资源的支撑。

据国家有关权威研究机构评估,在南水北调东线、中线一期工程建设期间,工程投资平均每年拉动我国国内生产总值增长率提高约0.12个百分点,工程投资对经济增长的影

响通过乘数效应进一步扩大。建设期间,东线、中线一期工程参建单位超过1 000家,建设高峰期每天有近10万建设者在现场进行施工,加上上下游相关行业的带动作用,每年增加数十万个就业岗位。另外,通水以后,北京、天津等大中城市基本摆脱了缺水的制约,同时也为保障京津冀协同发展、雄安新区建设等国家重大战略的实施提供了水资源保障。

除南水北调干渠建设资金投入外,工程沿线需要修建配套工程,将主干渠同用水户终端连接起来,包括总干渠至自来水厂及水厂以下官网。配套工程由沿线地方人民政府组建项目法人负责建设和运行管理。南水北调东线、中线一期工程的配套工程涉及北京、天津、河北、河南、山东、江苏6省(市)65个地级市229个县(区、市),线路(干线至自来水厂部分)全长2 700多千米。6省(市)配套工程前期工作包括6项总体规划105项工程,规划总投资约1 600亿元,其中干线至自来水厂部分投资约1 100亿元,水厂以下投资约500亿元。这些投资又可以进一步通过乘数效应,促进经济稳步增长,拉动内需,扩大就业,保障经济社会协调发展。

(2)优化产业结构,推动受水区高质量发展

《中华人民共和国水污染防治法》第六十五条规定:"禁止在饮用水水源一级保护区内新建、改建、扩建与供水设施和保护水源无关的建设项目;已建成的与供水设施和保护水源无关的建设项目,由县级以上人民政府责令拆除或者关闭。"第六十六条规定:"禁止在饮用水水源二级保护区内新建、改建、扩建排放污染物的建设项目;已建成的排放污染物的建设项目,由县级以上人民政府责令拆除或者关闭。"第六十七条规定:"禁止在饮用水水源准保护区内新建、扩建对水体污染严重的建设项目;改建建设项目,不得增加排污量。"为加强水源地保护,确保一渠清水北流,国务院南水北调办公室会同环保、水利、国土等部门出台了《南水北调中线一期工程总干渠两侧水源保护区划分方法》,明确规定总干渠两侧分别设立两个等级的水源保护区,一级水源保护区范围由工程外边线向两侧外延50米,二级水源保护范围由一级水源保护区边线向两侧外延150米。北京、河北、河南三省(市)制定了相应水源区保护方案。其中明确规定,在一级水源保护区内禁止建设任何与中线总干渠工程无关的项目,禁止向保护区排放废水、倾倒垃圾及其他废弃物,禁止堆放、存储固体废弃物和其他污染物,农业种植和园林绿化禁止使用不符合国家有关农药安全使用和环保有关规定标准的高毒和高残留农药;在二级水源保护区内禁止向环境排放废水、废渣等污染物,禁止新建、扩建污染较严重的废水排污口,禁止设置医疗废水排污口,禁止设置生活垃圾、医疗垃圾、工业危险废物等集中转运、堆放、填埋和焚烧设施等。《南水北调中线一期工程总干渠(河南段)两侧水源保护区划定方案》中,南水北调中线一期工程总干渠在河南境内全长731千米,水源保护区范围涉及南阳、平顶山、许昌、郑州等8个市35个县(市、区),划定保护区面积3 054.43平方千米。因此,多地严把水源保护区环评审核关口,正式通水前的三年间,仅在河南省受理保护区内新建、扩建项目1 100余个,其中700多个因存在污染风险被否决;在水源地关闭或停产整治工业和矿山企业200余家;封堵入河市政生活排污口433个,规范整治企业排污口27个;关闭、取缔或搬迁禁养区、限养区养殖户600余家;拆除库区养殖网箱51 729箱;在干线工程沿线,取缔或整治排污单位668家。这些措施有效改善了水源地的水质和生态环境。

南水北调工程成败在水质,调水工程对生态环境要求很高,对促进河南省及受水区产

业结构调整是一次难得的机遇。河南省遵循"先节水后调水、先治污后通水、先环保后用水"的"三先三后"方针,倒逼产业结构升级,高污染企业必须关、停、并、转,各地积极从优化生态环境、强化绿色经济、发展循环经济、强化科技支撑出发,形成了既保护生态环境,又发展生态经济的双赢模式。2003～2010 年,仅河南省水源区 3 市(南阳、洛阳、三门峡)6 县(淅川、西峡、内乡、邓州、卢氏、栾川)就关停转产污染企业 773 家,尤其是在河南、湖北、陕西等省的水源区中下大力气率先关闭了所有的黄姜皂素提取这一高污染传统产业,转而发展能耗低、废弃物少、资源可循环利用的高科技环保型经济。

以上提到的例子仅是南水北调工程建设过程中水源保护的一个缩影,实际上水源保护已经成为全社会广泛接受并身体力行的国家行动。一个区域面临的问题和资源环境状况必须要和国家对该区域发展定位相结合,即使付出巨大牺牲,也必须如此。这就是社会主义制度优越性的体现,也是全国一盘棋的体现。为了一渠清水永续北送,必须坚持以水质保护倒逼生态文明建设。当地所面临的问题就是在诸多限制下积极转换产业体系,从政府到企业,从工业到农业到其他产业,河南在行动,河北在行动,北京在行动,全国都在行动。

受水区实行区域内用水总量控制,加强用水定额管理,带动发展高效节水行业,限制、淘汰高耗水、高污染产业,使这些受水区节水的水平达到了全国先进水平,有效地提高了用水效率和效益。另外,深入开展治污,关、停、并、转了一大批污染企业,加快了产业结构调整步伐。还通过实行"两部制"水价,依据成本核定水价,有力地推动了受水区水价改革,为工程的良性运行创造了条件,同时也进一步增强了这些区域节约用水的意识,促进了节水型社会的建设。

3. 社会效益

(1) 改变了受水地区供水格局,优化了水资源配置

随着我国经济社会的持续快速发展,地处黄淮海平原的华北和京津地区,短缺的水资源状况与经济发展之间的矛盾日益突出。南水北调工程首先是解决北方地区的水资源短缺问题,构筑"南北调配,东西互济"的大水网格局,促进这一地区经济、社会的发展和城市化进程。

截至 2019 年底,南水北调中线一期工程直接受水城市 24 个,河南省 13 个、河北省 9 个、北京市以及天津市。南水北调东线、中线受水区 40 多座大中城市 260 多个县区的 1.2 亿多人直接受益。南水已由原来规划的补充水源跃升成为许多大中城市的主要水源,已经成为很多城市新的供水生命线。北京城区 73.3%用上了南水;天津市 16 个行政区全部用上了汉江水;河北的石家庄、邯郸、保定、衡水等城市的主城区"南水"供水量占 75%以上,部分城市全部用上"南水"。南水北调中线工程构筑了"一纵四横",长江水、黄河水、本地水三水联调新格局。南水北调中线工程保障了沿线城市群的用水,大大提高了这些城市的供水保证率,保障了供水安全。中线受水城市的生活供水保证率从最低不足 75%提高到 95%以上,工业供水保证率达 90%以上。南水北调中线工程有效地缓解了京、津、冀、豫沿线水资源短缺状况,逐步消除制约经济社会可持续发展的瓶颈,为经济社会发展注入新的活力。

据《河南日报》报道,南水北调中线工程自 2014 年 12 月 12 日正式通水以来,工程运

行安全平稳,南水北调工程供水量、供水区域、受水人口逐步增加。

南水北调中线工程在一定程度上改变了中国水资源的格局。在全球气候变暖、极端天气增多的情况下,南水北调中线工程提高了国家抗风险能力,为经济、社会、生态可持续发展提供了保障。丹江口水库大坝加高后,增加防洪库容33亿立方米,与非工程措施和中下游防洪工程相配合,可使汉江中下游地区的防洪标准由目前的20年一遇,提高到百年一遇,消除了70余万人的洪水威胁。中线丹江口库区水源继续保持地表水Ⅱ类水质,生态环保示范作用逐步显现。

(2) 为北方地区人民提供优质饮用水

丹江口水库水质长期稳定在Ⅱ类以上,可直接饮用。其中,流入干渠的Ⅰ类水质比重,已从21.6%提升至82.2%以上,这表明丹江口水库的水质一直处于优质饮用水状态。由于饮用水源的改变,广大北方地区特别是受水的大中城市,改善了供水水质,人民群众获得感、幸福感显著增强。北京自来水硬度由过去的380毫克/升降至130毫克/升,"南水"在城镇供水总量中的比重超过八成,天津16个行政区居民全部喝上"南水"。根据水利部的资料,南水北调中线工程输水惠及沿线河南、河北、北京、天津4省市5 300多万人,700多万人告别了高氟水、苦咸水,仅在河北黑龙港地区(主要是沧州市、衡水市、邯郸市、邢台市,还包括石家庄市的一部分),就有500多万人告别了长期饮用高氟水和苦咸水的历史。

(3) 提高全民节水护水意识,促进节水型社会形成

南水北调工程的实施,促进了水价机制、水资源税的改革。实行"两部制"水价,合理的水价机制增强了人们节约用水意识。"两部制"水价是供水部门将水价分解为两部分的水价制度。沿线各地坚持"先节水、后调水",以水定城,以水定产,强化农业节水,坚持科技节水,增强了人们节约用水意识,用水不再"任性",形成了全民宣传、全民动员、全民参与的节水氛围。河北在全国率先启动水资源税改革,以税收杠杆促节水。水资源税的主要目的为"限三高",即对特种(高耗水)行业(包括洗车、洗浴、高尔夫球场、滑雪场等)纳税人、高额(即超计划取用水)取用水纳税人、在严重超采(高超采)地区取用地下水的纳税人等3类情况从高设定税率,提高其负担水平。在政策的约束和引导下,工业企业自觉找到了节水的窍门,重新规划企业的发展之路。在河北,钢铁业耗水量巨大,成为水资源税调控的重点产业。河钢集团唐钢公司是一家国有特大型钢铁联合企业。水资源税改革后,为节约用水,公司将水井全部关闭,投入3.2亿元高标准建设了华北最大的水处理中心,在行业内率先实现工业水源全部取自城市中水,年节约新水1 460万吨,水综合利用能力达到国际领先水平。沧州市瑞兴化工公司在生产过程中,使用活性炭过滤外加反冲洗节水系统。该系统可对企业锅炉、浴池排放的污水处理后进行二次利用,每年节水50万吨。

农业领域的节水措施也不断被推广。根据农村农业部的消息,截至2019年年底,河南省有效灌溉面积8 000多万亩,占耕地面积的66%;节水灌溉面积达2 700多万亩,其中喷灌270万亩,微灌65万亩,管道灌溉1 865万亩,水肥一体化技术推广面积达到530万亩(各分项有重复计算部分)。通过综合运用工程、农艺、管理等节水措施,全省灌溉水利用系数达到0.611,远高于全国0.55的水平,农田灌溉用水减少30%以上。

随着水资源的日益紧缺,节约用水已成为全世界的共识,是实现可持续发展的必要支

撑。惜水节水,从我做起,人人有责。

(4) 打造区域合作的典范

与库区相比,河南省移民安置点选择在经济相对发达、交通比较便利且距离城市或县城更近的区域。如今,已建成的208个移民安置点,教育、卫生、供水、供电、通信、排水等基础设施完备,环境优美,各项建设比当地农村至少提前了15～20年,成为社会主义新农村建设的标杆工程。南水北调移民采取前期补偿、补助和后期扶持相结合,国家移民政策与地方扶持政策相结合的原则。一方面,国家专门安排资金,加强生产扶持,在保证移民生产土地的同时,加强技能培训和就业扶持,促使移民早日融入当地社会;另一方面,从搬迁之日起,移民每人每年直补600元,连续扶持20年,基本实现了移民"搬得出、稳得住、能发展、可致富"的目标。

南水北调工程的建设,水源地和干渠沿线群众付出了巨大的牺牲,"水润京城民众,首都深知感恩"。为报答对水源区省份及其民众的送水深情,北京为支持水源地发展,开展对口协作,主要涉及生态、经济、农业、高新技术等多个领域,为水源区地方经济发展、环境保护提供扶持和帮助,形成了合作共赢、同谋发展的区域合作典范。国家和相关省市分别出台了大量有关区域合作的文件,如国务院《关于开展对南水北调中线工程水源区对口协作工作的通知》《国务院关于丹江口库区及上游地区对口协作方案的批复》,北京市与河南省签署的《战略合作框架协议》(京宛对口协作)等,不断把区域合作推向深入,迈入更高层次。

4. 生态意义

南水北调工程带来的不仅是社会效益和经济效益,而且对修复生态环境、促进沿线生态文明建设起到了巨大的作用。南水北调中线工程受水区都是人类活动强度大、开发历史悠久、地下水和地表水超采的区域。

(1) 有效压采地下水,积极开展生态补水

在南水北调通水前,为维持受水区正常经济社会发展,必须大量超采地下水。据有关部门统计,南水北调受水区每年大约超采76亿立方米地下水,其中深层地下水约32亿立方米。地下水的连年超采,导致地面沉降、海水入侵、地下水污染。水资源短缺地区严重超采地下水,是当前北方地区生态环境最大的问题。东线、中线一期工程通水后,每年可向受水区增加供水133亿立方米。虽然调水主要是为了满足城市需水,但通水后可以使地下水超采的情况得到有效缓解,同时每年还可以增加生态和农业供水60亿立方米左右,使北方地区水生态恶化的趋势初步得到控制,并逐步恢复和改善生态环境。因此,南水北调工程最大的效益实际上是生态效益,是将生态文明建设融入国家重大基础设施建设的一个范例。

南水北调中线一期工程的建成通水,有效地增加了华北地区可利用的水资源,通过置换超采地下水实施生态补水、限采地下水等措施,每年减少超采地下水约50亿立方米,使河湖、湿地的面积显著扩大,有效遏制了地下水位下降和水生态环境恶化的趋势,促进了沿线生态文明建设。2014～2019年,通过南水北调中线工程总干渠向受水地区河湖水系累计生态补水16.29亿立方米。

南水北调中线工程河北受水区是华北平原水资源开发利用强度最大的地区,水资源

极度匮乏，人均水资源量只有146立方米/人，比世界公认的水资源短缺标准（400立方米/人）还低63.5%。该区域年均供水量为141.85亿立方米，其中，地下水供水量为118.11亿立方米，占供水总量的83%。地下水是研究区的主要水源，全区年均超采地下水50亿立方米左右，导致平原区的地下水位持续下降，地下水漏斗面积曾超过6000平方千米，是全国地下水位下降漏斗面积和地面沉降面积最大的地区，容易诱发地裂缝、岩溶塌陷、海水入侵、水质污染等灾害。根据相关研究，南水北调中线工程通水以来，河北受水区的压采效果明显，地下水开采量和地下水供水占比出现显著下降，以沧州、衡水、廊坊最为突出。2016年，邯郸、邢台、石家庄地下水资源量已大于地下水供水量，除衡水、沧州地下水超采率仍较高外，整体情况已经得到了好转。

北京人均水资源量小于100立方米/人，不到全国平均值的1/21和全球平均值的1/84。为满足城市的大量用水需求，地下水被过度开采，地下水埋深从2000年的15米下降到2014年的26米，由此造成城市用水短缺、地面沉降加剧等问题，制约了北京乃至京津冀地区的农业和社会经济可持续发展。南水北调中线一期工程规划每年向华北调水95亿立方米。自2014年12月开始向华北和北京输水，至2019年12月已向北京输水52亿立方米，北京地下水位从2014年年底的25.7米回升至2019年年底的22.7米，平均每年回升0.6米。5年输水52亿立方米，这是南水北调中线工程对北京的直接补水量。这一工程对北京地下水位恢复有何影响？国内学者开展了多年系统性的研究。通过分析大量水文、气象和用水数据，尤其是南水北调中线输水进京之后的相关数据，结合所构建的考虑人类用水对地表和地下水影响的高分辨率水文模型，研究团队分析了南水北调中线输水、农业灌溉用水、气候波动等因素对地下水恢复的贡献。该成果在国际著名期刊《自然-通讯》发文证实，南水北调中线输水置换地下水开采对地下水恢复的贡献为40%；科学模型还预测，未来10年，北京地下水位将进一步回升。

地下水位的回升与南水北调中线工程的关系并非区域局部的，而是面状的。有不少研究都证实了二者之间的关系。如张少伟研究了南水北调中线工程对鹤壁段的补给，研究认为，2018~2019年，鹤壁市平原区77.80%的区域地下水位处于回升状态，20.14%的区域处于稳定状态，且主要分布在淇滨区南水北调总干渠附近区域、淇县县城及浚县县城附近。这充分说明南水北调对地下水有一定的补给作用，也能够说明对地下水水源的置换能够使地下水得到很大程度的恢复，从而保护地下水，保持地下水的动态稳定。

中线工程自2017年9月起，连续4年利用丹江口水库富余水量，通过沿线退水闸先后向北方47条河道进行生态补水。截至2020年8月，生态补水总量累计已超47亿立方米，其中华北地区回补27亿立方米。华北地区生态补水实施以来，沿线七里河、滹沱河、瀑河、北拒马河等20条河流得到生态补水，天然河道得以阶段性恢复，水生态环境的改善提升非常明显。这些措施使沿线的河湖重现生机，受水区域内多条原已断流的河道，南水北调让它们再一次恢复生机。河道内鱼虾成群，河道水生态的变化使久违的水鸟等野生动物重返家园。

南水北调工程通水以来，区域生物种群数量和多样性恢复明显，极大地改善了沿线部分河流、湖泊的生产生活条件和生态环境，河湖水量明显增加。相关数据显示，南水北调东线、中线一期工程全面通水以来，在山东省南四湖栖息的鸟类达到200种，数量达15万余只,绝迹多年的小银鱼、毛刀鱼等重新出现,在白马河中发现了素有"水中熊猫"之称的桃花水母;中华秋沙鸭、黑鹳等珍稀鸟类也相继出现在兴隆水域。

据《中国环境报》报道,截至2020年8月,南水北调中线工程全面通水5年多来,输送的南水占北京城区供水量的75%,有效缓解了北京水资源紧张状况,也使密云水库得以休养生息,水库蓄水量持续攀升。数据显示,进入密云水库的南水累计超过5亿立方米,目前密云水库蓄水量达到23亿立方米,水库水位超过147米。谈起南水进京后水库的新变化,在密云水库工作了20年的王荣臣表示:"2014年以前,密云水库处于低水位运行,水面可以看到十几个岛屿。而现在,水库只能看到两三个岛屿,其余都淹没在水面以下了。"不只在北京,南水北调工程在推动整个受水区生态文明建设方面起到了重要作用,沿线水生态环境逐步改善。南水北调不仅使河湖水量明显增加,也使地下水位明显回升。自南水北调通水以来,通过水资源置换、压采地下水等措施,使得沿线受水区地下水位明显回升,深层地下水位由降转升,极大地促进了地下水源的休养生息。北京、天津、江苏、河北等区域地下水位均显著回升。

(2)促进库区及沿线生态文明建设

南水北调中线工程自开工建设到正式通水,生态优先、绿色发展和生态文明建设成为区域发展中压倒一切的任务,无论是水源区,还是受水区,都是如此。

在水源区,丹江口库区水面面积约1 022平方千米,库区及上游范围包括湖北省十堰市、河南省南阳市和陕西省商洛市、安康市、汉中市等5个地级市,以及汉江中下游的襄樊、孝感、荆门、武汉的部分区域,总面积约3 121平方千米。库区及上游生态环境治理和水质保护包括改善汉江流域生态环境,减少丹江口库区上游的水土流失,改善汉江中下游的航运、灌溉条件,促进江汉平原经济发展。丹江口水库库区及上游区域全部划为保护区,全面开展以水污染防治和水土保持为主要内容的水源保护工作,保障丹江口库区水体水质安全。

湖北省十堰市实施"截污、清污、减污、控污、治污"五大工程,加强库区水污染治理,对神定河(十堰市)、犟河(堵河水系)、马家河(茅塔河水系)等河流进行治理,水质平均值已经达国家"水十条"考核标准。治理水土流失面积5 836平方千米,森林覆盖率达64.72%。

除了重点对老灌河、丹江等河段进行治理,河南省水源区及干渠沿线各县区以工业源、矿山源、农业源、生活源、入河入库排污口调整为重点,对水源区各类环境问题进行全面整改,组织开展了专项整治行动,关闭畜禽养殖场660多家,取缔养鱼网箱4万多个。仅淅川县就因此损失2.26亿元,政府投入资金近5亿元,帮助企业转产、职工转业、渔民上岸;封堵入河市政生活排污口433个,规范整治企业排污口27个。南阳严把项目环保关,先后否定了73个大中型项目选址方案,终止了62个大中型项目前期工作。大力开展小流域治理,已投资4.65亿元,完成了92个小流域治理任务,治理水土流失2 126平方千米,占水土流失总面积的63%。南阳以生态示范县作为改善整个区域生态环境的支撑面,实施退耕还林计划。淅川、西峡被命名为全国水土保持生态建设示范县,共有12个小流域被命名为全国水土保持"十百千"示范小流域。2020年10月,湖北省竹溪县入选第四批国家生态文明建设示范市县。

下面,以河北省为例来说明受水区的情况。根据相关研究,南水北调中线工程通水以来,通过实施华北地区生态补水,有效改善和修复区域生态环境,促进了华北地区生态文明建设,具体表现在以下几个方面:首先,地下水位明显回升。中线工程沿线受水区通过水资源置换、压采地下水,有效遏制了地下水位下降的趋势,地下水位逐步回升。河北省深层地下水位由每年下降 0.45 米转为每年上升 0.52 米,补水后河道沿线 5 000 米范围内浅层地下水位上升 0.49 米。其次,河湖水量明显增加。通过对华北地区实施生态补水,中线工程沿线七里河、滹沱河、瀑河、北拒马河等 16 条河流得到生态补水,天然河道得以阶段性恢复,瀑河水库新增水面 370 万平方米;沿线城市河湖、湿地水面面积明显扩大,其中白洋淀淀区水位升高 0.4 米,水面面积扩大 47.18 平方千米。再次,受水区河湖水质明显改善。生态补水为华北地区河湖增加了大量清洁的环境用水,提高了水体的自净能力,增加了水环境容量,一定程度上改善了河湖水质。白洋淀入淀水水质由劣 V 类提升至 II 类。滹沱河、滏阳河、南拒马河等河流水质明显改善。总体而言,经过生态补水,受水区生态环境明显改善。自生态补水实施以来,中线工程沿线河湖生态环境明显改善,绝迹多年的鱼虾重现于河流,消失已久的白鹭飞回湖畔。曾经一度成为石家庄北部主要沙尘污染源的滹沱河,如今已是碧波荡漾,鸟语花香。水生态环境修复带动了河流沿线地区的发展,发挥了河流的生态引领作用,为当地百姓营造了优美的亲水环境,人民群众的获得感、幸福感显著增强。

专题二　郑州航空港经济综合实验区

郑州航空港经济综合实验区成立于 2013 年 3 月 7 日,地处郑州、开封、许昌三角都市区重心,距离郑州主城区东南约 25 千米,规划面积 415 平方千米。截至 2022 年 7 月,郑州航空港经济综合实验区辖 5 个镇、4 个乡、8 个街道。区管委会位于新港大道与舜英路交叉口东南侧。

一、郑州航空港经济综合实验区概况

随着经济全球化的深入发展,航空运输正在成为继海运、河运、铁路、公路之后的"第五冲击波","临空经济"(也称航空经济)成为一种全新的经济形态和提升区域经济竞争力、促进经济跨越式发展的"新引擎"。为了充分发挥后发优势,抢抓航空经济发展机遇,全面推进中原经济区建设,打造内陆开放新高地,促进区域协调发展,河南省委、省政府做出了建设郑州航空港经济综合实验区的重大决策。

（一）郑州航空港经济综合实验区设立的背景及过程

郑州航空港经济综合实验区的诞生,经历了从新郑港区到郑州航空港区,再到郑州新郑综合保税区,最后到郑州航空港经济综合实验区三个发展阶段。

1. 从"新郑港区"到"郑州航空港区"

郑州在近代史上是京汉铁路和陇海铁路的交点,是我国内陆重要交通枢纽。但随着世界经济一体化迅猛发展和新一轮产业梯度转移,河南传统交通优势弱化的压力逐步加大,作为适应新技术革命的运输方式,民航以其速度优势,在经济社会发展中发挥着越来越重要的作用。然而,相对于其他运输方式,民航一直是河南省综合交通中的短板。

1997 年 8 月 28 日,郑州新机场正式通航运营,被命名为"郑州新郑国际机场",场址从郑州市东郊搬迁至新郑市薛店镇。为了补足短板、借势发展,1997 年,新郑市委、市政府围绕机场组建了"新郑市港区建设管理委员会",针对机场基础设施建设和招商引资开展工作。2000 年 2 月 22 日,河南省人民政府下发《关于成立新郑航空港商贸区协调委员会办公室的批复》,同意新郑市设立"郑州新郑航空港商贸区协调委员会办公室",履行区域管理职责。2004 年 3 月,郑州市人民政府批复了航空港区总体规划(2002～2020 年),规划建设用地 16～18 平方千米,由北部新区、中部商贸服务区和南部工业园区构成,规划人口 5 万～8 万人。在新郑市的努力下,南航河南分公司、中南空管中心河南分局等企业落户,奠定了今天航空港实验区的雏形。

2. 从"郑州航空港区"到"郑州新郑综合保税区"

2006年10月13日,河南省人民政府发布《河南省人民政府关于印发河南省综合交通发展"十一五"规划的通知》,提出大力发展航空运输。同年10月,在中国共产党河南省第八次代表大会上,省委首次提出"民航优先"的发展战略,要求规划机场枢纽建设,培育基地航空公司,打造服务机场的航空城。随后提出的"建设综合交通枢纽"——郑州东站和郑州国际机场的规划,将铁路从机场下穿过。该规划理念中国首创,引起国家民航局的极大关注,为此后中国民航战略布局调整首选郑州准备了条件。

2007年9月,按照河南省委、省政府的决策,基于战略上的考虑,郑州市政府对新郑港区的管理体制和总体规划做出新的重大调整,将新郑港区所辖区域管理权限由新郑市全部划转至郑州市,正式设立"郑州航空港区管理委员会",为郑州市人民政府派出机构,对郑州航空港区实行统一领导和管理。2007年11月23日,河南省人民政府印发《郑州国际航空枢纽暨港区建设规划纲要》的通知,进一步明确区域规划范围为京广铁路与南水北调主干渠合围部分,辖2个办事处,代管原新郑市和中牟县的42个行政村,总面积138平方千米。区域发展空间布局为"一核(机场核心区)二区(物流商贸区、临空产业区)"。郑州航空港区的远景目标是,建设全国大型枢纽机场、国际货运枢纽和功能完备、特色鲜明、协调统一的现代化航空新城。

2010年7月,河南省委、省政府及时把握富士康战略调整、产业向内陆转移的历史机遇,经过长时间的艰苦努力,郑州市政府与富士康科技集团达成战略合作框架协议,富士康正式落户郑州航空港区,把河南区域发展推到了一个更高的平台上。在积极引进富士康项目的同时,郑州积极申报综合保税区。2010年10月24日,国务院正式批准在原郑州航空港区的辖区内设立"郑州新郑综合保税区"。根据国务院批复,保税区规划面积为5.073平方千米。2011年4月,根据中央编办批复精神,经河南省政府批准,设立"郑州新郑综合保税区(郑州航空港区)管理委员会",为省政府派出机构(正厅级),实行一个机构、两块牌子、一套班子的管理体制。2011年8月3日,郑州新郑综合保税区通过了国家海关总署、国家质检总局等10个部委的联合验收。2011年11月4日,"郑州新郑综合保税区"揭牌并正式封关运营。2012年1月19日,"郑州新郑综合保税区(郑州航空港区)管理委员会"揭牌。全辖区规划面积189平方千米,辖4个办事处、42个行政村。

3. "郑州航空港经济综合实验区"获批

在河南省委、省政府加快推进郑州机场周边区域产业转型升级和管理体制创新的同时,中国航空产业正在面临重大调整。2011年4月,全国航空工作会议在贵阳召开,对中国民航布局进行战略调整,要在内陆的中部地区选择一家机场,分担北京、上海、广州三个机场剥离出的中转功能和门户机场的功能。来自中国民用航空局及北京航空航天大学等的专家代表推介了郑州。国家民航局把郑州新郑国际机场确定为"十二五"期间全国唯一的综合交通枢纽建设试点。2011年5月,国家民航局首次提出在我国发展"航空经济"、建设"航空经济区"的设想,并通过"航空经济区"的发展形成高端产业城市综合体,即"航空大都市"。2011年9月,《国务院关于支持河南省加快建设中原经济区的指导意见》明确提出"推进郑州国内大型航空枢纽建设","把郑州机场建成重要的国内航线中转换乘和货运集散区域性中心"。2011年10月,在国家民航总局的支持和指导下,河南省委、省政府主要领导亲自批示，组织省市有关部门对航空经济进行专题研究，于2011年11月提出了发展航空经济的初步构想，即通过发挥交通区位和人力资源优势把承接产业转移与城市发展、综合交通体系建设结合起来，在全国率先建设"航空经济区"。同时，河南的构想受到了富士康集团高层的高度关注，他们认为郑州完全有条件在新郑机场周边区域建设"航空大都市"，形成电子信息、光学材料、生物医药、现代园艺花卉等航空指向型产业的全球供应链中心、产品展示交易中心等，并积极推进与河南省的全方位合作。

2012年2月6日，民航局领导来河南省考察时指出，河南把加快发展民航业作为转变经济发展方式、调整经济结构的重要抓手恰逢其时，并表示支持河省建设郑州国内大型航空枢纽。双方签订了以建设航空经济示范区作为重要战略合作内容的《关于加快河南省民航发展战略合作协议》。2012年2月，河南省政府常务会议专题讨论航空经济实验区问题。2012年4月，省委常委会专题讨论航空经济实验区，进一步提升了认识，决定向国务院申请设立"航空经济实验区"。2012年7月8日，国务院出台《关于促进民航业发展的若干意见》，提出发展航空经济、建设若干示范区的指导原则，为河南省的申报工作提供了强劲的动力。

在国家政策的鼓舞下，2012年7月，河南省政府联合国家民航局向国务院正式上报建设实验区的请示。2012年9月，国家发展改革委向国务院上报同意建设实验区的请示。2012年10月，国务院批复同意规划建设实验区，要求国家发展改革委牵头编制规划。2012年11月17日，国务院在批复《中原经济区规划》的同时，提出以郑州航空港为主体，以综合保税区和关联产业园区为载体，以综合交通枢纽为依托，以发展航空货运为突破口，建设郑州航空港经济综合实验区。

与此同时，以富士康科技产业园为龙头的郑州新郑综合保税区（郑州航空港区）正在快速成长，跻身全国特殊监管区域业务第五位，被海关总署推举为全国综合保税区尤其是内陆地区综合保税区建设的标兵和示范。2012年9月，郑州跨境贸易电子商务服务试点项目启动，成为全国唯一利用综合保税区进行试点的城市。2012年12月4日，海关总署正式批准郑州新郑综合保税区试点"自产内销货物返区维修业务"，成为全国10个试点之一。试行"返区维修"后，企业内销产品的维修、维护成本大幅降低，吸引更多的企业在郑州新郑综合保税区设立研发、检测、维修中心，带动加工贸易产业转型升级，使郑州成为区域内重要的研发基地。另外，富士康入驻产生的"雁阵效应"，掀起了国内知名企业投资郑州航空港区的热潮。

各级政府的支持、体制的创新和产业的聚集，使航空港区经济社会具备了前所未有的发展活力。在较短的时间里，包括新郑综合保税区在内的郑州航空港区域迅速成长为全省经济增长的亮点、改革开放的窗口，极大地鼓舞了社会各界对郑州发展航空经济的信心。

为支持河南探索走出一条通过发展航空经济实现转型发展、跨越发展的新路子，为我国其他地区发展航空经济积累经验、提供借鉴，2013年3月7日，国务院正式批准《郑州航空港经济综合实验区发展规划（2013～2025）》，规划面积415平方千米，这标志着中国首个上升为国家战略的航空港经济发展先行区起航。2013年4月3日，国务院新闻办公室在北京举行郑州航空港经济综合实验区发展规划新闻发布会，向中外媒体推介郑州航空港经济综合实验区。

2013年4月,经河南省委、省政府批准,撤销郑州航空港区管理委员会,设立郑州航空港经济综合实验区管理委员会,与郑州新郑综合保税区管理委员会实行一个机构两块牌子。2013年7月11日,"郑州航空港经济综合实验区管理委员会"正式挂牌成立,实行"市管为主、省级扶助"的领导体制,建立"两级三层"管理体制。两级是省级负责宏观指导规划、决策管理、协调服务及与国家机关联络沟通,市级负责组织领导、具体实施、督促落实;三层即成立省级航空港实验区建设领导小组、市级航空港实验区建设领导小组、航空港实验区党工委和管委会。河南省委、省政府赋予航空港实验区省辖市级经济和社会管理权限,涉及审批事项直报省级有关部门,在市直有关部门备案。

郑州航空港经济综合实验区的设立,是河南省充分发挥区位优势,顺应产业转移趋势和经济结构调整潮流,长期探索、科学决策的结果,也体现了党中央、国务院落实区域协调发展战略和对中原经济区建设的大力支持。

(二) 郑州航空港经济综合实验区结构布局

郑州航空港经济综合试验区按照集约紧凑、产城融合发展理念,优化功能分区,规范开发秩序,科学确定开发强度,构建空间发展格局。

1. 空间结构

以空港为核心,两翼展开三大功能布局,整体构建"一核领三区、两廊系三心、两轴连三环"的城市空间结构。

一核领三区:以空港为发展极核,围绕机场形成空港核心区;以轴线辐射周边,形成北、东、南三区。

两廊系三心:依托南水北调和小清河打造两条滨水景观廊道,形成实验区"X"形生态景观骨架。同时结合城市功能形成三大城市中心,即北区公共文化航空商务中心、南区生产性服务中心、东区航空会展交易中心。

两轴连三环:依托新G107、迎宾大道打造城市发展轴带,形成实验区"十"字形城市发展主轴;同时结合骨干路网体系形成机场功能环、城市核心环、拓展协调环的三环骨架。

2. 总体布局

空港核心区:主要发展航空枢纽、保税物流、临港服务、航空物流等功能。

城市综合性服务区:集聚发展商务商业、航空金融、行政文化、教育科研、生活居住、产业园区等功能。

临港型商展交易区:主要由航空会展、高端商贸、科技研发、航空物流、创新型产业等功能构成。

高端制造业集聚区:主要由高端制造、航空物流、生产性服务、生活居住等功能构成。

(三) 郑州航空港经济综合实验区功能定位及设立意义

1. 功能定位

郑州航空港经济综合实验区是中国第一个国家级航空港经济综合实验区、目前中国唯一的中华人民共和国国务院批准设立的航空港经济区、中国内陆首个人民币创新试点和引智试验区之一、河南体制机制创新示范区。它成立时的定位是国际航空物流中心、以航空经济为引领的现代产业基地、内陆地区对外开放重要门户、现代航空都市、中原经济区核心增长极，是一个拥有航空、高铁、地铁、城铁、普铁、高速公路与快速路等多种交通方式的立体综合交通枢纽，在国内大循环中具有承东启西、连南贯北的重要地位。

(1) 国际航空物流中心

建设郑州国际航空货运机场，进一步发展连接世界重要枢纽机场和主要经济体的航空物流通道，完善陆空衔接的现代综合运输体系，提升货运中转和集疏能力，逐步发展成为全国重要的国际航空物流中心。

(2) 以航空经济为引领的现代产业基地

发挥航空运输综合带动作用，强化创新驱动，吸引高端要素集聚，大力发展航空设备制造维修、航空物流等重点产业，培育壮大与航空关联的高端制造业和现代服务业，促进产业集群发展，形成全球生产和消费供应链重要节点。

(3) 内陆地区对外开放重要门户

提升航空港开放门户功能，推进综合保税区、保税物流中心发展和陆空口岸建设，完善国际化营商环境，提升参与国际产业分工层次，构建开放型经济体系，建设富有活力的开放新高地。

(4) 现代航空都市

树立生态文明理念，坚持集约、智能、绿色、低碳发展，优化实验区空间布局，以航兴区、以区促航、产城融合，建设具有较高品位和国际化程度的城市综合服务区，形成空港、产业、居住、生态功能区共同支撑的航空都市。

(5) 中原经济区核心增长极

强化产业集聚和综合服务功能，增强综合实力，延伸面向周边区域的产业和服务链，推动与郑州中心城区、郑汴新区联动发展，建设成为中原经济区最具发展活力和增长潜力的区域。

2022年4月，河南省委、省政府站位新发展阶段，贯彻新发展理念，紧扣新发展格局，以前瞻性的眼光，对郑州航空港经济综合实验区进行系统性、重塑性改革，将发展区域拓展为核心区、联动区、协同区，全面赋予省辖市级管理权限，搭建"省级主导、市级主责，分类管人、直通管事，聚焦主业、差异考核"管理架构，赋予"中原经济区和郑州都市圈核心增长极"新定位与"现代化、国际化、世界级物流枢纽"新目标。

2. 设立意义

郑州航空港经济综合实验区的设立，对郑州、河南乃至全国发展都具有划时代的重大意义。

(1) 优化和升级产业结构，推动社会经济发展

它为身处内陆的河南插上一双腾飞的翅膀，创造了弯道赶超沿海城市的开放机遇，使河南站在发展的新起点上，可以俯瞰全球，放眼未来。它打开了中原经济区建设的战略突破口，使中原崛起的梦想照进现实，使国家东部带动西部经济发展有了强大纽带。它打造了河南经济结构转型升级的新平台和经济发展的新引擎。

(2) 完善交通运输网络,构筑河南区位交通新优势

在航空港设立前,郑州以铁路、各类公路组成的陆路交通网络已基本形成。与陆路运输相比,航空运输的能力成为限制河南综合交通运输网络系统进一步发展的短板。推动与高端产业相匹配的航空运输系统的发展,进而培育出运输体积小、附加值高的产品的航空港经济形态,已经成为经济发展转型和产业升级的新趋势。郑州航空港经济综合实验区设立后,河南航运的短板得到弥补,国际航运枢纽形成的同时,郑州机场与国内各机场之间的通达性也得到提高,进一步凸显中原经济区多方向、跨区域运输的交通要冲和多种交通运输网络的枢纽作用,形成全国重要的现代综合交通枢纽,把交通区位、人力资源等优势与高端产业及龙头企业的设计研发优势、生产制造优势有机结合起来,推动区域经济加快发展,引领和带动全局发展,在服务全国大局中发挥更大作用。

(3) 提高航运竞争力,合理优化航空运输布局

随着我国市场、人力资源和制造业优势的显现,国际上一批依托航空物流而集聚的电子消费类产业正在加速向我国内陆地区转移。但由于受空域资源和商务成本的限制,北京、上海、广州三大门户机场已难以满足发展的需要,航空运输业中出现的空域资源配置不合理、机场功能定位模糊以及航空货运能力与区域经济发展不配套等问题随之而来,在引起资源极大浪费的同时也限制了区域经济的进一步发展,迫切需要加速货运功能分离,在我国内陆腹地建设以货运为主的枢纽机场。设立郑州航空港经济综合实验区,顺应了我国民航业快速发展尤其是航空货运快速增长的趋势,通过在内陆地区构建大型航空枢纽、加快形成国内航线中转换乘和国际货运集散区域性中心,有效地缓解了我国航线资源紧张的压力,增加了国内的航运能力和国际竞争力,更好地优化全国民航发展战略布局,完成了我国民航业战略布局的大调整。

二、郑州航空港经济综合实验区与"一带一路"的融合

"一带一路"是"丝绸之路经济带"(重点走陆地)和"21世纪海上丝绸之路"(重点走海上)的简称,是2013年习近平总书记在出访中亚和东南亚国家期间先后提出的,并在实施过程中不断丰富和发展。"一带一路"贯通中亚、南亚、东南亚、西亚、中东欧等区域,并且辐射到非洲,连接亚太和欧洲两大经济圈,通过海陆空三条线推动形成欧亚非大陆的经济整合,是世界上跨度最大、最具发展潜力的经济合作带,被视为拉动经济增长的新动力。"一带一路"建设秉持的是共商、共建、共享原则,是开放包容的,上述路线只勾勒出大致合作的重点和方向,并非要排斥其他地区和国家的参与,全世界所有国家,只要愿意,都可以参与"一带一路"建设。截至2022年12月6日,中国已与150个国家、32个国际组织签署了200余份共建"一带一路"合作文件。

(一)"一带一路"倡议提出的背景及意义

1. 背景

"一带一路"倡议是中国政府根据国际和地区形势深刻变化,以及中国发展面临的新形势、新任务,致力于维护全球自由贸易体系和开放型经济体系,促进沿线各国加强合作、

共克时艰、共谋发展而提出的国际合作构想,具有深刻的时代背景。

当今世界正发生复杂深刻的变化,国际金融危机深层次影响继续显现,世界经济缓慢复苏、发展分化,国际投资贸易格局和多边投资贸易规则酝酿深刻调整,各国面临的发展问题依然严峻。在全球经济缓慢复苏的大背景下,加强区域合作是推动世界经济发展的重要动力,并且已经成为一种趋势。区域合作需要秉持开放的合作精神,才能维护全球自由贸易体系和开放型世界经济。与国际社会的根本利益相契合已成为国际合作以及全球治理的新模式。

中国改革开放40多年一直坚持对外开放的基本国策,构建全方位开放新格局。当今中国经济已经和世界经济高度关联,深度融入世界经济体系之中。"一带一路"倡议借用古代丝绸之路的历史符号,依靠中国与有关国家既有的双边、多边机制,借助既有的、行之有效的区域合作平台,高举和平发展的旗帜,积极发展与沿线国家的经济合作伙伴关系,共同打造政治互信、经济融合、文化包容的利益共同体、命运共同体和责任共同体。这不仅顺应了我国对外开放的趋势,而且顺应了国际产业转移的趋势;不仅能够推动我国经济发展,而且能够推动沿线各国发展战略的对接与耦合,发掘区域内市场的潜力,促进投资和消费,创造需求和就业,增进沿线各国人民的人文交流与文明互鉴,促进世界区域合作和经济繁荣。

2. 意义

"一带一路"倡议顺应世界多极化、经济全球化、文化多样化、社会信息化的潮流,秉持开放的区域合作精神,致力于维护全球自由贸易体系和开放型世界经济。"一带一路"建设旨在促进经济要素有序自由流动、资源高效配置和市场深度融合,共同打造开放、包容、均衡、普惠的区域经济合作架构。共建"一带一路"符合国际社会的根本利益,彰显人类社会共同理想和美好追求,推动沿线各国实现经济政策协调,开展更大范围、更高水平、更深层次的区域合作,建立和加强沿线各国互联互通伙伴关系,构建全方位、多层次、复合型的互联互通网络,实现沿线各国多元、自主、平衡、可持续、高质量的发展,是国际合作以及全球治理新模式的积极探索,将为世界和平发展增添新的正能量。

"一带一路"倡议是上海合作组织、欧亚经济联盟、中国—东盟、中日韩自贸区等国际合作的整合升级,也是我国发挥地缘政治优势,推进多边跨境贸易、交流合作的重要平台。沿线国家合力打造平等互利、合作共赢的"利益共同体"和"命运共同体",形成从波罗的海到太平洋、从中亚到印度洋和波斯湾的交通运输经济大走廊,是实现多边合作的契机。

我国对外开放取得了举世瞩目的伟大成就,但受地理区位、资源禀赋、发展基础等因素影响,对外开放总体呈现东快西慢、海强陆弱格局。"一带一路"将构筑新一轮对外开放的"一体两翼",在提升向东开放水平的同时加快向西开放步伐,助推内陆沿边地区由对外开放的边缘迈向前沿。在遵循"和平合作、开放包容、互学互鉴、互利共赢"的丝路精神的前提下,中国与沿线各国在交通基础设施、贸易与投资、能源合作、区域一体化、人民币国际化等领域深度合作,使我国社会经济发展更加对外开放。

"一带一路"倡议是我国构筑国土安全发展屏障,摆脱西方国家的不平等国际贸易谈判,寻求更大范围资源和市场合作的世纪大战略,是中国在近200年来首次提出以中国为主导的洲际开发合作框架。它的实施将彻底摆脱原来我们依附大国、被动挨打的地缘政治局面,是我国成为世界强国的重要路径之一。

"一带一路"建设有望构筑全球经济贸易新的大循环,成为继大西洋、太平洋之后的第三大经济发展空间,为世界走向共赢带来了中国方案。不同性质、不同发展阶段的国家,其具体的战略诉求与优先方向不尽相同,但各国都希望获得发展与繁荣,这便找到了各国共同利益的最大公约数。

(二) 郑州航空港经济综合实验区在"一带一路"建设中的地位和作用

推进"一带一路"建设,是党中央、国务院深刻把握全球发展大势,统筹国内国际两个大局,着眼开创我国全方位对外开放新格局做出的重大战略决策,得到世界越来越多国家的积极响应,已经从理念转化为行动,从愿景转变为现实,取得了令人瞩目的成就。郑州航空港经济综合实验区是"一带一路"建设重要的组成部分和支撑点。同时,"一带一路"建设也为河南省郑州航空港临空产业的发展开辟了一条新路径,是加快郑州航空港临空产业快速发展的新动力,是促进中原地区经济国际化发展的重要纽带。河南要抓住有利时机,推动区域经济高质量发展。

1. 郑州航空港经济综合实验区在"一带一路"建设中的地位

"一带一路"通道路线有多条,郑州在丝路新图中位于中线(北京—郑州—西安—乌鲁木齐—阿富汗—哈萨克斯坦—匈牙利—巴黎)和中心线(连云港—郑州—西安—兰州—新疆—中亚—欧洲)的关键节点上,地位重要。另外,随着时代的发展,"一带一路"的框架思路和基本内涵也在不断丰富和发展。2017年6月14日,国家主席习近平在人民大会堂会见卢森堡首相贝泰尔时,明确提出要深化双方在"一带一路"建设框架内金融、产能等合作,中方支持建设郑州—卢森堡"空中丝绸之路",这是习近平主席在"陆上丝绸之路"和"海上丝绸之路"的基础上,首次提出"空中丝绸之路"概念,意味着郑州—卢森堡"空中丝绸之路"建设成为国家行动,郑州—卢森堡"双枢纽"合作模式由河南方案正式上升为国家战略。2017年9月18日,河南省人民政府印发《郑州—卢森堡"空中丝绸之路"建设专项规划(2017~2025年)》。2022年2月,习近平主席在会见卢森堡大公亨利时再次强调"做大做强中卢货运航线'空中丝路'"。郑州—卢森堡"空中丝绸之路"成为国家"一带一路"建设的重要组成部分。郑州位于我国大陆中心,卢森堡地处欧洲中心,一头是活跃的东亚经济圈,一头是发达的欧洲经济圈,双方具备相似的区位条件、较为成熟的航空运输体系,合作领域不断拓展,合作潜力持续释放。"空中丝绸之路"的建设充分体现了党中央深远战略眼光和高超政治智慧,体现了国家对河南发展的高度重视和关心支持,河南和郑州航空港经济综合实验区在"一带一路"建设中会发挥不可替代的重要作用。

2. 郑州航空港经济综合实验区及河南在"一带一路"建设中的作用

经过改革开放40多年的发展,河南产业结构战略调整取得突破性进展,基础设施网络日益完善,传统优势不断强化巩固,新的比较优势和发展动能加快形成,在参与"一带一路"建设中的地位和作用显著提升。

(1) 独特的地理区位,衔接陆海空丝绸之路建设

河南地处中原、中国之中、"九州心腹、十省通衢","丝绸之路经济带""21世纪海上丝绸之路"和"空中丝绸之路"在中原地区交会,既为河南向西融入陆上及空中丝绸之路经济

带发展和向东向南融入海上丝绸之路发展提供了得天独厚的条件,也奠定了贯通"一带一路"的桥梁枢纽和战略支撑腹地的地位。航空港经济综合实验区所在的郑州更是"丝绸之路经济带"沿线建设重要节点,在国内可以向北对接京津冀协同发展,向南联动长江经济带;航空港能够在一个半小时航程内覆盖中国 2/3 的主要城市和 3/5 的人口,在辐射京津冀、长三角、珠三角、成渝等主要经济区中可以发挥独特的区位优势,成为推进"一带一路"建设的强大动力。

(2) 综合交通枢纽,联动八方,促进区域协调发展

河南位于全国经济带中沿京广、沿京九和沿陇海经济带的交会地带。随着郑州航空港的建设,河南成为全国铁路网、高速公路网和空中航线网的中心,是国家确定的国际性现代综合交通枢纽。无论是从经济总量、人口数量,还是从基础设施、产业发展和市场潜力来看,河南都能够有效发挥承东启西、连南贯北的战略枢纽作用,在"一带一路"建设中有力推动全国形成东中西互动、优势互补、相互促进、共同发展的区域经济协调发展大格局。

(3) 悠久的历史文化,促进沿线各国民心相通

河南历史上长期是我国政治、经济、文化中心,是中华民族、中华文明的重要发祥地,也是古丝绸之路的东方起点之一,与沿线国家和地区有着悠久的经济文化渊源,在古丝绸之路发展繁荣中发挥了重要支撑作用。在"一带一路"建设中,河南承载着传承创新和传播交流华夏历史文明,以姓氏文化、根亲文化、炎黄文化、儒释道文化连接世界、沟通民心的重任,在促进与沿线各国间文明互学互鉴、文化融合创新、人文交流合作,夯实民意基础、筑牢社会根基等方面发挥着十分重要的作用。

(4) 河南肩负着"一带一路"建设的国家厚望

国家"一带一路"建设对河南提出了明确要求:依托中原城市群,打造内陆开放型经济高地;发挥郑州至欧洲班列运输平台作用,建设沟通境内外、连接东中西的运输通道;建设航空港、国际陆港,深化与沿线国家的产业合作。国家领导人高度重视河南参与"一带一路"建设工作,2014 年,习近平总书记调研河南时,明确要求河南要建成连通境内外、辐射东中西的物流通道枢纽,为"丝绸之路经济带"建设多做贡献。2015 年 9 月,李克强总理在河南考察时明确要求,要加快中原崛起,成为国家的重大战略支撑。2016 年 8 月,国家批准设立中国(河南)自由贸易试验区时,明确要求河南要加快建设贯通南北、连接东西的现代立体交通体系和现代物流体系,打造服务于"一带一路"建设的现代综合交通枢纽。2017 年 6 月,习近平总书记进一步做出支持建设郑州—卢森堡"空中丝绸之路"的重要指示。2022 年 2 月,习近平主席再次强调"做大做强中卢货运航线'空中丝路'"。这些既体现了党中央对河南及郑州航空港经济综合实验区在"一带一路"建设和服务全国大局中承担更大责任、发挥更大作用、做出更大贡献的殷切期盼和高度重视,也为河南构建开放型经济新体制、打造内陆开放高地、获取新动能、厚植新优势指明了方向,将为河南发展带来前所未有的机遇和巨大发展空间。

(5) 打通了"一带一路"对接的双向国际战略通道

河南在融入"一带一路"建设中积极作为,深入贯彻落实党中央、国务院的安排部署,把融入"一带一路"建设作为加快河南发展的历史性机遇,注重将国家战略实施与航空港

建设和区域发展紧密结合,注重挖掘区域优势,注重打造中欧班列、跨境电子商务、航空经济发展等特色品牌,提出东联西进、贯通全球、构建枢纽的战略导向。郑州航空港经济综合实验区在"空中丝绸之路"方面更是发挥着关键性的作用,在发展中积极实施民航优先发展战略,探索郑州－卢森堡"双枢纽"合作模式,构建形成以郑州为枢纽、基本覆盖全球主要经济体的枢纽航线网络。河南在"陆上丝绸之路"方面,西向开通直达德国汉堡的中欧班列,实现双口岸出境、双通道运行、双向高频次常态化运行;东向重点开辟至沿海港口的班列,有效打通了与"海上丝绸之路"有效对接的东西双向国际战略通道。

随着经济全球化深入发展,航空运输正成为在全球范围内配置高端生产要素、提升国家和区域竞争力的强大驱动力量。今后,郑州航空港经济综合实验区及河南省会进一步提升其在"一带一路"中的辐射力、带动力和品牌影响力,促进要素高效流动和市场深度融合,在世界经济转型变革的大势中赢得发展先机,在国家"一带一路"建设中发挥重要支撑作用。

(三) 郑州航空港经济综合实验区及河南在"一带一路"建设中的优势

随着郑州－卢森堡"双枢纽"合作向纵深推进,在郑卢间架起横贯亚欧大陆、便捷高效的"空中丝绸之路",不仅有条件、有基础、有潜力,更对促进东亚经济圈和欧洲经济圈融合发展、创新参与"一带一路"建设具有重要意义,在国家"一带一路"建设中有独特优势。

1. 郑州航空港影响力、辐射力、带动力显著提升,为建设"一带一路"尤其是"空中丝绸之路"提供了载体支撑

对于"空中丝绸之路"而言,郑州、卢森堡作为首尾的两个支撑枢纽,其辐射范围、集疏效率的枢纽功能和产业平台带动能力尤为重要。郑州航空港经济综合实验区近年来始终坚持建设大枢纽、发展大物流、培育大产业、塑造大都市的发展思路,不断放大自贸试验区、自主创新示范区等国家战略组合叠加效应,在航空枢纽建设、陆空多式联运、航空经济培育等方面取得了重大阶段性成果,成为引领区域经济发展的战略突破口和核心增长极。国际航空枢纽加快建设,初步形成了横跨欧、美、亚三大经济区,覆盖全球主要经济体的国际枢纽航线网络;航空经济集聚集群发展,为"一带一路"建设和内陆地区培育新经济、厚植新动能、探索全方位开放新路径奠定了坚实基础和载体支撑。

2. 现代立体综合交通体系基本完善,为建设"一带一路"提供了基础支撑

综合交通网络和多式联运体系完善程度决定着"一带一路"的畅通程度、辐射广度和带动能力。近年来,河南大力实施民航优先战略,强力推进高铁、普铁和高速公路建设,加快完善民航、铁路、公路"三网融合"和航空港、铁路港、公路港、出海港(国际陆港)"四港联动"的集疏运体系,全力培育发展枢纽经济,推动郑州国际性现代综合交通枢纽地位持续巩固提升。航空、铁路、公路等各种运输方式共同发展,多式联动,形成"米＋井＋人"的陆地交通网和辐射全球的空中交通网,境内外集疏网络不断完善,通关便捷化程度大幅度提高,郑州综合交通枢纽的集散效应以及运输通道的带动功能充分显现,成为"一带一路"建设的基础支撑,开放型经济发展前景十分广阔。

3. 郑卢"双枢纽"模式成为中欧合作典范,为"一带一路"建设奠定了坚实的合作基础

卢森堡有欧洲"十字路口"之称,是欧洲重要的航空枢纽、陆路枢纽和金融中心,陆空联运体系完善,金融业实力雄厚。郑卢双方合作已由航空运输向跨境电商、金融服务、经贸合作、人文交流等领域不断拓展深化。近年,郑州—卢森堡"双枢纽"战略加快推进,郑州—卢森堡航线已迅速覆盖德国、英国、比利时、美国、智利等欧美主要国家,"一点连三洲、一线串欧美"航线网络基本形成,这为"一带一路"的建设积累了宝贵的经验,奠定了坚实的基础。

4. 郑卢"空中丝绸之路"是"一带一路"建设的强有力支撑

郑州—卢森堡"空中丝绸之路",不仅是郑卢两地间的空中通道,更是通过构建以郑州为亚太枢纽、卢森堡为欧美枢纽、覆盖全球的航线网络,有力推动高端生产要素有序流动,促进东亚经济圈和欧洲经济圈融合发展,打造全方位对外开放新格局,支撑"一带一路"建设。

从经济全球化趋势看,郑州—卢森堡"空中丝绸之路",通过东亚经济圈和欧洲经济圈间的交通相连、市场互通、资源共享、产业协作、优势互补,将进一步完善国际贸易投资体系和互利共赢价值链,实现我国在更大范围、更宽领域、更高层次上融入全球经济体系。

从国家"一带一路"建设框架体系看,"空中丝绸之路"打通了新亚欧大陆桥经济走廊的航空通道,有力推动陆、海、空、网"四位一体"的设施联通和铁路、公路、水路、航空的多路联动,促进"丝绸之路经济带"和"21世纪海上丝绸之路"的有机衔接,实现"一带一路"海陆空多通路并进、多维度发展,丰富"一带一路"的"六廊六路多国多港"主体框架。

从参与"一带一路"建设模式看,"空中丝绸之路"是河南紧抓以航空经济为代表的新经济快速发展机遇,发挥先行优势和比较优势,主动开展与"一带一路"沿线国家和地区合作的创新之举,对打造"一带一路"特色品牌、形成典型示范带动效应有着重要推动作用。

从国家发展大局看,"空中丝绸之路"是河南将国家战略实施与区域发展有机结合,参与"一带一路"建设与郑州航空港实验区、河南自贸试验区、中原城市群协同推进的重要举措。"空中丝绸之路"不仅大幅提升郑州对高端要素的吸引、集聚、扩散能力,助力河南产业转型升级和发展动能转换,更有利于增强"一带一路"交通物流枢纽功能,在更高层次、更高水平上服务全国大局。

从产业优势看,郑州航空港以航空枢纽为依托,以现代综合交通运输体系为支撑,不断吸引航空运输业、高端制造业和现代服务业集聚发展,积极参与国际大循环,不断加强河南与世界的人流、物流、信息流的互动与合作,持续推动"一带一路"经济建设高质量发展。

(四)郑州航空港经济综合实验区与"一带一路"融合的契合点

在"一带一路"建设中,郑州航空港经济综合实验区辐射带动作用日益显现,形成横跨欧、美、亚三大经济区,覆盖全球主要经济体的枢纽航线网络,发挥了国家战略平台优势。郑州航空港经济综合实验区发展与国家"一带一路"建设一脉相承,在各方面都有极高的契合度,主要体现在以下几方面。

1. 郑州航空港经济综合实验区的功能定位与"一带一路"倡议的构想高度契合

国家"一带一路"倡议的构想是以古代丝绸之路所形成的经济文化交流传统为基础,构建一个以亚欧大陆为依托,联结陆海、贯通东西的贸易大通道、经济大走廊。郑州航空港经济综合实验区则被定位为国际航空物流中心、以航空经济为引领的现代产业基地、内陆地区对外开放重要门户、现代航空都市和中原经济区核心增长极。郑州航空港经济综合实验区可有效增强河南在中西部地区的区域发展带动力,成为我国内陆开放发展的新引擎,为"一带一路"的实施提供支撑。

2. 郑州航空港经济综合实验区的发展方式与"一带一路"倡议的核心高度契合

"一带一路"倡议的核心是实现通路、通航基础上的通商,即依托"一带一路"开放通道串联起沿海、内陆地区逐步与世界接轨,形成对内对外互动、东西双向全方位开放格局。郑州航空港经济综合实验区在发展上一直秉承"建设大枢纽、发展大物流、培育大产业、塑造大都市"的战略方针,通过提升郑州机场货运功能、郑欧班列运营水平,建设无水港,发展铁海联运、公铁联运,推动陆海相通,打造竞争力强的国际航空货运枢纽。这不仅让河南发展搭上亚欧腾飞的便车,更能给亚欧腾飞垫上中原沃土的基石。

3. 郑州航空港经济综合实验区发展与"一带一路"的建设互为依托,互为支撑

郑州航空港经济综合实验区与"一带一路"同为国家战略,两者相互补充,协同发展。国家"一带一路"倡议的提出,为郑州航空港经济综合实验区的跨越式发展提供了难得的机遇与广阔的空间。因此将郑州航空港经济综合实验区融入"一带一路"的大格局、大战略之中,既可以低成本,高效率获得全国乃至全球优质发展要素,又为郑州航空港区内产品拓展市场提供极大的空间。

4. 在顺应国内消费升级和产业升级的需要方面高度契合

郑州航空港经济综合实验区与"一带一路"都为高时效、高附加值、高科技含量产品提供了快速发展契机和平台。这方面的高度契合为高品质的消费品、冷链产品、工业中间品、跨境电商产品等的出口、进口提供了快捷、便利的渠道。

5. 在构建国家"双循环"新格局的支撑作用上高度契合

郑州航空港经济综合实验区与"一带一路"建设都是构建国家"双循环"新格局的重要支撑,为全球供应链特别是中国海外供应链的安全、顺畅运营发挥了不可替代的作用。它们都是助力国家构建外向型经济新体制和深入推动制度型开放的战略举措,促进世界合作不断深化。郑州航空港经济综合实验区更是通过一系列制度创新,为内陆地区全方位开放和跨境贸易的繁荣开辟了一条成功之路。

(五)郑州航空港经济综合实验区与"一带一路"融合的切入点

郑州航空港经济综合实验区为河南构建立体化全方位对外开放新格局、探索与欧美发达经济体合作打开了新空间,更为河南参与"一带一路"建设指明了方向、明确了重点,有力推动了河南从内陆腹地走向开放前沿,在支撑"一带一路"建设和服务全国大局中发挥更大作用。郑州航空港经济综合实验区融入"一带一路"的切入点很多,从宏观方面来看,主要通过加强战略衔接、空间优化、要素集聚三个方面切入,更好实现与"一带一路"的全面对接,协力构筑全方位对外开放新体系。

1. 加强战略衔接,提升对外开放的战略牵引力

把郑州航空港经济综合实验区融入"一带一路"的大格局、大战略中,就是要通过战略协同与衔接,发挥河南省三大国家战略部署的合力作用。一方面,强化国家战略、区域战略、地方战略的协同与衔接。郑州航空港经济综合实验区的战略定位与建设思路应综合考虑"一带一路"、中原经济区、国家粮食生产核心区战略发展需要,中原城市群、郑汴一体化社会发展的需要以及河南省开放型经济发展的需要,进一步理顺发展思路,对目前不符合开放新体系、发展新常态的战略进行适应性调整;另一方面,强化经济发展战略、社会发展战略、生态发展战略、产业发展战略的协同与衔接,统筹协调经济发展、社会发展、产业发展与生态环境的关系,综合考虑资源配置、基础设施互联互通、产业项目对接,以可持续发展理念推动"绿色经济"建设,进一步创新开放发展的体制机制。

2. 加强空间优化,提升对外开放的空间扩张力

基于郑州航空港区独特的区位优势,从功能分工、产业布局、交通联系等方面建立优化区域空间结构的动力机制,充分发挥"一带一路"倡议对沿线区域空间开发格局的优化作用。一是强化区域内分工,按照集约紧凑、产城融合发展理念,优化功能分区,规范开发秩序,科学确定开发强度,构建"三区两廊"空间发展格局;二是强化产业布局,根据区域内功能分工要求,探索建立以航空运输、航空装备制造、航空物流等航空驱动型经济为主导,以航空金融、服务外包、电子商务、航空培训、文化创意等高端商务为支撑的产业布局;三是强化区域内基础设施互联互通,加快郑州新郑机场二期工程和综合交通换乘中心建设,提升郑州机场货运功能,完善陆路交通体系,发展多式联运,打造设施先进、网络完善、支撑有力、运行高效的国际航空货运枢纽。

3. 加强要素聚集,提升内生发展力

强化向西开放,瞄准中亚、欧洲方向的"丝绸之路经济带",积极开拓能源资源市场并大力发展投资和贸易。强化向东开放,瞄准东南亚、南亚、非洲方向的"海上丝绸之路",积极承接国际和沿海产业转移,促进新业态、新模式、新技术的集聚创新发展,激活增长动力和潜能。勇于开辟"金融豫军"服务实体经济发展的新"蓝海",加快郑州航空港引智试验区、中国中原人力资源服务产业园等平台建设,扩大高层次人才和技能型人才规模,集聚智力资本、货币资本、技术资本和社会资本。搭建要素资源的共享和流动平台,提升郑州航空港经济综合实验区各种要素的利用和流动效率。

在找准切入点后,郑州航空港经济综合实验区要科学谋划,打造核心优势和发展制高点,优化产业布局,加快产业转型升级,加强人才培养和人才引进,推进实验区快速发展,提升郑州航空港经济综合实验区的软硬实力,成为推动"一带一路"建设的强大动力。

三、郑州航空港经济综合实验区建设与中原城市群发展

城市群是现代社会工业化和城镇化快速发展的产物,也是辐射和带动区域发展、促进城镇化水平进一步提高的重要依托,是加快工业化和城镇化进程中的重要战略支点。近年来,郑州航空港经济综合实验区所在的中原城市群取得了快速发展,经济实力不断增强,对周边地区的引领、带动和示范作用日益凸显。

(一)中原城市群的设立及意义

1. 中原城市群设立过程

改革开放以后,我国经济保持了较快的增速,社会经济发展取得了很大成就,但地区差距比较明显。经济社会发展的不平衡、不协调,对我国区域发展战略和城乡发展战略的调整提出了迫切要求。根据我国区域发展的实际和全面推进现代化建设的要求,党中央明确提出了促进地区协调发展的战略布局:坚持推进西部大开发,振兴东北地区等老工业基地,促进中部地区崛起,鼓励东部地区加快发展,形成东中西互动、优势互补、相互促进、共同发展的新格局。同时,随着市场经济的发展、工业化和城镇化的大规模推进,城市地域空间的结构、功能和地理尺度不断发生演进,出现了从城乡对立向城乡融合的转变、从各城镇独立发展向相互依赖发展的转变,进而在一些地理环境条件优越的地区形成了工业化和城镇化水平较高、城镇密集且相互联系密切的城市群。将区域发展和城镇化建设有机结合起来,把各个区域的大城市群作为发展支点,全面带动区域经济的增长和城镇化的推进。以城市群为依托,综合解决"三农"问题、有效需求不足问题、结构调整与产业升级问题、体制改革与创新问题、基础设施建设与环境整治问题,是实现区域和城乡协调发展的一条有效路径。

鉴于以上情况,20世纪80年代,河南省提出建设"沿黄河城市群"的设想,包括沿黄河8省区,分别是河南、山东、山西、陕西、甘肃、青海、宁夏、内蒙古,这是国内首次提出的城市群概念。2003年,在"沿黄河城市群"概念的基础上,河南省又首次提出了"中原城市群"的概念,认为设立中原城市群,对于加快中原地区发展,促进中部地区崛起,优化我国城市体系和地域空间结构,具有重要的战略意义。同年,河南编制了《中原城市群战略构想》,在20世纪80年代的城市基础上,范围扩大,涵盖9个城市。2006年,河南省大力推进郑汴一体化建设,这是构建中原城市群的重要举措。随后,郑新一体化、郑许一体化的建设,也进一步加快。2008年,河南省政府工作报告中对"中原城市群"的表述有了进一步的发展和完善,首次明确提出"一极两圈三层"的总体布局,中原城市群的范围从9个城市扩大到18个省辖市。2016年12月,国务院正式批复《中原城市群发展规划》,这是继长江中游、长三角、成渝、哈长等城市群之后,国家批复的跨省级行政区域城市群规划。在该规划中,中原城市群的范围进一步扩大,共包括5省30市:河南省的郑州、开封、洛阳、南阳、安阳、商丘、新乡、平顶山、许昌、焦作、周口、信阳、驻马店、鹤壁、濮阳、漯河、三门峡、济源,山西省的长治、晋城、运城,河北省的邢台、邯郸,山东省的聊城、菏泽,安徽省的淮北、蚌埠、宿州、阜阳、亳州。其中14个城市为核心发展区,包括河南省的郑州市、开封市、洛阳市、平顶山市、新乡市、焦作市、许昌市、漯河市、济源市、鹤壁市、商丘市、周口市,山西省的晋城市,安徽省的亳州市,其他16个城市为联动辐射区。

2. 中原城市群设立的意义

中原城市群是北京、武汉、济南、西安之间,半径500千米区域内规模最大、人口最密集、经济实力较强、工业化进程较快、城镇化水平较高、交通区位优势突出的城市群,是中华民族和华夏文明的重要发祥地,它的设立具有重要的意义。

(1) 处于我国腹地，是中部地区崛起的战略支点

中原城市群位于中国陇海经济带的中间位置，东邻沿海发达地区，西接广袤的西部地区，对承东启西拉动中部经济崛起有重要作用，是实现中原地区崛起的柱石。从总体经济实力和发展潜力来看，中原城市群和武汉城市群处于并驾齐驱的态势，它们分别是黄河经济带和长江经济带发展的中部战略支点，在实施中部地区崛起战略中发挥着极为重要的作用。中原城市群的发展，能够推动经济增长空间由东向西梯次拓展，缩小区域经济发展差异。

(2) 有利于提升内陆地区对外开放水平，构建全方位开放新格局

中原城市群是现代陆路交通的重要枢纽和通信枢纽之一，交通通信网络完备，通信能力居中国前列，公路密度较高，郑州航空港地理优势明显，铁路交通区位优势突出，西气东输和南水北调的干线都经由中原城市群一带。随着通信网、高速铁路网、现代综合交通枢纽格局的形成，立体综合交通网络不断完善，中原城市群对内陆对外开放的带动提升作用会越来越强。

(3) 有利于发挥中原地区人口和市场规模优势，优化资源要素配置，培育形成我国经济增长新引擎

中原城市群的经济基础较好，自然资源条件较为优越，旅游资源得天独厚，各中心城市经济特色鲜明，并初步形成了较完整的工业体系，发展充满活力和潜力，能够带动中原地区的全面发展，也有利于优化城镇和人口空间布局，保障农业安全和生态安全，也可为人口密集的传统农区加快新型城镇化建设探索路径。

(4) 优化了我国城市体系

国家城市体系是支撑一国经济社会发展的战略空间架构。从区域城市体系发展现状看，在广大中西部地区，区域性城市体系很不完善，培育与发展中原城市群，既是对我国国家城市体系发育现状的一个客观判断，也是发展和优化国家城市体系、建立国家经济社会发展最优空间结构的现实需要。中原城市群的形成与崛起，会促进中西部区域性城市体系相互融合，促进人才、资本、资源有序流动。

(二) 中原城市群的战略定位

中原城市群的战略定位为：着眼国家现代化建设全局，发挥区域比较优势，强化创新驱动、开放带动和人才支撑，提升综合交通枢纽、产业创新中心地位，打造资源配置效率高、经济活力强、具有较强竞争力和影响力的国家级城市群。

1. 经济发展新增长极

深入推进供给侧结构性改革，强化大都市区引领和中心城市带动功能，建设高端发展平台，提升城市群综合实力，打造体制机制较为完善、辐射带动力强的发展区域，成为与长江中游城市群南北呼应、共同带动中部地区崛起的核心增长区域和支撑全国经济发展的新空间。

2. 重要的先进制造业和现代服务业基地

坚持高端化、集聚化、融合化、智能化战略取向，发展壮大先进制造业和战略性新兴产业，加快发展现代服务业，推动第一、二、三产业融合发展，培育一批位居国内行业前列的

先进制造业龙头企业和产业集群,建成具有全球影响力的物流中心、国际旅游目的地和全国重要的商贸中心。

3. 中西部地区创新创业先行区

发挥国家自主创新示范区引领带动作用,完善区域创新平台,健全区域创新创业生态系统,深度融入全球创新网络,促进各类创新资源综合集成,大力推动大众创业、万众创新,激发各类创新主体、创业人才的动力和活力,努力在创新创业方面走在全国前列。

4. 内陆地区双向开放新高地

完善连接国内主要城市群的综合运输通道,构建横贯东中西、联结南北方的开放经济走廊,全面加强与周边地区和国内其他地区的合作互动,强化郑州航空港和其他重要交通枢纽的对外开放门户功能,打造对内对外开放平台,营造与国内外市场接轨的制度环境,加快形成全方位、多层次、宽领域的双向开放格局,形成具有全球影响力的内陆开放合作示范区。

5. 绿色生态发展示范区

牢固树立和践行生态文明理念,加强生态环境保护,传承、弘扬中原优秀传统文化,推动历史文化、自然景观与现代城镇发展相融合,打造历史文脉和时尚创意、地域风貌和人文魅力相得益彰的美丽城市,建设生态环境优良的宜居城市群。

(三)中原城市群的空间布局

坚持核心带动、轴带发展、节点提升、对接周边,推动大、中、小城市和小城镇合理分工、功能互补、协同发展,促进城乡统筹发展,构建布局合理、集约高效的城市群一体化发展格局。中原城市群在空间上主要是构建"一核四轴四区"网络化空间格局。

1. 郑州大都市核心区

支持郑州建设国家中心城市,加快郑州航空港经济综合实验区、郑洛新国家自主创新示范区、河南自由贸易试验区和跨境电子商务综合试验区建设,强化物流及商贸中心、综合交通枢纽和中西部地区现代服务业中心、对外开放门户功能,全面增强国内辐射力、国内外资源整合力。推动郑州与开封、新乡、焦作、许昌4市深度融合,建设现代化大都市区;进一步深化与洛阳、平顶山、漯河、济源等城市联动发展。

2. 主要发展轴带

依托"米"字形综合交通网络,增强沿线城市辐射带动能力,促进大中小城市合理分工、联动发展,打造特色鲜明、布局合理的现代产业和城镇密集带。

(1)沿陇海发展主轴

发挥陆桥通道优势,提升郑州、洛阳、开封、三门峡"一带一路"建设重要节点城市功能,增强运城、商丘、淮北、宿州、菏泽等沿线节点城市经济人口承载能力,联合打造电子信息、汽车及零部件、装备制造、有色金属、生物医药、能源化工等产业集群,形成具有较强实力的先进制造业和城镇集聚带,强化对新亚欧大陆桥国际经济走廊的战略支撑作用。

(2)沿京广发展主轴

依托京广通道,发挥郑州的辐射带动作用,提升邢台、邯郸、安阳、鹤壁、新乡、许昌、漯河、驻马店、信阳等城市集聚能力,引导食品加工、高端装备制造、生物医药、精品钢铁、电子信息、节能环保、现代家居等产业加快集聚,打造沟通南北的城镇产业密集带,密切与京津冀、长江中游等城市群的联系。

(3) 济南－郑州－重庆发展轴

依托郑(州)济(南)、郑(州)万(州)高速铁路建设,加速形成综合运输通道,强化聊城、濮阳、平顶山、南阳等节点城市和沿线中小城市支撑作用,培育发展装备制造、能源化工、特色轻工等产业,形成对接成渝城市群、沟通山东半岛城市群的城镇发展带。

(4) 太原－郑州－合肥发展轴

加快郑(州)合(肥)和郑(州)太(原)高速铁路、跨区域高速公路和城际快速通道建设,推动长治、晋城、焦作、济源、周口、阜阳、蚌埠等城市扩容提质,加快装备制造、纺织服装、食品加工、生物医药、汽车及零部件等产业集聚发展,构建连接长江三角洲城市群、山西中部城市群的城镇和产业集聚带。

3. 城镇协同发展区

突破行政壁垒,创新体制机制,促进省际相邻城市合作联动,加快构建跨区域快速交通通道,优化产业分工协作,推动教育、科技、文化、生态等资源共享,培育北部跨区域协同发展示范区、东部承接产业转移示范区、西部转型创新发展示范区、南部高效生态经济示范区,打造城市群新的增长区域和开放空间。

(1) 在以上空间格局的基础上,完善城市群城镇发展体系。推进郑州大都市区建设,发展壮大区域中心城市,建设重要节点城市,培育现代中小城市,发展特色小城镇。

(2) 逐步推动人口分布与主体功能相适应。有序推进农业转移人口市民化,积极引导人口加快向重点开发区域集聚,务实推动重点生态功能区人口有序退出,提高城镇化水平,降低重点生态功能区人口占总人口比重,减轻人口对生态环境的压力。

(四) 郑州航空港经济综合实验区建设对中原城市群发展的推动作用

近年来,临空经济区与区域经济持续发展的关系越来越受到各方重视。区域经济是临空经济区发展的基础,区域经济发展越好,对航空运输业的需求越高,为航空运输业提供的人才、技术和资金等越充足,对临空经济区形成与发展的促进作用越强。同时,临空经济区的形成势必会对周边的经济、交通、生活水平等带来极大的影响,临空经济区的发展也会拉动区域经济的发展。航空港经济综合实验区所在的郑州是中原城市群的核心城市,在中原城市群的发展中具有举足轻重的地位。作为中原经济区的核心增长极,航空港经济综合实验区在全省和中原城市群的建设中能够发挥空港优势,以自身的发展提升对城市群发展的引领作用,带动中原城市群可持续发展,使中原城市群成为中国高质量发展的动力之源。

1. 强化城市间的关联性,为中原城市群整体实力的提升带来合力

城市群的发展潜力来自它的凝聚力。一个城市群有没有凝聚力,主要看群内城市间经济联系的紧密度。中原城市群之间的经济联系紧密度可以从群内城市间的"人流""物流"等的关联度得以体现,而无论是"人流"还是"物流"又主要靠各种交通运输方式来实现。如果中原城市群内交通运输方式单调、综合性差,那么群内城市间联系就会相对松散,城市群的凝聚力会大幅度下降,其整合市场、消除市场分割、获得规模经济的重要作用就难以发挥。

郑州航空港经济综合实验区的建设,弥补了中原城市群中航空运输的短板,提供了一种促进城市协同发展的高效交通运输工具,其机动灵活的特点有利于突破区域限制,为区域内城市之间提供高效的服务。郑州航空港经济综合实验区发挥航空产业链在城市群内的联动作用,不仅增加了中心城市郑州的辐射力,也加强了中原城市群经济联系的基础联系的紧密程度,使群内各城市的经济联系大大加强,提升了城市群的凝聚力,促进了群内城市间的融合,形成了推动中原城市群整体发展的强大合力。

2. 助推城镇化战略实施,提升中原城市群的区位优势

目前我国已经形成"两横三纵"的城镇化战略格局,即以陆桥通道、沿长江通道为两条横轴,以沿海、京哈京广、包昆和西部陆海新通道为三条纵轴,以轴线上的城市群和节点城市为依托、其他城镇化地区为重要组成部分的城镇化战略格局,以促进城市群发展为抓手,引领中国区域协调发展。郑州航空港经济综合实验区地处国家"两横三纵"城市化战略格局中,郑州是全国重要的铁路、航空、公路、电力、邮政电信枢纽城市,全国普通铁路和高速铁路网中唯一的"双十字"中心,新亚欧大陆桥上的重要经济中心,"一带一路"核心节点城市。以郑州为核心的"米"字形高铁网、"井"字形高速公路网、"三横八纵"国省干线公路网已经形成。航空港经济综合实验区的建设完善了陆空对接、多式联运、内捷外畅的现代交通运输体系,不仅使郑州交通陆路与航空的无缝换乘成为现实,一跃成为国家级中心城市,更提升了中原城市群的区位优势。依托优越的区位条件,中原城市群通过构建次级中心和"分区发展"的方式,加强中原城市群与其他城市群间的联系与协作,将周围城市群连接在一起,逐渐形成以中原城市群为核心的城市环,推动国家城镇化战略的加速实现。

3. 助力中原城市群产业结构优化升级,提高区域产业竞争力

中原城市群现在正处于发展阶段,虽然有一定的规模和质量,但是还需要进一步成长壮大。中原城市群的经济发展水平与全国发达地区相比尚有差距,大部分是传统农业区,产业结构有待进一步优化,产业升级压力较大。推动与高端产业相匹配的航空运输系统的发展,进而培育出运输体积小、附加值高的产品的航空港经济形态,已经成为经济发展转变和产业升级的新趋势。郑州航空港经济综合实验区的经济发展是以航空枢纽为依托,以现代综合交通运输体系为支撑,以提供高时效、高质量、高附加值产品和服务并参与国际市场分工为特征,吸引航空运输业、高端制造业和现代服务业集聚发展而形成的一种经济形态。它的发展模式改善了中原城市群第三产业薄弱的现状,将有助于突破中原城市群经济发展的瓶颈,使产业结构得以顺利转型升级。

目前,郑州航空港经济综合实验区依托航空运输速度快、空间资源配置能力强、安全性好等优势,整合新技术、新产业、新业态、新模式等相关产业要素,形成了有效的经济闭环、高效的经济辐射区,成为驱动中原城市群经济发展的强大动力,对于吸引产业高端资源和创造发展新动能具有十分重要的意义。郑州航空港经济综合实验区的建设有效、快捷地促进了中原城市群产业发展与全球生产商、分销商、供应商进行沟通与合作,使企业能够快速连接全球供应商、客户和合作伙伴,以自身战略性新兴产业体系的发展,带动中原城市群产业结构的优化升级,提高区域产业竞争力,推动经济发展,为实现《中原城市群发展规划》中提出的"构建四大产业体系"目标、建成全国重要的先进制造业和现代服务业

基地提供了坚实支撑。

4. 提高了中原城市群对外的通达性和开放程度

郑州航空港经济综合实验区的建设不仅使中原城市群经济有了显著的增长,而且在连接中部6省、长江中游、长三角、珠三角、京津冀等地域,促进区域间合作交流等方面也发挥了很大的作用。郑州航空港1.5小时航程之内覆盖中国2/3的主要城市和3/5人口的优势,使中原城市群经济总量大幅提升,并与国内其他区域商品物流便捷交易、人才快速转移、经济文化深度交流。同时,郑州航空港12小时之内航程覆盖亚洲、欧洲、北美洲主要城市的独特优势,也促进了中原城市群经济与世界经济的合作交流,提升了国际影响力,为中原城市群经济进一步发展奠定了坚实的基础。

另外,中原城市群深处我国内陆,限制了对外开放的程度。郑州航空港经济综合实验区的建设极大地提高了中原城市群的对外开放程度,可以充分发挥自身优势,高水平地承接国内产业转移,加速融入全球产业链和产业分工体系,吸引人流、物流、资金流、信息流等在实验区集聚,让中原城市群成为全球化经济链条中的一部分,形成中原城市群和内陆地区的开放新高地。

总之,郑州航空港经济综合实验区的建设给中原城市群经济带来了前所未有的机遇。随着网络时代和航空时代的融合,现代供应链、先进商业服务和消费品市场日益全球化,并相互交织,航空运输对绝大多数高科技供应链、以知识为基础的商务服务以及高净值国际游客来说至关重要,这也使郑州航空港经济综合实验区在中原城市群经济发展和城市竞争中的重要性逐步增强,它所蕴含的市场机会、要素聚集、产业再造、观念蜕变及区域空间结构演化等方面的潜力巨大。

四、郑州航空港经济综合实验区建设取得的成就与未来发展规划

自2013年上升为国家战略以来,经过9年发展,郑州航空港经济综合实验区已成为河南融入全球循环、联通国内国际双循环的重要节点,不断提升开放发展水平,激发创新活力,探索出了一条内陆地区开放引领、高质量发展之路,实现了跨越式发展。

(一)郑州航空港经济综合试验区建设取得的主要成就

郑州航空港经济综合实验区紧紧围绕"五大战略定位",坚持"建设大枢纽、发展大物流、培育大产业、塑造大都市"总体发展思路,通过全面贯彻新发展理念,积极融入新发展格局,坚持走好"枢纽+物流+消费+制造"的发展路子,从成立到"十三五"规划完成,各项建设都取得了巨大的成就。

1. 综合实力快速增强

郑州航空港经济综合实验区生产总值从2012年的206亿元增长至2021年的1 172.8亿元,一般公共预算收入从7.27亿元增长至68.5亿元,规模以上工业增加值从176亿元增长至609亿元,外贸进出口总额从1 759亿元增长至5 245.6亿元。2021年,郑州机场货运吞吐量突破70万吨,达到70.5万吨,货运规模连续两年居全国第6位,跻身全球货运机场40强,其中,国际地区货邮吞吐量超过54万吨,位居全国第5,航空港核

心节点地位更加凸显。从数据上看,2012～2021年的9年来,郑州航空港经济综合实验区主要经济指标增速基本上是全省平均增速的2倍左右,综合实力不断迈上新台阶。

2. 综合交通新格局形成

郑州机场升级为4F级机场,机场二期投入使用,机场三期稳步推进,航线覆盖全球主要经济体。高铁郑州航空港站开通运行,航空港实验区进入航空、高铁"双枢纽"时代。机场高速公路改扩建工程、机西高速公路二期建成通车,"三纵两横"高速路网、"六横五纵"快速路网全部建成使用。多式联运体系加快构建,形成了新的综合交通格局,物流通道更加畅达,交通区位优势不断凸显。

3. 开放体系实现提档升级

郑州—卢森堡"双枢纽"战略深入实施,郑州机场的客货运航线形成横跨欧、美、亚三大经济区,覆盖全球主要经济体的航线网络。以航空枢纽为核心的多式联运体系和以"1＋1＋7"(郑州机场、郑州新郑综合保税区一类口岸和肉类、活牛、水果、冰鲜水产品、食用水生动物、邮件中转、药品等7个功能性口岸)口岸体系为核心的开放体系不断完善,郑州机场电子货运、海外货站、空空中转等三大试点加快推动,枢纽内国际物流多式联运数据交易服务平台、大中型机场货站生产系统和航空物流信息平台全面建成投用,通关便利化水平不断提升,航空港实验区已成为国内国际双循环的重要节点。

4. 产业培育取得新进展

郑州航空港经济综合实验区放眼全球,对标先进,三次产业结构不断调整,结构更合理,初步形成"多点支撑"的产业发展格局。产业调整紧扣航空经济特点,电子信息、商贸会展、生物医药、智能装备、半导体、新型显示、新能源、新基建、航空物流、跨境电商等产业集群加快构建,一批战略新兴产业项目加快建设;富士康、超聚变、郑州合晶、鸿运华宁、华锐光电等一批重点企业入驻,产业生态创新活跃,产业体系进一步完备,产业链条进一步拉长。一个支撑航空大都市加快发展的现代产业体系正在加快构建,助推和引领全省战略性新兴产业走向高质量发展之路,极大提升了区域的国际竞争力。

5. 营商环境全面优化

郑州航空港经济综合实验区高度重视营商环境的改善,在开放体系、政务服务、政策支撑、要素保障等方面下功夫,创新"两步申报""两端准入",强化"7×24小时"通关保障,空运进口通关时间全国最短。"放管服效"等重点领域改革成效明显。持续推进"一网通办、一次办成"改革,"一网通办"比率达95.49%,2 060项政务服务事项实现掌上办理。工业用地出让标准实现"七通一平",并在此基础上将"按标做地、明标供地"的范围向仓储用地、商服用地扩展,为重大项目"摘牌即交地、拿地即开工"创造条件。通过大力推进体制机制创新,人民币创新试点、引智试验区、国家级区域性"双创示范基地"等一批创新平台获批落地。郑州航空港经济综合实验区不断优化发展环境,强化产业生态、公共服务、基础配套、文化元素的建设,打造一流的市场化、法治化、国际化营商环境。

6. 城市功能不断提升

郑州航空港经济综合实验区准确把握国家中心城市副城的定位,着眼于未来百万级城市发展需要,科学规划布局产业体系、公共服务体系和各类城市功能,加快形成"公共服务中心＋机场枢纽＋若干功能区"的组团式发展结构,高标准建设国际化特征鲜明的航空大都市。航空港经济综合实验区建设中坚持海绵城市、智慧城市、国际化、生态化、信息化等发展理念,以枢纽、物流、产业、都市四维发展为开发思维,按照"中流、北城、南工"功能布局,谋划了空铁新城、空港新城、双鹤湖科创新城三大核心板块,合理安排生产、生活、生态空间,不断提高城市建设品质和治理水平,持续开展高品质城乡建设行动,加快道路、管网、绿化等基础配套设施建设,使区域的生态功能、社会功能、经济功能、服务功能、创新功能等不断完善,城市综合功能得到显著提升。

7. 民生福祉持续改善

郑州航空港经济综合实验区建设中不仅重视经济发展,还特别关注民生福祉的改善,把高质量发展与创造高品质生活有机结合,努力满足人民日益增长的美好生活需要,加快推进各项民生工程建设和社会事业发展。截至2021年,全区医疗保险、养老保险实现全覆盖;农村贫困人口全部脱贫;教育、医疗等公共服务水平显著提升,义务教育中小学午餐供应服务实现全覆盖,公办中小学"官方带娃"课后延时服务全面展开;区内各类医院、卫生院、社区卫生服务中心合理布局,初步形成15分钟就医服务圈;养老机构、文体设施不断增加;多渠道稳就业、保民生;以"美丽乡村、美丽产业、美丽田园、美丽公路"建设为载体,实施人居环境整治;依法治区、平安港区建设扎实推进。航空港经济综合实验区建设在经济社会发展取得重大成果的同时,社会大局保持和谐稳定,一个产业发达、生态优美、宜居宜业、幸福和谐的航空大都市已变为现实,人民群众获得感、幸福感、安全感大幅提升。

(二)郑州航空港经济综合实验区未来发展规划

随着新一轮科技革命、产业变革的深入发展和国内外经济形势的变化,"十四五"乃至更长的期间内,郑州航空港经济综合实验区的发展面临着一系列的机遇和挑战。只有抓住机遇、应对挑战,才能推动实验区建设稳步前进。

1. 郑州航空港经济综合实验区面临的发展机遇

从国际经济发展看,环境日趋复杂,不稳定性、不确定性因素明显增加。航空港实验区必须拓展国际合作网络,加快形成多点支撑的产业体系,不断增强经济竞争力、创新力、抗风险能力。从国内环境看,我国已进入高质量发展阶段,新阶段、新理念、新格局对经济发展质量和效益提出了更高要求,要求航空港经济综合实验区必须站位全局,充分发挥枢纽开放优势,用好国际国内两个市场、两种资源,在枢纽建设、产业培育、生态保护、科技创新、社会发展、城市配套等领域着力提升发展水平,完成国家赋予的战略任务。从航空港经济综合实验区发展实际看,经济发展基础牢固,发展空间广阔,经济社会发展的基本面长期持续向好,枢纽开放优势持续增强,依托郑州机场、郑州南站"空铁双枢纽"和"空中丝绸之路"大通道以及郑州新郑综合保税区、河南自贸区扩展区等重要平台,为打造双循环格局下内陆地区对外开放高地提供了新机遇。

2. 郑州航空港经济综合实验区发展面临的挑战

从目前社会经济发展的情况看,航空港经济综合实验区存在经济结构比较单一、枢纽和开放集成优势尚未完全发挥、科技创新资源薄弱、城市综合承载力不足等问题,特别是在经济下行压力加大和资源环境约束加剧的大背景下,持续保持中高速增长的压力比较大。鉴于此,今后航空港经济综合实验区要着眼长远,把握大势,全面统筹考虑未来一个时期国内外发展趋势和自身发展条件,增强机遇意识和风险意识,进一步夯实基础、补齐短板,在危机中育先机、于变局中开新局,努力为郑州国家中心城市建设、中部地区崛起、黄河流域生态保护和高质量发展战略实施做出新的更大贡献。

3. 郑州航空港经济综合实验区未来发展规划

（1）根据《郑州航空港经济综合实验区发展规划（2013—2025年）》的要求,到2025年,要把郑州航空港经济综合实验区建成富有生机活力、彰显竞争优势、具有国际影响力的实验区。国际航空货运集散中心地位显著提升,航空货邮吞吐量跻身全国前列;形成创新驱动、高端引领、国际合作的产业发展格局;建成现代化航空都市,营商环境与国际全面接轨,成为引领中原经济区发展、服务全国、连通世界的开放高地。

到"十四五"规划完成时达到的发展目标:

一是建成国际航空物流中心。基本建成具有突出效率优势的国际综合交通枢纽,"空铁"双枢纽驱动格局基本形成,郑州机场旅客吞吐量达到4500万人次,货邮吞吐量突破100万吨。

二是建成以航空经济为引领的现代产业基地。产业结构进一步优化,科技创新能力显著提高,形成具有国际影响力的航空物流、高端制造、现代服务业等产业集群,企业主营业务收入达到8000亿元。

三是建成内陆地区对外开放重要门户。郑州—卢森堡"双枢纽"模式持续拓展,新郑综合保税区扩区、河南自贸试验区扩展区等重大开放平台申建取得新突破。市场化、法治化、国际化营商环境水平显著提升,区域辐射带动作用进一步增强。

四是建成现代航空都市。空港新城、空铁新城、双鹤湖科技城三大板块核心区基本建成,建成区面积达到130平方千米,高品质公共服务体系更加完善,生态环境质量持续改善,国家中心城市副城能级大幅提升。

五是建成郑州都市圈核心增长极。主要经济指标增速保持高于省市平均水平,经济总量占郑州市的比重力争达到1/10,外贸进出口总额占郑州都市圈的比重达到80%左右,成为郑州都市圈更高水平的高质量发展核心增长极。

（2）根据《郑州航空港经济综合实验区"十四五"发展规划和二〇三五年远景目标纲要》要求,到2035年,把郑州航空港经济综合实验区基本建成枢纽地位凸显、开放体系领先、创新驱动有力、产业生态完备、社会和谐幸福的"国际美好"航空新城,人均国内生产总值达到中上等发达国家水平,在中部地区发挥更大辐射带动作用,在全国航空经济区中彰显比较优势,在国际上具有重要影响力。

到2035年达到的发展目标:

一是枢纽地位凸显。郑州机场覆盖全球的航线网络更加完善,郑州南站高效运行,形成空铁双核驱动的优越格局,成为辐射全国、链接世界、服务全球的综合枢纽。

二是开放体系领先。"空中丝绸之路"建设水平大幅提升,对外开放平台集成效应明显,引进国际组织和代表机构实现重大突破,打造市场化、法治化、国际化营商环境,成为链接国内国际双循环的先导平台。

三是创新驱动有力。创新创业蓬勃发展,科技研发投入强度显著提升,产业链、创新链、服务链高度融合,科技进步对经济增长的贡献率大幅提升,成为全市乃至全省创新驱动重要增长极。

四是产业生态完备。港、产、城实现深度融合发展,建成全球一流临空经济发展示范区、集聚高端航空物流资源要素的产业高地,形成辐射功能强大的现代航空经济产业体系,全面参与全球产业链分工。

五是社会和谐幸福。生态文明建设成效显著,基本公共服务体系更加完善,社会治理体系和治理能力基本实现现代化,人民群众在共建共享发展中有更强的获得感、幸福感、安全感。

今后,郑州航空港经济综合实验区以建设国际一流航空枢纽、提高郑州南站枢纽能级、完善陆路交通网络体系、推进多式联运发展等措施来巩固其现代综合交通枢纽优势,建设国际航空物流中心;以加快对外开放平台建设、深度参与国际大循环、全面融入国内大循环等措施积极融入新发展格局,建设内陆地区对外开放门户;以加快制造业高质量发展、大力发展现代服务业、强化数字经济赋能、优化产业发展生态等措施提升产业集群发展水平,建设航空经济引领的现代产业基地;以构建多元创新载体平台、强化企业创新主体培育、实施"五五聚才计划"、构建一流双创生态圈等措施强化实施创新驱动战略,打造创新发展新高地;以打造一流营商环境、创新招商引资模式、推进体制机制改革等措施深化改革,打造发展先行示范区;以优化产城融合空间布局、加快推进核心板块建设、持续完善城市基础设施、推进智慧城市建设等措施打造现代航空新城;以建设美丽宜居公园城市、建立水安全保障体系、持续改善生态环境质量、推进绿色低碳循环发展等措施深入推动绿色发展,塑造生态宜居城市空间;以加快新型城镇化建设、促进社会事业发展、完善社会保障体系、健全社会治理体系等措施持续提升人民生活品质。

郑州航空港经济综合实验区的建设给河南社会经济发展带来了前所未有的机遇,对中部地区经济崛起、河南经济腾飞有着深远的影响和意义。站在新起点,郑州航空港经济综合实验区以党的二十大精神为指引,在党中央、国务院和河南省委、省政府的领导下,锐意改革,拼搏进取,勇担使命,立足新发展阶段,贯彻新发展理念,融入新发展格局,为推动河南经济高质量发展,实现新时代全面建设社会主义现代化河南的目标而努力奋斗!

主要参考文献

[1]安磊,2021.基于整合视角的河南文旅管理融合研究[J].汉江师范学院学报,41(05):70-73.

[2]安晓宁,2020.粮食主产区农业产业结构优化与农业现代化协调发展研究——以河南省为例[D].北京:中国农业科学院.

[3]白谨豪,刘儒,刘启农,2020.基于空间均衡视角的区域高质量发展内涵界定与状态评价——以陕西省为例[J].人文地理,35(3):123-130+160.

[4]陈冬仿,2017.河南省农业结构优化与调查研究[J].湖北经济学院学报(人文社会科学版),14(02):35-37.

[5]陈昆亭,周炎,2020.绿色、健康、可持续:高质量发展的必由之路[J].山东财经大学学报,32(01):5-15+25.

[6]邓振镛,张强,辛吉武,等,2008.干旱生态环境及水资源对全球气候变暖响应的研究进展[J].冰川冻土,30(01):57-63.

[7]端木瑞利,2019.河南省特色农业发展研究[D].河南农业大学.

[8]樊新生,李小建,2004.中东部地区区域经济竞争力定量比较研究[J].河南大学学报(社会科学版),(02):95-100.

[9]高剑峤,朱友文,商幸丰,1985.河南省地理[M],郑州:河南教育出版社.

[10]葛剑雄,2005.中国人口史[M].上海:复旦大学出版社.

[11]河南省地质矿产局,1985.河南省区域地质志[M].北京:地质出版社.

[12]河南省水资源编纂委员会,2007.河南省水资源[M].郑州:黄河水利出版社.

[13]胡廷积,2005.河南农业发展史[M].北京:中国农业出版社.

[14]黄娟,卿定文,周碧芳,2020.中部六省 FDI 影响因素适应性 Lasso 模型探析[J].财务与金融,(05):14-21.

[15]贾军霞,刘永和,王心义,2018.河南省1965~2014年降水时空特征分析[J].黄河水利职业技术学院学报,30(02):1-6.

[16]贾争争,2022.三金一脑助推河南文旅产业高质量发展[J].农村·农业·农民(B 版),(01):7-8.

[17]金碚,2018.关于"高质量发展"的经济学研究[J].中国工业经济,(4):5-18.

[18]李春,刘德义,黄鹤,2010.1958-2007年天津降水量和降水日数变化特征[J].气象与环境学报,26(04):8-11.

[19]李克实,2016.南水魂:南水北调中线工程渠首建设纪实[M].郑州:郑州大学出版社.

[20]李素月,2020."一带一路"背景下郑州航空港经济区发展探究[J].全国流通经济(13):103-104.

[21]李永文,2010.河南地理[M].北京:北京师范大学出版社.

[22]李玉江,张果,2011.人口地理学[M].北京:科学出版社.

[23]刘娜娜,2019.产业结构优化视角下的河南农业发展战略研究[J].时代经贸,(20):56-57.

[24]刘再兴,1996.区域经济理论与方法[M].北京:中国物价出版社.

[25]罗铭玖,2000.河南省主要矿产的成矿作用及矿床成矿系列[M].北京:地质出版社.

[26]庞传安,1994.河南金属与非金属矿产[M].郑州:河南教育出版社.

[27]乔雅君,2010.产业结构与就业结构的关系——河南省与中部其他省份的比较研究[J].商业经济,(14):5-7.

[28]全淅林,2019.大柴湖口述史[M].武汉:华中科技大学出版社.

[29]石忆邵,张洪武,2002.长江三角洲城市综合竞争力与区域优势分析[J].城市规划汇刊,(01):17-21+29.

[30]时子明,1983.河南自然条件与自然资源[M].郑州:河南科学技术出版社.

[31]宋朝枢,1994.伏牛山自然保护区科学考察集[M].北京:中国林业出版社.

[32]宋朝枢,瞿文元,1996.太行山猕猴自然保护区科学考察集[M].北京:中国林业出版社.

[33]苏晓红,2002.抓住西部开发机遇,提升河南区域竞争力[J].河南社会科学,(02):64-66.

[34]随洪光,2013.外资引入、贸易扩张与中国经济增长质量提升——基于省际动态面板模型的经验分析[J].财贸经济,(09):85-94.

[35]孙斌,徐渭,薛建春,等,2022.黄河流域城市群城镇化与生态保护耦合协调研究[J].人民黄河,44(06):16-21.

[36]孙志顺,2001.河南省非金属矿产开发利用指南[M].北京:地质出版社.

[37]王纪军,郭红晨,卢广建,2009.河南省雷暴日数时空分布的非均一性特征[J].灾害学报,18(04):115-119.

[38]王建胜,周卫学,2021.农业生产现状与发展趋势浅析[J].河南农业,(28):55-56.

[39]王陶涛,2016.郑州航空港经济综合实验区与中原城市群关系研究[J].经济经纬,33(02):24-29.

[40]王文楷,毛继周,陈代光,等,1990.河南地理志[M].郑州:河南人民出版社.

[41]王一鸣,2020.百年大变局、高质量发展与构建新发展格局[J].管理世界,36(12):1-13.

[42]王与君,2000.中国经济国际竞争力[M].南昌:江西人民出版社.

[43]王中亚,2020.我国中部地区对外开放竞争力比较分析[J].河南科技大学学报(社会科学版),38(05):61-66.

[44]魏克循,1995.河南土壤地理[M].郑州:河南科学技术出版社.

[45]谢晓彤,2018.基于粮食生产能力空间差异的河南省粮食目标任务分解研究[D].河南农业大学.

[46]信阳市统计局,2020.信阳市统计年鉴(2009—2020)[M],北京:中国统计出版社.

[47]徐福祥,徐浩,刘艳芬,等,2022.黄河流域九省(区)生态保护和高质量发展治理水平测度与评价[J].人民黄河,44(06):11-15.

[48]闫琼,2019.河南农特产品电子商务发展研究[J].现代农业研究,(9):33-34.

[49]杨传明,姚楠,宋青,等,2022.长三角城市群高质量发展水平测度及时空差异分析[J].华东经济管理,36(06):30-38.

[50]杨玉雪,董黎明,2021.文化产业助推河南高质量发展的路径探析[J].统计理论与实践,(12):65-68.

[51]叶丽丽,2019.河南省粮食生产与消费结构存在的问题及对策研究[D].河南工业大学.

[52]于越,曹立强,2019."一带一路"背景下郑州航空港临空产业发展规划[J].创新科技,19(03):55-61.

[53]苑春林,白雪丽,喻晓蕾,2018.郑州航空港经济综合实验区与一带一路融合发展的思路与对策研究[J].物流工程与管理,40(01):10-13.

[54]翟海国,贾晶,2014.河南省自然旅游资源区划研究[J].地域研究与开发,33(06):103-107.

[55]张宏伟,林苗苗,许孟会,等,2009.气候变暖对河南干旱气象灾害的影响及其对策[J].气象与环境科学,32(S1):239-241.

[56]张天义,张兴辽,张克伟,等,2003.遥感·河南省国土资源综合调查与评价[M].北京:地质出版社.

[57]张伟强,杜敬华,王雁霄,等,2020.新时期河南省水资源保护和利用瓶颈与发展路径[J].灌溉排水学报,39(10):123-129.

[58]赵川,2016.我的南水北调:百名人物访谈实录[M].郑州:郑州大学出版社.

[59]赵济,陈传康,1999.中国地理[M].北京:高等教育出版社.

[60]赵显兰,2019.丹水北去情未央[M].郑州:河南人民出版社.

[61]郑州师范学院地理系,1959.河南地理[M].北京:商务印书馆.

[62]中共南阳市委组织部,南水北调干部学院,2017.南水北调工程文化初探[M].北京:人民出版社.

[63]中共南阳市委组织部,南水北调干部学院,2017.南水北调精神初探[M].北京:人民出版社.

[64]《中国农业全书》总编辑委员会,《中国农业全书·河南卷》编辑委员会,1999.中国农业全书·河南卷[M].北京:中国农业出版社.

[65]驻马店市统计局,2020.驻马店市统计年鉴(2009—2020)[M],北京:中国统计出版社.